WIPO — 中国（上海）知识产权司法保护系列丛书
WIPO — Series on Judicial Protection of Intellectual Property in China (Shanghai)

知识产权案例精选

Selected Intellectual Property Cases

(2017—2018)

上海市高级人民法院知识产权审判庭
同济大学上海国际知识产权学院 编

Co-edited by Intellectual Property Division of Shanghai High People's Court &
Shanghai International College of Intellectual Property of Tongji University

知识产权出版社
全国百佳图书出版单位
—北京—

图书在版编目（CIP）数据

知识产权案例精选．2017－2018／上海市高级人民法院知识产权审判庭，同济大学上海国际知识产权学院编．—北京：知识产权出版社，2021.5

ISBN 978－7－5130－7493－3

Ⅰ．①知…　Ⅱ．①上…　②同…　Ⅲ．①知识产权法—案例—汇编—中国　Ⅳ．①D923.405

中国版本图书馆CIP数据核字（2021）第064106号

责任编辑：彭小华　　**责任校对**：潘凤越

特约编辑：郭广通　梁爱珍　　**责任印制**：孙婷婷

知识产权案例精选（2017—2018）

上海市高级人民法院知识产权审判庭
同济大学上海国际知识产权学院　编

出版发行：知识产权出版社有限责任公司　**网　址**：http：//www.ipph.cn

社　址：北京市海淀区气象路50号院　**邮　编**：100081

责编电话：010－82000860转8115　**责编邮箱**：huapxh@sina.com

发行电话：010－82000860转8101/8102　**发行传真**：010－82000893/82005070/82000270

印　刷：北京九州迅驰传媒文化有限公司　**经　销**：各大网上书店、新华书店及相关专业书店

开　本：720mm×1000mm　1/16　**印　张**：38.25

版　次：2021年5月第1版　**印　次**：2021年5月第1次印刷

字　数：1200千字　**定　价**：150.00元

ISBN 978－7－5130－7493－3

《知识产权案例精选》编委会

总序

当前，新一轮科技革命和产业变革正如火如荼展开，知识产权已成为国家发展的战略性资源和国际竞争力的核心内容，是建设创新型国家的重要支撑，也是掌握国家发展主动权的关键要素。在中国经济转型升级、改革开放日新月异、国际形势复杂多变的关键时刻，中央高瞻远瞩，准确把握国际国内发展两个大局，把知识产权保护工作提高到了前所未有的重要位置。2018 年 4 月 10 日，习近平总书记在博鳌亚洲论坛发表主旨演讲，向世界宣布了中国将采取扩大开放的四项重大举措，其中就提出了要加强知识产权保护的明确要求。2019 年 11 月 2 日至 3 日，习近平总书记在第二届“进博会”召开前夕视察上海，强调上海要强化全球资源配置功能、科技创新策源功能、高端产业引领功能和开放枢纽门户功能。这四大功能的充分发挥，都离不开对知识产权的严格保护。2019 年 11 月 11 日，中共中央办公厅、国务院办公厅印发了《关于强化知识产权保护的意见》，进一步强调了知识产权保护的重要意义，并提出了知识产权保护的具体举措。

司法保护是知识产权保护中最有效、也是最权威的手段。2018 年 2 月，中央中央办公厅、国务院办公厅印发了专门面向知识产权审判领域的纲领性文件《关于加强知识产权审判领域改革创新若干问题的意见》，明确指出人民法院知识产权审判工作，事关创新驱动发展战略实施，事关经济社会文化发展繁荣，事关国内国际两个大局，对于建设知识产权强国和世界科技强国具有重要意义。同时对完善知识产权诉讼制度、加强审判队伍建设、提高审判质效、加大保护力度等作出了全面部署，标志着人民法院知识产权审判体系和审判能力现代化建设正处于难得的历史机遇期。面对历史机遇，人民法院必须勇于肩负起应有的光荣使命与职责，坚持司法为民、公正司法，坚持深化改革，充分发挥知识产权司法保护主导作用，确保知识产权法律制度全面、有效实施，营造更优的科技创新法治环境和营商法治环境，为知识产权强国和世界科技强国建设提供有力的司法保障。

近年来，上海法院始终注重提升审判工作水平，在知识产权司法保护领域开展了一系列富有成效的改革和探索，精心审理了一批在全国甚至国际上具有一定影响力的知识产权案件，并从中确立了一些得到公认和肯定的审判规则。同时，上海法院始终十分重视各类案例的编撰工作，尤其在知识产权审判领域，建立了案例编选和发布机制，如每年编发上海法院知识产权司法保护十大案件，定期出版知识产权精选案例集等，以期通过精品、经典案例的发布，力求在指导知识产权类案司法实践的基础上，发挥对知识产权保护、运用以及激励科技创新的规范、示范、引导功能，对法制普及和宣传有所助益，对化解知识产权矛盾纠纷有所示范。

本案例丛书从历年上海法院审结的知识产权案件中精选部分案件进行汇编，案件类型覆盖著作权、商标、专利、反不正当竞争等民事案件，知识产权刑事、行政案件以及涉及知识产权诉讼程序的案件，并采用中英文对照体例，以更好地展示上海法院知识产权司法保护成果。需要特别指出的是，2018 年 4 月，上海市高级人民法院与同济大学共同签署《关于加强知识产权法学教育和司法实践的合作框架协议》，积极搭建起法院司法实践与高校教学科研有机结合的高端平台，探索建立优势互补、资源共享、相互促进的举措机制，力求在更高层面上实现知识产权法学教育与司法实践的深度融合。而本案例丛书的编撰和出版工作即由上海市高级人民法院和同济大学共同完成，是“院”“校”合作的新成果。相信随着双方合作的不断深化，定会结出更多、更优的理论实践研究成果，为我国建设知识产权强国和科技强国贡献应有的智慧和力量。

是为序。

刘晓云

2021 年 1 月 6 日

Preface

As the new technological and industrial revolution is in full swing, intellectual property rights have become a strategic resource for our national development and a central component of our international competitiveness. They are a crucial support for the development of China as an innovation-driven country, as well as a key factor for taking the initiative in national development. At present, as China undergoes economic transformation and upgrading, and deepened reform and opening up, facing complex and volatile international environment, the CPC Central Committee and the central government, with a broad and long-term vision, have accurately grasped the overall situation of international and domestic development, and elevated the importance of IP rights protection to an unprecedented height. On April 10, 2018, General Secretary Xi Jinping gave a keynote speech at the Boao Forum for Asia (BFA) in which he announced the four major moves to be taken by China to further enhance its opening-up campaign. From November 2 to 3, 2019, General Secretary Xi Jinping emphasized during his inspection of Shanghai before the second China International Import Expo that Shanghai should strengthen its functions of global resource allocation, scientific and technological innovation, high-end industry leadership and as a hub and portal of opening up, of which the full play is inseparable from the strict protection of intellectual property rights. On November 11, 2019, the General Office of the CPC Central Committee and the General Office of the State Council issued the *Opinions on Strengthening the Protection of Intellectual Property Rights*, which further emphasizes the importance of intellectual property protection and proposes specific measures for the protection of IP rights.

Judicial protection is the most effective and authoritative instrument in this regard. In February, 2018, the General Office of the CPC Central Committee and the General Office of the State Council issued a guiding document exclusively for the adjudication of intellectual property cases: *Opinions on Several Issues Concerning Heightening Reform and Innovation in the Field of Intellectual Property Adjudication.* It is clearly stated in the document that the adjudication of intellectual property cases by people's courts is crucial to the implementation of innovation-driven development strategies, the economic, social and cultural development and prosperity, and the situation at home and abroad, and that it is of great significance to the development of China's strength in intellectual property and technology in the world. Meanwhile, the document also contains a full program for improving the intellectual property litigation system, enhancing the development of a talent pool of qualified judges, increasing the effectiveness and efficiency of adjudication, reinforcing the efforts in intellectual property protection, etc. It marks a very precious historic opportunity for the modernization of the intellectual property adjudication system and the judicial capacity of people's courts. The people's courts must rise to the occasion and take on their noble mission and duty in safeguarding an impartial judicial system for the people, enhancing the reform, allowing the judicial system to play its central role in intellectual property protection, ensuring the full and effective enforcement of intellectual property laws and regulations, creating a better legal environment for technological innovation and business, and providing strong judicial for China to be both an intellectual property power and a science and technology power in the world.

The improvement of their adjudicative work has been a focus of Shanghai courts for years. They have launched a series of successful reforms and researches in judicial IP protection and heard a range of IP cases influential in China and even in the world, during which they defined a few widely accepted rules of adjudication. Another focus of their work throughout the years has been the compilation of various cases, especially IP cases. They have released a series of publications of selected cases, including the annually published "Top Ten Cases on Judicial Protection of IP Rights by Shanghai Courts" and the regular issues of selected IP cases. By publishing selected and typical cases, they hope to offer guidelines for judicial practices related to intellectual property protection, based on which they can regulate and guide IP protection and utilization and incentives for technological innovation through the demonstration of a few classic cases. They will help educate the public on related laws and regulations and act as examples of how to resolve IP disputes.

This book contains many cases selected from the IP cases concluded in Shanghai courts over the years, covering several types across multiple fields, including civil cases on copyright, trademark, patent and anti-unfair competition, criminal and administrative IP cases, and other cases involving IP litigation. In addition, the book consists of parallel texts in Chinese and English to make it an epitome of the achievements that Shanghai courts made in the adjudication of IP cases. It is worth noting that Shanghai High People's Court and Tongji University signed the *Cooperation Framework Agreement on Strengthening the Legal Education Related to IP Protection and Judicial Practices* in April, 2018, to build a platform combining judicial practices at the courts and training programmes at colleges and universities, develop a system that taps into their complementary advantages, shares resources and contributes to joint progress, and strengthen the thorough coordination between legal education on IP and judicial practices on a higher level. This book is jointly compiled and published by Shanghai High People's Court and Tongji University as a concrete measure within the framework and a new achievement from their cooperation. It is believed that the increasingly enhanced cooperation between the two sides will produce more and better practical results and research findings that may prompt China to become an intellectual property power and a science and technology power in the world.

It is for this reason that this preface is written.

Liu Xiaoyun

January 6, 2021

目　录

一、著作权民事纠纷案件

二、商标权民事纠纷案件

三、专利权民事纠纷案件

四、不正当竞争民事纠纷案件

五、知识产权刑事案件

六、知识产权行政案件

七、知识产权诉讼程序案件

1. Civil Cases on Copyright Infringement

2. Civil Cases on Trademark Infringement

3. Civil Cases on Patent Infringement

4. Civil Cases on Unfair Competition

5. Criminal Cases on Intellectual Property

6. Administrative Cases on Intellectual Property

7. Cases on IP Judicial Proceedings

一、

著作权民事纠纷案件

著作权许可使用合同的法律性质与法律后果

——南某仁与老古文化事业股份有限公司、复旦大学出版社有限公司等侵害著作财产权纠纷案

【提要】

著作权许可使用合同的法律性质应综合合同条款文义、著作权人之行为、代理人之权限、出版合同及其履约过程进行判断。对于代理人在著作权人授权范围之内签署的许可使用合同，其法律后果应直接归属于作为被代理人的著作权人，而不应认定为转委托。著作权人死亡后，在对其作品著作财产权归属发生争议的情况下，出版社暂缓支付著作权许可使用费，不存在拒不支付之主观过错，因此不应认定其侵害著作权。

【案情】

原告、反诉被告（被上诉人）：南某仁

被告、反诉原告（上诉人）：老古文化事业股份有限公司（以下简称老古公司）

被告、反诉第三人（上诉人）：复旦大学出版社有限公司（以下简称复旦出版社）

被告：上海老古文化教育有限公司（以下简称上海老古公司）

案由：侵害著作财产权纠纷

一审案号：（2014）沪一中民五（知）初字第170号

二审案号：（2017）沪民终233号

1980年，南某瑾在台湾创办老古公司，专门出版南某瑾作品，2004年10月，老古公司董事长由南某瑾变更为郭某旻。2003年9月，上海老古公司成立，郭某旻及其母李某美为股东。

2001年1月31日，南某瑾与郭某旻签署《委托书》，记载："兹委托郭某旻为本人的特别授权代理人，全权代理本人处理我所有的作品在大陆的全部著作权事项。代理权限：代为签订著作权许可使用合同及处理著作权许可使用的其他有

关事务。代为处理其他一切有关本人所有作品在大陆的著作权之法律事务。代理人在代理权限内签署的一切文件，本委托人均予以认可。代理人有转委托权。”该《委托书》上的签名经上海市公证处证明均属实。郭某旻出具署期为2001年6月8日的《许可使用证书》，其中记载：1. 南某瑾作品在中国境内的许可使用权专属老古公司。老古公司得自行或许可第三人使用。2. 老古公司之专属使用权期与法令规定南某瑾先生之作品权利年限同。3. 老古公司应支付之版税权利金悉数留作筹设上海老古文化事业及其营运之用。

南某瑾作品在大陆地区曾分别由复旦出版社、东方出版社、上海人民出版社等出版，授权主体既有老古公司也有南某瑾，版权使用费有的由南某瑾本人收取，有的则由上海老古公司收取，对此情况南某瑾及郭某旻均知悉。

南某瑾于2012年9月29日逝于苏州吴江太湖大学堂，生前未留遗嘱。南某瑾在我国大陆地区和台湾地区各有一段婚姻，大陆子女和台湾子女就遗产分配已经达成协议，大陆的财产均由南某舜继承。在南某瑾去世后其子女与郭某旻母女一起召开的善后会议上，李某美表示南某瑾的版权、版税于法于理应属于南家子孙。在本案之前，南某舜曾以复旦出版社等未经许可擅自复制发行《南某瑾选集》构成侵权为由提起诉讼，2014年1月浙江省温州市中级人民法院（2013）浙温知终字第113号民事判决终审驳回了南某舜的诉讼请求，主要理由为复旦出版社已经得到老古公司的授权。后南某舜向浙江省高级人民法院申请再审，被浙江省高级人民法院驳回。

2014年10月，南某舜在上海市第一中级人民法院提起本案诉讼，南某舜主张应由其继承南某瑾大陆地区的著作财产权，因复旦出版社获得老古公司授权出版南某瑾多部作品后未支付部分著作权使用费，南某舜要求老古公司与复旦出版社连带赔偿经济损失988万余元、合理费用35万余元。市第一中级人民法院于2015年5月21日决定追加上海老古公司为本案被告。老古公司则辩称南某瑾生前已将全部著作财产权赠与老古公司，并于2015年9月提起要求确认其对南某瑾作品享有著作权的权属纠纷反诉。复旦出版社辩称其出版行为已经得到老古公司授权。

本案一审中，各方当事人对前述南某瑾生前对著作权的授权、许可等实际情况和老古公司实际运作的情况争议不大。各方主要的争议在于老古公司于2015年4月向一审法院提交的《捐赠书》的真实性和效力如何认定。老古公司在一审中称南某瑾于2004年向老古公司董事长郭某旻交付该《捐赠书》。该《捐赠书》署期为2003年2月27日，其打印文字记载“本人毕生所有之各种类、各式样著作含文稿、往来信件，包括业已发行或未发行者，已公开或未公开者，其著作权全部捐赠给台湾老古文化事业股份有限公司”。该《捐赠书》上有南某瑾签名，并加盖“南某瑾印”。经委托鉴定，该签字系南某瑾所签，但无法确定该签名的形成时间。各方就该《捐赠书》的真伪有争议，南某舜认为南某瑾平时有白纸上预留签名的习惯，该捐赠书系本案起诉后伪造。

二审法院另查明事实：1. 郭某旻曾于2001年向李某雄咨询作品许可使用法律文书如何撰写相关问题；2. 南某瑾曾于2009年7月23日、2010年4月20日委托北京市洪范广住律师事务所代理其大陆地区著作权维权事宜；3. 南某瑾曾于2012年7月26日签署《授权委托书》，将其作品《论语别裁》日文翻译本版权授予案外人李某；4. 2008年4月16日南某瑾、郭某旻、刘某虹、吴某雷等与人民出版社黄某元等商讨南某瑾作品出版事宜时，郭某旻曾表示南某瑾作品属“老古出版社的版权”。

【审判】

上海市第一中级人民法院经审理认为：《捐赠书》的存在并无他人知晓，而作为《捐赠书》的持有人并没有在南某瑾过世之后第一时间出示，相反在南某瑾去世后其子女与郭某旻母女一起召开的善后会议上，李某美表示南某瑾的版权、版税于法于理应属于南家子孙；在《捐赠书》载明的时间点之后，南某瑾的后续另行许可出版并收取版权费的行为与其赠与意思不符，并且老古公司得知南某瑾对外许可出版著作后亦未表示异议的行为，也表明老古公司实际未得到南某瑾赠与的著作权，并且老古公司迟至2015年4月才向法院提交该捐赠书。基于此，一审判决否定了南某瑾已将其著作权赠与老古公司的主张，并驳回老古公司的反诉。一审法院认为，《许可使用证书》性质上属于转委托，复旦出版社在2012年7月前出版南某瑾作品及已经支付给上海老古公司的版权费，南某瑾是知悉的，因此复旦出版社不存在侵权行为。但对于南某瑾去世后未支付的部分(136万余元)，属于使用他人作品未支付费用，因此构成侵权，但复旦出版社在争议发生后客观上难以区分著作权归属，属无主观过错，因此无须承担南某舜的维权费用。综上，依照《中华人民共和国著作权法》第四十七条第（七）项、第四十九条第一款[①]的规定，一审法院判决：1. 复旦出版社于判决生效之日起十日内向南某舜赔偿经济损失1,363,941.18元；2. 驳回南某舜的其余诉讼请求；3. 驳回反诉原告老古公司的诉讼请求。

一审判决后，老古公司、复旦出版社不服，提起上诉，请求撤销原判、驳回南某仁[②]全部诉请、支持老古公司反诉请求。主要理由为：1. 《捐赠书》南某瑾签名经鉴定真实，应据此认定著作权赠与的效力；2. 一审判决将《许可使用证

---

① 本书所示，用的案例为真实案例，因此除有特别说明外，判决书和评析后的法律采用当时有效的法律，全书同。

② 南某舜去世后，其继承人南某仁承继诉讼。

书》认定为转委托没有依据，郭某晏根据《委托书》具有对外授权的权利，该《许可使用证书》真实有效，老古公司据此向复旦出版社的授权亦真实有效，因此复旦出版社并未侵权。二审中，南某仁继续否认《捐赠书》和《许可使用证书》的真实性。

上海市高级人民法院审理后认为，《许可使用证书》法律性质上不属于转委托，老古公司据此可授权复旦大学出版社出版南某瑾作品。复旦大学出版社前期向南某瑾、后期根据老古公司指令向上海老古公司支付著作权许可使用费，系正常履约行为，亦不与南某瑾本人意愿相违，因此复旦大学出版社并不存在侵害著作权的行为。在案证据不能证明南某瑾生前已将其作品著作权赠与老古公司。原审判决将涉案《许可使用证书》理解为转委托并进而认定复旦出版社构成侵权，系法律适用错误，应予纠正。据此，依照《中华人民共和国民法通则》第五十七条、第六十三条第二款、第六十六条第一款、《中华人民共和国合同法》第四百零四条、《中华人民共和国民事诉讼法》第一百七十条第一款第（二）项之规定，二审法院于2018年9月28日进行改判：1. 撤销原判第一、二项；2. 维持原判第三项；3. 驳回南某仁的全部诉讼请求。

【评析】

南某瑾系海内外知名的国学作家，毕生著书70余种，于2012年去世后，其后代与老古公司、复旦大学出版社等产生关于著作权许可使用费及著作权归属的纠纷，引发社会关注。本案争议在于：1. 南某瑾是否已将其著作权赠与老古公司；2. 老古公司是否有权许可复旦出版社出版涉案书籍；3. 复旦出版社的被控行为是否构成侵权。

一、关于南某瑾是否已将其著作权赠与老古公司

依据鉴定报告仅可确认《捐赠书》上的南某瑾签名真实，但无法确定该签名与《捐赠书》打印文字的形成先后顺序；南某瑾2003年之后的行为与《捐赠书》内容相矛盾，除原审判决已述及的行为之外，南某瑾于2009年7月23日、2010年4月20日委托律师代理其大陆地区著作权维权事宜，以及南某瑾2012年7月26日签署《授权委托书》将其作品《论语别裁》日文翻译本版权授予案外人李某，均表明南某瑾当时仍认为其为著作权人，且老古公司对南某瑾上述行为均未持异议；虽然郭某晏在2008年4月16日南某瑾与人民出版社商讨作品出版事宜时曾表述“老古出版社的版权”，但结合当时语境，郭某晏此语系指南某瑾授权老古公司、再由老古公司授权出版社的出版方式；李某美在2012年10月4日的会议中表示南某瑾的版权版税于理于法都属于南家子孙，这与郭某晏所称的李某美知晓南某瑾向郭某晏交付《捐赠书》一事相矛盾。

虽然涉案《捐赠书》之南某瑾签名经鉴定真实，但依据目前在案证据，该《捐赠书》的真实性尚难以确认，且南某瑾之实际行为与老古公司主张的南某瑾已将其著作权赠与老古公司不相符，目前亦无其他证据表明南某瑾已将其著作权赠与老古公司，原审判决未认定南某瑾已将其著作财产权赠与老古公司，并无不妥。

二、关于老古公司是否有权许可复旦出版社出版涉案书籍

依据南某瑾2001年1月签署的《委托书》，郭某旻具有在大陆地区代表南某瑾对外订立著作权许可使用合同的权利；涉案出版合同中均载明老古公司为授权人，履约过程中2008年12月17日之前著作权许可使用费支付给南某瑾、之后支付至上海老古公司，南某瑾未持异议且曾支用款项，可见南某瑾认可老古公司享有许可使用权并具有对外许可使用的权利。南某仁虽否定该《许可使用证书》的真实性，却未能提供相反证据予以佐证，根据民事诉讼证据盖然性规则，应当确认该《许可使用证书》的真实性。

《许可使用证书》的法律性质，应结合《委托书》、南某瑾之行为、老古公司与复旦出版社所签之出版合同及其履约过程进行判断。郭某旻在《许可使用证书》上之署名为“南某瑾先生特别代理人”，该《许可使用证书》实质系郭某旻代表南某瑾与老古公司签订之著作权许可使用合同，其法律后果应直接归属于被代理人南某瑾。该《许可使用证书》并非约定由老古公司代郭某旻处理南某瑾作品对外许可使用事务，将其认定为转委托没有事实和法律依据。但《许可使用证书》第三条记载“老古公司应支付之版税权利金悉数留作筹设上海老古文化事业及其营运之用”，该条内容并非在郭某旻根据《委托书》明确所获权限之内，对被代理人南某瑾不应发生法律效力。

三、关于复旦出版社的被控行为是否构成侵权

依据涉案《委托书》和《许可使用证书》之内容，老古公司有权许可复旦出版社出版南某瑾作品。老古公司与复旦出版社签订的出版合同中，老古公司并非南某瑾之代理人，而是与南某瑾共同作为权利人授权复旦出版社进行出版，故复旦出版社可依约出版涉案南某瑾作品。

2008年前南某瑾著作权许可使用费汇至谢某烊保管的南某瑾个人账户、2008年后不再汇至南某瑾个人账户而改由郭某旻负责支出，南某瑾对此从未反对，并曾于2009年8月从上海老古公司支取50万元，应认定南某瑾对此知情并同意，即南某瑾对涉案老古公司与复旦出版社出版合同项下之著作权许可使用费的支付对象进行了变更，且老古公司及复旦出版社不持异议并已实际履行。因南某瑾以其行为于2008年对涉案作品的著作权许可使用费进行了处分，实际已变更了复旦出版社与老古公司签订的涉案出版合同中关于著作权许可使用费支付给作者的条款，复旦出版社据此应继续依约向上海老古公司支付涉案作品著作权许可使用费。2008 年 12 月 17 日之后复旦出版社向上海老古公司支付涉案作品的著作权许可使用费，系其正常履约之举，且南某瑾于 2008—2012 年近四年间对此不持异议。

鉴于老古公司、上海老古公司系独立主体，而依据《许可使用证书》南某瑾已授权老古公司自行使用或许可他人使用其作品、依据南某瑾 2008 年及之后之实际行为其已对涉案著作权许可使用费进行了处分，据此老古公司享有涉案南某瑾作品在中国大陆地区的许可使用权并可授权他人使用、上海老古公司可收取涉案出版合同项下的著作权许可使用费。如利益相关方对此持有异议，可通过公司股权纠纷等另案诉讼或其他合法方式加以解决。

本案涉及在华人文化圈具有一定影响力的南某瑾作品，受到社会各界甚至海内外华人的关注。本案事实复杂，法律关系错综，涉及利益巨大，涉案各方矛盾难以调和。二审判决通过探求南某瑾本人生前的真实意思表示，准确界定各方行为的法律意义，对涉案各方的相关权益进行了符合南某瑾生前意愿的合理分配，取得了各方之间的利益平衡。

（撰稿人：徐卓斌）

全面赔偿原则在知识产权侵权损害赔偿中的体现

——SAP 股份公司诉上海阜和信息技术有限公司等侵害计算机软件著作权等纠纷案

【提要】

本案是法院依法贯彻全面赔偿原则的典型案例。本案中虽然著作权人的实际损失和侵权人的违法所得均难以确定，但在有证据可以证明著作权人因侵权所受到的损失已超过法定赔偿最高限额 50 万元的情况下，法院综合全案的证据情况，在法定赔偿最高限额之上酌情合理确定赔偿数额。

【案情】

原告（被上诉人）：SAP 股份公司

被告（上诉人）：上海阜和信息技术有限公司（以下简称阜和公司）

被告（上诉人）：上海杨浦区阜和进修学校（以下简称阜和学校）

案由：侵害计算机软件著作权、侵害作品复制权、侵害作品发行权纠纷

一审案号：（2015）沪知民初字第 598 号

二审案号：（2017）沪民终 150 号

原告 SAP 股份公司系在德国登记设立的软件公司，主要提供企业管理和协同化商务解决方案的软件及相关服务，在中国市场享有良好的声誉。原告享有客户端计算机软件 GUI620、GUI710 和服务器端计算机软件 R/3 4. 7 企业版（IDES 版本）的著作权，客户端软件连接服务器端软件之后，可以运行包括 HR（人力资源管理）等多项涉及标准化企业管理业务的功能模块。为帮助企业准确理解和正确应用上述软件，原告以功能模块为单元，开发了 SAP 软件系列培训课程，并针对每一模块的功能和特点编写了培训教材，专门用于软件培训课程。被告阜和公司成立于 2001 年 3 月 13 日，被告阜和学校成立于 2001 年 6 月 1 日，两被告法定代表人和员工均相同，均于 2005 年开始从事 SAP 软件培训业务。两被告在其共同运营的网站上宣传推广其开设的包括涉案 HR 模块在内的多项功能模块的

培训课程，并使用原告的软件和相关培训教材进行培训。根据其网站上公布的开课信息，2010—2015 年两被告共开设与涉案软件和培训教材相关的 HR 功能模块课程班 160 余个，每位学员的培训费平均为人民币 15,000 元。而根据原告与其培训合作机构的授权协议，原告可以从每一学员的培训费中收取 40% 的特许权使用费。

原告 SAP 股份公司诉称，两被告的行为共同侵害了原告享有的涉案软件和相关培训教材的著作权，严重影响了原告及其授权培训机构的正常经营，故请求判令两被告停止侵权并连带赔偿经济损失及合理开支共计人民币 300 万元。

被告阜和公司、阜和学校共同辩称：1. 两被告在开展培训业务时，主要是培训学员如何操作和使用涉案软件，整个过程中并没有复制、发行原告享有著作权的软件和培训教材，更没有将相应软件进行商业使用。2. 两被告主要是针对企业客户的员工进行相应培训，由两被告聘请兼职教师，相关企业提供相应的教学设备、场地以及教学使用的相应软件及说明书，这些企业提供的软件及说明书均购自原告，两被告在教育培训过程中并没有实施侵权行为。3. 原告没有证据证明两被告的获利情况，也没有证据证明原告的直接损失。两被告网站上的培训班开设数据是两被告为了宣传的需要而作了相应的扩大，且这些数据均是近十年来的数据，不能作为本案参考经济损失的依据。因此，两被告不同意原告的全部诉讼请求。

【审判】

上海知识产权法院经审理认为，两被告的行为共同侵害了原告对涉案软件和培训教材享有的著作权，依法应当承担停止侵权、赔偿损失的民事责任。本案中，虽然原告的实际损失和两被告的违法所得均难以确定，但现有证据已经可以证明原告因侵权所受到的损失超过了相关法律规定的法定赔偿数额的上限 50 万元，故综合全案的证据情况，在法定赔偿最高限额之上酌情合理确定赔偿数额。

上海知识产权法院作出判决：1. 两被告应于判决生效之日起立即停止侵害原告客户端软件 GUI620、GUI710、服务器端软件 R/3 4.7 企业版（IDES 版本）著作权和培训教材《HR050》《HR305》《HR400》著作权的行为；2. 两被告应于判决生效之日起 10 日内连带赔偿原告包括合理开支在内的经济损失人民币 155 万元（其中合理开支为人民币 25 万元）；3. 驳回原告的其余诉讼请求。

一审判决后，两被告提起上诉。上海市高级人民法院二审审理中，两被告撤回上诉。

【评析】

如何坚持全面赔偿原则，积极探索加大赔偿力度的具体实现方式，合理确定侵权损害赔偿数额和制止侵权的合理开支，一直是知识产权审判中需要解决的难题。本案判决的意义在于在侵权赔偿责任确定中切实贯彻全面赔偿原则，在有证据可以证明著作权人因侵权所受到的损失已超过法定赔偿最高限额 50 万元的情况下，综合全案的证据情况，在法定赔偿最高限额之上酌情合理确定赔偿数额，判决被告应赔偿原告经济损失及合理费用共计人民币 155 万元，加大了对权利人的保护力度，体现了法院不断加强知识产权司法保护的态度和决心。

一、全面赔偿原则是知识产权侵权损害赔偿中应当遵循的基本原则

在知识产权侵权损害赔偿案件的审判中，当依法确定了侵权人的侵权责任后，需要遵循一定的赔偿原则确定侵权损害赔偿数额。我国现行知识产权法中均没有明确规定侵权损害的赔偿原则，从相关法律关于损害赔偿数额计算的规定看，主要分为三种方式：一是按照权利人的实际损失计算；二是按照侵权人的违法所得计算；三是适用法定赔偿金。我国相关知识产权法中均规定了法定赔偿金的最高限额，但法定赔偿本质上是对损害赔偿的一种推定，是在权利人的实际损失或者侵权人的违法所得不能确定时，由法院根据查明的案件事实，考虑相关因素后酌情确定的一种赔偿数额，其实质仍是要填补权利人的实际损失。因此，无论以上述三种方式中的何种方式计算赔偿数额，均应遵循全面赔偿的原则。本案正是法院在侵权损害赔偿中依法贯彻全面赔偿原则的典型案例。

二、法定最高限额以上合理确定赔偿额在具体案件中的适用

由于法定赔偿金有最高限额，在原告实际损失无法查清的情况下，部分侵权人在侵权收益远远超过该限额时，往往不提供其实际经营情况的证据，以期法定赔偿的适用使其保有非法利益。因此，司法实践中并不能对所有权利人损失或侵权人获利不能查明的案件一律适用法定赔偿确定赔偿数额。最高人民法院 2009 年在《关于当前经济形势下知识产权审判服务大局若干问题的意见》中亦明确提出：“对于难以证明侵权受损或侵权获利的具体数额，但有证据证明前述数额明显超过法定赔偿最高限额的，应当综合全案的证据情况，在法定最高限额以上合理确定赔偿额。”根据本案查明的事实，两被告在 2010—2015 年，共开设与涉案软件和培训教材相关的功能模块课程班 160 余个，两被告虽不认可其网站上公布的开课信息，并辩称其主要针对企业客户的员工进行培训，培训时使用的软件及培训教材由相关企业提供，但并未提供证据证明其针对企业客户的员工进行培训的模式、已开班数量、培训学员人数、收取的培训费等实际经营情况，故两被告网站上公布的培训班开设信息可以作为两被告经营情况的依据。但鉴于该类培训机构在常规经营中的确会存在因无学员报名导致网上公布的培训班实际并未开班的情况，且每个培训班的实际学员数量亦无法确定，故无法直接根据两被告在其网站上公布的开班信息确定原告的损失或两被告的获利。本案中，虽然原告的实际损失和被告的违法所得均难以确定，但鉴于现有证据已经可以证明原告因侵权所受到的损失超过了我国著作权法规定的法定赔偿数额的限额 50 万元，故法院综合全案的证据情况，根据两被告的培训费价格、侵权行为的性质、主观状态、侵权情节及持续时间，参考原告向合作伙伴收取特许权使用费的比例等，在法定赔偿最高限额之上酌情合理确定赔偿数额。同时，对原告主张的合理开支中为制止两被告侵权所发生的必要、合理支出予以支持。本案判决显示了法院对权利人合法权利的保护力度，也体现了法院不断加强知识产权司法保护的态度和决心。

（撰稿人：吴盈喆）

裁量性赔偿在计算机软件著作权侵权案件中的适用

——达索系统股份有限公司诉上海知豆电动车技术有限公司侵害计算机软件著作权纠纷案

【提要】

虽然著作权人的实际损失和侵权人的违法所得均难以确定，但有证据可以证明著作权人因侵权所受到的损失已超过法定赔偿最高限额的情况下，法院应适用裁量性赔偿制度，综合案件事实和全案证据情况，超出法定赔偿最高限额酌情合理确定赔偿数额。

【案情】

原告（被上诉人）：达索系统股份有限公司（以下简称达索公司）

被告（上诉人）：上海知豆电动车技术有限公司（以下简称知豆公司）

案由：侵害计算机软件著作权纠纷

一审案号：（2018）沪73民初81号

二审案号：（2018）沪民终429号

原告达索公司系涉案软件CATIA V5 R20的软件著作权人，被告知豆公司系一家从事电动车技术研发与服务的创新企业。达索公司曾因知豆公司使用侵权软件于2017年2月向上海市文化市场行政执法总队（以下简称文化执法总队）投诉，文化执法总队行政执法过程中查获知豆公司使用侵权软件8套，其间达索公司与知豆公司达成和解，知豆公司承诺不再非法使用达索公司软件，并与达索公司授权销售代理商签订了软件采购合同，文化执法总队因此对知豆公司依法减轻作出行政处罚，但知豆公司并未按软件采购合同支付合同款。2017年11月，达索公司向上海知识产权法院申请证据保全。保全过程中，法院经知豆公司同意，采取随机抽查的方式对计算机中安装涉案软件的情况进行证据保全，同时明确告知知豆公司抽查的比例以及将根据所抽查计算机中安装涉案软件的比例推算经营场所内所有计算机中安装涉案软件的数量。经清点，知豆公司经营场所内共有计算机73台，保全结果为抽查的15台计算机中100%安装了涉案软件。

达索公司诉称，知豆公司的上述行为，侵害了达索公司对涉案软件享有的复制权。涉案软件的市场价格为人民币252,770元/套，根据法院证据保全时明确的推算方式，可以认为知豆公司经营场所内的73台计算机均安装了涉案软件，故由此造成达索公司18,452,210元的经济损失。如果法院不认可上述经济损失的计算方式，鉴于知豆公司主观恶意极大，侵权情节严重，请求法院对知豆公司适用惩罚性赔偿，在法院确定的达索公司损失数额的一倍至三倍之间确定赔偿数额。因此，达索公司要求法院判令知豆公司停止侵权，并赔偿达索公司经济损失18,452,210元及律师费150,000元。

知豆公司辩称，其曾系原山东新大洋电动车有限公司（以下简称山东新大洋公司）的下属部门，山东新大洋公司曾于2015年向达索公司授权销售代理商购买了正版CATIA软件，亦即行政处罚时发现的8套软件。行政处罚后，知豆公司系因内部管理不善导致未能及时付款。山东新大洋公司向达索公司购买的8套软件单价不到20万元；知豆公司与达索公司授权销售代理商签订的软件采购合同约定的软件单价为207,036元，由于该合同系在行政执法过程中签订，软件单价中包含了惩罚性因素，比正常的销售价格高，且软件出版时间越久，价格越便宜，达索公司在文化执法总队亦确认涉案软件的货值单价为81,755元，故达索公司主张以252,770元/套计算涉案软件单价，明显过高，且缺乏依据。而且知豆公司经营场所内的73台计算机并非都实际安装了涉案软件。因此，知豆公司不同意达索公司关于其经济损失的计算方式，知豆公司亦不存在侵权的主观恶意，不应适用惩罚性赔偿。

【审判】

上海知识产权法院审理后认为，知豆公司经营场所内共有计算机73台，法院采取随机抽查的方式对计算机中安装涉案软件的情况进行证据保全，并明确告知了知豆公司抽查比例以及将根据抽查计算机中安装涉案软件的比例推算73台计算机中安装涉案软件的数量，知豆公司对此并未提出异议。保全结果为抽查的15台计算机中100%安装了涉案软件，故根据上述推算规则，可以认定73台计算机均安装了涉案软件。知豆公司辩称其曾系原山东新大洋公司的下属部门，其中8套涉案软件系经达索公司授权山东新大洋公司合法使用的软件，但知豆公司并未提供证据证明其所称与山东新大洋公司之关系，山东新大洋公司与达索公司授权销售代理商签订的销售合同中亦未约定山东新大洋公司购买的软件可以再许可给该公司以外的第三方使用，故法院对知豆公司的该辩称意见不予采信，对于达索公司关于知豆公司安装侵权软件的数量为73套的主张予以采纳。知豆公司未经达索公司许可，在其经营场所内的计算机上安装了涉案软件，侵害了达索公司对涉案软件享有的复制权，依法应当承担相应的民事责任。本案中，达索公司虽提交了其授权销售代理商与其他公司签订的销售合同，欲证明涉案软件的市场价格为252,770元/套。知豆公司与达索公司授权销售代理商2017年7月签订的销售合同亦约定5套软件的总价为1,400,000元。但知豆公司提交的相关销售合同可以证明2015年7月山东新大洋公司购买8套软件的总价为1,500,000元，而文化执法总队2017年作出行政处罚时确定的软件单价仅为81,755元，故现有证据所显示的涉案软件销售价格差异明显，且无法确定上述销售合同所涉软件包含的模块是否一致。因此，达索公司提交的销售合同不能直接作为赔偿数额确定的依据，达索公司关于以252,770元/套的销售单价计算赔偿损失数额的主张，法院不予采纳。同时，鉴于达索公司的实际损失及知豆公司的违法所得均难以确定，但现有证据已经可以证明达索公司因侵权所受到的损失超过了著作权法规定的法定赔偿数额的上限50万元，故法院综合全案证据情况，同时考虑双方提交的销售合同软件单价、知豆公司的侵权期间、安装侵权软件的计算机数量，以及知豆公司在被行政机关查获使用侵权软件后仍扩大侵权规模的主观恶意等因素，在法定赔偿最高限额之上酌定赔偿数额，判决知豆公司赔偿达索公司经济损失及律师费共计900万元。

一审判决后，知豆公司不服，提起上诉。上海市高级人民法院认为，本案权利人的实际损失或者侵权人的违法所得均不能确定，法院应当根据侵权行为的情节，判决给予50万元以下的赔偿。但本案事实表明，达索公司和知豆公司已经就文化执法总队查获的知豆公司的侵权行为达成过和解协议。其后，知豆公司未履行和解协议，反而扩大侵权规模，经一审法院证据保全，在相同的经营场所又查获73台工作电脑安装了侵权软件。由此可见，知豆公司存在重复侵权行为，侵权主观恶意明显，且达索公司的实际损失已经明显超过法定赔偿50万元的最高限额，故应在法定赔偿最高限额之上酌情确定赔偿金额。一审法院根据知豆公司安装侵权软件的数量、侵权期间、主观恶意及权利人为维权所支出的合理开支等因素，酌定知豆公司赔偿达索公司经济损失及律师费900万元并无不当。遂判决驳回上诉、维持原判。

【评析】

全面赔偿是损害赔偿的基本原则，如何坚持全面赔偿原则，积极探索加大赔偿力度的具体实现途径，公平合理确定侵权损害赔偿数额，一直是知识产权审判中需要解决的难题。本案判决的意义在于在侵权赔偿责任确定中切实贯彻全面赔偿原则，运用裁量性赔偿，在有证据可以证明著作权人因侵权所受到的损失已超过法定赔偿最高限额50万元的情况下，综合案件事实和全案证据情况，于法定赔偿最高限额之上酌情合理确定赔偿数额，判决知豆公司赔偿达索公司经济损失及合理费用共计900万元，加大了对权利人的保护力度，体现了法院不断加强知识产权司法保护的态度和决心。

一、裁量性赔偿的概念及本质

裁量性赔偿是指法院在当事人无法举证证明权利人的损失或侵权人违法所得的确切数额，但有证据证明上述数额明显超过法定赔偿最高限额时，根据具体案情在法定赔偿最高限额之上确定赔偿数额的一种制度。该制度源于最高人民法院2009年出台的《关于当前经济形势下知识产权审判服务大局若干问题的意见》，但当时并未提出裁量性赔偿的概念。该意见在第十六条中提出，“对于难以证明侵权受损或侵权获利的具体数额，但有证据证明前述数额明显超过法定赔偿最高限额的，应当综合全案的证据情况，在法定最高限额以上合理确定赔偿额”。此后，司法实践中在法定最高限额以上确定赔偿额的案例开始出现并逐渐增多。2013年10月最高人民法院召开“人民法院加大知识产权司法保护力度的有关情况新闻发布会”时，提出要加强裁量性损害赔偿制度的适用，并发布了相关典型案例。2016年7月在全国法院知识产权审判工作座谈会暨全国法院知识产权审判“三合一”推进会上，最高人民法院陶凯元副院长进一步指出，要充分考虑知识产权市场价值的客观性和不确定性双重特点，在确定知识产权损害赔偿数额时，既要力求准确反映被侵害的知识产权的相应市场价值，又要适当考虑侵权行为人的主观状态，实现以补偿为主、以惩罚为辅的双重效果。要善于运用根据具体证据酌定实际损失或侵权所得的裁量性赔偿方法，引导当事人对于损害赔偿问题积极举证，进一步提高损害赔偿计算的合理性。

我国现行知识产权相关法律中关于损害赔偿数额的计算主要分为三种方式：一是按照权利人的实际损失计算；二是按照侵权人的违法所得计算；三是适用法定赔偿。相关法律中均规定了法定赔偿的最高限额，但法定赔偿本质上是对损害赔偿的一种推定，是在权利人的实际损失或者侵权人的违法所得不能确定时，由法院根据查明的案件事实，考虑相关因素后在法定赔偿的最高限额内酌情确定赔偿数额。裁量性赔偿特别指的是超过法定赔偿最高限额确定赔偿额的一种损害赔偿计算方式，虽然也是对赔偿数额的酌定，但究其本质还是根据权利人的实际损失或者侵权人的侵权获利来确定损害赔偿数额。因此，裁量性赔偿并非前述三种损害赔偿数额计算方式之外的第四种计算方式，而是综合案情和在案证据，对实际损失或者侵权获利予以公平合理确定的一种变通方式。

二、裁量性赔偿制度在计算机软件侵权案件中的适用

我国现行知识产权相关法律中对于赔偿方式的适用顺序基本相同，一是权利人的实际损失，二是侵权人的获利，三是法定赔偿最高限额内酌定。

如前所述，裁量性赔偿是对实际损失或者侵权获利予以公平合理确定的一种

变通方式。因此，在适用裁量性赔偿之前，仍应审查当事人提交的证据能否证明权利人实际损失或者侵权人侵权获利的具体数额，如果上述具体数额难以证明，但有证据证明相关数额明显超过法定赔偿最高限额的，才可以适用裁量性赔偿。

就本案而言，达索公司虽提交了相关软件销售合同，欲证明涉案软件的市场价格为252,770元/套，但知豆公司提交的相关软件销售合同可以证明2015年7月山东新大洋公司购买8套软件的总价为1,500,000元，而文化执法总队2017年作出行政处罚时确定的软件单价仅为81,755元，故现有证据所显示的涉案软件销售价格差异明显，且无法确定上述销售合同所涉软件包含的模块是否一致。因此，达索公司提交的销售合同不能直接作为赔偿数额确定的依据。鉴于达索公司的实际损失和知豆公司的侵权获利均难以确定，但结合达索公司提供的现有证据已经可以证明其因侵权所受到的损失超过了著作权法规定的法定赔偿数额的上限50万元，故法院结合全案的证据情况，综合考虑下列因素，在法定赔偿最高限额之上酌情合理确定赔偿数额。1. 知豆公司安装侵权软件的数量为73套；2. 知豆公司的侵权期间；3. 被文化执法总队查获使用侵权软件后，知豆公司虽与达索公司的授权销售代理商签订了销售合同，但并未实际履行，也未停止侵权行为，还进一步扩大了侵权规模，侵权主观恶意明显。关于达索公司主张的律师费，法院根据相关律师费收费标准，结合本案的难易程度、律师在本案中的工作量等予以全额支持。综上，法院判决知豆公司赔偿达索公司经济损失及律师费共计900万元。

本案系法院依法适用裁量性赔偿制度加大知识产权侵权赔偿力度的典型案例，并入选2018年中国法院50件典型知识产权案例，为类似案件的审理提供了一定的参考。同时，法院也通过本案判决倡导社会公众全面使用正版软件，尊重软件开发者的劳动和付出，推进企业软件正版化工作，形成尊重和保护知识产权、激励和发展创新的营商环境。

（撰稿人：吴盈喆）

网络游戏画面作为类电影作品保护的路径

——上海壮游信息科技有限公司诉广州硕星信息科技有限公司等著作权侵权、侵害商标权及不正当竞争纠纷案

【提要】

网络游戏整体画面的表现形式、创作方法均与电影作品较为相似，当具有独创性时，可认定为“以类似摄制电影的方法创作的作品”（以下简称类电影作品）进行保护。游戏玩家的互动性操作会产生不同的连续动态画面，但不可能超出游戏开发者的预设，不影响对游戏画面的定性。对此类构成要素极多的集合性作品，可通过比对情节、角色、地图、场景、武器装备、怪物等游戏素材的方式，坚持整体比对原则，以相关公众的一般注意力为标准来判断两款游戏画面的相似度。

【案情】

原告（被上诉人）：上海壮游信息科技有限公司

被告（上诉人）：广州硕星信息科技有限公司（以下简称硕星公司）

被告（上诉人）：广州维动网络科技有限公司（以下简称维动公司）

被告：上海哈网信息技术有限公司（以下简称哈网公司）

案由：著作权侵权、侵害商标权及不正当竞争纠纷

一审案号：（2015）浦民三（知）初字第529号

二审案号：（2016）沪73民终190号

韩国网禅公司于2001年11月创作完成网络游戏《MU（3Donlinegame）》。2002年，该游戏由案外人引进中国运营，多次被游戏杂志及网站报道，获得了诸多荣誉。原告经授权，于2013年获得该游戏在中国大陆地区的独家运营权，并命名为《奇迹MU》进行运营。

被告硕星公司于2013年12月开发完成网页游戏《奇迹神话》，并于次年1月授权被告维动公司在中国独家运营，双方就该游戏的合作运营、推广、收费、收入分成等进行了具体约定。

两款游戏均为角色扮演游戏，以MU王国（《奇迹MU》）或神迹王国（《奇迹神话》）的人类对抗入侵的魔族为背景，玩家穿戴武器装备并使用技能，进入不同等级限制的游戏地图完成游戏任务，进入地图后为由街道、建筑、装饰、海域、树林、怪物、NPC等构成的固定场景。《奇迹神话》共24幅地图，其在400级之前的18幅地图与《奇迹MU》的相应地图名称及等级限制顺序基本相同，17个地图的大量场景图与《奇迹MU》中相应场景图的构成素材、颜色、方位及整体布局相同，仅在具体细节方面略有差别。两款游戏均有剑士、魔法师和弓箭手三个玩家角色，《奇迹神话》中角色的技能与《奇迹MU》中相应技能的名称、描述相同或基本相同。此外，《奇迹神话》中的29个武器、105个装备、47个怪物、5个NPC与《奇迹MU》中相应素材的名称、造型相同或基本相同，仅在具体细节设计上略有差异。

维动公司经营的《奇迹神话》官网上发布有《奇迹神话》的推广文章，内容大多包括“十年神话，奇迹再现……将十年前风靡一时余热至今的游戏玩法最大程度的还原……”等。维动公司经营的论坛中，多名网友发帖称《奇迹神话》为网页版的MU。

原告曾于2013年和2014年授权案外人根据《奇迹MU》开发网页游戏，原告收取固定分成款和运营收入的分成。两项授权中，固定分成款分别为300余万元和880万元，自2015年1月起收到的分成款分别为10万元左右到40余万元不等和100余万元到600余万元不等。

原告诉称：网络游戏《奇迹MU》的整体画面构成类电影作品，其中的游戏地图、场景、角色等的名称及造型等素材还分别构成文字作品、美术作品。《奇迹神话》的上述游戏素材与《奇迹MU》构成实质性相似，故画面也构成实质性相似。硕星公司将原告游戏改编为网页游戏的行为，侵犯了原告的改编权；硕星公司、维动公司深度合作运营《奇迹神话》，共同侵犯了原告的复制权、信息网络传播权；被告哈网公司为《奇迹神话》进行推广并提供链接，构成帮助侵权。此外，硕星公司、维动公司在页游网的宣传稿中使用“MU”的行为构成商标侵权；三被告的行为还构成擅自使用原告的知名商品特有名称“奇迹”、擅自使用原告的知名商品特有装潢及虚假宣传，并违反了《反不正当竞争法》第二条。故起诉，请求判令三被告停止侵权；消除影响；硕星公司、维动公司赔偿原告经济损失人民币1000万元及合理费用10.5万元；哈网公司就不正当竞争行为承担50万元的连带赔偿责任。审理中，原告撤回要求哈网公司停止侵权的诉讼请求。

被告硕星公司辩称：1. 运营权并非法定权利，《奇迹MU》的知名度也非原告经营成果，故原告没有诉权。2. 《奇迹MU》的游戏画面不构成类电影作品，两款游戏存在很多实质性区别，相同部分只是魔幻类游戏的基本构思，未侵犯著作权。3. 中国页游网的文章非由其发布，对“MU”也非商标性使用，不构成商标侵权。4. “奇迹”属中文常用词汇，不是原告游戏的特有名称；原告主张的图片不构成特有装潢；原告主张的宣传内容主要是介绍《奇迹神话》，不会对网友产生误导，不构成虚假宣传；本案也不符合适用《反不正当竞争法》第二条的条件。5. 原告主张巨额赔偿缺乏事实和法律依据。

被告维动公司同意硕星公司的答辩意见，同时辩称其作为网络游戏运营企业，已尽到审查义务。

被告哈网公司辩称：其提供免费的游戏信息发布平台，无法判断涉案游戏是否侵权，不应承担侵权责任，且网站已关闭。

【审判】

上海市浦东新区人民法院经审理认为：1. 游戏运营必然涉及对游戏中作品的复制、发行、信息网络传播行为，其竞争利益也由经营者享有，原告作为涉案游戏的独家运营商，有权提起本案诉讼。2. 关于著作权侵权。（1）原告主张的游戏整体画面具有独创性，并能以有形形式复制，是应受著作权法保护的作品。从网络游戏的创作过程来看，其中游戏策划、素材设计等创作人员的功能与电影创作过程中的导演、编剧、美工、音乐、服装设计等类似，编程过程则相当于电影的拍摄。从表现形式上看，游戏画面由一系列有伴音或者无伴音的画面组成，具有和电影作品相似的表现形式。虽然不同玩家操作网络游戏所呈现的连续画面可能有一些差别，但其主体部分相同，且不同画面也均系由开发商预先设置好，玩家不可能超出游戏开发者的预设对画面作出增加或修改。因此，《奇迹 MU》的连续画面构成类电影作品。（2）两款游戏的大量游戏素材相同或类似，对于不具备特殊鉴赏力的普通观众和游戏玩家而言，其整体画面相似度极高，不足以带来不同的美感，构成实质性相似。故硕星公司与维动公司侵犯了原告的复制权、信息网络传播权。但哈网公司作为网络服务提供者，不存在主观过错，不构成侵权。3. 硕星公司、维动公司的行为还构成虚假宣传的不正当竞争。4. 根据原告从涉案游戏对外授权中所获得的经济利益，可证明两被告侵权行为给原告造成的损失已超过了法定赔偿的最高限额，故以此为基础，并综合考虑原告游戏的商业价值和知名度、被告的侵权故意、侵权行为的性质、影响等因素，在法定赔偿最高限额以上确定赔偿数额。

综上，上海市浦东新区人民法院判决：1. 被告硕星公司、维动公司立即停止侵害原告对《奇迹 MU》享有的著作权的行为；2. 被告硕星公司、维动公司立即停止擅自使用涉案知名商品特有名称及虚假宣传的不正当竞争行为；3. 被告硕星公司、维动公司共同赔偿原告经济损失人民币500万元及为制止侵权行为所支付的合理开支人民币104,990元；4. 被告硕星公司、维动公司共同在《中国知识产权报》上发布公开声明（声明内容须经本院审核），以消除其因侵犯著作权及不正当竞争行为对原告造成的不利影响，同时分别在各自的网站首页（网址分别为www.hugenstar.com和www.91wan.com）连续30日刊登相同内容的声明；5. 驳回原告的其余诉讼请求。

宣判后，被告硕星公司、维动公司提起上诉。二审审理中，原告申请撤回关于擅自使用知名商品特有名称的主张，二审法院予以准许，并据此对一审判决做相应变更。上海知识产权法院判决：1. 维持原审判决第一项、第四项、第五项；2. 变更原审判决第二项为：硕星公司、维动公司立即停止虚假宣传的不正当竞争行为；3. 变更原审判决第三项为：硕星公司、维动公司赔偿原告经济损失400万元及合理开支104,990元。

【评析】

网络游戏作为集合了众多开发人员智力创造的结晶，无论是底层代码，还是运行界面呈现出来的游戏角色、武器装备、文字介绍、音乐等视听元素，均具有独创性，并能以有形形式予以复制，是应受著作权法保护的作品。过去，游戏公司在寻求著作权法保护时，均系针对上述不同游戏元素分别主张权利，但本案原告将屏幕端呈现的一系列画面的整体作为类电影作品进行主张，在作品类型及实质性相似的认定方面均无前例，带来法律认定方面的挑战。

一、网络游戏画面作品类型的认定

《中华人民共和国著作权法实施条例》（以下简称《著作权法实施条例》）规定，电影作品和以类似摄制电影的方法创作的作品，是指摄制在一定介质上，由一系列有伴音或者无伴音的画面组成，借助适当装置放映或者以其他方式传播的作品。涉案网络游戏由策划人员进行总体设计，美术等人员负责、各类文字、图片、音乐等素材的设计，程序员进行具体的代码编写；游戏玩家可操作游戏角色，遵循一定的游戏规则在游戏场景中升级打怪，游戏引擎按照其软件的功能设计调用相应游戏素材后，在屏幕端呈现出文字、图片、声音等组合而成的连续动态的图像；作为一款角色扮演游戏，涉案游戏还具有一定的故事情节。根据涉案游戏的上述特征，其具有和电影作品相似的表现形式和创作过程。从表现形式上看，涉案游戏在运行过程中呈现的是连续动态的一系列游戏画面，给人以视听的体验，具有和电影作品相似的表现形式。从创作过程上看，二者均集合了多功能主体的智力创造，游戏策划、素材设计等创作人员的功能与电影创作过程中的导演、编剧、美工、音乐、服装设计等类似，游戏的编程过程则相当于电影的拍摄。因此，可将涉案游戏的整体画面认定为类电影作品进行保护。事实上，许多国家早已有将游戏的整体画面作为视听作品进行保护的先例，如美国的“Stern Electronics, Inc. v. Kaufman”案（1982 年）、日本的“Pac-man 游戏”案（1984 年）等。

与传统的电影作品相比，网络游戏的连续活动画面随着游戏玩家的操作而产生变化，具有双向性及互动性；而传统类电影作品的连续活动画面是固定单向的，不因观众的不同而发生变化。但不能仅因此就否定其类电影作品的性质，理由在于：（1）游戏画面的主体部分如地图、场景、怪物等素材所组成的画面构成游戏中所有故事、事件发生的场景，在游戏画面中相对静止并重复出现，其位置、功能等不因操作不同而发生变化。（2）即便因操作不同而产生出不同的画面，也系由开发商的既定程序预先设置好，具有有限的可能性，玩家不可能超出该预设对画面作出修改或增加。（3）玩家的交互性操作本身也并不构成著作权法意义的创作行为。

网络游戏整体画面可纳入类电影作品的类型予以保护，并不意味着任何一个网络游戏的画面均可认定为类电影作品，仍需根据其视听界面的具体内容进行判断。游戏类型不同，其整体画面的表达方式和视听效果会有所差异，在独创性判定上也会有不同的结果。例如，日本法院审判的“三国志 3 游戏”案中，法院认定该游戏属于即时战略游戏，绝大部分游戏内容属于静态画面内容，而且游戏整体呈现的故事情节有限，不构成电影作品。当然，即便不能认定为类电影作品，网络游戏画面的组成部分如单幅画面、文字、图片、音乐等，只要符合独创性要求，仍可分别认定为不同作品获得保护。

二、网络游戏画面实质性相似的判断

对于此类组成元素极多的集合性作品，应坚持整体比对原则，以相关公众的一般注意力为标准来判断整体画面的相似度。由于网络游戏画面繁多，且需要依赖于玩家的操作而产生，故实践中难以进行一帧帧的比对。鉴于网络游戏的连续活动画面中变化的主要是场景视角、角色动作等，游戏地图、等级设置、角色技能、武器装备、怪物、NPC 等元素是角色扮演类网络游戏基本固定的构成元素，故这些元素的相似程度能够决定网络游戏整体画面的相似程度。

经比对，涉案两款游戏前 400 级三大角色剑士、魔法师、弓箭手的所有技能均与权利游戏中的部分技能相同或基本相同，而等级设置、角色名称及技能、地图场景、武器装备、怪物及 NPC 等方面均基本相同，足以认定两款游戏整体画面实质性相似。虽然部分造型在细节方面有些许差别，但其外观造型均相同，仅在视觉美感程度上略有区别，而这些细微区别就游戏整体画面而言，不足以影响其整体相似度的认定。此外，网友对《奇迹神话》的评测文章及论坛留言也显示，两款游戏在游戏素材、玩法、风格、外观等方面高度近似，以至于认为《奇迹神话》为《奇迹 MU》的页游版。可见，对于不具备特殊鉴赏力的普通观众和游戏玩家而言，两款游戏的整体画面相似度极高，不足以带来不同的美感。因此，本院认定《奇迹神话》的整体画面与《奇迹 MU》构成实质性相似。

（撰稿人：叶菊芬）

电影中的动画形象及电影名称的保护

——迪士尼企业公司等诉厦门蓝火焰影视动漫有限公司等著作权侵权、不正当竞争纠纷案

【提要】

简单的设计思路作为思想不应被垄断，应当允许合理的参考与借鉴。但是，当多重的设计组合充分展示出动画形象的独有特征后，这种设计的组合不再属于不受保护的思想，而进入独创性表达的范畴，受著作权法的保护。

在认定电影名称是否属于受反不正当竞争法所保护的商业标识时，要考虑电影市场的特殊性，不应过分强调宣传的持续时间或放映的持续时间等因素，而应当考察电影投入市场前后的宣传情况、所获得的票房成绩、相关公众的评价以及是否具有持续的影响力等因素。经过权利人的使用，已经能够发挥区别商品来源作用的电影名称，可以认定为具有一定影响的商业标识。

【案情】

原告（被上诉人）： 迪士尼企业公司（以下简称迪士尼公司）

原告（被上诉人）： 皮克斯

被告（上诉人）： 厦门蓝火焰影视动漫有限公司（以下简称蓝火焰公司）

被告（上诉人）： 北京基点影视文化传媒有限公司（以下简称基点公司）

被告： 上海聚力传媒技术有限公司（以下简称聚力公司）

案由： 著作权侵权、不正当竞争纠纷

一审案号：（2015）浦民三（知）初字第1896号

二审案号：（2017）沪73民终54号

迪士尼公司和皮克斯是动画电影《赛车总动员》（英文名称为《Cars》）和《赛车总动员2》（英文名称为《Cars2》）及电影海报、电影中动画形象“闪电麦坤”和“法兰斯高”的著作权人。两部电影先后于2006年、2011年在我国电影院上映。在电影上映期间，相关媒体曾对电影进行了大量的报道。一些媒体曾使用《汽车总动员》《飞车正传》等作为《Cars》的译名。《赛车总动员》获得

第64届金球奖年度最佳动画长片奖等奖项。

动画电影《汽车人总动员》由蓝火焰公司出品，由基点公司发行。蓝火焰公司于2014年向有关部门进行电影剧本（梗概）备案、立项时所使用的名称为《小小汽车工程师》。2015年4月27日，蓝火焰公司的法定代表人卓建荣发布微博称：大动画新生态，中国动画电影高峰论坛在杭州举行，动画电影《汽车总动员》（原文如此）将在暑期档7月3日全国公映，敬请期待。该微博配图中有"《汽车总动员》电影推介"字样。2015年5月4日，蓝火焰公司经有关部门批准，将《小小汽车工程师》更名为《汽车人总动员》。

《汽车人总动员》于2015年7月上映。位于上海市的万达影城等影院放映了电影《汽车人总动员》，影院门口展示了涉案的电影海报，并向观众提供印有电影海报的宣传册。电影海报上突出显示"汽车人总动员 TheAutobots"字样，其中"人"字被轮胎遮挡，海报主角为动画形象K1、K2。PPTV网等视频网站向公众提供电影《汽车人总动员》的在线播放服务。猫眼票房分析网公布的数据显示，自2015年7月3日至2015年7月14日，该电影的票房收入为563万元。

原告迪士尼公司、皮克斯诉称：《汽车人总动员》中的动画形象"K1""K2"与《赛车总动员》《赛车总动员2》中的动画形象"闪电麦坤""法兰斯高"构成实质性相似，《汽车人总动员》的电影海报与《赛车总动员2》的电影海报构成实质性相似，构成著作权侵权。《汽车人总动员》的电影名称与《赛车总动员》系列电影名称近似。电影海报中，"人"字被轮胎遮挡，电影名称成为《汽车总动员》。蓝火焰公司的电影使用《汽车人总动员》或者《汽车总动员》的电影名称，均会误导公众，构成不正当竞争。请求法院判令：蓝火焰公司、基点公司停止著作权侵权及不正当竞争行为；聚力公司停止通过信息网络传播向公众提供侵权作品；蓝火焰公司、基点公司连带赔偿迪士尼公司、皮克斯经济损失300万元及合理费用100万元。

被告蓝火焰公司辩称："K1""K2"由其独立创作完成，与"闪电麦坤""法兰斯高"不相似。被告以《汽车人总动员》作为电影名称并无不当，观众不会混淆。请求法院驳回原告的诉讼请求。

被告基点公司辩称："K1""K2"与"闪电麦坤""法兰斯高"不相似。原告的电影名称不能认定为知名商品特有名称。被告发行涉案电影并未获利，反而造成了亏损，原告要求赔偿损失没有依据。请求法院驳回原告的诉讼请求。

被告聚力公司辩称：其系经合法授权在PPTV网播放涉案电影，且已从网站删除涉案电影。

【审判】

上海市浦东新区人民法院经审理认为：

《赛车总动员》《赛车总动员2》中的动画形象“闪电麦坤”及“法兰斯高”具有独创性，整体动画形象具有美感，属于美术作品。电影海报亦属美术作品。《赛车总动员》《赛车总动员2》曾在国内影院上映，蓝火焰公司、基点公司有机会接触上述电影。“K1”“K2”与“闪电麦坤”及“法兰斯高”构成实质性相似。蓝火焰公司、基点公司构成著作权侵权。

《赛车总动员》《赛车总动员2》取得了较高的票房收入，获得了众多奖项或奖项提名，媒体对两部电影进行了大量的报道，公众对电影的评价较高，视频网站至今仍提供上述两部电影的在线播放服务。经过大量使用、宣传，《赛车总动员》这一电影名称已经能够发挥区别商品来源的作用，属于知名商品特有名称。

《汽车人总动员》作为电影名称，以相关公众一般注意力为标准，不会将其与迪士尼公司、皮克斯的涉案电影发生混淆，不构成与迪士尼公司、皮克斯知名商品特有名称的近似。《汽车人总动员》的海报中，“人”字被轮胎遮挡，遮挡之后该电影名称的视觉效果变成了《汽车总动员》，相关公众容易产生误认，属于擅自使用知名商品特有名称的不正当竞争行为。

蓝火焰公司、基点公司实施了著作权侵权及不正当竞争行为，应当承担停止侵害、赔偿损失的民事责任。聚力公司应停止通过信息网络向公众提供侵权作品。基点公司作为发行公司，仅参与了《汽车人总动员》的院线发行活动，与蓝火焰公司获得信息网络传播权的授权费等其他获利行为无关，故基点公司承担部分连带责任。据此，上海市浦东新区人民法院判决：蓝火焰公司、基点公司停止著作权侵权行为及不正当竞争行为；聚力公司停止通过信息网络传播侵权作品；蓝火焰公司赔偿迪士尼公司、皮克斯经济损失100万元，基点公司对其中的80万元与蓝火焰公司承担连带赔偿责任；蓝火焰公司、基点公司赔偿迪士尼公司、皮克斯合理开支353, 188元；驳回迪士尼公司、皮克斯的其余诉讼请求。

蓝火焰公司、基点公司不服一审判决，向上海知识产权法院提起上诉。上海知识产权法院二审判决：驳回上诉，维持原判。

【评析】

一、动画形象著作权侵权的认定

《赛车总动员》系列电影中的“闪电麦坤”及“法兰斯高”动画形象是拟人化的赛车。这两个动画形象保留赛车通常都有的基本结构，如车身、车窗、车灯、车轮、尾翼等。主要在以下一些部位进行了拟人化设计：车辆前挡风玻璃被设计成拟人化的眼睛，有眼珠和可上下活动的上眼睑。进气格栅处为一张扁平状大嘴，露出白色牙齿。眼睛和嘴部动作能够带动表情变化。上述两个动画形象在保留赛车原有基本构造的基础上，通过拟人化的眼部和口部设计，使车辆具有拟人化的形象，能够通过表情表达情绪。此外，车辆的涂装色也反映了动画形象的性格等因素。上述两个动画形象在既有车辆样式的基础上进行了独创性的设计，尤其是其拟人化的脸部具有很高的独创性，整体动画形象具有美感，属于美术作品，受我国著作权法的保护。《赛车总动员2》的电影海报背景为蓝色立体感的地球形状，地球的下方为以“闪电麦坤”为代表的四辆拟人化汽车形象，车辆下方有浅色车辆倒影。该电影海报具有独创性，属于受著作权法保护的美术作品。

“闪电麦坤”“法兰斯高”是赛车动画形象，具有赛车通常具有的结构和样式。“闪电麦坤”具有公路赛车通常具有的结构及样式，如具有车灯、车轮、车窗、尾翼等结构及流线型的车身。“法兰斯高”具有F1方程式赛车通常具有的结构及样式，如突出的前鼻翼和尾翼、狭小的驾驶舱、宽大的轮胎、裸露的悬挂系统等。这些赛车通常具有的结构和样式已进入公有领域。但迪士尼公司、皮克斯并非简单复制现实中的赛车样式，而是在此基础上进行了变形，尤其是对车辆前脸进行了大量的重新设计，加上了拟人化的眼部和嘴部，使原本没有生命的赛车具有了拟人化的形象，能够通过眼神和嘴型等表达情感，上述设计具有独创性。

将《汽车人总动员》电影海报中的动画形象“K1”与“闪电麦坤”“K2”与“法兰斯高”进行比较，“K1”“K2”使用了迪士尼公司、皮克斯“闪电麦坤”及“法兰斯高”动画形象最具独创性的眼部和嘴部的表达方式，两者几乎没有差别。《汽车人总动员》电影海报中的“K1”“K2”与“闪电麦坤”及“法兰斯高”动画形象构成实质性相似。将电影中的动画形象“K1”“K2”与“闪电麦坤”及“法兰斯高”比较，“闪电麦坤”及“法兰斯高”的色调更加艳丽、饱满，“K1”“K2”色调较为灰暗，眼睛和嘴部较为粗糙。虽然两者存在一定区别，但两者仍有很多相似之处，尤其是在拟人化的部分，两者都是将前挡风玻璃处设计为眼部，并包含了可上下移动的上眼睑，都将进气格栅处设计为嘴部。此外，两者还采用了近似的涂装色。

简单的某种设计思路作为思想不应被垄断，应当允许合理的参考与借鉴。但是，当多重的设计组合充分展示出拟人化的独有特征后，这种设计的组合不再属于不受保护的思想，而进入独创性表达的范畴。迪士尼公司、皮克斯的“闪电麦坤”和“法兰斯高”动画形象通过拟人化的眼部、嘴部以及特定色彩的组合，构成独创性表达，而蓝火焰公司、基点公司恰恰在上述设计组合上复制了迪士尼公司、皮克斯的作品。“K1”“K2”使用了“闪电麦坤”“法兰斯高”具有独创性的表达，两者构成实质性相似。

《赛车总动员》《赛车总动员2》都曾在国内上映。媒体在2006年、2011年期间曾对上述电影及其中的动画形象、电影海报作了报道。蓝火焰公司、基点公司有机会接触上述作品。汽车的拟人化设计有较大的创作空间，但蓝火焰公司、基点公司直接使用了迪士尼公司、皮克斯动画作品中具有独创性的表达，构成著作权侵权。

原告还主张，《汽车人总动员》的电影海报和《赛车总动员2》构成实质性相似。《汽车人总动员》电影海报中“K1”“K2”动画形象与“闪电麦坤”“法兰斯高”构成实质性相似。但就海报整体而言，两者在构图、背景等方面均存在较大的差别，故两者不构成实质性相似。

二、电影名称受反不正当竞争法保护的条件

根据《最高人民法院关于审理不正当竞争民事案件应用法律若干问题的解释》第一条的规定，人民法院认定知名商品，应当考虑该商品的销售时间、销售区域、销售额和销售对象，进行任何宣传的持续时间、程度和地域范围，作为知名商品受保护的情况等因素，进行综合判断。不同于普通商品的销售、宣传，电影的放映和宣传有其特殊性。通常情况下，电影在影院连续上映的时间不会超过1个月。制片方或发行方通常会在电影放映前及放映期间进行集中宣传，档期结束后通常不再进行宣传。因此在认定电影的知名度时，不应过分强调宣传的持续时间或放映的持续时间，而应当考察电影投入市场前后的宣传情况、所获得的票房、相关公众的评价以及是否具有持续的影响力等因素。迪士尼公司、皮克斯的两部涉案电影取得了较高的票房收入，获得了众多奖项或奖项提名，媒体进行了大量报道，公众对电影的评价较高。影院放映结束后，国内的视频网站至今仍提供涉案电影的在线播放服务，上述两部电影仍然在相关公众中具有较高的影响力。

1993年公布的《中华人民共和国反不正当竞争法》（以下简称《反不正当竞争法》）第五条第（二）项规定的知名商品特有名称的特有性，是指能够区别商品来源的显著性。“赛车总动员”一词并非英文名称“Cars”的直译，“赛车”是一类汽车的称呼，“总动员”的含义是为完成某项重要任务动员全部力量，将电影的主角“赛车”和表明发动力量的“总动员”结合在一起，用于拟人化赛车题材电影作品的名称，其名称具有一定的独特性。经过权利人的使用、宣传，相关公众会将《赛车总动员》这一电影名称与迪士尼公司、皮克斯联系在一起，这一电影名称已经能够发挥区别商品来源的作用，属于知名商品特有名称。

迪士尼公司、皮克斯主张，涉案电影又译为《汽车总动员》，故《汽车总动员》亦属于原告的知名商品特有名称。根据《电影管理条例》第五条规定，国家对电影摄制、进口、出口、发行、放映和电影片公映实行许可制度。《赛车总动员》和《赛车总动员2》是迪士尼公司、皮克斯经过有关部门批准在国内使用的电影名称。虽然有的报刊、网站将《Cars》《Cars2》译为《汽车总动员》《汽车总动员2》，但迪士尼公司、皮克斯在国内并未主动将《汽车总动员》《汽车总动员2》作为电影名称进行商业性的使用，故《汽车总动员》《汽车总动员2》不属于知名商品特有名称。

本案的特殊之处在于，蓝火焰公司的涉案电影经批准使用的名称为《汽车人总动员》，电影片头的名称亦是《汽车人总动员》。但该电影海报中，“人”字被轮胎遮挡，遮挡之后该电影名称的视觉效果变成了《汽车总动员》。原告主张，被告使用《汽车人总动员》《汽车总动员》均构成不正当竞争。我们认为，上述两种情况应分别认定，应着重考察是否会导致相关公众的混淆。

电影的名称通常较短，不同制片者拍摄相同题材电影的情况较为常见，故应合理界定构成知名商品特有名称的电影名称的保护范围，否则会侵占公有领域的资源。蓝火焰公司的电影《汽车人总动员》这一名称中，“汽车人”有多种含义，一种指汽车业的从业人员，还有一种是指类似变形金刚这类高度拟人化的汽车形象。“汽车人”在这些语境中的含义与“赛车”具有较大的区别。一部动画电影以《汽车人总动员》为名称，以相关公众一般注意力为标准，不会将其与迪士尼公司、皮克斯的涉案电影发生混淆或者误认，《汽车人总动员》与《赛车总动员》不近似。

《汽车人总动员》的海报中，“人”字被轮胎遮挡，遮挡之后该电影名称的视觉效果变成了《汽车总动员》。《汽车总动员》和《赛车总动员》仅一字之差，且赛车属于汽车，相关公众在隔离比对的情况下，容易产生误认。根据现有证据，已经有观众对两者产生误认，以为涉案侵权电影是迪士尼公司、皮克斯制作的系列电影。蓝火焰公司、基点公司的上述行为，主观上具有攀附迪士尼公司、皮克斯知名动画电影名称的故意，客观上易使相关公众产生误认，从而不当利用了迪士尼公司、皮克斯涉案电影的在先商誉，构成擅自使用知名商品特有名称的不正当竞争行为。

（撰稿人：徐俊　邵勋）

表演者的认定及侵害表演者权的赔偿数额

——看见网络科技（上海）有限公司诉广州酷狗计算机科技有限公司等侵害表演者权纠纷案

【提要】

1. 对于没有公开出版过，也没有做过著作权权属登记、底稿的保存亦有瑕疵的表演制品，法院可将制品发表时的署名作为认定表演者身份的初步证据，同时结合表演者与网络平台间的合同、网络平台的后台信息、制品制作过程中的文档等证据进行综合认定。

2. 在酌定侵害表演者权的赔偿数额时，可综合考量乐曲类型、表演者及乐曲的知名度、发行时间、在权利人平台下载付费金额、侵权制品的传播范围、被告的侵权情节及主观过错程度等因素。

【案情】

原告（被上诉人）：看见网络科技（上海）有限公司（以下简称看见网络公司）

被告（上诉人）：广州酷狗计算机科技有限公司（以下简称酷狗科技公司）

被告：海洋互动（北京）科技有限公司（以下简称海洋互动科技公司）

案由：侵害表演者权纠纷

一审案号：（2016）沪0110民初15577号

二审案号：（2017）沪73民终203号

原告看见网络公司成立于2014年4月25日，经营范围为计算机软件的开发、设计、制作等，系音乐版权管理分销公司。

被告酷狗科技公司成立于2006年2月，经营范围为软件和信息技术服务业。ICP/IP地址/域名信息备案管理系统显示，网站域名为kugou.com的主办单位为被告酷狗科技公司。登录该网站，首页显示“酷狗音乐”App二维码。被告酷狗科技公司自述“酷狗音乐”客户端累计下载量约4亿次。

被告海洋互动科技公司成立于2012年5月，经营范围为技术推广、技术服务、计算机系统服务、从事互联网文化活动等。ICP/IP 地址/域名信息备案管理系统显示，网站域名为 omusic. cc 的主办单位为被告海洋互动科技公司。登录该网站，首页有酷狗客户端（PC 版、iPhone 版）下载链接。

专辑《幸福时光》包含《初相遇》等 15 首乐曲，本案涉及其中 12 首乐曲，表演者均为姚某蓓。看见网络公司经姚欣蓓授权获得专辑《幸福时光》的专有信息网络传播权及非交互式的网络播放权。酷狗科技公司是酷狗音乐平台的经营者。看见网络公司通过公证手机下载酷狗音乐平台涉案 12 首乐曲，同时用 Charles 软件实时抓取涉案公证手机通过“酷狗音乐”APP 服务进行的所有下载专辑/歌曲的相关数据并保存。后，当庭通过 Adobe Audition CS6 软件对涉案音频与看见音乐官网上乐曲音频进行波形比对，比对结果为基本一致。海洋互动科技公司为网站 omusic. cc 的主办单位，网站首页公司介绍一栏显示“海洋音乐集团是一家致力于提供正版音乐资源与服务的互联网公司，……同时，集团下属酷狗公司、酷我公司也是中国版权协会、网络版权联盟的成员单位。”

原告看见网络公司诉称：被告酷狗科技公司、海洋互动科技公司共同经营的“酷狗音乐”系国内知名的一家网络音乐提供和传播平台，该平台未经许可向公众提供并传播涉案乐曲，侵害了表演者享有的信息网络传播权。请求法院判令：1. 两被告停止通过“酷狗音乐”平台向公众提供和传播音乐专辑《幸福时光》（含《终曲》等 12 首乐曲）；2. 两被告共同赔偿原告经济损失及合理开支 30, 000 元（含律师费 5000 元，公证费 1000 元）。审理中，原告撤回第一项诉讼请求。

被告酷狗科技公司辩称：1. 原告主体不适格，现有证据不能证明姚某蓓为涉案音频的表演者，即便姚欣蓓为权利人，原告证据也不能证明其从姚欣蓓处获得起诉的权利；2. 对侵权公证书不认可，就公证的音频内容与涉案作品的关联性原告没有举证，且表演者权涉及音源问题，非专业人士不能作出准确判断；3. “酷狗音乐”上确实有涉案音频，但系用户上传，被告未从用户的下载及播放中获利，在收到法院传票后被告即予以删除；4. 手机应用程序“酷狗音乐”为被告酷狗科技公司独立经营，即便构成侵权，原告主张赔偿金额过高。综上，不同意原告的诉讼请求。

被告海洋互动科技公司辩称：同意被告酷狗科技公司的辩称意见。另外，海洋音乐集团是行业内的习惯说法，并未注册成立，两被告各自独立经营，仅在资源使用上进行合作，海洋互动科技公司不是“酷狗音乐”的经营者；基于合作关系，海洋互动科技公司在自己网站上提供“酷狗”客户端的下载链接，未参与涉案音频的传播，不存在侵权行为。综上，请求驳回原告的诉讼请求。

【审判】

上海市杨浦区人民法院经审理认为：台湾地区 ISRC 国际标准录音录影资料查询代码查询系统、QQ 音乐、看见音乐及“酷狗音乐”均显示涉案 12 首乐曲的表演者为姚某蓓，看见网络公司经姚某蓓的授权取得了包括涉案乐曲在内多首乐曲的表演者的信息网络传播权及以自己名义依法维权的权利，有权提起本案诉讼。酷狗科技公司未经许可在其经营的“酷狗音乐”手机应用程序上提供涉案音频的在线播放及下载，其行为直接侵害了原告对涉案乐曲享有的表演者信息网络传播权，应承担相应的侵权责任。仅凭被告海洋互动科技公司“公司介绍”的相关内容不能证明被告海洋互动科技公司参与“酷狗音乐”的经营或管理，原告要求被告海洋互动科技公司承担侵权责任无事实及法律依据。综上，上海市杨浦区人民法院判决被告广州酷狗计算机科技有限公司赔偿原告看见网络科技（上海）有限公司经济损失 10, 000 元（含因制止侵权支出的合理费用 5000 元）。

一审判决后，被告酷狗科技公司不服，提起上诉。上海知识产权法院经审理后认为，一审判决认定事实清楚，适用法律正确，故判决驳回上诉，维持原判。

【评析】

音乐产业随着“互联网 +”时代的来临面临众多考验和转型，其中一个趋势是独立音乐人的兴起和传统出版发行模式的革新。音乐著作权本来就是著作权法制度设计中较为繁杂的领域，涉及众多权利主体、权利类型，而互联网的革新又给权利人的认定、侵权的认定等问题带来挑战。

一、表演者身份的确认

根据我国著作权法的规定，在作品或者制品上署名的自然人、法人或者其他组织视为著作权、与著作权有关权益的权利人，但有相反证明的除外。当事人提供的涉及著作权的底稿、原件、合法出版物、著作权登记证书、认证机构出具的证明、取得权利的合同等，可以作为认定著作权的证据。独立音乐人常常没有公开出版过，也没有做过著作权权属登记，同时表演者在底稿的保存方面也常有瑕疵，其不同时期对同一作品的表演也会有所不同，因此网络发表时的署名为认定表演者身份的初步证据。由于存在同名等其他情况，法院可以结合表演者与网络平台间的合同、网络平台的后台信息、制品制作过程中的文档等证据进行综合认定。

本案中，原告主张的制品并未公开出版过，也没有经过著作权权属登记，作品的原件提供亦有困难，法院根据台湾地区 ISRC 国际标准录音录影资料查询代码查询系统、QQ 音乐、看见音乐及“酷狗音乐”均显示涉案 12 首乐曲的表演者为姚某蓓，结合原告与姚某蓓之间的授权合同，在没有相反证据的情况下，认定涉案乐曲的表演者为姚某蓓。

二、乐曲的侵权比对

在侵权比对方面，即使是同一首曲子，不同的演奏版本也会有所不同，让非音乐专业人士进行比对鉴别难度较大，而委托鉴定一方面延长案件审理的期限，另一方面又增加当事人诉讼成本。从技术角度来看，乐曲的弹奏是以数字音乐的形式固定，数字音乐是可以用波形来表现的一段声音，不同的数字音乐表现出来的波形并不一致。数字音乐的波形可以通过计算机软件进行呈现，故通过计算机软件将主张权利的音乐的波形与涉嫌侵权的音乐的波形进行比对，可以直观的表现两者的异同点，从而实现非专业人士亦可简单比对的效果。

本案中，在经当事人同意后，通过 Adobe Audition CS6 软件，采用将侵权乐曲与主张权利的乐曲进行波形比对的方式进行对比，比对结果基本一致，故可以认定酷狗科技公司未经许可在其经营的“酷狗音乐”手机应用程序上提供涉案音频的在线播放及下载，直接侵害了看见网络公司对涉案乐曲享有的信息网络传播权，应承担相应的侵权责任。

三、侵害表演者权的赔偿数额

根据《中华人民共和国著作权法》（以下简称《著作权法》）的规定，侵犯与著作权有关的权利的，侵权人应当按照权利人的实际损失给予赔偿；实际损失难以计算的，可以按照侵权人的违法所得给予赔偿。权利人的实际损失或者侵权人的违法所得不能确定的，由人民法院根据侵权行为的情节，判决给予 50 万元以下的赔偿。实践中，权利人的实际损失和侵权人的违法所得常难以确认，故通常需根据侵权行为的情节进行酌定，在酌定时应考虑作品类型、合理使用费、侵权行为性质、后果等情节。

本案中，因原告未举证证明其因侵权所受实际损失或被告因侵权所获利益，故法院综合涉案乐曲类型、表演者及乐曲的知名度、发行时间、涉案音频在“看见音乐”平台下载付费金额、“酷狗音乐”手机应用程序的传播范围、被告酷狗科技公司的侵权情节及主观过错程度等因素酌情确定赔偿数额。

（撰稿人：刘燕萍　倪贤锋）

服装设计图案作为美术作品的独创性判断

——上海之禾时尚实业集团商业发展有限公司诉苏州日禾戎美商贸有限公司等侵害著作权、不正当竞争纠纷案

【提要】

服装设计图案依附于服装而存在，关于其独创性的认定，应当结合该服装底布、款式等基础元素加以判断。同时，应注意图案构成要素与图案本身的区别，即便单个要素比较简单，但如对其进行抽象艺术处理、有选择的排列方式、特有色彩搭配，则整个作品仍具有一定的独创性。

【案情】

原告（被上诉人）：上海之禾时尚实业集团商业发展有限公司

被告（上诉人）：苏州日禾戎美商贸有限公司（以下简称苏州戎美公司）

被告（上诉人）：上海戎美品牌管理有限公司（以下简称上海戎美公司）

被告：浙江天猫网络有限公司（以下简称天猫公司）

案由：著作权侵权及不正当竞争纠纷

一审案号：（2016）沪0107民初26898号

二审案号：（2018）沪73民终212号

原告系一家从事服装设计、生产、销售的国内知名时装公司，其服装品牌“ICICLE”具有较高的知名度、市场占有率。2015年，原告关联公司的员工先后设计职务作品《仙人掌》和《摩洛哥》，同年该公司与原告签订《版权转让协议》，约定其公司所有职务作品的版权（署名权除外）全部转让给原告，原告可就该职务作品的版权（署名权除外）做任何处置。

上述作品《仙人掌》灵感来源于大自然的仙人掌植物，整个作品由13个不同的小仙人掌排列组合而成，印在本白色或深蓝色的底布上，其中的元素有的是有角的深蓝、浅蓝、草绿色的仙人掌；有的是类似于仙人球的仙人掌，球体是蓝色的，仙人球的角上有草绿色小花，球体上有竖的条纹；有的仙人球类似于树叶，为草绿色；还有不同仙人球向上堆积的仙人掌，是深蓝色和浅蓝色。上述作

品《摩洛哥》以沙漠绿洲摩洛哥为主题，以传统的摩洛哥地砖为素材思路，采用古朴的拓板技术设计图样，每个单元素作为一个作品，由中间类似于神怪的脸，脸的四周系线状物的串联，黑白两色组成。

原告经公证取证进入一家名称为“戎美”天猫网店（掌柜：RUMERE 旗舰店，其经营者营业执照信息显示为上海戎美公司），购买两件连衣裙：1 件产品名称为仙人掌印花连衣裙，制造商为苏州戎美公司，该连衣裙为长袖丝绸质感，底色为深蓝色，采用多个仙人掌印花图案，上述仙人掌图案及其排列组合方式与原告主张的美术作品《仙人掌》一致；另 1 件产品名称为中袖芝麻点提花连衣裙，制造商为苏州戎美公司，该连衣裙为黑白两色，采用多个菱形图案组合，以四个菱形为一组，上下菱形图案一致，左右菱形图案一致，菱形图案中间类似于神怪的脸，脸的四周系线状物的串联，上述图案除线条的粗细、长短、组合、部分反色处理有细微差别，与原告主张的美术作品《摩洛哥》基本一致。

原告诉称：原告系美术作品《仙人掌》《摩洛哥》的著作权人，依法享有涉诉美术作品的著作权。在未经原告授权的情况下，被告苏州戎美公司生产、销售涉诉侵权产品的行为侵害了原告的复制权、发行权，被告上海戎美公司通过网络销售涉诉侵权产品的行为侵害了原告的发行权、信息网络传播权。同时，两被告作为服装行业的经营者，与原告具有竞争关系。两被告销售的服装抄袭原告的服装设计元素，在原告新款热销时推出相同款式相同设计的服装，损害原告的合法权益，违背基本的商业道德，系不正当竞争行为。被告天猫公司系天猫网的经营管理方，应当对其网站上的侵权行为承担连带责任。故原告诉至法院要求判令：1. 被告苏州戎美公司、上海戎美公司立即停止侵害原告著作权、不正当竞争行为；2. 被告天猫公司立即停止侵害原告著作权行为；3. 被告苏州戎美公司赔偿原告经济损失 30 万元；4. 被告上海戎美公司对上述被告苏州戎美公司赔偿经济损失 30 万元中的 10 万元承担连带责任；5. 被告苏州戎美公司、上海戎美公司赔偿原告律师费 40,000 元、公证费 4500 元、购买侵权产品费用 801 元，共计 45,301 元；6. 被告天猫公司对被告苏州戎美公司、上海戎美公司承担连带赔偿责任。7. 本案诉讼费用由三被告承担。

被告苏州戎美公司、上海戎美公司共同辩称：1. 原告主张的《仙人掌》和《摩洛哥》不具有独创性，其中，《仙人掌》与自然形态一致，该图案没有独创因素，而摩洛哥图案被广泛应用于墙地砖，亦不具有独创性，两者都不构成著作权法上的作品。2. 两被告生产销售的产品是其设计团队自行设计的，没有侵犯原告的著作权。3. 原告所要求的赔偿损失，缺乏依据。综上，请求驳回原告诉讼请求。

被告天猫公司辩称：本案中，天猫公司尽到了主体审查，也做到了事前提醒，平台没有明知的故意和应知的过失，不应承担连带赔偿责任，不同意原告的诉讼请求。

【审判】

上海市普陀区人民法院经审理认为，原告主张权利的涉案作品《仙人掌》，系以 13 个不同的小仙人掌排列组合而成一个整体作品，具有一定的独创性，属于我国著作权法保护的作品。涉案作品《摩洛哥》亦具有一定的独创性，属于我国著作权法保护的作品。将被控侵权的“仙人掌印花连衣裙”与原告主张的涉案作品《仙人掌》进行比对，两者基本一致，构成实质性相似，考虑到被告苏州戎美公司、上海戎美公司同为服装行业的经营者，具备接触涉案作品的可能性，故应当认定两被告的上述行为侵害了原告对涉案作品的著作权，其中被告苏州戎美公司生产、销售被控侵权产品的行为侵害了原告涉案作品的复制权、发行权，被告上海戎美公司通过网络销售被控侵权产品的行为侵害了原告涉案作品的发行权、信息网络传播权。

天猫公司系网络服务提供商，原告亦未举证证明天猫公司存在明知或应知侵权行为存在而不及时采取措施的情况，故本案中天猫公司无须就被告苏州戎美公司、上海戎美公司的上述侵权行为承担连带责任。因法院已根据著作权侵权法律关系对两被告的涉案侵权行为作出评价，两被告的侵权行为已被停止，原告的经济损失及合理支出亦获得赔偿，故本案中不再对两被告是否构成不正当竞争行为进行评价或处理。

据此，一审法院判决：1. 被告苏州戎美公司、上海戎美公司立即停止侵害原告《仙人掌》《摩洛哥》美术作品著作权的行为；2. 被告苏州戎美公司应于判决生效之日起 10 日内赔偿原告经济损失及合理费用 100, 000 元；3. 被告上海戎美公司应于判决生效之日起 10 日内赔偿原告经济损失及合理费用 50, 000 元；四、对原告的其他诉讼请求不予支持。

一审判决后，被告苏州戎美公司、上海戎美公司不服，提起上诉。上海知识产权法院经审理，驳回上诉，维持原判。

【评析】

本案是一起涉及网络销售侵犯服装设计相关权利产品的案件，该类案件在司法审查中的难点在于判断相关的服装设计图案是否属于符合美术作品独创性要求。《著作权法实施条例》第二条规定，著作权法所称作品，是指文学、艺术和科学领域内具有独创性并能以某种有形形式复制的智力成果。因此，只有在服装设计图案具有独创性时，才可以作为新作品受到法律保护。一般而言，独创性要求作品是作者独立创作，并具有一定的智力创作程度。鉴于服装设计图案的特殊性，笔者认为该类作品的独创性认定应从以下几个方面给予特殊考虑：

首先，服装设计图案的独创性认定应从整体元素进行判断。实践中，对于服装设计图案属于美术作品并无多大争议，但其又不同于一般的美术作品，主要在于服装设计图案是散落不规则分布于服装的各个部分，因此，对于其独创性判断不能仅仅以单个元素加以判断，而应从整体视角进行判断。本案中，《仙人掌》图案中，虽然仙人掌这一构成要素非常普遍，但实际上，《仙人掌》并不是简单复制通过网络检索得到的“仙人掌”图案，而是以13个不同的小仙人掌排列组合而成的一个整体作品。各仙人掌的形状、颜色各异，每个要素进行了错落有致地排列和色彩搭配的选择，是对自然物体的抽象艺术处理，具有一定的独创性。同样，《摩洛哥》图案中，虽然以单个元素作为一个作品，但从整体角度观察，图案中间类似神怪的脸、脸的周围线状物的串联，由黑白两色组成，构图设计较为复杂，在线条组合、颜色搭配、明暗分布等方面均具有较大特色，整幅图案本身体现了《著作权法实施条例》要求的独创性。

其次，服装设计图案的独创性认定应依附于其载体进行判断。最高人民法院曾在裁判中指出，“不同种类作品对独创性的要求不尽相同。对于美术作品而言，其独创性要求体现作者在美学领域的独特创造力和观念”。然而，服装设计图案是指服装设计者运用颜色、图案的组合以体现其个人风格和设计水平的造型艺术，其特殊性在于图案美感并非孤立的元素表达，而应依附于服装整体色彩搭配、裁剪而存在，因此，对该图案是否在美学领域具有独特的创造力和观念，需要结合该服装底布、款式等基础元素加以综合考虑。本案中，原告的《仙人掌》并非单纯对实物的临摹，其将仙人掌印在本白色或深蓝色的底布上，其中元素有的是有角的深蓝、浅蓝、草绿色的仙人掌，《摩洛哥》以沙漠绿洲摩洛哥为主题，以传统的摩洛哥地砖为素材思路，采用古朴的拓板技术设计图样，上述作品在进行色彩选择时充分结合服装底布的色彩和服装的款式，其独创性包含了图案及服装的多重元素。因此，对于该图案进行独创性认定时，应充分考虑其特殊载体。

再次，服装设计图案的独创性认定应考虑社会价值取向。近年来，随着网络销售平台的迅速发展，大量的著作权侵权产品通过网络的形式进行销售，服装设计的抄袭纠纷也因此更为突出。本案中，原告系一家从事服装设计、生产、销售的国内知名时装公司，在服装设计上投入巨大精力，针对被告这种简单地将他人服装设计图案稍加修改后嫁接到其他服装上的行为，明显有“搭便车”的嫌疑。因此，在认定此类服装设计图案的独创性时，应该适当降低图案本身独创性的要求，倘若脱离服装本身而去单纯讨论服装设计图案的独创性，不仅有违著作权法鼓励创新的立法宗旨，某种程度上还为侵权商家提供侵权便利，甚至可能导致市场环境下抄袭成风的不良后果。

（撰稿人：李霞）

公知技术产品说明书的著作权保护

——杭州埃杜尔威特泵业技术有限公司与上海德耐泵业有限公司著作权侵权及不正当竞争纠纷案

【提要】

即使产品说明书中内容涉及公知技术，也不妨碍对该项技术及其产品的说明表达得到著作权法的保护。此外，产品说明书中承载的产品技术方案本身受专利法规制，在专利法已有明确规定的情况下，同一行为不能再依据《反不正当竞争法》第二条原则性条款得到额外保护。

【案情】

原告（上诉人）：杭州埃杜尔威特泵业技术有限公司（以下简称埃杜尔威特公司）

被告（被上诉人）：上海德耐泵业有限公司（以下简称德耐公司）

案由：著作权侵权及不正当竞争纠纷

一审案号：（2017）沪0104民初2162号

二审案号：（2018）沪73民终337号

2015年5月11日，案外人EDUR——泵制造爱德华·雷列有限及两合公司（以下简称爱德华·雷列公司）出具版权确认及授权声明，称其对EDUR多相流泵产品说明书享有完整的著作权，并确认其自2004年起，授权埃杜尔威特公司在中国境内享有除人身权以外的著作权。该声明附有1994年、1998年、2007年和2011年版本的EDUR多相流泵产品说明书及印刷发票。上述说明书中包含文字说明、产品外观图、简易图、性能数据图、特性曲性图以及LBU系列产品的装配图和部件清单等内容。2015年1月30日，德耐公司以“多相流反应器”为名分别向国家知识产权局申请申请号为201510048821.7号的发明专利和申请号为201520066584.2的实用新型专利，两项专利的说明书内容基本相同。

埃杜尔威特公司曾以侵害涉案专利申请权为由起诉德耐公司，生效判决认定，埃杜尔威特公司的多相流泵产品已在中国销售多年，其所涉技术为现有技术，其产品说明书中的产品外观简易图以及特性曲性图与德耐公司网站上的多相流反应器技术资料中的相应内容大致相同，LBU 系列产品的装配图与德耐公司涉案专利说明书相同。

另经比对，埃杜尔威特公司提供的多相流泵产品的产品说明书中页眉处的色带，与德耐公司网站上的多相流反应器技术资料中的相应内容大致相同，上述产品说明书中约 1/5 的文字介绍与德耐公司在涉案专利申请说明书中的文字内容基本相同。

原告杜尔威特公司诉称：埃杜尔威特公司于 2004 年从案外人德国 EDUR 公司获得在中国实施“EDUR 多相流泵”技术的授权以及产品使用说明书的著作权。德耐公司通过与其他公司订立产品技术开发合同的方式获得埃杜尔威特公司的产品和技术资料，并于 2015 年 1 月 30 日以“多相流反应器”为名向国家知识产权局申请发明专利和实用新型专利各一项。德耐公司在专利申请说明书中使用的文字及配图，以及在网站上使用的图形和在产品宣传册中使用的文字、照片和图形，侵害了埃杜尔威特公司享有的著作权。同时德耐公司在网站上大肆宣传涉案专利的行为，不仅误导了客户群体，也使埃杜尔威特公司的企业声誉严重受损，构成虚假宣传和商业诋毁的不正当竞争。请求判决德耐公司停止侵害著作权的行为和停止宣传、使用涉案专利等不正当竞争行为，并刊登声明、消除影响、赔礼道歉，赔偿经济损失及合理开支。

被告德耐公司辩称：埃杜尔威特公司产品说明书的文字和图片是对公知技术的描述，并已在国内外期刊上大量发表和引用，不是著作权法所保护的作品。埃杜尔威特公司要求停止宣传、使用的涉案专利，是德耐公司依法申请取得的，埃杜尔威特公司对此若有异议，可提出无效申请或行政诉讼，而不是要求司法确认德耐公司有无权利使用该专利。德耐公司在网页上如实展示自己的专利申请号，不存在虚假宣传，也未进行商业诋毁。故请求驳回埃杜尔威特公司全部诉讼请求。

【审判】

上海市徐汇区人民法院经审理认为，埃杜尔威特公司在本案中主张涉案产品说明书中的文字、图形和照片构成著作权法保护的作品，即使产品涉及的技术是公知技术，也不妨碍对该项技术及其产品的表达得到著作权法的保护。德耐公司在专利申请书中使用的文字和图形，以及在其网站上使用的图表与涉案产品说明书中相应内容构成实质性相似，德耐公司具有接触相关产品及涉案产品说明书的可能性，且未举证证明上述内容系其自主创作或经合法授权，构成著作权侵权。然而，埃杜尔威特公司主张德耐公司将其享有权利的技术方案以自己的名义申请专利并在其官方网站上披露专利号的行为构成不正当竞争，该院不予认同。因埃杜尔威特公司已就上述行为以侵害专利申请权为由起诉，生效判决已对此作出判定，德耐公司申请专利的行为已为专利法所规制，不能再适用反不正当竞争法进行额外保护，埃杜尔威特公司关于不正当竞争的诉讼主张不成立。

综上，上海市徐汇区人民法院判决：上海德耐泵业有限公司赔偿杭州埃杜尔威特泵业技术有限公司经济损失及合理开支 66,000 元，同时驳回杭州埃杜尔威特泵业技术有限公司的其余诉讼请求。

一审判决后，原告杭州埃杜尔威特泵业技术有限公司不服，提起上诉。

上海知识产权法院经审理后认为，德耐公司在其网站上使用涉案产品说明书相关图形的行为，一审判决已认定该行为构成著作权侵权，故本案不存在通过反不正当竞争法予以补充保护的必要，埃杜尔威特公司关于综合德耐公司在其网站上同时使用专利号和相关图形的行为构成不正当竞争的主张，于法无据。二审判决驳回上诉，维持原判。

【评析】

本案是涉产品说明书侵权案件，本案的争议焦点在于产品说明书是否构成著作权法意义上的作品，以及对产品说明书的侵权行为应当以何法律关系予以规制。

著作权法所保护的作品，是指文学、艺术或科学领域具有独创性并能以某种有形形式复制的智力成果。作品应当具有独创性，“独”是对作者独立完成创作的形式要求，“创”则是对作品蕴含的智力创造性的实质考察。其中，智力创造性的评判是一个复杂的问题：著作权法保护的是智力成果，因而不适用“额头流汗”标准，否则就有将体力劳动纳入保护范围之嫌；著作权法并未对创造性设置较高标准，其对创造性的考察与专利法的要求亦有明显区别；“创”与智力成果的质量和价值没有直接关联。

本案中，涉案产品说明书主要有文字和图形两类表达方式。德耐公司称生效判决已经认定其专利申请书涉及的技术系公知技术，故埃杜尔威特公司主张的文字和图形均非著作权法保护的作品。然而，技术并非著作权法规制的内容，即使涉案产品说明书中涉及的技术是公知技术，也不妨碍对该项技术及其产品的说明表达得到著作权法的保护，毕竟同一种技术和产品可以通过不同种方式进行表达，其中的独创性部分正是著作权法保护的核心。涉案产品说明书中的文字内容从其结构安排和具体语言表达来看，已经符合著作权法关于独创性的要求，应认定为文字作品。同理，埃杜尔威特公司主张的色带及封面图片是以线条、色彩或者其他方式构成的有审美意义的平面造型，构成美术作品，简易图、性能数据图、特性曲性图、LBU 系列产品的装配图等为说明原理和产品结构的图表构成图形作品。

德耐公司在专利申请说明书中使用的文字与涉案产品说明书中有部分文字表达基本相同。即使内容涉及公知技术，在描述该技术时也不可能在结构安排、顺序排列、遣词造句等方面基本一致，德耐公司亦未举证该公知技术存在通用表达。对于相同图表，德耐公司未能提供证据证明在其官网上使用的数据图表的来源，亦未能说明为何在众多表达方式中选择如此形式予以展示，以及色带的构思或创作过程。鉴于德耐公司具有接触涉案产品说明书的可能性，其上述行为构成著作权侵权。

至于对产品说明书的侵权行为是否还受其他法律规制，本案中，对于德耐公司在专利申请书中使用涉案产品说明书的文字和图形的行为，埃杜尔威特公司已从专利申请权角度寻求救济，在专利法已有明确规定的情况下，同一行为即使未得到专门法保护，也不能再依据《反不正当竞争法》第二条原则性条款得到额外保护。

（撰稿人：林佩瑶）

二、

商标权民事纠纷案件

老校名的品牌使用与保护

——上海理工大学诉沪江教育科技（上海）股份有限公司侵害商标权及不正当竞争纠纷案

【提要】

老校名在全国院系调整中不再使用的，不能作为相关院校的名称予以法律保护。相关院校使用老校名作为商业标识并主张其享有驰名商标权的，应当以驰名商标的审查标准予以认定，未达到驰名程度的，不能作为未注册驰名商标予以保护。其他经营者在宣传商品或服务时不正当使用老校名，扰乱市场竞争秩序的，构成不正当竞争。该案裁判对老校名的知识产权法律保护进行了有益探索，对市场经营主体的行为给予了指引，取得了良好的法律效果和社会效果。

【案情】

原告（上诉人）：上海理工大学

被告（上诉人）：沪江教育科技（上海）股份有限公司（以下简称沪江公司）

案由：侵害商标权及不正当竞争纠纷

一审案号：（2016）沪73民初368号

二审案号：（2017）沪民终350号

1952年，全国院系调整，原沪江大学部分院系分别并入今上海理工大学、今上海财经大学、今华东政法大学、今华东师范大学，沪江大学校址及附属房屋全部划给上海工业学校。1953年，上海工业学校先后更名为上海第二机器工业学校、上海机器制造学校，1958年，上海机器制造学校更名为上海机械专科学校，1960年上海机械专科学校更名为上海工业学院，同年上海工业学院更名为上海机械学院，1994年，上海机械学院更名为华东工业大学，1996年，华东工业大学与上海机械高等专科学校合并组建上海理工大学。据上海理工大学章程记载："上海理工大学办学文脉可追溯至1906年创办的沪江大学和1907年创办的德文医学堂。"

1997年至今，原告现址的校门上同时悬挂有“上海理工大学”和“沪江大学”的校牌。法院同时查明：沪江大学校友会于1985年在上海成立，于2011年经核准变更为上海理工大学校友会，该校友会主办的《沪江校友通讯》面向上海理工大学师生及校友，未向社会公开发行。此外，1985年至1993年间，上海理工大学前身上海机械学院先后成立、投资了“上海机械学院沪江科教开发总公司”“桂林市沪江保健食品厂”等公司，上述公司均于2000年前后歇业审计或注销。2007年，上海理工大学外语学院开办沪江外语培训中心，其招生简章记载：“本着满足本校学生提高英语听、说、读、写的能力和攻破四、六级及中、高级口译的各种应试技巧，以及满足学生学习日语、韩语、德语、法语、西班牙语等二外的需要，并适量招收外校学生。”上海理工大学自述，根据其不完全统计，沪江外语培训中心2007年招生374人、2008年9月招生246人、2009年3月招生169人。2017年12月1日，在百度搜索栏中搜索“沪江外语培训中心”，搜索结果前100项内容均与上海理工大学无关。

被告沪江公司于2009年成立，时名“上海互加文化传播有限公司”，2016年更名为“沪江教育科技（上海）股份有限公司”，法定代表人为伏某瑞，其于1998年至2005年间在上海理工大学外语学院求学。2006年起，伏某瑞先后申请“沪江英语”“沪江”“沪江日语”等商标，系列商标于2010年至2015年间先后被核准注册。沪江公司成立后，其即在网络在线教育经营活动中使用“沪江”字样，2014年4月至2016年7月间，沪江公司通过百度、搜狗以及其他广告公司在互联网及户外发布广告，累计投放广告的费用约为人民币3亿元。伏彩瑞在多次接受媒体采访时表示，沪江网的名称出自沪江大学的校名，是出于学生对母校文化的情结。

2015年4月23日，沪江公司在其微信公众号发布的“沪江和剑桥那些事儿”一文中写道：“若干年前沪江大学最有名的学生徐志摩就与剑桥颇有缘分……如今互联网平台沪江再次与剑桥结缘，一起为中国的学习者带来优质的课程体验……”沪江公司在其官网上陈述“沪江大学是20世纪上半叶一所位于上海的教会大学，中华人民共和国成立后已风流云散，令人欣喜的是，沪江网校横空出世……”

上海理工大学向上海知识产权法院起诉，认为沪江公司的上述行为侵害了上海理工大学的未注册驰名商标权并构成不正当竞争，请求判令沪江公司立即停止侵害商标权及不正当竞争行为。

【审判】

上海知识产权法院经审理认为，本案的争议焦点是：1. 上海理工大学主张沪江公司侵害其未注册驰名商标的行为是否属于人民法院的审理范围；2. 上海理工大学主张的“沪江”商标能否构成其未注册驰名商标；3. 沪江公司的行为是否构成不正当竞争。

关于第一个争议焦点。根据《最高人民法院关于审理涉及驰名商标保护的民事纠纷案件应用法律若干问题的解释》的规定，如果原告的商标系驰名商标，则即使被告的商标系注册商标，对于原告诉请被告停止侵害其商标权的，人民法院亦有权审理。因此，上海理工大学在本案中主张沪江公司停止侵害其未注册驰名商标，无论沪江公司使用的“沪江”及包含“沪江”字样的商标是否系其注册商标，法院均有权受理本案。

关于第二个争议焦点。首先，上海理工大学在报纸、校园活动、校友会、内设机构中使用“沪江”标识主要为内部使用，尚不能证明上海理工大学在教育领域商业性地使用了“沪江”标识。其次，上海理工大学在主办的公司中共有6家使用“沪江”作为企业字号，其中5家公司在2002年之前已经歇业或注销，1家公司于2008年歇业。在沪江公司使用被控侵权标识之前，上述公司总体上已经长期未经营。再次，有关图书、论坛、校址及媒体上的使用虽可证明上海理工大学在市场中使用了“沪江”标识，但仅从图书的发行量、媒体报道的数量尚不足以反映上海理工大学使用“沪江”标识的市场份额、销售区域及利税情况，以及上海理工大学对“沪江”标识宣传的资金投入等。在案证据反映“沪江”标识使用的程度和市场影响程度不足以证明“沪江”已达到驰名商标的程度，也没有证据证明上海理工大学的“沪江”标识曾被作为未注册驰名商标予以保护，具有极高的市场声誉。综合上述证据，上海理工大学虽与沪江大学具有一定的历史渊源，但未提供充分证据证明“沪江”商标已成为上海理工大学的未注册驰名商标。

关于第三个争议焦点。上海理工大学主张沪江公司存在三项不正当竞争行为：1. 沪江公司在企业名称中使用“沪江”作为字号的行为是否构成不正当竞争。本案中，上海理工大学所主张的“沪江”标识并非其注册商标，亦不构成未注册驰名商标，故上海理工大学主张沪江公司将“沪江”作为字号构成不正当竞争缺乏事实和法律依据，一审法院不予支持；2. 沪江公司申请注册有关“沪江”及包含“沪江”字样商标行为是否构成不正当竞争。一审法院认为，沪江公司申请注册“沪江”及包含“沪江”字样商标的行为，并不涉及商标使用，上海理工大学可通过行政程序进行解决；3. 沪江公司是否构成虚假宣传。首先，沪江公司经营的“沪江网”与沪江大学并无历史渊源，其在宣传中将两者进行比对宣传，刻意搭建两者间的关系，攀附“沪江大学”声誉的意图明显。其次，在1952年全国院系调整后，原沪江大学部分院系分别并入包括上海理工大学在内的若干所大学，上海理工大学与原沪江大学存在一定程度的传承关系。沪江公司在宣传中使用“沪江大学……风流云散，……沪江网校横空出世……”的表述，以相关公众的一般注意力而言，会误以为“沪江网”继承或取代了历史上的沪江大学，或者认为沪江网与沪江大学存在某种程度的特殊关联，该行为已经构成引人误解的虚假宣传。沪江公司的有关宣传行为构成虚假宣传，应依法承担相应民事责任。

综上，上海知识产权法院判决：1. 沪江公司立即停止虚假宣传的不正当竞争行为；2. 驳回上海理工大学其余诉讼请求。

判决后，原、被告双方均提出上诉。

上海市高级人民法院认为：1. 一审法院结合上海机械学院、华东工业大学以及上海理工大学在报纸、校园活动、校友会、内设机构中使用“沪江”标识的情况，在主办的公司中使用“沪江”作为企业字号的情况，在图书、论坛、校址及有关媒体上使用“沪江”标识的情况，认定在案证据不足以证明上海理工大学的“沪江”标识已达到驰名商标的程度，二审法院对上述认定予以认同。至于上海理工大学在二审期间又提供了其使用“沪江”商标开办“沪江外语培训中心”的证据，上述证据也不足以证明上海理工大学使用的“沪江”标识已属驰名商标，理由如下：首先，在案证据显示“沪江外语培训中心”主要为满足本校学生的外语学习需要，适量招收外校学生，故该培训中心的市场区域范围有限；其次，根据上海理工大学自述的招生情况，在2007年至2009年三年期间内，该培训中心招生人数不足千人，故该培训中心所占的市场份额不高；再次，根据百度搜索结果，上海理工大学开办的“沪江外语培训中心”对外宣传有限，市场声誉亦不高。综上，上海理工大学使用“沪江”标识并未达到驰名商标的知名程度。2. 原沪江大学虽然与上海理工大学具有一定历史渊源，但自1952年以来，“沪江大学”的名称一直未实际使用；即便上海理工大学保留了“沪江大学”校牌、曾使用“沪江大学校友会”名称、其主办公司及内设机构的名称使用了“沪江”，但不能据此认为“沪江”系上海理工大学的名称或字号。故上海理工大学依据《反不正当竞争法》第五条第三项请求保护其“沪江”名称，缺乏权利基础。3. 在认定经营者的竞争关系时，不宜对经营者所处的行业领域作过细划分，主要应考虑经营者在市场交易中对其他经营者合法权益造成损害的可能性。本案中，沪江公司与上海理工大学均从事教育行业，且均涉及外语教学，其消费群体也有一定程度的交叉，故双方存在竞争关系。虽然沪江公司在微信公众号和官方网站发布的宣传内容并非虚构，但其将“沪江网”与原沪江大学进行对比宣传，足以使相关公众误以为两者存在关联关系，该行为损害了其他相关经营者的合法权益，扰乱了市场竞争秩序，构成虚假宣传。据此，判决驳回上诉，维持原判。

【评析】

涉及高校名称的知识产权案件近年来逐渐增多。本案中的“沪江大学”系历史上曾经存在的教会学校，由于历史原因，原告上海理工大学未能沿用“沪江大学”校名，因此相关主体对“沪江”标识的使用与保护应从商标法和反不正当竞争法的角度予以评判。

一、“沪江”是否为上海理工大学的未注册驰名商标

《最高人民法院关于审理涉及驰名商标保护的民事纠纷案件应用法律若干问题的解释》规定：“当事人主张商标驰名的，应当根据案件具体情况，提供下列证据，证明被诉侵犯商标权或者不正当竞争行为发生时，其商标已属驰名：（一）使用该商标的商品的市场份额、销售区域、利税等；（二）该商标的持续使用时间；（三）该商标的宣传或者促销活动的方式、持续时间、程度、资金投入和地域范围；（四）该商标曾被作为驰名商标受保护的记录；（五）该商标享有的市场声誉；（六）证明该商标已属驰名的其他事实。”对于商标使用时间长短、行业排名、市场调查报告、市场价值评估报告、是否曾被认定为著名商标等证据，人民法院应当结合认定商标驰名的其他证据，客观、全面地进行审查。

本案中，上海理工大学主张“沪江”系其未注册驰名商标的，应当向法院提供该商标已属驰名的证据。根据上海理工大学在一、二审期间提交的证据，一、二审法院认为：首先，上海理工大学在报纸、校园活动、校友会、内设机构中使用“沪江”标识主要为内部使用，面向对象主要为校内师生、校友等，其目的主要是表明上海理工大学与“沪江大学”之间的传承关系。因此，上述使用尚不能证明上海理工大学在教育领域商业性地使用了“沪江”标识。其次，上海理工大学在主办的公司中共有6家使用“沪江”作为企业字号，其中5家公司在2002年之前已经歇业或注销，1家公司于2008年歇业。在沪江公司使用被控侵权标识之前，上述公司总体上已经长期未经营，上海理工大学亦未提供上述公司的经营情况及商业活动中使用“沪江”标识的情况。再次，上海理工大学在图书、论坛、校址及有关媒体上使用“沪江”，共出版上海理工大学沪江商学丛书约55本，在案证据显示每本印数1000册至3500册不等，上海理工大学未能举证“沪江文化丛书”的发行量。有关图书、论坛、校址及媒体上的使用虽可证明上海理工大学在市场中使用了“沪江”标识，但仅从图书的发行量、媒体报道的数量尚不足以反映上海理工大学使用“沪江”标识的市场份额、销售区域及利税情况，以及上海理工大学对“沪江”标识宣传的资金投入等。最后，上海理工大学开办“沪江外语培训中心”，主要为满足本校学生的外语学习需要，适量招收外校学生，该培训中心的市场区域范围有限，所占的市场份额不

高，其对外宣传有限，市场声誉亦不高。综上，上海理工大学使用“沪江”标识并未达到驰名商标的知名程度，其请求将“沪江”标识作为未注册驰名商标予以保护，不能得到支持。

二、“沪江”是否上海理工大学的名称

本案中，上海理工大学还主张沪江公司三项行为构成不正当竞争：一是沪江公司在企业名称中使用“沪江”作为字号；二是沪江公司申请注册有关“沪江”及包含“沪江”字样商标；三是沪江公司在其微信公众号和官网上作出引人误解的虚假宣传。关于前两项行为，上海理工大学在一审中没有明确相应的法律依据，一审法院均不予支持。二审中，上海理工大学明确依据1993年公布的《反不正当竞争法》第五条第三项主张沪江公司实施了擅自使用他人企业名称的不正当竞争行为。从历史追溯，教会大学在1952年的院系大调整中被统一撤销，原沪江大学被撤销后，校址和院系历经多次变迁，实际由上海理工大学、同济大学、华东理工大学、华东师范大学和上海交通大学等一系列院校接收。上海理工大学在20世纪80年代曾申请恢复沪江大学校名，也被教育行政部门驳回，故其虽然与沪江大学具有一定历史渊源，但自1952年以来，“沪江大学”的名称一直未实际使用。即便上海理工大学保留了“沪江大学”校牌、曾使用“沪江大学校友会”名称、其主办公司及内设机构的名称使用了“沪江”，但不能据此认为“沪江”系上海理工大学的名称或字号。故上海理工大学主张沪江公司实施了擅自使用他人企业名称的不正当竞争行为，缺乏权利基础，不能得到支持。

三、关于虚假宣传的认定

1993年公布的《反不正当竞争法》第九条规定，经营者不得利用广告或者其他方法，对商品的质量、制作成分、性能、用途、生产者、有效期限、产地等作引人误解的虚假宣传。据此，经营者在宣传商品或者服务时，所陈述的内容如果系片面或引人误解，足以误导公众，从而损害其他相关经营者的商业信誉或者商品声誉的，构成虚假宣传。本案中，虽然沪江公司在微信公众号和官方网站发布的宣传内容并非虚构，但其将“沪江网”与原沪江大学进行对比宣传，具有攀附“沪江大学”声誉的意图，亦足以使相关公众误以为沪江公司或“沪江网”与原沪江大学存在关联关系，该行为损害了其他相关经营者的合法权益，扰乱了市场竞争秩序，构成虚假宣传。

（撰稿人：朱佳平）

商标侵权行为人主观恶意的司法认定

——瑞基特·戈尔曼公司诉张某飞等侵害商标权纠纷案

【提要】

恶意属于故意的范畴，与一般故意的区别在于意志因素的程度不同，显现出侵权人的动机不纯、目的不端及手段恶劣，可以通过侵权人的行为表现予以推定。除重复侵权、规模化侵权、对权利人警告置若罔闻等表现外，有预谋有组织地实施商标侵权行为，也是侵权人恶意的一种典型表现。

【案情】

原告：瑞基特·戈尔曼（海外）有限公司［RECKITT & COLMAN（OVERSEAS）LIMITED］

被告：张某飞

被告：广东省汕头市金龙日化实业有限公司（以下简称金龙公司）

被告：河北省涿州市聚儿良品商贸有限公司（以下简称聚儿公司）

案由：侵害商标权纠纷

一审案号：（2017）沪73民初471号

二审案号：（2018）沪民终285号

英国利洁时集团于1819年成立，以生产和经营各种健康、卫生和家居护理类消费品而著称，是世界500强企业之一。原告是英国利洁时集团旗下专门持有、管理英国利洁时集团在全球拥有的商标和专利等知识产权的公司，是“滴露”“DETTOL”注册商标的专用权人。原告授权英国利洁时集团的子公司利洁时家化（中国）有限公司（以下简称利洁时家化公司）和利洁时（中国）投资有限公司（以下简称利洁时投资公司）在中国使用涉案商标经营各项业务。自1991年涉案商标注册至今，涉案商标一直被使用于家用消毒、清洁类商品，使用涉案商标的商品在中国的销售区域广、销量大，利洁时家化公司、利洁时投资公司在其经营活动中对涉案商标进行了长期的、形式多样的推广宣传活动，已为相关公众所熟知，享有极高的市场声誉。经法院审理，涉案商标在本案中被认定为驰名商标。

2014 年 5 月，被告张某飞和金某某注册成立苍南县幼天下母婴用品有限公司（以下简称幼天下公司），其经营范围包括母婴用品、日用品、化妆品、洗涤用品销售等。同年 7 月，被告张某飞在英国注册成立 UK LIJIESHI HOLDINGS LIMITED（中译名：英国利洁时控股有限公司）。

2014 年 3 月至 2015 年 3 月期间，张某飞向国家工商行政管理局商标局（以下简称国家商标局）在第 3 类浴液、爽身粉、花露水、洗面奶、洗发液、化妆品等商品上，第 5 类消毒剂、消毒纸巾、膏剂、药用洗液、婴儿食品等商品上，分别申请“滴露宝贝”“DETTOL BABY”等商标。

2014 年 7 月、2015 年 1 月，幼天下公司作为甲方与金龙公司作为乙方签订《加工订购合同》两份，约定甲方委托乙方加工、生产“滴露宝贝”品牌洗护、驱蚊系列产品。甲方负责产品的商标、包装贴标、包装盒、拉链袋、包装箱的外观文字和图案的设计、制作、印刷并承担其费用；乙方按照甲方要求负责产品的生产、包装和装箱操作。甲方委托乙方生产的“滴露宝贝”品牌，其商标已在中国注册并具有合法性。甲方保证授权乙方制作的“滴露宝贝”的品牌名称、图案设计、外包装形象等均为甲方原创设计，版权属甲方所有。张某飞代表幼天下公司在上述合同上签字，并加盖公司印章。

2015 年 10 月，创品商标代理公司受原告委托至汕头市金平工商局（以下简称金平工商局）投诉金龙公司正在生产、仓储侵犯原告涉案商标专用权的护肤用品行为，请求工商机关查处。

2015 年 12 月，金平工商局以金龙公司没有建立和严格执行查验制度，受幼天下公司委托生产“DETTOL BABY”“滴露宝贝”系列洗护产品，侵犯了原告商标专用权为由，对金龙公司处以没收并销毁侵权商品，罚款 5000 元的行政处罚。

同月，利洁时投资公司委托代理人李某某从“淘宝网”名为“聚儿良品”的店铺中在线订购了滴露宝贝面霜、滴露宝贝爽身粉、滴露宝贝洗手液、滴露宝贝沐浴露、滴露宝贝湿纸巾等产品共计 300 余元，并获赠标有“DETTOL BABY”、“滴露宝贝”标识的餐具、时尚牙刷架等赠品。上述产品上有“英国利洁时控股有限公司监制；UK LIJIESHI HOLDINGS LIMITED；委托生产商温州幼天下母婴用品有限公司、被委托方汕头市金龙日化实业有限公司”的标注；滴露宝贝湿纸巾上有“英国利洁时控股有限公司监制；UK LIJIESHI HOLDINGS LIMITED；委托生产商温州幼天下母婴用品有限公司、被委托方漳州市联安纸业有限公司”的标注。

2016 年 1 月，幼天下公司董事会决议，提前终止经营，实行清算，并委托苍南玉龙税务师事务所对其公司编制的清算资产负债表和清算损益表进行鉴证审核，结果为公司剩余财产 3300 余元，张某飞分得 2600 余元，金某某分得 660 余元。

同年 3 月，张某飞和金某某向苍南县市场监督管理局递交《企业简易注销登记申请书》，以公司经营不善为由，申请幼天下公司注销，并承诺：注销后如有未了事宜，由全体股东承担相应法律责任。次月，该注销申请获得核准。

原告诉称：被告张某飞与幼天下公司共同在洗护产品、湿巾纸、餐具、时尚牙刷架上等使用“滴露宝贝”的行为；被告金龙公司接受幼天下公司及张某飞的委托，生产标有“滴露宝贝”洗护产品的行为；被告聚儿公司销售标有“滴露宝贝”的洗护产品、湿巾纸、餐具、时尚牙刷架的行为，均侵害了原告商标专用权，应当承担相应民事责任。被告张某飞作为公司股东，还应就幼天下公司的商标侵权行为造成原告的损失，承担连带赔偿责任。请求法院判令各被告停止侵权，张某飞和金龙公司连带赔偿经济损失 100 万元。

被告张某飞辩称：其仅为幼天下公司的股东，没有实施过原告主张的侵权行为，不具有侵权的主观恶意，不应就幼天下公司侵权行为承担连带赔偿责任。

被告金龙公司辩称：1. 金龙公司受幼天下公司、张某飞的委托，在涉案洗护产品上物理贴附“滴露宝贝”标识，不属于商标使用行为，没有侵害原告商标权；2. 金龙公司已经对受托贴附“滴露宝贝”的行为，进行了合理审查，无共同侵权故意，不应承担连带赔偿责任。

被告聚儿公司辩称：其确实销售和赠送了涉案产品，但有合法来源，无侵权故意。

【审判】

上海知识产权法院经审理后认为，幼天下公司、张某飞在涉案洗手液、沐浴露、湿纸巾等商品上使用“滴露宝贝”，幼天下公司销售涉案洗手液、沐浴露、湿纸巾等商品的行为，侵害了原告商标专用权，幼天下公司、张某飞应当承担相应侵权责任。金龙公司应当知道幼天下公司、张某飞委托其加工生产的涉案洗护产品属于侵权商品，但仍接受委托，实施了物理贴附“滴露宝贝”标识的行为，属于帮助实施商标侵权的行为，应在其行为范围内，与幼天下公司、张某飞共同承担连带侵权责任。聚儿公司应对销售涉案侵权商品的行为承担侵权责任。综合考虑本案中原告涉案商标的权利价值，以及幼天下公司、张某飞侵权行为方式、侵权产品的性质、侵权产品销售规模、销售价格，侵权持续时间、侵权损害后果，主观恶意程度等因素，以及原告为维权支出的合理费用，酌情确定幼天下公司、被告张某飞在本案中应当共同承担的赔偿数额为 50 万元。根据金龙公司涉案侵权行为的主观过错、物理贴附涉案商品的大致范围、数量以及金龙公司可能的获利情况，酌情确定金龙公司对幼天下公司、张某飞赔偿金额 50 万元中的 10

万元承担连带赔偿责任。据此判决：各被告停止侵权；张某飞赔偿经济损失和合理费用50万元；被告金龙公司对其中10万元承担连带赔偿责任。

一审判决后，被告张某飞以无侵权恶意，赔偿金额过高作为主要理由，提起上诉。

上海市高级人民法院经审理认为，张某飞于2014年3月起，陆续向国家商标局在不同商品类别上申请注册“滴露宝贝”“DETTOL BABY”，并于同年5月成立幼天下公司，专门从事“DETTOL BABY”“滴露宝贝”所涉商品的生产销售活动；同年7月又在英国成立UK公司（UK LIJIESHI HOLDINGS LIMITED、英国利洁时控股有限公司），其中UK公司的企业名称中使用的“LIJIESHI”，与涉案商标在中国的实际使用人利洁时家化公司、利洁时投资公司的字号“利洁时”的拼音相一致。幼天下公司对外销售的侵权商品不仅使用了“DETTOL BABY”“滴露宝贝”两个侵权标识，且根据张某飞的设计，相关侵权商品外包装上还标注“英国利洁时控股有限公司监制；UK LIJIESHI HOLDINGS LIMITED”的字样。在2015年12月金平工商局对金龙公司受托加工“DETTOL BABY”“滴露宝贝”侵权商品行为进行行政处罚后，张某飞即于2016年1月着手注销清算幼天下公司，并于同年4月获得核准。上述事实表明，张某飞刻意“傍商誉”“搭便车”非法牟利以及企图逃避法律责任的意图十分明显，原判认定其具有不正当利用他人驰名商标市场声誉，提高相关公众对其侵权商品认可程度的恶意具有充分的事实依据。原审法院综合考虑本案中涉案商标的权利价值，以及幼天下公司、被告张某飞侵权行为的方式、侵权产品的性质、侵权产品销售规模、主观恶意程度以及被上诉人为制止涉案侵权行为所支出的合理费用等诸多因素，酌情确定张某飞应当赔偿的数额为50万元具有事实和法律依据。故判决驳回上诉，维持原判。

【评析】

2013年8月30日，《中华人民共和国商标法》（以下简称《商标法》）进行了第三次修正，首次在知识产权法律体系中明确对于恶意侵权行为，可以适用惩罚性赔偿制度。然而，恶意是侵权人的主观心理状态，无法予以固定，只能通过侵权人的外在行为表现来予以推导认定。由于侵权行为的复杂性和多样化，事实上，商标法的实施细则和相关司法解释至今还没有完成恶意侵权行为表现的类型化，仍有赖于司法实践的总结和提炼。

一、商标侵权恶意的认识要点

恶意，起源于罗马法，即拉丁语中的mala fides，英语中称为bad faith。根据《元照英美法词典》之定义，“恶意是指出于私利或不良意图实施某一隐秘计划所表现出的一种心理状态。该术语并不指简单的判断错误或疏忽，而是指出于不诚实的动机或缺乏道德而有意实施错误行为。”① 现今各国商标法都没有对商标侵权恶意的含义进行界定。在美国的商标侵权认定中，法院一般引用《兰哈姆法》第1条、《美国法典注释》第15卷第1051条对恶意进行解释，即“恶意是指商标的在后使用者意图攫取在先使用者的名声和商誉，造成两家公司产品混淆的欺诈意图”。在《欧盟商标条例》中，恶意在第52条第1款b项中作为无效宣告的理由存在，一般解释为攀附他人商誉的意图，是一种偏离商标保护初衷的欺诈意图。《日本商标法》中和恶意有关的规定在第4条第1款第19项，表述为“不正当的目的”，此处的不正当目的可以解释为攀附驰名商标商誉的意图。② 我国商标法对于恶意也没有界定，由于商标侵权行为并非商标法规范的主体内容，因此，将商标侵权恶意纳入侵权责任法视角进行评判更具有针对性。

我国《中华人民共和国侵权责任法》（以下简称《侵权责任法》）第六条规定：“行为人因过错侵害他人民事权益，应当承担侵权责任。”这一条款确立了侵权行为的基本归责原则，即过错责任归责原则，适用于商标侵权等一般侵权行为。通常认为，过错是一个主观（意识）和客观（行为）相结合的概念，但就其本质属性而言，仍然是人的主观心理状态。因为在人的行为中，起决定作用的是主观意识。此种意识需从行为中表现出来，并以行为来检验其有无。但行为最终落实在主观状态的评定上，因此，过错的判断标准通常要结合主观（心理状态）和客观（行为）两个方面。以主客观相结合的标准分析，过错包括故意和过失两种形态。其中，故意是指行为人对特定的或者可以特定的损害结果的发生是明确知道的，并且意图追求此种损害后果的发生；过失是指行为人对于特定或者可以特定损害结果的发生应当预见并且具有预见的可能，但却没有预见的心理欠缺。③ 而恶意并非一类独立的过错类型，其性质上属于故意中的直接故意，即从事“恶意”行为之人，知道自己的行为会给他人造成损害，就是要这样做，有些是损人以利己，有些甚至是损人不利己。④ 据此而言，在商标侵权纠纷中，可以从三个层次来认识“恶意”：

一是恶意属于故意的范畴。故意包括“认识因素”和“意志因素”，认识因

① 《元照英美法词典》，法律出版社2003年版，第126页。

② 黄宗琪：《论恶意对商标侵权的影响》，厦门大学2018年硕士学位论文，第3页。

③ 最高人民法院侵权责任法研究小组编著：《〈中华人民共和国侵权责任法〉条文理解与适用》，人民法院出版社2010年版，第50页。

④ 程啸：《侵权责任法》，法律出版社2015年版，第266页。

素是指行为人对于其行为将会发生侵害他人民事权益的后果有所认识，即“明知”；意志因素，是指行为人对其行为之后果有所认识后，具有实现该后果的决意。[①] 恶意侵权人明知其行为会发生侵害他人商标权的后果，仍刻意采取不正当手段侵害他人合法权益，反映出其故意侵权的一种主观心理状态。

二是恶意和一般故意区别在于意志因素程度不同。恶意侵权人的意志因素更为强烈，其行为能够反映出行为人动机不纯、目的不端及手段恶劣。侵权法上使用“恶意”一词，也是为了体现对行为人道德上的极度否定。正如有学者指出，恶意是侵权故意心态中的恶劣者。[②]

三是恶意通过行为予以推定。意识通过行为予以外现。实践中，商标使用方式多样，侵权手段也层出不穷，在难以完整归类的情形下，司法人员应当围绕意志因素，以商标侵权基本行为为基准，结合行为人的特质表现，如重复侵权、规模化侵权、对权利人警告置若罔闻等，来推定其恶意与否的主观心态。

二、有预谋有组织是恶意的一种表现

本案中，被告张某飞为非法牟利，刻意“傍商誉”“搭便车”，实施了一系列商标侵权行为。首先，以个人名义向国家商标局申请注册“滴露宝贝”“DETTOL BABY”两个商业标识，尽管其明知在第3类、第5类商品上不可能注册成功（事实上，至案发时仍未获准注册），但其坚持在不同商品类别上分阶段申请，以达到混淆视听的目的。其次，其与他人合资成立幼天下公司，并将申请过程中的涉案商标授权公司使用。公司自成立之后，就一直从事涉案商品的生产销售活动，“DETTOL BABY”“滴露宝贝”两个标识从未在其他商品类别上使用过；再次，张某飞又以个人名义在英国成立UK公司（UK LIJIESHI HOLDINGS LIMITED），中译名为英国利洁时控股有限公司，该中文字号与涉案商标在中国的实际使用人利洁时家化公司、利洁时投资公司的字号“利洁时”一致；复次，张某飞又在与金龙公司签订的《加工订购合同》中声明涉案商标已经合法注册，以促使侵权商品得以生产；最后，幼天下公司对外销售的侵权商品不仅使用了“DETTOL BABY”“滴露宝贝”两个侵权标识，张某飞还亲自设计侵权商品外包装，在其上标注“英国利洁时控股有限公司监制；UK LIJIESHI HOLDINGS LIMITED”的字样，以进一步达到混淆商品来源，使消费者产生误认的目的（事实上，从淘宝网留言来看，已经有消费者产生误认的实例）。此外，工商机关对金龙公司受托加工“DETTOL BABY”“滴露宝贝”侵权商

① 蔡颖雯：“侵权过错程度论”，载《法学论坛》2008年第6期。

② 蔡颖雯：“侵权过错程度论”，载《法学论坛》2008年第6期。

品行为进行行政处罚后，张某飞即于2016年1月着手注销清算幼天下公司，企图逃避法律责任。这一系列行为反映出张某飞意图牟取不正当利益，有预谋有组织地实施了一系列商标侵权行为，严重违反基本的市场道德，法院完全可以据此认定其具有侵权恶意，并在适用法定赔偿时充分考量侵权人的这一主观因素，判处高额赔偿金，以体现严厉打击知识产权侵权行为，加大知识产权保护的司法态度。

（撰稿人：张斌　唐震）

论商标使用合理避让原则的法律适用

——上诉人济南新吉祥餐饮管理服务有限公司等与被上诉人上海世好餐饮管理有限公司等侵害商标权及不正当竞争纠纷案

【提要】

基于商标使用合理避让原则，在后取得第35类特许经营类的注册商标权的市场主体在从事特许经营活动中应当对在先注册的第30类商品类商标核准注册的商品和相类似的销售商品的服务上进行合理避让，以免造成相关公众对商品和服务的来源可能产生的混淆。

【案情】

原告（被上诉人）：上海世好餐饮管理有限公司（以下简称上海世好公司）

被告（上诉人）：济南新吉祥餐饮管理服务有限公司（以下简称济南新吉祥公司）

被告（上诉人）：青岛远见控股集团有限公司（原青岛远见服务管理有限公司）（以下简称青岛远见公司）

被告：青岛惠美食品有限公司（以下简称青岛惠美公司）

案由：侵害商标权及不正当竞争纠纷

一审案号：（2016）沪0107民初1967号

二审案号：（2018）沪73民终140号

上海世好公司拥有注册商标：第6803674号吉祥商标，核定服务项目（第30类）：年糕；番茄酱（调味品）；调味料（作料）；酱油；醋；饺子；春卷；第12741282号吉祥商标，核定服务项目（第30类）：馄饨。青岛远见公司、济南新吉祥公司、青岛惠美公司在商业宣传及加盟门店中使用吉祥馄饨·面、吉祥馄饨·面标识。

上海世好公司（甲方）与青岛远见公司（乙方）曾签订《吉祥馄饨区域特许合同》并开展合作，2010年7月28日，案外人青岛恒安远见公司加入该合同成为乙方，青岛远见公司对合同承担连带保证责任。2011 年 9 月 5 日，上海世好公司解除上述合同。

域名 www. jixiang-china. cn 网站的主办单位为青岛惠美公司，网站首页及各页面均显示，左侧均有两个二维码，链接到青岛远见公司和济南新吉祥公司。在实地察看的 20 个“吉祥馄饨·面”门店的招牌、菜单、名片上使用了标识。百度 www. baidu. com 搜索“吉祥馄饨面微博”，第一条搜索结果为“吉祥馄饨面的微博_ 微博”，此链接指向青岛远见公司，附带的二维码经扫描后显示图形及文字及组合，账号主体为济南新吉祥公司。

2016 年 1 月 13 日，上海世好公司起诉青岛远见公司、青岛惠美公司、济南新吉祥公司、百度上海分公司，请求判令停止商标侵权以及不正当竞争行为等，并承担相应侵权责任。

上海知识产权法院二审期间，各方当事人均未提交新证据。对于一审查明的事实，二审法院予以认定。

【审判】

上海市普陀区人民法院经审理认为，在商标的使用方式上，商标注册人可以自行使用，可以通过签订商标使用许可合同许可他人使用，包括可以通过特许经营模式许可他人使用，均为合法的使用方式。上海世好公司请求保护的商标，其中两个均为图形加“吉祥”文字的组合商标，较图形部分，“吉祥”文字更能突出起到指称和区分商品来源的作用。前述商标既然被核定用于第 30 类馄饨、饺子等的方便食品类别，就有权排除他人未经许可将“吉祥”文字作为商标在同类方便食品上使用。上海世好公司以特许加盟方式许可他人在方便食品上使用前述商标，无须另外取得“吉祥”在第 35 类特许经营商业管理的商标注册，事实上也没有法律规定必须具有特许经营商业管理的商标才能开展对自有品牌的特许加盟商业活动。经比对，被控侵权人使用的两个标识与上海世好公司第 6803674 号、第 12741282 号商标标识均构成近似商标。三被控侵权人共同攀附上海世好公司商标的恶意明显，同时严重违反了诚实信用的商业原则和基本的商业道德，构成利用广告方式进行虚假宣传的不正当竞争行为。综上，一审判决：1. 青岛远见公司、青岛惠美公司、济南新吉祥公司立即停止侵犯 78 号注册商标专用权的行为及虚假宣传的不正当竞争行为；2. 青岛远见公司、青岛惠美公司、济南新吉祥公司应于判决生效之日起 10 日内在“吉祥馄饨·面”官网

jixiang-china. cn 及官方微博上共同就商标侵权和不正当竞争行为发表声明以消除侵权影响，持续时间不得少于 1 个月，逾期不执行，法院将在全国性媒体上公布判决主要内容，所需费用由被告共同负担；3. 青岛远见公司、青岛惠美公司、济南新吉祥公司应于判决生效之日起 10 日内共同赔偿上海世好公司经济损失及为制止侵权行为产生的合理费用共计 320 万元；4. 对上海世好公司其余诉讼请求不予支持。

一审判决后，济南新吉祥公司、青岛远见公司向上海知识产权法院提出上诉。

上海知识产权法院经审理认为：二审的主要争议焦点之一在于上海世好公司在本案所指控的商标权侵权能否获得法律支持。

本案中，权利商标为上海世好公司享有的第 12741282 号 吉祥 注册商标、第 6803674 号 吉祥 注册商标。权利商标核准使用的商品类别包括馄饨，与提供馄饨销售的餐饮服务相比较，两者的功能用途、消费对象相同，销售渠道重叠，商品和服务之间存在特定联系且无法区隔，对于相关公众而言，包括对于购买生鲜馄饨的消费者、堂吃熟食馄饨的消费者、以电子商务形式外卖点单购买馄饨的消费者以及销售馄饨的经营者，会认为馄饨商品与销售馄饨的服务具有特定联系，应当认定馄饨商品与销售馄饨的服务之间构成类似商品与服务。

被控侵权标识 吉祥馄饨·面、吉祥馄饨·面 与权利商标标识 吉祥 相比，均使用了“吉祥”文字、“吉祥”字形（前一标识）、吉祥文字的读音、含义完全相同，“吉祥”均为标识的主要识别部分，二者标识近似。被控侵权标识吉祥馄饨·面、吉祥馄饨·面，将“吉祥”与“馄饨”连用，其中吉祥为权利商标的主体部分，馄饨为权利商标的核准商品类别，相关公众一般会认为被控侵权人在加盟网站、微博、微信公众号上使用被控侵权标识的行为体现的是被控侵权人对外从事的是吉祥馄饨·面、吉祥馄饨·面品牌的小吃餐饮连锁店加盟招商活动，并通过加盟门店销售“吉祥”馄饨。上海世好公司经过长时间的使用，通过连锁经营吉祥馄饨小吃店的方式销售吉祥馄饨，在馄饨商品上，吉祥与上海世好公司之间已经建立了紧密联系，具有较高的知名度，并在市场上产生相当的影响。被控侵权人曾经作为上海世好公司山东地区的区域代理商，应当对吉祥馄饨商品来源于上海世好公司是完全知悉的。上诉人在取得了第 35 类特许经营的商业管理注册商标权的许可使用权后，在从事特许经营活动中理应在涉案权利商标核准注册的馄饨商品和相类似的销售馄饨的服务上进行合理避让，以免造成相关公众对商品和服务的来源可能产生的混淆。

综上，青岛远见公司、济南新吉祥公司、青岛惠美公司在商品的广告宣传活动中以及在餐饮服务上使用了与上海世好公司注册商标吉祥相近似的标识吉祥馄饨·面、吉祥馄饨·面，容易导致混淆，构成商标权侵权。判决驳回上诉，维持原判。

【评析】

本案的主要问题是，在后取得第35类特许经营的商业管理注册商标权的市场主体在从事特许经营活动中是否应当在在先注册的商品类商标核准注册的商品和相类似的销售商品的服务上进行合理避让。

商标专用权分为自用权和禁用权，禁用权指未经商标权人许可，禁止他人在权利商标核准注册的范围和类似商品或服务上使用相同或近似的商标。不仅包括商品之间相同或近似，还包括商品与服务近似。商品与服务类似，是指商品和服务之间存在特定联系，容易使相关公众混淆。就本案而言，不管是堂吃还是外卖的消费者都会认为馄饨商品与销售馄饨的服务具有特定联系，因此，应当认定馄饨商品与销售馄饨的服务之间构成类似商品与服务。而判断被控侵权行为是否侵犯权利商标的注册商标专用权，应以容易造成相关公众对商品或者服务来源误认的损害后果为要件，即混淆可能性。本案中，如前所述，被控侵权人系将他人权利商标主体部分与核准商品类别并列使用而提供销售该商品的服务，让相关公众认为该服务与该商品具有特定联系以及该服务来源于权利人的，应当认定为构成对他人权利商标的侵犯。

上诉人抗辩已经取得相关商业管理注册商标的许可使用权，因此有权从事涉案小吃餐饮连锁店的特许经营加盟业务。对此，在提供销售商品的餐饮服务时确实很难将商品与服务割裂开来，此时就应当看在先的注册类别为商品的商标的使用情况以及在后使用相同或近似的服务商标的行为人的主观意图。本案中，上海世好公司经过长时间的使用，在对外宣传中称加盟店的馄饨均来自于上海世好公司，通过连锁经营吉祥馄饨小吃店的方式销售吉祥馄饨，在馄饨商品上，吉祥与上海世好公司之间已经建立了紧密联系，具有较高的知名度，并在市场上产生相当的影响；被控侵权人曾经作为上海世好公司山东地区的区域代理商，应当对吉祥馄饨商品来源于上海世好公司是完全知悉的，即便青岛远见公司具有第35类商标的授权使用许可，其取得授权的时间也在涉案权利商标注册之后，而被控侵权人在此之前已于2005年10月1日开始与上海世好公司进行了长期的合作，一直到2011年9月7日结束，应充分知晓上海世好公司的“吉祥”商标。因此，从客观上说被上诉人虽然只是在商品上取得了权利商标，但实际上将“吉祥”

与其销售的商品“馄饨”之间建立了紧密联系，公众已经熟知“吉祥馄饨”，从主观上说，上诉人十分清楚被上诉人商标的发展历程以及经营模式，在商标使用上负有更高的注意义务。因此，上诉人在取得了第35类特许经营的商业管理注册商标权的许可使用权后，在从事特许经营活动中理应在涉案权利商标核准注册的馄饨商品和相类似的销售馄饨的服务上进行合理避让，以免造成相关公众对商品和服务的来源可能产生的混淆。

（撰稿人：商建刚　钱琼）

商标正当使用抗辩的判定

——光明乳业股份有限公司与美食达人股份有限公司等侵害商标权纠纷案

【提要】

在处理涉及商标标识正当使用抗辩的问题时，应当在比对被控侵权标识与涉案注册商标相似程度、具体使用方式的基础上，分析被控侵权行为是否善意（有无将他人商标标识作为自己商品或服务的标识使用的恶意）和合理，以及使用行为是否使相关公众产生混淆和误认等因素，综合判断被控侵权行为究竟是商标侵权行为，还是属于对商标标识的合理使用行为，以合理界定注册商标专用权的保护范围，达到商标专用权和公共利益之间的平衡。

【案情】

上诉人（原审被告）：光明乳业股份有限公司（以下简称光明公司）

被上诉人（原审原告）：美食达人股份有限公司（以下简称美食达人公司）

原审被告：上海易买得超市有限公司（以下简称易买得公司）

案由：侵害商标权纠纷

一审案号：（2016）沪 0101 民初 24718 号

二审案号：（2018）沪 73 民终 289 号

被上诉人美食达人公司系“85℃”系列商标专用权人，其认为原审被告易买得公司老西门店销售的、由上诉人光明公司生产的优倍系列鲜牛奶产品外包装上的显著位置，使用了与其注册商标相同或相似的 85℃，且该商品与其注册商标核定使用的商品和服务类别构成相同或近似，光明公司在广告宣传中亦突出使用了 85℃。美食达人公司认为光明公司对于 85℃的使用方式，极易在相关消费者中造成混淆，误认为光明公司的产品与美食达人公司有关联或两者之间存在关联关系，对相关消费者造成了混淆，侵害了注册商标专用权，故向一审法院提起诉讼，请求光明公司、易买得公司停止侵权、赔偿损失。

【审判】

上海市黄浦区人民法院经审理认为，美食达人公司主张的85°C、85°C、85°C三个注册商标与被控侵权标识相比较，有的注册商标的商品类别与被控侵权标识所使用的商品不属于相同或类似商品，有的虽属于相同商品近似标识的使用，但不会造成相关公众的混淆，故光明公司对于85℃的使用，不构成对美食达人公司主张的85°C、85°C、85°C三个注册商标的侵害。但一审法院同时认为，美食达人公司对85°C等系列商标使用在先，且经美食达人公司的宣传具有较高知名度。光明公司对85℃的使用缺乏事实基础，且其对有一定知名度的85°C系列商标应负有一定的注意、避让义务，故光明公司在商品外包装盒正面的显著位置突出标明“85℃”字样，不构成正当使用。因此，光明公司在涉案产品外包装上的醒目位置突出使用85℃的行为，属于在与美食达人公司的第11817439号85°C商标核定使用的相同商品上，使用相同标识的商标侵权行为，光明公司应就其上述被控侵权行为，承担停止侵权、赔偿损失的民事责任。遂判决光明公司停止侵权，赔偿经济损失40万元并承担合理开支。

一审判决后，光明公司以其被控侵权行为是对温度标识的合理使用为由提起上诉，请求驳回美食达人公司一审诉讼请求。

上海知识产权法院经审理认为，光明公司在涉案被控侵权商品外包装上使用被控侵权标识的行为，属于对温度标识的正当使用行为，未造成相关公众的混淆和误认，不构成对涉案第11817439号85°C注册商标专用权的侵害，遂判决：撤销一审判决，驳回美食达人公司的一审全部诉讼请求。

【评析】

《商标法》第五十六条、第五十七条、第五十九条规定表明，1. 在相同商品上商标性使用相同商标，是商标专用权人的固有权利，在上述行为发生时，推定发生混淆，应当认定为商标侵权行为。2. 就类似商品相同商标、相同商品近似商标以及类似商品近似商标行为的侵权判断，均应以混淆作为侵权判断的必要条件。3. 商标法虽赋予商标专用权人控制已被注册为商标的文字、图形或其组合的权利，但非商标性使用前述标识的行为，显然不在商标专用权人的控制范围之内。因此，上述法律规定显示了商标法加强对商标权人专用权利的保护和平衡公共利益的立法目的。司法实践中，在处理涉及正当使用抗辩的问题时，应当在比对被控侵权标识与涉案注册商标相似程度、具体使用方式的基础上，分析被控侵权行为是否善意（有无将他人商标标识作为自己商品或服务的标识使用的恶意）

和合理（是否仅在说明或者描述自己经营的商品或服务的特点等必要范围内使用），以及使用行为是否使相关公众产生混淆和误认等因素，综合判断被控侵权行为究竟是商标侵权行为，还是属于正当使用行为，以合理界定注册商标专用权的保护范围，达到商标专用权和公共利益之间的平衡。

一、关于涉案第 11817439 号 85℃与被控侵权标识之间的比对

（一）涉案第 11817439 号 85℃与被控侵权标识之间虽在外形上构成近似，但不属于相同商标

在审判实践中，当事人针对被控侵权行为往往会依据商标法第五十九条第一款的规定（即注册商标中含有的本商品的通用名称、图形、型号，或者直接表示商品的质量、主要原料、功能、用途、重量、数量及其他特点，或者含有的地名，注册商标专用权人无权禁止他人正当使用），提出正当使用的抗辩。针对该类抗辩，在判断该注册商标与被控侵权标识是否相同近似时，应当特别注意注册商标与抗辩引述特征的标准表达方式之间的区别，在两者之间具有显著区别时，应当充分考虑到《商标法》第十一条对于商标注册的限制性规定，客观上正是与引述特征的标准表达方式相区别的要素增强了注册商标标识的显著性，增加了该商标获得注册的可能，由此在一定程度上也限制了获得注册的商标的保护范围。此时，不宜以“视觉上基本无差异”认定两者构成相同，而应当以上述显著区别认定两者属于近似标识，并在比对中引入混淆要件，作为是否构成侵权的判断标准。

本案中，美食达人公司解释涉案商标来源于“咖啡在 85℃时喝起来最好”。故 85℃直接表示了商品的特点，而将作为温度标准表达方式的 85℃标识直接予以注册商标，显然有悖于上述《商标法》第十一条的规定，有损社会公共利益，难以获得商标注册部门的认可。因此，涉案第 11817439 号 85℃注册商标标识将元素 8、5、℃采用不同字体及高低错落排列的表达方式，与温度标准表达方式 85℃具有了显著区别，客观上增强了涉案第 11817439 号 85℃注册商标标识的显著性而获得了注册，但也因此限制了涉案第 11817439 号 85℃注册商标标识的保护范围。将被控侵权标识 85℃与涉案第 11817439 号 85℃注册商标相比对，两者字形元素相同但排列不同；实际中，商标权人及相关公众对涉案商标标识的读音与一般公众对 85℃作为温度表达时的读音也不尽相同。故两者之间虽在外形上构成近似，但两者不属于相同商标。

（二）被控侵权商品与涉案第 11817439 号 85℃注册商标核定使用的商品属于类似商品

《商标法》第五十六条规定，注册商标的专用权，以核准注册的商标和核定

使用的商品为限。第二十三条规定，注册商标需要在核定使用范围之外的商品上取得商标专用权的，应当另行提出注册申请。本案中，涉案第11817439号85℃注册商标核定使用的商品包括：牛奶制品、奶茶（以奶为主）、可可牛奶（以奶为主）等。而在国家工商行政管理总局商标局《类似商品和服务区分表》（第十一版）第二十九类第2907奶和乳制品类似群中记载的商品包括了：牛奶290039；牛奶制品290074；奶茶（以奶为主）C290069；可可牛奶（以奶为主）C290070。因此，牛奶与牛奶制品、奶茶（以奶为主）、可可牛奶（以奶为主）不属于相同的商品。但是，被控侵权商品牛奶与涉案第11817439号85℃注册商标核定使用的牛奶制品、奶茶（以奶为主）、可可牛奶（以奶为主）等商品，在功能、用途、销售渠道、消费对象等方面基本相同，根据《最高人民法院关于审理商标民事纠纷案件适用法律若干问题的解释》第十一条规定，两者之间构成类似商品。

二、被控侵权行为是对温度表达的正当使用

首先，在涉案被控侵权商品外包装上使用被控侵权标识85℃，是温度的标准表达方式，与涉案第11817439号85℃注册商标标识具有明显区别。因此，光明公司对于温度的标准表达方式85℃的使用，尚不属于对美食达人公司涉案第11817439号85℃注册商标标识的恶意使用。其次，美食达人公司对于光明公司在其使用的巴氏杀菌技术生产工艺过程中包括了“15秒钟使用85℃的温度杀菌”的事实并无异议，可见光明公司在被控侵权商品外包装上使用85℃具有一定的事实基础。且虽然被控侵权外包装上的85℃的字号大于相同位置的文字，但该85℃并非孤立的，而是分别配以“85℃巴氏杀菌乳新鲜说”“认准巴氏杀菌乳才是鲜牛奶”“就是要喝85度杀菌的巴氏鲜奶”“我是巴氏杀菌乳我更新鲜”“85℃巴氏杀菌乳高品质鲜牛奶”等文字，上述文字亦充分说明，光明公司使用85℃所表达的就是温度，且仅是在表达温度意义上的使用。因此，光明公司在被控侵权商品上使用85℃，仅是为了向相关公众说明其采用的巴氏杀菌技术的工艺特征，仍属于合理描述自己经营商品特点的范围，并非对美食达人公司第11817439号注册商标的使用，而是对温度表达方式的正当使用。

三、被控侵权行为并未造成相关公众的混淆和误认

审理中，美食达人公司表示其从未生产过被控侵权商品（牛奶），也未在牛奶商品上使用过涉案商标，故在牛奶商品上相关公众对于美食达人公司并无认知。而光明公司在牛奶等乳制品商品上享有的“光明”商标为驰名商标，被控侵权商品上还使用了光明公司注册的“优倍”注册商标，因此，上述事实与光明公司善意和合理的在被控侵权商品上使用了温度的标准表达方式85℃事实相结合，即使对涉案第11817439号85℃注册商标熟知的相关公众，对于被控侵权外包装予以一般注意，亦自然会认为被控侵权商品外包装上标注的85℃是光明公司采用的巴氏杀菌技术的温度，而不会产生被控侵权商品来源于美食达人公司或与美食达人公司有关的混淆和误认。

综合上述意见，光明公司在涉案被控侵权商品外包装上使用被控侵权标识的行为，属于对温度标识的正当使用行为，未造成相关公众的混淆和误认，不构成对涉案第11817439号85℃注册商标专用权的侵害。

（撰稿人：何渊）

恶意使用未注册驰名商标的行为人仍应承担赔偿责任

——拉菲罗斯柴尔德酒庄诉上海保醇实业发展有限公司等侵害商标权纠纷案

【提要】

我国商标法及相关司法解释虽未规定未注册驰名商标受侵害时可以获得赔偿，但对于恶意使用未注册驰名商标的行为人，可以类推适用《商标法》第三十六条关于恶意使用准予注册前的商标应当赔偿的规定，判决其承担赔偿责任。

【案情】

原告：拉菲罗斯柴尔德酒庄（CHATEAU LAFITE ROTHSCHILD）（以下简称拉菲酒庄）

被告：上海保醇实业发展有限公司（以下简称保醇公司）

被告：保正（上海）供应链管理股份有限公司（以下简称保正公司）

案由：侵害商标权纠纷

一审案号：（2015）沪知民初字第518号

拉菲酒庄是世界闻名的葡萄酒制造商，在中国消费者群体中具有极高的知名度。1997年10月28日，原告在葡萄酒商品上的“LAFITE”商标在中国获准注册。“拉菲”作为“LAFITE”的音译，经过在中国的大量宣传和使用，已经与原告以及其所生产的葡萄酒商品形成稳定的、唯一的对应关系。2015年5月，原告发现被告保醇公司、保正公司在进口、销售原告所产葡萄酒的同时，自2011年起持续进口、销售带有“CHATEAU MORON LAFITTE”“拉菲特庄园”标识的葡萄酒，且保正公司故意为保醇公司的侵权行为提供物流、仓储等便利条件。

原告拉菲酒庄诉称，涉案葡萄酒酒瓶瓶贴正标上使用的“CHATEAU MORON LAFITTE”与“LAFITE”商标构成近似；背标上使用的“拉菲特”，与中国消费者广为知晓的“LAFITE”商标的音译“拉菲”构成近似。鉴于侵权行为发生时"拉菲"还未被核准注册，故"拉菲"应被认定为未注册驰名商标。两被告的行为共同侵犯了原告就涉案注册商标"LAFITE"和未注册驰名商标"拉菲"享有的合法商标权益，应承担连带赔偿责任。因此，原告提起诉讼，请求法院判令两被告停止侵权，在《中国工商报》上刊登声明消除影响，并连带赔偿原告经济损失以及为制止侵权行为支付的合理支出共计人民币500万元。

被告保醇公司、保正公司共同辩称：第一，"拉菲"远未达到未注册驰名商标的程度，原告要求认定"拉菲"为驰名商标的主张不能成立，法院对此不应亦没有必要予以认定，原告亦无权禁止被告保醇公司使用"拉菲特"标识。首先，原告申请注册"拉菲"商标一直未被国家商标局核准，说明该商标缺乏显著性；其次，原告的涉案注册商标"LAFITE"的中文翻译除"拉菲"外，还有"拉斐""拉菲特"等，"LAFITE"与"拉菲"不具有唯一的、固定的指向性；再次，原告主动使用"LAFITE"和"拉菲"商标时，都是将其作为非商标性的企业字号或商品名称使用，而且原告提交的证据中能证明系其主动对上述商标进行使用和广告宣传的证据很少，多数证据涉及的是其关联公司拉菲罗斯柴尔德男爵集团（以下简称拉菲集团）对上述商标的使用、广告或宣传，但原告与拉菲集团为两个完全独立的公司，原告亦未提供证据证明二者之间存在商标许可关系，故拉菲集团对上述商标的使用行为与原告无关，原告对上述商标的使用、广告宣传的持续时间、程度与范围远未达到驰名商标的程度；最后，原告提供的"拉菲"在中国受保护的记录，均是从反不正当竞争法角度对其作为知名商品的特有名称予以保护，而驰名商标的认定标准远高于知名商品特有名称的认定标准，其受保护的记录不足以证明"拉菲"已达到驰名商标的程度。第二，被告保醇公司进口并销售的葡萄酒中，除涉案被诉侵权商品"拉菲特庄园"（CHATEAU MORON LAFITTE）外，还有"Chateau Lafite Rothschild"（俗称大拉菲）和"Carruades De Lafite"（俗称小拉菲），上述商品均系合法进口，属于正当的国际贸易；被诉侵权商品瓶贴上使用的"CHATEAU MORON LAFITTE"商标是法国的有效注册商标，该商标与原告的涉案注册商标"LAFITE"既不相同也不近似，不会使消费者对商品的来源产生混淆，故不构成对原告商标权的侵犯。第三，被告保醇公司原系由被告保正公司和其法定代表人曹灿投资设立，但两被告的业务完全独立；2014年被告保醇公司的股权发生变更前，其进口被诉侵权商品后，委托被告保正公司进行运输并提供仓储，销售均以被告保醇公司名义进行，由于两被告在同一地址经营，故部分被告保正公司的员工会以被告保醇公司的名义对外销售被诉侵权商品，但数量不多，销售发票亦均由被告保醇公司开具；被告保醇公司的股权变更后，被告保正公司仅为被告保醇公司提供运输服务，其他没有关联。因此，原告要求两被告承担连带赔偿责任无事实和法律依据。第四，退一步而言，即使法院认定被告保醇公司构成侵权，因该被告属于善意使用“LAFITTE”和“拉菲特”标识，且共进口25,200瓶被诉侵权商品，实际销售的数量仅为6394瓶，销售亦主要以批发为主，零售为辅，扣除税收、仓储费用、销售成本等，获利极其有限，原告主张的赔偿金额过高。综上，两被告请求人民法院驳回原告的诉讼请求。

【审判】

上海知识产权法院经审理认为，本案被诉侵权行为发生的时间早于原告取得“拉菲”商标专用权的时间，故对于与“拉菲”有关的被诉侵权行为是否成立的相关判断必须以“拉菲”在被诉侵权行为发生时是否属于未注册驰名商标作为事实依据。因此，本案中有必要对“拉菲”是否属于未注册驰名商标予以认定。根据本案相关事实，足以证明我国相关公众通常以“拉菲”指代原告的“LAFITE”商标，并且“拉菲”已经与“LAFITE”商标之间形成了稳定的对应关系，在被诉侵权行为发生前“拉菲”已为中国境内相关公众所广为知晓，“拉菲”可以被认定为未注册驰名商标。

被诉侵权葡萄酒酒瓶瓶贴正标上突出使用的“MORON LAFITTE”标识在我国侵犯了原告的“LAFITE”注册商标专用权，保醇公司在酒瓶瓶贴背标上使用的“拉菲特”标识侵犯了原告未注册驰名商标“拉菲”的商标权利。保醇公司进口并销售侵权葡萄酒的行为构成商标侵权，且主观恶意明显。保正公司明知保醇公司的侵权事实，仍为其提供物流、仓储等便利条件，构成帮助侵权。因此，两被告依法应当承担停止侵权、消除影响、赔偿损失等民事责任。

关于侵权赔偿数额。根据《商标法》第三十六条第二款的规定，经审查异议不成立而准予注册的商标，商标注册申请人取得商标专用权的时间自初步审定公告3个月期满之日起计算。自该商标公告期满之日起至准予注册决定作出前，对他人在同一种或者类似商品上使用与该商标相同或者近似的标志的行为不具有追溯力；但是，因该使用人的恶意给商标注册人造成的损失，应当给予赔偿。而本案侵权行为发生的时间早于原告取得“拉菲”商标专用权的时间，商标法及其相关司法解释虽未规定未在我国注册的驰名商标受侵害时可以获得赔偿，但保醇公司对“拉菲特”标识的使用主观恶意明显，结合上述《商标法》第三十六条第二款规定的立法本意以及对未注册驰名商标的侵害确实也给权利人造成损失的实际情况，本案中两被告应自其侵权行为发生时起根据商标法的相关规定对原告予以赔偿。鉴于原告因被侵权所受到的实际损失、两被告因侵权所获得的利益以及注册商标许可使用费均难以确定，故法院结合原告未注册商标的驰名程度及其显著性、两被告实施侵权行为的主观恶意、两被告的侵权持续时间、侵权规模、侵权葡萄酒的销售情况、进口单价与销售价格之间的差价，以及原告为本案诉讼所支出的合理费用等因素，酌情确定经济损失及合理费用的赔偿数额。

上海知识产权法院作出判决：1. 两被告立即停止对原告享有的第 1122916 号“LAFITE”注册商标专用权的侵害；2. 两被告立即停止使用与“拉菲”近似的“拉菲特”标识；3. 两被告应于判决生效之日起三十日内在《中国工商报》上刊登声明，消除因商标侵权行为对原告造成的影响；4. 两被告应于判决生效之日起十日内共同赔偿原告包括合理费用在内的经济损失人民币 200 万元；5. 驳回原告的其余诉讼请求。

一审判决后，各方当事人均未提起上诉。

【评析】

本案系上海法院首例认定未注册驰名商标的案件，主要涉及未注册驰名商标认定必要性的判断、认定标准，以及侵害未注册驰名商标是否承担赔偿责任等问题。本案除了对“拉菲”商标属于未注册驰名商标作出准确认定外，在我国商标法及相关司法解释并未规定未注册驰名商标受侵害时可以获得赔偿的情况下，类推适用《商标法》第三十六条关于恶意使用准予注册前的商标应当赔偿的规定，判决恶意使用未注册驰名商标的行为人承担赔偿责任。

一、《商标法》及相关司法解释未规定未注册驰名商标受侵害时可以获得赔偿

《商标法》第十三条第二款规定，就相同或者类似商品申请注册的商标是复制、摹仿或者翻译他人未在中国注册的驰名商标，容易导致混淆的，不予注册并禁止使用。第三款规定，就不相同或者不相类似商品申请注册的商标是复制、摹仿或者翻译他人已经在中国注册的驰名商标，误导公众，致使该驰名商标注册人的利益可能受到损害的，不予注册并禁止使用。《最高人民法院关于审理商标民事纠纷案件适用法律若干问题的解释》（以下简称《商标案件解释》）第一条第二项规定，复制、摹仿、翻译他人注册的驰名商标或其主要部分在不相同或者不相类似商品上作为商标使用，误导公众，致使该驰名商标注册人的利益可能受到损害的行为属于《商标法》第五十二条第五项（现行《商标法》为第五十七条第七项）规定的给他人注册商标专用权造成其他损害的行为。第二条规定，依据《商标法》第十三条第一款（现行《商标法》为第十三条第二款）的规定，复制、摹仿、翻译他人未在中国注册的驰名商标或其主要部分，在相同或者类似商品上作为商标使用，容易导致混淆的，应当承担停止侵害的民事法律责任。根据上述法律及司法解释的规定，对侵犯驰名商标权的法律责任，以驰名商标是否在我国注册为标准作了区分。对于侵犯已经注册的驰名商标的行为，《商标案件解释》第一条第二项将其作为侵犯注册商标专用权行为中的一类，因此，行为人承担的法律责任中包括赔偿责任。而对于侵犯未注册驰名商标的行为，《商标

案件解释》第二条仅规定行为人承担停止侵害的民事责任，并未规定适用赔偿损失等其他民事责任。

二、关于《商标法》第三十六条第二款的类推适用

类推适用，是指法官审理的案件在法律上没有规定时，可以采用类似案件的法律规则进行裁判。类推适用的依据在于“两个案件之间存在类似性”。

《商标法》第三十六条第二款系2013年修改时新增加的条款，对商标公告期满至准予注册决定作出前的商标专用权的效力予以了规定。根据该条法律规定，对于经审查异议不成立而准予注册的商标，一方面规定商标初步审定公告期满之日起至准予注册决定作出前，对他人在同一种或者类似商品上使用与该商标相同或者近似的标志的行为不具有追溯力。但另一方面又在上述有关不具有追溯力的规定的基础上，规定因使用人的恶意给商标注册人造成的损失，应当给予赔偿。该条规定对商标最终是否能被准予注册不确定期间因使用人的恶意给商标注册人造成的损失提供了救济途径，而该期间所涉商标并未准予注册，其性质亦可视为未注册商标。

就本案而言，原告要求保护的“拉菲”是未注册驰名商标，虽然侵权行为发生时该商标属于未注册商标，但经过长期使用及大量商业推广与宣传，该商标在市场上已享有很高知名度并为公众所熟知，其凝集了较高的商业信誉，甚至具有体现使用者身份与地位的功能。而且被告使用侵权标识的主观恶意明显，其使用行为亦必然占用了未注册驰名商标的商誉，给原告造成了损失。如果在此种情况下，仍基于《商标法》及《商标案件解释》关于侵犯未注册驰名商标的法律责任规定，仅判决被告承担停止侵害的民事责任，不承担损失赔偿责任，既不公平，也不合理。

如前所述，本案所涉未注册驰名商标的性质、被告的主观恶意等均与《商标法》第三十六条第二款所规定的恶意使用准予注册前的商标应当赔偿的情形存在类似性，故该条规定所体现的法律规则，可以类推适用于本案，被告应当承担赔偿损失的民事责任。

（撰稿人：吴盈喆）

出口商品的商标在先使用判定

——浙江鼎丰贸易有限公司与安徽亮亮电子科技有限公司侵害商标权纠纷案

【提要】

出口商品的终端用户虽在中国境外，但贴附在该商品上的商标在中国境内商品流通过程中发挥了识别商品来源的作用，并在相关公众中具有一定知名度，可以认定为已经使用的有一定影响商标。关联企业可享有商标在先使用抗辩权，对抗在后注册商标权人，其在相同商品上使用商标行为，属于在原有范围内的使用。

【案情】

原告（上诉人）：浙江鼎丰贸易有限公司（以下简称浙江鼎丰公司）

被告（被上诉人）：安徽亮亮电子科技有限公司（以下简称安徽亮亮公司）

案由：侵害商标权纠纷

一审案号：（2014）浦民三（知）初字第1093号

二审案号：（2016）沪73民终104号

杭州亮亮电子照明电器有限公司（以下简称杭州亮亮公司）成立于2002年12月30日，股东为汪某平等。安徽亮亮公司成立于2011年10月10日，股东为杭州亮亮公司及汪某平等。两公司法定代表人均为汪某平，经营范围均为LED节能灯生产等。

自2006年9月起，杭州亮亮公司在其生产的节能灯产品上以及相关的产地证、销货清单、发票及报关单、产品出境标记号码、产品清单、报价单等上使用“TORCH”商标。自2008年11月起，杭州亮亮公司在节能灯产品上开始使用“T RCH”标识。

自2007年起，杭州亮亮公司因良好的经营连续获得多项企业荣誉，系临安市的龙头企业，生产的节能灯品牌“TORCH”荣获杭州市出口品牌。

2009年10月22日，杭州亮亮公司就节能灯包装盒、包装箱申请7项外观设计专利。2010 年 7 月 14 日，获得外观设计专利授权。上述外观设计专利均有“T RCH”标识。

安徽亮亮公司成立后，杭州亮亮公司授权安徽亮亮公司在其生产的节能灯产品上使用“T RCH”商标。安徽亮亮公司的产品均用于出口。

浙江鼎丰公司成立于 2007 年 4 月，系第 7909575 号“TORCH”注册商标权利人。该商标于 2009 年 12 月申请注册，2011 年 12 月 14 日获准注册，核定使用商品为第 11 类电灯、灯、白炽灯、日光灯管等，注册有效期至 2021 年 3 月 27 日。

2011 年 4 月至 2013 年 10 月期间，浙江鼎丰公司在授权书、相关订货单、发票记账联、发票联、报关单、销货发票上记载货物时标注为“TORCH”节能灯。

2014 年 7 月，上海海关发现安徽亮亮公司申报出口阿联酋的节能灯上标有近似“TORCH”的“T RCH”标识，根据浙江鼎丰公司的申请将上述货物予以扣留。

后浙江鼎丰公司以安徽亮亮公司侵害其“TORCH”注册商标专用权为由，向法院提起诉讼，要求停止侵权、赔偿损失。

【审判】

上海市浦东新区人民法院经审理认为：涉案“T RCH”商标与浙江鼎丰公司的“TORCH”注册商标均含有“T”和“RCH”英文字母，且顺序相同，“ ”图形为圆形，与字母“O”形状近似，从整体看，两者差异不显著，且该差异对文字发音影响不大，易造成消费者混淆，故构成商标近似。现有证据足以证明安徽亮亮公司的股东杭州亮亮公司在 2006 年后就使用“TORCH”和“T RCH”标识，在浙江鼎丰公司申请注册“TORCH”商标前，杭州亮亮公司的“TORCH”品牌节能灯在同行业中已经具有一定的影响力，杭州亮亮公司对涉案标识享有在先权利。而杭州亮亮公司是安徽亮亮公司的股东，安徽亮亮公司经其许可在节能灯上继续使用涉案商标，属于在原范围使用，故根据《商标法》第五十九条第三款规定，浙江鼎丰公司无权禁止安徽亮亮公司在原使用范围内继续使用涉案商标。据此判决：驳回浙江鼎丰公司的诉讼请求。

一审判决后，浙江鼎丰公司向上海知识产权法院提起上诉，其主要理由为：安徽亮亮公司提交的证据无法证明在浙江鼎丰公司使用“TOUCH”注册商标前，该商标已被杭州亮亮公司在先使用并具有了一定影响。同时，《商标法》第五十九条第三款规定的在先使用抗辩主体仅限于“使用人”，范围限于“原使用范围”。一审法院错误认定杭州亮亮公司先用权成立的前提下，将“使用人”扩大解释至杭州亮亮公司作为股东之一的安徽亮亮公司，将“原使用范围”仅定义为“商品类别”，属于适用法律错误。请求二审法院撤销原审判决，改判支持其一审全部诉讼请求。

上海知识产权法院经审理认为，尽管安徽亮亮公司生产的节能灯产品系出口产品，但在案证据能够证明在浙江鼎丰公司申请注册“TORCH”商标前，安徽亮亮公司的股东杭州亮亮公司的“TORCH”品牌节能灯在同类生产企业和出口企业中已经具有一定的知名度，可以认定该商标具有一定影响。涉案商标在先使用的主体虽是杭州亮亮公司，但杭州亮亮公司为安徽亮亮公司的股东，两公司的法定代表人为同一人且为两公司的共同股东，基于两公司存在的关联关系及商标许可使用的事实，安徽亮亮公司可以成为在先使用抗辩的主体。安徽亮亮公司将涉案商标使用在节能灯产品上，其使用的商标标识及范围与杭州亮亮公司在先使用的商标标识、范围并无不同，故安徽亮亮公司对涉案商标的使用仍在杭州亮亮公司原有使用范围内。综上，安徽亮亮公司使用行为属于《商标法》第五十九条第三款规定的情形，其主张的在先使用抗辩成立。据此判决：驳回上诉，维持原判。

【评析】

本案主要涉及出口商品的商标在先使用如何评判的问题。

我国《商标法》第五十九条第三款通过设立商标在先使用抗辩制度，在注册商标与未注册商标之间产生权利冲突时，给予有一定影响的未注册商标在先使用人不侵权抗辩权，以平衡注册商标权人和在先未注册商标人之间的利益。根据该款规定，在判定在先使用抗辩是否成立时，须考量下列要件：1. 是否是在同一种或类似商品上使用了与注册商标相同或近似的商标；2. 是否具有在先使用商标的行为；3. 在先使用的商标是否具有一定影响力；4. 是否在原使用范围内使用。本案中，当事人对同一种商品上使用的商标构成近似均无异议，但浙江鼎丰公司对涉案商标使用在先且具有知名度以及安徽亮亮公司有权承继其股东公司的商标权益不予认可。由于本案所涉商品为出口商品，因此，判断本案在先使用抗辩是否成立的关键在于对出口商品的商标在先使用、商标的一定影响、在先使用抗辩行使主体以及原有范围如何等予以判定。

一、出口商品的商标在先使用判定

未注册商标受法律保护，但受保护的前提必须是已实际具有识别作用，而不仅仅是具有识别商品或者服务来源的显著性和可能性。[①] 未注册商标在先使用的构成要件为：对未注册商标的使用必须是在他人申请注册商标前的使用；该使用

① 孔祥俊：《商标法适用的基本问题》，中国法制出版社2012年版，第123页。

必须是在中国境内的商标意义上的使用。安徽亮亮公司在本案中提交的在先使用涉案商标的证据使用时间确在浙江鼎丰公司注册商标申请日前，但由于所涉商品均出口至国外，商品的终端用户均在国外，那么出口商品上的使用行为是否属于商标意义上的使用?《商标法》第四十八条规定商标使用行为为将商标用于商品、商品包装或者容器以及商品交易文书上，或者将商标用于广告宣传、展览及其他商业活动中，用于识别商品来源的行为。据此，商标意义上的使用行为是指能够实现商标识别功能的行为，未进入商品流通环节的商标使用行为，不属于商标意义的使用行为。本案所涉商品虽出口境外，但向进口商销售出口商品的行为是发生在中国境内的，出口商通过发货、报关、运输等完成向进口商的销售，而涉及销售的相应凭证上及商品上均有涉案商标。同时，进口商在选择中国出口产品时，亦是通过商标来识别商品来源，并选择最终的交易对象。因此，涉案商标随着涉案商品的出口，在中国境内发挥了识别商品来源的作用，涉案商标在先使用成立。需要指出的是，出口商品行为与定牌加工行为存在实质差异，出口商品上商标所有人为国内企业，国外进口商在选择出口商品时，商标起到区分商品来源的作用。而定牌加工是委托加工的行为，商品贴附的商标是境外委托人所有，不必然产生识别商品来源的作用。

二、出口商品的商标有一定影响的判定

未注册商标人在先使用的商标具有一定影响力是在先使用抗辩成立的基础。评判在先使用的商标是否具有一定影响，须根据商标使用时间和商标所产生的影响程度综合予以判断。从时间上看，在先使用的商标具有一定影响的时间应当早于注册商标申请日。从影响程度看，由于《商标法》第十三条第二款明确了对于未注册驰名商标的保护，因此，在先使用商标无须达到驰名程度，只要在中国境内为一定范围内的相关公众所知晓的商标，即应当认定为属于有一定影响的商标。出口商品的用户在境外，如何评判商标有一定影响呢?我国是制造业大国，为顺应国家鼓励出口，创造外汇，提升中国制造影响力，出口企业已经成为一个关乎经济发展的特殊群体，关乎部分地区的财政收入，由于在先使用商标的知名度只要一定范围的相关公众知晓即可，因此，对于出口商品一定范围内的相关公众应界定在出口企业和相关的同业企业。在案证据能够证明安徽亮亮公司的股东杭州亮亮公司在浙江鼎丰公司申请商标注册前，其生产的节能灯品牌“TORCH”荣获杭州市出口知名品牌等荣誉，在杭州地区、临安地区出口企业和灯具生产企业中享有一定的知名度和美誉度，因此，可以认定涉案商标具有一定的影响。

三、关联企业可否行使商标在先使用抗辩权

由于我国实行的是商标注册制，对在先使用商标的主体范围应当予以一定的限制，以保护商标注册人的利益。一般而言，对在先未注册商标的使用人应限于先使用人以及在先已获得商标授权许可的被许可使用人。但商标先用人的业务继受人也可以享有商标的先用权。本案中，安徽亮亮公司与杭州亮亮公司并非一般的商标授权许可使用关系，杭州亮亮公司是安徽亮亮公司的股东之一，两公司的法定代表人为同一人且为两公司的共同股东，两公司存在的关联关系、两公司存在商标许可使用关系以及相关业务的承继关系，因此，安徽亮亮公司可以成为在先使用抗辩的主体。

四、在先使用商标原使用范围的判定

在先使用抗辩中，商标专用权人无权禁止的是在先使用人在原使用范围内的使用行为，那么，如何界定原使用范围？由于《商标法》第五十九条第三款未就使用范围内涵作出规定，使得原使用范围界定存在一定争议，是仅涵盖商品范围还是须延伸到地域范围、生产经营规模等。

商标的基本功能是识别功能，商标法对注册商标核定商品使用范围的规定、近似商标及类似商品的界定、混淆可能性的判断等都是以商标识别功能为基石的，故使用商品范围确定为原使用范围，符合商标法的立法本意。商标法对于注册商标“撤三”的规定，对于三年未使用注册商标的侵权赔偿的限制，说明商标法鼓励对商标的实际使用，而限制未注册商标的使用地域或规模，不利于促进商标的使用，不利于保护未注册商标所承载的商誉，亦会导致在先使用人无法在竞争市场生存。同时电商的发展和网络购物的兴起，使得地域概念日益模糊，难以界定地域空间。《商标法》第五十九条第三款亦明确了可要求在先未注册商标使用人附加适当区分标识，其目的亦在于解决区分商品来源的问题，亦产生了商标共存的结果。因此，在先使用商标的原使用范围应界定为原商品使用范围。基于安徽亮亮公司是在杭州亮亮公司的原商品使用范围内使用涉案商标，因此，认定其属于在原使用范围内使用商标，符合法律规定。

综上，安徽亮亮公司的抗辩，符合我国《商标法》第五十九条第三款的规定，法院对其不侵权抗辩予以支持。

（撰稿人：杨韡）

专业平台经营者对平台上信息应尽更高的注意义务

——呷哺呷哺餐饮管理有限公司诉上海福网信息科技有限公司侵害商标权纠纷案

【提要】

提供信息存储空间的平台经营者，对于注册用户发布在平台上的信息应尽到与其经营模式相匹配的注意义务。与综合性信息发布平台相比，专业平台的经营者对平台上信息是否侵权应尽更高的注意义务。若根据专业平台的经营模式，网络用户在该平台发布的信息极有可能侵犯他人知识产权，则平台经营者应对可能侵权的情形进行必要的审查，否则应当与发布侵权信息的用户承担连带责任。

【案情】

原告（被上诉人）：呷哺呷哺餐饮管理有限公司

被告（上诉人）：上海福网信息科技有限公司

案由：侵害商标权纠纷

一审案号：（2017）沪 0115 民初 7804 号

二审案号：（2017）沪 73 民终 334 号

案外人呷哺呷哺餐饮管理（香港）控股有限公司系第 4762343 号“呷哺 呷哺”商标及第 4762344 号“呷哺 呷哺 xiabu xiabu”商标的注册人，均核定使用在第 43 类餐厅、餐馆等服务项目上。经估值，“呷哺呷哺”商标的公允市值为 5276 余万美元。原告经许可，享有上述商标的专有使用权。

原告在我国经营火锅连锁餐厅，2015 年度的营业收入达 23 亿余元。原告曾获评“2013 年度中国餐饮百强企业”“2014 年度中国快餐 30 强企业”“2015 年度中国餐饮业火锅十大品牌”“2015 中国十大火锅品牌”“2016 中国火锅品牌 50 强企业”及“2016 年度北京十大商业品牌金奖”等奖项。

被告是全球加盟网（www. jiameng. com）的经营者。该网站提供各种加盟信息。根据该网站的介绍，为面向各行业的企业提供企业百科服务和品牌宣传服务。企业用户注册成为该网站会员，就可免费发布宣传信息并享受基础服务；付费成为 VIP 会员则可享受全面的优质服务；个人用户注册成为会员，可享受咨询、帮助联系企业、提供创业建议等服务。该网站专注于连锁加盟领域，累计入驻 122, 747 个品牌，汇聚了 300 多个知名品牌，帮助 20 多个行业、5000 多个合作品牌和企业实现招商服务，汇聚了 2000 多万的优质投资人数据库，每天有近 70 万人访问量。

根据原告所作公证，在百度搜索“呷哺呷哺加盟”，其中一条搜索结果的标题为“呷脯呷哺火锅加盟连锁火爆招商中 - 全球加盟网 JiaMeng. com”，链接地址为“www. jiameng. com/fengbzh/”。点击后进入被告网站的“呷呷哺加盟”项目主页，列明了该项目的投资金额、所属行业等信息，并显示意向加盟“53910”，申请加盟“4590”，商品点评“0”。页面右方的“公司信息”处显示系北京市的注册资金 3000 万元的股份有限公司，名称为“呷脯呷哺小火锅”。网页多处使用了“呷脯呷哺”，如“品牌名称 呷脯呷哺”“呷脯呷哺 品牌展示”等。网页还宣称“全球加盟网 优势”包括加盟认证、大牌联盟、闪电回复、千万口碑、金牌客服；介绍的 5 步轻松创业包括登录、找项目、留言咨询、等待回访、成功合作，其中“我要咨询”这一步骤显示“24 小时内获得企业的快速回复”，需填写姓名、电话、投资额等信息并同意该网站的服务条款，服务条款中称其仅作为信息发布平台。

申请注册为被告网站用户，需填写会员名、密码、电子邮箱、手机号、会员类型、所属行业等信息。被告网站后台页面显示“呷脯呷哺”加盟信息发布者的用户名为“fengbzh”，并显示品牌名“呷脯呷哺”，姓名“周伟”，电话一栏为空，注册日期为 2012 年 3 月 12 日，行业为“餐饮 - 火锅”，点击量一栏显示“56901-1476-0-0”，状态为“已审核”。被告将该加盟信息删除后，在其网站后台系统再以“呷脯呷哺”作为关键词进行检索，显示无结果；在网站前台搜索“呷脯呷哺”亦无前述加盟信息，而只有“爱呷爱呷”“钢铁呷”等项目信息。

原告认为，被告在其经营的全球加盟网上假冒原告的名义进行餐厅加盟宣传欺骗公众，侵害了原告的商标权。故起诉请求判令被告立即停止侵权；消除影响；赔偿原告经济损失及合理开支 100 万元。

被告辩称，1. 其网站是加盟信息发布平台，涉案项目信息系注册用户发布，且对“呷脯呷哺”的使用属非商标性使用。2. 被告就涉案信息尽到了谨慎的注意义务，不知道也没有合理理由知道涉案网页的存在，被诉后就删除了信息，不构成侵权。故请求驳回原告的诉讼请求。

【审判】

上海市浦东新区人民法院经审理认为：1. 被告网站上的“呷脯呷哺加盟”项目信息为火锅这一餐饮行业类别，与原告涉案商标核定使用的餐厅、餐馆属相同服务；该项目网页中多处突出使用了“呷脯呷哺”文字，与原告商标的中文部分仅有一字不同，系近似商标。上述加盟信息的发布并未经过原告许可，属于在相同服务上使用与原告商标近似商标的行为，容易引起相关公众的混淆，构成商标侵权。2. 从全球加盟网的经营模式、涉案加盟信息网页的具体内容、被告网站的后台信息等方面综合判断，涉案加盟信息系由被告网站的注册用户发布。3. 作为专业信息发布平台的经营者，被告应尽到比综合性信息发布平台经营者更高的注意义务，采取必要的措施就发布者身份及品牌权属、授权状况进行一定的审查。但本案中，被告对涉案加盟信息发布主体是否具备营业执照、是否为其所发布品牌的所有者或被许可使用人未做任何审核，可见其对品牌加盟信息可能涉及的侵权并未予以充分重视；同时，被告不仅为涉案加盟信息提供发布平台，还提供了一定的推广服务，为涉案侵权行为提供了帮助；原告的涉案注册商标在餐饮行业尤其是火锅行业知名度较高，被告的注册用户发布的“呷脯呷哺”品牌与原告的注册商标仅一字之差，所属类别完全相同，即便被告仅对该加盟信息作形式审查，其在审查过程中必定已注意到该事实，但仍不作任何进一步核实即对该加盟信息审核通过。因此，被告并未尽到与其经营模式相匹配的注意义务，其行为构成《商标法》第五十七条第六项规定的故意为侵犯他人商标专用权行为提供便利条件，帮助他人实施侵犯商标专用权行为的商标侵权行为，依法应承担停止侵权、赔偿损失、消除影响等侵权责任。但鉴于被控侵权行为已停止，判决停止侵权已无必要。

综上，上海市浦东新区人民法院依照《中华人民共和国侵权责任法》第十五条第一款第六项、第八项、第二款、《中华人民共和国商标法》第五十七条第六项、第六十三条第一款、第三款、《最高人民法院关于审理商标民事纠纷案件适用法律若干问题的解释》第四条、第九条第二款、第十条、第十六条第一款、第二款、第十七条第一款的规定，判决：1. 被告赔偿原告经济损失及为制止侵权行为而支付的合理开支共计人民币100, 000元；2. 被告在其网站首页上刊登声明，消除影响；3. 驳回原告其余诉讼请求。

一审判决后，被告上海福网信息科技有限公司不服，提起上诉。

上海知识产权法院经审理后认为，一审判决认定事实清楚、适用法律正确，审判程序合法，所作判决并无不当，判决驳回上诉，维持原判。

【评析】

专业平台为供需双方提供了获取信息及交流、交易的平台，当平台上的信息涉嫌侵权时，平台经营者应否承担责任、承担何种责任，应结合该平台的经营模式进行认定。

一、平台经营模式的认定

根据信息发布主体的不同，专业平台的经营模式分两种，不同模式的平台经营者对涉嫌侵权的信息承担责任的方式不同。一种是由平台经营者发布信息的内容提供模式，平台经营者就侵权的平台信息直接承担责任；一种是由平台注册用户发布信息的存储空间模式，信息发布者承担直接责任，平台经营者只有在明知或应知平台信息侵权仍提供存储空间服务时，才与信息发布者承担连带责任。对于专业平台服务模式的判断，应以被控信息发布页面的特征为基础，结合网站的介绍、后台信息等进行综合判断。

本案中，原告认为被控信息由被告直接发布，被告则辩称由其网站的注册用户发布。法院认为，应结合网站介绍、被控页面的具体内容及后台信息等对被告网站的经营模式进行综合认定。根据被告网站的介绍，其为企业用户提供发布加盟信息的平台及相应增值服务，被控页面也载明了该加盟信息的公司信息，并表示有加盟意向的用户可与经营者联系。从上述内容可初步认定，被告提供信息发布平台。根据被告提供的网站后台信息，其载明的加盟信息内容与被控网页信息相符，且发布者的用户名亦与被控信息网页链接地址中的路径相同。综合考虑以上事实，法院认定涉案加盟信息的发布者为被告网站的注册用户而非被告。

二、用户在被告平台上发布涉案加盟信息的行为构成商标侵权

本案中，被控侵权的加盟信息由被告网站的注册用户发布，该用户系被控侵权行为的直接实施者。被告网站作为提供信息存储空间的平台，并未直接实施受注册商标专用权控制的行为，其行为是否构成商标侵权，需从间接侵权的角度来进行判断。

间接侵权是相对于直接侵权而言的，是指行为人并未直接实施受知识产权专有权控制的行为，但因该行为与他人的直接侵权行为间存在特定关系（如引诱他人实施直接侵权行为，或为直接侵权行为提供实质性帮助等），法律亦将该行为规定为知识产权侵权，从而为知识产权提供一种延伸的或扩展的保护。随着社会分工的复杂化、精细化，知识产权侵权行为也呈现出越来越复杂的特征，往往会借助第三人的帮助、参与而非孤立进行，出现了从集中化、专业化向分散化、业余化发展的趋势，导致直接侵权人更为隐蔽和分散，权利人追究直接侵权人的责任不但费时费力，还很可能难以得到充分赔偿，甚至可能因其身份难以确定而

无法获得救济。将满足一定条件的间接侵权人纳入知识产权侵权的规制范围，能够更有效和有力地保护权利人的合法权益。《商标法》第五十七条第六项规定即为商标间接侵权。

一般而言，出于全面查清事实和彻底解决争议的目的，将直接侵权人和间接侵权人作为共同被告起诉较为妥当。但在平台类间接侵权中，由于直接侵权人往往较为分散，流动性也较大，甚至难以确定主体身份，若要求权利人将直接侵权人和间接侵权人作为共同被告起诉，则不能及时制止损害后果的继续扩大，权利人会继续蒙受损失。但间接侵权人比较固定且易于确定，故权利人往往将间接侵权人作为被告单独起诉。直接侵权人和间接侵权人应承担连带责任，根据《侵权责任法》第十三条的规定，权利人有权请求部分责任人承担责任；同时，二者之间并非共同故意侵权，不属于必要共同诉讼的当事人。因此，权利人仅起诉间接侵权人并主张由其承担责任不违反相应实体法或程序法的规定。当直接侵权人不参加诉讼不影响案件审理时，法院可以直接就间接侵权是否成立进行审查。否则，需将直接侵权人追加为第三人或依原告申请追加为共同被告。

本案中，原告作为涉案商标的权利人，对是否将涉案商标许可给他人使用最为清楚，而其在审理中明确从未将涉案商标许可给任何自然人使用，更未授权他人在被告网站上发布加盟信息。被控侵权商标与原告商标并不完全相同，明显不是经原告许可的使用。因此，即便直接侵权人未参加诉讼，现有证据也已足以认定涉案加盟信息系未经原告许可而发布。

三、专业平台经营者应尽到更高的注意义务

被告作为网络服务提供者，其承担责任的条件是存在主观过错，即《侵权责任法》第三十六条第三项规定的“知道网络用户利用其网络服务侵害他人民事权益而未采取必要措施”。此处的“知道”包括“明知”和“应知”。

本案中，综合考虑一下情况，被告对其网站上信息的审查明显与其加盟信息类专业信息发布平台的经营模式不相匹配。（1）被告网站系品牌加盟信息这一类专业信息（即拥有注册商标等经营资源的特许人向不特定公众发出许可其使用上述经营资源的要约）的发布平台，故信息发布者应为所涉品牌的权利人或经权利人许可，否则极有可能侵犯他人的合法权益。加盟信息发布平台的上述特点决定，相对于综合性信息发布平台而言，被告应尽到更高的注意义务，其应通过要求加盟信息发布者提供必要的权利文件等方式进行审查，但被告显然并未尽到该注意义务。（2）原告的注册商标在餐饮行业尤其是火锅行业知名度较高，被告对此本身亦应承担较高的注意义务。即便如被告所辩称的其仅作形式审查，也可注意到侵权事实，但仍不作任何进一步核实即审核通过，明显未尽到其应尽的注意义务。（3）根据涉案加盟信息详情页的内容，被告不仅提供发布平台，

还根据用户需求为涉案加盟信息提供招商广告、加盟认证、金牌客服等服务。相关公众看到以上内容，会认为涉案侵权信息已经被告认证。从这个角度，被告也应承担较高的注意义务。综上，法院认定被告知道涉案注册用户利用其网站发布涉案被控侵权信息，但未采取必要的措施阻止被控侵权信息的发布，其行为构成《商标法》第五十七条第六项规定的商标侵权行为，应当与发布侵权信息的用户承担连带责任。

（撰稿人：叶菊芬）

恶意注册申请自始不享有专用权的侵权行为判定

——无锡济民可信山禾药业股份有限公司诉南京亿华药业有限公司侵害商标权纠纷案

【提要】

恶意注册的商标申请人不会因国家知识产权局商标局（以下简称商标局）或商标评审委员会（以下简称商评委）的核准注册而产生可受保护的信赖利益。其对申请注册的标识应视为自始不享有专用权，所实施侵权行为的法律责任亦不得豁免。行政授权确权案件与民事侵权诉讼中对混淆可能性的认定虽然路径有别，但裁判标准并无二致，不会因实际使用因素的加入而出现截然相反的结论。司法实践中裁量性赔偿的适用是一个多维度的考察结果，目的是向权利人提供恰如其分的司法救济，对侵权行为人施以责当其过的惩戒。

【案情】

原告（被上诉人）： 无锡济民可信山禾药业股份有限公司（以下简称济民公司）

被告（上诉人）： 南京亿华药业有限公司（以下简称亿华公司）

案由： 侵害商标权纠纷

一审案号：（2015）徐民三（知）初字第1321号

二审案号：（2017）沪73民终299号

济民公司与亿华公司系位于同省行政区划内的两家抗生素药剂生产企业。商标局于1998年9月28日核准注册第1210286号“悉能”注册商标（以下简称权利商标），核定使用商品为第5类的化学医药制剂。经续展，该商标有效期至2028年9月27日，后注册人变更为济民公司。

亿华公司于2004年5月20日向商标局提出“希能”商标（申请号为第4074308号，以下简称被诉标识）的注册申请，拟核定使用在第5类医药制剂、人用药、针剂、片剂、水剂等商品上。法定异议期内，济民公司以权利商标作为引证商标提出异议。2010 年 7 月 21 日，商标局裁定被诉标识不予核准注册。亿华公司不服，向商评委申请复审。其撰写的《商标异议复审申请书》中有如下陈述："……南京亿华药业有限公司于 2004 年 5 月 20 日申请'希能'商标，并于 2004 年 12 月开始作为公司两大支柱产品头孢丙烯片和头孢丙烯干混悬剂的商标和商品名称使用至今。……是继外资企业上海施贵宝制药有限公司的头孢丙烯产品后国内第一家上市产品，……国内市场对南京亿华药业有限公司的头孢丙烯产品的市场认知度是极高的，市场占有率一直稳居第一，2009 年销售收入已突破亿元大关……"商评委于 2011 年 12 月 22 日作出裁决，对被诉标识予以核准注册，该裁决结果于 2012 年 5 月 27 日颁布的总第 1313 期异议复审裁定公告中予以刊载。另外商标局于 2012 年 4 月 26 日向亿华公司发出领取商标注册证通知书。亿华公司遂领取被诉标识的注册商标证。

济民公司不服商评委前述复审裁决，于法定期限内提起行政诉讼。该纠纷先后经历北京市第一中级人民法院一审［（2012）一中知行初字第 1679 号行政判决，2012 年 12 月 13 日作出］及北京市高级人民法院二审［（2013）高行终字第 561 号行政判决，于 2013 年 4 月 12 日作出］，判决结果均维持商评委对被诉标识予以核准注册的行政行为。济民公司仍不服，向最高人民法院申请再审。最高人民法院于 2014 年 12 月 26 日作出（2014）知行字第 47 号行政裁定，提审该案，并同时裁定中止原判决执行。亿华公司于 2015 年 1 月 4 日收讫该裁定。

最高人民法院经审理认为，被诉标识指定使用在第 5 类医药制剂、人用药、针剂、片剂、水剂等商品上，权利商标核定使用在第 5 类化学医药制剂商品上，前述商品均为用于疾病预防、诊断和治疗的药品，故相关公众包括可能或实际使用前述类别药品进行病患预防、诊断和治疗的医护、药剂、病患人员，以及经营销售前述类别药品的相关经营人员。被诉标识与权利商标所使用商品均为医药制剂类，商品类别高度重合，属于相同或类似商品。被诉标识与权利商标同有一个"能"字，商标呼叫标准发音没有差异，二者运用文字的方式和风格非常接近，相关公众施以一般注意力，难以借助商标对商品来源作出准确区分，容易导致混淆或误认。因此，被诉标识与权利商标构成《商标法》第二十八条规定的近似商标，依法不应予以核准注册。商评委关于本案相关公众具有较高辨别能力，相关消费者通常在专业医师或药店销售人员指导下购买不会对被诉标识产生混淆或误认的意见，系对相关公众范围界定的理解过窄，缺乏事实和法律依据。被诉标识与权利商标使用的商品类别并不限于处方药品，不能仅基于处方药品使用管理严格的理由，就得出被诉标识不会导致混淆或误认的结论。

综上，最高人民法院于2015年7月1日作出（2015）行提字第9号行政判决：1. 撤销北京市高级人民法院（2013）高行终字第561号行政判决、北京市第一中级人民法院（2012）一中知行初字第1679号行政判决；2. 撤销商评委商评字（2011）第34479号《关于第4074308号“希能”商标异议复审裁定书》；3. 责令商评委重新作出裁定。最高人民法院于2015年10月14日将判决书寄交亿华公司。

2015年10月28日，商评委作出的（2011）第34479号重审第0000001223号《关于第4074308号“希能”商标异议复审裁定书》，裁定对被诉标识不予核准注册。

2016年3月20日，商标局颁布第1496期无效公告，其上记载对被诉标识载于第1471期注册公告（二）的内容以及被诉标识的注册证公告无效。

2016年5月23日，济民公司派员至苏州市内门头为仙草堂大药房盘胥路店的药房内，购买头孢丙烯干混悬剂两盒，其外包装标有亿华公司全称及被诉标识，生产日期均为2015年7月22日。同日，济民公司人员还在位于苏州碧波街113号、门头为碧波大药房的药店内，购买头孢丙烯干混悬剂两盒，除外包装标有亿华公司全称及被诉标识外，生产日期均为2015年10月14日。此外，济民公司人员还在河北省石家庄市，江苏省南京市、福建省福州市，山西省太原市、上海市松江区等多家药店或医院通过购买或就诊等方式获得外包装标注有被诉标识的头孢丙烯干混悬剂及头孢丙烯片（以下简称为涉案药品），生产者均注明为亿华公司。

另外，亿华公司曾于2004年6月15日向商标局提出申请注册“倍芬”文字商标，拟核定使用类别为医药制剂、人用药等商品，因与案外人鲁南制药集团股份有限公司享有的核定于医用制剂商品上的第1652536号“贝分”商标构成相同或类似商品上的近似商标而被提出商标异议。该纠纷历经商评委复审裁决直至北京市高级人民法院的二审判决，均作出不予核准注册的结论。此外，被诉标识被南京市工商行政管理局认定为“2015年新认定南京市著名商标”。一审过程中，法院应济民公司申请，曾责令亿华公司提供相关涉案药品的生产、销售资料及相关账簿、记录，但亿华公司以涉及经营秘密为由拒绝提供。

原告济民公司诉称：亿华公司在未获得核准注册的情况下，自2004年12月起即将被诉标识大规模使用在其生产的涉案药品上，涉案药品产量巨大，销售范围遍及全国各地。尤其是恶意侵权、重复侵权、规模化侵权等系列行为，对济民公司造成的损害后果十分严重，应依法于法定赔偿上限之上确定其赔偿金额。请求判决：亿华公司停止侵权、消除影响并赔偿经济损失600万元。

被告亿华公司辩称，被诉标识系其依法申请并经商标局核准注册的商标，即便法院认定权利商标确与被诉标识存在现实冲突，亦属于注册商标间的纠纷，依法不属人民法院的受案范围；济民公司所持权利商标主要使用于硫酸依替米星注射针剂药品上，而亿华公司是在两种均非针剂的内服药品上使用被诉标识，因均系凭医生开具处方获取，故在实际情况中不会与济民公司使用权利商标的商品发生任何混淆、误认；基于商标注册制度的公示、公信原则及法不溯及既往的裁判规则，自北京市高级人民法院作出维持商评委准予被诉标识核准注册决定的二审判决后至最高人民法院作出提审判决前，亿华公司是在享有注册商标专用权的前提下，合法、正当地使用被诉标识，其不构成侵权，亦不应承担包括经济赔偿在内的任何侵权责任，故请求驳回全部诉讼请求。

【审判】

上海市徐汇区人民法院经审理认为：最高人民法院的提审判决应为终局性裁判。鉴于该判决明确撤销商评委作出的准予被诉标识核准注册的复审裁定，故被诉标识应视为至今未获准注册，自始不具有注册商标专用权。鉴于亿华公司已在其生产的涉案药品上使用被诉标识，足以导致相关公众误认、混淆，其行为已构成对济民公司所享权利商标注册专用权的侵害。综合考量全案，虽然济民公司无法举证证明权利人的损失或侵权人获利的确切数额，但现有证据能够证明上述数额已明显超出法定赔偿限额，应在此之上适用裁量性赔偿以确定济民公司的经济损失。据此，依照《中华人民共和国侵权责任法》第二条、第十五条第一款第一项、第六项、第八项、第二款，《中华人民共和国商标法》第三十六条第一款、第五十七条第二项、第六十三条第二款，《最高人民法院关于审理商标民事纠纷案件适用法律若干问题的解释》第九条、第十六条第二款、第十七条第一款、第十八条，《最高人民法院关于商标法修改决定施行后商标案件管辖和法律适用问题的解释》第九条，判决：1. 亿华公司停止侵害济民公司享有的第1210286号“悉能”注册商标专用权；2. 亿华公司赔偿济民公司经济损失及合理支出合计5,500,000元；3. 亿华公司于《中国知识产权报》上刊登声明，消除因侵害“悉能”注册商标专用权造成的影响。

宣判后，亿华公司不服一审判决，提起上诉。上海知识产权法院认为，注册商标被撤销或宣告无效的，对于撤销或无效之前的商标注册权人的使用行为原则上没有溯及力，但因商标注册人的恶意给他人造成的损失，应当给予赔偿。被告在相同商品上使用与权利商标近似的标识，主观上存在恶意，客观上容易导致混淆，构成对权利商标的侵害，故判决驳回上诉，维持原判。

【评析】

本案看似系商标授权行政纠纷在民事侵权领域的延伸，但其间穿插的行政、民事法律关系彼此交叠，使得涉案纠纷呈现出情节错综关联，难以梳理的复杂态势。在审理过程中，一审法院以亿华公司所实施的行为作为考察切入，借助宏观视角总体把握，着重全面考察，将湮没其间的诸多争点化繁为简，梳理出“被诉标识系恶意注册”这一统领全案的审理基线，对行为的定性及损害赔偿的确定等难题逐一破解。

一、亿华公司系恶意注册被诉标识

诚然，现行制度下注册商标专用权所拥有的绝对支配属性，使得行为人主观恶意并非商标侵权判定中不可或缺的必备要件。但个案中，通过考察自申请注册至实际使用被诉标识的全过程，探究行为人的主观动机，却对系统、全面地判定被诉侵权行为有着关键性意义。本案即为一个实例。首先，众所周知，医药制剂作为关系国计民生的重要社会产品，从研发、生产到获准上市销售的全过程均需经过较为严格的行政审批与监管。较高的准入门槛、使得生产者的数量相对有限，而其间部分适应症存在明显交叉，疗效近似的抗生素药品所处的相关市场范围更是较为狭窄。济民公司与亿华公司作为同省地域内具有一定规模的制药企业，后者作为主动申请注册被诉标识的一方，不知晓本地域范围内成立在先的济民公司的概率较低，尤其是其不知晓济民公司所产同为抗生素，标注有在先注册之权利商标，且适应症及临床疗效与涉案药品部分相似的注射针剂的概率更低；其次，结合与被诉标识同一时期申请注册，与案外人鲁南制药集团股份有限公司所持注册商标音同字异的“倍芬”标识注册纠纷比对分析，被诉标识与权利商标之间的近似实难假以“巧合”饰非卸责。综合上述因素，确有理由相信，亿华公司为便于经营获利，主观上确有通过申请注册被诉标识傍附权利商标，误导相关公众，达到吸引相关交易机会的恶意。

二、被诉标识自始不享有专用权，本案不属于注册商标之间的争议

商标法规定，法定期限届满，当事人对商标局作出的驳回申请决定、不予注册决定不申请复审或者对商评委作出的复审决定不向人民法院起诉的，驳回申请决定、不予注册决定或者复审决定生效。根据前述规定可知，商评委作出的异议复审决定并不当然具有终局性，其生效的前提应为当事人在法定期限内不提起行政诉讼。倘若当事人提起行政诉讼，则异议复审决定是否生效应以人民法院作出的终局性行政裁判为准。本案中，自亿华公司提出注册申请，济民公司便在初步审定公告的法定异议期间内，以权利商标为引证商标提出异议，该异议纠纷不但

贯穿初裁、复审等行政争议程序，还历经一审、二审的行政诉讼程序，最终由最高人民法院以提审方式对商评委复审的行政行为进行司法审查，在裁定中止原生效判决执行后，经审理撤销准予被诉标识注册的行政决定及全部一、二审行政判决，并责令商评委就被诉标识的注册重新作出裁定。由此可知，最高人民法院的提审判决应为终局性裁判。鉴于该判决明确撤销商评委作出准予被诉标识核准注册的复审裁定，故被诉标识应视为至今未获准注册，自始不具有注册商标专用权。有鉴于此，本案不属于注册商标间的争议，人民法院有权依法对涉案争议予以裁处。

亿华公司还主张自北京市高级人民法院作出二审判决后至最高人民法院作出提审判决前，其享有被诉标识的注册专用权。笔者认为，对此可以参照注册商标宣告无效的法律后果，采取当然解释的方法，“举重以明轻”地适用类推。《商标法》第四十七条规定，被宣告无效的注册商标，该注册商标专用权视为自始即不存在。类比历经全部商标注册程序，且申请人主观并无过错的无效情形，注册初始即持有恶意，在并未取得终局性准予注册生效结论的情况下，亦可判断得出亿华公司对被诉标识自始不享有专用权的结论。

本案在审理中有观点认为，由于商评委曾经作出过关于准予被诉商标注册的裁决，该决定对于商标权人在内的社会公众均具有一定的公信力，因信赖商标行政管理部门的决定而实施的相关商标使用、许可、转让或者保护等行为应当受到保护，亿华公司在核准注册后使用被诉标识的行为亦应当得以侵权豁免。笔者认为，不可否认，因行政机关不得随意变更、废止行政决定而产生的信赖利益，既存在于第三方的社会公众，亦为行政相对人所享有。但行政相对人产生信赖利益的前提是在参与行政行为的过程中，始终依照善意行事，主观上不存在恶意、欺诈等不正当的可非难动机。如前所述，自被诉标识申请注册伊始，亿华公司所持有的主观意图就难以定性为“善意”，因此无论商标局或商评委针对被诉标识作出怎样的结论，亿华公司均不可能据此享有任何“信赖利益”。

三、从最高人民法院再审结论出发，走出民、行交叉案件“混淆误认判定标准有别”的误区

亿华公司提出了“抗生素系凭医生处方获取，故现实情况下被诉标识与权利商标不会发生误认混淆”的抗辩主张。而二审阶段，亦有观点认为行政授权确权案件与民事侵权诉讼中对混淆可能性的认定存在区别，即行政授权确权案件对混淆可能性的认定把握标准要严于民事侵权诉讼，最高人民法院提审的行政案件裁判认定结论不可直接适用于本案。对此笔者难以赞同，首先，商标法中有关混淆可能性的规范表述及判定标准是自始同一的，并不存在因行政审查与民事判定有别而差异适用的双重标准；其次，行政授权确权案件中对于商品及服务类似性的考察，往往系通过对拟核定商品或服务的每项内容与既有商标或引证商标逐一实施虚拟比较而得出结论，即在不考量拟注册商标可能搭载商誉的情况下，模拟其使用于核定商品或服务的实际状态，考察与既有商标或引证商标发生混淆的程度作为判断的实际依据；最后，混淆成立与否的判定是一种法律上的可能性，而非需要客观证成的必然性，刻意突出民事侵权诉讼中侵权行为的特定性，而人为降低混淆可能的判定标准，实属以偏概全，缺乏基础的逻辑支撑与法理依据。因此，最高人民法院有关被诉标识混淆可能性的认定结论，可以直接适用于本案，作为判定侵权的主要依据。

四、在法定赔偿限额以上之裁量性赔偿的实践应用

侵害商标权案件损害赔偿金额的确定，既需衡量权利商标本身的市场价值，更应充分考察市场竞争背景下，侵权主体及其所实施侵权行为的各层次因素，通过彼此的契合、修正，向权利人提供恰如其分的司法救济，对侵权行为人施以责当其过的惩戒，从根源上遏制侵权行为的发生，规范市场竞争行为。诚如最高人民法院在《关于当前经济形势下知识产权审判服务大局若干问题的意见》中所强调“增强损害赔偿的补偿、惩罚和威慑效果，降低维权成本，提高侵权代价”这一核心要旨，对于难以证明侵权受损或侵权获利的具体数额，但有证据证明前述数额明显超过法定赔偿最高限额的，应当综合全案的证据情况，在法定最高限额以上合理确定赔偿额。

一审法院在综合全案各项要素的基础上，适用高于法定赔偿上限的裁量性赔偿，具体原因为：首先，亿华公司持有的攀附恶意起止呼应，除申请阶段外，亿华公司在尚未通过核准注册的情况下，便急于对被诉标识进行积极使用。当济民公司依据权利商标提出异议，已能够明确察知被诉标识与权利商标存在法律争议的情况下，亿华公司也未采取暂停侵权药品生产或附加足以区分标识等妥善措施审慎避免侵权结果的进一步扩大，等待纠纷终局解决，反而是依然以营利为目的，持续大规模地生产侵权药品；尤其在收讫最高人民法院（2014）知行字第47号中止原判决执行的行政裁定后，侵权行为仍未见停止，据此可知亿华公司的侵权恶意不可谓不明显。其次，亿华公司具有相当的生产、研发规模及较强的营销渠道，侵权持续十余载影响巨大。被诉标识系亿华公司主打商标且被评定为2015年南京市著名商标，涉案药品则作为基本药物，多次中标入围各省政府集中采购招投标项目，济民公司提交实物亦进一步印证了涉案药品行销全国，并无明显地域限制。加之亿华公司在其宣传及陈述中多次将涉案药品定位为“两大支柱产品”，将被诉标识宣传、定位为其“主打商标”，故足可将上述情节作为确定赔偿金额的重要考量依据。最后，鉴于济民公司已尽力举证，一审法院曾依据其申请，责令亿华公司提供涉案药品的账册及销售记录，而亿华公司明确拒绝提供，故可认定该行为已构成举证妨碍，可以依法参考济民公司的主张、济民公司利润率、权利商标产品的销售情况等相关证据综合判定赔偿数额。综上，上述侵权情节可佐证亿华公司使用被诉标识的非法获利明显超过法定赔偿的最高限额，应在 300 万元以上确定本案的赔偿金额。

（撰稿人：于是）

商标指示性使用的保护边界界定

——“乐高”“LEGO”商标侵权及不正当竞争纠纷案

【提要】

在被告获得销售产品授权的情况下，其在店铺布置、课程设置、网站建设、营销推广中大肆使用他人具有较高知名度的一系列教育服务类商标，存在主观攀附的故意，极易导致消费者混淆，严重损害权利人的利益，构成侵权。本案判决明确了商标指示性使用的边界，保护了商标权利人的合法权益，维护了市场竞争秩序。

【案情】

原告：乐高博士有限公司

被告：上海童汇文化传播有限公司

案由：侵害商标权及不正当竞争纠纷

一审案号：（2017）沪 0107 民初 1408 号

乐高集团系全球知名的塑料积木玩具设计、制造和销售企业，同时也在全球范围内提供具有挑战性、趣味性和可操作性的学习工具和教学解决方案，在中国开设有二十余家乐高活动中心。原告系乐高集团旗下的公司，在第 41 类的“教育、培训、文体活动、学校（教育）、学习中心（教育）和幼儿园等”服务上拥有第 4112294 号“LEGO 及图”（ ）、第 10176417 号“LEGO”、第 4112293 号“乐高”、第 10176169 号“乐高”和第 10461980 号立体商标（ ）等注册商标，也是 lego. com 和 lego. com. cn 域名的所有者。

经调查，被告在上海开设两家活动中心，在经营活动和对外宣传中未经授权显著使用涉案乐高商标，主要包括写字楼内外的店招、接待前台、店内海报、宣传页、课程价格表、店面装潢、名片、中心介绍、发票收据、微博、微信公众号等处，在消费者中造成了混淆和误认。被告运营 www. legosh. com 作为其提供服务的官方网站，除在域名名称中直接使用“lego 上海（sh）”外，还在网站的页面设计、宣传、文章中大量使用涉案乐高商标。此外，被告自称“乐高活动中心”，使用乐高教育独特的装饰装修风格和教学材料，在其宣传活动中大量使用与乐高教育、乐高集团等相关的信息。原告认为被告在经营场所的行为构成商标侵权，对相关域名的使用构成域名侵权及不正当竞争，在经营活动中的不实宣传构成虚假宣传，另认为被告使用“乐高活动中心”，构成对原告知名商品特有名称的侵权，故原告诉至法院，要求被告立即停止侵权，注销相关域名并赔偿损失100万元。

被告辩称，其通过第三方授权从事乐高品牌产品的销售以及售后使用指导及相关工作，对乐高商标的使用未超出授权范围，不构成商标侵权；其并非涉案legosh. com域名注册人，不清楚该域名的具体使用状况；被告的行为类似售后服务，其宣传方式亦不构成虚假宣传；另原告未就“乐高活动中心”注册商标，该名称亦不具有广泛的知名度和市场占有率，不构成知名商品的特有名称。

【审判】

上海市普陀区人民法院对被告在经营场所使用相关标识的行为予以梳理和分类，并从是否构成商标性使用，公众混淆可能性等角度进行分析，严格把握商标侵权的各项构成要件，认定被告在店铺装修、宣传材料、课程价格表、官方网站等处的使用均构成商标侵权。对被告提出的其因获得销售乐高玩具的授权而有权使用商标的辩称意见，一审法院认为被告的使用行为已经超出销售商品所必要的范围，且使用过程中并未附加其他标识区分服务来源，足以造成公众混淆。

针对域名的相关主张，一审法院结合《商标法》第五十二条第（五）项以及司法解释对域名侵权各项要件的规定，认定备案主体为被告的涉案域名构成对原告“LEGO”商标的侵权。同时被告的域名与原告域名主体部分“lego”相似，足以引人误认，亦构成不正当竞争。

被告在与原告并无授权关系的情况下，在宣传中试图建立与原告之间的关联关系，从而获得相关竞争优势的行为，构成虚假宣传。

据此，普陀区人民法院依照《中华人民共和国侵权责任法》第二条，第十五条第一款第（一）项、第（六）项，第二款，《中华人民共和国商标法》第四十八条，第五十七条第（一）项、第（二）项，第六十三条第一款、第三款，《反不正当竞争法》第二条，第六条第一款第（一）项、第（三）项，第八条第一款，《最高人民法院关于审理商标民事纠纷案件适用法律若干问题的解释》第九条、第十条、第十六条第二款、第十七条第一款，《最高人民法院关于审理不正当竞争民事案件应用法律若干问题的解释》第一条第一款、第二条第一款、第四条第二款，《最高人民法院关于审理涉及计算机网络域名民事纠纷案件适用法律若干问题的解释》第四条、第七条第一款、第八条，《最高人民法院关于民事诉讼证据的若干规定》第二条之规定，判决：被告立即停止侵权行为，立即注销 www. legosh. com 域名，赔偿原告经济损失及合理支出合计 50 万元。

一审判决后，双方均未上诉。

【评析】

一、商标指示性使用的边界判定

本案中，针对原告提出的商标侵权的主张，被告认为，其通过第三方的授权，获得了从事乐高品牌产品的销售资格，亦有权开展售后使用指导及相关工作，其开设活动中心并提供相关课程的行为尚在售后服务的授权范围内，不构成商标侵权。因此，判断被告所获授权范围与被告实际行为间的边界成为本案审理的重点。

通常来说，在满足一定条件的情况下，在经营活动中善意合理地使用他人的商标，客观地说明自己商品或服务的用途、范围和其他特征属于商标的指示性使用，落入商标合理使用的范畴。但是商标指示性使用的实质在于满足经营者向消费者传达真实营销信息的需要，不应影响商标所承载的商誉及其指示商品或服务来源的功能。虽然《商标法》对指示性使用并无明确的规定，但在司法实践中，商标指示性使用的边界判定通常会考虑使用者的使用意图，使用方式，使用结果等多重因素，包括使用需求的必要性、使用限度的适当性、使用后的混淆可能性等。

本案中，被告不仅在店铺招牌等处使用乐高标识，还在员工服饰、宣传册、网站等处使用了与原告商标相同的标识，已然超出了指示所销售商品所必须使用的范围，且被告在使用上述标识时，并未附加其他标识来区分服务来源，相反，还对外宣传系正宗的乐高活动中心。这种超出指示销售商品所必要范围的标识使用行为具备了表示服务来源的功能，足以使相关公众误认为被告与商标权人存在商标许可等特定关联关系。

二、域名侵权的判断

网络环境下，域名是网络用户用来区分网站服务提供者的主要渠道，为此企业往往使用其商标或商号作为域名，使网站访问者可以通过域名识别网站运营者的商品和服务，达到吸引客户，提高访问量，增加交易机会的目的。与此同时，商标也凭借其区分商品或服务来源的功能，具有财产权的属性。然而域名和商标系属于不同注册体系的两类知识产权，根据我国商标法司法解释相关规定，将与他人注册商标相同或者相近似的文字注册为域名，并且通过该域名进行相关商品交易的电子商务，容易使相关公众产生误认的，属于《商标法》第五十二条第（五）项（现行《商标法》第五十七条第七项）规定的给他人注册商标专用权造成其他损害的行为。

本院根据《最高人民法院关于审理涉及计算机网络域名民事纠纷案件适用法律若干问题的解释》第四条的规定，对以下条件进行了充分考虑：(1) 原告请求保护的民事权益合法有效；(2) 被告域名或其主要部分构成对原告驰名商标的复制、模仿、翻译或音译；或者与原告乐高博士的注册商标、域名等相同或近似，足以造成相关公众的误认；(3) 被告对该域名或其主要部分不享有权益，也无注册、使用该域名的正当理由；(4) 被告对该域名的注册、使用具有恶意。本案中，被告域名 www. legosh. com 主要部分"lego"与原告乐高博士第4112294 号、第 10176417 号商标在发音、字母组成等方面高度近似，容易使得相关公众产生混淆，同时，从被告 www. legosh. com 网站上可以看出，被告网站的页面装饰、宣传内容体现乐高活动中心以及乐高等内容，宣传和原告商标保护的服务项目完全相同的服务内容，容易使得网站用户认为该网站与原告存在联系，极易让相关公众误认为被告就是"乐高活动中心"。综上，被告上述域名侵犯了原告乐高博士第 4112294 号、第 10176417 号商标注册商标专用权。同时，被告域名"legosh"与原告域名主体部分"lego"相似，引人误认为是与原告乐高博士有限公司存在特定联系，构成不正当竞争。

（撰稿人：严伟雄）

确认不侵权之诉的构成要件及其实体认定

——景域公司诉伊莎贝拉公司确认不侵害商标权纠纷案

【提要】

知识产权权利人发出侵权停止警告后又怠于交予有权机构处理，致使争议法律关系状态不明，导致另一方合法权益受到或可能受到损害，被警告人或者利害关系人有权请求法院确认不构成侵权。

【案情】

原告：上海景域文化传播股份有限公司（以下简称景域公司）

被告：青岛伊莎贝拉商贸有限公司（以下简称伊莎贝拉公司）

案由：确认不侵害商标权纠纷

案号：一审（2016）沪 0107 民初 10089 号

原告景域公司成立于2007 年，旗下经营旅游服务网站“驴妈妈旅游网”，在业内具有一定的知名度。原告于2010 年开始自助开发设计“驴妈妈”手机客户端软件，并取得“驴妈妈”iPhone 客户端软件的著作权。2013 年 4 月 7 日，原告经核准注册了第 10506137 号“驴妈妈”文字及图形组合商标（第 42 类：工程绘图；测量、计算机软件设计等），2014 年，“驴妈妈”被推荐为上海名牌。被告伊莎贝拉公司成立于 2009 年，主要从事纺织品、服装鞋帽等商品的线下及网上销售，2013 年 12 月 28 日，被告经核准注册了第 11276092 号“驴妈妈”文字商标所有权（第 9 类：录制好的电脑软件等），但未实际使用该商标。

自 2010 年起，原告在苹果应用商店推出提供旅游相关产品及服务的应用程序，在程序图标中使用了“双头驴”，软件内容介绍中出现了“驴妈妈旅游”、“自在游天下，就找驴妈妈”等宣传文字。2015 年 9 月，被告向苹果应用商店投诉称，原告在其应用程序中使用“驴妈妈”标识，侵犯了其商标专用权，并要求予以下架处理，后被告一直未就此向法院提起诉讼。原告认为，其并未将“驴妈妈”作为商标使用，被告恶意抢注商标后对原告合理使用行为进行投诉，严重影响原告公司正常经营，遂向法院起诉请求确认原告不侵犯被告对第

11276092 号注册商标享有的注册商标专用权。

被告辩称，在涉案应用程序上线之前，被告已取得第 11276092 号“驴妈妈”文字商标所有权，现原告改变其注册商标的结构与方式，在与被告注册商标相同的计算机软件类别上，使用同被告注册商标近似的“驴妈妈”标识，容易造成社会公众混淆，侵犯了被告的商标专用权，应驳回原告诉请。

【审判】

上海市普陀区人民法院经审理认为：本案的主要考量因素有两个：

1. 是否符合确认不侵权纠纷案件的受理条件。确认不侵权之诉作为比较特殊的诉讼类型，不仅要符合民事诉讼法关于普通民事纠纷的起诉条件，还应具备特定的前提，通常包括：原告受到了内容明确的侵权警告；权利人未在合理期间内启动争议解决程序；由于不启动争议解决程序致使争议法律关系状态不明；这种不明法律状态导致原告的合法权益受到或可能受到损害。本案中，原告的“驴妈妈”App 因被告投诉而被苹果公司下架，此后被告仅是通过电子邮件和原告协商商标转让一事，并未在合理期限内依法启动纠纷解决程序，使原告陷入不确定的法律状态，因此原告提起确认不侵权之诉符合起诉的条件。

2. 原告的行为是否构成商标侵权。虽然本案中，原告的 App 应用程序与被告商标在类别上构成类似，且原告使用的“驴妈妈”字样与被告商标构成近似，但在公众混淆可能性方面，考虑原告对涉案“驴妈妈”字样的使用方式、App 的受众、市场知名度、品牌发展情况和主观状态等因素，结合原告在先权利使用情况以及被告的商标使用情况，原告的行为不会导致相关公众的混淆或误认，不构成对被告商标的侵害。

综上，原告在其应用软件上使用“驴妈妈”文字，因其使用在先的情况、已有知名度，结合本案的侵权主观故意，依照《中华人民共和国民法通则》第四条、第五条、第七条，《中华人民共和国商标法》第五十七条第（二）项、第五十九条第三款，《最高人民法院关于审理商标民事纠纷案件适用法律若干问题的解释》第九条和第十条，《中华人民共和国著作权法》第二条第二款，《中华人民共和国著作权法实施条例》第六条之规定，判决：确认原告景域公司不侵犯被告伊莎贝拉公司对第 11276092 号注册商标享有的注册商标专用权。

一审判决后，双方均未上诉。

【评析】

一、要件分析：本案是否符合提起确认不侵权之诉的条件

确认不侵权之诉是指在知识产权权利人对被控侵权发出警告，但又未在合理

期限内将其交予有权处理的机构处理的情形下，被控侵权人或者利害关系人请求法院确认不构成侵权的民事诉讼。2002 年，随着最高人民法院针对第一起确认不侵害专利权案件的批复，确认不侵权之诉正式进入公众的视野。在随后的几年间，各地法院逐渐开始受理除确认不侵害专利权以外的确认不侵权类型的案件。正是由于实践的发展，最高人民法院在 2008 年发布的《民事案由规定》中首次将确认不侵权纠纷作为一种纠纷类型予以明确，并在该案由项下设置了专利权、著作权及商标权三个子案由。为进一步完善这一制度，2009 年 12 月颁布的《最高人民法院关于审理侵犯专利权纠纷案件应用法律若干问题的解释》首次以司法解释的形式明确了确认不侵权之诉的受理条件。该解释第十八条规定，权利人向他人发出侵犯专利权的警告，被警告人或者利害关系人经书面催告权利人行使诉权，自权利人收到该书面警告之日起一个月内或者自书面催告发出之日起两个月内，权利人不撤回警告也不提起诉讼，被警告人或者利害关系人向人民法院提起请求确认其行为不侵犯专利权的诉讼的，人民法院应当受理。此后，法院基本按照上述规定类比适用其他类型的确认不侵权案件。据此，根据上述司法解释的规定，提起确认不侵权之诉应符合以下几个条件：（1）权利人向他人发出侵权警告；（2）权利人无正当理由未在合理期限内启动争议解决程序；（3）权利人的延迟行为导致原告的合法权益受到或可能受到损害。具体到本案，被告曾向原告发出明确警告并向苹果公司投诉，称其在应用软件上多处使用与被告注册商标近似的“驴妈妈”标识，侵害了被告的注册商标专用权，被告的这一行为使原告在应用程序中使用“驴妈妈”标识是否存在商标侵权的法律关系持续处于不确定状态，影响了原告的正常经营活动。此后，被告在近一年时间内既未撤回警告亦未向法院提起诉讼，为确定权利状态，故原告有权向法院提出请求确认不侵权的诉讼。

二、实体认定：原告在应用软件中使用“驴妈妈”标识是否侵害被告的权益

根据《商标法》规定，未经商标注册人的许可，在同一种商品或者类似商品上使用与其注册商标相同或者近似的商标，容易导致混淆的，属于侵犯注册商标专用权的行为。本案中，被告认为，原告将“驴妈妈”文字单独作为其应用程序商标使用，侵犯了被告注册商标专用权。对于原告的上述行为，应从以下方面进行综合分析。

（一）是否构成商标性使用

商标的首要功能是区分商品或者服务来源，其内在价值在于使用和传播，标识是否能“作为商标”使用，取决于该标识是否具有识别能力和显著特征。本案中，原告的应用程序主页面使用了诸如“欢迎来到驴妈妈”“走进驴妈妈”

“自在游天下就找驴妈妈”等介绍及宣传语，并将“驴妈妈”三字单独使用，考虑到该臆造词汇的独特性和唯一性，并结合原告在旅游行业内的知名度，“驴妈妈”三字足以辐射到原告注册商标及其旗下的“驴妈妈旅游网”，具有商业标识利益，明显起到了指示商品或服务来源的作用，故法院认定，原告在应用软件中使用“驴妈妈”标识构成了商标法意义上的商标使用。

（二）涉案标识与被告注册商标是否相同或近似

商标近似的认定包含两个方面，一方面，需要从商标对应的商品或服务的功能、用途、载体、对象等方面考量商标所对应的商品或服务类别是否存在近似；另一方面，判断商标之间在文字的字形、读音、含义或者图形的构图及颜色，或者其各要素组合后的整体结构等方面是否存在近似。本案中，原告注册商标核定服务项目为第 42 类，包括计算机软件设计，被告文字商标核定使用商品类别为第 9 类，包括录制好的电脑软件等。从功能上看，原告提供的服务是针对计算机软件这一特定商品进行的，而各类软件成果则是该服务的自然延伸，二者存在较大关联。从用户习惯上看，无论是原告提供的“设计”服务还是被告的“录制好的电脑软件”，其载体均为计算机本身，对于用户来说并无二致，两者构成近似。此外，原告在应用程序上的“驴妈妈”字样与被告文字商标相比，二者在读音、含义上基本相同，不同点在于原告除单独使用“驴妈妈”三个字外，还存在使用“驴妈妈旅游”，或与双头驴的图形一起使用的情形，但从该中文词组构成要素来看，“驴妈妈”显然比“旅游”更具识别度，尽管原告还使用了双头驴图形，但显著性较弱，从相关公众一般注意力判断，两者在文字构成及读音完全相同，在整体视觉上基本无差别，故两者构成近似。

（三）是否造成社会公众的混淆

本案中，根据原告提供的证据，其应用程序使用及注册商标取得时间均早于被告注册商标取得时间，根据《商标法》规定，原告可选择在先使用、商标在先权利、确认不侵权等多种途径进行诉讼维权，现原告主张其使用行为不构成混淆，并未侵犯被告的商标专有权。司法实践中，认定混淆可能性的综合考量因素包括：权利商标的知名度和显著性、实际使用状况、相关公众的注意程度、使用人的主观意图等。就本案而言，首先，根据原告的举证，自 2010 年起，原告经营的驴妈妈旅游网相继获得上海证券报、上海市中小企业品牌建设推进委员会等推荐，2014—2017 年，原告经营的“驴妈妈”先后被评为上海名牌及上海市著名商标，在旅游服务行业取得了较高的知名度。其次，原告根据市场发展需求，自 2010 年起在苹果应用商店推出与旅游相关的产品及服务应用程序，并实际使用至今，将其旅游服务从 PC 端网站运营延续至 iPhone 手机客户端，该应用程序图标中使用了双头驴的图案，让公众直接与原告赖以成名的“驴妈妈旅游网”产生直接关联。需要指出的是，即便原告在应用程序中使用了“驴妈妈”，其目的也只是介绍该软件的名称，该款软件开发时间远远早于被告注册商标核准时间，表明原告在其主观上并没有攀附被告商标的故意。被告公司经营范围为销售及网上销售纺织品、工艺品、会务服务、网络信息技术等服务，与原告的经营范围相比，从内容指向性、受众来看，亦有区分与不同。需要指出的是，被告在完成商标注册后，并没有实际使用过该注册商标。因此，尽管涉案标识与被告名下商标近似，但两者在商标使用方式、用途、受众方面等都有明显区别，相关公众对于产品来源也能进行区分，故原告的行为不会导致相关公众的混淆或误认。

三、加强商标权保护与制止权利滥用的平衡

权利作为知识产权的核心要素，其立足点是保护和救济，如不旗帜鲜明地保护，商标权法律制度就会偏离保护商业标识声誉、制止不正当竞争的立法目的。然而，禁止权利滥用是《民法总则》确定的一项基本原则，商标权作为一种民事权利，其权利行使也应遵循这一原则。实践中，以恶意抢注商标和妨碍他人正当使用注册商标标识为代表的权利滥用行为，给知名企业和商标的正常经营带来较大影响，这就需要为商标权利行使留足一定的空间，防止权利正当行使受到阻碍。本案中，原告注册商标及其旗下的“驴妈妈旅游网”，在业内具有较高的知名度，尽管原告以拆分组合的方式改变了对其原有注册商标的使用，但这一不规范使用方式并不足以导致公众对其产品使用产生混淆，故法院认定原告对于涉案商标的使用不构成对被告权利的侵犯。被告不适当的扩大其权利范围，对于“驴妈妈”这一文字主张专有权，却又未在合理时间内向法院提起诉讼，这一行为妨碍了原告正当使用注册商标标识，涉嫌滥用商标权。对此，受害人应当及时提起确认不侵权之诉，从悬而未决的纠纷中摆脱出来，尽快恢复正常经营，同时，对于情节严重，给他人造成严重损失的，还可以提起损害赔偿之诉。

此外，本案也启示企业及商标权利人要强化商标先行意识，在企业成长阶段做好商标保护工作，建立以自我品牌为核心的跨类别商标防御体系，防止抢注现象的发生。同时，在产生品牌效应后，要加强监测力度，对于市场中违反诚实信用原则，恶意攀附知名度、侵犯他人在先权利的商标及时提出异议，申请有关部门予以撤销。

（撰稿人：鲁君　李妍卿）

三、

专利权民事纠纷案件

对专利等同侵权判定中功能与效果的评价体系研究

——美国3M公司诉上海源嘉塑胶有限公司等侵害发明专利权纠纷案

【提要】

在专利等同侵权判定中，对“功能”的评价，应在全面细致审视专利技术方案实施领域与操作过程的基础上，结合相关产品或部件的工业设计用途，一方面剔除非专利性功能的干扰，将评价对象始终聚焦于专利性功能，但另一方面要注意甄别出隐性专利功能，并将其与显性专利功能一视同仁地纳入功能评价体系；对“效果”的分析判断可采用“质量、效率、经济性三维评测法”，即系争技术特征对涉案专利整体技术方案及专利产品或对应功能及部件的产出质量、产出效率及经济性等任一维度具有实质性影响的所有因素，都应纳入效果评价范围。此外，从上述不同维度产生的技术效果有升有降的特殊情形并不影响技术效果是否基本相同的总体判断。文章开创性地提出了“隐性专利功能”与“显性专利功能”的划分理论与“质量、效率、经济性三维评测法”，对于司法实践中深入理解、准确运用等同理论具有一定参考价值。

【案情】

原告（上诉人）：美国3M公司

被告（被上诉人）：上海源嘉塑胶有限公司（以下简称源嘉公司）

被告（被上诉人）：上海誉帅维实业有限公司（以下简称誉帅维公司）

被告（被上诉人）：罗某晶

被告（被上诉人）：罗某威

案由：侵害发明专利权纠纷

一审案号：（2015）沪知民初字第323号

二审案号：（2016）沪民终459号

上诉人（原告）美国3M公司是工业领域全球知名的“喷洒液体用的喷枪”

发明的专利权人。被上诉人（被告）源嘉公司为上海一家从事塑料制品生产的企业。原告发现被告生产的一种用于喷枪的塑料内衬落入涉案专利的保护范围，遂以侵害发明专利权为由将该公司及其关联人诉至法院，请求判令被告停止侵权并赔偿经济损失及合理费用共计人民币500万元。被上诉人辩称其被控侵权产品的技术特征并不落入涉案专利的保护范围。涉案专利权利要求对系争杯型内衬的技术特征描述如下：所述“内衬形状”与“流体槽内壁”之间在外形上需要“形状一致”，且前者放入后者所实现的技术效果应为互相“紧密贴合”；而被控侵权产品在内衬上沿下方约1厘米处采用了内缩约0.5毫米的阶梯过渡设计（技术特征比对参见附图）。本案主要争议焦点为该阶梯过渡设计与上述“形状一致、紧密贴合”的技术特征是否相同以及等同。

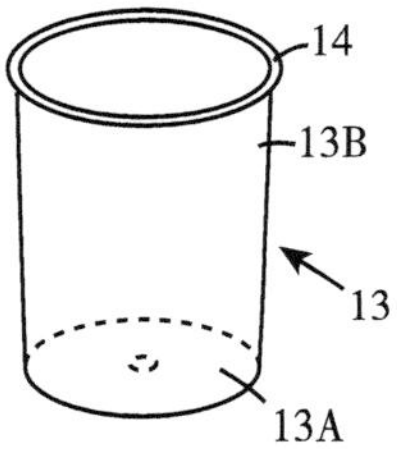

图1　涉案专利所述内衬

图2　被控侵权内衬（叠加存放状态）

【审判】

上海知识产权法院经审查认定被控侵权产品的技术特征并不落入涉案发明专利保护范围，并据此驳回了3M公司的全部诉请。二审中，法院对案件争议焦点重新进行了梳理，将审理重点放在是否构成相同侵权、是否构成等同侵权、是否可适用禁止反悔原则等问题，最终认定被控侵权产品不落入涉案发明专利保护范围，并据此驳回上诉，维持原判。

上海市高级人民法院经审理认为：关于被控侵权产品是否具有“形状一致、紧密贴合”的技术特征，该争议焦点可分为两个问题分别阐述，即被控侵权产品所采用的“阶梯过渡”技术特征与涉案专利“形状一致、紧密贴合”技术特征两者是否相同，以及两者是否等同。

1. 关于两者是否相同。根据涉案专利权利要求的字面意思理解，所述“内衬形状”与“流体槽内壁”之间在外形上需要“形状一致”，且前者放入后者所实现的技术效果应互相“紧密贴合”。按照通常理解，该“形状一致、紧密贴合”所对应的外部结构应在视觉效果上符合两个特点，一是两者形状上不存在明显差异以符合“一致性”要求，二是内衬放入流体槽后内衬与流体槽内壁之间不存在明显空隙以符合“紧密贴合”要求。根据涉案专利说明书及附图，可进一步印证上述对“形状一致、紧密贴合”技术特征的理解。具体而言，根据涉案专利说明书描述，“该内衬无褶、波纹”，而被控侵权产品的“阶梯过渡”设计产生了明显可见的一道褶或波纹；再根据说明书附图，可发现内衬的外壁应为一条从上至下的直线，且内衬放入流体槽后内衬与流体槽内壁之间并无间隙，而被控侵权产品的“阶梯过渡”设计导致前述纵向“直线”变为了“阶梯过渡”之处的非直线，以及内衬与流体槽内壁之间在“阶梯过渡”处以下部分的明显间隙。因此，结合说明书与附图，从字面意思理解，被控侵权产品所采用的“阶梯过渡”技术特征与涉案专利“形状一致、紧密贴合”技术特征两者并不相同。

2. 关于两者是否等同。根据《最高人民法院关于审理专利纠纷案件适用法律问题的若干规定》第十七条，等同特征是指与所记载的技术特征以基本相同的手段，实现基本相同的功能，达到基本相同的效果，并且本领域普通技术人员在被诉侵权行为发生时无需经过创造性劳动就能够联想到的特征。因此，构成等同特征需同时满足该条所规定的手段基本相同、功能基本相同、效果基本相同以及“无创造性劳动即可联想到”（以下简称显而易见性）等四个要件。本案中，对该四要件的分析具体阐述如下。

（1）“阶梯过渡”设计是否具有基本相同的手段、功能及效果。如果仅从内衬与流体槽相互配合使用角度来看，由于“阶梯过渡”处内缩半径仅为0.5毫米左右，该内缩设计对于内衬放入流体槽的便利程度、相互之间的匹配程度、放置后盛满流体状态下的稳定性与可操作性、内衬容量、模具设计、制造成本等因素并无实质性影响，换言之，该“阶梯过渡”设计与“形状一致、紧密贴合”的技术特征两者在前述手段、功能及效果上并无实质性差异。但是，如果从内衬作为喷枪部件本身叠加存放这一功能角度来看，由于“阶梯过渡”处位于内衬上沿下方约1厘米水平切线上，该设计可使多个内衬叠加存放时相邻内衬之间相应存有约1厘米间隔，与涉案专利所述内衬叠加存放状态下相邻内衬之间的极小间隔相比较，该1厘米间隔进而可产生以下技术效果：一是操作者使用喷枪过程中在拿取内衬时可快速便捷地使用拇指与食指抽拉，二是操作者在确定所需内衬数量时可快速便捷地通过目测确定相应数量，三是由于前述约1厘米间隔所导致的单位体积内可存放内衬数量的大幅减少以及因此而可能产生的其他诸如运输、仓储成本增加等不利因素。上述三个技术效果中，虽然前两个技术效果为积极正面的，而后一个技术效果为消极负面的，但这种技术效果有升有降的情形并不影响“阶梯过渡”与“形状一致、紧密贴合”两者在技术效果上存有实质性差异的判断。此外，上述“叠加存放”虽与涉案专利权利要求所描述的技术特征没有直接对应关系，但结合说明书与附图以及被控侵权产品的实际情况，该“叠加存放”功能并未脱离涉案专利所述内衬的工业设计用途，应属内衬的固有功能，且该固有功能对于实践中操作者使用涉案专利所述喷枪的作业效率以及内衬在物流与存储等方面的经济性有实质性影响，故应纳入《最高人民法院关于审理专利纠纷案件适用法律问题的若干规定》第十七条规定的“功能”的评价范围。因此，综合以上两个角度而言，被控侵权产品所使用的“阶梯过渡”设计与涉案专利“形状一致、紧密贴合”的技术特征并不符合“效果基本相同”的要件。

（2）“阶梯过渡”设计是否符合“显而易见性”要件。被控侵权产品“阶梯过渡”设计在工业设计中已较为常见，且出现时间较早，加之本身仅是内衬几何形状的简单变化，属于杯形塑料品制造领域“普通技术人员在被诉侵权行为发生时无需经过创造性劳动就能够联想到的特征”，故符合“显而易见性”要件。一审法院认为“被控侵权产品这一技术方案的变换，对于本领域普通技术人员而言，在阅读原告涉案专利权利要求和说明书后也是无法直接联想到的”，该观点缺乏事实依据，二审法院对其予以纠正。

综上两点，由于“效果基本相同”要件得不到满足，被控侵权产品所使用的“阶梯过渡”设计与涉案专利“形状一致、紧密贴合”的技术特征两者不构成等同。

【评析】

等同侵权判定是专利审判中的老大难问题。虽然《最高人民法院关于审理专利纠纷案件适用法律问题的若干规定》（以下简称《若干规定》）提供了“三基本”加“显而易见性”的公式化裁判思路，但因该条款中基本概念高度抽象，主观性强，在具体案件中如何适用，常有分歧，而分歧的深层次原因之一则在于对“三基本”所涉手段、功能、效果及之间内在逻辑关系的理解各有差异。本案对如何确定其中“功能”与“效果”这两大核心因素的评价体系进行了积极探索，对于司法实务中如何准确理解并适用等同原则具有一定参考价值。

一、对手段、功能与效果概念的理解

“三基本”所涉手段、功能与效果这三大基本要素，来源于美国法院司法实践①，而非成文法律②，即通过何种路径、实现何种功能、产生何种结果。如果抱着批判精神来审视，该三步法并非是等同侵权判定的一把精确标尺或一剂灵丹妙药，而仅仅是从不同维度或侧面去理解专利权利要求与被控侵权技术特征之间各种细微差异的一种方法与步骤，对于分解细化问题、厘清思路虽具有一定积极意义（也可能意义极其有限），但究其本质，仅是将一个棘手的大问题拆解为三

---

① The United States Supreme Court decision in Winans v. Denmead, 56 U. S. 330 (1853).

② U. S. Code, Title 35, Part Ⅲ, Chapter 28, § 271, Infringement of patent.

个并不容易解决甚至同样麻烦的小问题，而问题本身能否得到圆满解决则难下定论[①]。有鉴于此，美国专利法理论界与实务界对等同侵权判定三步法均持有一定程度的怀疑与批判态度[②]。

但无论如何，三步法已被我国专利法司法解释吸收采纳，过多讨论其是否科学合理无助于解决实务问题。因此，面对等同侵权判定，司法者的首要任务是准确理解手段、功能及效果这三大要素的内在本质以及相互之间的逻辑关系，这是准确适用等同原则的基础和前提。结合本案对这三大要素分别予以阐述如下。

（一）手段

相较于功能和效果，手段似乎更为静态、稳定与客观，其本质是权利要求所描述的某项技术特征（功能性技术特征不在此讨论之内）所对应的外部表征，是三基本逻辑推理的起点。根据美国专利法相关规定，手段的具体表现形式可分为结构、物质及运行过程。[③] 以本案所涉机械类发明专利为例，在表现形式上，手段可包括几何结构、三维特征、连接关系、所处位置、相互比例、软硬程度、互动机制等方面；在用词上，手段在多数情况下可与方式、方法、方案、路径等概念通用；从理解角度看，手段就是抽象化的权利要求文字表述转化为具象化的即人脑所意识和感知的具体形态或状态，该理解过程与权利要求起草者的思维及书写过程互为镜像，或者说前者是后者的反向操作。因此，准确理解手段就是准确理解权利要求表述，而准确理解权利要求则离不开说明书与附图的辅助以及阅读者本人对相关领域的整体知识结构与信息储备。

本案中，涉案权利要求所述技术特征为内衬与流体槽“形状一致、紧密贴合”。要准确理解与该特征所对应的手段，仔细阅读说明书与附图是至关重要的一环。根据说明书与附图，形状一致所产生的几何或三维状态应该是内衬纵向杯壁上无褶皱、呈直线，而紧密贴合所对应的几何或三维状态则是内衬与流体槽相互匹配、相互接触。但被控侵权产品所采用的阶梯过渡所对应的几何特征则是一道向内的波褶以及因此而产生的内衬与流体槽之间的间隙。因此，从字面上理解，两者的差异是显而易见的，故两者无法构成相同技术特征。但从等同判定角

① Texas Instruments, Inc. v. U. S. Int'l Trade Comm'n, 805 F. 2d 1558, 1569 (Fed. Cir. 1986).

② A Normative and Positive Analysis of the Scope of the Doctrine of Equivalents, by Kurt L. Glitzenstein, Harvard Journal of Law & Technology, Volume 7, Number 2, 1994; Principles of Patent Law, third edition, Chapter 8 Infringement, Page 906, by Donald S. Chisum, Craig Allen Nard, Herbert F. Schwartz, Pauline Newman, and F. Scott Kieff, published by New York Foundation Press, 2004.

③ 35 U. S. Code § 112, Specification, (f) Element in Claim for a Combination: An element in a claim for a combination may be expressed as a means or step for performing a specified function without the recital of structure, material, or acts in support thereof, and such claim shall be construed to cover the corresponding structure, material, or acts described in the specification and equivalents thereof.

度看，两者在手段上是否基本相同则是区别于字面判断的另一问题，需在不受字面差异干扰情况下单独进行评价。该评价应包括两个方面，一是被控侵权产品所采用的字面上的不同手段与权利要求所描述的技术手段，从技术角度而言是否基本相同或本质未变；二是如果基本相同，那么相应的非基本性差异是否显而易见，即本案中的阶梯过渡设计是否属于杯形塑料品制造领域“普通技术人员在被诉侵权行为发生时无需经过创造性劳动就能够联想到的特征”①。对于问题一，结论应是两种手段基本相同，理由是被控侵权产品内缩 0.5 毫米的技术处理相对于内衬整体尺寸来说是个很微小的变化，且内衬与流体槽相互之间的套嵌结构也未发生实质性改变。对于问题二，一审法院认为阶梯过渡缺乏显而易见性。但二审法院在充分调研评议基础上，得出了不同意见。②

此处，值得一提的是，本案中显而易见性的逻辑切入点应紧跟技术手段的判断，而非三基本整体判断之后。因为，显而易见或者容易联想的对象应该是一种客观存在的技术方案或方法，即技术手段，而不应夹杂比手段更上位概念以及含有更多主观性评价因素的功能与效果。换言之，本案中，法院仅需考虑，对于杯型塑料制品的普通技术人员而言，阶梯过渡设计本身是否容易联想到，而不必考虑该设计对功能（如叠加存放）和效果（如抽拉与目测数量便利性及存储物流效率变化）的影响是否容易联想到。因为从事实角度看，该内衬设计者设计阶梯过度特征的目的可能并非实现前述功能、达到前述效果，而纯粹是避让涉案专利权利要求的保护范围。换言之，《若干规定》第十七条项下普通技术人员所联想的对象是技术特征，即手段，而非该特征所承载或随之而产生的功能及效果。

（二）功能

从字面意思理解，功能意指事物或方法所发挥的有利作用。对应英文单词 Function 的《布莱克法律辞典》解释是“通过某种手段正确调节而产生的特定结果”。③ 如果以“作用”来定义功能的话，实属同一层面的概念替换，即循环定义，故难以起到真正细化、解释、说明的作用；而英文法律辞典中“手段—调节—结果”的三段式定义也难以细致说明功能在专利等同侵权判定过程中的准确含义。此外，我国专利法司法解释并未对功能给予详细解释。美国司法实践中，

---

① 《最高人民法院关于审理专利纠纷案件适用法律问题的若干规定》第十七条。

② 二审法院认为：被控侵权产品“阶梯过渡”设计在工业设计中已较为常见，且出现时间较早，加之本身仅是内衬几何形状的简单变化，属于杯形塑料品制造领域“普通技术人员在被诉侵权行为发生时无需经过创造性劳动就能够联想到的特征”，故符合“显而易见性”要件。一审法院认为“被控侵权产品这一技术方案的变换，对于本领域普通技术人员而言，在阅读原告涉案专利权利要求和说明书后也是无法直接联想到的”，该观点缺乏事实依据，二审法院对其予以纠正。

③ Black's Law Dictionary, 2nd Ed. FUNCTION: Office; duty; fulfillment of a definite end or set of ends by the correct adjustment of means.

联邦巡回法院在 Hill-rom Company, Inc. v. Kinetic Concepts, Inc. & Kci Therapeutic Services, Inc. 一案中对功能概念进行过讨论，认为对功能的解释不能局限于权利要求明确提及的那些内容，还应考虑某一技术用语所暗含的固有功能①。而我国司法实务中，多数可能认为第十七条项下的“功能”作为一法律术语其含义是底层的、基础的、明确并易于理解的，故无需进一步解释，但事实并非如此。涉案“形状一致、紧密贴合”技术特征或手段所对应的“功能”并非那么显而易见，不言自明，恰恰相反，如何界定功能是该案中的核心问题，且易产生分歧。

如果深入法院论证部分的逻辑线条，可发现前述“形状一致、紧密贴合”可对应两项相互独立的功能：一是内衬与流体槽之间因形状一致而产生的相互套嵌功能，二是因内衬本身几何特点而产生的叠加存放功能。由于权利要求及说明书与附图对内衬与流体槽的相互套嵌进行了直接演示及说明，且“紧密贴合”技术特征这一文字表述也暗含了相互套嵌的物理结构关系，因此功能一更为显性，且与权利要求及说明书与附图有直接的对应关系。反观功能二，涉案权利要求及说明书与附图对该项功能只字未提，也未提供任何暗示，因此该项功能与涉案权利要求缺乏前述对应性。此处产生了容易导致分歧的深层次问题，即缺乏该种对应性的功能能否纳入等同侵权判定的评价范围。该问题暂且不表，留待后文详述。

综上，对于机械类发明专利而言，结合案例试对功能作如下定义：功能意指通过某种技术手段的存在、运行、调节或作用，继而形成、导致或产生的可促进涉案专利技术方案实施的各种客观功效，无论该功效与权利要求及说明书和附图有无对应关系。

（三）效果

在美国法院审理的等同侵权判定有关案件中，与我国司法解释用词“效果”所对应的单词是“Result”（结果）②。效果与结果的意思虽较为接近，但效果明显含有更多价值评判性质，其内涵更大，维度更广，主观性更强。从法律解释角

① Hill-rom Company, Inc., Plaintiff-appellant, v. Kinetic Concepts, Inc. and Kci Therapeutic Services, Inc., Defendants-cross Appellants, 209 F. 3d 1337 (Fed. Cir. 2000), "...Because the term 'cushion', as construed by the district court, carries with it certain functional features as a matter of the definition of the term, equivalence cannot be measured by reference only to the functions expressly set forth in claim 10, while ignoring the functional elements inherent in the term 'cushion' ..."

② Winans v. Denmead, 56 U. S. 330 (1853); Graver Tank & Manufacturing Co. v. Linde Air Products Co., 339 U. S. 605 (1950); Warner Jenkinson Co., Inc. v. Hilton Davis Chemical Co. (95 - 728), 520 U. S. 17 (1997); Honeywell International, Inc. v. Hamilton Sunstrand Corp., No. 02 - 1005 (Fed. Cir. June 2, 2004).

度，所谓效果可理解为通过权利要求所描述的某种技术手段实现某种功能最终所达到的技术效果。因此，效果通常必须结合并锁定某种特定功能来认定，或者说必须与在先认定的功能一一对应，故效果是功能的上位概念，而功能则是效果的基础和前提，效果比功能更为抽象，功能则比效果更为具象。但另一方面，对于机械类工业品而言，任何一种设计上的变化（即手段的变化），无论是否会导致功能的变化，或多或少都会直接对生产成本和周期产生正面或负面影响，因此不同的技术手段往往会产生不同的经济效果，而这种影响从逻辑上是完全可以跨越功能这个环节的，也就是说，某些情况下对效果的判断会独立于对功能的评价，或者说，效果的评判对象不再是功能，而直接是手段或技术特征本身。

结合本案来看，要分析涉案技术手段与被控侵权产品各自的技术效果，首先应紧紧围绕上述内衬与流体槽的“相互套嵌功能”和内衬本身的“叠加存放功能”，分别予以考量。关于功能一，根据二审法院判决，在评价对应技术效果时应考虑内衬放入流体槽的便利程度、相互之间的匹配程度、放置后盛满流体状态下的稳定性与可操作性、内衬容量等因素；而关于功能二的技术效果，法院则需考虑内衬抽取、数量测算及存储与物流等方面的便利性。此外，从上述生产成本与周期角度，法院还专门考虑了内衬的模具设计与制造成本等因素。

综上，效果意指从与涉案专利技术方案实施及专利产品生产经营有实质关联的各种角度，就系争技术特征对整体技术方案或对应功能的产出质效与内在经济性的影响，进行综合评价的结果。

二、关于功能与效果的评价体系

（一）关于功能的评价体系

还是以机械类专利为例进行分析，某一技术特征或手段所产生的功能可以是丰富多样的，故可理解为一个功能集群。在这个集群当中，哪些功能应置于等同侵权判定的评价范围之内，哪些必须予以排除，是判断功能是否基本相同的基础，而划分的前提当然是需对这些不同功能进行科学划分。

就第一层面划分而言，可视其与专利整体技术方案有无实质性关联，进而将集群分为与整体技术方案有关的功能（以下简称专利性功能）以及与此无关的功能（以下简称非专利性功能）两大类。从涉案专利技术领域角度分析，专利性功能通常应指向系争技术特征所对应产品或部件的工业设计用途，而非专利性功能则往往不属于该设计用途。以本案为例，系争技术特征为“形状一致、紧密贴合”的塑料内衬，所述内衬除了产生上述“相互套嵌”与“叠加存放”两大专利性功能之外，作为一杯型塑料内衬，还可当作喝饮料的杯子、盛放食物的器具、放置文具的笔筒、保护器物一端的保护套等，其功能可谓不胜枚举。但这些功能与涉案发明专利即喷枪均无实质性关联，故不能纳入功能是否基本相同的评价范围。对此，无论从理论还是实务角度看，将非专利性功能排除在评价体系之外，均无任何分歧，但难点在于下文所述的第二层面划分。

就第二层面的划分而言，专利性功能可进一步细分，即以与权利要求及说明书和附图有无对应关系为尺度，可将专利性功能再细分为：（1）与权利要求及说明书和附图描述有直接对应关系的功能（以下简称显性专利功能）、（2）没有该对应性的功能（以下简称隐性专利功能），前者具有显著性、直接性，而后者相对隐秘、间接。本案中，二审法院对涉案专利所述内衬的功能据此进行了划分，即将其分为作为显性专利功能的套嵌功能与作为隐性专利功能的叠加存放功能，并明确指出该叠加存放功能并未脱离权利要求所述内衬的工业设计用途，且与涉案专利喷枪的作业过程具有实质性关联，故一视同仁地将其纳入了功能的评价范围。结合本案来看，隐性专利功能由于缺乏与专利文献本身的直接对应关系，故实务中极易忽视遗漏。应对办法无他，只能是全方位、系统性地对专利技术方案的实施环境与操作过程逐一进行地毯式、无死角、画面式还原，从而全面、细致、深入理解到各阶段、各环节、各细节，以防疏漏。

从专利法的立法本意、利益平衡原则以及专利法司法解释的制定背景来看，似乎均无理由将隐性专利功能排除在评价体系之外。再者，从法经济学角度看，专利作为一种经济要素，其内含的功能，无论显性隐性，只要与涉案专利技术方案的实施有关，都毫无疑问地事关该无形资产的内在经济或商业价值，且是否隐性显性对其市场价值并无实质性影响，因此更是有充分理由将隐性专利功能置于功能评价体系之内。当然，此处需要澄清的是，将隐性专利功能纳入评价体系，并不意味着可将被控侵权产品某一区别技术特征所产生的额外功能纳入评价范围，这是完全不同的两个问题。关于后者，已有相关案例可资参考，此处不再赘述。[①] 需要指出的是，本案中内衬叠加存放功能并非被控侵权产品所独有或额外具有的功能，涉案专利所述内衬同样具有此项功能，只是有无阶梯过渡设计导致两者在抽拉、数量测算及物流仓储等方面效果存有差异而已。

此处暂作一小结：对于涉案专利与被诉侵权产品某一对应技术特征所产生的

---

① Miles Laboratories, Inc. & Triangle Biomedical Equipment, Inc. v. Shandon Inc. &Shandon Southern Products Limited, 997 F. 2d 870 (Fed. Cir. 1993) "...The limitations and functions of the invention in the claims, not the elements or functions of the accused device, establish the reference point for the doctrine of equivalents. Insta-Foam, 906 F. 2d at 702. Infringement under the doctrine does not vanish merely because the accused device performs functions in addition to those performed by the claimed device. Id. Regardless of separation into modules, Shandon's system is still a "completely automatic system for allowing light microscopy tissue to be processed under a completely automatic sequence in an entirely closed system and without requiring substantial movement of the specimens." See Miles I, slip op. at 3 - 4. Thus, the HYPERCENTERs achieved substantially the same result as the "073 patent..."

诸多功能而言，首先应将非专利功能排除在评价体系之外，其次应在专利功能中仔细甄别出隐性专利功能，并将其与显性专利功能一同纳入等同侵权判定中的功能评价体系。

（二）关于效果的评价体系

纵观中外专利法有关法律条文，成文法目前并未就等同侵权判定过程中如何评价技术效果提供任何具体方法、步骤或思路，而司法案例中关于此问题也鲜有提及，更缺乏系统性研究。

评价一技术方案的优劣，无论该技术方案如何庞杂或精巧，也无论其最终目的如何、适用于哪一行业，归根结底，该评价所持的价值体系都应当与该技术方案的市场价值相契合。唯有如此，才能透过复杂现象直通本质。换言之，从相关行业内合理第三人角度来看，其在相同交易条件下，面对诉中两套技术方案，在必选其一的购买决策过程中所考虑的所有合理因素都应纳入效果的评价范围。此处所言合理因素当然应排除与技术方案本身无关的因素，如关联交易、利益冲突以及其因个人喜好产生的审美因素等。遵循这一思路，根据笔者所积累的司法经验与感悟，有关效果的评价体系至少应包括以下三方面：一是涉案系争技术特征对整体专利技术方案或对应具体功能产出质量的影响（质量维度）；二是对其产出效率的影响（效率维度）；三是对其经济性的影响（经济维度）。用通俗语言来说，便是两者相较，彼方案是否比此方案更好、更快、更省钱，或者更差、更慢、更费钱。

以本案为例，二审判决中所提及的内衬放入流体槽的便利程度、相互之间的匹配程度、放置后盛满流体状态下的稳定性与可操作性等因素均是涉及喷枪技术方案产出质量的因素，故可归入质量维度的范畴；而内衬容量、内衬叠加存放时抽拉与数量测算的便利性等则是与喷枪技术方案实施的效率有关，故可归入效率维度的范畴；至于模具设计、制造成本以及运输仓储成本等因素，则是独立于喷枪技术方案本身产出质量与效率的经济维度。关于上述三大维度，还可进一步细化评述如下。

1. 质量维度。该维度应指系争技术特征对整体技术方案或该项特征所对应功能通过实施或运行所产出结果的评价维度，包括品质、稳定性、优良率、耐用性、单位能耗、环保性、操作舒适度与便捷性等一系列可影响该技术方案市场定价的因素。因此，质量维度是三大维度中因素最多、情况最复杂、判断难度最高的维度，需在个案中反复斟酌，仔细思量。

2. 效率维度。该维度应指系争技术特征对于实施涉案专利技术方案所耗费时间的评价维度。换言之，效率维度评价需要考量的是，对于相关行业内一普通操作者来说，就相同产出数量而言，采用被控技术特征是否比使用相对应的专利技术特征更快或更慢。当然，这种时间上的差异应当是显著的，否则仍应认定为

第十七条项下的“基本相同”。与质量维度相比，效率维度的核心因素只有时间或快慢，锁定了技术方案或相关功能实施的前前后后、方方面面与细枝末节，效率维度评价便迎刃而解，故判断的难度系数相对较低。

3. 经济维度。该维度具有兜底性质，因为前述质量与效率因素毫无疑问同样具有直接影响市场定价的经济属性，故此处所谓经济维度的评价对象应特指系争技术特征对那些所有独立于上述质量因素与效率因素、与涉案技术方案实施并无物理上的直接关联、但对技术方案本身的市场价值仍具有实质性影响的其他所有因素，故可称之为统筹质量与效率因素之外其他经济性因素的概括性范畴。对于机械类专利而言，专利产品的生产周期、生产工艺、流程、模具、原材料、加工成本、质量检验及仓储物流等都是可纳入经济维度考量的具体方面。

（三）对技术效果有升有降的司法评价

由于采取了质量、效率及经济性等三大不同维度的评价体系，评价结果出现有升有降的情形并不意外，本案就属一例。对于该情形，应作何种司法评价，值得探讨。本案中，阶梯过渡设计产生的三种技术效果中，其中内衬抽拉与目测数量的便利性属于积极正面的技术效果提升，而内衬仓储物流经济性下降则属消极负面的技术效果下降。但二审法院并未回避该问题，而是直接作出了“该技术效果有升有降的情形并不影响‘阶梯过渡’与‘形状一致、紧密贴合’两者在技术效果上存有实质性差异”的判断。从《若干规定》第十七条的字面意思以及专利等同侵权判定理论的实践来看，法院需关注的核心问题应始终聚焦于某一特定技术特征对应的手段、功能及效果是否基本相同，而非对其进行综合评分与排序。因此，只要比对的两种技术效果不同，无论是纯粹的优化，还是单一的改劣，抑或是优化与改劣并存，均属“技术效果不同”的具体表现形式，故技术效果有升有降不应成为干扰法院判断的因素。

（撰稿人：孔立明）

专利侵权赔偿的举证妨碍适用和判赔数额酌定

——段某芦、邹某仙诉上海新光化工有限公司侵害发明专利权纠纷案

【提要】

人民法院在判断是否适用《最高人民法院关于审理侵犯专利权纠纷案件应用法律若干问题的解释（二）》（以下简称《专利法解释（二）》）第二十七条举证妨碍推定权利人主张成立之规定时，对权利人“初步举证其主张的侵权获利情况”以及“与侵权行为相关的账簿等主要由侵权人掌握”这两个前提条件，应把握适当的举证标准。在计算专利侵权赔偿数额时，应积极引导当事人举证，充分利用权利人提供的用以证明侵权人实际违法所得的部分证据，在足以认定计算赔偿金额所需的部分数据的基础上，运用酌定赔偿方法确定损害赔偿的判赔数额。

【案情】

原告（上诉人）： 段某芦、邹某仙（以下简称两权利人）

被告（被上诉人）： 上海新光化工有限公司（以下简称新光公司）

案由： 侵害发明专利权纠纷

一审案号：（2014）沪二中民五（知）初字第3号

二审案号：（2016）沪民终173号

2002年1月，两权利人为其“用作胶粘剂和涂料的水性聚氨酯分散液及其制备”发明（以下简称涉案专利）申请专利。

2002年6月，两权利人以“D-001脂肪族二异氰酸酯二醇为基础的水性聚氨酯胶粘剂系列专有技术”（以下简称D-001专有技术）作价175万元出资，与上海塑料工业有限公司（以下简称塑料公司）合资设立案外人上海新友水性聚氨酯有限公司（以下简称新友公司），共同开发生产D-001产品。成立初期，新友公司利用塑料公司分支机构上海塑料工业有限公司新光化工厂（以下简称新光

化工厂）的现有厂房等设施。

2006年，新光化工厂恢复独立法人资格，改设为新光公司。

2009年6月，涉案专利授权公告。

2011年10月，新友公司停止生产经营。

2012年3月，新友公司出具未经两权利人同意的《许可生产授权书》，授权新光公司以D-001专有技术生产HS11乳液（以下简称被控侵权产品），并持续对外销售，客户包括黑松林厂。

2012年6月，新友公司退出税控系统停止开票。

2012年7月，新友公司合资合同终止履行。

2013年，两权利人发现新光公司许诺销售使用D-001专有技术制造的涉嫌侵害涉案专利权的产品。同年8月，购得新光公司向黑松林厂销售的被控侵权产品。遂诉至人民法院，以侵害涉案专利权为由，要求新光公司停止侵权，赔偿经济损失人民币300万元（以下币种同）以及合理费用17.02万元。

【审判】

上海市第二中级人民法院经审理认为，根据新光公司的自认以及在案证据，D-001专有技术落入涉案专利权利要求1、7、8的保护范围，故新光公司使用D-001专有技术制造被控侵权产品构成侵权。一审法院还认为新光公司提供了包括被控侵权产品在内产品销售额为677万元的证据，但未能充分举证分清被控侵权产品与其他产品的具体销售金额，构成举证妨碍。两权利人主张按照销售价格的25%来计算侵权获利，但未能提供证据，新光公司则主张按照10%的行业利润计算，故难以确定新光公司因侵权所获得的利益。即便按两权利人主张参照专有技术作价175万元的标准来计算侵权赔偿数额，鉴于新友公司20年的合资期限，新光公司约2年的实施侵权时间，推算出的赔偿金额与两权利人的诉请有明显差距。据此，一审法院综合涉案专利种类、侵权情节以及支出的合理费用等情况，酌情确定赔偿金额，判决新光公司停止侵权，赔偿包括合理费用在内的经济损失50万元，并驳回两权利人其余诉请。

一审判决后，两权利人提起上诉。

上海市高级人民法院二审认为，两权利人未能初步举证其主张的新光公司侵权获利300万元之事实，故不符合适用《专利法解释（二）》第二十七条规定之前提条件。其次，二审法院查阅一审卷宗发现卷内存在一审判决载明之新光公司未提交的向黑松林厂销售的发票复印件，且分清被控侵权产品与其他产品的具体销售金额系新光公司应负之举证责任，如其提供的证据不能证明每张发票销售的产品品名及金额，则由其承担举证不能之法律后果，故一审判决关于新光公司构成举证妨碍的认定应予纠正。

关于本案判赔金额。二审法院认为，依据在案全部发票复印件，可认定新光公司向黑松林厂销售被控侵权产品总金额，即便以新光公司主张的10%行业利润计算，再加上合理费用，也远高于一审判决的赔偿额，故赔偿数额应予以调整。足以认定损害赔偿计算所需的部分数据时，即销售被控侵权产品的具体金额，法院可以根据在案证据酌情确定计算赔偿金额所需的被控侵权产品利润率数据，从而以侵权获利方式确定损害赔偿数额。对于利润率的酌定，两权利人主张按销售价格的25%来计算，而新光公司主张按10%的行业利润。对此，双方均无直接证据，然而二审法院根据“出资评估报告”显示利润率“估算自2007年以后稳定在20%”，再综合考虑双方主张，二审法院酌定利润率为20%，并结合前述总销售金额及合理费用。最终，改判新光公司应就其涉案侵权行为支付经济损失及合理费用141万余元。

【评析】

知识产权侵权案件权利人获赔数额较低是近年来社会各界比较关注的问题。归根结底，“赔偿低”其实与“举证难”密切相关，系由权利人损失或侵权人获利的相关证据不足所导致。因此为解决“举证难、赔偿低”这一顽症，最高人民法院试图制定一套符合知识产权诉讼特点的举证规则，即在出台的《专利法解释（二）》第二十七条中进一步完善对专利侵权诉讼中有关赔偿数额的举证规则。

一、《专利法解释（二）》第二十七条之解读

根据《中华人民共和国专利法》（以下简称《专利法》）第六十五条的规定，侵权赔偿数额的确定可以依次通过权利人损失、侵权人获利、涉案专利许可费以及法定赔偿的方式来确定。司法实务中，权利人所受到的实际损失往往很难举证，根据第六十五条的规定，可以通过获悉侵权人的获利来确定赔偿数额。因此《专利法解释（二）》第二十七条在参考了《商标法》有关证据妨碍规定的基础上，根据专利权人的初步举证以及侵权人掌握相关证据的情况，将有关侵权人获利的举证义务分配给侵权人，并将此与《专利法》第六十五条规定的赔偿额计算顺序相衔接。①

至于在具体适用《专利法解释（二）》第二十七条时还需要注意以下几方面。

① 宋晓明、王闯、李剑：“关于审理侵犯专利权纠纷案件应用法律若干问题的解释（二）的理解与适用”，载《人民司法（应用）》2016年第10期，第35页。

（一）适用前提条件以及相应举证要求

适用该举证妨碍[①]推定侵权获利规则有两个前提条件：一是权利人必须初步举证其主张侵权人的获利情况；二是与专利侵权行为相关的账簿、资料主要由侵权人掌握。若不满足这两个条件，则无法进行举证妨碍推定。

对于第一个条件的满足，权利人仍需提供一定的“初步证据”，而人民法院在认证该些证据时应掌握适当的举证标准，不能过严也不能过松。所谓不宜过严就是权利人可以提供侵权人自己对侵权获利乃至公司整体营利的宣传资料、网站介绍、公司年报等公开信息即能符合举证要求。而本案例则是一个体现举证要求不宜过松的情形，两权利人主张以案外人新友公司的销售规模推算新光公司两年侵权获利300万元，但是其未提供证明新友公司相应销售规模的证据，退而言之，即便有证据能证明新友公司的销售规模，也不能就此推算出新光公司的侵权规模。因此，权利人所提交的“初步证据”必须与其相应损害赔偿主张相关联。

至于第二个条件的满足，从生活经验可以推定，与专利侵权行为相关的账簿、资料一般由侵权人掌握，除非侵权人提供能证明相应侵权凭证并非由其控制的证据。例如，在代记账的情况下，公司账簿会存放在财务公司。因此，一般情况下该条件较容易满足。

（二）适用举证妨碍推定规则的基础

除了满足前述《专利法解释（二）》第二十七条的两个前提条件以外，构成举证妨碍推定还需要一个基础条件，即权利人需负有证明侵权人获利情况的举证责任。首先，设立该规则的立法意图系通过降低权利人对获赔数额之待证事实的证明标准从而解决“举证难”的问题，而并非免除权利人的相应举证义务；其次，根据“谁主张谁举证”之原则，专利权人主张侵权人侵权获利情况之事实从而获得相应赔偿，则理应由权利人承担相应的证明责任；最后，倘若侵权获利事实之举证责任并非由权利人而是由侵权人承担，则根据《最高人民法院关于民事诉讼证据的若干规定》第二条的规定，如果侵权人无法提供账簿等证据证明自己的实际侵权获利，则应承担举证不能而非适用举证妨碍之法律后果。本案例中，二审法院认为分清被控侵权产品与其他产品的具体销售金额系侵权人应负之举证责任，如其无法证明发票的具体销售产品及金额，则由其承担举证不能之法律后果，即推定该些无法辨别的产品金额为被控侵权产品的销售金额。

二、确定损害赔偿数额的酌定赔偿方法运用

在不少侵权案件中，连适用《专利法解释（二）》第二十七条所需的“初步

---

① 此处所指的举证妨碍系狭义的举证妨碍，即指不负有证明责任的一方当事人通过作为或不作为阻碍负有证明责任的一方当事人对其事实主张的证明。张广良：“知识产权民事诉讼若干问题研究”，载《法律适用》2008年第7期，第16页。

证据”这一前提条件都无法满足，很多案件便以法定赔偿的方式确定损害赔偿数额，从而使专利法规定的三种赔偿方法流于形式，无法实现填平权利人损失的立法目的。在此类情况下，更需要人民法院积极引导当事人举证，努力获取能用以证明侵权人实际违法所得的部分证据。本案例就是在现有证据已经能够计算被控侵权产品销售量的基础上，根据双方当事人的主张以及间接反映被控侵权产品利润率的证据，人民法院运用酌定赔偿方法确定计算损害赔偿具体数额所需的利润率，从而计算出侵权人从某一案外人处所获取的侵权获利。因此，通过酌定赔偿方法的运用，在无法计算侵权获利确切数值的情况下，通过基于全案证据获得逼近于实际侵权获利的数额，甚至在酌定某些计算所需的数值时能够对案件的具体侵权情节加以考虑，从而更全面准确地弥补权利人的经济损失。

（撰稿人：曹闻佳）

因恶意提起知识产权诉讼之侵权构成

——华奇（中国）化工有限公司与圣莱科特化工（上海）有限公司因恶意提起知识产权诉讼损害责任纠纷案

【提要】

对因恶意提起知识产权诉讼损害责任纠纷案件，应首先按一般侵权案件的构成要件进行审查。对于加害行为要件，应重点审查在先诉讼的被告是否完全胜诉。对于损害结果要件，重点审查在先诉讼的被告是否为诉讼有实际支出、有无其他损失。在先诉讼中原告的恶意，应作为审理关键点。关于在先诉讼中原告恶意的认定，重点审查在先诉讼中原告之起诉是否具有一定的权利基础和事实基础、是否有超出诉讼的其他目的、是否存在明显不当的诉讼行为，如在先诉讼中原告实际并无权利基础或事实基础，其诉讼目的并不在于诉讼本身而有其他不正当目的，且诉讼中存在不当诉讼行为，则可以认定其起诉具有恶意。

【案情】

原告（上诉人）：华奇（中国）化工有限公司（以下简称华奇公司）

被告（被上诉人）：圣莱科特化工（上海）有限公司（以下简称圣莱科特公司）

案由：因恶意提起知识产权诉讼损害责任纠纷案

一审案号：（2015）沪知民初字第391号

二审案号：（2016）沪民终字501号

2008年8月11日，华奇公司申请了名称为“烷基酚热塑树脂生产的改进工艺”的发明专利（申请号为200810041551.7，以下简称涉案发明专利）。2010年2月9日，圣莱科特公司向上海市第二中级人民法院起诉华奇公司专利申请权权属纠纷案，案号为（2010）沪二中民五（知）初字第39号（以下简称39号案）。该案中，圣莱科特公司主张其拥有相关商业秘密并主张3个秘密点，以此主张涉案专利申请权。2011年3月24日，圣莱科特公司向法院申请撤回起诉，法院裁定准许圣莱科特公司撤回起诉。自2010年4月9日起，经圣莱科特公司申请，国家知识产权局三次中止涉案专利申请程序，但该涉案专利于2013年获得授权。

2011年3月29日，圣莱科特公司又向上海市第二中级人民法院起诉华奇公司专利申请权权属纠纷案，案号为（2011）沪二中民五（知）初字第48号（以下简称48号案）。在该案中，圣莱科特公司诉称其就SP-1068号产品拥有商业秘密（涉及领域）并提出20项秘点，徐捷曾在圣莱科特公司工作，后跳槽至华奇公司处任职违反保密义务将上述商业秘密披露，华奇公司使用圣莱科特公司的商业秘密申请了涉案发明专利，遂请求法院判令该发明专利的申请权归圣莱科特公司所有。

2013年5月28日，圣莱科特公司又向法院申请撤回起诉，上海市第二中级人民法院裁定不予准许。2013年6月17日，上海市第二中级人民法院作出48号案民事判决，判决驳回圣莱科特公司诉讼请求。圣莱科特公司以及美国圣莱科特不服提起上诉，上海市高级人民法院于2013年10月12日作出（2013）沪高民三（知）终字第92号民事判决（以下简称92号案），判决驳回上诉维持原判。

2014年5月21日，华奇公司向江苏省张家港市人民法院提起商业诋毁诉讼，诉称圣莱科特公司在前述上海市第二中级人民法院的诉讼中以及败诉后向华奇公司客户散发信函，捏造事实诋毁华奇公司商誉，请求法院判令圣莱科特公司承担停止侵权、赔偿损失及消除影响等民事责任。2015年5月5日，江苏省张家港市人民法院作出（2014）张知民初字第00021号民事判决，判决圣莱科特公司停止侵权、消除影响并赔偿经济损失100万元。

2015年，华奇公司向上海知识产权法院起诉，称圣莱科特公司发起（2010）沪二中民五（知）初字第39号、（2011）沪二中民五（知）初字第48号案诉讼，属于因恶意提起知识产权诉讼，请求赔偿损失、消除影响。主要理由为：1. 圣莱科特公司提起上述两专利申请权权属之纠纷并无权利基础及事实依据；2. 圣莱科特公司向国家知识产权局请求中止专利审查程序的理由不能成立，属利用专利申请权权属纠纷拖延华奇公司获得涉案专利授权；3. 圣莱科特公司不当获取华奇公司商业秘密、杜撰公安机关不予立案理由、实施商业诋毁、诉讼中多次变更商业秘密点、多次起诉撤诉等不诚信诉讼行为，可以印证其发起专利申请权权属纠纷诉讼的恶意。

【审判】

上海知识产权法院认为，本案争议焦点在于圣莱科特公司起诉华奇公司专利申请权权属纠纷行为，是否构成恶意诉讼。恶意诉讼是指当事人以获取非法或不正当利益为目的而故意提起一个在事实上和法律上无根据之诉，并致使相对人在诉讼中遭受损失的行为。因恶意提起知识产权诉讼损害责任认定的构成要件包括：1. 一方当事人提起了知识产权诉讼；2. 提起诉讼的一方当事人主观上具有恶意；3. 该诉讼行为给另一方当事人造成了实际的损害后果；4. 该诉讼行为与损害后果之间具有因果关系。其中最重要的是“当事人主观上具有恶意”这一要件，这种恶意是一种主观故意，即一方当事人明知其诉讼行为缺乏法律上的依据和事实上的根据，以损害对方当事人利益或为自己谋取不正当利益为诉讼目的。一审法院认为，在涉及商业秘密的民事诉讼中，确定商业秘密的权利内容是一个复杂的过程，不能苛求当事人在诉讼之初就完全无误的确定，因此不能以最终法院确认的商业秘密秘点与当事人的诉请有所不同就认定圣莱科特公司具有明知自己不享有相关权益却提起诉讼的主观恶意。仅凭圣莱科特公司在案件审理过程中的不当诉讼行为，亦不足以认定其具有恶意提起知识产权诉讼的主观故意。一审法院认为，圣莱科特公司提起系争知识产权诉讼的目的在于正当维权，不构成恶意提起知识产权诉讼的侵权行为，不应承担损害赔偿、消除影响的民事责任，故判决驳回华奇公司的诉讼请求。一审判决后，华奇公司不服，提起上诉。二审法院上海市高级人民法院审理后驳回上诉、维持原判。

【评析】

一、构成要件

因恶意提起知识产权诉讼损害责任纠纷，是2011年最高人民法院修改《民事案件案由规定》时增加的案由，并被归入知识产权权属、侵权纠纷项，则无疑是被作为知识产权侵权纠纷一种情形。恶意诉讼本质上属于侵权纠纷，但对于何谓恶意诉讼，法律并无明文规定，① 一般认为当事人为获取非法或不正当利益为目的而故意提起的在法律上或事实上无依据的诉讼，即构成恶意诉讼。②

侵权责任的构成，一般认为需具备加害行为、损害结果、因果关系、主观过错四要件。德国侵权法则认为责任构成由事实构成、违法性、过错组成，③ 法国侵权法则仅需损害结果、因果关系、主观过错三要件。而对于加害行为，通说认为须行为本身具有违法性，少数说认为不需具违法性。④ 理论一般用于解释实践，实践一般不因理论而改变。应用到恶意诉讼，采行为不需违法性的四要件说

---

① 2012年修正后的《中华人民共和国民事诉讼法》第一百一十二条、第一百一十三条规定了恶意诉讼，但其情形限于当事人之间恶意串通侵害他人权益或被执行人与他人恶意串通通过诉讼逃避法律文书确定的义务，此处所论及的显非属此类情形。

② 《最高人民法院民事案件案由规定理解与适用》，人民法院出版社2011年版，第271页。

③ 所谓的事实构成，相当于“加害行为 + 损害后果 + 因果关系”，因此笔者认为德国侵权法上的构成要件与中国侵权法并无实质区别，在案件审理中所要考察的因素是基本一致的。

④ 张新宝：《侵权责任法原理》，中国人民大学出版社2005年版，第48 – 49页。

较为可行，具体如下。

（1）四要件说符合逻辑，更易于厘清审理思路。相对于三要件说，四要件说仍坚持加害行为这一要件。侵权法制度主要是围绕行为展开的，没有行为，即谈不上有责任。被告的行为，是侵权诉讼的源头，否则即为无本之木。从逻辑出发，也是先有民事主体的行为，后对其行为进行法律评价并课以法律上的责任。在实际案件的审理中，首先需查明的事实，即是被告是否有起诉状所称的相应行为。如抛开行为要件，径直前往查明损害结果是否存在，则其果所指向何因？因果关系又如何建立？三要件说的损害结果，事实上仍必须包含行为要件，与其隐藏，不如显现，独立为一要件。在恶意诉讼纠纷中，被告必须是先前诉讼的原告，这一诉讼已经有生效裁判，且先前诉讼原告的诉讼请求已被法院驳回，应认为已满足行为要件。具体到本案，圣莱科特公司提起了两起专利申请权权属纠纷案，审理法院驳回其诉讼请求。

（2）行为违法性难以认定。同为大陆法系，德国侵权法要求行为违法性要件，法国侵权法却无此要求，但并不意味着两者有什么本质上的区别。不要求违法性要件，可以有两种理解：一是存在加害行为并有损害结果时，自然包含了违法性要素；① 二是确定主观过错时自然也会考虑行为的违法性。但不管将违法性与过错分开考量还是一并考量，处理实际案件的结论并不会改变或不同。② 从这个意义上说，把违法性作为侵权构成的一个要件单独予以认定，未尝不可。但就提起民事诉讼这一行为而言，认定其本身的违法性却是一件难事，因为提起民事诉讼本是民事主体的权利，提起民事诉讼一般并不违法，当其起诉符合诉讼法的相关规定时，自当予以立案并进入审理程序，而其诉讼请求由于证据不足或没有法律依据而被驳回时，也不能一般性地认为其原先的起诉行为具有违法性。因此，如果采用违法性要件说，即要从起诉行为本身是否具有违法性的角度进行审查，这在实践中是有相当难度的，不如将该要素放入主观过错的范畴进行审查。本案中，难以认定圣莱科特的起诉行为其本身具有违法性，行使诉权本身是正当行为，否则民事诉讼中的败诉原告都将面临被认定为侵权的风险。

（3）损害结果如何界定。关于损害结果的范围如何确定，也有两种不同的观点。一是在原先的诉讼中，被告为应对诉讼付出了相应的诉讼费用如律师费，或者有情感损失、声誉损害，这也算是损失，因如原先之诉讼不提起，则无需耗费此笔诉讼支出或遭受情感、声誉损害，在恶意诉讼损害赔偿责任案件中原诉讼

---

① See Basil S. Markesinis and Hannes Unberath, *The German Law of Torts: A Comparative Treatise*, Fourth Edition, Hart Publishing, 2002, p. 79.

② See Basil S. Markesinis and Hannes Unberath, *The German Law of Torts: A Comparative Treatise*, Fourth Edition, Hart Publishing, 2002, p. 81.

的被告请求赔偿，恰是依据填平损失原则。二是原诉讼被告须在诉讼支出、情感损失、声誉损害之外另有其他损失。同为普通法系国家，美国大部分法院采纳第一种观点，而英国法院则采纳第二种观点，其缘由在于英国民事诉讼中胜诉方在诉讼费用上本已得到补偿，[①] 并且，采纳第二种观点的人还认为诉讼支出乃至声誉损害等，本是诉讼的应有之义，[②] 也有利于控制诉讼的数量。[③] 笔者认为，在中国法律语境下采第一种观点较可行，原诉讼中胜诉的被告所支出的诉讼费用特别是律师费在当前数额较高，如果诉讼过程中其个人声誉或商业信誉也受到了损害，则对其日常生活或市场交易也将造成影响，相应的赔偿等救济对被告而言绝非可有可无，在作为侵权责任构成要件的损害结果方面，没有必要设定如上述第二种观点之高的标准。具体到本案，华奇公司在原诉讼中为聘请专业律师支付了数十万元的律师费，考虑到案件较为复杂、多次开庭、审理时间长达数年，此笔律师费尚属合理，应当认为是存在损害结果的，并且这种结果与圣莱科特的起诉存在直接的因果联系。

二、恶意之认定

如何认定恶意，是恶意起诉损害责任纠纷案件审理中的难点、关键点。下面结合案情进行论述。

（1）圣莱科特公司提起两专利申请权权属纠纷案具有一定的权利和事实基础。圣莱科特公司与华奇公司之间存在直接的市场竞争关系，且存在圣莱科特公司可能接触过涉案商业秘密的员工离职的事实，圣莱科特公司怀疑其商业秘密被华奇公司申请专利，具有一定合理性。圣莱科特公司在诉讼中依据商业秘密主张专利申请权权属，并归纳了秘密点予以明确，其所主张权利的技术方案与华奇公司的涉案专利属于同一技术领域，案件审理中也涉及了复杂的技术问题。即使（2010）沪二中民五（知）初字第 39 号案中圣莱科特公司所主张的秘密点与涉案专利技术方案从字面上看并不相一致，但两者属于同一技术领域，对于相同或实质相同的技术方案可能存在不同的表述方式，因此权属问题只有通过案件的实质审理才可以得出准确的结论。（2011）沪二中民五（知）初字第 48 号案的判决结果事实上也采纳了鉴定意见，可见相关技术问题较为复杂。圣莱科特公司在起诉时均准备了相当的初步证据，而非仅基于猜测，亦非毫无事实基础，表明圣莱科特公司提起诉讼时并不认为其将必然败诉，至少圣莱科特公司在起诉时认为

---

① John L. Diamond et al., *Understanding Torts*, Matthew Bender & Company Inc., 2013, §20.02.E.

② Dan Dobbs et al., *Hornbook on Torts*, West Academic Publishing, 2016, §39.12.

③ John L. Diamond et al., *Understanding Torts*, Matthew Bender & Company Inc., 2013, §20.02.E.

其具有权利和事实依据，其希望通过诉讼争取获得涉案专利申请权的权属，这对于身处商业竞争环境中的公司而言实属正常举动。在民事诉讼中，不能苛求原告在起诉时即持与裁判结果一致的认识或观点，原告的诉讼主张得不到支持实属常态，其原因各异，不能仅以不利的裁判结果来反证其起诉缺乏权利和事实依据。

案件审理中要审查权利基础和事实基础，但并不意味着没有权利和事实基础的一概通过恶意诉讼制度规制，也不意味着有权利和事实基础就一定不构成恶意诉讼。对于明知其自己并无权利基础，通过伪造权利证书等文件虚构为权利人，并通过提起知识产权诉讼获得赔偿的，应认为构成刑事犯罪比如诈骗罪，作为受害人的被告，则通过退赃等方式获得救济。① 因为恶意诉讼制度的根本目的，在于通过制裁起诉人、补偿受害人构建正常的诉讼秩序，使诉讼本身成为维权的途径而非侵权的工具，而对于直接危害社会秩序的行为，应通过刑罚制度予以规制。而在有的案件中，原告原本具有权利基础如专利权，但该权利发生了变动如专利权利要求删除，明知情况下仍以不存在的权利为基础提起诉讼，一般可认为具有恶意。② 而对于具有权利基础外观、是否明知难以确认的情况，一般应认为不具有恶意。③ 另外，起诉人具有一定的权利和事实基础，并不意味着就可免责，恶意的认定是一种整体上的认定，行使权利超出正当范围，其起诉也可能被认定为具有恶意。

（2）在案证据难以证明圣莱科特公司的起诉具有超出诉讼本身的其他目的。笔者认为，要认定某诉讼行为构成恶意起诉，需证明起诉方具有超出诉讼本身的其他不正当目的。圣莱科特公司之所以提起专利申请权权属纠纷，在于其认为华奇公司将其技术方案申请了专利，需通过诉讼手段获得涉案专利权属。而通过诉讼程序争取利益，是民事主体的正当权利。就两专利申请权权属纠纷而言，圣莱科特公司在起诉时除希望获得涉案专利申请权权属之外，难言有其他目的，且该两专利申请权权属纠纷中圣莱科特公司并未胜诉，其不利诉讼后果由其自行承担。至于提起涉案专利申请的中止程序，这本是法律规定的当事人享有的权利，也是专利申请程序制度设计的应有之义，圣莱科特公司依法请求中止审查并不违法，且华奇公司的涉案专利最终已获得授权。圣莱科特公司的商业诋毁行为，已

---

① 可参考魏某诉谢某恶意提起知识产权诉讼损害责任纠纷浙江省绍兴市柯桥区人民法院（2015）绍柯知初字第65号民事判决。

② 参见北京远东水泥制品有限公司诉北京四方如钢混凝土制品有限公司因恶意提起知识产权诉讼损害责任纠纷（2015）京知民初字第1446号民事判决。

③ 参见北京明日电器设备有限责任公司诉维纳尔（北京）电气系统有限公司损害赔偿纠纷北京市第二中级人民法院（2007）二中民初字第15445号民事判决，该案的被告（即在先诉讼原告）将其自身已公开的设计申请了外观设计专利，但在诉讼中被宣告无效。

在另案中得到依法处理，本案无需再行处理。所谓超出诉讼本身的其他目的，是指通过案件情况可以判断出原告仅将起诉对方作为伪装或工具，实质上欲达到其他不正当目的，比如对方正在申请公开上市过程中，其诉讼可能导致上市搁浅，从而削弱其市场竞争力。

（3）在案证据难以证明圣莱科特公司存在明显不当、有违诚信的诉讼行为。不管是专利申请权权属纠纷还是商业秘密纠纷，均可能涉及复杂的技术问题，当事人只能依据其所掌握的证据材料主张权利，案件的结果由裁判者综合全案证据决定，即使判决结果不利于起诉一方，也不能据此就认为起诉方具有恶意。专利申请权权属纠纷案中，圣莱科特公司已提交初步证据，并无证据表明其具有伪证等行为，且其委托了专业律师作为诉讼代理人。（2011）沪二中民五（知）初字第 48 号案中圣莱科特公司所主张的秘密点相较于（2010）沪二中民五（知）初字第 39 号案有所变化，尽管属于两个不同的案件，但此两案具有一定的关联性，所主张的技术方案属同一技术领域，作为原告在另行起诉后予以变更、细化及明确，并非具有不正当性。（2010）沪二中民五（知）初字第 39 号案的撤诉得到了审理法院的裁定准许，而（2011）沪二中民五（知）初字第 48 号案的撤诉申请并未得到准许，难言上述申请撤诉的行为具有不正当性。在先诉讼中的原告如具有明显不当的诉讼行为，可以成为判断其具有恶意的重要辅助因素。

（4）恶意提起诉讼的恶意与民事诉讼中起诉方所具有的不满情绪应当予以区分。民事诉讼中互相对抗的双方当事人特别是提起诉讼的一方对于被诉的另一方具有一定的不满情绪，显属正常，但此并非恶意起诉之恶意，并不属于恶意诉讼制度的规制对象。前已述及，圣莱科特公司提起专利申请权权属纠纷案并无超出诉讼本身的不正当目的。另外，专利申请权权属纠纷涉及专利权的归属问题，而专利权的归属对于公司经营具有重要意义，应当保障对权属有异议的一方具有充分的诉权。圣莱科特公司提起（2010）沪二中民五（知）初字第 39 号案、（2011）沪二中民五（知）初字第 48 号案的行为，以及其中的变更秘密点、起诉后撤诉、请求中止专利审查程序等行为，尚属于依法展开的诉讼行为，且华奇公司并无除诉讼费用外受到其他损失的确凿证据，整个诉讼尚处于正常商业风险的范畴之内。民事诉讼是彰显权利、保障权利的重要途径，依法提起诉讼也可以表明权利人认真对待权利的态度，为保障诉权、保障并鼓励权利人保护其知识产权，对因恶意提起知识产权诉讼必须依法持较高的认定标准，否则将不当地阻吓权利人依法正当维护其知识产权。

三、裁判规则之提炼

霍姆斯云：法律的生命不是逻辑，而是经验。[①] 同样地，法律规则并非纸面学理推演而来，而是在现实中存在并且通过案件的审理和裁判而具象化。恶意诉讼侵权案件较为少见，法院认定侵权成立的更为罕见。在通常的侵权构成之外，因恶意提起知识产权诉讼损害责任纠纷案件的判定规则提炼如下。

首先，对因恶意提起知识产权诉讼损害责任纠纷案件，应按一般侵权案件的构成要件进行审查。对于加害行为要件，审查在先诉讼之当事人与本案是否相同、在先诉讼是否已出生效裁判文书、恶意诉讼纠纷原告在此在先诉讼中作为被告是否完全胜诉。对于损害结果要件，审查在先诉讼被告是否为诉讼有实际支出、有无其他损失。对于因果关系要件，则着重审查支出或其他损失与在先诉讼的关联关系。对于在先诉讼中的原告恶意，应作为本案的审查重点。

其次，关于在先诉讼中原告之恶意认定，无疑应作为诉讼双方的论辩焦点，重点审查在先诉讼中原告之起诉是否具有一定的权利基础和事实基础、原告是否有超出诉讼的其他目的、原告是否存在明显不当的诉讼行为，如在先诉讼中的原告实际并无权利基础或事实基础，其诉讼目的并不在于诉讼本身，且诉讼中存在不当诉讼行为，则可以认定为因恶意而提起诉讼，其应对此承担相应损害责任如赔偿损失、消除影响等。

（撰稿人：徐卓斌）

---

① Oliver Holmes, *The Common Law*, The Belknap Press of Harvard University Press, 2009, p. 3.

功能性技术特征的司法认定

——碧然德有限公司诉宁波清清环保电器有限公司侵害发明专利权纠纷案

【提要】

本案是一起涉及功能性技术特征的发明专利侵权纠纷典型案例。由于涉案发明专利权利要求书以及说明书记载的具体实施方式较为复杂，因此，在确定相关功能性技术特征的内容时，法官必须依据说明书的内容厘清不同实施方案之间的关系，以及各种可选择的实施手段。在涉及具体侵权比对时，还必须区分具体细节上的差异究竟是加工瑕疵还是技术方案规避，并结合制造加工行业的设计公差、加工误差等考虑因素，作出合法合理的判断。

【案情】

原告（被上诉人）：碧然德有限公司（BRITA GMBH）（以下简称碧然德公司）

被告（上诉人）：宁波清清环保电器有限公司（以下简称清清公司）

案由：侵害发明专利权纠纷

一审案号：（2015）沪知民初字第753号

二审案号：（2017）沪民终146号

碧然德公司是一家全球性的公司，主要从事饮水机产品的研发和制造。碧然德公司于2005年4月27日向中国国家知识产权局申请名称为“用于过滤液体的过滤筒和装置”的发明专利（以下简称涉案专利），并于2010年5月12日获得授权公告，专利号为ZL200580017027.0。2015年6月10日，碧然德公司发现清清公司在上海市盈港东路168号国家会展中心的“第八届上海国际水展”上展示并许诺销售了被控侵权产品，同时散发了相关被控侵权产品的宣传资料和介绍。此外，清清公司在其网站www.qingqing.cn上着重介绍了被控侵权产品，网站产品中心栏目上有与清清公司产品册上的产品相对应的产品图片，产品目录中有专门的“BRITA”产品栏，网页上载有被控侵权产品的图片；在

www. alibaba. com 上设立网上店铺销售被控侵权产品，宣称被控侵权产品系碧然德公司 Brita 产品的仿制品。2015 年 6 月 26 日，碧然德公司委托代理人在清清公司所在地购得被控侵权滤水壶 15 只，并获得名片、付款凭证以及产品宣传册等证据，清清公司的宣传册上有被控侵权产品的图片，名片上印有“宁波清清环保电器有限公司 刘海军外贸部”等字样，领（付）款凭证上印有清清公司公章，其上有“滤水壶 15 个 金额 600 元”等内容。经当庭查验，上述公证购买的实物中有型号为 QQF-01、QQF-03、QQF-04、QQF-05 的净水壶、净水杯产品（滤芯型号为 QQFC-05），并配有全英文的使用说明。经比对，碧然德公司认为被控侵权产品的技术特征落入了涉案专利权的保护范围，清清公司未经许可制造、销售、许诺销售被控侵权产品构成了侵害涉案专利权，应当承担停止侵权、赔偿损失的民事责任。碧然德公司遂向法院起诉请求判令清清公司停止侵权、销毁专用模具以及赔偿经济损失及合理费用人民币 130 万元。清清公司则认为被控侵权产品与涉案专利的技术特征不同，不构成专利侵权，请求法院驳回碧然德公司的诉讼请求。

【审判】

上海知识产权法院经审理认为：涉案专利中的“第一固定机构”和“第二固定机构”属于功能性技术特征，根据原告专利说明书及附图的描述，“第一固定机构”和“第二固定机构”两个技术特征的结构应当包括过滤筒上设置第一内凸部分和接收室底壁上设置第二内凸部分，两者属于向内翻转部，两个向内翻转部可实现插接配合，即过滤筒底壁上的第二向内翻转部要围卡接收室底壁上的第一向内翻转部，第二向内翻转部上的芯轴要穿过第一向内翻转部，其技术效果为当过滤筒插入接收室时确定过滤筒的正确位置。被控侵权产品的接收室底部有一向内凸起的圆柱形空心体，空心体顶端有一向内延伸的圆环形凸缘，凸缘上有一缺口，被控侵权产品的过滤筒下部有一向内凸起的空心圆柱体部分，该圆柱体的顶端有向外伸的芯轴，该芯轴上亦有缺口，圆柱体顶部芯轴旁边还有四条对称的间隔肋，当过滤筒插入接收室时，两个向内凸起的圆柱形空心体可部分重叠，产生围卡效果，过滤筒上的芯轴可以穿过接收室的排出口，两者相互配合，可以实现导向定位和节流液体的功能和效果。因此，法院认定被控侵权产品落入涉案专利权的保护范围。

综上，上海知识产权法院判决：1. 被告清清公司立即停止对原告碧然德公司享有的名称为“用于过滤液体的过滤筒和装置”的发明专利权（专利号为 ZL200580017027. 0）的侵害；2. 被告清清公司赔偿原告碧然德公司经济损失人民币 400, 000 元；3. 被告清清公司赔偿原告碧然德公司合理费用人民币 100, 000 元；4. 驳回原告碧然德公司的其余诉讼请求。

一审判决后，清清公司不服，提起上诉。

上海市高级人民法院经审理后认为，一审判决认定事实清楚、适用法律正确，审判程序合法，所作判决并无不当，判决驳回上诉，维持原判。

【评析】

一、涉功能性特征技术的确认和比对思路

《专利法解释（二）》第八条第一款规定，功能性特征，是指对于结构、组分、步骤、条件或其之间的关系等，通过其在发明创造中所起的功能或者效果进行限定的技术特征，但本领域普通技术人员仅通过阅读权利要求即可直接、明确地确定实现上述功能或者效果的具体实施方式的除外。对于权利要求中以功能或者效果表述的技术特征，人民法院应当结合说明书和附图描述的该功能或者效果的具体实施方式及其等同的实施方式，确定该技术特征的内容。

技术方案是指对要解决的技术问题所采取的利用了自然规律的技术手段的集合，而技术手段通常是由技术特征来体现。而功能是指技术方案所发挥的作用。根据涉案专利权利要求书“当过滤筒被插入到接收口中时该第二固定机构与第一固定机构相互配合，这样，这些固定机构确定了过滤筒的位置……”的描述可知，权利要求8技术特征4具有第一固定机构与第二固定机构这两个技术特征，当过滤筒被插入到接收口时前述两个技术特征相互配合，发挥了确定过滤筒位置的作用，故“确定过滤筒位置”并非技术特征而是功能，而涉案专利权利要求8虽对于“第一固定机构”和“第二固定机构”的具体位置予以限定，即“……所述入流漏斗在接收孔下方具有至少一个第一固定机构，……所述过滤筒在密封边缘下方且与其隔开距离地具有至少一个第二固定机构……”但是由于“第一固定机构”与“第二固定机构”并非专业技术名词，且权利要求书中对于两者的具体结构并未予以限定，仅以两者在发明创造中所起到的“在过滤筒沿轴向方向插入时，所述固定机构这样地共同作用，使得该过滤筒的密封位置被确定”这样的功能和效果进行限定。因此，涉案专利权利要求8中的“第一固定机构”与“第二固定机构”系功能性技术特征。

根据涉案专利说明书中对于实现第一固定机构与第二固定机构具体实施方式的描述，第［0021］段“所述第一和/或第二固定机构是一些间隔件和/或导向元件和/或卡接件……”第［0022］段“所述固定机构优选是凸起或凹部。所述凸起或凹部是圆柱形、圆锥形或截锥形的。如也可以是反和正向内翻转部或隆起”，第［0027］段“所述固定机构也可以是一些导向件，这意味着，所述过滤筒在装入时被导引到其设定的位置。对此例如一些凸起和凹部是适合的，尤其是在过滤筒和固定件上的向内翻转部，它们例如可以圆柱形、圆锥形或截锥形地构成”。从上述说明书的解释来看，第一固定机构和第二固定机构可以采用凸起的圆柱形或截锥形导向机构作为具体实施方式。而且根据权利要求 8 的描述，第一固定机构具有在接收室底壁中的至少一个第一向内翻转部以及第二固定机构具有在过滤筒底壁中的至少一个围卡第一向内翻转部的第二向内翻转部这两个技术特征。同时，根据说明书第［0035］段“……所述接收室的底壁具有至少一个第一向内翻转部，并且过滤筒的底壁具有至少一个搭接第一向内翻转部的第二向内翻转部。这两个向内翻转部可以滑动地共同作用并因此形成导向件……”以及第［0036］段“优选的是，所述第一向内翻转部是一个成形在接收室底壁上的、向内指向的圆柱形或截锥形空心体，在其自由边缘上设置至少一个向内指向的圆弧形的、释放至少一个流出孔的第一隆起，其中，在第二内向翻转部中设置一个向外指向的芯轴，在插入过滤筒时，该芯轴嵌入到圆柱形或截锥形空心体中”的相应记载，第一固定机构和第二固定机构可以如前所述以导向件的实施方式在接收室的底壁设置第一向内翻转部和在过滤筒的底壁设置第二向内翻转部的实施例或与之等同的技术方案来实现。

据此，法院根据说明书中相关实施例的记载，确定了“第一固定机构”和“第二固定机构”这一技术特征的具体结构和配合方式，经比对，被控侵权产品的相应部件亦具有该技术特征，因此，可以认定被控侵权产品落入涉案专利权的保护范围。

二、被控侵权产品的细节区别是否影响侵权判断

在专利侵权诉讼中，如果被控侵权产品的相应技术特征与专利技术方案相比存在较大区别，则可以认定其完全不具有相应的技术特征，但在有些情况下，被控侵权产品上存在的区别仅属于产品瑕疵，就不应当认定其不具有该技术特征。

对于被控侵权产品的个别部件在细节上确实与专利说明书中具体实施例记载的相应技术方案不完全一致时，法院应当判断相关细节上的差异是否属于技术方案上的有意规避还仅是加工过程中的瑕疵，最终作出合理的判断。在本案中，关于清清公司辩称被控侵权产品的零部件之间存在间隙，不构成配合关系因而不属于“固定机构”，法院认为，虽然被控侵权产品因模具加工问题导致芯轴与排出口之间可能存在一些缝隙，但被控侵权产品的技术方案依然具有“固定机构”这一技术特征，具体理由为：首先，根据权利要求及说明书的记载，固定机构的结构多样，两个固定机构之间的配合也具有多种形式，包括接触、锁止、滑动配合等，因此不能将两个固定机构之间的配合关系仅限定为一种紧配合（包括过盈配合）；其次，被控侵权产品具有与涉案专利实施例相同的固

定机构部件，这些部件存在的目的就是为了实现涉案专利中“固定机构”需要实现的定位、节流功能；最后，被控侵权产品作为一种塑料制品在加工过程中存在公差缝隙等瑕疵在所难免，没有证据表明这些“缝隙”是专门为了避免专利侵权而特地设计加工出来的，因此，加工瑕疵不能改变被控侵权产品具有侵权目的这一事实。

（撰稿人：胡宓）

发明专利案件中使用环境特征的判定规则

——佳能株式会社与上海慕名电子科技有限公司侵害发明专利权纠纷案

【提要】

使用环境特征是特殊形式的权利要求，应予以谨慎认定，并适用特殊的侵权判定规则，本案的审理中就此问题提出了可供参考的司法裁判思路。基于对技术特征的归纳，从发明名称、发明主题予以初步判断，对权利要求书中关于安装关系的描述进行实质判断，结合说明书中关于结构关系的解释加以综合判断，最终认定使用环境特征。使用环境特征对专利保护范围具有限定作用，被控侵权产品能够适用于使用环境特征限定的使用环境即可。

【案情】

原告：佳能株式会社

被告：上海慕名电子科技有限公司（以下简称慕名公司）

一审案号：(2017) 沪 73 民初 596 号

原告致力于光学和图像处理技术和设备的研发，为社会提供性能优异的高质量成像设备，产品包括打印设备、半导体光刻设备和三维机器视觉系统。原告为保护其在中国的合法权益，向中国国家知识产权局提交了名称为“电子照相成像设备、显影装置及耦联构件”的发明专利申请，专利号为 ZL200880003520.0，申请日为 2008 年 3 月 24 日，授权公告日为 2012 年 1 月 18 日，授权公告号为 CN101595433B，该专利至今维持有效。原告于 2017 年 6 月 16 日经公证从被告慕名公司处购得了被控侵权产品，被告提供了公司销售经理的名片、发票和公司介绍册，并签署了销售合同，这表明被告销售和许诺销售了被控侵权产品，产品显示被告为制造商。经技术特征对比，被控侵权产品落入涉案专利权利要求 1－14、29－35 的保护范围。原告认为，被告未经原告许可制造、销售、许诺销售被控侵权产品的行为侵害了涉案专利权，且被告经营规模大、制造和销售能力强、销售渠道多、持续时间长，给原告造成了大量经济损失，故原告诉请法院支持其诉讼请求。

原告提出诉讼请求：1. 判令被告停止侵害原告 ZL200880003520.0 号发明专利权的行为，包括制造、销售、许诺销售 CE310、CE311、CE312、CE313 和 CF350A、CF351A、CF352A、CF353A 型号硒鼓的行为；2. 判令被告赔偿原告因被告侵权行为而受到的损失人民币 100 万元整；3. 判令被告承担原告因本案所支付的为制止和消除侵权行为的费用人民币 10 万元，审理中，原告调整该项诉讼请求为 20 万元。

被告慕名公司辩称，“电子照相成像设备”“显影装置”“耦联构件”三者是有机结合的一个完整技术方案，涉案专利各项权利要求中描述的均涉及一种特定电子照相成像设备，电子照相成像设备的马达、由马达旋转并具有旋转力施加部分的驱动轴、可移动构件、显影旋转体及各个构件之间的相互关系等特征是必不可少的技术特征，被控侵权产品因缺少上述技术特征而不构成侵权。

【审判】

上海知识产权法院经审理认为：涉案专利权利要求 1－14、29－35 可分为 6 组，其中独立权利要求 1 涉及一种能用于电子照相成像设备的显影装置，独立权利要求 8 和 12 分别涉及一种能用于电子照相成像设备的显影盒，独立权利要求 29、30 和 32 分别涉及一种能够用于电子照相成像设备的耦联构件。权利要求 2－7、9－11、13－14、31 以及 33－35 均为从属权利要求。将以上独立权利要求 1、8、12、29、30 和 32 中内容相同，或虽文字表述有差异但实质内容相同的技术特征加以归纳：1. 与电子照相成像设备密切相关的特征，简称为“与电子照相成像设备相关的特征 A”；2. 涉及耦联构件的旋转力传递角位置、预接合角位置以及脱离角位置的特征，简称为“耦联构件的角位置特征 B”；3. 涉及耦联构件在各个位置之间移动的特征，简称为“耦联构件的移动特征 C”；4. 涉及显影辊的特征，简称为“显影辊相关特征 D”；5. 涉及耦联构件与显影辊关系的特征，简称为“耦联构件与显影辊的力传递及位置关系特征 E”。除上述特征 A、B、C、D 及 E 以外，各独立权利要求还不同程度地涉及耦联构件的具体特征。

一、“与电子照相成像设备相关的特征 A”属于使用环境特征

（一）“与电子照相成像设备相关的特征 A”包含的技术特征

权利要求 1、8、12、29、30、32 中与“用于电子照相成像设备”相关的技术特征：权利要求 1 中的技术特征“所述电子照相成像设备包括能由马达旋转并具有旋转力施加部分的驱动轴，并且所述电子照相成像设备包括可移动构件；所述显影装置能安装于所述可移动构件，且在所述显影装置安装于所述可移动构件的情况下，所述显影装置能够响应于所述可移动构件的沿单方向的移动沿着与所述驱动轴的轴向方向大致垂直的方向移动”；权利要求 8 和 12 中的技术特征“所述电子照相成像设备包括能由马达旋转并具有旋转力施加部分的驱动轴，并且所述电子照相成像设备包括显影旋转体；所述显影盒能安装于所述显影旋转体，且在所述显影盒安装于所述显影旋转体的情况下，所述显影盒能够响应于所述显影旋转体的沿单方向的旋转沿着与所述驱动轴的轴向方向大致垂直的方向移动”；权利要求 29 中的技术特征“所述电子照相成像设备包括能由马达旋转并具有旋转力施加部分的驱动轴，并且所述电子照相成像设备包括可移动构件”；权利要求 30 和 32 中的技术特征“所述电子照相成像设备包括能由马达旋转并具有旋转力施加部分的驱动轴，并且所述电子照相成像设备包括沿单方向旋转的可移动构件”；权利要求 29、30 和 32 中的技术特征“所述显影辊能够沿着与所述驱动轴的轴向方向大致垂直的方向移动”。以上特征与电子照相成像设备密切相关，简称为“与电子照相成像设备相关的特征 A”。

（二）使用环境特征的判定

涉案专利说明书技术领域部分第［0002］段记载了“电子成像设备的示例包括电子照相复印机、电子照相打印机（激光束打印机、LED 打印机等）及类似装置”；第［0003］段记载了“显影装置（显影设备）安装于电子照相成像设备的主组件，并将形成在电子照相感光构件上的静电潜像显影”；第［0004］段记载了“显影装置包括固定式显影装置和显影盒式显影装置，固定式显影装置在其安装并固定到电子照相成像设备的主组件的状态下使用，而对显影盒式显影装置而言，使用者可将其安装于主组件并可将其从主组件拆下”。说明书具体实施方式部分第［0118］段记载了“在下述实施方式中，显影盒是使用者能相对于电子照相成像设备的主组件将其安装和拆卸的类型。但是本发明也能应用于在安装并固定到主组件的状态下使用的显影装置”、第［0123］段记载了“这种显影盒 B 能由使用者安装于设置于设备主组件 A 上的旋转体 C 并从旋转体 C 拆卸”；第［0130］段记载了“参照图 4，将描述使用所述显影盒 B 的彩色电子照相成像设备，接下来，将以彩色激光束打印机作为彩色电子照相成像设备的事例进行描述”；第［0131］段记载了“容纳不同颜色的显影剂（调色剂）的多个显影盒 B（B1、B2、B3、B4）安装于旋转体 C。由使用者执行显影盒 B 相对于旋转体 C 的安装和拆卸。通过旋转旋转体 C，容纳预定颜色的显影剂的显影盒 B 设置成与感光鼓 107 相对。然后，将形成在感光鼓 107 上的静电潜像显影。已显影的图像转印到记录材料 S 上。这种显影盒转印操作对每个颜色都执行。结果就获得了彩色图像”；第［0566］段记载了“虽然在该实施方式中激光束打印机作为成像设备，但本发明并不局限于此。例如，本发明可以用于其他成像设备，例如电子照相复印机、传真设备或文字处理器。根据上述实施方式，通过可移动构件（如旋转体、显影盒支撑构件、现金抽屉）沿单方向的移动，耦联装置可以在与设置于电子照相成像设备的主组件内的驱动轴的轴线大致垂直的方向上相对于驱动轴接合和脱离”。

由上述说明书记载的内容可知，权利要求涉及的显影装置、显影盒或者耦联构件是固定地或者可拆卸地安装在电子照相成像设备上的，而电子照相成像设备可以是打印机、电子照相复印机、传真机等，显影装置、显影盒安装在上述设备的主组件（可移动构件或者是显影旋转体C）中，主组件的驱动轴产生的旋转力通过显影装置或显影盒中的耦联构件传递给显影辊，从而使感光鼓107上的静电潜像通过显影辊的显影剂显影。由此完成电子照相成像设备成像的关键步骤。由上述电子照相成像设备的工作原理描述可知，各权利要求中的“与电子照相成像设备相关的特征A”实质上属于显影装置、显影盒或者耦联构件的使用条件，显影装置、显影盒或者耦联构件在工作时与上述使用环境特征密切相关，但上述特征并非显影装置、显影盒或者耦联构件的组成部分。因此，在考虑是否落入专利权利要求的保护范围时，被控侵权产品不必须具有电子照相成像设备及其构件，如马达、由马达旋转并具有旋转力施加部分的驱动轴、可移动构件、显影旋转体等。只要被控侵权产品能够适用于权利要求中使用的环境特征所限定的使用环境即可。

二、关于对被控侵权产品勘验的情况

经勘验，被控侵权产品外包装盒显示适用于HP cp1025/HP cp 1025NW。在HP LaserJet cp1025打印机中安装被控侵权产品4个硒鼓，安装通电后打印测试页正常。被控侵权产品在上述打印机中能够正常使用。该打印机包括由马达旋转驱动的驱动轴，4个硒鼓可以安装在打印机的显影旋转体中，硒鼓可随显影旋转体移动，硒鼓包括显影辊，显影辊能够绕自身的轴线旋转。打印机及硒鼓的结构与涉案专利说明书具体实施方式14记载的内容基本一致。

原告通过动画演示了耦联构件在打印机使用过程中的接合位移情况，当打印机处于工作状态时，硒鼓整体跟随显影旋转体的转动而移动，当移至旋转力传递角位置时，耦联构件与驱动轴的旋转力施加部分开始接合，并使得驱动轴能够带动显影辊旋转。随着显影旋转体的进一步转动，耦联构件与驱动轴的销脱离并到达脱离角位置，随后耦联构件在其弹簧组件作用下复位至预接合角位置。被告确认原告演示的安装组合现象与硒鼓在打印机中的实际运行状况一致。

三、被控侵权产品落入涉案专利权的保护范围

实施方式14包含了独立权利要求1、8、12、29、30和32的全部技术特征A－E和全部其余特征，被控侵权产品与实施方式14的结构相对应，因此全面覆盖了独立权利要求1、8、12、29、30和32的全部技术特征。从属权利要求2－7、9－11、13－14、31以及33－35的附加技术特征，是对耦联构件凹部的具体结构、旋转力施加部分的具体结构、驱动力传递构件的具体结构、各部件之间的力的传递关系及位置关系，以及显影剂的颜色、显影剂供应辊等特征作进一步限定，经比对，被控侵权产品同样全面覆盖了从属权利要求2-7、9-11、13-14、31以及33-35的附加技术特征。

综上所述，被控侵权产品与涉案专利权利要求1-14、29-35记载的技术特征相同，且能够适用于权利要求中使用环境特征（“与电子照相成像设备相关的特征A”）所限定的使用环境，故落入涉案专利权的保护范围。

上海知识产权法院判决：1. 被告慕名公司停止侵害原告佳能株式会社享有的“电子照相成像设备、显影装置及耦联构件”（专利号：ZL200880003520.0）发明专利权；2. 被告慕名公司赔偿原告佳能株式会社经济损失人民币450,000元；3. 被告慕名公司赔偿原告佳能株式会社为制止侵权行为所支付的合理开支人民币140,159.98元；4. 驳回原告佳能株式会社其余诉讼请求。

一审判决作出后，双方当事人均未提出上诉，一审判决生效。

【评析】

与一般技术特征不同，使用环境特征是特殊形式的权利要求，应予以谨慎认定并按照特殊的侵权判定规则进行处理。最高人民法院在株式会社岛野诉宁波市日聘工贸有限公司侵害发明专利权纠纷案［最高人民法院（2012）民提字第1号］判决书中提出“使用环境特征是指权利要求中用来描述发明所使用的背景或者条件的技术特征。”《专利法解释（二）》第九条规定，被诉侵权技术方案不能适用于权利要求中使用环境特征所限定的使用环境的，人民法院应当认定被诉侵权技术方案未落入专利权的保护范围。上述在先判决及司法解释虽然给出了使用环境特征的概念和侵权判定规则，但较为宽泛，司法实践需要更为具体的认定标准，上海知识产权法院在本案审理中就此提出了可供参考的裁判思路。

第一，根据发明名称和发明主题予以综合判断。发明主题对产品发明而言是指该专利直接指向的产品或结构。经综合分析权利要求和说明书可知，涉案专利的发明主题为显影装置及耦联构件。本案中，涉案发明专利的名称为“电子照相成像设备、显影装置及耦联构件”，不属于发明主题所指向的结构，而是描述其安装位置或连接结构的技术特征可初步认为是使用环境特征。本案中可初步判断“与电子照相成像设备相关的特征A”即使用环境特征。

第二，可根据权利要求书中关于安装关系的描述进行判断。“与电子照相成像设备相关的特征A”特征描述中包含显影装置“安装于”电子照相成像设备的记载，并且记载了“与电子照相成像设备相关的特征A”结构所具有的特征，可进一步确认“与电子照相成像设备相关的特征A”特征为使用环境特征。

第三，可结合说明书的相关描述加以判断。说明书是权利要求的解释，本案中说明书就电子照相成像设备、显影装置、显影盒或耦联构件的工作原理及相互之间的结构关系进行了详细描述，可以据此判断在工作时“与电子照相成像设备相关的特征 A”虽然与显影装置、显影盒或者耦联构件密切相关，但实质上属于显影装置、显影盒或者耦联构件的使用条件，并非显影装置、显影盒或者耦联构件的组成部分。

第四，使用环境特征对专利保护范围具有限定作用。我国专利法对专利保护范围的界定是“以其权利要求的内容为准，说明书和附图可以用以解释权利要求”，即权利要求中记载的每一项技术特征均对其保护范围有限定作用，其中包括使用环境特征。

第五，被控侵权产品能够适用于使用环境特征限定的使用环境即可。虽然被控侵权产品缺少电子照相成像设备及其构件，但由于被控侵权产品需安装才能使用，经勘验被控侵权产品可在具有相关使用环境特征的打印机中正常工作，可据此认定与被控侵权产品相关的技术方案具备了权利要求记载的使用环境特征，进而可依据全面覆盖原则判断被控侵权产品的技术特征是否全部落入涉案专利权的保护范围，最终认定是否构成侵权。

（撰稿人：黎淑兰　商建刚　秦天宁）

专利权保护范围的确定方法

——胡某与摩拜（北京）信息技术有限公司侵害发明专利权纠纷案

【提要】

专利权利要求的前序部分对专利的保护范围具有限定作用。本案中，涉案专利权利要求1前序部分名称为“一种电动车控制系统”，而被控侵权产品为自行车，两者从字面上看属于不同技术领域，但其实际的限定作用应结合“电动车”对于专利产生的影响进行判断。本案为专利侵权认定确定了严谨的比对规则：首先，严格按照法律规定划定专利权的保护范围。准确划定涉案发明专利权的保护范围，为案件的审理打下坚实基础；其次，坚持全面比对原则。在技术特征比对中，全面审查权利人主张的权利要求所记载的全部技术特征，针对每个技术特征一一进行比对；最后，根据发明创造的高度确定等同技术范围。对于被控技术方案相对于涉案专利存在的差异，明确为不相同也不构成等同的技术特征。

【案情】

原告（上诉人）：胡某

被告（被上诉人）：摩拜（北京）信息技术有限公司（以下简称摩拜公司）

案由：侵害发明专利权纠纷

一审案号：（2017）沪73民初278号

二审案号：（2017）沪民终369号

原告胡某于2016年5月获得了“一种电动车控制系统及其操作方法”的发明专利权。涉案专利权利要求1为：“一种电动车控制系统，其特征在于：由微型摄像头、图形解码器、存储器及二维码比对器构成二维码识别器，微型摄像头与图形解码器电连接，图形解码器和存储器同时与二维码比对器电连接，二维码比对器对存储器储存的二维码数据与图形解码器解码的微型摄像头拍摄的图像数据比对并发给控制器，比对信号一致时控制器控制电动车的启动或/和多媒体播放，比对信号不一致时控制器控制防盗报警器报警。”权利要求3为：“根据权利要求 1 所述的一种电动车控制系统的操作方法，其特征在于：该操作方法包括如下步骤：（1）预先在存储器内存储对比用的二维码数据；（2）打开二维码识别器的开关，使微型摄像头、图形解码器、存储器、二维码比对器和控制器均处于工作状态；（3）微型摄像头抓取二维码图像并通过图形解码器对图像解码，解码后通过二维码比对器与预设的二维码数据对比；（4）对比结果的处理：比对信号一致：控制器控制电动车启动或/和多媒体播放信号，电动车启闭控制器对电动车解锁；比对信号不一致：控制器控制防盗报警器报警。”

摩拜单车锁控制系统由摩拜单车上的锁具（包括二维码、锁控制器）、被告运营的云端服务器、安装在手机上的摩拜单车应用程序共同构成，进行无线信号连接。摩拜单车上并未安装摄像头，用手机摄像头扫描摩拜单车上的二维码，识别车辆身份信息之后发送开锁请求到云端服务器。云端服务器收到车辆身份信息、用户信息及开锁请求后，会校验用户信息，并判断是否符合开锁条件，然后再发送开锁指令到摩拜单车上的锁控制器，锁控制器根据自身条件决定是否开锁。

原告胡某诉称，被告摩拜公司制造、以对外出租的方式使用摩拜单车，被告摩拜单车车锁控制系统的技术特征与原告享有的发明专利权利要求 1、权利要求 3 记载的全部技术特征完全相同，侵犯了原告专利权，故诉至法院，请求法院判令被告侵权，并赔偿原告人民币 50 万元。

被告摩拜公司辩称，被控侵权产品摩拜单车锁控制系统并不具备涉案专利权利要求 1、权利要求 3 相同或者等同的技术特征，被告不构成侵权。

【审判】

上海知识产权法院审理后认为，围绕双方诉辩意见，本案的两个争议焦点为，被控侵权产品是否落入专利权保护范围；如果被告的行为构成侵权，应当承担怎样的民事责任。

首先，原告是涉案“一种电动车控制系统及其操作方法”发明专利的专利权人，该专利目前处于有效状态，任何单位或个人未经专利权人许可，不得实施其专利。其次，关于涉案专利可否在自行车技术领域受我国专利法保护，虽然涉案专利权利要求 1 前序部分名称为“一种电动车控制系统”，但将涉案专利应用于自行车技术领域，是自行车技术领域的普通技术人员无需经过创造性的劳动就能够联想到的，故可以进行比对。最后，关于二维码识别器的四个元器件是否必须集成在一起，权利要求一记载的“图形解码器…与二维码比对器电连接”中“电连接”是否既包括物理接触的电路连接还包括无线信号连接，上海知识产权法院认为，构成“二维码识别器”的四个组成部分“微型摄像头、图形解码器、存储器及二维码比对器”需集成在一起，且就本案而言，说明书中未明确“电连接”的具体技术特征，鉴于本发明属于电动车技术领域，根据本领域普通技术人员阅读说明书对“电连接”的理解，电连接是指物理接触的电路连接，不包括无线通信信号连接。比较涉案专利技术特征与被控侵权产品摩拜单车车锁控制系统的相应结构，被控侵权摩拜单车车锁控制系统缺少涉案专利权利要求 1 记载的“二维码识别器”“图形解码器……与二维码比对器电连接”的技术特征，也不构成等同。此外，虽然摩拜单车和涉案专利均具备“报警”功能，但实现该功能的技术路径不同，被控侵权摩拜单车锁控制系统不具备“比对信号不一致时控制器控制报警器报警”的技术特征，与涉案专利权利要求 1 记载的技术特征“比对信号不一致时控制器控制报警器报警”既不相同，也不构成等同。综上所述，被控侵权产品摩拜单车锁控制系统没有落入涉案专利权利要求 1 的保护范围。

关于权利要求 3 的技术特征与被控侵权的锁控制系统操作方法的比对，权利要求 3 的主题名称为“根据权利要求 1 所述的一种电动车控制系统的操作方法”，该主题名称限定了由权利要求 3 方法实施的装置应当是权利要求 1 所限定的“电动车控制系统”，故权利要求 3 虽作为一项独立的专利权利要求，但其保护范围应由权利要求 1 记载的全部装置技术特征和权利要求 3 所记载的全部方法技术特征共同限定。据此，鉴于被控侵权产品摩拜单车锁控制系统未落入涉案专利权利要求 1 的保护范围，当然不落入涉案专利权利要求 3 的保护范围。

上海知识产权法院判决：驳回原告胡某的全部诉讼请求。

一审判决后，原告胡某不服，提起上诉。

上海市高级人民法院经审理后认为，一审判决认定事实清楚、适用法律基本正确，判决驳回上诉，维持原判。

【评析】

本判决的典型意义在于：

第一，合理解读前序部分对保护范围的限定作用。《专利法解释（二）》第五条规定：“在人民法院确定专利权的保护范围时，独立权利要求的前序部分、特征部分以及从属权利要求的引用部分、限定部分记载的技术特征均有限定作用”。本案中，法院在考虑涉案专利权利要求 1 的前序部分“一种电动车控制系统”所限定的专利权保护范围的时候认为，涉案“一种电动车控制系统”是一种锁装置的产品专利，“电动车”为涉案专利主题名称的组成部分，描述了涉案专利的使用方式，对涉案专利权的保护范围具有限定作用，但实际的限定作用应结合“电动车”对于涉案专利产生的影响进行判断。首先，涉案“一种电动车控制系统”是一种锁装置的产品专利，“电动车”并非该锁装置的组成部分。其次，“电动车”这个词除了在主题名称中出现外未记载在独立权利要求的特征部分。再次，“电动车”不是涉案专利技术方案的前提和基础，涉案专利技术方案可以完全脱离电动车实施。最后，涉案专利在申请时并未将限定在电动车技术领域作为获得新颖性或者创造性的理由。此外，涉案专利将一项自行车技术领域的发明专利作为现有技术的对比文件。因此，就涉案专利应用方式而言，自行车技术领域与电动车技术领域属相近技术领域，将涉案专利应用于自行车技术领域，是自行车技术领域的普通技术人员无须经过创造性的劳动就能够联想到的。因此，摩拜公司提出的关于被控侵权产品摩拜单车与涉案专利保护的电动车属于不同技术领域而不构成侵权的抗辩意见，法院予以驳回。本案从实践角度阐述了在专利侵权案件中，如何判定专利权利要求中的前序部分对于确定专利权保护范围的具体影响。

第二，准确给专利权划界，严格保护创新。根据专利法的规定，发明或者实用新型专利权的保护范围以其权利要求的内容为准，说明书及附图可以用于解释权利要求的内容。即保护范围的划定只能严格依照权利要求、说明书、附图的内容，要考虑申请发明时发明人能够预见以及当时该技术领域普通技术人员可以预见的范围，而不能超越时空限制，以现在的技术去解释过去的技术方案。就像本案中，原告认为被告摩拜单车手机应用程序相当于“二维码识别器的开关”，锁控制系统不必全部安装在车身上，其中存储器和二维码比对器需集成为二维码识别器，但摄像头、图像解码器可以不集成在二维码识别器中以及“电连接”既包括物理接触的电路连接还包括无线信号连接，这些观点都是脱离专利所记载的权利要求本身的。从权利要求书可以看到，当时的发明主要是为了解决携带钥匙的麻烦以及防盗问题，从而创新性地运用二维码识别的方式开锁，从 2013 年来看，二维码的应用应当属于是比较先进的，但是当时的局限是互联网技术、云处理技术尚未像今天这样发达与应用广泛，因此，从涉案专利中只能看到车身上的锁控制系统与二维码两方交互而不能看到车、手机与云端的三方交互，被告的技术相对于原告技术来说无疑是具有创造性的进步。在专利侵权案件中，法院需要准确地去划定涉案专利的保护范围，这是认定侵权比对的前提。本案的意义在于让专利权人知道自己权利的边界、准确界定保护范围的同时，严格保护技术创新，专利本身的创新也包括对被控侵权产品技术的创新。

（撰稿人：商建刚　钱琼）

不同损害赔偿计算方式在同一案件中的运用

——武汉峰境磁选技术有限公司与上海磁鹰矿山机械有限公司侵害发明专利权纠纷案

【提要】

在同一个案件中，可以针对具体侵权行为分别适用不同的损害赔偿计算方式确定损害赔偿金额。在侵权人阻碍权利人与案外人的合作后，应赔偿权利人的预期利益损失，预期利益以权利人被阻断之前的单位获利与尚未履行完毕的剩余期限的乘积计算；在侵权人利用被控侵权产品中标获利后，又无法证明权利人损失与侵权人的中标行为存在必然因果关系时，应按照侵权人获利赔偿，所获得的利益包括实际获得的利益以及可获得的利益；在侵权人仅有许诺销售行为，未造成权利人市场份额损失，侵权人亦未获利的情况下，则只需承担停止侵权而无须承担赔偿责任。

【案情】

原告（上诉人）：武汉峰境磁选技术有限公司

被告（上诉人）：上海磁鹰矿山机械有限公司（以下简称磁鹰公司）

案由：侵害发明专利权纠纷

一审案号：（2016）沪 73 民初 901 号

二审案号：（2018）沪民终 361 号

原告为“一种构成永磁全作用面的装置”发明专利的专利权人，专利号为 ZL200910062712.5，专利申请日为 2009 年 6 月 16 日，授权公告日为 2011 年 12 月 28 日。该专利目前处于有效状态。原告称，该发明技术于 2015 年 2 月被世界第四大矿业公司、世界五百强第十四位的瑞士嘉能可集团南非公司（以下简称嘉能可南非公司）采购选用于其旗下主力 LG6 矿山 KROONDAL。2015 年 10 月应用于白金尾矿的铬矿再选，设备被嘉能可南非公司采购选用于其旗下主力 UG2 矿山 EPL。

2014 年 4 月 19 日，原告与襄阳龙蟒公司签订《“酸解渣磁选资源综合利用项目”合作协议》，利用原告的专利设备对襄阳龙蟒公司的酸解渣进行强磁选矿资源综合利用。双方约定从 2014 年 5 月 1 日执行，原告负责提供磁选机，原告按照产值的 40%，按月结算，合作期限 60 个月。2016 年 7 月 12 日合作中断，原告收到襄阳龙蟒公司技术服务费 21,652 元。原告提供一份显示为襄阳龙蟒公司与被告磁鹰公司签订的《酸解渣磁选设备租赁协议书》，显示租赁期限为 1 年，租赁期满后设备归襄阳龙蟒公司所有，设备总租金为 90 万元。该协议书为空白合同，被告否认曾签署过该协议书。

2015 年 12 月 12 日，原告向河南佰利联公司致函，建议河南佰利联公司使用辊式磁选机 2 台，提供购买、联营、租赁三种报价方案，其中转让报价是 150 万元/台。2016 年 8 月 20 日，原告收到河南佰利联公司的招标文件，并进行投标，但未能中标。2016 年 10 月 9 日，河南佰利联公司与被告磁鹰公司签订 2 台规格为 GTYC-1020 型磁选机的买卖合同，单价 82.5 万元，总价 165 万元，每台磁选机的利润为 20 万元。2016 年 11 月 17 日，被告磁鹰公司向河南佰利联公司出具 99 万元的收据。

2016 年 9 月 12 日—16 日，Electra Mining Africa 2016 展览会在南非召开，被告参展，并对外发放公司宣传册，对外推广“新型中磁高梯度 360°磁包角永磁系磁选机”，其中记载有型号为 GTYC-1020 的产品。

2016 年 10 月 26 日，原告向湖北省南漳县公证处申请证据保全公证，公证人员对位于襄阳龙蟒公司厂区一厂房三楼磁选机设备进行拍照、摄像，该设备名称为 360°高梯度筒式永磁磁选机，制造单位为被告，规格型号为 GTYC-1020，永磁全作用面系被控侵权产品的模块。被告确认其销售给河南佰利联公司的 2 台磁选机与提供给襄阳龙蟒公司的磁选机的技术方案相同。

原告诉称：原告是涉案专利的专利权人，原告于 2014 年 4 月与襄阳龙蟒公司签订了为期五年的合作协议，然而，襄阳龙蟒公司于 2016 年 7 月突然停止履行合同，寻其原因，原告发现被告所生产的涉嫌侵犯原告专利权产品竟然置于襄阳龙蟒公司。原告还发现被告将被控侵权产品销售于河南佰利联公司，且利用了原告的专利技术，侵犯原告的专利权，给原告造成重大影响。原告与嘉能可南非公司已有 5 年合作，并在南非当地尾矿综合利用技术领域取得了一定的知名度，被告在 2016 年 9 月南非矿业机械展销会上展出了其在国内生产的侵权产品，宣传资料中所用照片和技术数据均为原告提供给嘉能可南非公司的技术设备的现场照片以及实验数据资料，并向多个当地企业寄送了关于侵权产品的资料，明确表示愿意出售侵权产品。被告制造了侵犯原告专利权的产品，并已对外进行了销售和许诺销售的侵权行为。综上所述，被告所生产、销售和许诺销售的侵权产品的外形、构造及结构原理与原告所拥有专利一致，其技术方案已包含了原告专利权利要求的全部技术特征，落入了原告专利权利要求

1 的保护范围，严重侵犯了原告的专利权。故向法院起诉请求：1. 判令被告立即停止制造、销售、许诺销售被控侵权产品的行为；2. 判令被告赔偿原告经济损失人民币 300 万元（包括被告与襄阳龙蟒公司合作对原告造成的损失 85 万元，被告与河南佰利联公司的合作利润 130 万元以及惩罚性赔偿 85 万元）；3. 判令被告承担本案原告支出律师费、调查取证费、公证费及其他为制止侵权所支付的合理费用 80,466 元。

被告辩称：1. 被控侵权产品没有落入涉案专利相关权利要求的保护范围，不构成侵权。2. 被告制造的被控侵权产品实施的是现有技术。3. 原告索赔金额过高。

【审判】

上海知识产权法院经审理认为：被控侵权产品与涉案专利权利要求 1 的全部技术特征相同，被控侵权产品落入涉案专利权权利要求 1 的保护范围，被告所提出的现有技术抗辩均不能成立。

被告制造并提供被控侵权产品给襄阳龙蟒公司、河南佰利联公司，构成制造与销售侵权。被控侵权产品为定制工业品，而非标准化工业产品，因此，被控侵权产品是否构成侵权需根据个案进行判断。虽然原告指控被告参加展销会且对外提供宣传册中并未完整披露被告产品的技术特征，无法与涉案专利进行技术比对，但被告对外提供的宣传册上记载了与被控侵权产品相同的产品型号，且被告未能举证证明被告参展的产品与被控侵权产品存在技术上的差异，因此原告指控被告参加展销会构成许诺销售侵权。

关于被告应当承担的损害赔偿责任，上海知识产权法院认为，在同一个案件中，可以针对具体侵权行为分别适用不同的损害赔偿计算方式确定损害赔偿金额。关于被告向襄阳龙蟒公司提供 1 台被控侵权产品应承担的赔偿责任，被告向襄阳龙蟒公司提供了被控侵权产品后，原告与襄阳龙蟒公司之间的合作终止，被告侵权行为与原告损失之间存在因果关系，而且，正是由于被告的侵权行为阻止了原告与襄阳龙蟒公司继续合作的机会。原告继续与襄阳龙蟒公司合作的商业风险，诸如合作不成功，市场环境变化等，在计算侵权损害赔偿金额时应不予考虑。由于原告已向襄阳龙蟒公司无偿提供了专利产品，因此被告应当赔偿原告经济损失。即便 2016 年 7 月 12 日的技术服务费无法反映原告与襄阳龙蟒公司在先合作 26 个月的全貌，但可预见的是随着时间推移，原告的经济效益会越来越高。因此，2016 年 7 月的收益可以作为原告未来收益的计算依据。上海知识产权法院参照 2016 年 7 月 12 日原告收到襄阳龙蟒公司技术服务费 21,652 元，按照原告与襄阳龙蟒公司未履行的 34 个月计算原告的损失合计为 736,168 元。

关于被告向河南佰利联公司提供 2 台被控侵权产品应承担的赔偿责任，上海知识产权法院认为，河南佰利联公司通过招投标方式选择被告产品，在没有证据证明只要被告不中标，原告肯定中标的情况下，在市场竞争的环境下，被告产品与原告产品并未形成非此即彼的关系，被告中标河南佰利联公司项目与原告的损失之间无法形成直接因果关系，故不能按照原告损失计算赔偿数额。根据《专利法》第六十五条规定，实际损失难以确定的，可以按照侵权人因侵权所获得的利益确定。上海知识产权法院认为，所获得的利益包括实际获得的利益以及可获得的利益，在侵权人已经与案外人签订销售合同的情况下，该合同项下侵权人的利益无论是否收到合同款，合同中所反映的利益均视为侵权人因侵权所获得的利益。被告向河南佰利联公司销售被告侵权产品，每台磁选机的单价为 82.5 万元，利润 20 万元，被告的利润至少为 40 万元。关于被告向河南佰利联公司提供 2 台被控侵权产品应承担的赔偿责任，鉴于涉案专利对于被控侵权产品的贡献，上海知识产权法院确定为被告应赔偿其侵权获利 40 万元。

综上，上海知识产权法院判决：被告磁鹰公司自判决生效之日起立即停止对原告武汉峰境磁选技术有限公司享有的专利号为 ZL200910062712.5、名称为“一种构成永磁全作用面的装置”的发明专利权的侵害，并向原告武汉峰境磁选技术有限公司赔偿经济损失人民币 1,136,168 元。

一审判决后，双方均提起上诉。

上海市高级人民法院判决经审理后认为，一审判决认定事实清楚、适用法律正确，所作判决并无不当，判决驳回上诉，维持原判。

【评析】

本案的典型意义在于：第一，在一个案件中适用了不同的赔偿金额计算方式，此种判赔方式尊重客观事实，让权利人的损失得到了充分弥补，也让判赔金额有理有据。第二，明确因侵权所获得的利益包括可获得的利益。

关于一个案件中可以适用两种损害赔偿计算方式的合法性。《专利法》第六十五条规定，侵犯专利权的赔偿数额按照权利人因被侵权所受到的实际损失确定；实际损失难以确定的，可以按照侵权人因侵权所获得的利益确定。权利人的损失或者侵权人获得的利益难以确定的，参照该专利许可使用费的倍数合理确定。……权利人的损失、侵权人获得的利益和专利许可使用费均难以确定的，人民法院可以根据专利权的类型、侵权行为的性质和情节等因素，确定给予一万元以上一百万元以下的赔偿。之所以《专利法》规定了多种损害赔偿计算方式，是因为“在侵犯有形财产纠纷案件中，赔偿数额一般根据侵权行为使权利人受到的实际损失来确定，也就是根据被侵害财产市场价值的减少数额来确定。在侵犯专利权纠纷案件中，由于专利权的保护客体是无形财产，其市场价值难以确定，侵权行为使权利人受到的损失也难以确定，因此赔偿数额的确定较为困难，需要在《专利法》中明确规定赔偿数额的确定方式，才能既充分保障权利人的利益，又避免导致侵权人承担不合理的责任，并保证执法标准的统一。”[①] 根据该法条的规定，专利侵权纠纷中的损害赔偿计算方式具有顺序性。在实际损失可以确定的时候，适用实际损失，在实际损失无法确定的时候，看侵权人因侵权所获得的利益是否可以确认，如果侵权获利无法确认，则再看是否有可参照的专利许可使用费。在前述三种方式均难以确定的情况下，才适用法定赔偿。可见，适用顺序为实际损失—侵权获利—专利许可使用费—法定赔偿。这种顺序性意味着当有两种以上金额可以确定时，也是按照上述顺序进行适用。然而，该法条未明确规定是否可以在同一个案件中适用不同的赔偿计算方式，即如果存在多次侵权行为，且每一个行为导致的侵权损失或侵权获利均可以确定的情况下，是否能够分别适用后计算赔偿总额。分析该法条的本义，系针对一个或者一个种类的侵权行为导致损害后果后赔偿计算方式的一种规定，也就意味着，当侵权次数有限且行为之间可分割、无关联的时候，也可以分别考量。而在考量各个侵权行为对应的赔偿金额的时候，又可以根据上述法条的顺序确定赔偿方式。

本案中，因被控侵权产品系大型机械，被告的侵权行为数量明确可数，包括阻碍原告与襄阳龙蟒公司的合作，抢夺客户导致原告有损失，也包括通过招投标的方式获得河南佰利联公司这一客户，并向其销售被控侵权产品从而获利。在前一侵权行为中，原告与襄阳龙蟒公司的合作期原是固定的，原告在每个阶段的收益也是可预期的，故按照权利人的预计损失计算赔偿该次侵权行为的赔偿金额；在后一侵权行为中，佰利联公司通过招投标方式选择被告产品，在没有证据证明只要被告不中标，原告肯定中标的情况下，在市场竞争的环境下，被告产品与原告产品之间并未形成非此即彼的关系，被告中标河南佰利联公司项目与原告损失之间无法形成直接因果关系，故不能按照原告损失计算赔偿数额，而侵权人的实际获利是确定的，因此按照赔偿计算方式的适用顺序，适用侵权人的实际获利计算该次侵权行为的赔偿金额。

关于“侵权人因侵权获得的利益”，一般认为包括实际获得的利益，但是否包含可期待的利益，该法条并未明确。关于可期待利益，《合同法》第一百一十三条规定，当事人一方不履行合同义务或者履行合同义务不符合约定，给对方造成损失的，损失赔偿额应当相当于因违约所造成的损失，包括合同履行后可以获得的利益，但不得超过违反合同一方订立合同时预见到或者应当预见到的因违反合同可能造成的损失。关于侵权损害赔偿是否包括预期经济利益，并无相关法条规定。在本案中，在侵权人已经与案外人签订销售合同的情况下，被告也向河南

---

① 尹新天：《中国专利法详解（缩编版）》，知识产权出版社2012年版，第564页。

佰利联公司销售了被告侵权产品，即使尚未支付合同款项，被告有权向河南佰利联公司请求支付合同款项，即被告因销售被控侵权产品而获得了对河南佰利联公司的债权，这也是一种财产利益，而该债权是否实现不影响被告应承担的侵权赔偿责任。本案对于《专利法》第六十五条的理解与适用，对同类案件的审理具有参考价值。

（撰稿人：商建刚　钱琼）

四、

不正当竞争民事纠纷案件

擅自使用收集他人信息的行为是否构成不正当竞争

——上海汉涛信息咨询有限公司与北京百度网讯科技有限公司等不正当竞争纠纷案

【提要】

在互联网环境下，未经许可使用他人信息不能当然地认定为构成不正当竞争，而需要结合个案情况综合考虑各种因素来划定行为的边界。在判断使用行为是否违反商业道德时，需考虑行为是否具有积极效果、积极效果与对原告造成损害的衡量、对市场秩序和消费者利益的影响等因素，对是否违反商业道德进行相对客观化的审查。

【案情】

原告（被上诉人）：上海汉涛信息咨询有限公司（以下简称汉涛公司）

被告（上诉人）：北京百度网讯科技有限公司（以下简称百度公司）

被告（原审被告）：上海杰图软件技术有限公司（以下简称杰图公司）

案由：不正当竞争纠纷

一审案号：（2015）浦民三（知）初字第528号

二审案号：（2016）沪73民终242号

原告汉涛公司是大众点评网的经营者。大众点评网为网络用户提供商户信息、消费评价、优惠信息、团购等服务，积累有大量消费者对商户的评价信息。大众点评网的“用户使用协议”载有：任何用户接受本协议，即表明该用户主动将其在任何时间段在本站发表的任何形式的信息的著作财产权，以及应当由著作权人享有的其他可转让权利无偿独家转让给大众点评网运营商所有，同时表明该用户许可大众点评网有权利就任何主体侵权单独提起诉讼，并获得赔偿。百度公司在其经营的百度地图和百度知道中大量使用了大众点评网的点评信息。杰图公司在其经营的城市吧街景地图嵌入了百度地图的内容。

原告汉涛公司诉称：百度公司的行为替代了大众点评网向用户提供内容，百度公司由此迅速获得用户和流量，攫取汉涛公司的市场份额，削减汉涛公司的竞争优势及交易机会，给汉涛公司造成了巨额损失。其行为违背公认的商业道德和诚实信用原则，构成不正当竞争。杰图公司将含有侵权内容的百度地图内嵌于自己的网站中，扩大了百度公司的侵权范围，与百度公司构成共同侵权。遂诉至人民法院请求判令百度公司、杰图公司停止不正当竞争行为，消除影响并赔偿损失人民币9000万元及合理费用453,470元。

被告百度公司辩称：双方不存在竞争关系，汉涛公司对于大众点评网中存在用户点评不享有任何权利，百度公司使用大众点评网的信息并标注来源为“大众点评”，有限地展现来自大众点评网的用户点评，且设置了指向大众点评网的链接，不仅不会给汉涛公司造成损失，还会为汉涛公司带来流量，故不构成不正当竞争，且汉涛公司主张的赔偿数额过高。

被告杰图公司辩称：其与汉涛公司不存在竞争关系，且杰图公司的街景地图没有使用大众点评网的信息。杰图公司的网站通过API（应用程序编程接口）调用百度地图，杰图公司与百度公司不存在共同故意或过失。无论百度公司是否构成不正当竞争，杰图公司均不构成不正当竞争。

【审判】

上海市浦东新区人民法院经审理认为，汉涛公司与百度公司存在竞争关系，百度公司未经许可在百度地图和百度知道中大量使用了来自大众点评网的信息，实质替代大众点评网向用户提供信息，对汉涛公司造成损害，具有不正当性，构成不正当竞争；杰图公司通过API（应用程序编程接口）调用百度地图，并非单纯指向百度地图中的点评信息，其主观上没有与百度公司共同实施侵权行为的故意，其行为符合行业通行做法，不违背公认的商业道德和诚实信用原则，并无不当。依照《中华人民共和国反不正当竞争法》第二条、第五条第二项、第九条第一款、第二十条规定，判决：1. 被告百度公司于判决生效之日起立即停止以不正当的方式使用原告汉涛公司运营的大众点评网的点评信息；2. 被告百度公司于判决生效之日起十日内赔偿原告汉涛公司经济损失300万元及为制止不正当竞争行为所支付的合理费用23万元；3. 驳回原告汉涛公司的其余诉讼请求。

百度公司不服一审判决，提起上诉。

上海知识产权法院根据双方在一审中提供的公证证据，进一步梳理查明，由百度地图公证抽取的1655个商户中，有1278个商户所展示的评论信息来源于大众点评网的比例高于35%。在商户评论信息中，全部使用来自大众点评网评论信息的商户有276家，使用来自大众点评评论信息高于75%（不包括100%使用）有508家，使用来自大众点评评论信息高于50%（不包括75%以上）有104家。涉及餐饮行业的1055个商户共使用来自于大众点评网的评论信息

86,286 条，平均每家商户使用 81 条；涉及非餐饮行业的 402 个商户中，共使用来自大众点评网的信息 11,330 条，平均每家商户使用 28 条。且所有评论信息均全文显示并主要位于页面前列。上海知识产权法院综合考虑百度公司的行为是否具有积极效果、百度公司使用涉案信息是否超出了必要的限度、超出必要限度使用信息的行为对市场秩序所产生的影响、百度公司所采取的“垂直搜索”技术是否影响竞争行为正当性的判断等因素，认为百度公司的行为虽在一定程度上丰富了消费者的选择，但大量全文使用信息的行为已经超出必要的限度，严重损害了汉涛公司的利益，并破坏了公平竞争的市场秩序，其行为构成不正当竞争。汉涛公司并未举证证明百度公司行为给其造成的具体损失，一审法院综合考虑了百度地图、百度知道两款产品的市场地位、百度公司使用信息的方式和范围、被控不正当竞争行为的持续时间以及汉涛公司获取点评信息的难易程度，据此酌情确定的赔偿数额在合理范围之内。遂判决驳回上诉，维持原判。

【评析】

本案涉及在互联网环境下擅自使用他人收集信息的行为是否正当的认定。信息并非法定的权利客体，当某一劳动成果不属于法定权利时，对于未经许可使用或利用他人劳动成果的行为，不能当然地认定为构成反不正当竞争法意义上的“搭便车”和“不劳而获”，这是因为“模仿自由”。使用或利用不受法定权利保护的信息是基本的公共政策，也是一切技术和商业模式创新的基础，否则将在事实上设定了一个“劳动成果权”。但是，随着信息技术产业和互联网产业的发展，尤其是在“大数据”时代的背景下，信息所具有的价值超越以往任何时期，越来越多的市场主体投入巨资收集、整理和挖掘信息，如果不加节制地允许市场主体任意地使用或利用他人通过巨大投入所获取的信息，将不利于鼓励商业投入、产业创新和诚实经营，最终损害健康的竞争机制。因此，市场主体在使用他人所获取的信息时，仍然要遵循公认的商业道德，在相对合理的范围内使用。

商业道德本身是一种在长期商业实践中所形成的公认的行为准则，但互联网等新兴市场领域中的各种商业规则整体上还处于探索当中，市场主体的权益边界尚不清晰，某一行为虽然损害了其他竞争者的利益，但可能同时产生促进市场竞争、增加消费者福祉的积极效应，诸多新型的竞争行为是否违反商业道德在市场共同体中并没有形成共识。在判断经营者使用他人信息的相关行为是否违反商业道德、扰乱公平竞争的市场秩序时，一方面，需要考虑产业发展和互联网环境所具有信息共享、互联互通的特点；另一方面，要兼顾信息获取者、信息使用者和社会公众三方的利益，既要考虑信息获取者的财产投入，还要考虑信息使用者自由竞争的权利，以及公众自由获取信息的利益；在利益平衡的基础上划定行为的边界。只有准确地划定正当与不正当使用信息的边界，才能达到公平与效率的平衡，实现反不正当竞争法维护自由和公平的市场秩序的立法目的。这种边界的划分不应完全诉诸主观的道德判断，而应综合考量上述各种要素，相对客观地审查行为是否扰乱了公平竞争的市场秩序。

结合本案，百度公司商业模式上的创新确实具有积极的效果，而汉涛公司对涉案信息的获取付出了巨大的劳动，具有可获得法律保护的权益，在此情况下应当对两者的利益进行一定平衡。但百度公司通过搜索技术抓取并大量全文展示来自大众点评网的信息，这种行为已经实质替代了大众点评网的相关服务，其欲实现的积极效果与给大众点评网所造成的损失并不符合利益平衡的原则。其次，百度公司明显可以采取对汉涛公司损害更小，并能在一定程度上实现积极效果的措施。上海知识产权法院认为百度公司使用涉案信息的行为已超出了必要的限度。这种行为不仅损害了汉涛公司的利益，也可能使得其他市场主体不愿再就信息的收集进行投入，破坏正常的产业生态，并对竞争秩序产生一定的负面影响。同时，这种超越边界的使用行为也可能会损害未来消费者的利益。

（撰稿人：范静波　陈蕴智）

互联网环境下软件干扰行为是否构成不正当竞争的判断

——浙江天猫网络有限公司与上海载和网络科技有限公司、载信软件（上海）有限公司不正当竞争纠纷案

【提要】

互联网环境下的软件干扰行为是否构成不正当竞争，需要综合考虑被控行为是否对原告的正常经营造成过度妨碍、被控行为是否具有正面的市场效应，以及被控行为对市场竞争秩序所产生的影响，防止脱离反不正当竞争法的目标进行泛道德化评判。

【案情】

原告（被上诉人）：浙江天猫网络有限公司（以下简称天猫公司）

被告（上诉人）：上海载和网络科技有限公司（以下简称载和公司）

被告（上诉人）：载信软件（上海）有限公司（以下简称载信公司）

案由：不正当竞争纠纷

一审案号：（2015）浦民三（知）初字第1962号

二审案号：（2017）沪73民终197号

天猫公司系天猫购物平台的经营者，载和公司运营“帮5买”网站，载和公司委托载信公司开发了“帮5淘”购物助手。“帮5淘”购物助手功能包括为用户提供网购的全网搜索、比价、包邮等服务。本案被控行为主要表现为用户安装运行“帮5淘”购物助手软件后，出现以下两种情形：一是在天猫平台页面顶部地址栏下方插入横幅，该横幅上有相应的“帮5买”网站广告促销标识、搜索框等内容，该横幅可经过点击而收缩；二是在天猫商城中具体的商品信息页面中插入“帮5买 扫一扫 立减1元”图标和“现金立减”等按钮，点击该些按钮则跳转至“帮5买”网站的宝贝详情页，用户在“帮5买”网站上下订单购买该商品，购物款交付至“帮5买”网站，然后“帮5买”网站代替用户向天猫商户购买商品，再由天猫商城商户向网络用户发货。

原告天猫公司诉称，载和公司、载信公司运营的“帮5淘”购物助手的行为违反诚信原则和商业道德，对其经营造成巨大损失，构成不正当竞争，诉请法院判令载和公司、载信公司立即停止不正当竞争行为，消除影响，并赔偿经济损失人民币1000万元及合理费用15万元。

载和公司辩称：第一，载和公司与天猫公司不存在竞争关系。第二，“帮5淘”购物助手提供的服务未违反诚实信用原则和公认的商业道德。从行为目的看，“帮5淘”的功能设定是为了满足用户关于网络购物的合理需求，无“流量劫持”或“搭便车”之故意。从行为手段看，“帮5淘”使用的是众多购物助手均采用的浏览器扩展技术这一合法中立的技术，且充分尊重和保障了用户的知情权和选择权，用户可自由选择是否加载、禁用或卸载，符合购物助手这一特定商业领域的行为惯例。从行为结果看，载和公司未从“帮5淘”中获取直接利益，更未损害天猫平台的利益，相反对其有促进作用。使用“帮5淘”的用户事先已明确知晓“帮5买”网站的存在，该插件从未故意误导用户其与天猫公司网站有关，相反一直突出使用其特有标识，明确标识来源，具有理性判断能力的普通用户不会混淆。第三，载信公司受载和公司委托开发“帮5淘”购物助手，并不参与其运营，相应功能需求由载和公司提出，载信公司已尽到合理审慎的义务，不存在过失。即便载和公司构成侵权，载信公司也不应承担连带责任。第四，天猫公司主张的损害赔偿数额缺乏依据。综上，请求法院驳回天猫公司的全部诉讼请求。

载信公司同意载和公司的辩称意见，并补充：第一，购物助手是合理满足消费者需求并市场化的一种服务，其功能确实可能导致消费者流量的去向产生更多的不确定性，但该商业模式本身并无不当。第二，载信公司根据载和公司的需求进行研发和提供技术支持，技术开发手段合乎公开规则，主观上不可能超越当时的行业业态而进行预测，不应承担连带责任。第三，天猫公司在其于电商领域一家独大且自身也从事相同行为的情况下，滥用诉权、排除异己、扼杀正常商业竞争的行为，不仅损害了互联网本身具有的开放、包容、便捷、服务、共赢的理念与精神，从长远来看更是损害了广大消费者的合法权益。故请求驳回天猫公司的全部诉讼请求。

【审判】

上海市浦东新区人民法院经审理认为，载和公司、载信公司的行为会降低天猫公司网站的用户黏性，给天猫公司造成损失。该购物助手具有明显的“搭便车”特点，同时会造成混淆服务来源、售后不良等后果，故认定载和公司、载信公司的行为构成不正当竞争，依照《中华人民共和国侵权责任法》第八条、第十五条第一款第（六）项、第（八）项、第二款、《中华人民共和国反不正当竞争法》第二条、第二十条之规定，判决：1. 被告载和公司、载信公司自判决生效之日起十日内共同赔偿原告天猫公司经济损失100万元及为制止侵权行为所支付的合理开支10万元；2. 被告载和公司、载信公司自判决生效之日起15日内，共同在“天猫商城”（www. tmall. com）和“帮5买”网站（www. b5m. com）首页上连续15日发布公开声明（声明内容须经本院审核），以消除因其不正当竞争行为对原告天猫公司造成的不良影响；如不履行，法院将在相关媒体上公布本判决的主要内容，所需费用由被告载和公司、载信公司承担。

载和公司、载信公司不服一审判决，提起上诉。

上海知识产权法院经审理认为，本案被控不正当竞争行为主要表现为被告未经天猫商城同意在其网站上插入信息，该行为实际上是对天猫商城网站运行进行某种程度的干扰。本案中，就插入横幅的行为而言，该横幅宽度有限且位于页面顶部而非页面中心，并未遮挡天猫公司网站页面中的内容，加之该横幅可以进行收缩，该行为总体上未对天猫商城正常经营造成过度妨碍。但就在具体商品详情页面插入相应标识和按钮而言，该些标识和按钮直接嵌入了网站页面的显著位置，且通过插入的按钮引导消费者至其网站进行交易，用户对此无法选择关闭，该行为已严重破坏天猫商城页面的完整性，使得天猫公司无法按照自己的意愿正常展示信息，已属于过度妨碍的行为。虽然载和公司、载信公司的行为会给消费者带来一定的福利，但其过度妨碍天猫商城正常经营不仅有损天猫公司的利益，长此以往也会给电子商务网站的商业投入和创新带来负面影响，进而破坏电子商务和比价、帮购等服务共存的生态，消费者也难以获得长期持续的利益。遂判决驳回上诉，维持原判。

【评析】

本案被控不正当竞争行为主要表现为载和公司、载信公司未经天猫公司同意在其网站上插入信息，该行为实际上是对天猫商城网站运行进行某种程度的干扰。就市场竞争中的干扰行为而言，其是否违背公认的商业道德，需要将该行为放置在反不正当竞争法促进竞争、鼓励创新，实现竞争公平与自由的立法目的下进行判断，防止脱离反不正当竞争法的目标进行泛道德化评判。

首先，被控行为是否对原告的正常经营造成过度妨碍。市场竞争是对资源和交易机会的争夺，尤其在互联网这样一个竞争充分，且各种产品往往具有一定互相依附、关联的市场领域，要求经营者之间固守自己的领域提升业绩而不进行干扰是不切实际的，竞争者需要容忍适度的干扰。更为重要的是，创新更多地来自经营者技术或商业模式之间激烈的撞击，而非各自在自己“地盘”上互不干扰的和平共处。本案中，就插入横幅的行为而言，该横幅宽度有限且位于页面顶部而非页面中心，并未遮挡天猫商城网站页面中的内容，加之该横幅可以进行收缩，该行为总体上未对天猫商城正常经营造成过度妨碍。但就在具体商品详情页面插入相应标识和按钮而言，该些标识和按钮直接嵌入了网站页面的显著位置，且通过插入的按钮引导消费者至其网站进行交易，用户对此无法选择关闭，该行为已严重破坏天猫商城页面的完整性，使得天猫公司无法按照自己的意愿正常展示信息，已属于过度妨碍的行为。

其次，被控行为是否具有正面的市场效应。互联网领域很多所谓的干扰行为，在技术上往往有一定的创新之处，既可能给其他经营者的利益造成损害，但同时也会为消费者带来福利或提升公共利益的保障水平。反不正当竞争法所要保护的法益具有多元性，除了要保障经营者的合法权益之外，还蕴含着通过规制不正当竞争行为保护消费者利益乃至公共利益，在其行为是否违反商业道德的判断上，还需从更广阔的市场环境、更多的利益主体去看待。就涉案软件所提供的帮购、比价等服务而言，一方面，其能够方便消费者在购物时进行价格比较，作出最优的交易决定，也能通过帮购服务使消费者以更低的价格购买到产品，具有提升消费者利益的积极效应。另一方面，涉案软件运行后在天猫商城中心位置页面中插入图标和按钮，并引导消费者至其网站交易的行为，足以使相关消费者对提供服务的主体产生混淆。

最后，综合考量各方当事人及消费者利益，以及被控行为对市场竞争秩序所产生的影响。载和公司、载信公司在页面中插入相应标识和按钮，并引导消费者至其网站完成交易的行为已属过度妨碍行为，其对天猫公司所造成的损害与其欲实现的正面效应显然不符合比例原则。并且，载和公司、载信公司提供比价、帮购等服务并非必须要通过该手段来实现，从利益平衡的角度，其应当通过更为适当的方式开展相应的服务。从对市场竞争秩序的影响来看，互联网环境下的比价、帮购等服务的开展是在相关电子商务网站的基础上进行的，电子商务网站整体的经营状况与比价、帮购等服务的开展是一种正相关的关系。只有在保证电子商务行业整体的正常经营和蓬勃发展的情况下，相关的比价、帮购等服务产业才能持续发展。本案中，虽然载和公司、载信公司的行为会给消费者带来一定的福利，但其过度妨碍天猫公司正常经营不仅有损天猫公司的利益，长此以往也会给电子商务网站的商业投入和创新带来负面影响，进而破坏电子商务和比价、帮购等服务共存的生态，消费者也难以获得长期持续的利益，有损公平竞争的市场秩序。

（撰稿人：范静波　陈蕴智）

游戏名称作为电影名称使用构成不正当竞争的条件

——动视出版公司与华夏电影发行有限责任公司等侵害著作权、侵害商标权、擅自使用知名商品特有名称及虚假宣传纠纷案

【提要】

本案的审理涉及注册商标的权利范围能否延及电影名称的使用，将他人注册在游戏上的文字注册商标作为电影名称使用时的正当性、合理性判断，以及电影名称能否作为有一定影响力的知名商品特有名称而受反不正当竞争法保护等疑难法律问题。本案中，《使命召唤》是原告知名游戏的名称，涉案电影英文名称《THE GUNMAN》原译名为《狙击枪手》，上映前被更名为《使命召唤》。该名称并没有反映电影的主题和内容，被告的宣传行为等表明其使用“使命召唤”作为电影名称具有搭便车的主观故意，并构成混淆，属于对原告知名游戏名称的不正当使用，构成不正当竞争。

【案情】

原告（上诉人）：动视出版公司

被告（上诉人）：华夏电影发行有限责任公司（以下简称华夏公司）

被告：长影集团译制片制作有限责任公司（以下简称长影公司）

被告：上海聚力传媒技术有限公司（以下简称聚力公司）

案由：侵害著作权、侵害商标权、擅自使用知名商品特有名称及虚假宣传纠纷

一审案号：（2016）沪0115民初29964号

二审案号：（2018）沪73民终222号

涉案游戏《使命召唤》（《CALL OF DUTY》）是一款由原告动视出版公司最早于2003年在美国开始发售的第一人称射击系列网络游戏，现已发行16部。2012年6月15日，原告的《Call of Duty Online》V1.0.0.1由腾讯游戏独家代理运营。《使命召唤》游戏无论在美国还是在中国均具有较高的知名度。

原告就“

”美术作品于2014年1月27日在国家版权局获得登记。

原告于2013年在商标局分别注册了两个“使命召唤”商标，核定使用商品为第9类，包括计算机游戏软件、通过视频点播服务提供的以暗示主题为特点的电影和电视节目（可下载），可下载的多媒体文体（包括插图、文本、音频、视频、游戏和计算机游戏相联系的互联网网络连接），关于军事主题行动的电影胶片（已曝光）等；核定服务项目为第41类，包括电影片的制作（娱乐服务）、电影片的娱乐媒体制作服务、电影制作、电影发行、电影胶片的制作、电影胶片的发行、视频的制作（在计算机网络上提供在线游戏）、在计算机网络上提供在线游戏等。

2015年3月，被告华夏公司以买断方式引进电影《狙击枪手》（The Gunman），并委托被告长影公司对该影片进行汉语译制。2015年5月，涉案电影《狙击枪手》更名为《使命召唤》。2015年9月18日在国内影院发行。该电影是一部美英法合拍的动作片，讲述了一个国际组织的特工为了他的爱人想要退出组织，在完成最后一项任务后，被人追杀而在欧洲展开逃亡的故事。至2015年10月17日下映，获得票房398万余元。

2015年12月被告聚力公司获得涉案电影非独家信息网络传播权，期限至2017年12月18日。被告聚力公司官网有涉案电影《使命召唤》的剧照、简介及播放，在电影预告片中显示的片名“使命召唤”与原告主张著作权的“使命召唤”字体相同。

“电影《使命召唤》官方微博V”上有电影《使命召唤》剧照，有“电影《使命召唤》终级预告火热出炉……绝地反击，为真相而战”的宣传，有“这电影的英文名是The Gunman，和Call Of Duty根本就是两个意思……”“所以跟游戏没关系”“不是游戏改编的？”“免费为腾讯的使命召唤OL打了广告了”“这和使命召唤有木有一毛钱关系？”“已经看过了，不要混淆视听，都不是真正的使命召唤”等评论。并有“至于《使命召唤》这样一部浮夸的作品里（PS：无论是电影还是游戏），主角们击杀百人的画面更是每天都在上演。那么问题来了，要如何帅气地完成百人击杀呢？首先，要有一套过硬的装备……”“万年老不死-约翰·普莱斯”“不死老兵 重出江湖 泰利尔”等内容及电影剧照，在剧照中使用的“使命召唤”文字字体与原告主张著作权的“使命召唤”相同。

原告动视公司诉称：各被告未经原告许可，将原告注册的“使命召唤”商标用作涉案电影的中文名称，构成对原告就“使命召唤”商标享有的注册商标专用权的侵害。涉案电影使用并展示的该等明显具有误导性的中文名称，与《CALL OF DUTY/使命召唤》知名系列游戏的中文名称相混淆，已经导致相关公众的误认，已明显构成不正当竞争。此外，涉案电影的海报和预告片中使用的

“使命召唤”艺术汉字明显剽窃了原告享有著作权的美术作品，构成了对原告著作权的侵害。故原告起诉，请求判令：1. 各被告立即停止侵犯原告注册商标专用权、著作权的侵权行为及攀附原告商誉、损害原告合法权益的不正当竞争行为；2. 被告华夏公司及长影公司在全国性报刊（《中国电影报》）上刊登声明，消除影响；3. 被告华夏公司及长影公司连带向原告支付赔偿金人民币 200 万元；4. 被告华夏公司及长影公司连带赔偿原告支出的律师费、公证费、调查费及其他相关合理费用，共计 70 万元。

被告华夏公司辩称：1. 原告不足以证明其享有合法的著作权权利，起诉主体不适格。2. 华夏公司不构成侵犯著作权。（1）原告的作品不具有独创性、专属性等著作权特点。（2）其根据案外人提供的电影名称发行影片，主观上不存在侵犯原告著作权的故意。（3）原告未证明华夏公司接触过涉案游戏。（4）电影的发行和放映与原告的游戏产品属于完全不同的领域，其也没有利用原告的游戏进行电影创作和宣传。3. 华夏公司不构成商标侵权。（1）“使命召唤”是作为电影的中文译名而不是商标使用，该名称只是对电影主题的描述和概括。（2）电影与游戏并非相同或类似商品，属于两个完全不同的领域，面对的消费者也截然不同，不会引发相关公众的误解。（3）涉案游戏在中国不具有较高知名度，涉案商标并不为公众所熟知。（4）原告的商标在注册后并没有在影视作品上实际使用，因此与该商标的特定联系并不明显。4. 被告华夏公司不存在不正当竞争行为。（1）涉案游戏在中国的运营商是腾讯公司，造成混淆的主张主体应该是腾讯公司。（2）原、被告不属于同业竞争者，原告不符合提起不正当竞争之诉的主体要件。（3）涉案游戏不属于知名商品，“使命”和“召唤”都是通用的表达内涵，不构成特有名称。（4）国外影片进入中国后被翻译成多种名称的现象普遍存在。（5）华夏公司不存在任何的虚假宣传。（6）原告不能在一个事实上进行商标权、著作权、不正当竞争的多重保护。5. 原告主张的赔偿金额没有事实和法律依据，不应得到支持。综上，请求法院驳回原告的全部诉讼请求。

被告长影公司辩称，其接受被告华夏公司的委托对涉案影片进行汉语译制，译名为《狙击枪手》，至于为何改名为《使命召唤》，长影公司并不知情。

被告聚力公司辩称，其经授权在互联网进行传播行为，聚力公司不清楚原告诉称的情况，其没有实施侵权行为，不应承担相关责任。

【审判】

上海市浦东新区人民法院认为：原告主张著作权的作品“

”由中英文组成，进行了一定的艺术加工，如文字中的笔画“撇”采用了平行四边形，

“使”字的最后一笔在收笔时采用了尖头造型，字与字之间在笔画上契合在一起，使其在造型上区别于已有的在先作品，并具有一定的美感。因此属于受我国著作权法保护的美术作品。涉案电影《使命召唤》在电影发行时，在网络上的电影海报及预告片中使用了与原告“

”作品中完全相同的“使命召唤”美术字，并在网络上传播，侵害了原告对其美术作品享有的信息网络传播权。

原告注册商标的权利范围不能延及电影名称的使用，被告华夏公司使用“使命召唤”作为电影名称并未侵害原告对“使命召唤”享有的注册商标专用权。被告华夏公司为吸引观众以获得高票房收入，未经原告许可，擅自将知名游戏的名称“使命召唤”作为电影名称使用，并通过发布预告片、海报、微博等形式进行大量宣传，使相关公众产生混淆，构成擅自使用知名商品特有名称的不正当竞争。原告主张虚假宣传的“这样一部浮夸的作品里（PS：无论是电影还是游戏），主角们击杀百人的画面更是每天都在上演”的表述，尚不构成虚假宣传。

被告长影公司是涉案电影的译制方，涉案电影更名为《使命召唤》与该公司无关，该公司亦未获取票房收益，故不应承担民事责任。

被告聚力公司与案外人的合同已到期，其已停止播放涉案电影，故对原告要求被告聚力公司停止侵权的诉讼请求，不予支持。

综上，上海市浦东新区人民法院依照《中华人民共和国著作权法》第十条第一款第十二项、第四十八条第一项、第四十九条、《中华人民共和国反不正当竞争法》第五条第二项、第二十条、《最高人民法院关于审理著作权民事纠纷案件适用法律若干问题的解释》第七条、第二十五条第一款、第二款、第二十六条、《最高人民法院关于审理不正当竞争民事案件应用法律若干问题的解释》第一条第一项、第二条第一款、第四条、第七条、第十七条第一款规定，判决如下：1. 被告华夏公司立即停止对原告动视公司享有的涉案美术作品著作权的侵害；2. 被告华夏公司立即停止在涉案电影上使用“使命召唤”作为电影名称的不正当竞争行为；3. 被告华夏公司在《中国电影报》（除中缝外）上刊登声明，就其侵权行为消除影响；4. 被告华夏公司赔偿原告动视公司经济损失人民币 30 万元；5. 被告华夏公司赔偿原告动视公司合理开支人民币 30 万元；6. 驳回原告动视公司的其余诉讼请求。

一审判决后，原告动视公司及被告华夏公司均不服，提起上诉。上海知识产权法院判决驳回上诉、维持原判。

【评析】

本案的审理涉及电影名称的法律保护问题。原告系知名游戏《使命召唤》

在第 9 类商品及第 41 类服务上的注册商标专用权人，被告华夏公司引进、译制的电影使用了与上述游戏名称相同的电影名称。本案所要解决的争议问题是，被告将与原告相同的游戏名称作为电影名称使用，是否侵犯原告的注册商标专有权？游戏名称能否作为有一定影响力的商品名称予以保护？被告的行为是否构成擅自使用有一定影响力的商品名称的不正当竞争行为？

作品名称作为文化创意领域重要的商业标志，标识特定作品系其基础功能。但作品名称一般比较短小，难以构成著作权法保护的作品，同时作品名称通常是对作品内容的高度概括和提炼，与商标的识别功能又迥然有别。因此，作品名称在创造性或者标识性（显著性）上达不到知识产权的严格要求。① 在德国，作品名称享有标题权，由《商标与其他商业标志法》第 5 条调整，并在具体规则上准用商标法其他条款的规定，反不正当竞争法则提供一种补充和兜底性保护。在我国，如果作品名称不能得到著作权法和商标法的保护，则可以通过《反不正当竞争法》第六条第（一）项中作为有一定影响的商品名称进行保护。在《人再囧途之泰囧》案中，北京市高级人民法院认定电影《人在囧途》为知名商品，且“人在囧途”经过大量使用、宣传，能够实际上发挥区别商品来源的作用，为知名商品的特有名称。该案被告在其电影名称中使用了“人再囧途”造成相关公众的混淆误认，构成不正当竞争。② 同时，对于具有较高知名度的作品名称，在商标确权中，可以主张在先权利，阻止甚至禁止他人的注册。③ 而在在先作品名称已被注册为商标的情况下，在后的作品使用与注册商标相同的名称是否构成侵害商标权，还是属于反不正当竞争法的调整范围，存在一定的争议。如在《轩辕剑传奇》案中，北京市朝阳区人民法院认为电影名称系对电影主题、内容的高度概括，仅具有描述性，并不体现电影来源，不构成商标性使用，商标侵权行为并不成立。但《轩辕剑》系列游戏作为知名商品，“轩辕剑”一词又具有很强的显著性，“轩辕剑”构成知名商品的特有名称，被告使用“轩辕剑”字样作为其电影名称的主体部分，容易导致相关公众产生误解，引起混淆，构成擅自使用知名商品特有名称的不正当竞争行为。④

---

① 彭学龙：“作品名称的多重功能与多元保护——兼评反不正当竞争法第 6 条第 3 项”，载《法学研究》2018 年第 40（05）期。

② 北京市高级人民法院（2013）高民初字第 1236 号民事判决书。

③ 2017 年《最高人民法院关于审理商标授权确权行政案件若干问题的规定》，在相关商品上使用具有较高知名度的作品名称和角色名称，会使公众产生误认的，名称所有人可以主张在先权利。

④ 北京市朝阳区人民法院（2015）朝民（知）初字第 41020 号民事判决书。

商标具有专有属性，其有权禁止他人在相同或类似商品上使用与注册商标相同或近似的商标，如果给予单个的作品名称商标权的保护，将会不适当地垄断作品名称。当然，一些特定作品在特定条件下，如期刊名称，由于其经使用已经成为某种商品的代名词，已经产生了来源识别作用，其不仅是作品名称也已经成为具有识别作品的标识，具有双重性质，因此可以受到商标法的保护。由于电影名称是对电影内容的高度概括，体现的是电影要反映的主题，而不是指代商品或服务的来源，其并不具有标识出处的功能，故在一般情况下，作品名称的使用并非商标性使用。本案中，《使命召唤》游戏名称被注册在商品分类第9类计算机游戏软件、通过视频点播服务提供的以暗示主题为特点的电影和电视节目（可下载），关于军事主题行动的电影胶片（已曝光）等商品，及第41类电影片的制作（娱乐服务）、电影制作、电影发行、在计算机网络上提供在线游戏等服务上。商标的功能在于标识商品或服务的来源，原告在第9类商品和第41类服务上注册商标能够指代该些商品和服务的来源，一般情况下，单个的作品名称并不具有指示商品来源的功能，其更多的是体现文学艺术上的内涵，因此原告对于其游戏名称的使用并不能等同于其在上述类别上对于注册商标的使用。故原告在软件等商品和电影制作等服务上注册了商标并不能阻止他人在软件名称和电影名称上合理使用与注册商标相同的商标。因此被告使用与原告注册商标相同的电影名称并不能落入原告注册商标的保护范围内。

虽然注册商标的权利范围不能延及电影名称，但不代表游戏、电影等作品名称不能作为“有一定影响的”商品或服务名称受反不正当竞争法的保护。但若要获得保护必须满足一定的条件。包括权利人的作品是否具有一定的知名度，被控侵权方使用系统的作品名称是否具有主观恶意，是否会造成消费者的混淆等。本案中，“使命召唤”作为原告动视公司开发和发行的游戏，经宣传和运营，该游戏名称已为相关公众所了解，在市场上具有较高知名度。该知名度的取得是原告动视公司创造性劳动的结晶，其所带来的商业价值和商业机会也是原告投入大量劳动和资本所获得。因此，“使命召唤”已经构成有一定影响的商品名称。同时，被告使用“使命召唤”作为电影名称具有一定的主观恶意。“使命召唤”的含义并没有体现电影的主题和内容，涉案电影的内容与“使命召唤”的含义完全没有关联性，而被告在电影宣传中又不断以各种方式提到原告的游戏，反映出其搭便车的主观故意，并故意让消费者将电影与游戏联系起来，且事实上也已经造成相关消费者的混淆。因此，被告的行为属于擅自使用他人有一定影响的商品名称的不正当行为，构成不正当竞争。

作品名称是对作品的高度概括和提炼，一般不具有获得著作权保护要求的独创性，公众有利用相同的名称创作不同作品的自由。即使作品名称被注册为商标，也不能阻止他人对作品名称进行正当使用，否则将造成不合理的垄断。随着文化创意产业的发展，作品名称凸显出作为商品名称的商业价值，是智力劳动和资本的凝结，不正当地使用他人有一定影响的作品名称有可能构成不正当竞争行为。对作品名称的法律保护方式的选择体现了商标法和反不正当竞争法两者不同的法益保护，也是寻求权利人和社会公众利益更好的平衡。

（撰稿人：倪红霞）

底层安全软件经营者的竞争行为正当性判断应适用相对严格标准

——上海二三四五网络科技有限公司诉北京猎豹网络科技有限公司、北京猎豹移动科技有限公司等不正当竞争纠纷案

【提要】

安全类软件经营者利用其特权及用户信任，以保障计算机系统安全为名，超出软件运营合理限度，擅自或通过虚假弹窗、恐吓弹窗等方式诱导用户变更浏览器主页，干预其他软件运行或实施区别对待其他软件的行为，使对方不能享有平等的被选择权，损害其他经营者或消费者合法权益的，构成不正当竞争。

【案情】

原告（被上诉人）：上海二三四五网络科技有限公司（以下简称二三四五公司）

被告（上诉人）：北京猎豹网络科技有限公司（以下简称猎豹网络公司）

被告（上诉人）：北京猎豹移动科技有限公司（以下简称猎豹移动公司）

被告（上诉人）：北京金山安全软件有限公司（以下简称金山公司）

案由：不正当竞争纠纷

一审案号：（2016）沪 0115 民初 5555 号

二审案号：（2018）沪 73 民终 5 号

原告二三四五公司主要经营 2345 网址导航、2345 王牌浏览器等互联网产品，其中 2345 网址导航的用户超过 4000 万，日访问用户达 2500 万，在同行业内排名前列。

被告猎豹网络公司系金山网络网站（首页网址 www. ijinshan. com）和猎豹移动网站（首页网址 www. cmcm. com）的主办单位。金山网络网站在百度搜索结果中标记为金山毒霸官网，其首页为金山毒霸 10 软件的下载页面，网站产品介绍中包含金山毒霸软件，资讯中心中则对金山毒霸、金山网络等主题进行了宣传和介绍。猎豹移动网站对猎豹移动产品作了介绍，称核心产品包括金山毒霸软

件，同时也提供诸如毒霸网址大全等多平台类产品。

被告猎豹移动公司系毒霸网址大全（首页网址 www. duba. com）和标题为“金山毒霸官网”的网站（首页网址 www. duba. net）的主办单位。后者提供金山毒霸 11 软件的下载服务，并载有金山毒霸软件的各历史版本介绍。

被告金山公司系金山毒霸软件最终用户许可协议显示的软件运营者。根据全国企业信用信息公示系统查询结果，三被告对外公示的联系电话与电子邮箱均相同。

金山毒霸软件在安装、运行及卸载过程中存在以下六类情形。

1. 在金山毒霸的“垃圾清理”功能中点击“一键清理”后，用户在 IE 浏览器中设置的主页 2345 网址导航变更为毒霸网址大全。

2. 点击金山毒霸的“立即升级”按钮，待升级完毕重启金山毒霸后，弹窗显示“立即锁定毒霸网址大全为浏览器主页，保护浏览器主页不被篡改”，并在左侧设置默认勾选。在未进行其他操作的前提下打开 2345 王牌浏览器，原设置的主页 2345 网址导航变更为毒霸网址大全。随后去除前述方框内默认勾选并关闭金山毒霸窗口，打开 2345 王牌浏览器，原设置的主页 2345 网址导航仍变更为毒霸网址大全。

3. 点击金山毒霸的“一键云查杀”按钮，再点击“版本升级”按钮完成升级后，打开 IE 浏览器、2345 王牌浏览器及 360 安全浏览器，原设置的主页 2345 网址导航均已变更为毒霸网址大全；打开搜狗高速浏览器及猎豹安全浏览器，原设置的主页 2345 网址导航未被变更。卸载金山毒霸后，上述浏览器主页均恢复为 2345 网址导航。

4. 安装完成金山毒霸后，弹窗显示“设置浏览器主页为毒霸导航”，左侧设置默认勾选，右侧设置“我知道了”按钮。在未点击“我知道了”按钮的情况下打开 IE 浏览器，原设置的主页 2345 网址导航自动变更为毒霸网址大全；去除前述默认勾选再点击“我知道了”按钮后打开 IE 浏览器，主页仍变更为毒霸网址大全；卸载金山毒霸后再打开 IE 浏览器，其主页恢复为 2345 网址导航。

5. 金山毒霸运行过程中，弹窗显示“金山毒霸 10 开启安全网址导航，防止误入恶意网站建议您开启安全网址导航，远离病毒，欺诈网站，安心上网”，下方设置“一键开启”按钮。点击该“一键开启”按钮后打开 IE 浏览器，原设置的主页 2345 网址导航变更为毒霸网址大全；打开 2345 王牌浏览器，显示主页仍为原设置的 2345 网址导航；卸载金山毒霸后，IE 浏览器主页恢复为 2345 网址导航。

6. 安装完成金山毒霸前后，打开 IE 浏览器主页，均为已设置的主页 2345 网址导航。卸载金山毒霸后再打开 IE 浏览器，显示主页变更为毒霸网址大全。

原告诉称：原告系专业的互联网公司，旗下 2345 品牌产品在业界享有较高的知名度和美誉度。其中，核心产品 2345 网址导航（域名为 www. 2345. com）在导航网站中排名前三，用户数量达四千万。三被告共同经营金山毒霸软件，自 2014 年始即在该软件的安装、运行、升级和卸载等各个环节中利用多种技术手段，擅自将用户浏览器中设定的 2345 网址导航主页劫持为毒霸网址大全。在此过程中，三被告还针对原告经营的 2345 浏览器与其他浏览器实施了区别对待行为。原告认为，流量对互联网企业而言具有极其重要的经济价值，三被告的上述行为显然有违诚实信用原则和公认的商业道德，不仅导致 2345 网址导航的流量大幅下降，也严重影响了原告产品的用户体验与评价，对原告造成了极大的经济损失和商誉损害。据此，请求法院判令：1. 三被告立即停止对原告实施篡改主页、劫持流量等不正当竞争行为；2. 判令三被告在官网首页（域名分别为 www. duba. com、www. ijinshan. com 及 www. duba. net）顶部公开澄清事实、消除影响，并连续刊登不少于 30 天的致歉声明，该声明的面积不小于 10cm × 10cm；3. 判令三被告共同赔偿原告经济损失 1000 万元；4. 判令三被告共同赔偿原告支出的公证费 13, 060 元。

三被告共同辩称：第一，金山公司是金山毒霸软件的独立经营者，三被告间不存在混同经营的情况，故猎豹网络公司、猎豹移动公司并非本案适格被告。其中，猎豹网络公司仅在金山网络网站（域名为 www. ijinshan. com）提供金山毒霸软件的下载服务，该网站亦非金山毒霸官网。而猎豹移动公司仅是毒霸网址大全的经营者，从未参与金山毒霸软件的经营，也未与金山公司合作通过金山毒霸软件劫持浏览器主页以推广毒霸网址大全。第二，通过对不同版本的金山毒霸软件进行操作演示可以发现，该软件在下载、安装、运行和卸载的过程中均不存在原告指控的流量劫持行为。第三，金山毒霸软件版本升级更新频繁，即便原告指控的相应版本存在流量劫持行为，因其持续时间极短，也不会对原告造成较大损失。况且原告经营的 2345 浏览器、2345 安全卫士等系列软件均具有防护功能，能够实现用户浏览器主页多渠道锁定而免遭篡改。第四，就本案纠纷所涉情况，原告已针对三被告及金山毒霸软件进行了诋毁性的回应，导致大量用户卸载金山毒霸软件，故原告指控的不正当竞争行为已不复存在。综上，三被告不同意原告的全部诉讼请求。

【审判】

上海市浦东新区人民法院认为：金山公司已自认其系金山毒霸软件的经营者。猎豹网络公司、猎豹移动公司虽否认共同参与经营金山毒霸软件，但三被告法定代表人为同一人，主要办事机构所在地与联系方式相同，在通过网站及其他形式对外宣传产品时主体高度混同。加之猎豹网络公司、猎豹移动公司各自主办的网站均带有金山毒霸官网标记，并在首页显著位置提供金山毒霸软件的下载服务，且金山毒霸11软件在安装、运行过程中发送数据请求的对象网站亦分别归属于猎豹网络公司和猎豹移动公司，故可据此判定三被告实际共同经营金山毒霸软件，均系本案适格被告。

三被告在金山毒霸软件安装、运行及卸载过程中实施了变更网络用户浏览器主页的行为。作为安全软件以及与原告经营的一般终端软件具有直接竞争关系软件的经营者，三被告在发挥安全软件正常功能时未采取必要且合理的方式，超出合理限度实施了干预其他软件运行的行为并给其他经营者造成损害。三被告利用网络用户对其作为安全软件经营者的信任，或未告知用户，或通过虚假弹窗、恐吓弹窗变更用户浏览器主页，直接侵害了网络用户的知情权和选择权，在非法获利的同时亦使原告的合法权益及良好商誉受到实际损害。同时，三被告在通过金山毒霸软件变更网络用户浏览器主页过程中实施的区别对待行为，会使网络用户对不同浏览器的使用体验产生差异，不当影响原告产品的用户体验与评价。故三被告的上述行为除违反诚实信用原则和公认的商业道德外，亦有违平等竞争的原则，构成不正当竞争。

上海市浦东新区人民法院于2017年8月10日作出（2016）沪0115民初5555号民事判决，判令：1. 被告猎豹网络公司、猎豹移动公司及金山公司于本判决生效之日起立即停止实施本案所涉不正当竞争行为。2. 被告猎豹网络公司、猎豹移动公司及金山公司于本判决生效之日起10日内在域名为www. duba. com、www. ijinshan. com及www. duba. net网站首页顶部居中通栏位置以五号字体全文显示形式刊登声明，消除因对原告二三四五公司实施本案所涉不正当竞争行为所造成的不良影响，声明的内容、发布位置须经本院审核，声明须连续保留30日。如不履行，本院将在相关媒体发布本判决的主要内容，费用由被告猎豹网络公司、猎豹移动公司及金山公司负担。3. 被告猎豹网络公司、猎豹移动公司及金山公司于本判决生效之日起10日内连带赔偿原告二三四五公司经济损失人民币300万元及合理费用人民币13,060元，合计人民币3,013,060元。4. 驳回原告二三四五公司其余诉讼请求。宣判后，三被告均提出上诉。上海知识产权法院于2018年9月17日作出（2018）沪73民终5号民事判决，驳回上诉，维持原判。

【评析】

互联网市场竞争，向来以流量为王，而网址导航是极其重要的流量入口之一。在国内互联网环境下，网址导航网站很大程度适应了我国互联网用户的需求，在无须记忆网址、无须进行搜索的情况下即可浏览各类网站。基于上述便捷性及易用性，网址导航网站在提供导航的过程中，能够为各类网站带去可观的流量，在互联网入口特性方面占据了十分重要的地位。网址导航经营者一方面向网络用户提供网址链接服务、页面服务（包含搜索、购物、实用信息等服务），一方面向广告主（包括网址类、展示广告类、搜索类等）收取费用，期以实现经营上的良性循环，而用户数量和导航使用量正是其经营之本。基于用户习惯，相较以直接键入网址、搜索或以链接等方式进入网址导航网站，被设置为用户浏览器主页显然使网站导航的使用频率更具稳定性，故能否更多占据终端用户的浏览器主页成为网址导航网站经营者获得更高经济利益的关键。

本案中，三被告所实施的行为，事实上是利用其金山毒霸作为底层安全软件优势，变更用户浏览器主页为自己经营的毒霸网址大全，上述行为客观上剥夺了用户接触、使用原告所经营的网址导航网站的机会，攫取和劫持原告流量，无疑将使原告遭受重大的经济损失。对此竞争行为，并无先例判决可予参考，又因互联网市场竞争的时不我待，亟须司法来定纷止争。

对该行为的法律评价，未落入1993年版《反不正当竞争法》第二章所列举具体的不正当竞争行为范围，因此需以《反不正当竞争法》第二条这一一般条款来寻求适用。法院经审理后认为：

首先，原告的合法权益确因该竞争行为而受到实际损害。原告经营其2345网站导航系合法经营行为，享有相应的经营利益。三被告利用金山毒霸软件变更用户浏览器原主页2345网址导航为毒霸网址大全，直接抢夺流量导入所带来的经济利益，损及原告的合法权益。

其次，三被告该竞争行为有违诚实信用原则和公认的商业道德。本案中，三被告经营的金山毒霸软件利用其作为底层安全软件所享有的系统优先权限、网络用户对其的信任，通过多种方式擅自、诱导用户或强制用户变更浏览器主页为毒霸网址大全，完全超出了底层安全软件为实现其功能所必需的行为限度。正是基于底层安全软件在计算机系统内的“特权”地位，对其竞争行为正当性判断应适用相对严格标准。三被告作为安全软件以及与原告经营的一般终端软件具有直接竞争关系软件的经营者，在发挥安全软件正常功能时未采取必要且合理的方式，超出合理限度实施了干预其他软件运行的行为并给其他经营者造成损害。以上情节足以判定三被告的竞争行为有违诚实信用原则和公认的商业道德，

最后，三被告的该竞争行为侵害消费者福利。反不正当竞争法维护市场公平竞争秩序，其最终目的在于通过公平竞争，使用户获得最优的商品和服务，以保护消费者福利。网络用户对浏览器主页设置拥有完全的自主决定权，这直接影响网络用户的使用体验和消费福祉。金山毒霸作为底层安全软件，拥有网络用户对此类软件的天然信赖，却擅自或以虚假弹窗、恐吓弹窗等方式干预网络用户对一般网络服务的选择，未对网络用户的知情权和选择权加以充分保障，侵害了消费者福利。

据此，法院认定三被告行为违反《反不正当竞争法》第二条第一款、第二款之规定，构成不正当竞争。

同时，三被告在通过金山毒霸软件变更网络用户浏览器主页过程中实施的区别对待行为，会使网络用户对不同浏览器的使用体验产生差异，不当影响原告产品的用户体验与评价。据此法院认定，此行为除违反诚实信用原则和公认的商业道德外，亦有违平等竞争的原则，亦构成不正当竞争。

就三被告应当承担的民事责任，法院基于对原、被告用户数，流量价值，原告获得用户的成本，被告侵权行为的持续时间、范围、主观恶意等因素的考察，确定赔偿损失金额为300万元，具备科学性，适当填补了原告损失，提高了被告侵权行为的成本。

在网络技术不断发展、网络领域竞争日趋激烈的当下，网址导航网站为各大网站带来了巨大的流量，也令各经营主体为此争夺不休。本案的审判，对底层安全软件经营者竞争行为的正当性判断标准加以厘定，对于规范流量争夺行为、确立互联网领域内的竞争规则具有典型意义。

（撰稿人：杨捷　徐弘韬）

知名商品特有装潢的认定

——里莫瓦有限公司（RIMOWA GMBH）与上海亿倍箱包有限公司不正当竞争纠纷案

【提要】

具有一定功能性、与产品本体不可分的设计要素，本身选择余地较少，相关公众一般不易直接将其与商品的特定生产者联系起来。未能举证证明通过使用、宣传、推广等方式使得设计要素已经脱离自身功能而产生识别商品来源作用的，不能认定为反不正当竞争法规定的知名商品特有装潢。

【案情】

原告（上诉人）：里莫瓦有限公司（RIMOWA GMBH）（以下简称里莫瓦公司）

被告（被上诉人）：上海亿倍箱包有限公司（以下简称亿倍公司）

案由：不正当竞争纠纷

一审案号：（2016）沪0112民初697号

二审案号：（2017）沪73民终319号

原告里莫瓦公司系注册于德国的箱包生产经营企业。2006年起，里莫瓦公司通过案外人秉臣科技（北京）有限公司进口箱包产品在我国销售。《德国标准：百年品牌——海上灯塔》《箱包》等书刊对里莫瓦公司及其产品的历史沿革、特点、销售情况等进行了宣传报道，《谍中谍4》《史密斯夫妇》《泰囧》等影视节目中均有RIMOWA箱包的相关镜头。

亿倍公司于2012年成立，经营范围为箱包、包装材料、日用百货的销售等。

2015年9月，里莫瓦公司在亿倍公司于京东网开设的“EBEN旗舰店”公证购得被控侵权的银色拉杆箱。

另查明，2001年、2005年、2006年分别有案外人就箱面设置了竖条纹的行李箱提出了外观设计专利申请。《金属材料学（第2版）》等多部书籍载明了钢制集装箱侧板采用波纹板防止变形、箱体拐角留圆形切口再用包角遮盖等设计与加工方法。

诉讼中，原、被告均提交了关于涉案设计要素是否能起到识别商品来源作用，进而作为特有装潢予以保护的调查报告，内容均系公证人员或市场调查公司人员在机场、火车站就公众能否识别遮盖了商标标识的原告产品进行的随机访问，就该问题得出不同结论。

原告里莫瓦公司诉称，其生产的 TOPAS 系列箱包产品在中国境内具有一定的知名度，该系列产品的六个设计要素构成知名商品特有装潢，这些设计要素包括间距相等、宽度及高度一致、贯穿箱包整体的沟槽条纹，环绕箱体侧面正中的金属条，金属条上大小及间距相等的铆钉，凹陷于箱体侧面并被铆钉穿过的锁槽，箱体外侧上端正中的长方形书包挂扣及条状边框以及箱体上端四角的椭圆形护角。被告亿倍公司生产、销售的旅行箱在多个设计细节及整体组合上仿冒原告知名箱包商品的特有装潢，使消费者产生混淆。原告里莫瓦公司请求判令被告亿倍公司立即停止生产、销售与原告箱包产品特有装潢近似的产品，并赔偿经济损失 100 万元，合理费用 10 万元。

被告亿倍公司辩称：1. 原告生产的箱包并不能认定为《中华人民共和国反不正当竞争法》（1993 年）（以下简称反不正当竞争法）第五条第（二）项规定的知名商品。2. 原告主张的装潢均系为获得技术效果和实质价值而需要的商品形状或外观，故即使通过使用也无法取得显著性；即使原告主张的装潢不是为获得技术效果和实质价值而需要的商品形状或外观，其也无法用以区分产品来源，不能构成知名商品的特有装潢。3. 被告在其生产、销售的箱包及销售门店的显著位置均突出使用了被告获得授权使用的注册商标，相关公众不会对商品来源产生误认，也不会混淆原、被告双方的商品。因此，被告并未实施不正当竞争行为，原告各项诉讼请求并无事实或法律依据，应当予以驳回。

【审判】

上海市闵行区人民法院经审理认为：在案证据可以证明原告箱包产品应当认定为知名商品。关于原告主张的六个设计要素是否属于知名商品的特有装潢，由于知名商品的特有装潢是指知名商品上具有区别商品来源的显著特征的装潢，而本案原告主张的六个设计要素本身与商品本体并不可分，相关公众更容易将其作为商品本体的组成部分，而一般不会直接将其与商品的特定生产者联系起来。因此，尽管原告产品可认定为知名商品，其仍应提交确实充分的证据证明其主张的设计要素通过使用产生了区别商品来源的作用。综合在案证据，法院难以认定原告主张的设计要素构成知名商品的特有装潢。

综上，上海市闵行区人民法院依照《中华人民共和国反不正当竞争法》第五条第（二）项、《最高人民法院关于审理不正当竞争民事案件应用法律若干问题的解释》第二条第一款规定，判决：驳回原告里莫瓦公司的诉讼请求。

一审判决后，原告里莫瓦公司上诉至上海知识产权法院，后又申请撤回上诉。本案现已生效。

【评析】

本案涉及和商品本体不可分且具有一定实用功能的设计要素是否构成反不正当竞争法保护的知名商品特有装潢，审理的关键在于判断这些要素是否“具有区别商品来源的显著特征”。法院逐一分析原告主张的六个设计要素整体，以及原告着重强调的箱体沟槽条纹设计，指出涉案设计要素尚未脱离实用功能而产生识别商品来源的功能，难以认定为知名商品的特有装潢。

1. 关于原告主张的六个设计要素整体。第一，这些要素散列于原告箱包各处，与箱包本体并不可分，均具有各自的功能，且相关公众一般不易将其作为一个整体用于识别或区分商品的来源，因此，只有通过使用、宣传、推广等方式使得该六个设计要素组合而成的装潢脱离了各要素本身的功能而产生了识别商品来源的功能，才能将其认定为反不正当竞争法所规定的知名商品的特有装潢。第二，六个设计要素本身均具有相应的功能，本身选择余地也较少，现原告提交的证据不足以证明其设计具有区别于一般常见设计的显著特征而使其脱离各要素本身的功能取得了识别商品来源的功能。第三，根据原告提交的产品手册及相关宣传、推广的证据材料，原告对其箱包产品进行宣传时，主要突出的是“RIMOWA”或“里莫瓦”标识，原告于庭审中亦陈述未将该六个设计要素作为整体突出进行宣传，而根据原告的产品手册，其TOPAS系列各款产品对于六个设计要素亦有不同的呈现形式，可见原告并无将该六个设计要素作为整体用于识别商品来源的主观目的。第四，原、被告就相关公众是否能通过箱体本身识别原告产品均进行了相应调查，虽然双方调查结果不尽相同，但可以确认的是，调查过程中，只有少量被访问者能通过被遮盖商标标识的箱体本身识别出被调查的箱包由原告生产，而其中根据原告主张的六个设计要素整体或其中的单个要素进行识别的被访问者数量甚微，由此可见，原告主张的六个设计要素在客观上并不能起到识别商品来源的作用。综上，原告主张的六个要素整体实难认定属于知名商品的特有装潢。

2. 关于原告主张的箱体沟槽条纹。原告于诉讼中一再强调，其主张的特有装潢以箱体的沟槽条纹为主，且该设计贯穿其全系列产品，法院认为，即使箱体沟槽条纹一项，亦难以认定属于知名商品的特有装潢。首先，根据相关书籍及原告相关报道记载，褶皱条纹的设计可以增加金属的强度和耐压水平，具有功能性，原告对此亦不予否认。其次，原告主张的系“间距相等、宽度及高度一致、贯穿箱包整体的沟槽条纹”，但“间距相等、宽度及高度一致、贯穿箱包整体”

系为达到增强耐压、均衡受力而采用的一般设计，原告未能就其沟槽条纹的宽度、突起高度、间距等设计有何区别于一般常见设计的特殊之处而具有显著性作出具体说明。最后，在原告产品进入我国市场之前，已有案外人就箱面设置了均匀分布的竖条纹的行李箱提出了外观设计专利申请，因此，实难认定该设计属原告所“特有”。

3. 利用反不正当竞争法调整市场竞争秩序，制止不正当竞争行为的同时，也要注重权利人与其他市场主体之间的利益平衡，为权利人的相关权利划定合理的边界。本案中，原告主张其六个设计要素整体呈现了特殊的视觉效果，从而能起到识别商品来源的作用，但其始终未能就设计要素所呈现的视觉效果作出详细的说明，且其对于六项设计要素的表述，特别是对于沟槽条纹设计的表述相对抽象，相关公众一般难以据此作出具体的界定。因此，如果将此种设计作为知名商品的特有装潢予以保护，将使原告垄断某些特定领域的设计，不当地扩大原告的权利范围，从而有可能损害其他相关主体的合法利益。

本案通过裁判审慎地界定了权益的边界，正确划分知名商品特有装潢和公有领域装潢设计的合理界限、防止知名品牌权利人借其商标知名度意图获取非特有装潢的垄断性权利。本案裁判符合反不正当竞争法的精神，对类似案件亦有较好的指引作用。

（撰稿人：顾全　钱建亮　张敏）

虚假宣传行为的认定和规制应注重把握自由和公平的关系

——上海学而思教育培训有限公司等诉上海乐课力投资管理有限公司等著作权侵权、不正当竞争纠纷案

【提要】

自由竞争是市场经济的基本取向，但必须以维持必要的公平为限。涉案的不正当竞争行为系涉及教育培训市场竞争的行为，教育市场应鼓励相关经营者通过公平合理的竞争来激励市场中的教育培训机构不断优化教育服务，降低接受教育培训的门槛。本案依据《反不正当竞争法》判决经营者的行为构成虚假宣传行为并判决其承担相应的法律责任，维护了教育市场的竞争公平，同时本判决亦综合考量了我国社会主义市场经济的价值取向，竞争市场的行业特点以及具体虚假宣传行为的特殊性等多因素，准确把握了激励创新与维护公平竞争的关系。本案对市场竞争中宣传行为法律界限的划定有利于在现行法律的框架内营造宽松的创新环境，符合我国建设创新型国家的司法保障需求，对同类案件的处理具有一定的借鉴和指导意义。

【案情】

原告：上海学而思教育培训有限公司（以下简称上海学而思公司）

原告：上海闵行区学而思进修学校（以下简称闵行学而思学校）

原告：上海长宁区学而思进修学校（以下简称长宁学而思学校）

被告：上海乐课力投资管理有限公司（以下简称乐课力投资公司）

被告：上海乐课力文化传播有限公司（以下简称乐课力文化公司）

被告：张某1

被告：王某1

被告：安某

被告：王某2

案由：著作权侵权、不正当竞争纠纷

一审案号：(2015) 徐民三（知）初字第1324号

上海学而思公司成立于2009年7月2日，投资开办了包括长宁学而思学校、闵行学而思学校在内的多家学而思学校，在上海地区开展中小学课外教育培训服务。“学而思”教育机构多年来积极投身教育行业，凭借较高的教育质量，受到学生、家长和社会的好评，有良好的口碑和知名度。乐课力投资公司、乐课力文化公司系近两年设立的公司，亦在上海地区开展中小学课外教育培训服务。张某、安某、王某1、王某2等老师曾任教于各个上海学而思学校，现均已离职加入乐课力文化公司。

2015年11月10日，进入乐课力投资公司主办的“乐课力培优”微信公众号，在《乐课力最强师资团队重磅来袭…》一文中对张某、焦某等19位老师的简介首句即使用了“原学而思顶级明星老师”“原学而思顶级小升初名师”等类似表述；在《课程内容》一文首段称“教材内容，博采众长…主要参考熊斌奥数教程、学而思思维汇编、明心资优教程…”；在《重磅消息｜乐课力培优2016年超常选拔暨寒春招生简章》一文的“学校概况”称“乐课力培优是由原XRS顶级老师组建”“百问百答”中称乐课力的师资较其他机构的优势在于“乐课力老师是由原XRS顶级老师组建”。2015年12月14日，上海学而思公司的委托代理人发现张某等四位老师的个人微信朋友圈于2015年11月6日转发了标题为《重磅消息｜乐课力培优2016年超常选拔暨寒春招生简章》以及《乐课力最强师资来袭…》的文章。此后，上海学而思公司的代理人发现乐课力的多个培训点现场的宣传材料中对老师的介绍中也使用了“原学而思顶级小高名师”“原学而思顶级金牌教师”等类似表述。2016年2月26日，再次进入“乐课力培优”公众号，《乐课力最强师资团队重磅来袭……》一文中除朱某老师的简介中仍有“原学而思顶级小高名师”的表述外，其他老师简介中“原学而思顶级明星老师”等表述均已变更为“曾在沪上知名教育机构任教”。

原告上海学而思公司等诉称，乐课力投资公司、乐课力文化公司、张某、王某1、安某、王某2的行为系未经许可且在未支付对价的情况下利用学而思品牌的商誉，客观上使其获得了竞争优势，增加了交易机会，同时还致使公众产生学而思中最好的老师加入了乐课力，乐课力具有同学而思相同或更好的管理、办学质量，而学而思剩下的老师就不是最好的老师的误认，根据《反不正当竞争法》第二条、第九条的规定构成攀附商誉、虚假宣传的不正当竞争行为。此外，原告还诉称被告在其教学点复制发行的《乐课力培优四年级（秋季）下册数学思维拓展课程》教材抄袭了学而思《优秀儿童 四年级秋季 2015 教师版（下）》教材一书，侵害了原告享有著作权的作品的复制权、发行权。被告在“乐课力培优”微信公众号发布第13届“小机灵杯”决赛3～5年级试题解析链接的行为侵害了原告对于该试题解析作品的信息网络传播权。原告据此诉至法院要求判令乐课力投资公司等六被告停止涉案不正当竞争行为、著作权侵权行为，就虚假宣传的不正当竞争行为刊登声明消除影响，就著作权侵权的行为赔礼道歉并消除影响，并赔偿上海学而思公司等经济损失及合理费用3800万元。

被告乐课力投资公司等辩称：第一，《反不正当竞争法》调整的对象是具有“竞争”关系的“经营者”，而上海学而思公司并不是直接办学主体，故与六被告不存在竞争关系。闵行学而思学校、长宁学而思学校应属于非营利性组织，并非属于《反不正当竞争法》规定的“经营者”。此外，该三个主体无权代表所有含有“学而思”字号的其他企业或组织来主张权利。第二，乐课力投资公司与三原告不存在竞争关系。张某等老师，只是教育机构的职员，不是教育市场上具有合法和独立市场主体地位的经营者。第三，乐课力文化公司在宣传中使用“学而思”是对老师学习和工作经历的如实陈述，并未违反平等、公平原则及公认的商业道德，客观上也未获得市场竞争的优势。对于“顶级师资”等类似表述，乐课力文化公司只是沿用学而思的宣传用语。就招生情况看，学而思的招生至今仍是“一位难求”，被告的行为并未对学而思的招生产生不利影响，不构成引人误解的虚假宣传行为。第四，关于教材，原告无法证明对该教材享有著作权，而且被控侵权教材系供学员学习研究使用，使用规模亦非常有限。第五，试题解析不能构成文字作品，且其行为构成合理使用，不构成著作权侵权。

【审判】

上海市徐汇区人民法院经审理认为，关于不正当竞争行为，乐课力投资公司、乐课力文化公司在主观上显然具有攀附学而思通过多年经营累积的良好商誉的意图，其行为客观上会使教育市场中的家长、学生产生乐课力学校任教的老师曾是学而思顶级名师，使用的教材包含了学而思思维汇编的内容的错误认识，使其认为选择乐课力学校亦可获得在学而思学校相同甚至更优的学习体验，其行为有违诚实信用原则以及公认的商业道德，构成虚假宣传的不正当竞争行为。此外，关于教材侵权，法院认为乐课力文化公司制作、发放侵权教材的行为侵害了涉案教材的复制权、发行权，乐课力投资公司、张某、安某、王某1、王某2未参与侵权教材的制作、发放，不构成对涉案教材的共同侵权。关于试题解析侵权，法院认为著作权法只保护表达、不保护思想，而对于本案的杯赛试题的解答，能够用于描述解题方法的词汇和方式很有限，在此情况下，用来描述解题方法的“表达”和解题方法的“思路”发生了混同，故对于原告要求保护试题解析的主张，不予支持。据此，依照《中华人民共和国侵权责任法》第八条，《中华人民共和国反不正当竞争法》第二条、第九条第一款、第二十条第一款，《中华人民共和国著作权法》第十条第一款第五项、第六项、第十一条第四款、第十四条、第十六条第二款第二项、第四十八条第一项、第四十九条，《中华人民共和国民办教育促进法》第二条、第五十一条，《中华人民共和国著作权法实施条例》第二条，《最高人民法院关于审理不正当竞争民事案件应用法律若干问题的解释规定》第八条第一款第三项、第三款、第十七条第一款，《最高人民法院关于审理著作权民事纠纷案件适用法律若干问题的解释》第七条、第二十五条第一款、第二款、第二十六条规定，判决：1. 乐课力文化公司立即停止侵害上海学而思公司、闵行学而思学校、长宁学而思学校对《优秀儿童 四年级秋季 2015 教师版（下）》教材享有的著作权；2. 乐课力文化公司就涉案教材的著作权侵权行为赔偿上海学而思公司、闵行学而思学校、长宁学而思学校经济损失 1 万元；3. 乐课力投资公司、乐课力文化公司就虚假宣传的不正当竞争行为赔偿上海学而思公司、闵行学而思学校、长宁学而思学校经济损失 40 万元；4. 乐课力投资公司、乐课力文化公司赔偿上海学而思公司、闵行学而思学校、长宁学而思学校为制止侵权支出的合理费用 15 万元；5. 驳回上海学而思公司、闵行学而思学校、长宁学而思学校的其余诉讼请求。

一审宣判后，原、被告均未上诉，判决已发生法律效力。

【评析】

宣传是商家为其销售的商品或提供的服务提升人气、促进销量的一种手段，宣传应当向相关公众传递有关商品或服务真实的信息，如果在宣传中进行了误导，就会构成不正当竞争行为，我国《反不正当竞争法》第九条即作了相应规定。

一、自由竞争与公平竞争的冲突与协调

竞争是促进社会进步、经济发展的动力，但是竞争具有以不同利益主体追求价值最大化和自发竞争的本性，因此会产生双面效应，即正面效应和负面效应。所谓竞争的正面效应就是指行为主体为了取得竞争的胜利，积极采取有效措施，推动社会进步，促进经济发展，使人类的生存环境得以改善；而竞争的负面效应就是指有些竞争行为主体忽视社会效益，出现无序竞争，产生不正当竞争行为，违反了公平和诚实信用原则。

自由和公平是市场竞争所必需的，但两者有时又是冲突的。自由代表了竞争的效率，是市场经济的核心和活力之源，而公平是市场经济中对于自由竞争的必要限制，以防止产生不计手段、只问结果的不正当竞争行为，其中自由竞争是市场经济的基本取向，但必须以维持必要的公平为限。用法律来规范竞争行为，就是希望能扬长避短，充分发挥竞争的正面效应，尽可能限制其负面效应。

各国对于处理自由和公平的关系上态度各有不同。有些国家更为强调竞争自由，所以对于限制竞争自由的法律规定持谨慎态度，例如英国。有些国家的法律更强调维护竞争的公平，欧洲大陆的一些国家往往持这种态度。我国《反不正当竞争法》同样是立足于维护市场竞争的公平，但是发展我国社会主义市场经济首先要强调竞争自由和效率，只是对于那些“过度”的竞争行为，才以公平的方式给予矫正。保护的不足不利于促进市场创新，但过度的保护同样会损害人们对创新成果的正常利用，因此以《反不正当竞争法》规制不正当竞争行为需要妥善处理竞争的自由和公平之间的关系，维护公平竞争是《反不正当竞争法》的目标，但应当充分重视自由竞争这一市场经济的基础原则，为市场竞争自由留下充足的空间。

二、虚假宣传的认定应遵循法律划定的自由竞争之界限

制止不正当竞争的路径有两个，一是《反不正当竞争法》已有明文规定的不正当竞争行为，也就是《反不正当竞争法》第二章所罗列的关于各类不正当竞争行为的具体规定，是对一般条款的具体化，体现了一般条款的精神。对此，法律已经划出了自由竞争的界限，经营者和司法者均应照此行事；二是一般条款的适用，也就是在法律无明文规定的情况下，按照《反不正当竞争法》的原则规定认定不正当竞争行为，存在法律界限上的模糊和弹性，此时就需要把握好自由与公平的关系，总体上说是以自由为基本取向，以公平作为矫正器，只是对那些严重或者明显违反竞争原则、具有不正当性的竞争行为，才予以制止。本案涉及的是法律明文规定的虚假宣传行为，应按照《反不正当竞争法》第九条的具体规定来进行适用。

（一）虚假宣传的本质是引人误解

根据 1993 年公布的《反不正当竞争法》第九条第一款以及《最高人民法院关于审理不正当竞争民事案件应用法律若干问题的解释》（以下简称《不正当竞争解释》）第八条规定，按照宣传内容是否真实可以分成以下三种类型：第一，对其产品或者服务进行了虚假内容的陈述，且使人对所宣传的产品货物的质量、功能等方面产生误解的情形属于虚假宣传，但以明显的夸张方式宣传商品，不足以造成相关公众误解的除外；第二，对于陈述的内容虽然真实，但因选取角度、宣传方式等原因，仍足以引人误解的情形亦属于虚假宣传；第三，将科学上未定论的观点、现象等当作定论的事实用于商品宣传，而导致相关公众对商品质量等产生误解的情形亦属于虚假宣传。上述三种类型的虚假宣传行为，其本质都是“引人误解”，其判断标准应当是根据日常生活经验、相关公众一般注意力、发生误解的事实和被宣传对象的实际情况等因素考察是否足以使一般的相关公众对于被宣传的商品或服务产生错误认识而影响其购买的选择。通过广告宣传提高自身知名度，吸引消费者，拓展市场属于正常的商业行为。商品宣传常常具有一定的夸张性，广告更需要具有一定的艺术夸张成分。对此，应给予经营者一定的宣

传空间，只要采取的夸张性宣传形式不足以引人误解，就不必按照引人误解的虚假宣传论处，而一旦跨越了法律的界限，则应当予以制止。

本案中，在乐课力投资公司、乐课力文化公司发布的宣传材料中使用了“原学而思顶级明星老师”“原学而思顶级小升初名师”“原 XRS 顶级老师”“原 XES 顶级老师”“学而思思维汇编”等宣传用语。首先，乐课力投资公司、乐课力文化公司提供的证据并不能证明其上述宣传内容具有事实依据，故应认定属于虚假内容的陈述。其次，该虚假内容并不属于以明显的夸张方式宣传商品、不足以造成相关公众误解的情况，客观上仍会使教育市场中的家长、学生产生乐课力学校任教的老师曾是学而思顶级名师，使用的教材包含了学而思思维汇编的内容的错误认识，使其认为选择乐课力学校亦可获得在学而思学校相同甚至更优的学习体验的误解。因此，乐课力投资公司、乐课力文化公司的宣传行为符合上文所称的第一种类型的虚假宣传行为的构成要件，依法应予制止。

（二）虚假宣传违背市场竞争规则，对竞争对手造成损害

1993 年公布的《反不正当竞争法》第二条确立了自愿、平等、公平、诚实信用、遵守公认的商业道德的市场竞争原则，亦在不正当竞争行为的界定中加入了“损害其他经营者的合法权益”和“扰乱社会经济秩序”的因素。虚假宣传作为一种明文规定的不正当竞争行为应符合第二条所确立的上述规则。因此，引人误解的宣传行为还应违背市场竞争规则，对竞争对手造成损害，才能认定构成不正当竞争行为的虚假宣传。

本案中，“学而思”品牌在中小学课外辅导教育培训市场中良好的商誉系其通过长期的努力，付出汗水的结晶，乐课力投资公司、乐课力文化公司未付出劳动或者对价的前提下，通过虚假内容的宣传导致相关公众按照日常经验错误地将其与“学而思”品牌建立联系，不正当地利用他人已经取得的市场成果，从而获得竞争优势，损害了“学而思”的利益，其行为有违诚实信用原则以及公认的商业道德。乐课力投资公司、乐课力文化公司实施的行为，其主观确实存在借由“学而思”的声誉提升自身的竞争优势以增加交易机会的意图，客观上采用了虚假的内容用语宣传，该行为违背了《反不正当竞争法》第二条规定的基本原则，亦损害“学而思”品牌的合法权益，扰乱了社会竞争秩序，但该行为已符合 1993 年公布的《反不正当竞争法》第九条规定的虚假宣传行为的构成要件，可依据该明确的法律规定对其行为进行认定和制止。

三、虚假宣传法律责任的判定需平衡激励创新与维护公平竞争的关系

禁止欺骗是公平竞争观念的应有之义，虚假宣传会使诚实的竞争对手失掉客户，会使消费者受错误信息的引导而花冤枉钱，会减少市场的透明度，最终会对整个经济和福利带来不利后果。因此虚假宣传作为不正当竞争行为应依法予以制

止，相关法律对于实施虚假宣传的经营者的法律责任亦有规定，司法实践中在确定法律责任时应从以下三个方面妥善处理竞争的自由和公平之间的关系。

首先，判定侵权责任应考虑教育培训市场鼓励创新和自由竞争的行业特点。涉案的不正当竞争行为系涉及教育培训市场竞争的行为。随着生活水平日益提高以及人才竞争日趋激烈，家长对于子女的教育已经成为每个家庭最为关注的问题，教育培训作为朝阳产业成为我国经济领域闪亮的市场热点，市场前景可期，发展潜力巨大。中小学课外辅导教育培训就是在此背景下应运而生的新兴市场，各家培训机构也如雨后春笋般纷纷设立，与开展学历教育的学校不同，学生在选择课外教育培训时具有更大的自主选择性，不同培训机构的可替换性较高，因此，各家培训机构作为有偿服务的提供者，必然存在争夺生源以争取尽量多的经济利益的情况，存在非此即彼的竞争关系，故应遵循相应的市场竞争规则。从本案中原告提供的证据可以看出，相对广大学生对于优质教育培训服务的需求，市场上已有的教育培训资源还相对稀缺，因此，为满足更多学生的教育需求，教育市场应鼓励更多有志于此的社会力量的加入，通过公平合理的竞争来激励市场中的教育培训机构不断优化教育服务，降低接受教育培训的门槛。

其次，判定侵权责任应准确区分侵权获利与合法利益。本案中原告按照被告法定代表人所宣称的收入为1.3亿元为基数，按利润率70%计算，主张被告在侵权期间的实际获利应在9000余万元，故要求被告就本案的不正当竞争行为赔偿3600余万元的经济损失。对此，法院认为创新是激发市场发展的原动力，被告作为初创期的公司，通过办学机制创新，不仅吸引了诸多老师的加入，并通过分配机制激发了老师工作热情，为教育市场注入了新的活力，而且在激烈的市场竞争中还占有了一席之地，并取得了可观的经济收入，因此被告获得高额收入的主要原因系办学创新所带来的市场红利，那对于创新带来的合法利益法院应予以肯定及保护，相较于此，被告因本案虚假宣传行为所带来的侵权获利则相对有限。若仅因经营者存在侵权行为就否定其通过合法方式获得的经济利益必然会打击市场竞争者的竞争热情，不利于市场经济的繁荣发展。对于商业成果的保护过宽，亦不符合维护公平和自由竞争的要求。

最后，判定侵权责任应与具体的侵权行为比例相当。根据《侵权责任法》《反不正当竞争法》的相关规定，对于实施虚假宣传的经营者，权利人可要求其承担停止侵权、消除影响、赔偿损失等侵权责任，但并非实施了不正当竞争行为就必须承担上述所有的民事责任，承担民事责任的程度要与具体的侵权行为相当。本案中，从责任形式看，原告主张消除影响和赔偿损失的诉讼请求，但法院认为，被告虽使用了虚假内容的宣传用语，使相关公众产生了一定的误解，但其行为并不足以使“学而思”商誉受到负面影响，且持续时间不长，故法院并未支持消除影响的诉讼请求，但判定被告需赔偿原告经济损失。从侵权宣传内容看，被告使用了“原学而思顶级老师”等类似表述，法院认为，乐课力学校确有不少来自学而思的老师，其称该老师系“原学而思老师”有一定的事实依据，但是其使用“顶级名师”等类似修饰词，并且在使用方式上的不当选择，易引导相关公众产生错误的认识，则应予以纠正。因此，从虚假内容背离事实的程度以及虚假内容导致误解的严重程度来看，该虚假宣传对于招生起到的作用还较为有限，故原告主张的高额赔偿与其因侵权受到的损失并不相符，过高的赔偿金额会导致自由竞争与公平竞争的关系失衡。

综上，本案对于侵权责任的认定综合考量了我国社会主义市场经济的价值取向，竞争市场的行业特点以及具体虚假宣传行为的特殊性等因素，准确把握了激励创新与维护公平竞争的关系，既依法保护了市场竞争的公平性，又通过合理的司法判定为市场竞争自由留下充足的空间。

（撰稿人：李晓平　王莉莎）

单一潜在客户的采购意向可以构成商业秘密

——马格内梯克控制系统（上海）有限公司与李某斌等侵害商业秘密及其他不正当竞争纠纷案

【提要】

《反不正当竞争法》及相关司法解释未对经营信息秘密的范围进行明确界定，实践中主要涉及的经营信息为客户名单，一般是长期交易的单一或多个客户。对于单一潜在客户的采购意向，是否能构成商业秘密尚无先例。本案认为经过一定努力和付出所获得的单一潜在客户的采购意向，难以从公共渠道获得，在生产经营中能为权利人带来一定价值或竞争优势，权利人为此采取了必要保密措施的，可以构成商业秘密。

【案情】

原告（上诉人）：马格内梯克控制系统（上海）有限公司（以下简称马格内梯克公司）

被告（上诉人）：李某斌

被告（上诉人）：张某榕

被告（上诉人）：埃姆埃（香港）自动化控制技术与服务有限公司（以下简称 MA 公司）

被告（上诉人）：懋拓自动化控制系统（上海）有限公司（以下简称懋拓公司）

被告（上诉人）：潘某荣

被告（上诉人）：朱某文

被告（被上诉人）：施某玲

案由：侵害商业秘密及不正当竞争纠纷

一审案号：（2016）沪 0110 民初 6392 号

二审案号：（2017）沪 73 民终 250 号

李某斌、张某榕、施某玲在原告马格内梯克公司分别担任销售经理、产品经理、销售助理职务，其与马格内梯克公司签订的劳动合同中约定了员工的保密义务。2015 年三人相继离职至懋拓公司就职。

2014 年 6 月 27 日，李某斌将马格内梯克 KPR 系列产品介绍发给深圳达实智能股份有限公司（以下简称达实公司）。2014 年 10 月 20 日，达实公司收到加盖马格内梯克公司公章的《制造商授权函》《制造商的资格声明》《原产地证明》等文件，李某斌在部分文件上作为马格内梯克公司授权签字的代表签字。《原产地证明》载明："……选用我厂马格内梯克控制系统（上海）有限公司生产的 MAGNETIC 自动检票机闸门及通行控制模块产品，系德国的原装、全新正品。"

2015 年 1 月 17 日，达实公司向李某斌发送信息"中标后选用贵司产品……"2015 年 1 月 18 日，李某斌向达实公司发送 MA 行人快速通道标准通道机芯（型号 MA-KS-550S、德国制造、原装进口）、MA 行人快速通道宽通道机芯（型号 MA-KS-900W、德国制造、原装进口）特价价格。

2015 年 6 月 15 日，达实公司向张某榕发送邮件，抄送李某斌，要求提供与其签约的公司的介绍、产品介绍、营业执照、企业组织机构代码证、税务登记证、质量管理体系认证及生产公司的产品质量报告和原产地证明。2015 年 6 月 16 日，李某斌予以回复，内容为"王工：我们与贵司签订合同因为牵涉免税是由我们香港公司与贵司香港公司签订。英文名称：MA（HK）AUTOCONTROL TECHNOLOGY & SERVICE CO.，LIMITED，中文名称：埃姆埃（香港）自动化控制技术与服务有限公司"。该邮件抄送张某榕、施某玲。后，张某榕就产品技术等问题与达实公司员工进行沟通、联系。

2015 年 7 月，达实公司与被告 MA 公司签订《深圳地铁 9、11 号线 AFC 系统设备采购项目扇门模块采购合同》（以下简称涉案合同）。合同载明，制造厂家：MA International GmbH，制造地点：德国，并约定 MA-KS-550S（标准通道扇门模块）、MA-KS-900W（宽通道扇门模块）单价及数量，合同总价：欧元 1，755，894 元，交货地点：CIF 香港。朱家文在法定代表人或授权代表处签字。

中华人民共和国海关进口货物报关单显示，涉案产品收货单位为懋拓公司。

2017 年 1 月，达实公司向法院出具回复函，表示其已对 MA 公司的欺诈行为向中国国际经济贸易仲裁委员会华南分会（以下简称仲裁委）提起仲裁，请求撤销涉案合同。一审过程中仲裁委作出裁决，撤销达实公司与 MA 公司之间的涉案合同。

马格内梯克公司在二审中陈述达实公司与德国马格内梯克自动控制有限公司（以下简称马格内梯克德国公司）于仲裁裁决结束后达成了新的供货协议。

原告马格内梯克公司诉称：马格内梯克德国公司是一家知名的 AFC 人行闸机扇门产品制造商，原告是马格内梯克德国公司的全资子公司，负责在中国大陆境内销售 Magnetic 品牌的相关产品。李某斌、张某榕、施某玲为原告的前员工，分别担任销售经理、产品经理和销售助理职务，离职后到懋拓公司就职。懋拓公司的法定代表人和唯一股东为李某斌的父亲潘某荣。MA 公司的唯一董事和股东为李某斌的前妻朱某文。原告作为扇门产品供应商授权达实公司参与深圳地铁三期工程 CLC 系统及 7、9、11 号线 AFC 系统设备采购项目的投标，李某斌利用其担任原告销售经理的职务便利，向达实公司谎称“MA 公司是马格内梯克德国公司在香港新成立的公司，系马格内梯克公司的关联公司”，导致达实公司最终与 MA 公司签约。在此过程中，李某斌、张某榕、施某玲违法将原告的客户信息和经营信息泄露给朱某文及 MA 公司并允许其使用，导致 MA 公司顺利取代原告的交易地位与达实公司签约；懋拓公司、潘某荣在明知五被告侵害原告商业秘密的情况下，仍提供配合与协助，参与 MA 公司履行涉案合同的过程，构成共同侵权。七被告的行为已严重侵害原告的商业秘密。同时七被告共同采取不正当手段和欺诈方式，擅自变更合同主体并取代原告的交易地位，违反诚实信用原则和商业道德，严重损害原告的合法权益，构成不正当竞争。请求法院判令：七被告立即停止侵害原告的商业秘密、停止不正当竞争的侵权行为；共同赔偿原告经济损失 1, 840, 453. 34 元及合理费用 1641. 92 元；若朱家文不构成共同侵权，则朱某文基于夫妻共同财产对李某斌的赔偿责任承担连带责任、基于一人有限公司对 MA 公司的赔偿责任承担连带责任；若潘某荣不构成共同侵权，则潘某荣基于一人有限公司对懋拓公司的赔偿责任承担连带责任；在《解放日报》刊登声明，消除影响。

七被告辩称：关于侵权，马格内梯克公司错误地将授权投标与达实公司必须购买建立起等同关系。马格内梯克德国公司供货能力出现问题，马格内梯克公司即使中标也不一定能够履行。达实公司最终与 MA 公司签订购买 MA 品牌产品的合同，并不存在马格内梯克公司商业机会被侵害的情况。且达实公司的采购信息是公开信息，并不构成商业秘密。关于赔偿损失，达实公司与 MA 公司间供货合同经仲裁被撤销后马格内梯克公司基于“达实公司的采购意向”重新获取了涉案交易机会，故马格内梯克公司并未受到损害。

【审判】

一审法院经审理认为：原告实际掌握的经营信息即“达实公司的采购意向”，符合《反不正当竞争法》第十条第三款的规定，属于原告的商业秘密。原告的证据可以证明李某斌、张某榕掌握了原告的涉案商业秘密，且 MA 公司在深圳地铁项目中向达实公司提供的产品与原告的涉案商业秘密的内容实质相同，而 MA 公司不能提供“达实公司采购意向”这一商业信息的合法来源，懋拓公司明知所获知的涉案商业秘密归原告所有却使用上述信息协助履行合同，被告李某斌、张某榕、MA 公司、懋拓公司的行为共同侵害了原告的涉案商业秘密，应当共同承担相应的民事责任。现有证据不能证明施慧玲掌握了原告的涉案商业秘密，仅能证明系 MA 公司与达实公司签订合同、懋拓公司为 MA 公司履行涉案合同提供帮助，故关于施某玲、朱某文、潘某荣侵害原告涉案商业秘密的诉讼主张不予采纳。鉴于原告确认其在本案中主张的以欺诈方式取代原告交易机会与侵害原告商业秘密所涉客户、项目相同，李某斌等人即使存在欺诈行为亦属于侵害商业秘密，一审人民法院已就七被告的行为是否构成侵害商业秘密作了认定，不应对此再适用《反不正当竞争法》第二条。综上，一审人民法院依照《中华人民共和国侵权责任法》第八条、第十五条第一款第（六）项、第（八）项、第二款，《反不正当竞争法》第二条，第十条第一款第（三）项、第二款、第三款，《公司法》第六十三条，《中华人民共和国涉外民事关系法律适用法》第十四条第一款，第五十条，《中华人民共和国民事诉讼法》第六十四条第一款，《最高人民法院关于审理不正当竞争民事案件应用法律若干问题的解释》第九条、第十条、第十一条、第十四条、第十七条，《最高人民法院关于适用〈中华人民共和国涉外民事关系法律适用法〉若干问题的解释（一）》第十九条规定，判决：1. 被告李某斌、张某榕、MA 公司、懋拓公司共同赔偿原告马格内梯克公司经济损失 1,400,000 元及因本案支出的合理费用 1641.92 元；2. 被告朱某文对被告 MA 公司上述付款义务承担连带责任；3. 被告潘某荣对被告懋拓公司的上述付款义务承担连带责任；4. 被告李某斌、张某榕、MA 公司、懋拓公司在《法制日报》刊登声明，消除侵害商业秘密行为对原告马格内梯克公司造成的影响；5. 驳回原告马格内梯克公司的其他诉讼请求。

一审判决后，原告马格内梯克公司及被告李某斌、张某榕、MA 公司、懋拓公司、潘某荣、朱某文不服，提起上诉。上海知识产权法院经审理后认为，一审判决认定事实清楚，适用法律正确，故判决驳回上诉，维持原判。

【评析】

《反不正当竞争法》及相关司法解释未对经营信息秘密的范围进行明确界定，实际中主要涉及的经营信息为客户名单，一般是长期交易的单一或多个客户。对于单一潜在客户的采购意向，是否能构成商业秘密尚无先例。本案的判决具有较强的参考意义。

一、经过一定努力和付出所获得的单一潜在客户的采购意向，可以构成商业秘密

商业秘密包括技术信息和经营信息。根据《不正当竞争解释》第十三条的规定，商业秘密中的客户名单一般指客户的名称、地址、联系方法以及交易的习惯、意向、内容等构成的区别于相关公知信息的特殊客户信息，包括汇集众多客户的客户名册，以及保持长期稳定交易关系的特定客户。单次的采购意向属于交易机会，既不属于汇集众多客户的客户名册，也不属于保持长期稳定交易关系的特定客户，其是否可作为商业秘密保护的对象并无明确规定。本案认为对于原告经过一定的努力和付出获得的潜在客户的采购意向，按照目前的司法解释的规定不能被认定为客户名单，但如果符合商业秘密构成要件，可以从经营信息的角度保护其所代表的价值或竞争优势。

本案中，马格内梯克公司实际掌握的经营信息即“达实公司的采购意向”，该采购意向虽尚未确定销售价格、数量、付款条件、结算方式等具体内容，但符合《反不正当竞争法》第十条第三款的规定，属于马格内梯克公司的商业秘密。首先，在案证据可以证明达实公司在深圳地铁项目投标前，选择马格内梯克公司作为该项目 Magnetic 品牌行人通道扇门模块产品的提供者，马格内梯克公司实际掌握“达实公司的采购意向”的具体内容，即达实公司在深圳地铁项目中向马格内梯克公司采购马格内梯克德国公司生产的行人通道扇门模块产品。其次，“达实公司的采购意向”属于特定主体之间的特定采购意向。一般情况下，发生在特定主体之间的特定采购意向，仅为交易双方所掌握，难以为其所属领域的相关人员普遍知悉和容易获得。本案中，从公开渠道仅能获知达实公司系深圳地铁项目的总承包商，并没有证据表明达实公司为深圳地铁项目进行的特定行人通道扇门模块产品采购的信息已被公开，故“达实公司的采购意向”属于马格内梯克公司不为公众所知悉的经营信息。再次，“达实公司的采购意向”可以为马格内梯克公司带来经济利益，具有实用性。最后，马格内梯克公司对其实际掌握的“达实公司的采购意向”的经营信息通过签订劳动合同中约定保密条款的方式，采取了合理的保密措施。

二、权利人即使夺回交易机会，也可以就侵权人已实施的侵权行为获得赔偿

侵权行为人获取交易机会后，应就其侵权行为承担相应的民事责任。若侵权行为人因自身原因最终未能与交易对象签约或者交易机会被取代的一方当事人重新获取交易机会，不影响侵权行为人就其已实施的侵害商业秘密的行为所应承担的民事责任。

在本案的审理过程中，达实公司通过维权撤销了其与被告之间的采购合同，并与原告方进行了接洽，被告据此认为权利人并未受到损害。对此，我们认为这不影响被告就其已实施的侵害商业秘密的行为所应承担的民事责任。首先，本案中并无确切证据证明马格内梯克公司重新获取了涉案交易机会。其次，MA 公司与达实公司签订了涉案合同，涉案商业秘密已被实际使用，故李某斌、张某榕应就其披露涉案商业秘密，MA 公司、懋拓公司应就其使用涉案商业秘密的行为向

马格内梯克公司承担赔偿民事责任。最后，达实公司因 MA 公司涉案合同中的欺诈而再次发起的采购行为，虽然在采购内容上与涉案商业秘密“达实公司的采购意向”有一定的重合，但其采购原因与涉案商业秘密“达实公司的采购意向”有明显区别，对于交易相对方而言显然属于新的交易机会。故达实公司提起仲裁后是否重新向马格内梯克公司采购产品不影响李某斌、张某榕、MA 公司、懋拓公司就其侵害商业秘密行为所应承担的民事责任。

在原告的实际损失和被告的侵权获利均难以确定的情况下，考虑到被告销售的涉案产品与马格内梯克德国公司制造的 Magnetic 商品实质相同，针对的客户、市场一致，且 MA 公司拒绝提供财务账册供法院查明其获利情况，故本案参考涉案合同产品单价与原告采购 Magnetic 商品单价之间的差价、原告购买及销售 Magnetic 商品的交易价格，在法定赔偿最高限额 100 万元之上酌情合理确定赔偿数额。因懋拓公司系一人有限公司，潘某荣未提供证据证明懋拓公司的财产独立于其个人财产，故潘某荣应当就懋拓公司的赔偿责任承担连带责任。同时，根据《中华人民共和国涉外民事关系法律适用法》及香港特别行政区《公司条例》“揭开公司面纱”的规定和司法实践，认为朱某文利用 MA 公司的独立法律人格，将 MA 公司作为其从事违法行为的工具，具有逃避法律责任的主观恶意，判决朱某文对 MA 公司的赔偿责任承担连带责任。

（撰稿人：刘燕萍　倪贤锋）

五、

知识产权刑事案件

对作品“转码”后的存储与提供构成著作权侵权

——北京易查无限信息技术有限公司、于某侵犯著作权罪案

【提要】

对网页的“转码”过程必然导致对其中作品的存储，该存储是否侵犯他人著作权取决于经营者在转码过程中所实施的具体行为。若网络服务商以转码为借口，实施了超越转码技术所必需的、属于著作权法专有权利保护范围的行为，则应当承担侵权责任，在情节严重的情况下，构成侵犯著作权罪。本案中，经营者将转码后的内容传输给触发转码的用户后，还将该内容存储在自己的服务器中供其他用户直接获取，该存储行为并未随着用户浏览网页这一技术过程的结束而终结，具有独立的经济价值，属于对他人作品的复制和信息网络传播，构成侵权。

【案情】

公诉机关：上海市浦东新区人民检察院

被告单位：北京易查无限信息技术有限公司（以下简称易查公司）

被告人：于某

案由：侵犯著作权

一审案号：（2015）浦刑（知）初字第12号

上海玄霆娱乐信息科技有限公司（以下简称玄霆公司）通过与《仙傲雾外江山》等文字作品的作者签订《委托创作协议》，获得上述文字作品的独家信息网络传播权，并将上述作品在其经营的“起点中文网”上登载。

易查公司成立于2004年2月，为“易查网”的经营者。该网站设有小说、新闻等多个频道，通过在网页植入广告收取广告收益分成。被告人于某系该公司股东及法定代表人，负责技术工作。2012年，为提高该网站的用户数量，于某提出开发触屏版小说产品，即将HTML格式的小说网页转码成WAP格式的网页供移动用户阅读，并提出开发需求。

2013年12月3日，玄霆公司向被告单位易查公司寄出侵权通知函，要求易

查公司立即断开、删除及停止提供附件所列的侵犯玄霆公司著作权的盗版作品共计4000余部。易查公司于次日收到该函件。

2014年4月4日，玄霆公司就“易查网”小说频道进行证据保全公证，显示在该网站小说频道的搜索框搜索小说时，搜索结果会标明来源于第三方网址，点击搜索结果可正常阅读。前述搜索、阅读过程中，地址栏显示的URL地址均为“易查网”的地址。

同年4月5日，公安机关对“易查网”进行勘验，在该网站的小说频道搜索关键词“莽荒纪”，能够正常阅读该作品各个章节的内容，搜索、阅读过程中地址栏显示的URL地址亦均为“易查网”的地址。

同年4月11日，公安机关扣押到被告单位易查公司托管的服务器硬盘，于同年4月17日委托上海辰星电子数据司法鉴定中心对上述硬盘中的电子书进行固定保全，并与玄霆公司提供的电子书进行相似性比对。鉴定机关将相应硬盘复制后，启动复制硬盘上的操作系统，配置相应的网络参数，搭建出涉案电子书网站的网络环境。在搭建完的网站上下载798本电子书，与玄霆公司享有独家信息网络传播权的同名小说进行比对，根据“相同字节/玄霆小说字节”的公式计算相似度的比例，相同字节数占总字节数70%以上的电子书共计588本。

鉴定人经法院通知出庭接受质询，其陈述：在送检硬盘中并未发现存在被告人于某所说的自动删除机制；鉴定过程中使用电脑操作，在实验室局域网环境下搭建了“易查网”，页面显示该网站提供小说的搜索、阅读服务，即在搜索框搜索小说名称进入该小说详情页后，可通过点击章节目录的链接进入该章节内容进行阅读；鉴定过程中进行了多次操作，均可正常阅读相应小说内容；若连接到互联网环境，亦可在“易查网”正常阅读上述小说。

2014年4月21日，被告人于某主动向公安机关投案，并如实供述了相关事实。同年8月21日，被告单位向玄霆公司支付人民币800万元，玄霆公司为此出具谅解书。

公诉机关上海市浦东新区人民检察院指控：易查公司以营利为目的，未经著作权人许可，复制发行其文字作品达588部，情节严重，构成侵犯著作权罪。被告人于某作为易查公司直接负责的主管人员，应以侵犯著作权罪追究刑事责任。被告单位、被告人均系自首，可以从轻处罚。被告单位对玄霆公司赔偿并获得谅解，可以酌情从轻处罚。

被告单位易查公司及被告人于某对公诉机关的指控无异议。被告人及其辩护人主要提出以下意见：1. 根据于某对开发人员所提开发要求，“易查网”提供的是搜索引擎加转码服务而非内容服务，即在用户搜索并点击阅读时，对来源网页进行转码后临时复制到硬盘上形成缓存并提供给用户阅读，当用户离开阅读页面时自动删除该缓存。没有证据证明技术人员开发的程序违反了于某所提的上述技术要求。2. 被告单位设有法律部门负责处理涉嫌侵权作品的“通知－删除”工作，玄霆公司的通知函不能构成有效的侵权通知，故被告单位不存在主观过错，未侵犯著作权，更不构成侵犯著作权罪。

【审判】

上海市浦东新区人民法院经审理认为：根据公诉机关提交的证据，用户可在被告单位易查公司经营的“易查网”小说频道搜索、阅读小说，该频道所对应的服务器硬盘中存储有588部与玄霆公司享有著作权的文字作品构成实质性相似的小说。上述事实可以证明，“易查网”直接向网络用户提供了上述文字作品，使得网络用户可以在其个人选定的时间和地点进行阅读，侵害了玄霆公司对涉案作品享有的信息网络传播权。被告人及辩护人提出“易查网”的开发设想系提供搜索及转码服务而非内容服务，但根据鉴定意见所反映的事实，鉴定人在使用“易查网”服务器所搭建的网络环境中，可以在线阅读涉案小说，并从服务器硬盘中下载涉案小说。可见，“易查网”在将其所谓“临时复制”的内容传输给触发“转码”的用户后，并未立刻将相应内容从服务器硬盘中自动删除，被“复制”的小说内容仍可被其他用户再次利用。“易查网”在提供小说阅读服务过程中，不仅进行了网页的格式转换，还在其服务器中存储了经过格式转换的网页内容，使后来的用户可以直接从其服务器中获得，上述行为已明显超出转码技术的必要过程，所谓“临时复制”的内容已具备独立的经济价值。因此，易查公司的小说服务模式构成对作品内容的直接提供，被告人及辩护人的上述抗辩并不成立。被告单位易查公司未经许可，通过“易查网”传播玄霆公司享有信息网络传播权的588部涉案小说，情节严重，构成侵犯著作权罪。被告人于某作为易查公司直接负责的主管人员，应以侵犯著作权罪追究其刑事责任。被告单位易查公司、被告人于某均系自首，依法对其从轻处罚。案发后，被告单位易查公司对玄霆公司进行了赔偿并获得谅解，可以酌情从轻处罚。

综上，上海市浦东新区人民法院依照《中华人民共和国刑法》第二百一十七条、第二百二十条、第六十七条第一款、第七十二条第一款、第三款、第七十三条第一款、第三款、第五十三条第一款、第六十四条，《最高人民法院、最高人民检察院关于办理侵犯知识产权刑事案件具体应用法律若干问题的解释》第十一条，《最高人民法院、最高人民检察院关于办理侵犯知识产权刑事案件具体应用法律若干问题的解释（二）》第四条、第六条，《最高人民法院、最高人民检察院、公安部、司法部关于办理侵犯知识产权刑事案件适用法律若干问题的意见》第十三条第一款第（二）项之规定，判决：1. 被告单位易查公司犯侵犯著作权罪，判处罚金人民币二万元（于判决生效后一个月内缴纳）；2. 被告人于某犯侵犯著作权罪，判处拘役三个月，缓刑三个月，罚金人民币五千元；（缓刑考验期限，从判决确定之日起计算；罚金于判决生效后 1 个月内缴纳。）3. 违法所得予以追缴；4. 扣押的硬盘予以没收。

【评析】

本案争议焦点在于网页转码技术中的“复制”是否构成受《著作权法》中复制权侵权的规制。

一、网页转码技术中的“复制”行为

网页转码技术是随着手机阅读的逐渐普及而产生的一项技术。一般的小说阅读网站系针对台式机等配有较大显示屏和较强多媒体处理能力的传统终端而设计，网页采用的是 HTML 格式。而对于使用手机上网的用户而言，由于手机的屏幕小、多媒体处理能力较弱，若直接进入网站浏览，往往难以显示全部内容，并可能出现乱码，用户体验较差。为解决上述问题，将网页从 HTML 格式转换成适用于手机阅读的 WML 格式的转码技术应运而生。

在网页转码技术中，HTML 格式的网页内容需存储在服务器内存或硬盘上才能进行处理转换，该过程必然涉及对网页中作品的“复制”。根据技术中立原则，若将附随手机阅读转码技术而生的临时复制纳入著作权保护范围，该技术将无生存空间，会直接遏制这一技术的发展，与著作权法促进社会主义科学事业的发展与繁荣的宗旨相违背。因此，应当根据案件不同的实施情况来判断手机阅读转码所涉及的复制是否侵权。若只是转码技术所必需的在服务器内存或硬盘上的临时复制，则并不必然导致对复制权的侵权。但若网络服务商以转码为借口，实施了超越转码技术所必需的、属于著作权法专有权利保护范围的行为，则应当承担侵权责任，在情节严重的情况下，构成侵犯著作权罪。对于何为超越转码技术所必需的行为，需结合技术事实进行判断，存在一定认定难度。

具体而言，转码过程中的复制不构成侵权应满足以下条件：（1）该复制是短暂的、临时的，在将转码后的内容传送给用户的同时，服务器内存或硬盘上的内容即自动删除；（2）该复制属于转码技术的必要组成部分，没有这一临时复制，则转码无法完成，用户就无法在手机上看到转码后正常显示的内容；（3）转码所形成的临时复制没有独立的经济价值，当某一用户触发一次转码并获得转码内容后，存储在服务器上的转码内容应立即被自动删除，而不能被其他用户同时利用或再次利用，若其他用户搜索、阅读相同内容则触发新的转码过程。满足了上述条件，则经营者的行为不属于侵犯他人复制权或信息网络传播权的行为。但若经营者在使用转码技术的过程中实施了超出上述必要过程的行为，则有可能因落入他人著作权的禁止权范围而构成侵权。

二、对作品转码后的存储与提供构成侵权

本案中，易查网小说频道系针对移动端而开发的小说网站，被告人及辩护人提出该网站仅提供搜索、转码服务的抗辩意见。鉴于该网站已变更服务模式，难以再现被控侵权行为，故无法对该网站的服务模式进行技术分析或鉴定。但根据公安机关固定的该网站小说阅读界面及鉴定过程中反映的相应事实，仍可对被告人的上述抗辩是否属实进行判定。

从鉴定过程所反映的事实来看。鉴定人在使用易查网服务器所搭建的网络环境中，可以在线阅读涉案小说，并从服务器硬盘中下载涉案小说。可见，易查网在将其所谓临时复制的内容传输给触发转码的用户后，并未立刻将相应内容从服务器硬盘中自动删除，被复制的小说内容仍可被其他用户再次利用。在上述过程中，搜索引擎在将经转码后的网页传输给手机用户后，应立即自动删除其临时存储的内容，继续在服务器中存储该内容并非提供转码服务的必经程序。被告人提出，易查网将转码后的网页在服务器端进行缓存的原因在于手机浏览器的缓存空间太小，难以缓存一个章节的小说内容。然而一个章节的小说网页经转码后所需的缓存空间极小，在现有技术条件下，显然在手机浏览器缓存空间的荷载范围内，被告人的上述解释不符合常理。可见，易查网在提供小说阅读服务过程中，不仅进行了网页的格式转换，还在其服务器中存储了经过格式转换的网页内容，使后来的用户可以直接从其服务器中获得，上述行为已明显超出转码技术的必要过程，所谓临时复制的内容已具备独立的经济价值。因此，易查公司的行为构成对作品内容的直接提供，是对信息网络传播权的直接侵权。

从该网站小说阅读界面来看，对提供搜索及转码服务的经营者而言，当用户点击搜索结果后，地址栏中显示的网址一般为“搜索引擎网址 + 被链网页网址”的混合网址形式。但本案中，用户在“易查网”小说频道搜索、阅读小说时，地址栏所显示的 URL 地址均系“易查网”服务器地址，也可佐证“易查网”并非提供网络服务。

此外，辩护人还提出基于“避风港”规则的抗辩，认为其履行了“通知 - 删除”义务，不构成著作权侵权。我国对于“避风港”规则规定于《信息网络传播权保护条例》第二十三条，该条适用的对象是为侵权作品的传播提供帮助的网络服务提供者。鉴于本案被告单位直接提供了侵权作品，故并不适用“避风港”规则。

（撰稿人：叶菊芬）

注册商标独立使用与定牌加工

——被告单位跨越生物科技（滁州）有限公司、被告人童某军假冒注册商标罪案

【提要】

凡是在我国注册并取得商标注册证的商标，无论是中英文组合商标，还是英文字母商标，均为独立的商标，依法应受法律保护。英文字母商标并非是对中英文组合商标的补强而分开单独注册，若未经许可，印有英文字母商标的字样，则构成对其的独立使用。在同一商品上，既使用了自己注册的商标，同时又未经许可而使用他人注册的商标，且他人商标位置显著的，构成假冒注册商标罪。定牌加工所涉及的法律关系为加工承揽关系，而非买卖合同关系，并且还需满足出口时已获外商授权和受托加工后未在国内销售流通等要件。

【案情】

公诉机关：上海市人民检察院第三分院

被告单位（上诉单位）：跨越生物科技（滁州）有限公司（以下简称跨越公司）

被告人（上诉人）：童某军

案由：假冒注册商标罪

一审案号：（2018）沪03刑初29号

二审案号：（2018）沪刑终61号

公诉机关起诉指控："MAXAM"是上海家化联合股份有限公司（以下简称上海家化公司）核准注册于发乳等商品上的注册商标。2016年9月，被告单位跨越公司、被告人童某军为牟取非法利益，未经商标权利人许可，购买假冒"MAXAM"注册商标的标贴、瓶盖、瓶身，生产发乳原料并灌装入瓶、贴附标贴后出口。该批假冒"MAXAM"注册商标的发乳出口至也门共和国（以下简称也门），出关时被上海海关查获，共计46,080瓶，销售金额37,440美元（折合人民币253,596.096元）。

公诉机关认为，被告单位跨越公司、被告人童某军为牟取非法利益，未经商标权利人许可，在同一种商品上使用与其注册商标相同的商标，非法经营数额达人民币 25 万余元，情节特别严重，均已构成假冒注册商标罪。被告单位跨越公司和被告人童某军均系自首，可以从轻或者减轻处罚。据此提请上海市第三中级人民法院依法审判。

被告单位跨越公司辩称：1. 被告单位主观上并没有假冒他人商标的故意，童某军认为“美加净”和“MAXAM”应合并使用才是完整的商标，被告单位和被告人是由于对商标、法律知识的缺乏产生了误解，导致冒用了被害单位的商标；3. 即便被告单位构成犯罪，被告单位也具有自首、主观恶性程度较小、涉案商品未流入社会、认罪悔罪态度好等情节，可减轻处罚；2. 海运费由被告单位承担，应从涉案金额中扣除。

被告人童某军辩称：1. “MAXAM”英文文字注册商标是对“美加净MAXAM”注册商标的补强而分开单独注册，并非独立使用，对评价侵权人是否犯罪不具有实质意义；2. “美克西 MAXAM”商品标识与“美加净 MAXAM”商标标识近似，但不足以造成相关公众混淆，被告单位及被告人的行为仅构成侵权，不构成假冒注册商标罪；3. 涉案发乳用于出口也门，未在国内销售，权利人在也门没有单独就“MAXAM”商标进行注册，不可能造成相关公众对“MAXAM”商标发生混淆、误认；4. 被告单位在涉案发乳包装物上印有英文“MAXAM”标识，不属于商标法意义上的商标使用行为；5. “美克西”发乳商标标识中使用了“MAXAM”，与“MAXAM”注册商标构成近似，并非完全相同，司法实践中一般不作犯罪处理；6. 本案刑事案件来源于上海海关的非正常移送，从而导致了本案的有罪推定；7. 如果法院作有罪判决，美元汇率应根据有利于被告人原则就低认定，且涉案金额应扣除海运费，故本案犯罪金额为人民币 198, 023. 89 元，远低于人民币 25 万元，不属于情节特别严重，同时被告人童某军具有自首情节、系初犯、涉案商品未流入社会、认罪悔罪态度好、预缴罚金等情节，建议对被告单位及被告人单处罚金。

【审判】

上海市第三中级人民法院经审理认为：被告单位跨越公司、被告人童某军为牟取非法利益，未经注册商标所有人许可，在同一种商品上使用与其注册商标相同的商标，非法经营数额达 25 万余元，情节特别严重，已构成假冒注册商标罪，依法应予惩处。公诉机关的起诉指控，事实清楚，证据确实充分，应予支持。被告人童某军作为被告单位跨越公司直接负责的主管人员，犯罪以后自动投案，如实供述被告单位及自己的罪行，被告单位跨越公司及被告人童某军均构成自首，依法可以从轻或者减轻处罚。被告单位预缴部分罚金，对被告单位及被告人可酌情从轻处罚。综上，决定对被告单位跨越公司从轻处罚，对被告人童某军减轻处罚。鉴于本案非法经营数额达25万余元，被告单位一直未与被害单位达成和解并取得被害单位谅解，且被告单位预缴罚金数额较小，故被告人童某军的辩护人建议对被告单位及被告人单处罚金的意见不予采纳。据此，依照《中华人民共和国刑法》第三十条、第三十一条、第二百一十三条、第二百二十条、第六十七条第一款、第五十二条、第五十三条第一款、第六十四条，《最高人民法院、最高人民检察院关于办理侵犯知识产权刑事案件具体应用法律若干问题的解释》第一条第一款第（一）项、第二款第（一）项，第十二条第一款，《最高人民法院、最高人民检察院关于办理侵犯知识产权刑事案件具体应用法律若干问题的解释（二）》第四条之规定，判决：1. 被告单位跨越公司犯假冒注册商标罪，判处罚金人民币10万元；2. 被告人童某军犯假冒注册商标罪，判处有期徒刑1年8个月，并处罚金人民币5万元；3. 扣押在案的假冒注册商标的发乳予以没收。

一审判决后，被告单位、被告人均不服，提起上诉。

上海市高级人民法院经审理后认为，一审判决认定事实清楚、适用法律正确，量刑适当，审判程序合法，所作判决并无不当，裁定驳回上诉，维持原判。

【评析】

本案系同时使用自己注册的商标和他人注册的商标的假冒注册商标案，与未经许可而仅使用他人注册的商标的假冒注册商标案等通常情况不尽相同。与此同时，此类案件应考虑是否涉及定牌加工的问题。

一、分开单独注册的商标系独立使用商标

上海家化公司在国内注册的商标包括中英文组合的“美加净MAXAM”和英文字母的“MAXAM”等，其中商标“MAXAM”取得商标注册证，核定使用商品为发乳等，是独立的商标，依法应受法律保护，而非仅是对“美加净MAXAM”商标的补强而分开单独注册。被告单位虽有“美克西”的商标注册证，但其在涉案发乳瓶身标贴中文“美克西”下方显著位置，印有“MAXAM”字样，且瓶底有浮雕字母“MAXAM”字样，瓶盖印有“MAXAM”字样，商品包装、大小、重量等均与上海家化公司的发乳基本无差别，足以对公众产生误导。

因此，只要在我国注册并取得商标注册证的商标，无论是中英文组合商标，还是英文字母商标，均为独立的商标，依法应受法律保护。该英文字母商标并非是对中英文组合商标的补强而分开单独注册，若未经许可，印有该英文字母商标的字样，则构成对其的独立使用。

二、购销合同系定牌加工的排除性要件

公诉机关曾提出本案是否涉及定牌加工问题，原因在于被告单位与外商签订了相关合同，被告人辩称相关商标系外商提供，跨越公司仅按照外商要求在被告单位的元宝瓶中灌装加工发乳，且灌装后的发乳直接运往中东国家销售并不在国内销售。

涉外定牌加工，俗称贴牌加工，是指在来料加工、来样加工和来件加工业务中，境内受托方接受境外委托方的委托，由境外委托方提供商标，境内受托方将其提供的商标印在所加工的产品上，并将加工后的产品全部交付境外委托方并由其在境外销售，境内受托方不负责对外销售，仅收取加工劳务费的一种生产组织方式。在实践中，对于定牌加工是否构成知识产权侵权尚有争议，更勿论构成刑事犯罪。从构成要件角度分析，涉外定牌加工至少应符合以下要件：

第一，外商和受托加工方构成加工承揽关系，所涉合同应符合相关形式要件。如果双方签订的合同为购销合同，仅就产品数量、价格、金额等达成一致意见，未对产品所附商标作明确约定，这实质上构成买卖合同关系，换言之，购销合同排除构成定牌加工。

第二，在出口时需要提供外商经授权的商标权属证明，即在国外当地相关部门已注册的商标权属证，且符合公证认证的形式要件。

第三，受托加工的产品全部出口至目标国家，未在国内销售流通。

本案中，被告单位与外商签订的合同为购销合同，并且无法提供外商已授权的权属证明，因此，本案并不涉及涉外定牌加工问题。

（撰稿人：朱瑜）

销售假冒注册商标的商品罪中“销售数额”的认定

——被告人王某销售假冒注册商标的商品罪案

【提要】

销售假冒注册商标的商品罪的销售金额，应当综合被告人供述、商标权利人的鉴定意见、网络销售记录、司法审计报告等进行认定。关于商标权利人出具的商品真伪鉴定意见，不能以其与被告人存在利害关系、不具有鉴定资质来否定该类鉴定意见的证明效力，而需要把握全案证据、事实之间的相互印证关系对商品的真伪予以综合认定；被告人辩称网络销售记录存在刷单、真假混卖等交易情形，但无证据证实的，对其辩解不予采纳。本案对审理商标刑事案件具有一定参考价值。

【案情】

公诉机关：上海市长宁区人民检察院

被告人：王某

案由：销售假冒注册商标的商品罪

一审案号：（2018）沪 0104 刑初 685 号

2017 年 3 月起，被告人王某通过由其本人注册的“浩琳包包行”的淘宝网店，以明显低于市场价的售价，对外销售假冒的“MCM”品牌包袋。经鉴定，自 2017 年 3 月至 2018 年 3 月，被告人王某通过“浩琳包包行”网店，销售假冒“MCM”品牌包袋，销售金额共计 2, 962, 745 元。2018 年 3 月 22 日，被告人王某在暂住地被民警抓获。民警当场在其暂住地查获假冒“MCM”品牌钥匙扣 47 个、钱包 41 个、手提包 3 个、双肩包 2 个。经鉴定，上述物品共计价值人民币 1686 元。

公诉机关认为，被告人王某销售明知是假冒注册商标的商品，销售金额巨大，其行为已触犯《中华人民共和国刑法》第二百一十四条，犯罪事实清楚，证据确实、充分，应当以销售假冒注册商标的商品罪追究其刑事责任。被告人王某如实供述自己的罪行，可以从轻处罚。根据《中华人民共和国刑事诉讼法》第一百七十二条之规定，提起公诉，提请依法审判。

被告人王某对起诉书指控的犯罪事实及罪名均无异议。被告人王某的辩护人辩称，本案中认定被告人王某销售290余万元假冒MCM包包证据不足、事实不清，本案中仅对报案人购买的一个标有MCM商标的包包及从被告人处查扣的钥匙扣47个、钱包41个、手提包3个、双肩包2个进行了鉴定并得出了假冒的结论，并未就王某销售的其他更大量包包进行鉴定，不能认为王某购进和出售的所有包都是假冒注册商标的商品；被告人文化程度低，对假冒注册商标的认知会有偏差，即使有口供的确认，没有其他证据佐证或不能排除合理怀疑，也不能认定构成犯罪；公安机关所调取的被告人的淘宝网销售记录，每笔交易并未注明系“MCM”品牌包袋，该份电子数据也没有淘宝网的说明及经过严格的公证程序，同样不能排除合理怀疑；上海新净信知识产权服务股份有限公司与本案具有利害关系，故其所出具的鉴定意见最多可以看作是被害人陈述，并且该公司没有司法鉴定资格。

【审判】

上海市徐汇区人民法院经审理认为：

被告人王某并无销售MCM商标相关商品的授权；其在网上销售的所有涉案商品，均系从当地箱包市场的诸多商贩处购入，也没有证据能证明其上家具有销售MCM商标相关商品的合法授权；从调取的被告人已出售的MCM品牌包及查扣的被告人处未销售的MCM商标相关商品的鉴定结果看，无一正品，均系假冒MCM注册商标的商品；没有任何证据证明被告人也曾销售过MCM品牌的正品；被告人也如实供述从进货价格判断其明知所购之MCM商标相关商品均系假冒注册商标的商品，其网店中也从未销售过MCM相关商品的正品。综上，可以确认被告人本案中销售的均系假冒MCM注册商标的商品。其辩护人辩称的被告人销假事实不清、证据不足、部分商品的假冒不能涵盖被告人购进和出售的所有商品的意见无事实及法律依据，不予采信。关于本案中被告人的销售金额，公安机关依法调取了被告人经营的“浩琳包包行”网店2017年3月至2018年3月的交易记录，来源及程序合法；委托上海沪港金茂会计师事务所有限公司进行了司法审计，结论客观；被告人王某也确认2017年3月起网店销售的均为假冒MCM注册商标的商品，至案发的销售金额以网点交易记录为准；被告人及辩护人也无任何证据证明该销售金额中尚包含其他商品、MCM正品或虚假刷单交易额，故应该认定本案中被告人的销售金额为2, 962, 745元。对辩护人关于交易记录及审计结论不能排除合理怀疑的意见不予采信。关于辩护人提出的上海新净信知识产权服务股份有限公司与本案具有利害关系、没有司法鉴定资格、故其所出具的鉴定结论应为被害人陈述的意见，法院认为，品牌商品的特殊性决定了其原料、配方、工艺、防伪措施等相关秘密一般为品牌所有者掌握且不为社会所公知，故在办理相关涉侵犯知识产权案件时，权利人或经权利人授权的委托代理机构在授权范围内出具的相关证明、说明，可以作为证据使用，除非涉案当事人提出确切的相反证据。上海新净信知识产权服务股份有限公司系涉案 MCM 商标所有人 MCM 控股公司在我国境内的特别授权代表，MCM 控股公司全权授予上海新净信知识产权服务股份有限公司向执法机构投诉侵权人、对涉嫌侵权产品进行鉴别、出具鉴定报告、提供价格参考等，本案中被告人王某对其销售的均为假冒 MCM 注册商标的商品也没有任何异议，故上海新净信知识产权服务股份有限公司出具的关于商品真伪及价格参考的证明应予以认定。辩护人关于被告人王某具有坦白情节、认罪态度较好，应对其从轻处罚的意见，予以采纳。本案被告人销售金额近 300 万元，远超数额巨大的标准，故不能适用缓刑。综上，被告人王某销售明知是假冒注册商标的商品，销售金额巨大，其行为已构成销售假冒注册商标的商品罪，应予处罚。公诉机关的指控成立。根据《中华人民共和国刑法》第二百一十四条、第六十七条第三款、第五十三条、第六十四条规定，判处被告人王某有期徒刑 3 年 6 个月，并处罚金 50 万元；查获的假冒注册商标的商品予以没收。

一审判决后，控、辩双方均未抗诉或上诉，该案现已生效。

【评析】

一、商标权利人出具的鉴定意见是否具有证明效力

在侵犯商标权刑事犯罪案件中，商标权利人出具涉案商品真伪鉴定的现象十分普遍。多数案件中，被告人会以鉴定人与被告人存在利害关系，商标权利人不具有鉴定资质为由提出抗辩。那么，商标权利人的鉴定意见是否具有证明效力呢？商标是区分商品或服务来源的商业标志，能够向消费者传递产品质量信息，并为商标权利人提供广告宣传。毫无疑问，商标能够为商标权利人带来经济利益，并且商标知名度越高，带来的经济利益越大。这也正是知名商标频频成为侵犯商标权刑事犯罪对象的主要原因。商标权利人为了维护其商标和商品不受侵害，往往会投入较大的维护成本，其中就包含了一定的技术要素。这类鉴别诀窍通常只有商标权利人掌握，并且秘而不宣。因为一旦为公众所知悉，势必会被犯罪分子利用以制造高仿真产品，损害商标权利人利益。正是基于上述考量，国家工商行政管理总局商标局在 2005 年 11 月 14 日回复浙江省工商行政管理局有关《关于查处商标侵权违法案件中商标注册人鉴定商品效力问题的请示》中明确，“在查处商标违法行为过程中，工商行政管理机关可以委托商标注册人对涉嫌假

冒注册商标商品及商标标识进行鉴定，出具书面鉴定意见，并承担相应的法律责任。被鉴定者无相反证据推翻该鉴定结论的，工商行政管理机关将该鉴定结论作为证据予以采纳。”这表明，商标权利人出具的鉴定意见具有当然的证明效力，除非有相反证据予以推翻。此外，由于商标权利人在侵犯商标权刑事犯罪案件中处于被害人地位，其就商品所做的真伪鉴定应属于被害人陈述，而非鉴定意见，故无须相关鉴定资质的要求。

二、仅有商标权利人出具的鉴定意见能否对商品真伪作出认定

由于商标权利人对商品真伪所做鉴定属于被害人陈述，而众所周知，被害人陈述容易受到各种主客观因素的影响而出现虚假或失真。从主观因素的影响看，被害人惩处被告人的愿望普遍强烈，案件的处理结果与被害人存在着直接利害关系，可能导致被害人因受心理感受、个人情绪等主观因素影响而有意夸大其词，导致陈述不实。从客观方面来看，言词证据的形成是一个相当复杂的过程，一般要经过感知、记忆、陈述三个阶段，在这三个阶段可能会因外在环境的影响而出现失真，使言词证据所反映的案件事实与客观真实情况不符。在侵犯商标权刑事犯罪案件中，商标权利人是被害人，其与被告人的利害关系是客观存在的，并且基于言词证据的特性，商标权利人出具的鉴定意见是有可能会出现虚假、失真等情况的。特别是，对于受托专门从事商业维权的机构，由于维权成效直接与其业绩评价及经济收益挂钩，不能断然排除受托鉴定人夸大其词，将正牌商品作为假冒商品认定的可能性。因此，在此情况下，商品的真伪不能仅依靠商标权利人的鉴定意见直接作出认定，而应当结合其他证据与事实进行综合认定。本案中，除商标权利人委托的机构出具的鉴定意见之外，还有被告人“从进货价格推断商品为假冒”的供述、被告人所售商品无合法授权手续以及进货渠道均为非正规箱包市场小商贩等客观现实，上述证据与事实共同指向同一待证事实，即被告人销售的商品为假冒 MCM 商标的包包，上述证据、事实与商标权利人委托机构出具的鉴定意见相互印证，能够佐证鉴定意见的证明内容，增强其证据效力，从而对商品的假冒属性作出认定。

三、在被告人以“刷单”“真假混卖”进行抗辩时销售金额应如何认定

在销售假冒注册商标的商品罪的定罪量刑中，除了要对商品的真伪进行定性外，更为重要的是准确地对假冒商品的销售金额进行认定。这不仅是因为销售金额最能从量上直观反映行为人实施销售假冒注册商标商品行为的社会危害性和主观恶性，还因为它是刑法规定的销售假冒注册商标的商品罪的唯一定罪处罚标准，直接决定行为人的销售行为是否构成犯罪，并影响着刑期的长短。由于网络销售平台的管理模式尚不规范，网络销量中的刷单、真假混合销售等行为不在少数，因此，在此类案件中，诸多被告人皆以此为由进行抗辩，大大增加了该类犯

罪销售金额的认定难度。本院认为，由于网络销售的特殊性，一些经营者为吸引客户，确实会创设虚假的购买量和好评，即从事“刷单”行为，以提升店铺的信誉和人气。由于“刷单”形成的销量不具有真实性，因此在计算销售金额时应予以扣除。那么应如何查清哪些交易是刷单所为？本院认为，由于网络销售记录通常固定于第三方交易平台，有一定的客观性和不可修改性，因此，在无明显证据表明交易行为存在虚假的情况下，应由被告人提供刷单的证据，包括委托他人刷单的聊天记录，刷单费用的支付凭证、刷单所对应的订单没有真实物流交易信息及收款信息等，如果被告人仅以“刷单”进行抗辩，而不能提供客观证据，则不能认定存在刷单行为。同样，关于“真假混卖”，由于仅仅从平台销售记录上根本无法分辨出哪些是正品的销售记录，因此，在侦查机关查扣的库存中没有正品的情况下，若被告人以此抗辩，亦应由其进行举证，包括其从正品供货商处的进货合同、发货记录、货款支付明细等，如果其无法提供上述证据，则应认定其销售的商品均为假冒注册商标的商品，相应的销售记录均应计入本罪的销售金额。

（撰稿人：王利民　刘秋雨）

涉商标犯罪中“相同商标”的司法认定

——被告人陈某堂等销售非法制造的注册商标标识罪案

【提要】

刑法意义上的“相同商标”是指与注册商标完全相同或者与注册商标在视觉上基本无差别，足以对公众产生误导的商标。仅改变注册商标的颜色或文字的上下排列顺序，或添加地名、条形码等识别性较弱的内容，不改变注册商标的结构，也不影响体现注册商标的显著特征，影响公众的认知判断的，应当认定为刑法意义上的“相同商标”。如果被控侵权标识的构成要素、整体结构与注册商标相比作了部分改变，两者产生一定的视觉差异，即使该标识中含有注册商标，也不宜认定为刑法意义上的“相同商标”，以避免刑罚的不当扩张。

【案情】

公诉机关：上海市浦东新区人民检察院

被告人：陈某堂、陈某芳、万某宏

案由：销售非法制造的注册商标标识罪

一审案号：（2017）沪 0115 刑初 3303 号

“Dole”“SWEETIO”系美国都乐食品有限公司在我国核准注册的商标；“Zespri”“Zespri”系新西兰水果市场理事会（2012 年变更为泽斯普瑞集团有限公司）在我国核准注册的商标；“Sunkist（指定颜色）”系美国新奇士种植者有限公司在我国核准注册的商标。上述注册商标均在有效期内，受我国法律保护。

被告人陈某堂、陈某芳、万某宏明知系假冒上述品牌的水果贴标，仍大量购入后在其经营的店铺内销售。2017 年 5 月 25 日，公安机关在其店铺内将被告人陈某堂、陈某芳、万某宏人赃俱获，查获“”“”“”“”“”“”“”“”“”“”“”等 11 种标贴共计 404, 977 件。经商标权利人授权的单位鉴别，上述标贴均与其印制的注册商标标识不同，系假冒。各被告人到案后均如实供述了上述犯罪事实。经比对，上述标识中的“”及“”标识与权利人的注册商标不构成刑法意义上的相同商标，故涉及的25,740件“”标识及31,080件“”标识予以扣除后，认定涉案非法制造的注册商标标识为348,157件。

公诉机关指控，三被告人明知是伪造的注册商标标识而予以销售，情节特别严重，其行为已触犯刑法第二百一十五条，应当以销售非法制造的注册商标标识罪追究其刑事责任。三被告人已经着手实行犯罪，由于意志以外的原因未能得逞，系犯罪未遂，可以比照既遂犯从轻或减轻处罚。三被告人系共同犯罪，适用刑法第二十五条第一款。被告人陈某芳犯罪后能自动投案，如实供述自己的罪行，系自首，可以从轻或减轻处罚。被告人陈某堂、万某宏到案后如实供述自己的罪行，可以从轻处罚。

三被告人对公诉机关指控的事实和罪名没有异议。

被告人陈某堂的辩护人提出，本案系犯罪未遂，被告人陈某堂是初犯，且悔罪态度良好，建议对被告人陈某堂从轻处罚。

【审判】

上海市浦东新区人民法院经审理认为，涉案非法制造的商标标识共11种，其中，“”“”“”“”“”“”“”“”“”等9种标识与注册商标相比，在总体视觉上基本无差异。虽然上述部分标识通过添加地名、改变排列顺序、对文字稍作修改、增加条形码等方式对注册商标作出部分改变，但这种改变的识别性较弱，不属于对注册商标的实质性改变，不影响体现注册商标的显著特征，也未改变标识的整体结构，足以对消费者产生误导，故上述11种涉案非法制造的标识分别与相应的注册商标构成刑法意义上的相同商标。而“”标识与注册商标“”相比较，其上半部分基本相同，但将注册商标下半部分中的构成要素作了较大改变，其中将英文和数字改成了中文“红心”，两个标识的下半部分在文字类型、读音方面均不同，被控侵权标识在视觉上与注册商标差异明显，因此不构成刑法意义上的相同商标；“”标识由英文、数字及图形组成，与注册商标“（指定颜色）”相比较，其改变了注册商标的图形方向和结构，“Sunkist”位于标识的上部，字体较小，中间以白色为底色的竖条纹图形及“jingpin”字母在标识中占较大比例，两者构成要素、整体结构均不同，被控侵权标识在视觉上与注册商标的差异明显，因此不构成刑法意义上的相同商标。故涉及“”及“”的相应数量标识应从犯罪数额中予以扣除，法院最终认定涉案假冒注册商标的标识共计348, 157件。

三被告人以营利为目的，违反商标管理法规，未经注册商标权利人许可，明知是伪造的注册商标标识而予以销售，情节特别严重，其行为已构成销售非法制造的注册商标标识罪。三被告人已经着手实行犯罪，由于意志以外的原因而未得逞，依法比照既遂犯减轻处罚。三被告人系共同犯罪。被告人陈某芳犯罪后自动投案，如实供述自己的罪行，系自首，依法从轻处罚。被告人陈某堂、万某宏到案后如实供述自己的罪行，可以从轻处罚。据此，上海市浦东新区人民法院依照《中华人民共和国刑法》第二百一十五条、第二十三条、第二十五条第一款、第六十七条第一款、第三款、第七十二条、第七十三条、第五十三条、第六十四条，《最高人民法院、最高人民检察院关于办理侵犯知识产权刑事案件具体应用法律若干问题的解释》第三条第二款第（二）项，《最高人民法院、最高人民检察院关于办理侵犯知识产权刑事案件具体应用法律若干问题的解释（二）》第四条之规定，判决：1. 被告人陈某堂犯销售非法制造的注册商标标识罪，判处有期徒刑2年8个月，罚金人民币3000元。2. 被告人陈某芳犯销售非法制造的注册商标标识罪，判处有期徒刑2年，缓刑2年，罚金人民币2500元。3. 被告人万某宏犯销售非法制造的注册商标标识罪，判处有期徒刑2年8个月，缓刑2年8个月，罚金人民币3000元。4. 查获的非法制造的注册商标标识予以没收。

判决后，三被告人均未提出上诉，公诉机关亦未提起抗诉。

【评析】

本案中查获的标贴均系非法制造的商标标识，其对注册商标的图形、文字等表达均进行了不同程度的修改，其中部分标贴差异超过了刑法中“相同商标”的认定范围。为准确界定涉案非法制造的注册商标标识的数量，需要依照刑法中“相同商标”的认定原则，将从被告人处查获的标识与注册商标进行比对，扣除认定为不相同的商标，以确保准确定罪量刑。因此判断被控侵权标贴与注册商标是否构成刑法意义上的“相同商标”是本案的关键，并应划定与民事侵权中的“近似商标”的认定界限。

一、刑法意义上“相同商标”的认定规则

对于何为刑法意义上的“相同商标”存在着广义说和狭义说两种不同的观点。广义说认为，“相同商标”是指内容完全相同或者基本相同的商标。狭义说认为，“相同商标”指的就是内容完全相同的商标，即文字商标的名称文字相同、图形商标的图形相同、混合商标的文字和图形均相同。如国家工商行政管理局商标局工商标字〔1999〕第331号《关于商标行政执法中若干问题的意见》

第5条规定："相同商标是指两商标相比较，文字、图形或者文字与图形的组合相同或者在视觉上无差别。"在涉商标犯罪中，有人为逃避法律制裁故意更改注册商标的大小、比例乃至文字、字母的大小写等方面，但这不应影响对"相同商标"的认定。此外，为贯彻TRIPS协议关于对所有具有商业规模的蓄意假冒商标都应予刑罚惩处的精神，对那些使用足以以假乱真、一般人用肉眼难以辨别、容易被误认为注册商标的侵权商标，应当认定为刑法意义上的"相同商标"。[①] 这种解释并不违背罪刑法定原则，而是为了更好地打击犯罪，以维护注册商标专用权人的利益和消费者的利益。2004年12月《最高人民法院、最高人民检察院关于办理侵犯知识产权刑事案件具体应用法律若干问题的解释》（以下简称2004年《解释》）第八条第一款实际上即采取了广义说的观点，[②] 对"相同商标"的认定进行了扩张解释，认为"相同商标"除了与被假冒的注册商标完全相同的商标，还包括与被假冒的注册商标在视觉上基本无差别、足以对公众产生误导的商标。

为准确界定2004年《解释》中规定的与被假冒的注册商标"在视觉上基本无差别"和"足以对公众产生误导"的商标，2011年1月《最高人民法院、最高人民检察院、公安部关于办理侵犯知识产权刑事案件适用法律若干问题的意见》（以下简称2011年《意见》）第六条进一步对"相同商标"的界定进行了规定。此外，为了给司法实践中出现的各种情况预留空间，该条文还进行了兜底规定"其他与注册商标在视觉上基本无差别、足以对公众产生误导的商标"。

"在视觉上基本无差别"即在视觉上仅有细微差别，一般情况下社会公众不能也不会注意到这种差别。如对于图形商标，实践中应从图形的整体效果来进行判断，如果图形整体结构只有细微差别，两个商标视觉效果相同，则应认定为"基本相同商标"；对于文字商标，若其仅存在字体、颜色、字母横竖排列顺序等差异，基本视觉效果无差别，仍判定为"相同商标"，因为对文字商标来说，字体、颜色、字母横竖排列顺序等均不是影响文字商标的主要元素。但如果文字商标拥有特定的艺术字体设计，其视觉效果同图形商标呈现的视觉效果近似，也会影响对两者相似程度的判断。对于由图形和文字组成的组合商标，应注意整体比对观察和显著部分比对观察。如果注册商标是文字商标，被控标识为组合商标，且文字部分是主要部分，图形部分不具有显著性，被控标识在文字部分与注

---

① 最高人民法院发布知识产权刑法保护有关问题调研报告（2003年5月19日）。

② 2004年12月最高人民法院、最高人民检察院《关于办理侵犯知识产权刑事案件具体应用法律若干问题的解释》第八条第一款规定："《刑法》第213条规定的相同的商标，是指与被假冒的注册商标完全相同，或者与被假冒的注册商标在视觉上基本无差别，足以对公众产生误导的商标。"

册的文字商标无区别，则应认定为两者“视觉上无差别，足以误导相关公众”。在图形为商标显著部分的组合商标中亦然。总之，刑法意义上的“相同商标”的认定应严格把握，只有被控标识与注册商标之间存在字体、大小、颜色等细微差别的，才可以认定为“与注册商标在视觉上基本无差别、足以对公众产生误导”的情形，构成“相同商标”。

二、涉商标犯罪中“相同商标”与民事侵权中“近似商标”的认定界限

对于涉商标犯罪中的“相同商标”的理解，不但要注意刑法保护商标专用权和消费者合法权益目的的实现，也应注意与民法中的商标侵权的区分。避免将“近似商标”认定为“相同商标”，造成商标民事侵权与刑事犯罪界限不明，导致刑罚的不当扩张。

2011年《意见》第六条将“相同商标”解释为“其他与注册商标在视觉上基本无差别、足以对公众产生误导的商标”。由此也可推导出“相同商标”与“近似商标”的边界。

文字商标认定为“基本相同”的首要条件是两个商标的文字必须相同，文字不同的，即使在实践中确实会误导公众的，也不得认定为两者基本相同，只能作为民事侵权处理，而不得作为刑事犯罪处理。① 对于组合商标而言，如果图形为商标显著部分且两个商标的图形完全相同，两个商标文字部分差别较大，则只能认为近似，而不能视为基本相同。

有观点认为，认定侵权标识与权利人商标构成商标刑事犯罪中的相同，同样情况按照民事审判认定标准却可能认定为近似而不是相同，故而2004年《解释》和2011年《意见》将刑法第二百一十三条“相同商标”扩张解释为包括基本相同的商标之后，“相同商标”的刑事认定标准比民事认定标准更低。② 这种思路实际上混淆了民事侵权与刑事犯罪之间的关系。尽管有少部分情况可能会出现依据刑事法律判断为“相同”，依据民事法律判断为“相似”，但原因是为了实现打击涉商标犯罪并维护商标权人和消费者利益的目的，司法解释对刑法规则进行了扩张解释，造成商标刑事犯罪中“相同”内涵的适当扩张，这种扩张仅仅囊括了侵权标识与注册商标存在“与注册商标在视觉上基本无差别、足以对公众产生误导”的少数情况，即使这少部分情况在民事法律中可能被判断为“近似”，仍有诸多民法中被判断为“近似”的情况，依据刑事法律不能被规制。即使司法解释稍作扩张，商标民事侵权规制的行为类型和数量均多于商标刑事犯

① “假冒注册商标罪、假冒专利罪、侵犯著作权罪司法认定问题研究”，载《调研与参考（刑二庭）》，2011年08月09日。

② 李国泉、黄文旭：“‘相同商标’的认定标准”，载《人民司法》2013年6月。

罪。换言之，涉案标识与注册商标之间的相似程度可划分为“完全不相像、近似、基本相同、相同”，“完全不相像”并不会受到法律规制，“近似”情况仅受到民事法律规制，“基本相同”和“相同”情况可能受到民事法律和刑事法律的规制，其中仅情节严重或特别严重的情况才会受到刑事法律的规制。从商标民事侵权和商标刑事犯罪各自完整的行为规制范围来看，商标民事侵权和商标刑事犯罪仍实现了对不同法益侵害程度行为的有序规制。

总之，扩张解释刑法条文应慎重，以实现罪刑法定和刑法的谦抑性，2004年《解释》已经对刑法条文进行了扩张解释，解释该司法解释就不宜再次扩张，而应严格把握商标刑事犯罪中“相同商标”和民事侵权中近似商标的区别。[①] 因此，在理解该司法解释时要明确商标侵权与犯罪的边界，不能随意将近似商标认定为“相同商标”。

（撰稿人：倪红霞）

① 吴忆萍：“假冒注册商标罪中‘相同商标’的认定”，载《电子知识产权》2008年第1期。

销售假冒酒类注册商标商品行为的定罪量刑考量

——刘某某销售假冒注册商标的商品罪案

【提要】

酒类销售公司法定代表人大量购入假冒酒类注册商标的商品，并利用政协委员等特殊身份的个人影响力搭建隐蔽性网络大肆对外销售，数额巨大，社会影响恶劣，构成销售假冒注册商标的商品罪。

【案情】

公诉机关：上海市闵行区人民检察院

被告人：刘某某

案由：销售假冒注册商标的商品罪

一审案号：（2017）沪0112刑初2033号

被告人刘某某案发前系上海某酒类公司法定代表人，上海市某某区政协委员。2017年1月起，其从北京购入假冒“贵州茅台”“五粮液”注册商标的白酒，并通过微信订购、汽车流动仓储、上门送货、货到pos机刷卡而不开具发票等方式销售给黄某某、付某某、尹某某、邓某等人，已销售金额共计人民币392,400元，其余尚未销售的白酒存放于上海某临时住处、汽车内等地方。2017年4月6日，公安机关依法抓获被告人刘某某，并在虹桥机场及上述地址当场扣押待销售的假冒注册商标的白酒507瓶。经鉴定，上述货品均系假冒注册商标的商品，其市场价共计人民币496,803元。

公诉机关指控被告人刘某某的行为已构成销售假冒注册商标的商品罪，提请法院依照《中华人民共和国刑法》第二百一十四条之规定予以判处。

被告人刘某某在开庭审理中对上述事实均无异议。

被告人刘某某辩护人的主要辩护意见如下：一方面，本案犯罪金额中的49万余元系其商品待销售金额，属犯罪未遂；另一方面，被告人刘某某系初犯、偶犯，庭审中认罪、悔罪态度好，并愿意主动缴纳一定的罚金。因此，希望人民法院可以从轻或减轻处罚。

【审判】

上海市闵行区人民法院经审理认为：被告人刘某某违反商标管理法规，明知是假冒注册商标的商品仍予以购入并对外进行销售，已销售金额人民币39万余元，属数额巨大，已构成销售假冒注册商标的商品罪，系犯罪既遂；查获的假冒注册商标的商品的待销售金额人民币49万余元，属数额巨大，其行为已构成销售假冒注册商标的商品罪，被告人刘某某已经着手实行犯罪，由于意志以外的原因而未得逞，属犯罪未遂。被告人刘某某销售假冒注册商标的商品的既遂金额和未遂金额均达到同一的法定刑幅度，在处罚同一法定刑幅度内酌情从重处罚。

综上，上海市闵行区人民法院依照《中华人民共和国刑法》第二百一十四条、第二十三条、第五十二条、第五十三条、第六十四条，《最高人民法院、最高人民检察院关于办理侵犯知识产权刑事案件具体应用法律若干问题的解释》第二条第二款以及《最高人民法院、最高人民检察院关于办理侵犯知识产权刑事案件具体应用法律若干问题的解释（二）》第四条的规定，判决：1. 被告人刘某某犯销售假冒注册商标的商品罪，判处有期徒刑4年，并处罚金人民币60万元；2. 扣押在案的假冒注册商标的商品及用于销售假注册商标的商品的手机、电脑等物品均予以没收；3. 违法所得予以追缴。

一审判决后，公诉机关未抗诉、被告人未上诉，一审判决已发生效力。

【评析】

本案涉案商品涉及烟酒行业中较为知名的酒类品牌，且犯罪主体身份特殊，故在案件发生后即引起了社会各界的广泛关注。本案在定罪量刑时，根据平等适用刑法、罪刑罚相适应等原则，并结合本案案情进行了裁判。

一、构成该罪“主观明知”要件的定罪分析

根据相关法律规定，销售假冒注册商标商品罪的主体要件为一般主体，客体要件为国家对商标的管理制度、他人对注册商标享有的专用权，主观要件为“明知”，客观要件为销售了假冒他人已注册商标的商品牟利且达到一定销售金额。本案犯罪事实较为清楚，判定被告人罪与非罪的重要界限在于被告人主观上是否“明知”。

关于主观方面是否“明知”的认定，是一个较为复杂和困难的问题。2004年《最高人民法院、最高人民检察院关于办理侵犯知识产权刑事案件具体应用法律若干问题的解释》第九条列举了三种应认定为“明知”的情形，并用第四项进行了兜底规定。随后，全国人大常委会法制工作委员会于2016年在《中华

人民共和国刑法》释义及实用指南中又对该罪的“主观明知”认定进行了进一步明确，即：一是行为人是否曾被告知所销售的商品是假冒注册商标的商品；二是销售商品进货价格和质量明显低于市场上被假冒的注册商标商品的进货价格和质量；三是根据行为人本人的经验和知识，能够知道自己销售的是假冒注册商标的商品。

本案中，涉案商标知名度较高，被告人作为酒类销售公司的法定代表人长期从事酒类商品的批发、零售业务，应知晓该品牌并对该种商品的真假识别程度较普通人高。在庭审中，其陈述自己确实知道涉案商品是假酒，因价格便宜，故以400多元一瓶的进货价进货销售。此外，本案中商品的进货渠道、买卖及交接的时间、地点与方式、方法也与正常交易不同，即：被告人从无茅台酒销售授权、许可的个人卖家处进货，通过微信订购、汽车流动仓储等较隐蔽性的方式销售且未开具发票，由此也可佐证本案被告人主观上明知其销售的是假冒注册商标权的商品。因此，结合本案其他案情，可以认定公诉机关指控被告人犯销售假冒注册商标的商品罪成立。

二、既有已销售金额又有待销售金额的量刑认定

在销售假冒注册商标的商品罪中，销售金额的认定对于该罪的量刑有重要影响。本案中，被告人及其辩护人对涉案商品的已销售金额为39万余元、待销售金额为49万余元的金额本身无异议，但被告人的辩护人提出了涉案商品尚未销售就被查获，系因意志以外的原因而未得逞，属于犯罪未遂，由于未遂金额较既遂金额高，故认为本案为犯罪未遂，可以比照既遂犯从轻或减轻处罚的辩护意见。

对此，法庭经审理认为，上述两部分金额涉及两部分犯罪事实，应分开算是否达到法定刑幅度，不能简单以其中金额高的一部分作为定罪量刑的依据。根据《最高人民法院、最高人民检察院关于办理侵犯知识产权刑事案件具体应用法律若干问题的解释》第二条及《最高人民法院、最高人民检察院、公安部关于办理侵犯知识产权刑事案件适用法律若干问题的意见》第八条可以确定，已销售金额或待销售金额在25万元以上，均属该罪规定的“数额巨大”的情形，本案被告人的非法经营数额分为两部分，即已销售金额39万余元、待销售金额49万余元，上述两部分金额均已达到该罪的入刑金额标准，并均达到了“数额巨大”的这一法定刑幅度。同时，根据上述司法解释规定，因既遂金额和未遂金额均达到同一的法定刑幅度，故本案在处罚同一法定刑幅度内酌情从重处罚。本案中，被告人利用“茅台”等知名酒类品牌货品稀缺且供应紧俏的特点，大量购入相应假冒注册商标的酒类商品，利用其为酒类产品销售公司法定代表人、政协委员等特殊身份的个人影响力搭建隐蔽性销售网络，并以接近正品的价格对外销售，对消费者的迷惑性高，销售范围广、金额高、社会危害性大。因此，根据《最高人民法院、最高人民检察院关于办理侵犯知识产权刑事案件具体应用法律若干问题的解释（二）》第四条规定，法院综合考虑本案非法经营数额、给权利人造成的损失、社会危害性等情节，按照非法经营数额的 50% 以上一倍以下确定了罚金。

综上，本案以“事实为依据，法律为准绳”，对犯罪行为、犯罪金额进行审慎认定，依法严惩侵害知识产权、扰乱市场秩序的犯罪行为，对引导和规范我国酒类行业品牌保护、发展，优化营商环境，具有重大示范意义。

（撰稿人：顾亚安　陈亦雨）

六、

知识产权行政案件

专业领域使用非通用术语宣传
“引人误解”的认定

——捷豹路虎（中国）投资有限公司不服上海市浦东新区市场监督管理局行政处罚决定及上海市浦东新区人民政府行政复议决定案

【提要】

当专业领域的经营者使用非通用术语宣传时，虽该术语无公认的含义，但若结合该术语的相关专业背景及经营者对该术语的使用历史，相关公众对该术语的认知会导致对商品配置、性能等产生误解，则该宣传内容构成虚假宣传。在宣传内容已容易导致社会公众产生误解的情况下，仅凭宣传册尾部内容较为概括的免责提示不能消除上述误解。

【案情】

原告：捷豹路虎（中国）投资有限公司（以下简称捷豹路虎公司）

被告：上海市浦东新区市场监督管理局（以下简称浦东市场监管局）

被告：上海市浦东新区人民政府（以下简称浦东区政府）

案由：不服行政处罚决定及行政复议决定

一审案号：（2017）沪 0115 行初 291 号

原告捷豹路虎公司系“路虎”品牌车辆在中国的总经销商，其 2014 年款路虎 DISCOVERY4（以下简称 2014 年车辆）系列越野乘用车共四种车型，在宣传材料中，车辆配置表显示全地形反馈适应系统、中央电子差速锁、驾驶员座椅侧向支撑调节为标准装备，还介绍全地形反馈适应系统包括大岩石/圆石慢行模式（以下简称大岩石模式）等五种模式。宣传材料尾部有“……该手册既不应视为目前路虎汽车技术规格的可靠指导，也不能当成对任何一辆路虎汽车的销售报价”等声明。

2014 年车辆仅一种车型标配的座椅能实现驾驶员座椅侧向支撑调节功能，大岩石模式需加装双速分动箱后才能实现，但四种车型均标配的是单速分动箱，其中配有 T-3 型托森式中央差速器。原告的 2013 年车辆标配双速分动箱，其中配有摩擦片式自锁式中央差速器，亦在配置表中标注中央电子差速锁为标准装备。

2015 年 3 月 20 日开始，陆续有消费者举报涉案车辆虚假宣传。被告浦东市场监管局依法立案、调查并举行了听证。根据原告提交的鉴定报告及专家意见："中央电子差速锁"非汽车行业的专业用语，亦无标准定义；T-3 型托森式中央差速器是一种机械式差速器，其与车辆的电子差速系统配合，能实现中央电子差速锁锁止功能；其不能在仪表盘中显示工作状态；在正常公路行驶中表现突出。摩擦片式自锁式中央差速器是一种电子控制式的防滑差速器，具备中央电子差速锁锁止功能；能在仪表盘中显示工作状态；具备更好的极限越野能力。

原告在调查过程中两次出具公开说明，称宣传册中关于中央电子差速锁和座椅侧向调节的标准配置系印刷错误，漏印了大岩石模式无法在不配有双速分动箱的情况下实现的脚注。原告先后对上述宣传内容进行了修改。

2016 年 11 月 11 日，浦东市场监管局作出《行政处罚决定书》，认定原告关于全地形反馈适应系统、中央电子差速锁及驾驶员座椅侧向支撑调节功能的宣传与车辆实际配置不符，构成引人误解的虚假宣传。故对其作出责令停止违法行为，消除影响，并处罚款人民币 9 万元的行政处罚。捷豹路虎公司不服，向被告浦东区政府申请行政复议，浦东区政府于 2017 年 2 月 27 日作出行政复议决定，维持上述《行政处罚决定书》。

原告捷豹路虎公司诉称：其并未宣传大岩石模式为标准配置，宣传册中图文介绍的目的是介绍车辆可实现的最好功能，这是行业通行做法。涉案车辆具有差速器，也具有中央电子差速锁锁止功能，标注为中央电子差速锁并无不当。侧向支撑调节功能是印刷错误。消费者可以通过观察车辆外观辨识车辆是否具备涉案配置或功能，不会产生误解。为避免宣传册内容引起误解，原告在宣传册中进行了提示，尽到了提示义务。故起诉要求撤销《行政处罚决定书》和《行政复议决定书》。

被告浦东市场监管局辩称：1. 大岩石模式需选配双速分动箱后才能实现，但原告对此并未作出提示。2. 中央电子差速锁与中央电子差速锁锁止功能是两个不同概念，原告的 2013 款车辆与 2014 款涉案车辆实现该功能的部件、越野性能及仪表盘显示不同，但均作相同宣传且未做任何说明。3. 涉案专业配置问题并非通过简单观察车辆外观就能辨识，这显然加重了消费者的注意义务。4. 仅凭宣传册尾部的提示内容并不能避免上述宣传造成的误解。综上，请求驳回原告的诉请。

被告浦东区政府辩称，其具有作出行政复议的法定职权，所作复议决定事实清楚、程序合法、适用法律正确，请求驳回原告诉请。

【审判】

上海市浦东新区人民法院经审理认为：虚假宣传不正当竞争行为的本质在于宣传内容使相关公众对商品的质量、性能等容易产生误解，应根据日常生活经验、相关公众一般注意力、发生误解的事实和被宣传对象的实际情况等因素进行认定。原告宣传全地形反馈适应系统、中央电子差速锁及驾驶员座椅侧向支撑调节功能系涉案车辆的标准装备，但涉案车辆四种车型中仅一种车型标准配置有驾驶员座椅侧向支撑调节功能，显然构成引人误解的虚假宣传。就全地形反馈适应系统而言，宣传册中详细介绍其有五种模式，但并未提示消费者大岩石模式需选装双速分动箱后才可实现。消费者在阅看该宣传册后，会对涉案车辆的上述配置及性能产生误解。就中央电子差速锁而言，原告的2013年款车辆通过标配的“摩擦片式自锁式中央差速器”实现其所谓的中央电子差速锁锁止功能，并宣传标配有中央电子差速锁。2014年的涉案车辆通过标配的“T-3型托森中央差速器”配合电子差速系统共同实现该功能。虽然均可实现该功能，但所据以实现该功能的装备不同，越野性能不同，在仪表盘上的显示状态亦不同。原告更改装备后，仍在配置表中对标准装备作相同表述，对相关公众而言，极易产生涉案车辆装备了“摩擦片式自锁式中央差速器”这一具有更优越野性能的差速器的误解。在此情况下，原告仅通过在宣传册尾部做概括性的免责提示，并不能消除相关公众因整本宣传册中极为翔实和明确的宣传所产生的误解。因此，原告的上述行为构成引人误解的虚假宣传。

综上，上海市浦东新区人民法院依照《中华人民共和国行政诉讼法》第六十九条之规定，判决：驳回原告捷豹路虎公司的诉讼请求。

【评析】

本案最大的争议焦点在于原告宣传的“中央电子差速锁”是否构成虚假宣传。该名词并非汽车行业国家标准或行业标准中所规定的术语，亦非该行业人员所普遍接受和使用的通用术语。因此，原告在其宣传册上使用该术语进行宣传，很难谓其实施了“虚假”的商业宣传行为，应结合专业领域知识就相关公众是否会对非通用术语产生误解进行认定。

一、虚假宣传不正当竞争的本质在于“引人误解”

根据《反不正当竞争法》第九条第一款的规定，经营者不得利用广告或者其他方法，对商品的质量、制作成分、性能、用途、生产者、有效期限、产地等作引人误解的虚假宣传。从文义上看，“引人误解”和“虚假”是“宣传”的并列性限定词，宣传内容“虚假”及造成“引人误解”的后果是构成“引人误解的虚假宣传”所需满足的必要条件。但无论在理论界还是实务界，对该条均有不同解读。倾向性观点认为应作扩大解释，使该条规制的行为包括“引人误解的宣传”和“虚假宣传”两种情况，司法实践中事实上亦已采纳该观点。该观点又被新修订的于2018年1月1日起实施的《反不正当竞争法》所采纳，该法第八条第一款规定，经营者不得对其商品的性能、功能、质量、销售状况、用户评价、曾获荣誉等作虚假或者引人误解的商业宣传，欺骗、误导消费者。“虚假”的商业宣传一般亦会引人误解，对于看似“虚假”但并不引人误解的行为，如化妆品广告中“今年20，明年18”的宣传内容，属于《不正当竞争解释》第八条第二款规定的以明显的夸张方式宣传商品，不足以造成相关公众误解的行为，其不构成引人误解的虚假宣传。因此，认定是否构成虚假宣传不正当竞争的关键在于宣传行为是否足以产生引人误解的后果。

关于“引人误解”的具体认定，《不正当竞争解释》第八条第三款从主体、主观、客观后果及判断依据等方面规定了一般性的考量因素，即人民法院应当根据日常生活经验、相关公众一般注意力、发生误解的事实和被宣传对象的实际情况等因素，对引人误解的虚假宣传行为进行认定。本案所涉宣传内容系汽车领域关于车辆配置及性能的宣传，从主体方面来看，不应根据汽车行业专家等专业人员，或与涉案车辆毫无接触可能性的其他普通公众的认知标准来评判，而应基于涉案汽车的消费者或潜在消费群体、汽车产业链的相应经营人员等相关公众的认知标准进行评判。从主观方面来看，不应要求相关公众对涉案车辆的配置、性能等做极为深入、全面的研究与了解，而应以相关公众施以普通注意力时的认知状况进行认定。从判断依据方面来看，应结合相关公众的日常生活经验、汽车行业的相关背景知识、宣传行为的具体情形等进行综合认定。从客观后果方面来看，被诉宣传行为应足以使相关公众对涉案车辆的配置、性能等产生错误认识。涉案三项涉嫌虚假宣传的内容中，存在较大争议的是关于中央电子差速锁的宣传内容。

二、使用非通用术语宣传“引人误解”的认定

原告在其宣传册上使用“中央电子差速锁”这一非通用术语进行宣传是否构成“引人误解”的商业宣传，应结合汽车领域与“中央电子差速锁”相关的专业术语的含义，就相关公众是否会对该宣传内容产生误解进行认定。

在汽车行业，与“中央电子差速锁”相关的专业术语包括差速器、差速锁、电子差速系统等。其中，差速器是指能够使左右或前后驱动轮以不同转速转动的装置，包括前驱动桥轮间差速器（调整前轮轮速差）、后驱动桥轮间差速器（调整后轮轮速差）及中央差速器（调整前后轮轮速差）。差速锁是差速器上的锁止结构，其作用在于当汽车的一个驱动桥空转时锁死差速器，将大部分扭矩甚至全

部扭矩传给不滑转的驱动桥，产生足够牵引力，从而提高汽车在坏路面（如冰雪、泥泞等）上的通过能力。不同差速器采用的锁止方式不同，本案所涉“T-3型托森式中央差速器”及“摩擦片式自锁式中央差速器”是现在市场上比较主流的带有锁止功能的中央差速器。电子差速系统（亦称电子差速锁）系ABS的一种扩展功能，当其电子控制单元根据轮速信号判断出某一侧驱动轮打滑时，就自动对该车轮进行适当强度的制动，从而提高另一侧驱动轮的附着利用率，以此提高车辆的通过能力。

原告在其推出的路虎第四代发现系列车辆中，2013年款车辆标配“摩擦片式自锁式中央差速器”，在宣传册上标注“中央电子差速锁”为标准装备。后因经营调整，将2014年款车辆的标配改为“T-3型托森式中央差速器”，宣传册上仍标注“中央电子差速锁”为标准装备。对相关公众而言，原告在连续两年所推出的同一品牌、同一型号的车辆宣传册上所列明的相同名称的标准装备，其含义应前后一致。但前述“T-3型托森式中央差速器”与“摩擦片式自锁式中央差速器”存在以下区别：（1）控制方式不同。前者通过相互啮合互锁及力矩单向传递的构造实现锁止功能，且能与车辆的电子差速系统相互配合。后者的接通条件和扭矩分配比例由电子系统控制，无须手动控制。（2）越野性能不同。装配前者的车辆在正常公路行驶中表现突出，装配后者的车辆具备更好的极限越野能力。（3）工作中的屏幕显示状态不同。前者不能在仪表盘中显示其工作状态，后者能够在仪表盘中显示其工作状态。鉴于“中央电子差速锁”非通用术语，消费者在看到配置表中的该项宣传后，按照日常生活经验并结合与该名称相关的汽车行业专业术语，可能将其理解为一种电子控制式的带有锁止功能的中央差速器，而这正好是原告2013年款车辆中标配的中央差速器的基本特征。虽然2014年款车辆标配的中央差速器亦系带有锁止功能的中央差速器，且能与电子差速系统兼容，但二者的越野性能并不相同，而越野性能的高低是影响消费者选择越野车的重要考虑因素。原告在2014年款车辆更改装备且越野性能有所降低的情况下，仍在配置表中对该部分内容作与2013年款车辆相同的宣传，容易使相关公众产生涉案车辆的装备及性能与2013年款车辆相同的误解，事实上也确有相关消费者产生此种误解。因此，原告的该项宣传内容构成引人误解的虚假宣传。

（撰稿人：叶菊芬）

“过罚相当”原则在知识产权行政诉讼中的适用

——山寨“喜茶”经营者不服浦东知识产权局商标行政处罚案

【提要】

伴随网络经济的成长，在“网红店”加盟层出不穷的同时，也出现了山寨品牌现象。本案系因山寨“喜茶”经营者不服浦东知识产权局商标行政处罚引发的知识产权行政诉讼，是上海探索专利商标版权行政“三合一”改革后受理的首例行政案件。法院在案件审理中充分发挥司法主导作用，结合《行政处罚法》的条文精神，以过罚相当为原则作出裁判，依法支持行政机关积极履职，切实维护知识产权行政管理秩序，有力促进了知识产权行政保护。本案裁判同时也提示加盟商在从事相关经营前，应当对许可方的相关资质、经营资源的合法性审慎核查。本案判决对于净化市场经营秩序、维护消费者合法权益具有积极意义。

【案情】

原告：陈某亮、陈某龙、汪某贵

被告：上海市浦东新区知识产权局（以下简称浦东知产局）

第三人：深圳美西西餐饮管理有限公司（以下简称美西西餐饮公司）

案由：不服行政处罚纠纷

一审案号：（2018）沪0115行初373、374、375号

浦东知产局于2017年12月15日向原告陈某亮、陈某龙、汪某贵分别出具了行政处罚决定书，认定第三人美西西餐饮公司注册有第19122315号“HEEKCAA”、第13595312号“喜茶”商标，核定使用服务均为第43类咖啡馆、茶馆、饭店等。三原告共同投资经营奶茶店，在其店招、店内宣传横幅、价目表以及奶茶杯上均标有“HEAKCAA喜茶”字样。三原告未经商标注册人许可，在其店招、店内宣传横幅、价目表以及奶茶杯上均标有“HEAKCAA喜茶”

字样，与商标权利人注册商标近似，且使用在同种服务上，容易导致混淆。三原告的上述行为构成商标侵权，故责令三原告立即停止侵权行为，并各处罚款4000 元。

三原告诉称：陈某亮、陈某龙、汪某贵并非有意使用被控侵权标识，被控侵权标识是由凯之美餐饮公司授权三原告使用，双方签订了餐饮服务协议书（加盟合同），凯之美餐饮公司收取了原告加盟费用并颁发授权书，原告在不知情的情况下使用授权商标，没有主观侵权故意，且使用时间仅一个月，违法行为轻微，第一次被告上门后即停业整改，及时纠正，没有造成危害后果。三原告也是商标侵权的受害者，在支付巨额授权费用、房租费和装修费后，不应雪上加霜，再遭受被告的罚款。根据《中华人民共和国行政处罚法》（以下简称《行政处罚法》）第四条第二款、第五条、第二十七条第二款，被告作出的被诉决定认定事实不清，适用法律错误，应予撤销。故请求法院判决撤销被诉决定，免除三原告的罚款责任。

浦东知产局辩称：被告对原告侵犯他人注册商标专用权的行为进行处罚是依法履职，行政主体适格，合法有效。第一，被告对原告作出的被诉决定认定事实清楚，证据确凿充分。第二，被告对原告作出行政处罚程序合法。被告对原告作出行政处罚具有充分法律依据，处罚适当，原告认为自己不应受处罚的理由不能成立。三原告的违法经营额达到了人民币 12,000 元，同时使公众造成了混淆，已造成危害后果。被告对三原告分别处以违法经营额一倍的罚款，在法律规定的幅度之内，也是被告自由裁量的最低限度，同时也是本着处罚与教育相结合的原则，希望原告能够意识到自己的错误并改正，避免以后发生更严重的违法行为。故请求法院判决驳回原告的诉讼请求。

第三人述称：在三原告与凯之美餐饮公司签订餐饮服务协议书之前，“HEEKCAA”及“喜茶”商标经第三人使用和推广宣传在国内已经具有很高的知名度和美誉，在此情况下，三原告既没有停止签约或侵权，也没有向凯之美餐饮公司索要商标证或其他所授权标识的权利证明文件，可见三原告是明知或应知所控侵权标识存在侵权情况却仍在经营的店铺使用，不应对其免除处罚。故请求法院判决驳回原告的诉讼请求。

【审判】

上海市浦东新区人民法院经审理认为：该三起案件的争议焦点是被告浦东知产局针对三案原告的商标侵权行为所作出的行政处罚在法律适用方面是否正确，处罚金额是否合法。首先，《行政处罚法》第二十七条第二款所规定的不予处罚，是某一行政违法行为不具有行政处罚的可罚性要求因而不予处罚。三原告的行为尚未同时满足“违法行为轻微”“及时纠正”和“没有造成危害后果”这三个要件。其次，被告对原告作出的处罚金额合法适当。三原告系各出资 1/3 开设店铺，从店铺正式对外营业至被查处时的营业额为 1.2 万元，被诉决定根据该情况，以三人的投资比例、收益分成比例为依据，认定三原告的违法经营额分别为总额的 1/3 即 0.4 万元，从而作出相应的行政处罚与法不悖，亦未违反《行政处罚法》第四条规定的处罚相当原则。

综上，三原告起诉认为被诉决定认定事实不清、适用法律错误，要求撤销被诉决定的诉讼请求，缺乏事实和法律依据，依照《中华人民共和国商标法》第五十七条第（二）项、第六十条第二款、第六十一条及《中华人民共和国行政诉讼法》第六十九条的规定，判决：驳回原告陈某亮、陈某龙、汪某贵的诉讼请求。

一审判决后，三原告及被告均未提出上诉。判决已发生法律效力。

【评析】

三原告认为其违法行为轻微，而且主动及时纠正了违法行为，没有造成危害后果，符合《行政处罚法》第二十七条第二款的规定，应当免除处罚。对此，应当在正确理解《行政处罚法》第二十七条第二款的前提下，结合案件事实分析、判断三原告的行为是否符合该条文的规定，从而对被告行政行为的合法性作出全面审查。

一、正确理解《行政处罚法》第二十七条第二款的内涵

《行政处罚法》第二十五条、二十六条和第二十七条第二款分别规定了三种情形的“不予处罚”，其中第二十五条和第二十六条主要是根据行为人无责任能力的情况规定的，因行为主体存在特殊情形，使得行为本质上已不具有违法性；而第二十七条第二款所规定的“违法行为轻微并及时纠正，没有造成危害后果的”的不予处罚，是指行政机关依照法律、法规的规定，由于存在法定事由，对本应给予行政处罚的违法行为人免除对其适用行政处罚，即行为本质上仍具有违法性，只是行为人不承担行政处罚的法律责任而已。从条文规定的字面含义来看，应当同时满足三个要件：第一，违法行为轻微，即相对于其他行政违法行为而言，行为的性质、情节、社会危害性等都是轻微的，需特别注意的是，若法律、法规、规章等已对相关违法行为的情节轻微作出了细化规定，则应当优先适用，只有在其他条文未对“不予处罚”情形作出规定时，才适用《行政处罚法》第二十七条第二款的规定。第二，及时纠正，主要强调及时采取纠正措施以避免危害后果的发生，若某一行为即使纠正也不能避免或消除危害后果的发生，就没有适用该条款的必要性。第三，没有造成危害后果，则是指客观上未对法律所保

护的法益造成侵害。学术界对于危害后果主要有两种不同的认识，一是认为危害后果是违法行为对我国行政法所保护的客体造成损害；二是认为危害后果是违法行为对行政法所保护的行政管理秩序已经或者可能造成的损害[①]。此处应取广义理解。

二、三原告的行为构成《商标法》第五十七条第（二）项所规定的商标侵权

行政处罚的对象是应受行政处罚的行为，即行政相对人实施的违反行政法上的义务，依法应当受到处罚的作为或者不作为，它是行为人承担行政处罚责任的基础[②]，故查明并认定三原告的行为及其性质，是行政机关作出行政处罚的前提。本案审理过程中，三原告曾提出在开设的奶茶店使用被诉侵权标识系经过案外人凯之美餐饮公司授权，具有合法来源，应当适用《商标法》第六十条第二款、第六十四条第二款关于合法来源的规定，不应对其处以罚款。

综合在案证据，“HEEKCAA”和“喜茶”标识系第三人美西西餐饮公司的第19122315号、第13595312号注册商标，其核定使用服务均为第43类咖啡馆、茶馆、饭店等。三原告共同出资开设经营的奶茶店，与第三人上述注册商标核定使用的服务属同种服务。三原告经与案外人凯之美餐饮公司签订餐饮服务协议书，被授权在上海市浦东新区荣科路322号开设“喜茶”（港座喜茶）形象店。将三原告在其奶茶店的店招、店内宣传横幅、价目表以及奶茶杯上使用的“HEAKCAA喜茶”“HEAKCAA”“喜茶”等标识与第三人的第19122315号“HEEKCAA”、第13595312号“喜茶”注册商标分别进行比对，英文词部分仅在第三个字母存在“A”与“E”上的不同，整体字形、读音近似；中文词部分仅“喜茶”二字的字体不同，且虽然三原告使用的中文词“喜茶”二字右上方有图标，但该方框图标及框内文字（上下排列的“GANGZUO港座”）整体偏小，图标位置偏上且与“喜茶”二字有一定的距离，容易被相关公众忽略，从而导致混淆。因此，三原告的行为属于《商标法》第五十七条第（二）项规定的未经商标注册人的许可，在同一种商品上使用与其注册商标近似的商标，容易导致混淆的情况，并非《商标法》第五十七条第（三）款规定的销售侵犯注册商标专用权的商品的行为，被告可以依照《商标法》第六十条第二款的规定对三原告作出行政处罚。

---

① 全梦琰：“《行政处罚法》第27条‘不予行政处罚’规定的探析”，载中国知网（www. cnki. net）。

② 江必新：“论应受处罚行为的构成要件”，载《法律适用》1996年第6期。

三、三原告的行为尚未满足《行政处罚法》第二十七条第二款所规定的要件

在判断某个违法行为是否符合该条款的规定时，需具体判断相应的违法行为是否同时满足“违法行为轻微”“及时纠正”和“没有造成危害后果”这三个要件。实践中，对于“违法行为轻微”的判断，一般综合考量行为人的主观过错程度、行为是否仅违反程序性规定、违法行为涉及的金额、次数等因素。

第一，从三原告的主观过错程度来看。行为人的主观过错程度是判断商标侵权行为性质和情节的重要因素，而商标侵权行为的性质、情节又是判断该行为社会危害性、可罚性的要件之一。三原告在庭审中称案外人凯之美餐饮公司的客服告知其等人可以到位于上海来福士的“喜茶”（第三人在上海的直营店）参观，使三原告误认为案外人是正规的“喜茶”运营商而与之签订加盟协议，其等人在经营的奶茶店所使用的被控侵权的店招、店内宣传横幅、价目表以及奶茶杯上的标识，均依照案外人授权的要求制作（或从案外人处进货），“喜茶”并非知名度很高的商标，三原告本身并无侵权的主观恶意。三原告作为奶茶铺的加盟商，应当对授权方是否被授权标识的合法所有者尽到合理的审核义务，然而根据在案证据，案外人凯之美餐饮公司在签订加盟合同的过程中，向原告提供了营业执照复印件、“HEAKCAA喜茶”授权书、开店资格证等材料，但未提供过被控侵权标识的商标注册证书，三原告在未查清相关事实的情况下就在其开设的店铺里使用“HEAKCAA喜茶”“喜茶”字样标识，未尽到合理的审核义务，主观方面存在较大过错，并非只要遵守协议约定使用授权方指定的标识、装潢等即可排除主观恶意，且该过错也与被侵权商标的知名度高低无直接关系。

第二，从三原告违法行为的危害后果来看。行政处罚通常并不以损害结果的发生为基本要件，但某个行为所产生的危害后果通常能够反映出该行为社会危害性的大小[①]。三原告经营的奶茶店于2017年9月17日开始对外营业，被告在接到市民投诉后于同年10月25日对涉案店铺开展执法检查，经过调查询问等一系列法定程序，最终作出行政处罚决定。可见，涉案店铺自开业至被告执法检查已经营月余，三原告的行为已然侵害了第三人美西西餐饮公司作为第19122315号“HEEKCAA”和第13595312号“喜茶”商标权利人的合法权益，同时也损害了消费者的利益，已经造成了一定的危害后果。

① 尹培培：“不予行政处罚论——基于我国《行政处罚法》第27条第2款规定之展开”，载《政治与法律》2015年第11期。

第三，从三原告是否及时纠正违法行为来看。所谓及时纠正，应是危害后果尚未发生之前进行纠正方为及时，根据被告提交的询问笔录，三原告系在被告进行执法检查以后，方才将显示有被控侵权标识的店招、装潢全部撤下，但此时危害后果已经发生，尚未达到上述条款所规定的及时纠正的要求。

四、被告对三原告作出的处罚符合过罚相当原则

《行政处罚法》第四条第二款规定，设定和实施行政处罚必须以事实为依据，与违法行为的事实、性质、情节以及社会危害程度相当。一般而言，实施行政处罚需综合考虑以下因素：违法行为的事实是否该罚、违法行为的性质及是否属于行政处罚的范畴、违法行为的情节、社会危害程度等。本案中，三原告系各出资 1/3 开设店铺，从店铺正式对外营业至被查处时（历时一个多月）的营业额为 1.2 万元，被诉决定根据该情况，以三人的投资比例、收益分成比例为依据，认定三原告的违法经营额分别为总额的 1/3 即 0.4 万元。被告在《商标法》第六十条第二款规定的幅度之内，综合考虑三原告违法行为的情节、性质、社会危害性、主观过错等因素对三原告分别处以 4000 元的罚款，并未违反上述原则。

（撰稿人：陆光怡）

七、

知识产权诉讼程序案件

不正当竞争纠纷案件诉前行为保全审查三要件

——优酷信息技术（北京）有限公司与上海千杉网络技术发展有限公司不正当竞争纠纷诉前行为保全案

【提要】

对不正当竞争纠纷案件诉前行为保全申请的审查，应从申请人具有胜诉可能性、不采取保全措施会对申请人造成难以弥补的损害、采取保全措施不损害社会公共利益等三要件进行考量判定，以及时保护知识产权和申请人合法的竞争权益。

【案情】

申请人：优酷信息技术（北京）有限公司（以下简称优酷公司）

被申请人：上海千杉网络技术发展有限公司（以下简称千杉公司）

案由：其他申请诉前停止侵害知识产权案件。

一审案号：（2018）沪 0115 行保 1 号。

申请人优酷公司运营的优酷网是国内领先的在线视频平台，其每年斥巨资购买正版视频内容在优酷网上供用户观看或下载，并通过在视频播放前、暂停时以及在播放页面周边投放广告以收取广告费，或者付费会员服务（免广告），或者对特定视频单独收费等三种模式来实现盈利目的。被申请人千杉公司研发和运营的电视猫视频软件是一款视频聚合软件，主要向智能电视用户提供视频点播服务。申请人认为，电视猫视频软件通过技术手段获得了只能由申请人后台服务程序才能生成的特定密钥 key 值，该行为破坏了申请人的技术保护措施，非法盗取了申请人的视频存储链接，最终实现了以屏蔽申请人片前广告、暂停广告的形式向电视猫视频用户提供优酷网视频内容的行为。上述行为构成不正当竞争且持续实施，若不及时制止该行为，将给申请人造成无可挽回的重大损失，故在诉前申请责令被申请人立即停止实施该不正当竞争行为，并提交了优酷网上 600 余部作品的权属证据以及电视猫视频软件播放上述作品时相关行为的证据材料。同时申请人以6600万元的财产保全责任险合同方式提供了担保。

【审判】

上海市浦东新区人民法院经审查认为：首先，电视猫视频软件及优酷网均向消费者提供视频播放服务，两者具有直接竞争关系。被申请人的上述行为实质上是将优酷网视频内容与申请人设置的与视频内容共同播放的片前广告、视频暂停时广告相分离，足以使既不愿意观看广告也不愿意支付申请人相应费用的消费者转而使用电视猫视频软件，被申请人此行为损害了申请人的合法权益。因此，被申请人的行为有可能构成不正当竞争。其次，优酷网系国内领先的在线视频平台，电视猫视频软件也拥有大量用户，若不及时制止上述被控侵权行为，可能对申请人的竞争优势、市场份额造成难以弥补的损害。最后，采取保全措施不会损害社会公共利益，且申请人已提供有效担保。综上，申请人的申请符合作出诉前行为保全的条件。

上海市浦东新区人民法院于2018年7月2日作出（2018）沪0115行保1号民事裁定：被申请人立即停止在经营的电视猫视频软件链接播放来源于优酷网视频时绕开申请人在优酷网设置的片前广告、视频暂停时广告的行为。该裁定书向双方当事人送达后，被申请人未提出复议。

【评析】

加大知识产权司法保护力度是近年来司法界，乃至中国社会经济发展中的热点问题，也是近期中外贸易摩擦中的焦点问题。加大知识产权保护力度，一方面，要进一步全面保护知识产权权利人利益，如根据案情逐步提高判赔数额等；另一方面，在知识产权案件中对诉前、诉中行为保全的准确适用，也是及时保护知识产权权利人利益的重要法律手段。

知识产权案件具有时效性的特点，特别是通过互联网实施的知识产权侵权行为更是瞬息万变，模式多样；而该些行为所带来的经济利益同样巨大，不及时制止侵权行为，给权利人造成的损失往往难以计数且不可挽回。而碍于举证以及司法认定的困难，在过往的知识产权司法实践中，诉前、诉中保全的申请相对较少，而不正当竞争纠纷案件中因为侵权行为的认定更为复杂，行为保全的适用就更少发生。

本案系视频聚合软件不正当竞争纠纷诉前行为保全的全国首例案件。被申请人千杉公司经营的电视猫视频软件系近年来崛起的一款视频聚合软件，在互联网电视领域有一定的占有量，其旨在使用户可以在单一软件中就可以收看到各大视频网站的内容。但有证据表明，其在链接播放来源于申请人优酷公司优酷网的视频内容时采取技术手段，绕开了优酷网在视频内容播放前、暂停时设置的广告，取得了不正当的竞争优势，侵害了申请人合法权益。而被申请人的行为若持续，将给优酷网带来难以弥补且不可挽回的重大经济损失。故申请人在做了充分的证据收集准备后提出诉前行为保全申请。

法院在审查后认为，涉案诉前行为保全应满足以下条件：（1）申请人具有胜诉可能性；（2）不采取保全措施会对申请人造成难以弥补的损害；（3）采取保全措施不损害社会公共利益。

首先，本案中，根据申请人提供的证据材料，可初步证明被申请人经营的电视猫视频软件在链接播放来源于优酷网的数百部影视作品时绕开了申请人在优酷网设置的片前广告、视频暂停时广告。结合上述条件进行分析，电视猫视频软件及优酷网均向消费者提供视频播放服务，两者具有直接竞争关系。被申请人的上述行为实质上是将优酷网视频内容与申请人设置的与视频内容共同播放的片前广告、视频暂停时广告相分离，足以使既不愿意观看广告也不愿意支付申请人相应费用的消费者转而使用电视猫视频软件，被申请人的行为损害了申请人的合法权益。因此，被申请人的行为有可能构成不正当竞争。同时，在爱奇艺、搜狐视频等诉千杉公司类似行为不正当竞争案件中，法院已经认定被申请人行为构成不正当竞争，此节事实进一步证明申请人具有胜诉可能性。

其次，优酷网系国内领先的在线视频平台，电视猫视频软件也拥有大量用户，被申请人行为持续实施。若不及时制止上述被控侵权行为，再历经审判程序，可能对申请人的竞争优势、市场份额造成难以弥补的重大损害。

最后，本案并未涉及社会稳定、食品安全、环境污染等重大社会公共问题，采取保全措施不会损害社会公共利益。

据此，法院裁定准许申请人的诉前行为保全。该裁定认定事实清楚、说理全面充分，故被申请人自觉履行了裁定中规定的内容，及时制止可能发生的后续知识产权侵权行为，防止了申请人损失的进一步扩大，全面、及时地保护了申请人的合法权益，为构建良好的营商环境以及市场竞争秩序作出司法示范。在该裁定出具后不久，《最高人民法院关于审查知识产权纠纷行为保全案件适用法律若干问题的规定》实施，该裁定亦符合该司法解释的立法目的和相关规定，可以说，为该司法解释的适用作了良好的探索和示例。

（撰稿人：杨捷）

1.

Civil Cases on Copyright Infringement

Legal Nature and Consequences of the Copyright Licensing Contract

—Nan Pinren v. Laoku Culture Foundation Inc. , Fudan University Press, etc. in respect of infringement of copyright economic rights

[**Summary**]

The legal nature of a copyright licensing contract should be judged based on the meaning of the contract terms, the actions of the copyright owner, the authority of the agent, the publishing contract and its performance. For a copyright licensing contract signed by an agent within the scope of the copyright owner's authorization, the legal consequences should be directly attributed to the copyright owner as the principal, and should not be identified as sub-entrustment. After the death of the copyright owner, in the case of disputes over the ownership of the copyright on his works, the publishing house's suspension of the payment of the copyright licensing fees is no subjective fault of refusal to pay, and its behavior should not be deemed as copyright infringement.

[**Case Review**]

Plaintiff, Defendant in Counterclaim (Appellee): Nan Pinren

Defendant, Plaintiff in Counterclaim (Appellant): Laoku Culture Foundation Inc. (Laoku Culture Foundation Inc.)

Defendant, Third Party in Counterclaim (Appellant): Fudan University Press

Defendant: Shanghai Laoku Culture Foundation Inc. (Shanghai Laoku Culture)

Cause of Action: Property Right of Copyright Infringement Pispute

First-instance Case No. : (2014) HYZMW (Z) CZ No. 170

Second-instance Case No. : (2017) HMZ No. 233

In 1980, Nan Huai-Chin founded Laoku Culture Foundation Inc. in Taiwan, specializing in publishing Nan Huai-Chin's works. In October 2004, the president of Laoku Culture Foundation Inc. was changed from Nan Huai-Chin to Sami Kuo. In

September 2003, Shanghai Laoku Culture Foundation Inc. was established with Sami Kuo and her mother Li Sumei as shareholders.

On January 31, 2001, Nan Huai-Chin and Sami Kuo signed a "Power of Attorney" stating that "I have entrusted Sami Kuo as my special authorized agent, who shall have the sole authority to represent me in handling all copyright matters of all my works in Chinese mainland. Agency authorities include signing copyright licensing contracts, dealing with other affairs related to copyright licensing on my behalf, and dealing with all other legal matters related to the copyright of all my works in Chinese mainland on my behalf. All documents signed by the agent within the authority of the agent will be recognized by me-Nan Huai-Chin. The agent shall have the right of sub-entrustment." The signature on the "Power of Attorney" was certified by a Shanghai notary public office. Sami Kuo submitted the "Copyright Licensing Certificate" dated June 8, 2001, which states that 1. The exclusive licensed use right of Mr. Nan's works in China shall belong to Laoku Culture, who may use or permit any third parties to use such works. 2. The license period enjoyed by Laoku Culture shall coincide with the copyright period of Mr. Nan's works under law. 3. The royalties to be paid by Laoku Culture shall be fully used for the establishment and operation of Shanghai Laoku Culture.

Nan Huai-Chin's work had been published in Chinese mainland by Fudan University Press, People's Oriental Publishing House, Shanghai People's Publishing House, etc. The authorizing bodies included Laoku Culture Foundation Inc. and Nan Huai-Chin. Some of the copyright royalties were collected by Nan Huai-Chin himself, while others were collected by Shanghai Laoku Culture Foundation Inc. Both Nan Huai-Chin and Sami Kuo were aware of this.

Nan Huai-Chin passed away at the Taihu Great Learning Center in Wujiang, Suzhou on September 29, 2012. He did not leave a will. Nan Huai-Chin had two marriages in both Chinese mainland and Taiwan. His children in Chinese mainland and Taiwan have reached an agreement on the distribution of inheritance, and his property in the Chinese mainland would be inherited by Nan Xiaoshun. At the meeting held by his children and Sami Kuo and her mother Li Sumei after the death of Nan Huai-Chin to deal with the issues left behind, Li Sumei said that the copyright and royalties of Nan Huai-Chin belong to the descendants of the Nan, which was reasonable and lawful. Prior to this case, Nan Xiaoshun filed a lawsuit on the grounds that Fudan University Press's unauthorized copying and distribution of *Nan Huai-Chin Collection* constituted copyright infringement. In January 2014, the Wenzhou

Intermediate People's Court of Zhejiang Province dismissed Nan Xiaoshun's claims in the final civil judgment of (2013) ZWZZZ No. 113, mainly because Fudan University Press had been authorized by Laoku Culture Foundation Inc. Later, Nan Xiaoshun applied to the Higher People's Court of Zhejiang Province for retrial, but was again dismissed by the Higher People's Court of Zhejiang Province.

In October 2014, Nan Xiaoshun filed a lawsuit in the Shanghai No. 1 Intermediate Court, claiming that he inherited the property rights of Nan Huai-Chin's works in Chinese mainland. Since Fudan University Press did not pay part of the copyright royalties after publishing many works of Nan Huai-Chin, he required Laoku Culture and Fudan University Press jointly compensate for economic losses of over RMB 9.88 million and reasonable expenses of over RMB 350,000. The Shanghai No. 1 Intermediate Court decided to add Shanghai Laoku Culture Foundation Inc. as the defendant on May 21, 2015. Laoku Culture Foundation Inc. argued that Nan Huai-Chin had given away all the economic rights of his copyright to Laoku Culture Foundation Inc., and filed a counterclaim in September 2015 requesting confirmation of its ownership of the copyright on Nan Huai-Chin's works. Fudan University Press argued that its publishing had been authorized by Laoku Culture Foundation Inc.

In the first instance of this case, the parties did not have disputes over the actual situation of the aforementioned Nan Huai-Chin's copyright authorization and license during his lifetime and the actual operation of Laoku Culture Foundation Inc. The main dispute among the parties was how to determine the authenticity and validity of the "Donation Letter" submitted by Laoku Culture Foundation Inc. to the court of first instance in April 2015. Laoku Culture Foundation Inc. stated in the first instance that Nan Huai-Chin delivered the "Donation Letter" to President Sami Kuo of Laoku Culture Foundation Inc. in 2004. The "Donation Letter" was signed on February 27, 2003, and its printed text recorded "I hereby donate the copyright on all kinds and types of works in my life including manuscripts, correspondence, etc., including those that have been published or not published, and have been made public or not, to Laoku Culture Foundation Inc. of Taiwan." The "Donation Letter" was signed by Nan Huai-Chin and stamped with "Nan Huai-Chin Seal." After entrusted identification, the signature was signed by Nan Huai-Chin, but it was not possible to determine when the signature was made. The parties had disputed the authenticity of the "Donation Letter." Nan Xiaoshun believed that Nan Huai-Chin usually had the habit of keeping signatures on white paper, and the "Donation Letter" was forged after the appeal.

The court of second instance also found out the facts that: 1. Sami Kuo consulted Li Chaoxiong in 2001 on how to write legal documents related to the licensed use of works and other related issues; 2. On July 23, 2009 and April 20, 2010, Nan Huai-Chin entrusted Beijing Hongfan Guangzhu Law Firm to act on his behalf of copyright protection in the Chinese mainland; 3. Nan Huai-Chin signed the "Power of Attorney" on July 26, 2012, and gave the copyright on the Japanese translation of his work *Thoughts on the Analects of Confucius* to an outsider Li Xiang; 4. On April 16, 2008, Nan Huai-Chin, Sami Kuo, Liu Yuhong, Wu Yanlei, etc. discussed with Huang Shuyuan of People's Publishing House about the publication of Nan Huai-Chin's works. Sami Kuo said that the copyright on the works of Nan Huai-Chin was owned by Laoku Publishing House.

[**Judgment**]

The Shanghai No. 1 Intermediate People's Court found that the existence of the "Donation Letter" was not known to others, and that the holder of the Donation did not show it immediately after the death of Nan Huai-Chin. Instead, in the meeting held by his children and Sami Kuo and her mother Li Sumei, Li said that the copyright and royalties of Nan Huai-Chin's works belonged to the descendants of Nan; Nan Huai-Chin's subsequent separate permission to publication of his works and collection of royalties was inconsistent with his donation, and Laoku Culture Foundation Inc. did not express any objection after learning that Nan Huai-Chin had licensed the publication, which also indicated that Laoku Culture Foundation Inc. did not actually have the copyright donated by Nan Huai-Chin, and Laoku Culture Foundation Inc. did not submit the "Donation Letter" to the court until April 2015. Based on this, the first trial negated the claim that Nan Huai-Chin had given his copyright to Laoku Culture Foundation Inc. and dismissed the counterclaim of Laoku Culture Foundation Inc. The court of first instance held that the "Copyright Licensing Certificate" was sub-entrustment in nature. Fudan University Press published Nan Huai-Chin's works before July 2012 and paid royalties to Shanghai Laoku Culture Foundation Inc., of which Nan Huai-Chin was aware, so there was no infringement by Fudan University Press. The unpaid portion (more than RMB 1.36 million) after Nan Huai-Chin's death was unpaid royalties for using the works of others, and therefore constitutes infringement. However, after the dispute occurred, Fudan University Press could hardly distinguish the ownership of the copyright, which was not its subjective fault. Therefore, it did not need to bear the rights protection costs of Nan Xiaoshun. In summary, in accordance with Article 47 (7) and Article 49 (1) of the *Copyright Law of the People's Republic of China*, the court of first instance made the following judgment: 1. Fudan University Press should compensate Nan Xiaoshun for economic loss of RMB 1,363,941.18 within ten days from the date on which the judgment became effective; 2. the remaining litigation requests of Nan Xiaoshun were dismissed; 3. the counterclaim of the plaintiff Laoku Culture Foundation Inc. was dismissed.

After the first trial, Laoku Culture Foundation Inc. and Fudan University Press refused to accept the judgement, and appealed to the Shanghai High People's Court, requesting the court to withdraw the original judgment, dismiss all claims of Nan Pinren, and support the counterclaim of Laoku Culture Foundation Inc. The main reasons included: 1. Nan Huai-Chin's signature on the "Donation Letter" had been verified as authentic, and the validity of the copyright gift should be determined accordingly; 2. it was unfounded that the first instance judgement determined that the "Copyright Licensing Certificate" was a sub-entrustment. Sami Kuo had the right to authorize others according to the "Power of Attorney." The "Copyright Licensing Certificate" was true and valid. The authorization of Laoku Culture Foundation Inc. to Fudan University Press was also true and valid. Therefore, Fudan University Press did not infringe the copyright. In the second instance, Nan Pinren continued to deny the authenticity of the "Donation Letter" and the "Copyright Licensing Certificate."

After hearing, the Shanghai High People's Court held that the "Copyright Licensing Certificate" was not a sub-entrustment in nature, and Laoku Culture Foundation Inc. had the right to authorize Fudan University Press to publish Nan Huai-Chin's works. Fudan University Press paid Nan Huai-Chin in the earlier stage and Shanghai Laoku Culture Foundation Inc. in accordance with the instructions of Laoku Culture Foundation Inc. in the later, which was a normal performance and was not contrary to Nan Huai-Chin's wishes, so Fudan University Press did not infringe copyright. The evidence in the case did not prove that Nan Huai-Chin had given his copyright to Laoku Culture Foundation Inc. during his lifetime. The original trial judged that the "Copyright Licensing Certificate" involved in the case was sub-entrustment and further determined that Fudan University Press constituted a copyright infringement, which was a mistake in applying the law and should be corrected. Accordingly, in accordance with Article 57, Article 63 (2), and Article 66 (1) of the *General Principles of the Civil Law of the People's Republic of China*, Article 404 of the *Contract Law of the People's Republic of China*, 170 (1) (b) of the *Civil Procedure Law of the People's Republic of China*, the court of second instance made the retrial on September 28, 2018 to: 1. cancel the first and second items of the original judgment; 2. maintain the third item of the original judgment; and 3. dismiss all claims of Nan Pinren.

[Case Study]

Nan Huai-Chin, as a well-known Chinese writer at home and abroad, authored more than 70 books throughout his life. After his death in 2012, his descendants and Laoku Culture Foundation Inc. , Fudan University Press, etc. had disputes over royalties and copyright ownership, which caused social concern. The disputes in this case were: 1. Whether Nan Huai-Chin had donated his copyright to Laoku Culture Foundation Inc; 2. Whether Laoku Culture Foundation Inc. had the right to license Fudan University Press to publish the books involved in the case; 3. Whether the alleged behavior of Fudan University Press constituted infringement.

Ⅰ. Whether Nan Huai-Chin had donated his copyright to Laoku Culture Foundation Inc

According to the appraisal report, only Nan Huai-Chin's signature on "Donation Letter" can be confirmed as authentic, but the sequence of the signature and the printed text of the "Donation Letter" still cannot be determined; Nan Huai-Chin's behavior after 2003 and the content of the "Donation Letter" was contradictory. In addition to the behaviors already mentioned in the original judgement, Nan Huai-Chin commissioned a lawyer to act on his behalf of copyright protection in Chinese mainland on July 23, 2009 and April 20, 2010, and signed the "Power of Attorney" on July 26, 2012 to give the copyright on the Japanese translation of his work *Thoughts on the Analects of Confucius* to an outsider Li Xiang, indicating that Nan Huai-Chin still considered himself as the copyright owner at that time, and Laoku Culture Foundation Inc. had no objection to the above acts of Nan Huai-Chin; although Sami Kuo said that the copyright on the works of Nan Huai-Chin was owned by Laoku Publishing House when Nan Huai-Chin discussed the publication of works with the People's Publishing House on April 16, 2008, in the context at the time, the words of Sami Kuo referred to the publishing authorized by Nan Huai-Chin to Laoku Culture Foundation Inc. and then by Laoku Culture Foundation Inc. to a publishing house; Li Sumei said that the copyright and royalties of Nan Huai-Chin belong to the descendants of the Nan, which was reasonable and lawful, but the words contradicted what Sami Kuo said about Li Sumei knowing that Nan Huai-Chin delivered the

"Donation Letter" to Sami Kuo.

Although Nan Huai-Chin's signature on the "Donation Letter" involved in the case has been verified as authentic, the authenticity of the "Donation Letter" was difficult to confirm based on the current evidence, and there was a discrepancy between Nan Huai-Chin's actual behavior and Laoku Culture Foundation Inc.'s claim that Nan Huai-Chin had donated his copyright to Laoku Culture Foundation Inc. Plus, there was no other evidence to suggest that Nan Huai-Chin had donated his copyright to Laoku Culture Foundation Inc., and it was proper that the original judgement did not determine that Nan Huai-Chin had given the economic rights of his copyright to Laoku Culture Foundation Inc.

Ⅱ. Whether Laoku Culture Foundation Inc. had the right to license Fudan University Press to publish the books involved in the case

According to the "Power of Attorney" signed by Nan Huai-Chin in January 2001, Sami Kuo had the right to enter into a copyright licensing contract on behalf of Nan Huai-Chin in Chinese mainland; the publishing contracts in the case all stated that Laoku Culture Foundation Inc. was the authorizer, and during the performance of the contracts, the copyright licensing fee was paid to Nan Huai-Chin before December 17, 2008, and then paid to Shanghai Laoku Culture Foundation Inc. Nan Huai-Chin had no objection and drew money. It can be seen that Nan Huai-Chin recognized that Laoku Culture Foundation Inc. had the right to use the license and to license others. Although Nan Pinren denied the authenticity of the "Copyright Licensing Certificate," he failed to provide the contrary evidence to support his claim. According to the rule of evidence probabilities in civil litigation, the authenticity of the "Copyright Licensing Certificate" should be confirmed.

The legal nature of the "Copyright Licensing Certificate" should be judged with the "Power of Attorney," the behavior of Nan Huai-Chin, the publishing contract signed by Laoku Culture Foundation Inc. and Fudan University Press, and its performance process. The name of Sami Kuo on "Copyright Licensing Certificate" was "Special Agent of Mr. Nan Huai-Chin." This "Copyright Licensing Certificate" was essentially a copyright licensing contract signed by Sami Kuo on behalf of Nan Huai-Chin with Laoku Culture Foundation Inc. Its legal consequences shall be directly attributable to the principal Nan Huai-Chin. The "Copyright Licensing Certificate" did not stipulate that Laoku Culture Foundation Inc. handles the out-licensing use of Nan Huai-Chin works on behalf of Sami Kuo, and there was no factual or legal basis to determine it as a sub-entrustment. However, Article 3 of the "Copyright Licensing Certificate" stated that "the royalties payable by Laoku Culture Foundation Inc. shall be reserved for the establishment of Shanghai Laoku Cultural Foundation Inc. and its operation." The content of this article was not within Sami Kuo's authority expressly obtained under the "Power of Attorney," and it should not have legal effect on the principal Nan Huai-Chin.

Ⅲ. Whether the alleged behavior of Fudan University Press constituted infringement

According to the "Power of Attorney" and "Copyright Licensing Certificate" involved in the case, Laoku Culture Foundation Inc. had the right to license Fudan University Press to publish Nan Huai-Chin's works. In the publishing contract signed between Laoku Culture Foundation Inc. and Fudan University Press, Laoku Culture Foundation Inc. was not the agent of Nan Huai-Chin, but as the right holder jointly with Nan Huai-Chin to authorize Fudan University Press to publish, so Fudan University Press may publish Nan Huai-Chin's works in accordance with the contract.

Before 2008, Nan Huai-Chin's copyright licensing fee was remitted to Nan Huai-Chin's personal account kept by Xie Jinyang. After 2008, it was no longer remitted to Nan Huai-Chin's personal account but to the account in the charge of Sami Kuo. Nan Huai-Chin never objected to this, and in August 2009 withdrew RMB 500,000 from Shanghai Laoku Culture Foundation Inc. Therefore, it should be determined that Nan Huai-Chin was informed and agreed to the changes in the payees of the royalties under the publishing contract between Laoku Culture Foundation Inc. and Fudan University Press, and Laoku Culture Foundation Inc. and Fudan University Press had no objection and actually fulfilled the contract. Nan Huai-Chin used his actions to dispose of the copyright licensing fees of the works involved in 2008, which actually changed the item about the copyright licensing fee being paid the author in the publishing contract signed by and between Fudan University Press and Laoku Culture Foundation Inc. Therefore, Fudan University Press should continue to pay Shanghai Laoku Culture Foundation Inc. the licensing fee for the copyright of the works involved. After December 17, 2008, Fudan University Press paid Shanghai Laoku Culture Foundation Inc. the copyright licensing fee for the works involved, which was a normal performance of contract, and Nan Huai-Chin had no objection to this for nearly four years from 2008 to 2012.

Laoku Culture Foundation Inc. and Shanghai Laoku Culture Foundation Inc. are independent entities. According to Nan Huai-Chin's authorizing Laoku Culture Foundation Inc. to use or license others to use his works in accordance with the "Copyright Licensing Certificate," and his actual disposal of the copyright licensing fee in 2008 and after, Laoku Culture Foundation Inc. should enjoy the right to use the Nan Huai-Chin works in Chinese mainland and could license others to use, and Shanghai Laoku Culture Foundation Inc. may charge royalties under the publication contract involved. If the interested parties have objections to this, they can resolve through another lawsuit such as a company equity dispute or other legal methods.

This case involves Nan Huai-Chin's works with a certain influence in the Chinese cultural circle, which attracted the attention of Chinese from all walks of life and even at home and abroad. The facts of this case are complex, the legal relationships intricate, the interests involved huge, and the conflicts among the parties involved difficult to reconcile. The trial of second instance sought the true meaning of Nan Huai-Chin during his lifetime, accurately defined the legal significance of the actions of all parties, and made a reasonable distribution of the relevant rights and interests of the parties involved in accordance with Nan Huai-Chin's wishes during his lifetime and balanced the interests of all parties.

(Writer: Xu Zhuobin)

Application of the Principle of Full Compensation in the Case about Compensation for the Losses Incurred from Intellectual Property Infringement

—SAP AG v. Shanghai Fuhe Information Technology Co. , Ltd. , etc. in respect of infringement of computer software copyright and others

[Summary]

This is a typical case in which the court implemented the principle of full compensation in accordance with the law. Although the actual loss of the copyright owner and the illegal income of the infringer are difficult to determine, in the case where there is evidence to prove that the copyright owner's losses incurred from the infringement is obviously greater than the upper limit of statutory compensation, the court reasonably determined the amount of compensation over the statutory upper limit by considering all the evidence in the case.

[Case Review]

Plaintiff: SAP AG

Defendant: Shanghai Fuhe Information Technology Co. , Ltd.

Defendant: Shanghai Yangpu Flourish-Harvest College of Technology

Cause of Action: Disputes on infringement of computer software copyright, infringement of the right of work reproduction, and infringement of the right of work distribution

First-instance Case No. : (2015) HZMCZ No. 598

Second-instance Case No. : (2017) HMZ No. 150

The plaintiff SAP AG is a software company registered in Germany and mainly provides software and related services for enterprise management and collaborative business solutions. It enjoys a good reputation in the Chinese market. The plaintiff is the copyright owner of client-side computer software GUI620, GUI710 and server-side computer software R/3 4.7 enterprise version (IDES version). After the client software is connected to the server software, a number of functional modules, including HR (Human Resource Management) involving standardized enterprise management services can be run. In order to help enterprises accurately understand and correctly use the above software, the plaintiff developed a series of SAP software training courses based on functional modules, and wrote training materials for the functions and features of each module, which are specifically used for software training courses. The defendant Shanghai Fuhe Information Technology Co., Ltd. (hereinafter referred to as Fuhe Company) was established on March 13, 2001, and the defendant Shanghai Yangpu Flourish-Harvest College of Technology (hereinafter referred to as Flourish-Harvest College) was established on June 1, 2001. The legal representatives and employees of the defendants are the same. They both began to engage in SAP software training business in 2005. The two defendants publicized and promoted the training courses of multiple functional modules including the HR module involved in the case on their jointly operated website, and used the plaintiff's software and related training materials for training. According to the course information published on the website, between 2010 and 2015, the two defendants opened more than 160 HR functional module courses related to the software and training materials involved in the case. The average training fee for each student was RMB 15,000. According to the authorization agreement between the plaintiff and its authorized training agencies, the plaintiff can collect 40% of the royalties from each student's training fee.

The plaintiff SAP AG claimed that the actions of the two defendants jointly infringed the copyright in the software and related training materials enjoyed by the plaintiff, which seriously affected the normal operation of the plaintiff and its authorized training agencies. Therefore, the plaintiff requested that the two defendants stop infringing and jointly compensate for its economic losses and reasonable expenses totaling RMB 3 million.

The defendants Fuhe Company and Flourish-Harvest College jointly argued that: 1. In the course of training, the two defendants mainly trained the trainees how to operate and use the software involved in the case. In the whole process, the software and training materials in which the plaintiff enjoyed copyright were not copied and distributed, and the software was not commercially used. 2. The two defendants mainly provided corresponding training for employees of corporate customers. The two defendants hired part-time teachers and relevant companies provided the corresponding teaching equipment, venues, and the software and instructions for teaching. The software and instructions provided by these companies were purchased from the plaintiff, and the two defendants did not commit infringement during the training process. 3. The plaintiff had no evidence to prove the profits of the two defendants or the direct loss of the plaintiff itself. The training course data on the two defendants' website was exaggerated by the two defendants for the purpose of promotion, and was the data from the past ten years, which cannot be used as a reference for economic losses in this case. Therefore, the two defendants did not agree with all the claims of the plaintiff.

[**Judgment**]

Upon hearing, Shanghai Intellectual Property Court held that the actions of the two defendants jointly infringed the copyright of the plaintiff in the software and training materials involved in the case, and they should bear civil liability for stopping infringement and compensating for losses according to law. In this case, although the plaintiff's actual loss and the two defendants' illegal gains are difficult to determine, the existing evidence can already prove that the plaintiff's losses due to infringement have exceeded the upper limit of statutory compensation of RMB 500,000 stipulated by relevant laws. Therefore, the court reasonably determined the amount of compensation over the statutory upper limit by considering all the evidence in the case.

Shanghai Intellectual Property Court made the following judgment: 1. The two defendants shall stop infringing the plaintiff's copyright in the client-side software GUI620, GUI710, server-side software R/3 4.7 enterprise version (IDES version) and training materials "HR050," "HR305," and "HR400" as of the effective date of the judgment. 2. The two defendants shall jointly compensate the plaintiff for economic losses, including reasonable expenses, of RMB 1.55 million (including reasonable expenses of RMB 250,000) within ten days from the effective date of the judgment. 3. Others claims of the plaintiff are dismissed.

After the first trial, the two defendants refused to accept the judgement and appealed. During the second-instance trial of the Shanghai High People's Court, the two defendants withdrew their appeals.

[Case Study]

Adhering to the principle of full compensation, actively exploring specific ways to increase compensation, and reasonably determining the amount of compensation for losses incurred from the infringement and reasonable expenses to stop infringement have always been difficult problems to be resolved in intellectual property trials. The significance of the judgment in this case lies in the practical implementation of the principle of full compensation in determining the liability for infringement compensation. In the case where there is evidence that the copyright owner's losses incurred from the infringement is higher than the upper limit of statutory compensation of RMB 500,000, the court reasonably determined the amount of compensation over the statutory upper limit by considering all the evidence in the case, and the defendant was judged to compensate the plaintiff for economic losses and reasonable expenses totaling RMB 1.55 million, which reflected the court's attitude and determination to continuously strengthen judicial protection of intellectual property.

Ⅰ. The principle of full compensation is the basic principle that should be followed in the compensation for the losses incurred from intellectual property infringement

In the trial of cases involving compensation for the losses incurred from intellectual property infringement, when the infringer's liability for infringement has been determined in accordance with the law, it is necessary to follow certain compensation principles to determine the amount of compensation for the losses incurred from infringement. In China's current intellectual property law, there is no clear stipulation on the principle of compensation for losses incurred from infringement. According to the relevant laws on the determination of the amount of compensation, there are mainly three ways: first, determination based on the actual loss of the right holder; second, determination based on the illegal gains of the infringer; and third, the application of statutory compensation. China's relevant intellectual property laws all stipulate the upper limit of statutory compensation. However, statutory compensation is essentially a presumption of the compensation for the losses incurred from infringement losses. It is the amount determined by the court based on the ascertained facts of the case and all the relevant factors when the actual loss of the right holder or the illegal gains of the infringer cannot be determined, and its essence is still to compensate the actual loss of the right holder. Therefore, no matter which of the three methods is used to determine the amount of compensation, the principle of full compensation should be followed. This is a typical case in which the court implemented the principle of full compensation in accordance with law.

Ⅱ. Application of reasonably determining the amount of compensation over the statutory upper limit in specific cases

Since the statutory compensation has an upper limit, if the plaintiff's actual loss cannot be ascertained, some of the infringers often do not provide evidence of their actual operating conditions when the profits derived from infringement far exceed the limit, with the hope of the application of statutory compensation to keep their illegal gains. Therefore, in judicial practice, statutory compensation cannot be used to determine the amount of compensation in all cases where the losses of the right holders or the infringers' profits cannot be ascertained. According to the *Notice of the Supreme People's Court on Issuing the Opinions on Several Issues concerning Intellectual Property Trials Serving the Overall Objective under the Current Economic Situation* released in 2009, "Where the specific amount of losses incurred from the infringement or profits derived from infringement is difficult to prove but there is evidence that the aforesaid amount is obviously greater than the upper limit of statutory compensation, the court shall reasonably determine the amount of compensation over the statutory upper limit by considering all the evidence in the case." According to the facts found out in this case, between 2010 and 2015, the two defendants provided more than 160 functional module courses related to the software and training materials involved in the case. Although the two defendants did not recognize the course information published on their website and argued that they mainly provided training for employees of enterprise customers, and that the software and training materials used in the training were provided by relevant companies, they failed to provide evidence to prove their training pattern for employees of enterprise customers, the number of courses provided, the number of trainees, the training fees collected, etc. of the actual operating conditions. Therefore, the training course information published on the two defendants' website can be used as a basis for the determination of the two defendants' operating conditions. However, in the normal operation of this kind of training agencies, there may be situations in which the training courses published on the website cannot be started due to zero registration of trainees, and the actual number of trainees in each training course cannot be determined. Therefore, the losses of the plaintiffs or the profits of the two defendants could not be determined directly based on the starting information published by the two defendants on their website. In this case, although the actual loss of the plaintiff and the illegal gains of the defendants are difficult to determine, given that the existing evidence can already prove that the plaintiff's losses incurred from the infringement has exceeded the upper limit of statutory compensation of RMB 500,000 stipulated by the *Copyright Law*. The court considered all the evidence in this case, based on the prices of the two defendants' training fees, the nature of the infringement, the subjective status, the circumstances and the duration of the infringement, and with reference to the proportion of the royalties charged by the plaintiff to its partners, reasonably determined the amount of compensation over the statutory upper limit. At the same time, it supported the necessary and reasonable expenses incurred by the plaintiff to prevent the two defendants from infringing. The judgment in this case showed the strength of the court's protection of the legal rights of the right holder, and the court's attitude and determination to continuously strengthen the judicial protection of intellectual property rights.

(Writer: Wu Yingzhe)

Application of Discretionary Compensation for Damages in Computer Software Infringement

—Dassault Systemes v. Shanghai Zhidou Electric Vehicle Co. , Ltd. in respect of infringement on computer software copyright

[Summary]

Although the actual loss of the copyright owner and the illegal gains of the infringer are difficult to determine, in the case where there is evidence to prove that the copyright owner's loss incurred from the infringement is obviously greater than the upper limit of statutory compensation, the court should apply the discretionary compensation for damages and reasonably determine the amount of compensation over the statutory upper limit by considering the facts of and all the evidence in the case.

[Case Review]

Plaintiff: Dassault Systemes

Defendant: Shanghai Zhidou Electric Vehicle Co. , Ltd.

Cause of Action: Disputes over infringement on computer software copyright

First-instance Case No. : (2018) H73MC No. 81

Second-instance Case No. : (2018) HMZ No. 429

The plaintiff Dassault Systemes is the software copyright owner of the software CATIA V5 R20 involved in the case. The defendant Shanghai Zhidou Electric Vehicle Co. , Ltd. (hereinafter referred to as Zhidou Electric Vehicle) is an innovative company engaged in the development and service of electric vehicle technology. Dassault Systemes filed a complaint to the Shanghai Cultural Market Administrative Enforcement Corps (hereinafter referred to as the Cultural Enforcement Corps) in February 2017 for Zhidou Electric Vehicle's use of infringing software. The Cultural Enforcement Corps found 8 sets of infringing software used by Zhidou Electric Vehicle during the administrative enforcement. Within that period, Dassault Systemes reached a settlement with Zhidou Electric Vehicle. Zhidou Electric Vehicle promised to illegally use the software of Dassault Systemes no more, and signed the software purchase contract with an authorized sales agent of Dassault Systemes. The Cultural Enforcement Corps therefore reduced administrative penalties on Zhidou Electric Vehicle in accordance with the law, but Zhidou Electric Vehicle did not pay the contract amount in accordance with the software purchase contract. In November 2017, Dassault Systemes applied to Shanghai Intellectual Property Court for evidence preservation. During the preservation process, the court, with the consent of Zhidou Electric Vehicle, accordingly checked the computers on the defendant's business premises, and preserved the evidence by randomly checking the installation of CATIA in the defendant's computers. The defendant was also clearly informed of the proportion of spot check and of the number of CATIA in all computers on its business premises calculated based on the proportion. After checking, it was found that among the total 73 computers on the defendant's business premises, 100% of the 15 computers under spot check were installed with software concerned.

Dassault Systemes claimed that the above actions of Zhidou Electric Vehicle violated the right of reproduction that Dassault Systemes enjoyed in the software concerned. The market price of the software was RMB 252,770/set. According to the clear calculation during the court's evidence preservation, it can be considered that 73 computers on Zhidou Electric Vehicle's business premises were installed with the software involved, causing Dassault Systemes's economic losses of RMB 18,452,210. If the court did not approve the calculation method of the above economic losses, in view of Zhidou Electric Vehicle's subjective malice and serious infringement, Dassault Systemes would request the court to apply punitive damages to Zhidou Electric Vehicle, and the amount of compensation should be between one and three times the amount of Dassault Systemes's losses determined by the court. Therefore, Dassault Systemes requested the court to order Zhidou Electric Vehicle to stop the infringement and compensate Dassault Systemes for economic losses of RMB 18,452,210 and legal fees of RMB 150,000.

Zhidou Electric Vehicle argued that it was a subsidiary of the former Shandong Xindayang Electric Vehicle Co., Ltd. (hereinafter referred to as Shandong Xindayang Electric Vehicle), and Shandong Xindayang Electric Vehicle purchased genuine CATIA Software from an authorized sales agent of Dassault Systemes in 2015, that is, the 8 sets of software found during the administrative punishment. And the reason for the defendant's failure to perform the contract was not unwillingness to pay, but the result of poor internal management after the administrative punishment. The unit price of 8 sets of software purchased by Shandong Xindayang Electric Vehicle from Dassault Systemes was less than RMB 200, 000; the unit price of software stipulated in the software purchase contract signed by Zhidou Electric Vehicle and the authorized sales agent of Dassault Systemes is RMB 207, 036. Since the contract was signed during the administrative law enforcement process, the software unit price included punitive factors and was higher than the normal sales price. Plus, the longer the software is released, the cheaper the price will be. Dassault Systemes also confirmed to the Cultural Enforcement Corps that the unit price of the software involved was RMB 81, 755. Therefore, the unit price of the software of RMB 252, 770/set claimed by Dassault Systemes was obviously too high and lacked basis. Not all of the 73 computers on the defendant's business premises were actually installed with the software concerned. Therefore, Zhidou Electric Vehicle did not agree with Dassault Systemes' calculation of the economic losses, and Zhidou Electric Vehicle had no subjective malicious infringement, so the punitive damages should not apply.

[**Judgment**]

After trial, the court accordingly checked the computers on the defendant's business premises, and preserved the evidence by randomly checking the installation of CATIA in the defendant's computers. The defendant was also clearly informed of the proportion of spot check and of the number of CATIA in all computers on its business premises calculated based on the proportion. After checking, it was found that among the total 73 computers on the defendant's business premises, 100% of the 15 computers under spot check were installed with software concerned. Therefore, according to the above estimation rules, it can be determined that all 73 computers were installed with the software concerned. Zhidou Electric Vehicle argued that it had previously been a subsidiary of Shandong Xindayang Electric Vehicle, and 8 sets of software concerned were software legally used by Shandong Xindayang Electric Vehicle with the authorization of Dassault Systemes. However, Zhidou Electric Vehicle failed to provide evidence to prove its relationship with Shandong Xindayang Electric Vehicle, and the sales contract signed between Shandong Xindayang Electric Vehicle and the authorized sales agent of Dassault Systemes did not stipulate that the software purchased by Shandong Xindayang Electric Vehicle could be re-licensed to other third parties. Therefore, the court dismissed Zhidou Electric Vehicle's arguing opinion and accepted Dassault Systemes' claim that the number of infringing software installed by Zhidou Electric Vehicle was 73 sets. In this case, without the plaintiff's permission, the defendant had installed the software concerned in the computers on its business premises, which infringed the right of reproduction enjoyed by Dassault Systemes in the software. The defendant should bear corresponding civil liability according to law. In this case, Dassault Systemes submitted a related software sales contract signed between its authorized sales agent and other companies, trying to prove that the market price of the software involved was RMB 252, 770/set. The sales contract signed between Zhidou Electric Vehicle and the authorized sales agent of Dassault Systemes in July 2017 also stipulated that the total price of the 5e sets of software was RMB 1, 400, 000. But the related software sales contract submitted by Zhidou Electric Vehicle can prove that in July 2015, Shandong Xindayang Electric Vehicle purchased 8 sets of software for a total price of RMB 1, 500, 000, and when the Cultural Enforcement Corps made administrative penalties in 2017, the unit price of the software was only RMB 81, 755. Therefore, the existing evidence showed a significant difference in the sales price of the software concerned, and it was impossible to determine whether the modules included in the software covered by the above sales contract were consistent. Therefore, the sales contract submitted by Dassault Systemes cannot be directly used as a basis for determining the amount of compensation. Dassault Systemes' claim that the amount of compensation for damages was calculated based on the sales unit price of RMB 252, 770 per set was not accepted by the court. Since the actual loss of Dassault Systemes and the profits derived from infringement of Zhidou Electric Vehicle were difficult to determine, and the existing evidence provided by Dassault Systemes can already prove that the losses suffered by Dassault Systemes have exceeded the upper limit of statutory compensation amount of RMB 500, 000 under the *Copyright Law*, the court considered the following factors, applied the discretionary compensation for damages and reasonably determine the amount of compensation over the statutory upper limit by considering all the evidence in the case, including the unit price of software in the sales contracts submitted by both parties, the period of infringement of Zhidou Electric Vehicle, the number of infringing software installed by Zhidou Electric Vehicle, and Zhidou Electric Vehicle's subjective malice to expand the scale of infringement after being found by the Cultural Enforcement Corps for its use of infringing software. In summary, the court ruled that Zhidou Electric Vehicle should compensate Dassault Systemes for economic losses and legal fees totaling RMB 9 million.

After the first trial, Zhidou Electric Vehicle refused to accept the judgement and appealed. The Shanghai High People's Court held that neither the actual loss of obligee nor the illegal gains of infringer in this case could be determined, and the court should have awarded a compensation of less than RMB 500,000 based on the circumstances of the infringement. However, the facts of this case showed that Dassault Systemes and Zhidou Electric Vehicle had reached a settlement agreement on the infringement of Zhidou Electric Vehicle after Zhidou Electric Vehicle's infringement was found by the Cultural Enforcement Corps. After that, Zhidou Electric Vehicle did not perform the settlement agreement, but instead expanded the scale of infringement. After the evidence of the court of first instance was preserved, another 73 working computers were found on the same business premises, with the infringing software installed. It can be seen that there was repeated infringement by Zhidou Electric Vehicle, and its subjective malice of infringement was obvious. The actual loss of Dassault Systemes obviously exceeded the maximum limit of RMB 500,000 of statutory compensation, so the amount of compensation should be determined reasonably over the statutory upper limit by considering all the evidence in the case. The court of first instance decided that Zhidou Electric Vehicle should compensate Dassault Systemes for economic losses and legal fees of RMB 9 million based on the number of infringing software installed by Zhidou Electric Vehicle, the period of infringement, the subjective malice, and reasonable expenses incurred borne by the obligee for rights protection, which was proper. Therefore, Shanghai High People's Court dismissed the appeal and upheld the original judgement.

[**Case Study**]

The principle of full compensation is the basic principle that should be followed in the compensation for the losses incurred from intellectual property infringement. Adhering to the principle of full compensation, actively exploring specific ways to increase compensation, and fair and reasonable determination of the amount of the compensation for the losses incurred from intellectual property infringement have always been difficult problems to be resolved in intellectual property trials. The significance of the judgment in this case lies in the practical implementation of the principle of full compensation in the determination of compensation for the losses incurred from infringement and the use of discretionary compensation for damages. In the case where there is evidence to prove that the copyright owner's losses incurred from the infringement is obviously greater than the upper limit RMB 500,000 of statutory compensation, the court reasonably determined the amount of compensation over the statutory upper limit by considering the facts of and all the evidence in the case, ruling that Zhidou Electric Vehicle shall compensate Dassault Systemes for economic losses and reasonable expenses totaling RMB 9 million to strengthen the protection of obligee. This judgement reflects the court's attitude and determination to continuously strengthen judicial protection of intellectual property.

Ⅰ. The concept and essence of discretionary compensation for damages

The meaning of discretionary compensation for damages is when the parties cannot prove the exact amount of obligee's loss or the infringer's illegal gains, but there is evidence that the aforesaid amount significantly exceeds the upper limit of statutory compensation, the court determines the amount of compensation over the statutory upper limit by considering all the evidence in the case. The system comes from the *Notice of the Supreme People's Court on Issuing the Opinions on Several Issues concerning Intellectual Property Trials Serving the Overall Objective under the Current Economic Situation* issued by the Supreme People's Court in 2009, but the Notice did not specify the concept of discretionary compensation for damages at that time. According to Article 16 of the Notice, "Where the specific amount of losses incurred from the infringement or profits derived from infringement is difficult to prove but there is evidence that the aforesaid amount is obviously greater than the upper limit of statutory compensation, the court shall reasonably determine the amount of compensation over the statutory upper limit by considering all the evidence in the case." Since then, the cases of courts determining compensation above the upper limit of statutory compensation in judicial practice have begun to appear and gradually increased. In October 2013, when the Supreme People's Court held the "press conference on the enhancement of judicial protection of intellectual property rights by people's courts," it proposed to strengthen the application of discretionary compensation for the losses incurred from intellectual property infringement system, and issued typical cases. In July 2016, at the Intellectual Property Trial Symposium of Chinese Courts & Intellectual Property Trial "Three-in-One" Promotion Meeting of Chinese Courts, Vice President Tao Kaiyuan of the Supreme People's Court further pointed out that we must fully consider the characteristics of the objectivity and uncertainty of the market value of intellectual property rights. When determining the amount of compensation for the losses incurred from intellectual property infringement, it is necessary to accurately reflect the corresponding market value of the infringed intellectual property rights, and give due consideration to the subjective status of the infringer, so as to achieve the effects of compensation as the primary and punishment as the secondary. We must be adept at the discretionary compensation for damages to determine actual loss or illegal gains based on specific evidence, and guide parties to actively provide proof to further facilitate the reasonable calculation of the compensation for the losses incurred from intellectual property infringement.

As for the determination of the compensation for the losses incurred from intellectual property infringement in China's current intellectual property laws, there are mainly three ways: first, determination based on the actual loss of the obligee; second, determination based on the illegal gains of the infringer; and third, the application of statutory compensation. China's relevant intellectual property laws all stipulate the upper limit of statutory compensation. However, statutory compensation is essentially a presumption of the compensation for the losses incurred from infringement losses. It is the amount determined by the court within the maximum amount of statutory compensation based on the ascertained facts of the case and all the relevant factors when the actual loss of the obligee or the illegal gains of the infringer cannot be determined. Discretionary compensation for damages specifically refers to a method of calculating the compensation amount for the losses incurred from intellectual property infringement that exceeds the upper limit of statutory compensation. Although it is also a way to determining the amount of compensation, the essence of it is to determine the compensation for the losses incurred from intellectual property infringement based on the actual loss of the obligee or the illegal gains of the infringer. Therefore, discretionary compensation for damages is not a fourth calculation method other than the three methods mentioned above, but a workaround for the court to comprehensively and reasonably determine the actual loss or profits derived from infringement based on the facts of the case and the evidence.

Ⅱ. Application of discretionary compensation for damages in computer software infringement cases

The order of application of compensation methods in China's current intellectual property laws is basically the same, first, determination based on the actual loss of the obligee; second, determination based on the illegal gains of the infringer; and third, the application of statutory compensation without exceeding the upper limit.

As mentioned before, discretionary compensation for damages is a workaround for fair and reasonable determination of actual loss of the obligee or the illegal gains of the infringer. Therefore, before the application of discretionary compensation for damages, it should still be examined whether the evidence submitted by the parties can prove the actual amount of the actual loss of the obligee or the illegal gains of the infringer. If the above specific amount is difficult to prove, but there is evidence that the relevant amount significantly exceeds the upper limit of statutory compensation, then discretionary compensation for damages can be applied.

In this case, although Dassault Systemes submitted a related software sales contract, trying to prove that the market price of the software involved was RMB 252,770/set, but the related software sales contract submitted by Zhidou Electric Vehicle can prove that in July 2015, Shandong Xindayang Electric Vehicle purchased 8 sets of software for a total price of RMB 1,500,000, and when the Cultural Enforcement Corps made administrative penalties in 2017, the unit price of the software was only RMB 81,755. Therefore, the existing evidence showed a significant difference in the sales price of the software concerned, and it was impossible to determine whether the modules included in the software covered by the above sales contract were consistent. Therefore, the sales contract submitted by Dassault Systemes cannot be directly used as a basis for determining the amount of compensation. Since the actual loss of Dassault Systemes and the profits derived from infringement of Zhidou Electric Vehicle were difficult to determine, and the existing evidence provided by Dassault Systemes can already prove that the losses suffered by Dassault Systemes have exceeded the upper limit of statutory compensation amount of RMB 500,000 under the *Copyright Law*, the court considered the following factors, applied the discretionary compensation for damages and reasonably determined the amount of compensation over the statutory upper limit by considering all the evidence in the case. 1. The number of infringing software installed by Zhidou Electric Vehicle was 73 sets; 2. The period of infringement of Zhidou Electric Vehicle; 3. After being found by the Cultural Enforcement Corps for its use of infringing software, although Zhidou Electric Vehicle signed a sales contract with an authorized sales agent of Dassault Systemes, it never actually performed the contract or stopped the infringement. It further expanded the scale of infringement, and its subjective malice of infringement was obvious. Regarding the legal fees claimed by Dassault Systemes, the court gave full support in light of relevant attorney fees, the difficulty in the case trial, and the workload of the lawyer. In summary, the court ruled that Zhidou Electric Vehicle should compensate Dassault Systemes for economic losses and legal fees totaling RMB 9 million.

This is a typical case in which the court applied the discretionary compensation for damages in accordance with the law to increase the compensation for intellectual property infringement. It was selected into the *Fifty Model Intellectual Property Cases Tried by the Chinese Courts in* 2018, providing a certain reference for the trial of similar cases. At the same time, the Court has also advocated the public to use copyrighted software and respect for the labor and efforts of software developers in a way to promote enterprise software legalization, and create a legalized business environment that respects and protects intellectual property rights, encourages and develops innovation.

(Writer: Wu Yingzhe)

To Protect Online Game Graphics as Quasi-Cinematographic Works

—Shanghai Zhuangyou Information Technology Co. , Ltd. v. Guangzhou Hugen Star Information Technology Co. , Ltd. etc. in respect of copyright infringement, trademark infringement and unfair competition disputes

[**Summary**]

Both expression forms and creation methods of general online game graphics are analogous to those of cinematographic works, so general online game graphics can be identified as quasi-cinematographic works to protect. Different graphics were pre-set by the developer so that the players could not add or alter the graphics beyond the pre-set scope of the developer in the interactive operations. Therefore, the continuous graphics of the game were quasi-cinematographic works. For collective works that contains numerous elements of this kind, we can make comparisons as a whole in terms of plots, roles, maps, scenes, weapons, monsters, and other game elements, assuming that general attention of the public is a common standard, to identify the similarity of general graphics of two games.

[**Case Review**]

Plaintiff (Appellee): Shanghai Zhuangyou Information Technology Co. , Ltd. (Zhuangyou)

Defendant (Appellant): Guangzhou Hugen Star Information Technology Co. , Ltd. (Hugen Star)

Defendant (Appellant): Guangzhou Weedong Network Technology Co. , Ltd. (Weedong)

Defendant: Shanghai Hawang Information Technology Co. , Ltd. (Hawang)

Cause of Action: Copyright infringement, trademark infringement and unfair competition disputes

First-instance Case No.: (2015) PMS (Z) CZ No. 529

Second-instance Case No.: (2016) H73MZ No. 190

The WEBZEN Company of South Korea created and completed the online game MU (3D online game) in November 2001. In 2002, the game was introduced and operated in China by a person not involved in this case. It was reported by many game magazines and websites and got a lot of honors. The Plaintiff was granted the exclusive right of operation over the game in Chinese mainland in 2013 under the name *MU Online*.

The Defendant Hugen Star developed and completed the web game *Qijishenhua* in December 2013, and granted the Defendant Weedong the exclusive right of operation in China in January 2014. They reached a specific agreement on the cooperative cooperation, promotion, charging and revenue-sharing in respect of the game.

Both of the games are roles play games under the background that human beings in MU Kingdom (*MU Online*) /Miracle Kingdom (*Qijishenhua*) confronts invading demons, and players are dressed with weapons and equipment and use skills to enter maps of different levels and complete game tasks. The maps present fixed scenes, such as streets, buildings, decorations, sea areas, forests, monsters, NPCs, etc. *Qijishenhua* has 24 maps. The 18 maps of the *Qijishenhua* among 400 levels are almost the same as those of the *MU Online* in map names and level limitation order. Many scenes of the 17 maps are the same as those of the *MU Online* in constitutive elements, colors, locations and general layout, despite of slight differences in details. Both of the games provide such three player roles as swordsman, enchanter and archer. The role skills of the *Qijishenhua* are identical or basically identical to those of the *MU Online* in their names and descriptions. In addition, the *Qijishenhua* provides 29 weapons, 105 equipment articles, 47 monsters and 5 NPCs, which are identical or basically identical to those of the *MU Online* in their names and appearances, despite of slight differences in design details.

The promoting articles published on the official*Qijishenhua* website which was operated by Weedong wrote "the reproduction of a 10-year miracle... to maximally restore the playing method which was popular ten years ago and has been popular up to now..." On the forum operated by Weedong, many users posted that *Qijishenhua* is the webpage version of MU.

The Plaintiff engaged a person not involved in this case in 2013 and 2014 to develop the webpage version of*MU Online*, and the Plaintiff was entitled to fixed shares and the share of operation income. In the two engagements, the fixed shares were more than RMB 3 million and RMB 8.8 million. Since January 2015, the Plaintiff received the share in the amount of about RMB 100,000 to more than RMB 400,000 and another share in the amount of more than RMB 1 million to more than RMB 6 million.

The Plaintiff claimed that it was the exclusive holder of the right of operation of the online game*MU Online* in Chinese mainland. General graphics of the game were quasi-cinematographic works, and the game maps, scenes, roles' names and appearances, and other elements were written works and artistic works as appropriate. *Qijishenhua* was substantially similar to *MU Online* in terms of the above-mentioned game elements, and therefore the graphics of the two games were substantially similar. Hugen Star adapted the Plaintiff's game to a web game, infringing upon the Plaintiff's right of adaption; Hugen Star and Weedong further cooperated to operate *Qijishenhua*, jointly infringing upon the Plaintiff's right of reproduction and right of information network distribution; and the Defendant Hawang promoted *Qijishenhua* and provided links thereto, constituting contributory infringement. In addition, Hugen Star and Weedong used "MU" in their promotion materials on yeyou.com, constituting trademark infringement. The acts of the three Defendants constituted the use of the Plaintiff's special name of a well-known commodity "奇迹" and of the Plaintiff's special decoration of a well-known commodity without authorization and also the false publicity, and they violated the provisions in Article 2 of *Anti-Unfair Competition Law*. Therefore, the Plaintiff requested to order that the three Defendants should cease their infringing acts and eliminate consequences; Hugen Star and Weedong should compensate the Plaintiff for economic losses in the amount of RMB 10 million and reasonable expenses in the amount of RMB 105,000; and Hawang should pay for the joint and several liability for unfair competition in the amount of RMB 500,000. During the trial, the Plaintiff revoked the claim that had been made to cease Hawang's infringing act.

The Defendant Hugen Star defended that: 1. The right of operation was not a legal right and the popularity of*MU Online* was not the Plaintiff's operation result, so the Plaintiff did not have the right of action. 2. Game graphics of *MU Online* were not quasi-cinematographic works and the two games were substantially different in many aspects, despite of the basic conception of fantasy game. This did not constitute copyright infringement. 3. The article on yeyou. com was not issued by Hugen Star, and thus Hugen Star did not use the trademark "MU" and not constituted trademark infringement. 4. "奇迹" is a common Chinese expression, not a special name of the Plaintiff's game; the graphics claimed by the Plaintiff did not constitute special decoration; the promotion materials claimed by the Plaintiff were to describe *Qijishenhua* and was not misleading to Internet users, and thus it did not constitute false publicity; and this case did not meet the condition to apply Article 2 of *Anti-Unfair Competition Law*. 5. The compensation claim made by the Plaintiff lacked factual and legal basis.

The Defendant Weedong agreed with Hugen Star's defending statement and also defended that as an online game operator it had fulfilled the obligation of due diligence.

The Defendant Hawang defended that as it provided a free game information issuing platform, it could not tell whether the involved game was infringing, and should be exempted from any infringement liability, and the website had been closed up.

[**Judgment**]

Through trial, the Pudong New Area People's Court of Shanghai held that: 1. The reproduction, release and information network distribution of the elements in a game were inevitable in the operation of the game, and the competition benefits were owned by the operator. The Plaintiff had the right of action in the case as the exclusive operator of the involved game. 2. As to copyright infringement: (1) As to the claim of the Plaintiff that the general graphics of the game were original and ingenious and reproducible in a tangible form, and should be protected by copyright laws. From the perspective of online game creation, the functions of creators such as game planning and element designing were analogous to the directing, scriptwriting, art design, music, apparel design and other processes in film creation, and the programming corresponded to film shooting. From the perspective of expression form, game graphics were composed of a series of graphics with or without accompanying sounds. The expression form was similar to that of cinematographic works. Notwithstanding slight differences in continuous graphics due to different operations of different players, the main parts were the same. Different graphics were pre-set by the developer so that the players could not add or alter the graphics beyond the pre-set scope of the developer. Therefore, the continuous graphics of the *MU Online* were quasi-cinematographic works. (3) A lot of elements of the two games were identical or similar. To the common audience and game players who were not very percipient, the very similar graphics could not provide different aesthetic perceptions and thus were substantially similar. Therefore, Hugen Star and Weedong infringed upon the Plaintiff's right of reproduction and right of information network distribution. However, Hawang as the network service provider did not have any subjective fault and did not commit infringement. 3. Hugen Star and Weedong committed unfair competition of false publicity. 4. On the basis of economic benefits received by the Plaintiff from licensing of the involved game, it was proved that the losses imposed upon the Plaintiff as a result of the infringing acts of the two Defendants exceeded the upper limit of the legal liquidated damages. On such basis, taking into consideration the commercial value and popularity of the Plaintiff's game, the infringing intent and infringing act of the Defendants, the nature and influence thereof, and other relevant factors, the amount of compensation should be determined above the upper limit of the legal liquidated damages.

Thus, the Pudong New Area People's Court of Shanghai issued the first-instance judgment, stating that the Defendants Hugen Star and Weedong should: (1) immediately cease the act of infringing upon the copyright of the Plaintiff; (2) immediately cease the use of the specific name of the well-known commodity involved without permission or the unfair competition of false publicity; (3) jointly compensate the Plaintiff for economic losses in the amount of RMB 5 million and for reasonable expenses in the amount of RMB 104,990; (4) jointly publish a declaration on *China Intellectual Property News* (the content of the declaration must be reviewed by the court) to eliminate the adverse impact on the Plaintiff due to copyright infringement and unfair competition, and at the same time, respectively on the homepages of their websites (www.hugenstar.com and www.91wan.com) published the same content for 30 consecutive days; and (5) the remaining claims of the Plaintiff were hereby rejected.

After the issuance of the judgment, the Defendants Hugen Star and Weedong instituted an appeal. In the second-instance trial, Zhuangyou applied for revoking the claim of authorized use of the special name of the well-known commodity. The second-instance court approved the application and altered the original judgment as the appellee revoked some of the claims made in the first instance. The Shanghai Intellectual Property Court decided to: (1) uphold and maintain Items I, IV and V of the original judgment; (2) alter Item II of the original judgment to: Hugen Star and

Weedong should immediately cease the unfair competition of false publicity; (3) alter Item Ⅲ of the original judgment to: Hugen Star and Weedong should jointly compensate Zhuangyou for economic losses in the amount of RMB 4 million and for reasonable expenses in the amount of RMB 104, 990.

[Case Study]

As the result of the intellectual creation of many developers, online games are unique in their underlying code and audio-visual elements such as game characters, weaponry, text introductions, and music presented on the operating interface and can be copied in tangible form, which should be protected by Copyright Law. In the past, when game companies sought copyright law protection, they claimed different rights for the above-mentioned different game elements. However in this case, the Plaintiff claimed that the general graphics presented on the screen end as a whole were quasi-cinematographic works, and the affirmation of works types and substantial similarities was innovative to some extent, bringing in challenges in legal affirmation.

Ⅰ. Affirmation of the type of online game graphic works

According to the provisions in the *Regulations for the Implementation of the Copyright Law*, cinematographic works and assimilated works expressed by a process analogous to cinematography are works which, being recorded on some material, consist of a series of frames of images, with or without accompanying sound, and can be projected or otherwise distributed with the aid of devices suitable in relation to specific works. The game involved in the case is designed by the planners in terms of world outlook and other aspects. The art and other personnel are responsible for the design of various types of text, pictures, music and other materials, and the programmers write specific code; players play different roles under certain gaming rules to upgrade and fight against monsters. After the game engine calls plots, pictures, music, interface design and other game contents under the software function design, a series of dynamic images consisting of words, pictures, sound and other contents will be shown on the screen end. As a roles play game, it has certain plots. Thus, in addition to the expression form, the involved online game was also created by a process similar to that of the cinematographic works. As to the expression form, in the running process, what the game presents is a series of game images which provide audiovisual experience, expressed by a process similar to that of the cinematographic works. As to the creation, they both are results from intelligent creation of all the developers. The functions of creators such as game planning and element designing were analogous to the directing, scriptwriting, art design, music, apparel design and other processes in film creation, and the programming corresponded to film shooting. For above all, the involved online game had certain stories and adopted multiple creation functions such as directing, scriptwriting, art designing and music. Its expression and creation forms were similar to those of films, so its general graphics could be protected as quasi-cinematographic works. In fact, many countries have implemented protections for general graphics of games as audiovisual works. For example, the Stern Electronics, Inc. v. Kaufman case, USA (1982), the Pac-man game case, Japan (1984), etc.

Different from traditional cinematographic works, the continuous active images of online games will change along with game player's operations, and are dual-directional and interactive, and different operations will bring out different images. But the continuous active images of traditional cinematographic works are fixed and single-directional, and will not change along with different operations. However, its quasi-cinematographic works nature cannot be denied only for this reason because: (1) In the main part of the graphics, many images such as maps, scenes, monsters, etc. are static, constituting the scenes for all stories and events in the game, of which the locations and functions will not change with the operations by different players or at different time. (2) Even if different operations bring out different continuous images, all these images are pre-set by the developer, and with a limited possibility, no player may amend or add the images beyond the presetting scope of the game developer. (3) Players' interactions do not constitute creating behavior within the meaning of copyright laws.

The general graphics of online games can be protected as quasi-cinematographic works, but not every online game graphic can be protected as quasi-cinematographic works. The determination should be made based on specific contents on the audiovisual interfaces. Different game genres have different expression forms and audiovisual effects in general graphics, and thus different results may be obtained on the originality and ingenuity determination. For example, in the "Romance of the Three Kingdoms Ⅲ" case handled by a court in Japan, the court held that the game was a real-time strategy game; the majority of game contents therein were static; and the stories of the game were very limited, so it was not cinematographic works. Even if it is not identified as cinematographic works, it can be identified as any other type of works to require protection provided that the constitutive graphics of the online game, such as single images, words, pictures and music, meet the originality and ingenuity requirements.

Ⅱ. Determination on substantial similarities between online games

For collective works that contain numerous elements, we can make comparisons as a whole, assuming that general attention of the public is a common standard, to identify the similarity of general graphics of two games. As an online game consists of numerous images which generate from players' control, it is almost impossible to compare them in each frame. The varying parts in the continuous active images of online games are visual angles of scenes and character actions, and game maps, level settings, role skills, weapons and equipment, monsters, NPCs, etc. are generally fixed in role-playing games, so the similarities in the latter may be deemed as the similarities in the general graphics of the online games.

Through comparison, all the skills ofthe three player roles as swordsman, enchanter and archer in the first 400 levels of the asserted infringing game were the same or almost the same as those of the *MU Online*, and their level settings, role names and skills, maps and scenes, weapons and equipment, monster and NPCs were almost the same. Thus, it was affirmed that general graphics of the two games were substantially similar. Despite of a few differences in some appearance details, their main appearances were the same, and there were only some differences on visually aesthetic perception, which did not affect the affirmation of the substantial similarity of general graphics. In addition, it is shown in Internet users' replies to *Qijishenhua*'s evaluating articles and forum posts that the two games were very similar in game materials, playing rules, styles and appearances so that *Qijishenhua* was called a webpage version of the *MU Online*. Obviously, to common audience and game players who were not very percipient, the two games had very similar general graphics and could not be enough to provide different aesthetic perceptions. Therefore, the court decided that general graphics of the *Qijishenhua* were substantially similar to those of the *MU Online*.

(Writer: Ye Jufen)

Legal Protection for Animated Characters and Film Titles

—Disney Enterprises, Inc. and Pixar v. Xiamen Blue MTV Co., Ltd. etc. in respect of copyright infringement and unfair competition disputes

[**Summary**]

A simple design idea, as a train of thought, should not be monopolized but be referred to or used for reference reasonably. However, when a combination of multiple design ideas fully presents a unique and distinguished animated character, such combination becomes original and ingenious works that is protected by copyright laws.

For the purpose of identifying a film title as a business mark that is protected by unfair competition laws, the period of film promotion, the period of theatrical run and the like should not be overemphasized, but the distinctiveness of film industry should be considered, together with promotion status before and after the film is launched on the market, box-office results gained, public opinions, on-going influence and the like. A film title which functions to identify its source of commodity after it has been used by the right-holder can be identified as a business mark which is influential to some extent.

[**Case Review**]

Plaintiff (Appellee): Disney Enterprises, Inc. (Disney)

Plaintiff (Appellee): Pixar

Defendant (Appellant): Xiamen Blue MTV Co., Ltd. (Blue MTV)

Defendant (Appellant): Beijing G-Point Film Culture Media Co., Ltd. (G-Point)

Defendant: PPLive Inc. (PPLive)

Cause of Action: Copyright infringement and unfair competition disputes

First-instance Case No.: (2015) PMS (Z) CZ No. 1896

Second-instance Case No.: (2017) H73MZ N0. 54

Disney and Pixar are holders of the copyrights of animated comedies *Cars* and *Cars* 2 as well as posters thereof and cartoon images "Lightning McQueen" and "Francesco" therein. The comedies were released in China respectively in 2006 and 2011. During their releases, the media reported the films, and some media used "赛车总动员" "飞车正传", and "汽车总动员" as the Chinese titles of *Cars*. *Cars* was the winner of the 64th Golden Globe Award for Best Animated Feature Film and many other awards.

The Autobots was an animated movie produced by Blue MTV and released by G-Point. When submitting the film script (outline) to relevant authorities for project initiation in 2014, Blue MTV used "小小汽车工程师" as the title of the film. On April 27, 2015, Zhuo Jianrong, Legal Representative of Blue MTV said on Weibo that "Great Animation · New Ecology, China Animated Film Summit Forum is held in Hangzhou. The animated film '汽车总动员' (sic.) will be released nationwide July 3 in the summer film season. It is coming soon." The post was illustrated with a picture containing the words "《汽车总动员》电影推介." On May 4, 2015, with approvals of relevant authorities, Blue MTV changed the title "小小汽车工程师" to "汽车人总动员."

The Autobots was screened in July 2015. Wanda Cinemas and other cinemas in Shanghai screened "The Autobots," with involved film posters shown at the gates of the cinemas and brochures containing the film posters available to the audience. The film posters highlighted "汽车人总动员 The Autobots", and the character "人" was covered by a tire. The leading actors on the film posters were animated images K1 and K2. *The Autobots* was provided by PPTV and other video websites on Play Online basis. Maoyan Box Office Analysis indicated that from July 3, 2015 to July 14, 2015, the box-office result of the film was RMB 5.63 million.

The Plaintiffs Disney and Pixar claimed that the cartoon images "K1" and "K2" in *The Autobots* were substantially similar to "Lightning McQueen" and "Francesco" in *Cars* and *Cars* 2, and the poster of *The Autobots* was substantially similar to that of *Cars* 2, both constituting copyright infringement. The title of "汽车人总动员" was close to that of the serial film "赛车总动员." In the poster, "人" was covered by a tire, making the title seem "汽车总动员." The use of "汽车人总动员" or "汽车总

动员" as the title of the film by Blue MTV would misguide the public and therefore constitute unfair competition. The Plaintiffs made the claims before the court that Blue MTV and G-Point should stop copyright infringement and unfair competition; PPLive should stop distributing the infringed works to the public through information networks; MTV and G-Point should compensate Disney and Pixar for economic loss of RMB 3 million and reasonable expenses of RMB 1 million.

The Defendant Blue MTV argued that "K1" and "K2" were created by them independently, and were not similar to "Lightning McQueen" and "Francesco." It is appropriate for the defendant to use *The Autobots* as the title of the film, and the audience would not be confused. It requested the court to dismiss the plaintiffs' claims.

The Defendant G-Point argued that "K1" and "K2" are not similar to "Lightning McQueen" and "Francesco." The titles of plaintiffs' films could not be identified as special names of well-known commodities. The defendant did not make a profit through the distribution of the film, but suffered losses. There was no basis for the Plaintiffs' claims. It requested the court to dismiss the plaintiffs' claims.

The Defendant PPLive argued that it was legally authorized to play the film involved on the PPTV platform, and it had deleted the film involved from its website.

[**Judgment**]

Through trial, the Pudong New Area People's Court of Shanghai held that "Lightning McQueen" and "Francesco" in *Cars* and *Cars* 2 were original, ingenious and artistic as cartoon images, and constituted artistic works. The film posters also constituted artistic works. *Cars* and *Cars* 2 were released in domestic cinemas, and Blue MTV and G-Point had the opportunity to approach the films. "K1" and "K2" were substantially similar to "Lightning McQueen" and "Francesco." Blue MTV and G-Point committed copyright infringement.

*Cars*and *Cars* 2 gained good box-office results and won many awards or award nominations. The media released a large number of reports on the two films, and the public thought highly of them. Up to now, they are available on video networks on Play Online basis. By massively using and promoting the film title "赛车总动员", it had functioned to identify its source of commodity and constituted a special name of a well-known commodity.

Assuming that general attention of the public was a common standard, the use of "汽车人总动员" as a film title would not lead to the confusion between the film and the films of Disney and Pixar, and neither was the film title “汽车人总动员” similar to the special name of the well-known commodity of Disney and Pixar. However, in the poster of *The Autobots*, “人” was covered by a tire, making the title seem “汽车总动员.” This could mislead the public and constituted unfair competition for use, without authorization, of a special name of a well-known commodity.

Blue MTV and G-Point committed copyright infringement and unfair competition, and should assume civil liabilities of ceasing the infringing acts and compensating for the losses. PPLive should stop distributing the infringing works to the public through information networks. As G-Point was involved in theatrical release of *The Autobots* as a releasing company only and was not involved in the process that Blue MTV received information network distribution right royalties and other benefits, G-Point should assume joint liabilities partially. The Pudong New Area People's Court of Shanghai issued the first-instance judgment, stating that Blue MTV and G-Point should cease copyright infringement and unfair competition; PPLive should cease to distribute the infringing works through information networks; Blue MTV and G-Point should compensate Disney and Pixar for economic losses in the amount of RMB 1 million, of which RMB 800, 000 G-Point should be liable for jointly with Blue MTV; Blue MTV and G-Point should compensate Disney and Pixar for reasonable expenses in the amount of RMB 353, 188; and the remaining claims of Disney and Pixar were dismissed.

Blue MTV and G-Point refused to accept the first-instance judgment and initiated an appeal to the Shanghai Intellectual Property Court. Through trial, the second-instance court dismissed their appeal and upheld the first-instance judgment.

[Case Study]

Ⅰ. Affirmation of copyright infringement of animated images

“Lightning McQueen” and “Francesco” in the films *Cars* and *Cars* 2 are anthropomorphic cars which are featured by a typical structure of a racing car, including body, window, light, tyre and rear wing, and are personified in the following parts: two personified eyes on the front windshield of the car with eyeballs and movable upper eyelids, a big flat mouth on the air-inlet grille with white teeth. The movements on the eyes and mouth can express emotions. While maintaining a typical structure of a racing car, the two animated characters present anthropomorphic images with personified eyes and mouths and are capable of expressing emotions. In addition, coating colors of the cars also reflect the personalities and other natures of the animated images. In addition to a traditional car structure, the two animated images have ingenious designs, particularly in their anthropomorphic faces, and are aesthetic. Thus, they are artistic works and protected by copyright laws of China. The poster background of *Cars* 2 is a blue dimensional earth figure, with four anthropomorphic car characters including "Lightning McQueen" below the earth and light-colored inverted images below the car characters. The poster is original and ingenious, and is protected by copyright laws as artistic works.

"Lightning McQueen" and "Francesco" are animated characters of cars that have a typical structure and pattern of a racing car. "Lightning McQueen" has the typical structure and pattern of a road racing car, including light, tyre, window, rear wing and streamlined body. "Francesco" has the typical structure and pattern of a F1 racer, including outstanding front wing and rear wing, narrow cockpit, big tire and exposed suspension system. These structures and patterns of racing cars are known to the public. However, Disney and Pixar did not purely copied a common racing car structure, but designed their characters on such basis, particularly in the front faces of the cars, by adding anthropomorphic eyes and mouths, so that the inanimate racing cars had anthropomorphic images and was capable of expressing emotions with their eyes and mouths. Such design is original and ingenious.

By comparing "K1" in the poster of *The Autobots* with "Lightning McQueen" and "K2" with "Francesco", "K1" and "K2" used the original and ingenious expressions of eyes and mouth of "Lightning McQueen" and "Francesco" created by Disney and Pixar, and there was little difference. "K1" and "K2" in the poster of *The Autobots* were substantially similar to "Lightning McQueen" and "Francesco." By comparing "K1" and "K2" in the film of *The Autobots* with "Lightning McQueen" and "Francesco", the colors of "Lightning McQueen" and "Francesco" were brighter and richer that those of "K1" and "K2" which are gloomy with rough and crude eyes and mouths. Despite of some differences, they had more similarities, particularly in anthropomorphic parts such as personified eyes on the front windshield of the car with movable upper eyelids and a mouth on the air-inlet grille. In addition, they used similar coating colors.

A simple design idea, as a train of thought, should not be monopolized but be referred to or used for reference reasonably. However, when a combination of multiple design ideas fully presents a unique and distinguished cartoon image, such combination becomes original and ingenious works that is protected by copyright laws.

The animated characters "Lightning McQueen" and "Francesco" of Disney and Pixar, each of which was a combination of anthropomorphic eyes, mouth and particular colors, constituted original and ingenious expressions, but Blue MTV and G-Point copied the works of Disney and Pixar to the extent of such design combination. "K1" and "K2" used the original and ingenious expressions of "Lightning McQueen" and "Francesco", and they were substantially similar.

Cars and *Cars* 2 were released in domestic cinemas. In 2006 and 2011, the media released a large number of reports on the two films and their animated characters and posters. Blue MTV and G-Point had the opportunity to approach the films. It was large space to design anthropomorphic parts of a car, but Blue MTV and G-Point directly used the original and ingenious expressions in the animated feature works of Disney and Pixar, thus constituting copyright infringement.

The Plaintiffs also claimed that the poster of *The Autobots* was substantially similar to that of *Cars* 2. "K1" and "K2" in the poster of *The Autobots* were substantially similar to "Lightning McQueen" and "Francesco." However, as to the overall presentation of the posters, there were obvious differences in picture composition, background and other aspects, so they were not substantially similar.

Ⅱ. Conditions for a film title to be protected by anti-unfair competition laws

The Article 1 of the *Interpretation of the Supreme People's Court on Some Issues Concerning the Application of Law in the Trial of Civil Cases Involving Unfair Competition* stipulates that the people's court shall, when affirming well-known commodities, take into consideration the time, region, volume and targets for selling such commodities, the duration, degree and scope for any publicity of such commodities, as well as the protection situation as well-known commodities, and make comprehensive judgments. Unlike sales and promotion of ordinary commodities, screening and promotion of films have their own particularity. Generally, the theatrical run of a film is no more than one month. The production or releasing company will carry out centralized promotion before and during the theatrical run until the end of the theatrical run. Therefore, for the purpose of identifying the popularity of a film, the period of film promotion or the period of theatrical run should not be overemphasized, but the promotion status before and after the film is launched on the market, box-office results gained, public opinions, on-going influence and the like should be considered. The involved two films of Disney and Pixar gained good box-office results and won many awards or award nominations. The media released a large number of reports on them, and the public thought highly of them. Up to now, they have been available on video networks on Play Online basis, and they are still very influential among the public.

The reference to"a unique name" of a well-known commodity in Article 5(2) of the *Anti-Unfair Competition Law* indicates the function to identify the source of the commodity. The "赛车总动员" is not a direct translation from *Cars*. "赛车" is a generic name of racing cars, and "总动员" means all forces mobilized to complete an important task. The combination of the leading roles "赛车" and force-indicative "总动员" to be used as a title of anthropomorphic racing car film is of unique nature. Through the use and promotion of the right-holder, the public have connected the title of "赛车总动员" with Disney and Pixar. The title has functioned to identify its source of commodity, so it is a special name of a well-known commodity.

Disney and Pixar claimed that the involved film was also translated to"汽车总动员", so "汽车总动员" was a particular name of a well-known commodity of the Plaintiffs. The Article 5 of *Regulations on Administration of Films* stipulates that China implements licensing system for film production, import, export, release, screening and public show. "赛车总动员" and "赛车总动员 2" were film titles that had been approved to use domestically. Notwithstanding that some newspapers and websites translated *Cars* and *Cars* 2 to "汽车总动员" and "汽车总动员 2", Disney and Pixar did not use "汽车总动员" and "汽车总动员 2" as film titles for any business purpose, so "汽车总动员" and "汽车总动员 2" were not special names of well-known commodities.

The special point of this case was that the approved name of the involved film of Blue MTV was"汽车人总动员" and the film title was also "汽车人总动员." However, in the poster of the film, "人" was covered by a tire, making the title seem "汽车总动员" visually. The Plaintiffs claimed that the use of "汽车人总动员" and "汽车总动员" constituted unfair competition. We held that the aforesaid two situations should be considered separately to check whether each of the situations would lead to the confusion of the public.

As film titles are short generally and it is common that different producers are devoted into the same theme films, the protection scope for film names as special names of well-known commodities should be established reasonably, or the public resources would be embezzled. In the title"汽车人总动员" of the film of Blue MTV, "汽车人" had multiple meanings, such as persons working in car industry, and highly anthropomorphic car characters such as Transformers. In these contexts, the meaning of “汽车人” was significantly different from that of “赛车.” Assuming that general attention of the public was a common standard, the use of “汽车人总动员” as a title of an animated film would not lead to the confusion with the involved films of Disney and Pixar, and neither was “汽车人总动员” similar to “赛车总动员.”

However, in the poster of *The Autobots*, “人” was covered by a tire, making the title seem “汽车总动员” visually. There was one-character difference between “汽车总动员” and “赛车总动员”, and racing cars also belonged to cars. This would mislead the public when they were compared. Existing evidence proved that there were some of the audience who were misguided as they mistook the involved infringing film as the film series of Disney and Pixar. The above act of Blue MTV and G-Point subjectively constituted deliberate attachment to the animated film series of Disney and Pixar, and objectively misguided the public, thus improperly exploiting the prior goodwill of the involved film of Disney and Pixar and constituting unfair competition of using, without authorization, a special name of a well-known commodity.

(Writers: Xu Jun & Shao Xun)

The Identification of Performer and the Amount of Compensation for Infringing the Right of Performer

—Kanjian Network Technology (Shanghai) Co., Ltd. v. Guangzhou KuGou Computer Technology Co., Ltd., etc. in respect of infringement of the right of performer

[Summary]

1. For a performance product that has not been published publicly, nor has the copyright ownership registration, or the preservation of the manuscript is defective, the court may take the signature at the time of publication as the preliminary evidence for the identity of the performer, and make a comprehensive determination based on the contract between the performer and the network platform, the background information of the network platform, and the documents in the production process of the product at the same time.

2. In determining the amount of compensation for infringing the right of performer, the court may make a comprehensive decision based on the music type, the popularity of the performer and the music, the release time, the amount paid to download music from the obligee's platform, the spread of infringing products, the defendant's infringement and subjective fault, etc.

[Case Review]

Plaintiff (Appellee): Kanjian Network Technology (Shanghai) Co., Ltd.

Defendant (Appellant): Guangzhou KuGou Computer Technology Co., Ltd.

Defendant: Ocean Interactive (Beijing) Technology Co., Ltd.

Cause of Action: Dispute over the infringement of the right of performer

First-instance Case No.: (2016) H0110MC No. 15577

Second-instance Case No.: (2017) H73MZ No. 203

The plaintiff Kanjian Network Technology (Shanghai) Co., Ltd. (hereinafter referred to as Kanjian Network Technology) was established on April 25, 2014. Its business scope is the development, design, and production of computer software. It is a management and distribution company of music copyright.

The defendant Guangzhou KuGou Computer Technology Co., Ltd. (hereinafter referred to as KuGou Technology) was established in February 2006, and its business scope is software and information technology services. The ICP/IP address/domain name information filing management system shows that the host of the website with the domain name kugou.com is the defendant KuGou Technology. After opening the page of the website, the homepage shows the QR code of KuGou APP. The defendant KuGou Technology reports that the cumulative download of KuGou client is about 400 million times.

The defendant, Ocean Interactive (Beijing) Technology Co., Ltd. (hereinafter referred to as Ocean Interactive Technology), was established in May 2012. Its business scope includes technology promotion, technology services, computer system services, and Internet cultural activities. The ICP/IP address/domain name information filing management system shows that the host of the website with the domain name omusic.cc is the defendant Ocean Interactive Technology. After opening the page of the website, there is a download link for KuGou clients (PC version and iPhone version) on the homepage.

The album *Happy Time* contains 15 pieces of music, such as "First Encounter." This case involves 12 of them, and the performer is Yao Xinbei. Authorized by Yao Xinbei, Kanjian Network Technology has obtained the exclusive right to disseminate works to the public over information networks and the non-interactive network playback right for the album *Happy Time*. KuGou Technology is the operator of Kugou Music Platform. Kanjian Network Technology downloaded the12 songs involved in the case related to the infringement of the Kugou Music Platform through a notarized mobile phone, and at the same time used Charles software to capture in real time all relevant data of the album/songs downloaded by the notarized mobile phone through the KuGou APP service and saved them. Then, Kanjian Network Technology used the Adobe Audition CS6 software to compare the audios involved with the audios on the official website of Kanjian Music. The comparison showed that the audios were basically the same. Ocean Interactive Technology is the organizer of the website omusic.cc. The company introduction column on the homepage of the website shows that "Ocean Music Group is an Internet company dedicated to providing copyrighted music resources and services...At the same time, the Kugou Music and Kuwo Music of the group are members of the Copyright Society of China and the Copyright Union of Internet Society of China."

The plaintiff Kanjian Network Technology claims that KuGou, co-operated by the defendants KuGou Technology and Ocean Interactive Technology, is a well-known online platform for the provision and dissemination of music in the country. The platform provided and disseminated music to the public without permission of the plaintiff, which violated the plaintiff's right to disseminate works to the public over information networks enjoyed by the performer. It requested the court to order: 1. the two defendants to cease to provide and disseminate the music album *Happy Time* (including 12 pieces of music such as the "Final Song") to the public through the KuGou platform; 2. the two defendants to jointly compensate the plaintiff for economic losses and reasonable expenses of RMB 30,000 (including lawyer's fee of RMB 5000 and notarization fee of RMB 1000). During the trial, the plaintiff withdrew the first claim.

The defendant KuGou Technology argued that: 1. The plaintiff's subject is not qualified, and the existing evidence cannot prove that Yao Xinbei was the performer of the music involved in the case. Even if Yao Xinbei is the obligee, the plaintiff's evidence cannot prove that it has obtained the right to sue from Yao Xinbei. 2. The infringement notarization is not recognized. The plaintiff cannot prove the relevance of the notarized audio content and the works involved, and the right of performer involves the issues of the sound sources, on which non-professionals could not make accurate judgments; 3. KuGou did have the music pieces involved in the case on its platform, but they were uploaded by a user. The defendant did not profit from the download and playback of the music pieces by its users, and deleted them after receiving the summons. 4. The mobile application KuGou was operated independently by the defendant KuGou company, and even if its act constituted infringement, the amount of compensation claimed by the plaintiff was too large. In summary, it did not agree with the plaintiff's claims.

The defendant Ocean Interactive Technology argued that it agreed with the argument of the defendant KuGou Technology. In addition, Ocean Music Group is a customary name in the industry and is not a registered company. The operation of the two defendants are independent and they only cooperate on the use of resources. Ocean Interactive Technology is not an operator of KuGou. Based on the cooperative relationship, Ocean Interactive Technology provides the download link of KuGou clients on its official website. However, it did not participate in the dissemination of the music pieces in the case involved and there is no infringement. In summary, it requested the court to dismiss the plaintiff's claims.

[Judgment]

The Yangpu District People's Court of Shanghai found, according to the International Standard Recording Code (ISRC) query system of Taiwan, QQ Music, Kanjian Music, and KuGou, the performer of the 12 songs involved was Yao Xinbei. With the authorization of Yao Xinbei, Kanjian Network Technology has obtained the right to disseminate works, including the pieces involved in the case, to the public over information networks and the right to defend in its own name in accordance with the law. It has the right to file a lawsuit. KuGou Technology provided the online playback and download of the music pieces on the mobile application of KuGou operated by it without permission. Its act directly infringed on the right to disseminate works to the public over information networks enjoyed by the performer and owned by the plaintiff, and should bear corresponding tort liability. The content of the "Company Introduction" of the defendant Ocean Interactive Technology cannot prove that the defendant Ocean Interactive Technology has participated in the operation or management of KuGou. There is no factual or legal basis for the plaintiff to request the defendant Ocean Interactive Technology to bear the tort liability. In summary, the Shanghai Yangpu court ruled that the defendant Guangzhou KuGou Technology Co., Ltd. should compensate the plaintiff Kanjian Network Technology (Shanghai) Co., Ltd. for economic loss of RMB 10,000 (including the reasonable expenses of RMB 5000 to stop infringement).

After the first trial, the defendant KuGou Technology refused to accept the judgement and appealed. After hearing, the Shanghai Intellectual Property Court held that the facts were clear and the applicable law was correct in the judgement of first instance. Therefore, it dismissed the appeal and maintained the original judgment.

[Case Study]

With the advent of the Internet + era, the music industry is facing many challenges and transformations. One of the trends is the rise of independent musicians and the innovation of traditional publishing and distribution patterns. Music copyright is a more complicated field in the design of the copyright law system, involving different subjects and types of rights, and the Internet innovation has brought challenges to the identification of the obligee and the determination of infringement.

Ⅰ. Confirmation of the identity of the performer

According to the provisions of China's *Copyright Law*, a natural person, a legal person, or an organization that has signed a work or product is deemed as the obligee of copyright and the rights and interests related to copyright, unless it is proved otherwise. The manuscripts, originals, legal publications, copyright registration certificates, certifications issued by certification authorities, and contracts for obtaining rights, etc., provided by the parties, can be taken as evidence to determine copyright. Independent musicians often have not released their music pieces publicly or registered the copyright ownership, and performers often have flaws in the preservation of their manuscripts. Their performances of the same work will also be different in different periods. Therefore, the signature at the time of online publication is the preliminary evidence of the identity of the performer. Due to other circumstances such as different performers having the same name, the court may make a comprehensive determination based on the contract between the performer and the network platform, the background information of the network platform, and the documents during the production of the product.

In this case, the product claimed by the plaintiff has not been published publicly, nor has it been registered for the ownership of the copyright. It is also difficult for the plaintiff to provide the original of the work. According to the International Standard Recording Code (ISRC) query system of Taiwan, QQ Music, Kanjian Music, and KuGou, the performer of the 12 songs involved was Yao Xinbei. The court made a comprehensive determination based on the authorization contract between the plaintiff and Yao Xinbei, and identified the performer of the music pieces involved as Yao Xinbei since there is no contrary evidence.

Ⅱ. Infringement comparison of music pieces

In terms of infringement comparison, even for the same song, there is difference between various performance versions, making it difficult for non-professionals to compare and identify. Entrusted appraisal will not only prolong the trial period, but also increase the litigation costs of the parties. From a technical point of view, the performance of music is saved in the form of digital music, which is a piece of sound that can be expressed by waveforms. The waveforms of different digital music are not the same. Since the waveforms of digital music can be presented by computer software, by comparing the waveforms of the music claimed by the plaintiff with the waveforms of the allegedly infringing music, the similarities and differences between the two can be intuitively represented, thereby realizing simple comparison conducted by non-professionals.

In this case, with the consent of the parties, the Adobe Audition CS6 software was used to compare the waveforms of the infringing music with the music claimed by the plaintiff. The comparison shows they are basically the same. Therefore, it can be determined that KuGou Technology provided the online playback and download of the music pieces on the mobile application of KuGou operated by it without permission. Its act directly infringed on the right to disseminate works to the public over information networks enjoyed by the performer owned by the plaintiff, and KuGou Technology shall bear corresponding liability for infringement.

Ⅲ. Amount of compensation for infringing the right of performer

According to the *Copyright Law*, the infringer shall, when having infringed upon the rights related to copyright, make a compensation on the basis of the obligee's actual losses; where the actual losses are difficult to be calculated, the compensation may be made on the basis of the infringer's illegal gains. Where the obligee's actual losses or the infringer's illegal gains cannot be determined, the people's court shall, on the basis of the seriousness of the act of tort, adjudicate a compensation of RMB 500,000 Yuan or less. In practice, the actual loss of the obligee and the illegal gains of the infringer are often difficult to confirm. Therefore, the court usually needs to make a decision based on the circumstances of the infringement. At its discretion, it should consider the type of work, the reasonable royalty, the nature of the infringement, and the consequences.

In this case, since the plaintiff failed to prove the actual losses suffered from the infringement or the defendants' gains from the infringement, the court made a comprehensive determination at its discretion based on the music type, the popularity of the performer and the music, the release time, the amount paid to download music from the "Kanjian Music" platform, the spread of infringing products through KuGou Mobile App, the defendant KuGou Technology's infringement and subjective fault, etc.

(Writers: Liu Yanping & Ni Xianfeng)

Recognizing the Originality of Costume Designing Patterns as the Works of Fine Arts

—Shanghai Icicle Fashion Industry Group Commercial Development Co. , Ltd. v. Suzhou Rumere Co. , Ltd. , etc. in respect of copyright infringement and unfair competition

[**Summary**]

Costume designing pattern is a part of clothing. The determination of its originality should be judged with the basic elements such as the base fabric and style of the clothing. At the same time, we should pay attention to the differences between the elements of pattern and the pattern itself. Even if the individual elements are relatively simple, if they are designed with abstract art, selective arrangement, and unique color matching, the entire work still has a certain degree of originality.

[**Case Review**]

Plaintiff (Appellee): Shanghai Icicle Fashion Industry Group Business Development Co. , Ltd.

Defendant (Appellant): Suzhou Rumere Co. , Ltd.

Defendant (Appellant): Shanghai Rumere Brand Management Co. , Ltd.

Defendant: Zhejiang Tmall Network Co. , Ltd.

Cause of Action: Disputes over copyright infringement and unfair competition

First-instance Case No. : (2016) H0107MC No. 26898

Second-instance Case No. : (2018) H73MZ No. 212

The plaintiff is a well-known high-end fashion company in China engaged in the designing, production, and sales of costumes. Its clothing brand"ICICLE" has a high reputation and a large market share. In 2015, an employee of the plaintiff's affiliated company designed the works for hire "Cactus" and "Morocco." In the same year, the above-mentioned company and the plaintiff signed a “copyright transfer agreement” to agree on that the rights of all works for hire of the company (except the right of authorship) are transferred to the plaintiff, and the plaintiff can do any disposition to the copyright of the works for hire (except the right of authorship).

The above work “Cactus” is inspired by the cactus plant in nature. The entire work is composed of 13 different small cacti arranged and printed on a raw-white or dark-blue base fabric. Some of the elements are dark-blue, light-blue, grass-green cacti with spines; and some are cacti with globular stems-there are grass-green flowers on the spines of the blue ball cacti with vertical stripes; some ball cacti are grass-green, similar to leaves; and some are dark-blue and light-blue cacti cumulating together. The above work “Morocco” takes the Morocco, the oasis in desert as the theme, and uses the traditional Moroccan floor tiles as the material idea. The designing patterns are printed with simple rubbing technology. The work “Morocco,” with one single element as a work, contains the pattern resembling the face of a spirit, the lines around the face, and black and white colors.

The plaintiff obtained the notarized evidence, entering an online Tmall shop named “Rumere” (shopkeeper: RUMERE flagship store, whose business license information is shown as Shanghai Rumere Brand Management Co., Ltd.), and bought two dresses: one with the product name “Cactus Printed Dress,” of which the manufacturer is Suzhou Rumere Co., Ltd. (Address: 29th Floor, Building A, World Trade Business Center Plaza, Changshu City). The silk dress is long-sleeved, with a dark-blue background and prints of multiple cacti. The above cacti patterns and their arrangement are consistent with the work of fine arts “Cactus” claimed by the plaintiff; the other is a middle-sleeved jacquard dress decorated with sesame dots, of which the manufacturer is Suzhou Rumere Co., Ltd. (Address: 29th Floor, Building A, World Trade Business Center Plaza, Changshu City). The dress is black and white, using multiple diamond pattern combinations, with four diamonds as a group. The upper and lower diamond patterns are the same, and the left and right diamond patterns are also the same. In the middle, there is a pattern resembling the face of a spirit. Except for slight differences such as the thickness, length, combination, and partial color inversion of lines, the patterns on the dress are basically the same as the works of fine arts “Morocco” claimed by the plaintiff.

The plaintiff stated that it is the copyright owner of the works of fine arts “Cactus” and “Morocco” and enjoyed the copyright in the works according to law.

Without authorization, the defendant Suzhou Rumere's production and sale of the infringing products infringed the plaintiff's right of reproduction and right of distribution, and the defendant Shanghai Rumere's sale of the infringing product via the Internet violated the plaintiff's right of distribution and right of communication through information network. At the same time, the two defendants, as operators in the clothing industry, have a competitive relationship with the plaintiff. The clothing sold by the two defendants copied the plaintiff's costume designing elements. When the plaintiff's new clothing was on hot sale, the defendants launched clothing of the same style and design, which harmed the plaintiff's legal rights and interests, violated basic business ethics, and constituted unfair competition. The defendant Tmall Network Company, as the operator of Tmall Network, shall bear joint liability for the infringement happening on its website. Therefore, the plaintiff sued to the court and demanded that: 1. the defendants Suzhou Rumere and Shanghai Rumere immediately stop infringing the plaintiff's copyright and unfair competition; 2. the defendant Tmall Network Company immediately stop infringing the plaintiff's copyright; 3. the defendant Suzhou Rumere compensate the plaintiff for economic losses of RMB 300, 000; 4. the defendant Shanghai Rumere be jointly and severally liable for RMB 100, 000 out of the RMB 300, 000 of economic losses incurred by the above defendant Suzhou Rumere; 5. the defendants Suzhou Rumere and Shanghai Rumere compensate the plaintiff for the attorney fee of RMB 40, 000, notarization fee of RMB 4500, and the cost for purchasing infringing products of RMB 801, totaling RMB 45, 301; 6. the defendant Tmall Network Company be jointly and severally liable for the defendants Suzhou Rumere and Shanghai Rumere; and 7. the three defendants bear the litigation costs in this case.

The defendants Suzhou Rumere and Shanghai Rumere jointly argued that: 1. The works "Cactus" and "Morocco" claimed by the plaintiff did not have originality. "Cactus" is consistent with the natural features and the pattern has no original factor. The Moroccan pattern is widely used in wall and floor tiles, which also does not have originality. Neither of the works constitutes a work under the *Copyright Law*. 2. The products produced and sold by the two defendants were designed by their design team without infringing the plaintiff's copyright. 3. The compensation claimed by the plaintiff is ungrounded. In summary, the two defendants requested that the plaintiff's claims be rejected.

The defendant Tmall Network Company argued that in this case, Tmall Network

Company had conducted the subject review and reminded beforehand and that the platform was not knowingly intentional or negligent, and should not assume joint and several liability. It disagreed with the plaintiff's claims.

[**Judgment**]

The Putuo District People's Court of Shanghai found through trial that the "Cactus" work claimed by the plaintiff is an integral work composed of 13 different small cacti. It involves a certain degree of originality and is a work protected by China's *Copyright Law*. The work "Morocco" also involves a certain degree of originality, which should be deemed as a work protected by China's *Copyright Law*. The accused infringing "Cactus Printed Dress" is compared with the work "Cactus" claimed by the plaintiff, and the two are basically the same, which constitutes a substantial similarity. Considering that the defendants Suzhou Rumere and Shanghai Rumere are both operators in the clothing industry and have the possibility of contacting the works involved in the case, the above actions of the two defendants should be deemed to infringe the plaintiff's copyright in the works involved. The defendant Suzhou Rumere's production and sale of the infringing products infringed the plaintiff's right of reproduction and right of distribution, and the defendant Shanghai Rumere's sale of the infringing product via the Internet violated the plaintiff's right of distribution and right of communication through information network.

Tmall Network Company is a network service provider, and the plaintiff failed to provide evidence to prove that Tmall Network Company knew or should have known that the infringement had occurred but did not take timely measures. Therefore, in this case, Tmall Network Company does not need to bear joint and several liability for the above infringements of the two defendants Suzhou Rumere and Shanghai Rumere. Since the court has judged the two defendants' infringements in accordance with the legal relation of copyright infringement, the two defendants' infringement activities have been stopped, and the plaintiff's economic losses and reasonable expenses have been compensated, it no longer judges or deals with whether the acts of the two defendants constituted unfair competition in this case.

Accordingly, the court of first instance ruled that: 1. the defendants Suzhou Rumere and Shanghai Rumere immediately cease to infringe on the copyrights of the plaintiff in the works "Cactus" and "Morocco"; 2. the defendant Suzhou Rumere compensate the plaintiff within ten days from the date on which the judgement becomes effective for economic loss and reasonable expenses of RMB 100, 000; 3. the defendant Shanghai Rumere compensate the plaintiff for economic losses and reasonable expenses of RMB 50, 000 within ten days from the date on which the judgement becomes effective; 4. other claims of the plaintiff are dismissed.

The defendants Suzhou Rumere and Shanghai Rumere refused to accept the first-instance judgment and appealed. After trial, the Shanghai Intellectual Property Court dismissed their appeal and upheld the original judgment.

[Case Study]

This case involves online sales of products infringing on designing related rights. The difficulty in judicial review of such cases is to determine whether the relevant costume designing patterns are in compliance with the originality requirements of works of fine arts. According to Article 2 of the *Regulation for the Implementation of the Copyright Law of the People's Republic of China*, the term "works" as referred to in the *Copyright Law* means intellectual creations with originality in the literary, artistic or scientific domain, insofar as they can be reproduced in a tangible form. Therefore, only when the costume designing patterns have originality can they be protected by law as a new work. Generally speaking, originality requires that the work is independently created by the author and involves a certain degree of intellectual creation. In view of the particularity of the costume designing patterns, we believes that the originality of such works should be specially considered from the following aspects:

Ⅰ. the originality of the costume designing patterns should be judged based on the overalldesign

In practice, people basically agree that the costume designing patterns belong to but are still different from the general works of fine arts. The main reason is that the costume designing patterns are scattered randomly in various parts of clothing. The originality of the costume designing patterns should be judged based on the overall design rather than on one single element. In this case, although cactus is a very common element, the work "Cactus" is not simply a copy of the cactus pattern found on the Internet. Instead, it is an integral work formed by arranging and combining 13 different small cacti, of which the shapes and colors are different, and each element is treated with well-proportioned arrangement and color matching. It is an abstract artistic treatment of natural objects and has a certain degree of originality. Similarly, from the overall perspective, the work "Morocco", although using a single element as a work, contains the pattern resembling the face of a spirit, the lines around the face, and black and white colors. The composition design is relatively complicated, and has great features in terms of line combination, color matching, and light and shade distribution. The entire pattern itself reflects the originality required by the *Regulation for the Implementation of the Copyright Law of the People's Republic of China.*

Ⅱ. the judgment of the originality of the costume designing patterns should be based on their carrier

The Supreme People's Court once pointed out in a ruling that "Different types of works have different requirements on the originality. For works of fine arts, the originality requirements reflect the author's unique creativity and ideas in the field of aesthetics." However, costume designing patterns refer to the plastic arts that costume designers use the combination of colors and patterns to reflect their personal style and design level. The particularity is that the beauty of the patterns is not an isolated expression, but exists depending on the overall color matching and cutting of the clothing. Therefore, to determine whether the patterns involve unique creativity and concepts in the aesthetic field, we need to make a comprehensive consideration of the basic elements such as the clothing's base fabric, style, etc. In this case, the plaintiff's works "Cactus" and "Morocco" are not simply copies of the real things. It prints the cactus on a raw-white or dark-blue base fabric, and some of the elements are dark-blue, light-blue, and grass-green cacti with spines. "Morocco" takes Morocco, the oasis in desert as the theme, and uses the traditional Moroccan floor tiles as the material idea. The designing patterns are printed with simple rubbing technology. In the above-mentioned works, when making color selection, the colors of the clothing base fabric and the clothing style are fully considered, and the originality includes multiple elements of patterns and clothing. Therefore, when identifying the originality of the pattern, full consideration should be given to its special carrier.

Ⅲ. when determining the originality of cost designing patterns, social value orientation should be considered

In recent years, with the rapid development of online sales platforms, a large number of copyright infringing products are sold through the Internet, and plagiarism disputes in costume designing have become more prominent. In this case, the plaintiff is a well-known high-end fashion company in China engaged in costume designing, production, and sales, and has invested considerable efforts in costume designing. The defendants acts of slightly modifying the designing patterns of other company and grafting them on other clothing is obviously suspected of taking the advantage of free-riding. Therefore, when determining the originality of such costume designing patterns, the requirement of the originality of the pattern itself should be appropriately lowered. If the originality of the costume designing patterns is discussed separately from the clothing itself, it will not only violate the legislative purpose of the *Copyright Law* to encourage innovation, but also facilitate the infringement by infringing merchants, which will lead to plagiarism in the market environment and make it difficult for new works to emerge.

(Writer: Li Xia)

Copyright Protection of Product Manual Involving Widely-known Technology

—Hangzhou Edur-Witte Pumps & Technology Co., Ltd. v. Shanghai Dynaflutec Pump Co., Ltd. in respect of copyright infringement and unfair competition

[Summary]

Even if the content of the product manual involves widely-known technology, it does not prevent the description of the technology and its products from being protected by the *Copyright Law*. In addition, the product technical solutions contained in the product manual are subject to patent regulations. In the case where the *Patent Law* has clear stipulation, the same act can no longer be protected in accordance with the second article of the *Anti-unfair Competition Law*.

[Case Review]

Plaintiff (Appellant): Hangzhou Edur-Witte Pumps & Technology Co., Ltd.

Defendant (Appellee): Shanghai Dynaflutec Pump Co., Ltd.

Cause of Action: Disputes over copyright infringement and unfair competition

First-instance Case No.: (2017) H0104MC No. 2162

Second-instance Case No.: (2018) H73MZ No. 337

On May 11, 2015, the outsider EDUR-Pump Manufacturing Edward Ryle Limited Partnership (hereinafter referred to as Edward Ryle) issued a copyright confirmation and authorization statement, claiming that they have the complete copyright to the EDUR Multiphase Pumps product manual. It is confirmed that since 2004, Edur-Witte has been authorized to enjoy the copyrights other than personal rights in China. The statement is accompanied by several versions of the EDUR Multiphase Pumps product manual (the 1994, 1998, 2007 and 2011 versions) and printed invoices. The above manual contains text description, product appearance drawings, simple drawings, performance data graphics, diagrams of characteristic curves, assembling pictures, and parts list of LBU series products. On January 30, 2015, Dynaflutec applied to the National Intellectual Property Administration for an invention patent with an application number of 201510048821.7 and a utility model patent with an application number of 201520066584.2 under the name of "Multiphase Reactors." The description of the two patents is basically the same.

Edur-Witteonce sued Dynaflutec on the grounds of infringement of the right to patent application in the case. The effective judgment found that Edur-Witte's Multiphase Pumps have been sold in China for many years, and the technology involved is existing technology. And the diagrams of characteristic curves are roughly the same as the corresponding content in the Multiphase Reactors technical data on the Dynaflutec website. The assembly diagram of the LBU series products is the same as the content in the patent specification of the Dynaflutec.

In addition, after comparison, it was found that the ribbon in the page header of the Multiphase Pumps product manual provided by Edur-Witte is roughly the same as the corresponding content in the technical data of the Multiphase Reactors on the Dynaflutec website, and about one-fifth of the text in Edur-Witte's product manual is basically the same as that in Dynaflutec's patent application specification.

The plaintiff Edur-Witte claimed that Edur-Witte obtained the authorization to implement the "EDUR Multiphase Pumps" technology in China and the copyright of the product instruction manual from the outsider EDUR Germany in 2004. Dynaflutec obtained Edur-Witte's products and technical materials through entering into product technology development contracts with other companies, and applied for one invention patent and one utility model patent respectively under the name of "Multiphase Reactors" to the National Intellectual Property Administration on January 30, 2015. The text, pictures and diagrams used in Dynaflutec's patent application specification, as well as the diagrams used on the website and the text, pictures and diagrams used in the product brochure, infringed Edur-Witte's copyright. At the same time, Dynaflutec's aggressive promotion of patents on its website not only misled the customers, but also seriously damaged Edur-Witte's corporate reputation, which constituted unfair competition involving false publicity and commercial defamation. Edur-Witte requested the court to judge Dynaflutec to stop copyright infringement and unfair competition such as promotion and use of the patents involved, and to publish a statement, eliminate the ill effects, apologize, and compensate for economic losses and reasonable expenses.

Defendant Dynaflutec argued that the text and pictures of Edur-Witte's product manual are descriptions of widely-known technology, and have been published and cited in a large number of domestic and foreign journals, and are not works protected by the *Copyright Law*. The patents that Edur-Witte's requested Dynaflutec to stop promotion and use were obtained by Dynaflutec in accordance with law. If Edur-Witte disagreed, it could file an application to invalidate the patents or an administrative lawsuit instead of asking the court to confirm whether Dynaflutec has the right to use the patents or not. Dynaflutec displayed its patent application numbers truthfully on the website, without false publicity or commercial defamation. Therefore, it requested that all Edur-Witte lawsuits be rejected.

[**Judgment**]

After trial, the Xuhui District People's Court of Shanghai determined that the text, pictures and diagrams in the product manual involved in this case claimed by Edur-Witte constitute the works protected by the *Copyright Law*. Even if the technology involved in the product is widely-known technology, it does not prevent the expression of that technology and its products from being protected by the *Copyright Law*. The text and diagrams used by Dynaflutec in the patent application and the charts used on its website are substantially similar to the corresponding content in the product manual involved in this case. Dynaflutec had the possibility of contacting related products and product manual involved in this case, and did not provide evidence to prove that the above content was created independently or authorized by law, which constituted copyright infringement. However, the court dismissed Edur-Witte's claim that Dynaflutec applied for the patents of the technical solution in which the copyright is enjoyed by Edur-Witte in the name of Dynaflutec and showed the patent numbers on its official website, which constituted unfair competition. Since Edur-Witte sued the above acts of Dynaflutec for infringement of the right to patent application, on which a valid judgment has been made, and Dynaflutec's patent application was subject to the *Patent Law*, it would be improper to apply the anti-unfair competition law for additional protection. Therefore, Edur-Witte's claim of unfair competition was dismissed.

In summary, the Xuhui District People's Court of Shanghai ruled that Shanghai Dynaflutec Pump Co., Ltd. should compensate Hangzhou Edur-Witte Pumps & Technology Co., Ltd. for economic losses and reasonable expenses of RMB 66,000, and dismissed other claims of Hangzhou Edur-Witte Pumps & Technology Co., Ltd.

After the first trial, the plaintiff Hangzhou Edur-Witte Pumps & Technology Co., Ltd. refused to accept the judgement and appealed.

After trial, the Shanghai Intellectual Property Court ruled that the judgment of the first instance has determined that the act of Dynaflutec using related diagrams on its website with product manual involved in this case constitutes copyright infringement, so there is no need for additional protection through *Anti-unfair Competition Law* in this case. Edur-Witte's claim that Dynaflutec's use of patent numbers and related diagrams on its website constituted unfair competition was unfounded. Therefore, the second trial dismissed the appeal of Edur-Witte and upheld the original judgement.

[**Case Study**]

This case is about the product manual infringement. The focus of the dispute in this case is whether the product manual constitutes a work protected by the *Copyright Law* and what legal relationship should be used to regulate product manual infringement.

A work protected by the *Copyright Law* refers to an intellectual result that is original in the field of literature, art, or science and can be copied in some tangible form. The work should be an independent creation and have originality. "Independence" is a formal requirement for the author to complete his creation independently. "Creation" is a substantive examination of the intellectual creativity contained in the work. Among them, the judgment of intellectual creativity is a complex issue: the *Copyright Law* protects intellectual achievements, so the "sweat of the brow" standard is not applicable, otherwise physical labor may be included in the scope of protection; the *Copyright Law* does not set high standards for creativity. The examination of creativity is significantly different from the requirements of the *Patent Law*, and "creation" is not directly related to the quality and value of intellectual results.

In this case, the product manual involved mainly has two types of expression: text and diagrams. Dynaflutec claimed that the effective judgment has determined that the technology involved in its patent application is widely-known technology, so the text and diagrams claimed by Edur-Witte are not works protected by the *Copyright Law*. However, technology is not the content regulated by the *Copyright Law*. Even if the content of the product manual involves widely-known technology, it does not prevent the description of the technology and its products from being protected by the *Copyright Law*. And products can be expressed in different ways, the originality of which is the essence protected by the *Copyright Law*.

From the structural arrangement and specific language expression, the text content in the product manual involved has already met the originality requirements of the *Copyright Law* and should be identified as a text work. In the same way, the color ribbon and cover picture claimed by Edur-Witte are aesthetically meaningful graphic shapes composed of lines, colors, or others, which constitute art works. The text description, product appearance drawings, simple drawings, performance data graphics, diagrams of characteristic curves, assembling pictures and parts list of LBU series products, etc. are graphic works that illustrate the principles and product structure.

The text used in Dynaflutec's patent application description is basically the same as some text in the product manual of Edur-Witte involved in this case. Even if the content involves widely-known technology, it is not possible to be roughly same when describing the technology in terms of structural arrangement, sequence, word formation, etc., and Dynaflutec failed to prove that there is a universal expression for the widely-known technology. Regarding the same diagrams, Dynaflutec could not provide evidence to prove the source of the data graphics used on its official website, nor could it explain why this way was chosen among many forms of expression, and the conception or creative process of the ribbon. In view of the possibility that Dynaflutec had access to the product manual involved in this case, the above acts constitute copyright infringement.

As for whether the infringement of the product manual is subject to other laws, in this case, Edur-Witte has sought relief from the perspective of the right to patent application for the use of the text and diagrams in the product manual involved in this case by Dynaflutec in its patent application. In the case where the patent law has clear stipulation, the same act can no longer be protected in accordance with the second principle of the *Anti-unfair Competition Law*.

(Writer: Lin Peiyao)

2.

Civil Cases on Trademark Infringement

Brand Use and Protection of the Name of Old School

—University of Shanghai for Science and Technology v. Hujiang Education & Technology (Shanghai) Corp Ltd. in respect of infringement upon trademark rights and dispute over unfair competition

[**Summary**]

The name of the old school is no longer used after the faculty adjustment in China and cannot be protected by law as the name of the relevant school. Relevant institutions using the name of the old school as a commercial label and claiming to enjoy the right of famous trademark shall be affirmed by the standard of a famous trademark, and those that have not reached the level of famous trademarks shall not be protected as unregistered famous trademarks. Other operators using the name of the old school improperly in the promotion of goods or services and disrupting the market competition order constitute unfair competition. The judgement of the case conducts a beneficial exploration of the legal protection of the intellectual property rights of the name of the old school, and gives guidance to the act of the market management subject, achieving good legal and social effects.

[**Case Review**]

Plaintiff (Appellant): University of Shanghai for Science and Technology (USST)

Defendant (Appellee): Hujiang Education & Technology (Shanghai) Corp Ltd.

Cause of Action: Infringement upon trademark rights and dispute over unfair competition

First-instance Case No.: (2016) H73MC No. 368

Second-instance Case No.: (2017) HMZ No. 350

In 1952, the faculties of China's universities and colleges were adjusted. Some faculties of the former University of Shanghai (also known as Shanghai College and Hujiang University) were merged into today's University of Shanghai for Science and Technology (USST), Shanghai University of Finance and Economics, East China University of Political Science and Law, and East China Normal University. The site of the University of Shanghai and its affiliated houses were all assigned to Shanghai Industrial School. In 1953, Shanghai Industrial School was renamed Shanghai No. 2 Machine Industry School, and then Shanghai Machine Manufacturing School. In 1958, Shanghai Machine Manufacturing School changed its name to Shanghai Institute of Mechanical Technology. In 1960, Shanghai Institute of Mechanical Technology was renamed Shanghai Institute of Mechanical Engineering (Shanghai Institute of Technology). In the same year, Shanghai Institute of Mechanical Technology was renamed Shanghai Institute of Mechanism. In 1994, Shanghai Institute of Mechanism was renamed East China University of Technology. In 1996, East China University of Technology and Shanghai Institute of Mechanical Technology merged to form USST. According to USST charter, "The history of USST can be traced back to the University of Shanghai founded in 1906 and the German Medical School for the Chinese in Shanghai founded in 1907."

From 1997 to the present, the plaintiff's school gate has both the "USST" and "University of Shanghai" plates hanging on it. The court also found that the University of Shanghai Alumni Association was established in Shanghai in 1985, and was approved to change its name to USST Alumni Association in 2011. The *Hujiang Alumni Newsletter* sponsored by this alumni association is for USST teachers and students and alumni and has not been released to the public. In addition, from 1985 to 1993, the predecessor of USST, Shanghai Institute of Mechanism, established and invested in companies such as "Shanghai Institute of Mechanism-Hujiang Science and Education Development Corporation" and "Guilin Hujiang Health Food Factory." The above companies were audited or cancelled for close after 2000. In 2007, the College of Foreign Languages of USST opened the Hujiang Foreign Languages Training Center. Its admissions document states: "This center is to meet the needs of USST students to improve their English listening, speaking, reading, and writing skills, teach them the test-taking skills targeting CET-4, CET-6, and intermediate and advanced level interpretation exams, and facilitate them to study second foreign languages such as Japanese, Korean, German, French, Spanish, etc. It also enrolls foreign students in a proper amount." USST reported that according to its incomplete statistics, the Hujiang Foreign Languages Training Center enrolled 374 students in 2007, 246 students in September 2008, and 169 students in March 2009. On December 1, 2017, when searching "the Hujiang Foreign Languages Training Center" in the search bar of Baidu, the first 100 items in the search results were not related to USST.

The defendant Hujiang Education & Technology (Shanghai) Corp Ltd. (hereinafter referred to as Hujiang Company) was established in 2009 under the name "Shanghai Hujia Culture Communication Co., Ltd." It was renamed "Hujiang Education & Technology (Shanghai) Corp Ltd." in 2016 and its legal representative is Fu Cairui, who studied at the College of Foreign Languages of USST from 1998 to 2005. Since 2006, Fu Cairui has successively applied for trademarks such as "Hujiang English," "Hujiang" and "Hujiang Japanese," and these trademarks have been approved for registration from 2010 to 2015. After the establishment of Hujiang Company, it used the word "Hujiang" in online education business activities. From April 2014 to July 2016, Hujiang Company published advertisements on the Internet and outdoors through Baidu, Sogou, and other advertising companies. The cost of advertising was approximately RMB 300 million. Fu Cairui said in multiple interviews with the media that the name of www.hujiang.com came from the name of University of Shanghai, and was used due to his love for the culture of the alma mater.

On April 23, 2015, Hujiang Company wrote in its article on its WeChat public account "About Hujiang and Cambridge": "A few years ago, Hsu Chih-mo, the most famous student of University of Shanghai, studied in Cambridge... now the Internet platform Hujiang and Cambridge make concerted efforts to bring a high-quality course experience to Chinese learners..." Hujiang Company stated on its official website that "University of Shanghai was a missionary university in Shanghai founded in the first half of the 20th century and ceased to exist after the establishment of the PRC. Surprisingly, class.hujiang.com was founded..."

USST sued to Shanghai Intellectual Property Court, arguing that the above-mentioned act of Hujiang Company infringed on its right to use an unregistered famous trademark and constituted unfair competition, and requested that Hujiang Company immediately cease infringing its trademark rights and unfair competition.

[Judgment]

The Shanghai Intellectual Property Court concluded that the disputes in this case were mainly: 1. Whether USST's claim that Hujiang Company infringed its right to use an unregistered famous trademark belonged to the trial scope of the Court; 2. Whether it constituted an unregistered trademark; and 3. Whether the act of Hujiang Company constituted unfair competition.

Regarding the first focus of the dispute, according to the *Interpretation of the Supreme People's Court on Several Issues Concerning the Application of Law to the Trial of Cases of Civil Disputes over the Protection of Famous Trademarks*, if the plaintiff's trademark is a famous trademark, even if the defendant's trademark is a registered trademark, the people's court has the right to hear the trial when the plaintiff ask the defendant to stop infringing its trademark right. Therefore, USST argued in this case that Hujiang Company should stop infringing on its right to use an unregistered famous trademark, and the court has the right to accept this case regardless of whether the "Hujiang" and the trademarks containing "Hujiang" used by Hujiang Company are its registered trademarks.

Regarding the second focus of the dispute, first of all, USST's use of the "Hujiang" label in newspapers, campus events, alumni association, and internal organizations is mainly for internal use. It has not yet been proven that USST has used the "Hujiang" label commercially in the education field. Second, a total of 6 companies sponsored by USST used "Hujiang" as the identifier in the enterprise name, of which 5 companies have been closed or cancelled before 2002, and 1 company has been closed in 2008. Prior to Hujiang Company's use of the alleged infringing label, the above-mentioned companies had generally not been operating for a long time. Third, although the use in books, forums, school sites, and media can prove that USST uses the "Hujiang" label in the market, the circulation of books and the number of media reports were not enough to reflect the market share, sales area and profit and tax regarding USST's use of "Hujiang." and USST's investment in the promotion of the label. The evidence submitted fails to prove that "Hujiang" has reached the level of a famous trademark considering the degree of use of the "Hujiang" label and the market influence. There is also no evidence to prove that the "Hujiang" label of USST has been protected as an unregistered famous trademark and had a very high market reputation. Based on the above evidence, although USST has certain historical relations with University of Shanghai, it failed to provide sufficient evidence to prove that the "Hujiang" trademark has become an unregistered famous trademark of USST.

Regarding the third focus of the dispute, USST claimed three unfair competition acts of Hujiang Company: 1. Whether the use of "Hujiang" as an identifier in the company name by Hujiang Company constitutes unfair competition. In this case, the "Hujiang" label claimed by USST is not its registered trademark, nor an unregistered famous trademark. Therefore, USST's claim of Hujiang Company using "Hujiang" as the identifier in the enterprise name, which constituted unfair competition, lacked factual and legal basis. The court of first instance did not support it claim; 2. Whether Hujiang Company's application for registration of trademarks containing the words "Hujiang" constitutes unfair competition. The court of first instance held that the application of Hujiang Company for registration of "Hujiang" and trademarks containing the words "Hujiang" did not involve the trademarks, and USST can resolve through administrative procedures; 3. Whether the promotion of Hujiang Company constitutes misleading promotion. First of all, the "www. hujiang. com" operated by Hujiang Company has no historical relations with University of Shanghai. Hujiang Company compared and promoted the two in the publicity and deliberately built the relationship between the two, showing a clear intention to free ride the reputation of "University of Shanghai." Second, after the adjustment of faculties across the country in 1952, some faculties of the former University of Shanghai were merged into several universities, including USST. USST and the original University of Shanghai have a certain degree of inheritance. Hujiang Company used the expression "University of Shanghai... ceased to exist... class. hujiang. com was founded..." For the general attention of the relevant public, they could mistake that "www. hujiang. com" inherited or replaced the former University of Shanghai, or believe that www. hujiang. com and University of Shanghai have a certain degree of special relation. This constituted misleading false publicity. Hujiang Company's related promotion constitutes misleading promotion and Hujiang Company shall bear corresponding civil liability according to law.

In summary, the Shanghai Intellectual Property Court ruled that: 1. Hujiang Company immediately stopped the unfair competition act of false publicity; 2. The other litigation requests of USST were dismissed.

After the verdict, neither party appealed.

According to Shanghai High People's Court: 1. The court of first instance considered the use of the "Hujiang" label by Shanghai Institute of Mechanism, East China University of Technology and USST in newspapers, campus events, alumni associations, and internal organizations, and the use of "Hujiang" as a corporate identifier in sponsored companies, in books, forums, school sites, and related media, and found that the evidence was insufficient to prove the "Hujiang" label of USST has reached the level of a famous trademark, and the court of second instance approved the above determination. During the second trial, USST provided evidence of its use of the "Hujiang" trademark to operate the "Hujiang Foreign Languages Training Center." The above evidence was not enough to prove that the "Hujiang" label used by USST was already a famous trademark due to for the following reasons: First, the evidence submitted showed that "Hujiang Foreign Languages Training Center" was opened mainly to meet the foreign language learning needs of its students, and recruited foreign students in a proper amount. The market area coverage of the training center was limited; second, according to USST's self-reported admissions, during the three-year period from 2007 to 2009, the training center enrolled less than a thousand students, so the training center's market share was not high; third, according to Baidu search results, the "Hujiang Foreign Languages Training Center" opened by USST was with limited publicity and low market awareness. In summary, the "Hujiang" label used by USST has not reached the popularity level of a famous trademark. 2. Although the original University of Shanghai has some historical relations with USST, the name "University of Shanghai" has not been used since 1952; "Hujiang" has been used as the name of the "Alumni Association," the name in its companies and its internal organization, but it cannot be considered as the name or identifier of USST. USST requested to protect its "Hujiang" label in accordance with Article 5, Item 3 of the *Anti-Unfair Competition Law*, which lacked a basis for rights. 3. In determining the competitive relationship between the operators, it is not appropriate to make a fine division of the industry areas where the operators are located, and should mainly consider the possibility that the operators may cause damage to the legitimate rights and interests of other operators in market transactions. In this case, both Hujiang Company and USST are engaged in the education industry and both involve foreign language teaching. Their consumer groups also have a certain degree of overlap, so there is a competitive relationship between the two parties. Although the promotional content published by Hujiang Company on the WeChat public account and official website was not fictitious, it compared "www. hujiang. com" with the former University of Shanghai, which is enough to cause the relevant public to mistakenly believe that the two have certain relation. This act damaged the legitimate rights and interests of other relevant operators, disrupted the market competition order, and constituted misleading promotion. Accordingly, the court dismissed the appeal and upheld the original judgment.

[Case Study]

Intellectual property cases involving the name of universities have gradually increased in recent years. The "University of Shanghai" in this case was a missionary school that existed in history. Due to historical reasons, the plaintiff USST failed to continue using the school name "University of Shanghai." Therefore, the court should judge from the perspective of Trademark Law and Anti-Unfair Competition Law regarding the use and protection of the "Hujiang" label by a relevant subject.

Ⅰ. Whether "Hujiang" is an unregistered famous trademark of USST

According to the *Interpretation of the Supreme People's Court on Several Issues Concerning the Application of Law to the Trial of Cases of Civil Disputes over the Protection of Famous Trademarks*, to allege the popularity of a trademark, a party concerned shall, in light of the concrete circumstances of the case, provide the following proofs to demonstrate that its trademark is already famous at the time of occurrence of the trademark right infringement or unfair competition: 1. the market share, marketing regions, profits, taxes, etc. of the commodities using the trademark; 2. the duration which the trademark has been continuously used; 3. the manner, duration, extent, money input, and geographical scope of publicity or promotion of the trademark; 4. the records that the trademark has ever been protected as a famous trademark; 5. the market reputation of the trademark; and 6. other facts that can demonstrate that the trademark is famous. With regard to evidence such as the length of use of a trademark, industry ranking, market research report, market value assessment report, and whether it has been identified as a famous trademark, the people's court shall conduct an objective and comprehensive review together with other evidence for identifying a famous trademark.

In this case, if USST argues that "Hujiang" is an unregistered famous trademark of it, it should provide the court with evidence that the trademark is already famous at the time of occurrence of the trademark right infringement. According to the evidence submitted by USST during the first and second instance, the courts of the first and second instance held that: first, USST used the "Hujiang" label in newspapers, campus activities, alumni association, and internal organizations for internal use, mainly for teachers, students, alumni, etc. of USST. The main purpose is to show the inheritance relationship between USST and "University of Shanghai." Therefore, the above use has not yet proved that USST has used the "Hujiang" label in the field of education; second, a total of 6 companies sponsored by USST used "Hujiang" as the identifier in the enterprise name, of which 5 companies have been closed or cancelled before 2002, and 1 company has been closed in 2008. Prior to Hujiang Company's use of the alleged infringing label, the above-mentioned companies had generally not been operating for a long time; third, USST used "Hujiang" label in books, forums, school sites, and related media, and published about 55 USST Hujiang Business Series books. The evidence submitted showed that the number of printed copies ranges of each book from 1000 to 3500. USST failed to prove the circulation of "Hujiang Culture Series." Although the use in books, forums, school sites, and media can prove that USST did use the "Hujiang" label in the market, the circulation of books and the number of media reports were not enough to reflect the market share, sales area and profit and tax regarding USST's use of "Hujiang," and USST's investment in the promotion of the label. Finally, "Hujiang Foreign Languages Training Center" was opened mainly to meet the foreign language learning needs of its students, and recruited foreign students in a proper amount. The market area coverage of the training center was limited; its market share was not high, with limited external publicity and market reputation. In summary, USST's use of the "Hujiang" label has not reached the popularity level of a famous trademark, and its request that the "Hujiang" label be protected as an unregistered famous trademark cannot be supported.

Ⅱ. Whether "Hujiang" is the name of USST

In this case, USST also argued that the three acts of Hujiang Company constituted unfair competition: first, Hujiang Company used "Hujiang" as an identifier in the company name; second, Hujiang Company applied for registration of "Hujiang" and other trademarks containing the words "Hujiang"; third, Hujiang Company made misleading publicity on its WeChat public account and official website. Regarding the first two acts, since USST did not have a corresponding legal basis in the first instance, the court of first instance did not support its claims. In the second instance, USST clearly stated that Hujiang Company had committed unfair competition by using the name of another's company without authorization, in accordance with Article 5, Item 3 of the *Anti-Unfair Competition Law*. Historically, church universities were totally revoked in the 1952 faculty adjustment. After the original University of Shanghai was revoked, the site and faculties have undergone many changes, and were actually accepted by a series of institutions such as USST, Tongji University, East

China University of Science and Technology, East China Normal University, and Shanghai Jiao Tong University. USST applied for restoration of the school name "University of Shanghai" in the 1980s but was rejected by the education administrative department. Therefore, although it has some historical relations with University of Shanghai, since 1952, the name "University of Shanghai" has not been actually used. Even though USST retains the "University of Shanghai" school name plate, has used the "University of Shanghai Alumni Association" name, and used the name "Hujiang" in companies sponsored by it and internal institutions, it cannot be considered that "Hujiang" is a name or identifier of USST. Therefore, USST's claim that Hujiang Company has committed unfair competition with the unauthorized use of other company's' name lacks a basis for rights and cannot be supported.

Ⅲ. The identification of false publicity

Article 9 of the *Anti-Unfair Competition Law* stipulates that a business must not use advertisements or other methods to make misleading false publicity about the quality, production composition, performance, use, producer, expiration date, and place of origin of goods. According to this, when an operator promotes goods or services, if the content stated is one-sided or misleading, and enough to mislead the public, thereby damaging the business reputation or product reputation of other relevant operators, its acts constitute misleading promotion. In this case, although the promotion content published by Hujiang Company on its WeChat public account and official website was not fictitious, it compared and promoted "www. hujiang. com" with the original University of Shanghai, with the intention of free riding the reputation of "University of Shanghai," which was enough to cause the relevant public to mistakenly believe that Hujiang Company or "www. hujiang. com" has an affiliation with the original University of Shanghai, harmed the legitimate rights and interests of other relevant operators, disrupted the market competition order, and constituted misleading promotion.

(Writer: Zhu Jiaping)

Judicial Determination of Subjective Bad Faith of Trademark Infringer

—Reckitt & Colman (Overseas) Limited v. Zhang Xifei et al. in respect of infringement upon trademark rights

[**Summary**]

Bad faith is in the scope of deliberate intention. It differs from the general deliberate intention in the degree of the will factor. The infringer's impure motive, improper purpose, and bad means can be inferred through the act of the infringer. In addition to repeated infringements, large-scale infringements, and paying no attention to the oblivious warnings given by rights holders, premeditated and organized the implementation of trademark infringements are also a typical manifestation of infringers' bad faith.

[**Case Review**]

Plaintiff: Reckitt & Colman (Overseas) Limited, a global intellectual property management company under the Reckitt Benckiser Group PLC (Reckitt Benckiser).

Defendant: Zhang Xifei, the controlling shareholder of Wenzhou Youtianxia Maternal & Infant Products Co., Ltd. in Cangnan County (hereinafter referred to as Youtianxia Company) and UK LIJIESHI HOLDINGS LIMITED.

Defendant: Shantou Jinlong Household Chemicals Industry Co., Ltd. in Guangdong Province (hereinafter referred to as Jinlong Company).

Defendant: Zhuozhou Ju'er Liangpin Trading Co., Ltd. (hereinafter referred to as Ju'er Trading Company).

Cause of Action: Infringement upon trademark rights

First-instance Case No.: Shanghai Intellectual Property Court (2017) H73MC No. 471

Second-instance Case No.: Shanghai High People's Court (2018) HMZ

No. 285

Established in 1819, Reckitt Benckiser Group PLC is well-known for the production and sales of various health, hygiene and home care consumer goods, and is one of the Fortune 500 companies. The plaintiff is a company under the Reckitt Benckiser Group PLC that exclusively holds and manages intellectual property rights including the trademarks and patents owned by Reckitt Benckiser Group PLC worldwide, and is the exclusive owner of the registered trademarks of "滴露" and "DETTOL." The plaintiff authorized Reckitt Benckiser Household Chemicals (China) Co., Ltd. (hereinafter referred to as Reckitt Benckiser Household Chemicals Company) and Reckitt Benckiser (China) Investment Co., Ltd. (hereinafter referred to as Reckitt Benckiser Investment Company), subsidiaries of Reckitt Benckiser Group PLC to use the trademarks in China for various business operations. Since the registration of the trademarks involved in the case in 1991, the trademarks concerned have been used in household disinfection and cleaning products. The products using the trademarks in China have been widely sold in China with a large sales volume. Reckitt Benckiser Household Chemicals Company and Reckitt Benckiser Investment Company have carried out long-term, various forms of promotion and publicity on the trademarks involved in the case, which have been well known to the relevant public and enjoy a high market reputation. After trial by the court, the trademarks concerned were identified as famous trademarks in this case.

In May 2014, the defendants Zhang Xifei and Jin registered the Youtianxia Company, and its business scope included the sale of maternal and infant products, daily necessities, cosmetics, and cleansing and skincare products. In July of the same year, the defendant Zhang Xifei registered UK LIJIESHI HOLDINGS LIMITED (Chinese translation: 英国利洁时控股有限公司) in the United Kingdom.

From March 2014 to March 2015, Zhang Xifei applied to the Trademark Office of the State Administration for Industry and Commerce (hereinafter referred to as the National Trademark Office) on Class 3 bath liquids, talcum powder, toilet water, facial cleanser, shampoo, cosmetics and other products, Class 5 disinfectants, disinfection paper towels, creams, medicinal lotions, baby foods and other commodities, respectively, for the registration of "滴露宝贝," "DETTOL BABY," etc.

In July 2014 and January 2015, Youtianxia Company as Party A and Jinlong Company as Party B signed two "Processing Order Contracts," and agreed that Party A would entrust Party B to process and produce "滴露宝贝" brand cleaning and mosquito repellent products. Party A was responsible for the design, production, printing and payment of the product's trademarks, packaging labelling, packaging boxes, zipper bags, and text and pattern on packaging boxes; Party B was responsible for the production, packaging, and encasement of products according to Party A's requirements. The "滴露宝贝" brand Party A commissioning Party B to produce had its trademark registered in China and was legal. Party A guaranteed that the brand name, pattern design, and external packaging image of the "滴露宝贝" produced by Party B were designed originally by Party A, and the copyright belonged to Party A. Zhang Xifei signed and stamped the company seal on the above contracts on behalf of Youtianxia Company.

In October 2015, Chuangpin Trademark Agency Co., Ltd. was entrusted by the plaintiff to the Jinping Industry and Commerce Bureau of Shantou City (hereinafter referred to as Jinping Industry and Commerce Bureau) to complain about Jinlong Company's production and storage of skin care products that infringe the plaintiff's exclusive trademark right in the case, and requestedinvestigation by the industrial and commercial authorities.

In December 2015, Jinping Industry and Commerce Bureau imposed an administrative penalty of RMB 5000 on Jinlong Company and confiscated and destroyed the infringing goods on the ground that Jinlong Company had not established and strictly enforced the check system, and been commissioned by Youtianxia Company to produce "DETTOL BABY" and "滴露宝贝" series of cleaning products, which violated the plaintiff's exclusive trademark rights.

In the same month, Reckitt Benckiser Investment Company commissioned agent Li to order "滴露宝贝" Cream, "滴露宝贝" Talcum Powder, "滴露宝贝" Hand Sanitizer, "滴露宝贝" Body Wash, "滴露宝贝" Wet Tissues and other products from the Taobao store named "Juerliangpin," totaling more than 300 yuan, and were given gifts such as tableware and fashion toothbrush holders marked with "DETTOL BABY" and "滴露宝贝." The above products bore the marks including "Manufacture Supervised by UK LIJIESHI HOLDINGS LIMITED; UK LIJIESHI HOLDINGS LIMITED; Entrusted Manufacturer Wenzhou Youtianxia Maternal & Infant Products Co., Ltd., and Entrusted Party Shantou Jinlong Household Chemicals Industry Co., Ltd." "滴露宝贝" Wet Tissues bore the marks including "Manufacture Supervised by UK LIJIESHI HOLDINGS LIMITED; UK LIJIESHI HOLDINGS LIMITED; Entrusted Manufacturer Wenzhou Youtianxia Maternal & Infant Products Co., Ltd., and Entrusted Party Shantou Jinlong Household Chemicals Industry Co., Ltd."

In January 2016, the board of directors of Youtianxia Company decided to terminate the operation in advance and implement liquidation, and commissioned Cangnan Yulong Tax Accountant Firm to conduct verification and review of its liquidation balance sheet and liquidation profit and loss statement prepared by the company. The residual property of the company was over RMB 3300, of which Zhang Xifei was awarded more than RMB 2600 and Jin was awarded more than RMB 660.

In March of the same year, Zhang Xifei and Jin submitted the "Application for Simple Cancellation of Registration of Enterprises" to the Cangnan County Market Supervision and Administration Bureau, and applied for the cancellation of Youtianxia Company on the grounds of poor management of the company. They made the commitment that if there are any outstanding matters after the cancellation, all shareholders shall bear corresponding legal liabilities. The following month, the cancellation application was approved.

The plaintiff claimed that: the use of "滴露宝贝" in cleansing and skincare products, wet tissues, tableware, fashion toothbrush holders, etc. by the defendants Zhang Xifei and Youtianxia Company; the defendant Jinlong Company's accepting of the commission from Youtianxia Company and Zhang Xifei to produce products labeled "滴露宝贝" cleansing and skincare products; and the defendant Ju'er Trading Company's sales of "滴露宝贝" cleansing and skincare products, wet tissues, tableware, and fashion toothbrush holders, all infringed the plaintiff's exclusive right to use the trademarks and should bear the corresponding civil rights responsibility. The defendant Zhang Xifei, as the company's shareholder, shall also bear joint and several liabilities for the plaintiff's loss caused by the trademark infringement of Youtianxia Company. The plaintiff requested the court to order the defendants to stop the infringement, and Zhang Xifei and Jinlong Company jointly paid RMB 1 million for its economic losses.

The defendant Zhang Xifei argued that he was only a shareholder of Youtianxia Company who had not committed the infringement claimed by the plaintiff, had no subjective malice of infringement, and should not bear joint and several liabilities for the infringement of Youtianxia Company.

The defendant Jinlong Company argued that: 1. Jinlong Company was commissioned by Youtianxia Company and Zhang Xifei to attach the "滴露宝贝" label to the cleansing products involved in the case, which was not a trademark use act and did not infringe the plaintiff's trademark rights; 2. Jinlong Company had already conducted a reasonable review of labelling "滴露宝贝" after commission, and had no intention of joint infringement, and it should not bear joint and several liabilities.

The defendant Ju'er Trading Company argued that it did sell and give away the products concerned, but the products had legitimate sources and it had no intention of infringement.

[**Judgment**]

After hearing, the Shanghai Intellectual Property Court concluded that Youtianxia Company and Zhang Xifei used "滴露宝贝" on the products such as hand sanitizer, shower gel, and wet tissues, and that Youtianxia Company's sales of the products concerned including hand sanitizer, shower gel, and wet tissues violated the plaintiff's exclusive right to use the trademarks. Youtianxia Company and Zhang Xifei shall bear the corresponding liability for tort. Jinlong Company should know that the cleaning products involved in the case commissioned by Youtianxia Company and Zhang Xifei to process and produce were infringing products, but it still accepted the commission and physically attached the "滴露宝贝" label, which was an act of aiding others in trademark infringement. Within the scope of the act, it should jointly assume joint and several infringement liabilities with Youtianxia Company and Zhang Xifei. Ju'er Trading Company should be liable for tort of the sale of the infringing goods. The court comprehensively considered the value of the plaintiff's trademarks in this case, and the infringement act of Youtianxia Company and Zhang Xifei, the nature of the infringing products, the sales scale of the infringing products, the sales price, the duration of the infringement, the consequences of the infringement damage, the degree of subjective bad faith, and the plaintiff's reasonable expenses for defending rights, and determined that the compensation amount that Youtianxia Company and the defendant Zhang Xifei should jointly bear in this case is RMB 500, 000. According to the subjective faults of Jinlong Company's infringement, the approximate scope and quantity of the products physically labeled in the case, and the possible profits of Jinlong Company, the court determined Jinlong Company's joint liability for RMB 100, 000 out of the RMB 500, 000 compensation by Youtianxia Company and Zhang Xifei. The court accordingly ruled: the defendants should stop infringement; the defendant Zhang Xifei should compensate for the plaintiff's economic losses and reasonable expenses of RMB 500, 000; the defendant Jinlong Company was jointly and severally liable for RMB 100, 000 out of the amount RMB 500, 000.

After the first trial, the defendant Zhang Xifei appealed on the grounds that he had no bad faith to conduct infringement and that the compensation amount was too high.

After trial, the Shanghai High People's Court held that, since March 2014, Zhang Xifei had successively applied to the National Trademark Office for registration of trademarks "滴露宝贝" and "DETTOL BABY" in different product categories, and established the Youtianxia Company in May of the same year, specializing in the production and sales of products related to "滴露宝贝" and "DETTOL BABY." In July of the same year, the UK LIJIESHI HOLDINGS LIMITED (UK LIJIESHI HOLDINGS LIMITED, 英国利洁时控股有限公司) was established in the UK. The "LIJIESHI" used in the company name of the UK company has the same Chinese pinyin as the identifier in the company name "利洁时" (Chinese pinyin: Lijieshi) of the actual user of the trademarks concerned in China, Reckitt Benckiser Household Chemicals Company and Reckitt Benckiser Investment Company. The infringing goods sold by Youtianxia Company not only bore the two infringing marks "DETTOL BABY" and "滴露宝贝," but according to Zhang Xifei's design, the outer packaging of the infringing goods was marked with "Manufacture Supervised by UK LIJIESHI HOLDINGS LIMITED," "UK LIJIESHI HOLDINGS LIMITED," etc. After the Jinping Industry and Commerce Bureau imposed administrative penalties on Jinlong Company for processing the infringing products of "DETTOL BABY" and "滴露宝贝" in December 2015, Zhang Xifei proceeded to cancel and liquidate Youtianxia Company in January 2016, and was approved in April of the same year. The above facts indicated that Zhang Xifei's intention to illegally profit from "free riding other's goodwill" and his attempt to evade legal responsibility was very obvious. The original judgment had sufficient factual basis to identify Zhang Xifei's bad faith to improperly use other people's famous trademarks market reputation to increase the recognition of the infringing goods by the relevant public. The court of first instance comprehensively considered the value of the trademarks in this case, the method of infringement by Youtianxia Company, the defendant Zhang Xifei, the nature of the infringing products, the scale of the infringing product sales, the degree of subjective bad faith, and the reasonable expenses the appellee paid to stop the infringing activity and other factors as appropriate, and determined that Zhang Xifei should compensate the amount of RMB 500,000, which had factual and legal basis. Therefore, the appeal was dismissed and the original judgment was upheld.

[**Case Study**]

On August 30, 2013, the *Trademark Law of the People's Republic of China* (hereinafter referred to as the Trademark Law) was amended for the third time, and for the first time in the intellectual property legal system, it was clear that a punitive compensation system could be applied to infringements in bad faith. However, bad faith is the subjective mental state of the infringer and cannot be fixed. It can only be deduced and identified through the external acts of the infringer. Due to the complexity and diversification of torts, in fact, the implementation rules and relevant judicial interpretations of the Trademark Law have not yet completed the typification of the performance of infringements in bad faith, which still depends on the summary and refinement of judicial practice.

Ⅰ. The knowledge points of trademark infringement in bad faith

Bad faith originates in Roman law, is mala fides in Latin, and is called bad faith in English. According to the definition of the *English-Chinese Dictionary of Anglo-American Law*, "bad faith" refers to a state of mind that is manifested in the implementation of a hidden plan for private interests or out of bad intentions. ①This term does not refer to a simple judgment error or negligence, but to indicate intentional wrongdoing due to dishonest motives or lack of ethics. At present, the trademark law of each country does not define the meaning of bad faith. In the determination of trademark infringement in the United States, the court generally cited *Lanham Act* § 1 and *United States Code Annotated* Volume 15 Article 1051 to explain bad faith, that is, "bad faith refers to the intention of the later user of the trademark to seize the reputation and goodwill of the prior user, and to confuse the products of the two companies for fraud." In the *UTMR-European Union Trademark Regulation*, bad faith exists as a reason for invalidation in Article 52 (1) b. It is generally interpreted as an intention to free ride the goodwill of others and is a fraudulent intention that deviates from the original intention of trademark protection. The provisions of the *Japanese Trademark Law* related to bad faith are described in Article 4, Paragraph 1, Item 19, as "improper purpose." The improper purpose here can be interpreted as the intention to free ride the goodwill of a famous trademark. ② China's *Trademark Law* also has no definition of bad faith. Because trademark infringement is not the main content of the *Trademark Law*, it is more targeted to incorporate trademark

① *English-Chinese Dictionary of Anglo-American Law*, Law Press · China, 2003 edition, p. 126.

② Huang Zongqi's Thesis for Master's Degree, "*On the Impact of Bad Faith on Trademark Infringement*", Xiamen University, May 2018, p. 3.

infringement into the perspective of the *Tort Law*. Article 6 of China's *Tort Law* states: One who is at fault for infringement upon a civil right or interest of another person shall be subject to the tort liability. This clause establishes the basic attribution principle of infringement, namely the principle of fault liability attribution, which is applicable to general infringements such as trademark infringement.

It is generally believed that fault is a concept combining subjective (consciousness) and objective (act), but in terms of its essential attributes, it still refers to the subjective mental state of a person, for in human act, subjective consciousness plays a decisive role. This consciousness needs to be manifested in act and tested for its presence. However, act is ultimately determined in the assessment of subjective status. Therefore, fault judgment standards usually combine subjective (mental state) and objective (act) aspects. By subjective and objective standards, fault includes intentional and negligent ones. Among them, intentional fault means that the actor is clearly aware of the occurrence of specific or possibly specific damage results and intends to pursue the occurrence of such damage; negligent fault means that the actor should foresee the occurrence of specific or possible damage results, and it is possible to foresee, but eventually he fails to foresee it. ① Bad faith is not a separate type of fault. It is intentionally direct and intentional in nature, that is, a person who conducts an act in "bad faith" knows that his act will cause harm to others, but still insists on doing so-some acts harm others to benefit himself, some harm others but do not even benefit himself. ② According to this, in the dispute of trademark infringement, "bad faith" can be understood from three levels.

First, bad faith is in the scope of deliberate intention that bad faith belongs to the intentional category. Deliberate intention includes "cognitive factors" and "will factors." Cognitive factors refer to the fact that the actor knows the consequences of infringing on the civil rights and interests of others, that is, "full awareness"; will factors refer to the actor's determination to realize the consequences after he knows the consequences of his acts. ③ The bad-faith infringer knows that his acts will infringe the trademark rights of others, and still deliberately takes improper means to infringe on the legal rights and interests of others, reflecting a subjective psychological state of

① Tort Law Research Group of the Supreme People's Court, *Interpretation and Commentary on the Tort Law of People's Republic of China*, People's Court Press, 2010 edition, p. 50.

② Cheng Xiao, *Tort Law (Second Edition)*, Law Press · China, 2015 edition, p. 266.

③ Cai Yingwen, "On the Degree of Tort", *Legal Forum*, Issue 6, 2008.

intentional infringement.

Second, bad faith differs from the general deliberate intention in the degree of the will factor. Bad-faith infringer's will factor is stronger, and the impure motive, improper purpose, and bad means can be inferred through the act of the infringer. The use of the term "bad faith" in tort law is also intended to reflect the extreme negation of the morality of the perpetrator. As some scholars have pointed out, bad faith is the worse situation in the mentality of intentional tort. ①

Third, bad faith is presumed through act. Consciousness emerges through act. In practice, trademarks are used in various ways and infringement methods are various. In the case where it is difficult to completely classify, judicial personnel should focus on the will factor, take the basic act of trademark infringement as the benchmark, and comprehensively consider the characteristics of the actor, such as repeated infringement, scale infringement, paying no attention to the oblivious warnings given by right holders, etc. to infer whether there is a subjective mentality of bad faith.

Ⅱ. Premeditation and organization are a manifestation of bad faith

In this case, the defendant, Zhang Xifei deliberately "free riding the goodwill of others" for illegal profits, and committed a series of trademark infringements. First, Zhang Xifei applied to the National Trademark Office for the registration of the two commercial marks "滴露宝贝" and "DETTOL BABY" in his own name, although he knew that it was impossible to register successfully on Class 3 and Class 5 products (in fact, the trademarks at the time of occurrence of the case still were not approved), but Zhang Xifei insisted on applying in stages for different product categories to confuse the public. Second, Zhang Xifei established Youtianxia Company in joint venture with others, and authorized the trademarks in the application process to be used by the company. Since the establishment of the company, it has been engaged in the production and sales of goods involved in the case. The two labels "DETTOL BABY" and "滴露宝贝" have never been used in other product categories; Third, Zhang Xifei set up UK company (UK LIJIESHI HOLDINGS LIMITED) in the United Kingdom in his own name, of which the Chinese translation has the same Chinese pinyin as the identifier in the company name "利洁时" (Chinese pinyin: Lijieshi) of the actual user of the trademarks concerned in China, Reckitt Benckiser Household Chemicals Company and Reckitt Benckiser Investment Company. Later,

① Cai Yingwen, "On the Degree of Tort", *Legal Forum*, Issue 6, 2008.

Zhang Xifei stated in the "Processing Order Contract" signed with Jinlong Company that the trademarks concerned had been legally registered so as to promote the production of infringing goods; Finally, the infringing goods sold by Youtianxia Company not only bore the two infringing marks "DETTOL BABY" and "滴露宝贝," but according to Zhang Xifei's design, the outer packaging of the infringing goods was marked with "Manufacture Supervised by UK LIJIESHI HOLDINGS LIMITED," "UK LIJIESHI HOLDINGS LIMITED," etc. to further confuse the source of the products and cause consumers to misidentify them (in fact, according to Taobao's reviews, there have been instances of misidentification by consumers). In addition, after the industrial and commercial authorities imposed administrative penalties on Jinlong Company for its entrusted processing of "DETTOL BABY" and "滴露宝贝" infringing products, Zhang Xifei set out in January 2016 to cancel and liquidate Youtianxia Company in an attempt to evade legal responsibility. All these acts reflected Zhang Xifei's intention to seek improper benefits, and a series of trademark infringements have been premeditated and organized, which constituted serious violation of basic market ethics. The court therefore determined that Zhang Xifei did have the bad faith to commit infringement, and fully considered the subjective factor of the infringer when determining legal compensation to impose a high compensation, which reflects the judicial attitude of severely cracking down on intellectual property infringement and increasing intellectual property protection.

(Writers: Zhang Bin & Tang Zhen)

On the Legal Application of the Principle of Reasonable Avoidance in the Use of Trademarks

—Appellant Jinan Xinjixiang Catering Management Service Co. , Ltd. et al. v. Appellee Shanghai Shihao Catering Co. , Ltd. in respect of infringement upon trademark rights and dispute over unfair competition

[**Summary**]

Based on the principle of reasonable avoidance in the use of trademarks, market entities that later obtained registered trademark rights in Class 35 of franchising shall give reasonable avoidance to the goods that have been approved for registration previously under Class 30 of commodity trademarks and similar services for selling goods when engaging in franchising activities, so as not to cause possible confusion among the relevant public about the origin of goods and services.

[**Case Review**]

Plaintiff (Appellee): Shanghai Shihao Catering Co. , Ltd. (hereinafter referred to as Shanghai Shihao Company)

Defendant (Appellant): Jinan Xinjixiang Catering Management Service Co. , Ltd. (hereinafter referred to as Jinan Xinjixiang Company)

Defendant (Appellant): Qingdao Yuanjian Holding Group Co. , Ltd. (former Qingdao Yuanjian Service Management Co. , Ltd.) (hereinafter referred to as Qingdao Yuanjian Company)

First-instance Defendant: Qingdao Huimei Food Co. , Ltd. (hereinafter referred to as Qingdao Huimei Company)

Cause of Action: Infringement upon trademark rights and dispute over unfair competition

First-instance Case No. : (2016) H0107MC No. 1967

Second-instance Case No. : (2018) H73MZ No. 140

In this case, Shanghai Shihao Company owns the registered trademarks No. 6803674, with the approved service items (Class 30) including rice cake; tomato sauce (condiment); seasoning (spice); soy sauce; vinegar; dumpling; and spring roll; No. 12741282, with the approved service item (Class 30) including Huntun. Qingdao Yuanjian Company, Jinan Xinjixiang Company and Qingdao Huimei Company used the labels and in their business promotion and franchise stores.

Shanghai Shihao Company (Party A) and Qingdao Yuanjian Company (Party B) have signed "Jixiang Huntun Regional Franchise Contract" and cooperated under the contract. On July 28, 2010, Qingdao Heng'an Yuanjian Company, a party not involved in the case, joined the contract and became Party B. Qingdao Yuanjian Company assumed joint and several liabilities for the contract. On September 5, 2011, Shanghai Shihao Company terminated the contract.

The organizer of the domain name www. jixiang-china. cn is Qingdao Huimei Company. The homepage and pages of the websitedisplay . There are two QR codes on the left side, linking to Qingdao Yuanjian Company and Jinan Xinjixiang Company. After field inspections, 20 stores of "Jixianghuntun · Mian" used on their signboards, menus, and business cards. When "Jixianghuntun · Mian Weibo" was searched on www. baidu. com, the first search result was "Jixianghuntun Mian Weibo_Weibo," with this link directing to Qingdao Yuanjian Company. The attached QR code after scanning showed the graphic and the text and combination , and the subject of the account was Jinan Xinjixiang Company.

On January 13, 2016, Shanghai Shihao Company sued to the court of first instance the defendant 1 Qingdao Yuanjian Company, defendant 2 Qingdao Huimei Company, defendant 3 Jinan Xinjixiang Company, and defendant 4 Baidu Shanghai Branch, etc. , requesting the court to order the cessation of trademark infringement and unfair competition.

On March 11, 2016, Shanghai Shihao Company added Baidu as the defendant 5.

The reason why Shanghai Shihao Company listed Baidu Shanghai Branch and Baidu as joint defendants in the first instance was that www. baidu. com provided a promotion and bidding platform for the infringement of "Jixianghuntun · Mian" and allowed the infringement to occur if it knew of infringement. Shanghai Shihao Company requested the court to order Baidu Shanghai Branch and Baidu to stop the infringement and to assume joint and several liabilities for the economic compensation liabilities of the defendants 1, 2 and 3 in this case. Shanghai Shihao Company provided preliminary evidence in proving that Baidu and Baidu Shanghai Branch provided the help as the promotion and bidding platforms. Baidu and Baidu Shanghai Branch argued in the first instance that this case is a common joint litigation, and Baidu did not agree to the joint trial.

During the second instance of the Shanghai Intellectual Property Court, the parties did not submit new evidence. The court of second instance confirmed the facts ascertained in the first instance.

[**Judgment**]

After trial, the Putuo District People's Court of Shanghai held that the trademark registrant can use the trademark on its own, or license others' use by signing a trademark license contract with them, including through franchise, which are all legal ways. The trademarks claimed by Shanghai Shihao Company, two of which are combined trademarks with graphic and Chinese characters "吉祥." Compared with the graphic part, the Chinese characters "吉祥" can play a more prominent role in referring to and distinguishing the source of goods.

Since the aforementioned trademarks have been approved for use in convenience foods like Huntun and dumplings of Class 30, the trademark registrant has the right to preclude others from using the Chinese characters "吉祥" as trademarks on similar convenience foods without permission. Shanghai Shihao Company licensed others to use the aforementioned trademarks on convenience foods in a franchise manner, without the need to obtain additional "吉祥" trademark registration in the Class 35 franchise business management. In fact, there is no legal requirement that an entity must have a franchise business management trademark to launch franchise business activities under its private brand. After comparison, the two labels used by the accused infringers constitute similar trademarks to the No. 6803674 and No. 12741282 trademarks owned by Shanghai Shihao Company. Obviously, the three accused infringers collectively free rode in bad faith the goodwill of Shanghai Shihao

Company's trademarks, which at the same time seriously violated the business principles of good faith and basic business ethics, and constituted an unfair competition act that uses advertising for false publicity. In summary, the court made the first judgment: 1. Qingdao Yuanjian Service Management Co., Ltd., Qingdao Huimei Food Co., Ltd., and Jinan Xinjixiang Catering Management Service Co., Ltd. shall immediately stop infringing the right of Shanghai Shihao Catering Co., Ltd. to exclusively use No. 6803674 and No. 12741282 trademark and unfair competition with false publicity; 2. Qingdao Yuanjian Service Management Co., Ltd., Qingdao Huimei Food Co., Ltd., and Jinan Xinjixiang Catering Management Service Co., Ltd. shall make joint statement on trademark infringement and unfair competition on jixiang-china.cn, the official website of "Jixianghuntun · Mian" and the official account of Weibo within ten days from the effective date of this judgment to eliminate the impact of infringement, and the duration must not be less than one month. If this is not executed within the time limit, the Putuo District People's Court of Shanghai will publish the main content of this judgment in the national media, and the cost incurred will be jointly born by Qingdao Yuanjian Service Management Co., Ltd., Qingdao Huimei Food Co., Ltd., and Jinan Xinjixiang Catering Management Service Co., Ltd. 3. Qingdao Yuanjian Service Management Co., Ltd., Qingdao Huimei Food Co., Ltd., and Jinan Xinjixiang Catering Management Service Co., Ltd. shall jointly compensate Shanghai Shihao Catering Co., Ltd. for its economic losses and reasonable expenses incurred to stop infringements, totaling RMB 3,200,000 within ten days from the effective date of this judgment; 4. The remaining litigation claims of Shanghai Shihao Catering Co., Ltd. are not supported.

After the first trial, Jinan Xinjixiang Catering Management Service Co., Ltd. and Qingdao Yuanjian Holding Group Co., Ltd. appealed to the Shanghai Intellectual Property Court.

After the trial, the Shanghai Intellectual Property Court held that the main disputes in the second instance include: first, the question of whether the court of first instance had jurisdiction over the case; second, whether the trademark infringement alleged by Shanghai Shihao Company in this case can obtain legal support. Regarding the first dispute, if the accepting court still has jurisdiction according to the principle of territorial jurisdiction after the plaintiff changed its claims, there is no need to apply the principle of constant jurisdiction. Therefore, the application of the principle of constant jurisdiction is meaningful only after the plaintiff changed its claims and the original acceptance has lost the jurisdictional connection. In applying the principle of constant jurisdiction, it is necessary to consider whether the plaintiff named in bad faith the defendants, which leads to a false setup of jurisdictional connection. In this case, Shanghai Shihao Company accused Baidu Shanghai Branch and Baidu Company of providing assistance to the online promotion and publicity of the accused infringing acts of the three defendants, Jinan Xinjixiang Company, Qingdao Yuanjian Company, and Qingdao Huimei Company. The plaintiff accordingly requested the court to order Baidu Shanghai Branch and Baidu to stop the promotion activities, disconnect the connection, and bear joint and several legal liabilities for the financial compensation liabilities of the three defendants of the original trial, Jinan Xinjixiang Company, Qingdao Yuanjian Company, and Qingdao Huimei Company. Therefore, Shanghai Shihao Company filed a lawsuit with Qingdao Yuanjian Company, Qingdao Huimei Company, and Jinan Xinjixiang Company, as well as Baidu Shanghai Branch and Baidu Company as defendants in the same case, which complies with the legal requirements of joint litigation. It is difficult for the Shanghai Intellectual Property Court to determine that Shanghai Shihao Company falsely named the defendants which leads to a false setup of jurisdictional connection. In view of the jurisdictional objection rulings of the first and second instance of this case, it was determined that the court of first instance had jurisdiction over the case. When the case was filed on January 18, 2016, after a physical trial, it was ruled on May 10, 2017 to allow Shanghai Shihao Company to withdraw the lawsuit against Baidu Shanghai Branch and Baidu Company, which was in line with the principle of constant jurisdiction.

Regarding the second dispute, the proprietary trademarks in this case are the registered trademarks No. 12741282 吉祥 and the registered trademark No. 6803674 吉祥 owned by Shanghai Shihao Company.

The categories of goods for which the proprietary trademarks have been approved to use include Huntun. Compared with the catering services selling Huntun, they have the same functional uses and sales targets, as well as overlapping sales channels overlap, and there is a specific connection between goods and services that cannot be distinguished. For the relevant public, including consumers who purchase fresh Huntun, consumers who eat cooked Huntun in the restaurants, consumers who purchase Huntun take aways through e-commerce platforms, and operators who sell Huntun, they could consider that Huntun products and services that sell Huntun have a specific connection. Therefore, it should be recognized that Huntun products and services that sell Huntun constitute similar goods and services.

Comparing the accused infringing labels 吉祥馄饨·面 and 吉祥馄饨·面 with the proprietary trademark label 吉祥, it's obvious to see that all labels used the Chinese characters "吉祥," and the first label used the same font as the proprietary trademark label; and the pronunciation and meaning of the text "吉祥" are exactly the same, with"吉祥" as the main identifying part of the label.

The accused infringing labels 吉祥馄饨·面 and 吉祥馄饨·面 used the Chinese characters "吉祥" together with "Huntun." Among them, the Chinese characters "吉祥" are the main part of the proprietary trademarks and Huntun is the approved product category. The relevant public could generally think that the use of the accused infringing labels by the accused infringers on franchise website, Weibo, and WeChat public account indicates that the accused infringers are engaged in the snack restaurant franchise of the brands 吉祥馄饨·面 and 吉祥馄饨·面, and sell the "吉祥" Huntun through franchise stores. In this case, due to the long-time use by Shanghai Shihao Company, its claim that the Huntun served in all franchise stores was provided by Shanghai Shihao Company, and the chain operation of the Jixiang Huntun snack bar to sell Jixiang Huntun, the company has established a close relationship with "吉祥," which enjoys a high reputation and has a considerable influence in the market. The accused infringers used to be the regional agents of Shanghai Shihao Company in Shandong and should have fully known that all Jixiang Huntun products were provided by Shanghai Shihao Company. After the appellants have obtained registered trademark rights in Class 35 of franchising, they shall give reasonable avoidance to the goods that have been approved for registration previously of commodity trademarks and similar services for selling goods when engaging in franchising activities, so as not to cause possible confusion among the relevant public about the origin of goods and services.

In summary, Qingdao Yuanjian Company, Jinan Xinjixiang Company, and Qingdao Huimei Company used the labels 吉祥馄饨·面 and 吉祥馄饨·面, which were similar to the registered trademark 吉祥 of Shanghai Shihao Company in advertising campaigns and catering services, and could lead to confusion among relevant public and constitute trademark infringement. Accordingly, in accordance with Article 170, Paragraph 1 (1) of the *Civil Procedure Law of the People's Republic of China*, the court ruled to dismiss the appeal and upheld the original judgment.

[Case Study]

The main problem in this case is that whether market entities that later obtained registered trademark rights in Class 35 of franchising shall give reasonable avoidance to the goods that have been approved for registration previously of commodity trademarks and similar services for selling goods.

The exclusive right to use a trademark is divided into the right of self-use and the right of preclusion. The right of preclusion refers to precluding the use of the identical or similar trademarks in the scope of approved registration of the proprietary trademarks and on similar goods or services without the permission of the trademark owner, which includes not only the identity or similarity between goods, but between goods and services. Similar goods and services indicate that there is a specific connection between the goods and services, which can easily confuse the relevant public. Regarding this case, consumers eating in the restaurants or ordering take aways could consider Huntun products to have a specific connection with the services of selling Huntun. In judging whether the alleged infringement infringes the right to exclusively use the registered trademarks, the damage that could easily cause the relevant public to misidentify the source of the goods or services should be taken as a necessary element, that is, the possibility of confusion. The accused infringing labels 吉祥馄饨·面 and 吉祥馄饨·面 used the Chinese characters "吉祥" together with "Huntun." The Chinese characters "吉祥" are the main part of the proprietary trademarks and Huntun is the approved product category. The relevant public could generally think that the use of the accused infringing labels by the accused infringers on franchise website, Weibo, and WeChat public account reflects that the accused infringers are engaged in the snack restaurant franchise of the brands 吉祥馄饨·面 and 吉祥馄饨·面, and sell the "吉祥" Huntun through franchise stores. Therefore, the use of the main part of another person's proprietary trademark together with the approved product category to provide a service to sell the goods, so that the relevant public believes that the service has a specific connection with the goods and that the service are from the right holder, should be deemed as constituting infringement upon the proprietary trademarks of others.

The appellant argued that it had obtained the license to use the relevant business management registered trademark and was therefore entitled to engage in the franchise business of the snack restaurant chain involved. The Shanghai Intellectual Property Court held that it is really difficult to separate goods from services when providing catering services that sell goods. At this time, the court should pay attention to the use of previously registered trademarks within the category of goods and the subjective intention of the actor when using the identical or similar trademarks in the services. In this case, due to the long-time use by Shanghai Shihao Company, its claim that the Huntun served in all franchise stores was provided by Shanghai Shihao Company, and the chain operation of the Jixiang Huntun snack bar to sell Jixiang Huntun, the company has established a close relationship with "吉祥," which enjoys a high reputation and has a considerable influence in the market. The accused infringers used to be the regional agent of Shanghai Shihao Company in Shandong and should have been fully aware of that all Jixiang Huntun products were provided by Shanghai Shihao Company. Even though Qingdao Yuanjian Company had a license for the use of trademarks of Class 35, the time of its obtaining the authorization license was after the registration of the proprietary trademarks involved in the case, and the accused infringers had already begun long-term cooperation with Shanghai Shihao Company from October 1, 2005 to September 7, 2011, and should have been fully aware of the "吉祥" trademark owned by Shanghai Shihao Company. Therefore, objectively speaking, although the appellee only obtained the proprietary trademarks on the goods, it actually established a close relation between "吉祥" and the "Huntun" products it sells, and the public has been already familiar with "Jixiang Huntun." Subjectively speaking, the appellants were very clear about the development process and business model of the appellee's trademarks, and should have a higher duty of care in the use of the trademarks. Therefore, after the appellants obtained registered trademark rights in Class 35 of franchising, they should give reasonable avoidance to the Huntun products that have been approved for the trademark registration previously and services similar to the sale of Huntun when engaging in franchising activities, so as not to cause possible confusion among the relevant public about the origin of goods and services.

(Writers: Shang Jiangang & Qian Qiong)

Determination of the Fair Use of a Trademark

—Bright Dairy & Food Co. , Ltd. v. Comestibles Master Co. , Ltd. in respect of infringement of trademark rights

[**Summary**]

When addressing the argument of legitimate use of trademarks, the court should analyze whether the alleged infringement is in good faith and reasonable (whether there is malicious use of other people's trademark as a mark of their own goods or services), and whether the use has caused confusion and misidentification to the relevant public on the basis of comparing the similarity of the alleged infringing mark with the registered trademark involved in the case and the specific use methods, and judge comprehensively whether the accused infringement is a trademark infringement or a fair use of the trademark, in order to reasonably determine the scope of protection of the right to exclusively use a registered trademark and achieve a balance between such right and public interest.

[**Case Review**]

Appellant (Defendant in First Trial): Bright Dairy & Food Co. , Ltd. (hereinafter referred to as Bright Dairy)

Appellee (Plaintiff in First Trial): Comestibles Master Co. , Ltd. (hereinafter referred to as Comestibles Master)

Defendant in First Trial: Shanghai E-mart Supermarket Co. , Ltd. (hereinafter referred to as E-mart)

Cause of Action: Disputes over infringement of trademark rights

First-instance Case No. : (2016) H0101MC No. 24718

Second-instance Case No. : (2018) H73MZ No. 289

The appellee Comestibles Master, the holder of the right to exclusively use the registered trademarks "85℃" series, found that at the prominent position on the packaging of UBEST Fresh Milk produced by the appellant Bright Dairy and sold in Laoximen store of Shanghai E-mart Supermarket Co., Ltd. (defendant in the first trial), a mark "85 ℃" identical or similar to its registered trademark was used, and Bright Dairy also highlighted "85 ℃" in its advertising. The product was in the same or similar category as the goods and services for which its registered trademark has been approved for use. Comestibles Master held that Bright Dairy's use of 85℃ can easily cause confusion among related consumers, making them to mistakenly believe that Bright Dairy's product or Bright Dairy is related to Comestibles Master and causing confusion to consumers. Believing that Bright Dairy's act infringed on its right to exclusively use registered trademarks, Comestibles Master sued to the court for trademark infringement, requesting that Bright Dairy and E-mart stop the infringement immediately, and compensate for its economic losses and reasonable expenses.

[**Judgment**]

Through trial, the Huangpu District People's Court of Shanghai found that, compared with the approved scope of use of the alleged infringing mark, some of the product categories under the three registered trademarks 85°C, 85°C, and 85°C claimed by Comestibles Master were not identical nor similar. Although some can be seen as the use of similar marks used for the same products, they did not cause confusion to the relevant public. Therefore, the use of 85°C by Bright Dairy did not constitute an infringement on the three registered trademarks 85°C, 85°C, and 85°C claimed by Comestibles Master. However, the court of first instance also held that the Comestibles Master used the series of trademarks first, and that these trademarks enjoyed a high reputation after being promoted by Comestibles Master. Bright Dairy lacked a factual basis for the use of 85°C, and it should bear certain obligations of care and avoidance for its use of the well-known trademarks of 85°C. Therefore, Bright Dairy's use "85° C" at a prominent position on packaging of the product concerned was not legitimate. Bright Dairy's prominent use of 85°C at a prominent position on the packaging of the product concerned constituted a trademark infringement of using the identical mark on the same goods with the approved scope of use of the No. 11817439 registered trademark 85°C of Comestibles Master. Bright Dairy should bear the civil liabilities of stopping the infringement and compensating for losses. In the end, Bright Dairy was ordered to stop the infringement, compensate for the economic losses of RMB 400, 000 and bear reasonable expenses.

Bright Dairy refused to accept the first-instance judgment, arguing that the mark was used as a proper expression of temperature rather than Comestibles Master's registered trademark. It then appealed to the Shanghai Intellectual Property Court, requesting the court to dismiss the claims of Comestibles Master in first instance.

Through trial, the Shanghai Intellectual Property Court held that Bright Dairy's use of the alleged infringing mark on the alleged infringing products can be regarded as a proper and fair use of temperature indicating mark that doesn't cause confusion and misunderstanding among the relevant public nor constitute infringement upon Comestibles Master's exclusive right to use the No. 11817439 registered trademark 85℃. Therefore, the judgment of the first instance was revoked, and all the first-instance claims of Comestibles Master were dismissed.

[Case Study]

The provisions of Articles 56, 57 and 59 of the *Trademark Law* indicate that (1) Using a trademark identical with a registered trademark on identical goods is the inherent right of the holder of the right to exclusively use the registered trademark. When the above acts occur, if there is any confusion, they shall be regarded as trademark infringements. (2) For judgement on infringements of using a trademark identical with a registered trademark on similar goods, using a trademark similar to a registered trademark on identical goods or using a trademark similar to a registered trademark on similar goods, confusion should be taken as a necessary condition. (3) Although the *Trademark Law* grants the holder of the right to exclusively use the registered trademark to control the words, graphics, or combinations thereof that have been registered as trademarks, the non-trademark use of the aforementioned marks is obviously not within the control of the holder of the right to exclusively use the registered trademark. Therefore, the above legal requirements show the legislative purpose of the *Trademark Law* to strengthen the protection of the exclusive rights of trademark owners and to balance public interest. In judicial practice, when addressing the argument of legitimate use of trademarks, the court should analyze whether the alleged infringement is in good faith and reasonable (whether there is malicious use of other people's trademark as a mark of their own goods or services), and whether the use has caused confusion and misidentification to the relevant public on the basis of comparing the similarity of the alleged infringing mark with the registered trademark involved in the case and the specific use methods, and judge comprehensively whether the accused infringement is a trademark infringement or a fair use of the trademark, in order to reasonably determine the scope of protection of the right to exclusively use a registered trademark and achieve a balance between such right and public interest.

Ⅰ. Contrast between the No. 11817439 trademark 85℃ and the alleged infringing mark

1. Although the No. 11817439 trademark 85℃ and the alleged infringing mark are similar in appearance, they are not identical trademarks

In trial practice, for their alleging infringement, the parties often argue for fair use in accordance with Article 59, paragraph 1, of the *Trademark Law* (the holder of the right to exclusively use a registered trademark shall have no right to preclude others from legitimately using the common name, design or model of goods on which the trademark is used, the direct indications of the quality, main raw materials, functions, uses, weight, quantity, and other features of goods, or the place name in the trademark). For this kind of argument, when judging whether the registered trademark is identical with the alleged infringing mark, particular attention should be paid to the difference between the registered trademark and the standard expression of the features cited in the argument. When there is a significant difference between the two, full consideration should be given to the restrictive provisions of Article 11 of the *Trademark Law* on trademark registration. Objectively, it is the elements that are different from the standard expressions of the citied features that enhance the distinctiveness of the registered trademark and increase the possibility of the trademark being registered, and limiting the scope of protection of the registered trademark to a certain extent. At this time, it is not appropriate to consider the two marks to be the same based on "they look basically the same," but to identify the two as similar marks with the above significant differences, and to introduce confusion elements in the comparison as a criterion for judging whether an infringement is constituted.

In this case, Comestibles Master explained that the trademark concerned came from "coffee tastes best at 85° C." Therefore, 85° C directly indicates the characteristics of the product. However, directly registering 85° C, a standard expression of temperature as a trademark is obviously contrary to the provisions of Article 11 of the *Trademark Law* as it may harm the public interest and is difficult to obtain the approval of the trademark office. Therefore, the expressions of elements 8,

5, and ℃ of No. 11817439 trademark 85℃ concerned were organized in different fonts and staggered arrangements, making the mark significantly different from the standard expression of temperature 85℃, which objectively enhanced the distinctiveness of the No. 11817439 trademark 85℃, obtained registration, but limited the scope of protection of the trademark. Comparing the alleged infringing mark 85℃ with the No. 11817439 trademark 85℃, we can see that although the elements are the same, they are arranged differently. In fact, the pronunciation of the trademark concerned by the trademark owner is not the same as one when the general public reads 85°C as a temperature. Therefore, although the two were similar in appearance, they are not identical trademarks.

2. The alleged infringing product and the products within the approved scope for use under the 11817439 trademark 85℃ are similar

According to Article 56 of the *Trademark Law*, the right to exclusively use a registered trademark shall be limited to the trademark approved for registration and the goods on which the trademark is approved to be used. According to Article 23, where a registered trademark needs to be exclusively used on any goods beyond the approved scope of use, a separate application for registration shall be filed.

In this case, the products approved for use under the registered trademark No. 11817439 85℃ include milk products, milk tea (mainly milk), cocoa milk (mainly milk), and so on. According to the *Classification of Similar Goods and Services* (11th Edition) by the Trademark Office of the State Administration for Industry and Commerce, the 29th category 2907 "Milk and Dairy Products" include: milk 290039; milk products 290074, milk tea (mainly milk) C290069, cocoa milk (mainly milk) C290070, etc. Therefore, milk, milk products, milk tea (mainly milk), cocoa milk (mainly milk) are different products. However, the alleged infringing milk and the milk products, milk tea (mainly milk), cocoa milk (mainly milk) and other products approved for use under the registered trademark No. 11817439 85℃ concerned are basically the same in terms of function, use, sales channels, consumers, etc. According to Article 11 of the judicial interpretation of trademarks, they are similar goods.

Ⅱ. The alleged infringement is a legitimate use of temperature indicating mark

First, the use of the alleged infringing mark 85℃ on the packaging of the allegedly infringing product is the standard expression of temperature, which is significantly different from the registered trademark No. 11817439 85℃ concerned. Therefore, Bright Dairy's use of the standard temperature indicating mark 85°C is not a malicious use of the registered trademark No. 11817439 85℃ of Comestibles Master. Second, Comestibles Master had no objection to the fact that Bright Dairy included "pasteurization at 85℃ for 15 seconds," so Bright Dairy's use of 85℃ had a factual basis. Also, although the font size of 85°C on the alleged infringing packaging is bigger than other texts in the same location, the 85°C is not used separately but with the caption such as "milk pasteurized at 85℃ is fresh," "85 ℃ pasteurized fresh milk" "drink fresh milk pasteurized at 85℃," "I am pasteurized milk, I am fresher," "high-quality pasteurized fresh milk," etc. The above texts also fully show that Bright Dairy used 85℃ just to indicate temperature. Therefore, Bright Dairy's use of 85°C on the alleged infringing product is only to explain to the relevant public the process characteristics of the pasteurization technology, which is a reasonable description of the characteristics of its own product rather than the use of the registered trademark No. 11817439 85℃ concerned of Comestibles Master. It is a legitimate use of temperature indicating mark.

Ⅲ. The alleged infringement did not cause confusion and misidentification to the relevant public

During the trial, Comestibles Master stated that it had never produced the allegedly infringing product (milk), and had not used the trademark concerned on milk products. Therefore, the relevant public does recognize Comestibles Master in terms of milk products. The "Bright" trademark enjoyed by Bright Dairy in dairy products such as milk is a well-known trademark, and the registered trademark "优倍" of Bright Dairy was also used on the alleged infringing product. Therefore, the above facts should be considered with the case that Bright Dairy's use of the standard expression of temperature 85°C on the alleged infringing product was in good faith and reasonable. So, even if the relevant public who are familiar with the registered trademark No. 11817439 85℃ concerned of Comestibles Master pay general attention to the packaging of the alleged infringing product, they will take it for granted that 85℃ marked on the packaging is the temperature Bright Dairy employed for pasteurization rather than indicate the source of the alleged infringing products-

Comestibles Master or related to Comestibles Master.

To sum up, Bright Dairy's use of the alleged infringing mark on the alleged infringing products can be regarded as a proper and fair use of temperature indicating mark that doesn't cause confusion and misunderstanding among the relevant public nor constitute infringement upon Comestibles Master's exclusive right to use the registered trademark No. 11817439 85℃.

(Writer: He Yuan)

Actors Who Use in Bad Faith an Unregistered Well-known Trademark Shall Bear Liability for Compensation

—Chateau Lafite Rothschild v. Shanghai Baochun Industrial Development Co. , Ltd. , etc. in respect of infringement on trademark rights

[Summary]

Although China's trademark law and relevant judicial interpretations do not stipulate that compensation can be obtained when an unregistered well-known trademark is infringed, the court can apply by analogy Article 36 of the *Trademark Law* to determine such other party shall compensate the trademark registrant for any losses caused by its use in bad faith, and bear liability for compensation.

[Case Review]

Plaintiff: Chateau Lafite Rothschild

Defendant: Shanghai Baochun Industrial Development Co. , Ltd.

Defendant: Baozheng (Shanghai) Supply Chain Management Corporation

Cause of Action: Disputes over infringement on trademark rights

First-instance Case No. : (2015) HZMCZ No. 518

Chateau Lafite Rothschild is a world famous winemaker and has a high reputation among Chinese consumers. On October 28, 1997, "LAFITE" trademark on the wine products of Chateau Lafite Rothschild was registered in PRC. As a transliteration of "LAFITE," "拉菲" has formed a stable and unique congruent relationship with the plaintiff and the wine products produced by it after the extensive promotion and use in China. In May 2015, Chateau Lafite discovered that Shanghai Baochun Industrial Development Co. , Ltd. (hereinafter referred to as Baochun) continuously imported and sold wine products labeled with "CHATEAU MORON LAFITTE" and "拉菲特庄园" from 2011, the logistics and warehousing of which were undertaken by Baozheng (Shanghai) Supply Chain Management Corporation (hereinafter referred to as Baozheng), while it imported and sold the infringing wine products made by Chateau Lafite.

The plaintiff Chateau Lafite appealed to the court, alleging that the words "CHATEAU MORON LAFITTE" on the front label of the involved wine bottle is similar to "LAFITE"; and the characters "拉菲特" on the back label is similar to "拉菲," the transliteration of "LAFITE," which is widely known by Chinese consumers. Whereas, "拉菲" was not approved registration at occurrence of the infringement act, "拉菲" shall be identified as an unregistered well-known trademark, therefore, the acts of Baochun and Baozheng constitute trademark infringement. The acts of the two defendants jointly infringed on the plaintiff's legal trademark rights in respect of the registered trademark "LAFITE" and the unregistered well-known trademark "拉菲," for which the two defendants should bear joint and several liabilities. Therefore, the plaintiff filed a lawsuit and requested the court to order the two defendants to stop the infringement, publish a statement in the *China Industry & Commerce News* to eliminate the impact, and jointly compensate the plaintiff for economic losses and reasonable expenses paid to stop the infringement totaling RMB 5 million.

The defendants Baochun and Baozheng jointly argued that: Ⅰ. "拉菲" is far from an unregistered well-known trademark, and the plaintiff's claim of "拉菲" being a well-known trademark is ungrounded. The court should not and did not have to confirm this, and the plaintiff has no right to stop the defendant Baochun from using the label "拉菲特." First, the plaintiff's application for registration of the "拉菲" trademark had not been approved by the Trademark Office, indicating that the trademark lacked distinctiveness. Second, the plaintiff's Chinese translation of the registered trademark "LAFITE" has multiple versions: in addition to "拉菲," there are "拉斐," "拉菲特," etc. "LAFITE" and "拉菲" do not have unique and congruent relationship. Third, when the plaintiff actively used the "LAFITE" and "拉菲" trademarks, it used them as non-trademarked corporate names or product names. There is little evidence submitted by the plaintiff can prove that it has taken the initiative to use and advertise the above trademarks. Most of the evidence concerned only indicated the use of the above trademarks by the affiliate Domaines Barons De Rothschild (Lafite) (hereinafter referred to as "Lafite Group") in terms of advertising or promotion. However, the plaintiff and Lafite Group are two completely independent companies, and the plaintiff failed to provide evidence to prove that there was a trademark license relationship between them. Therefore, Lafite Group's use of the above trademarks has nothing to do with the plaintiff. According to the plaintiff's use of the above trademarks and the duration, extent, and scope of advertisements, the trademark was far from well-known. Finally, the records of "拉菲" being protected in China provided by the plaintiff shows that "拉菲" has been protected as a unique name of well-known commodities from the perspective of the *Anti-unfair Competition Law*. The standard for the identification of well-known trademarks is much higher than that for the unique names of well-known products, and the records of "拉菲" being protected in China is not enough to prove that "拉菲" has reached the level of a well-known trademark. Ⅱ. Among the wines imported and sold by the defendant Baochun, in addition to the alleged infringing product "CHATEAU MORON LAFITTE," there are also "Chateau Lafite Rothschild" (commonly known as "大拉菲" in China) and "Carruades De Lafite" (commonly known as "小拉菲" in China). The above-mentioned goods were legally imported as part of the legitimate international trade. The trademark "CHATEAU MORON LAFITTE" used on the alleged infringing wine bottle is a valid registered trademark in France. This trademark is neither identical with nor similar to the plaintiff's "LAFITE," and would not confuse consumers about the origin of the goods, so it did not constitute an infringement upon the plaintiff's trademark rights. Ⅲ. The defendant Baochun was established by the defendant Baozheng and its legal representative Cao Can, but the two defendants' businesses were completely independent; before the defendant's equity change in 2014 and after its import of the infringing goods, it had entrusted the defendant Baozheng to provide logistics and warehousing, and the sales were conducted in the name of the defendant Baochun. Because the two defendants operated at the same address, some of the employees of the defendant Baozheng sold the infringing goods in the name of the defendant Baochun, but the quantity was not large, and the sales invoices were also issued by the defendant Baochun. After the defendant Baochun's equity change, the defendant Baozheng only provided transportation services to the defendant Baochun, and the two has no other relation. Therefore, it lacks the factual and legal basis for the plaintiff to demand that the two defendants should bear joint and several liabilities. Ⅳ. Even if the court found that the defendant Baochun constituted infringement, the amount of compensation claimed by the plaintiff was too high since the defendant used the labels "LAFITTE" and "拉菲特" in good faith; the actual sales amount was only 6394 out of the 25, 200 bottles of the alleged infringing goods imported; and the profits were extremely limited after the taxes, storage costs, cost of sales, etc. were deducted as the sales were mainly based on wholesale, supplemented by retail. In summary, the two defendants requested the court to dismiss the plaintiff's claims.

[**Judgment**]

After trial, the Shanghai Intellectual Property Court held that the infringement in this case occurred was earlier than the time when the plaintiff obtained the exclusive right to use the "拉菲" trademark. Therefore, the relevant judgment on whether the infringement related to "拉菲" is valid must be made based on whether "拉菲" is an unregistered well-known trademark when the alleged infringement occurred. Therefore, it is necessary in this case to determine whether "拉菲" is an unregistered well-known trademark. Facts of this case are adequate to prove that relevant public in our country often refer "拉菲" as "LAFITE," forming a congruent relationship between "拉菲" and "LAFITE," and "拉菲" was widely known to the relevant public in China before the alleged infringement occurred. Therefore, "拉菲" can be identified as an unregistered well-known trademark.

The words "CHATEAU MORON LAFITTE" highlighted on the front label of the involved wine bottle infringed the exclusive right to use registered trademark "LAFITE"; and the characters "拉菲特" on the back label infringed the trademark right of "拉菲," therefore, import and sale by Baochun of such wine products constituted trademark infringement in bad faith. Baozheng provided logistics, warehousing and other convenience even though it was aware of the infringement acts of Baochun. The same shall constitute contributory infringement. Therefore, the two defendants should bear civil liabilities such as stopping infringement, eliminating impact, and compensating for losses according to law.

As for the compensation for the losses incurred from infringement, according to Article 36, Paragraph 2 of the *Trademark Law of the People's Republic of China*, "Where trademark registration is approved after all oppositions are determined as unfounded upon examination, the time of the applicant obtaining the right to exclusively use the trademark commences from the date of expiry of the three-month preliminary approval publication period. The right to exclusively use the trademark is not retrospective to another party's use of a mark identical with or similar to the trademark on identical or similar goods during the period from the date of expiry of the publication period to the date of decision to approve registration; however, such other party shall compensate the trademark registrant for any losses caused by its use in bad faith." The infringement in this case occurred was earlier than the time when the plaintiff obtained the exclusive right to use the "拉菲" trademark. Although the *Trademark Law* and relevant judicial interpretations do not stipulate that compensation for infringement upon well-known trademarks not registered in China can be obtained, Baochun obviously used the label "拉菲" in bad faith. The court comprehensively considered the original legislative intent of Article 36 (2) of the aforementioned *Trademark Law* and the fact that the infringement upon the unregistered well-known trademark did cause losses to the right holder, and determined that the two defendants in this case should, in accordance with the relevant provisions of the *Trademark Law*, compensate for the losses of the plaintiff since the time of their infringement. Since the actual losses suffered by the plaintiff due to the infringement, the illegal gains obtained by the two defendants from the infringement, and the license fees for the registered trademarks were difficult to determine, based on the facts including the well-known degree and distinctiveness of the unregistered trademark of the plaintiff, the subjective use in bad faith of the two defendants in the infringement, the duration of the infringement by the two defendants, the scale of the infringement, the sales of the infringing wine, the difference between the unit price and the sales price of the infringement, and the reasonable costs the plaintiff paid in the case, the court determined the amount of compensation for economic losses and reasonable expenses as appropriate.

The Shanghai Intellectual Property Court made the following judgment: 1. The two defendants shall immediately cease to infringe on the exclusive right to use the registered trademark of No. 1122916 "LAFITE" enjoyed by the plaintiff; 2. The two defendants shall immediately stop using the "拉菲特" label similar to "拉菲"; 3. The two defendants shall publish a statement in the *China Industry & Commerce News* within thirty days of the effective date of the judgment to eliminate the impact of the trademark infringement on the plaintiff; 4. The two defendants shall work together within ten days of the effective date of the judgment to compensate the plaintiff for economic losses of RMB 2 million, including reasonable expenses; 5. Others claims of the plaintiff are dismissed.

Neither party instituted an appeal upon the judgement of first instance.

[**Case Study**]

As the first case judged by a Shanghai court to determine an unregistered well-known trademark, this case mainly involves the judgment of the necessity for determination of unregistered well-known trademark, the determination criteria, whether or not compensation is available when the unregistered well-known trademark is infringed, and other issues. In addition to accurately determining that the "拉菲" trademark is an unregistered well-known trademark, in the case that China's *Trademark Law* and relevant judicial interpretations do not stipulate that compensation can be obtained when an unregistered well-known trademark is infringed, the court applied by analogy Article 36 of the *Trademark Law* that "such other party shall compensate the trademark registrant for any losses caused by its use in bad faith," and determined that the actors who used in bad faith an unregistered well-known trademark shall be liable for compensation.

Ⅰ. *Trademark Law* and relevant judicial interpretations do not provide that compensation can be obtained when an unregistered well-known trademark is infringed

According to Article 13, Paragraph 2 of *Trademark Law*, "Where a trademark for registration to be used on identical or similar goods is a copy, imitation, or translation of a well-known trademark of another party which has not been registered in China and may easily cause confusion, it shall not be registered and shall be prohibited from use." According to Article 13, Paragraph 3, "Where a trademark for registration to be used on different or dissimilar goods is a copy, imitation, or translation of a well-known trademark of another party which has been registered in China, misleads the public, and may cause damage to the interests of the registrant of the well-known trademark, it shall not be registered and shall be prohibited from use." According to Item 2 of Article 1, *Interpretation of the Supreme People's Court Concerning the Application of Laws in the Trial of Cases of Civil Disputes Arising from Trademarks* (the Interpretation), "Copying, imitating or translating the registered well-known trademark of another person or the major part thereof is used on nonidentical or dissimilar commodities as a trademark for the purpose of misleading the general public so that the interests of the registrant of the well-known trademark may be damaged shall be the acts of causing other damages to the right to exclusively use a registered trademark by others as provided in Article 52, Item 5 of the *Trademark Law* (Article 57, Item 7 of currently effective *Trademark Law*). According to Article 2 of the Interpretation, in accordance with the provisions of Article 13, Paragraph 1 of the *Trademark Law* (Article 13, Paragraph 2 of currently effective *Trademark Law*), anyone who copies, imitates or translates the well-known trademark registered in China by another person or the major part thereof and use it as a trademark on identical or similar commodities so that confusion may result shall assume the civil liability of stopping the infringement. According to the provisions of the above laws and judicial interpretations, the legal responsibility for infringing the right of well-known trademarks is distinguished by whether a well-known trademark is registered in China or not. For the infringement upon a registered well-known trademark, the Paragraph 1 or 2 of the Interpretation regards it as an infringement upon the right to exclusively use a registered trademark. Therefore, the legal liabilities that the actors should bear include liability for compensation. For the infringement upon an unregistered well-known trademark, Article 2 of the Interpretation only stipulates that the actors shall bear the civil liability to stop the infringement, and does not provide for other civil liabilities such as compensation for damages.

Ⅱ. Applicant by analogy according to Article 36 Paragraph 2 of the *Trademark Law*

Application by analogy means that when there is no legal reference for a case being tried by a judge, the legal rules of similar cases can be applied for adjudication. Application by analogy is applicable when there is similarity between the two cases.

The Article 36 Paragraph 2 of the *Trademark Law* is a new clause added in 2013 when the law was amended. It stipulates the validity of the exclusive right to use the trademark from the date of expiry of the publication period to the date of decision to approve registration. According to Article 36 Paragraph 2, " Where trademark registration is approved after all oppositions are determined as unfounded upon examination, the time of the applicant obtaining the right to exclusively use the trademark commences from the date of expiry of the approval publication period. The right to exclusively use the trademark is not retrospective to another party's use of a mark identical with or similar to the trademark on identical or similar goods during the period from the date of expiry of the publication period to the date of decision to approve registration; however, such other party shall compensate the trademark registrant for any losses caused by its use in bad faith. This provision provides a remedy for the losses caused to the trademark registrant due to the use in bad faith of the user during the uncertain period as to whether the trademark can be finally registered. However, the trademark concerned in this period is not registered, and its nature can also be regarded as an unregistered trademark.

In this case, the "拉菲" claimed by the plaintiff is an unregistered well-known trademark. Although the trademark was an unregistered trademark at the time of the infringement, after long-term use and profuse commercial promotion and publicity, the trademark has been well-known to the public. It has a high commercial reputation and even the function of showing the identity and status of its consumers. Moreover, the subjective and malicious intention of the defendant to use the infringing label was obvious, and its use would necessarily occupy the goodwill of the unregistered well-known trademark, causing losses to the plaintiff. In this case, it is unfair and unreasonable just to order the defendant to stop the infringement and not to be liable for other civil liabilities such as compensation for damages, based on the provisions of the *Trademark Law* and the Interpretation on the legal liabilities for infringement upon unregistered well-known trademarks.

As mentioned above, the nature of the unregistered well-known trademark and the subjective maliciousness of the defendant in this case are similar to the situation in which "such other party shall compensate the trademark registrant for any losses caused by its use in bad faith" as provided in Article 36 Paragraph 2 of the *Trademark Law*. Therefore, the legal rules embodied in this provision may be applied by analogy in this case, and the two defendants shall bear the civil liability for compensation.

(Writer: Wu Yingzhe)

Determination of Priority Use of the Trademark for Export Goods

—Harvest Industrial & Trade Co. , Ltd. v. Anhui Liangliang Electronic Technology Co. , Ltd. in respect of an appeal involving dispute over infringement upon trademark rights

[**Summary**]

Although the end users of exported products are outside China, the trademarks attached to the product play a role in identifying the sources of the products during the circulation of goods in China, and has a certain reputation among relevant public, which can be considered as an influential trademark in use. An affiliate enterprise can enjoy the right to defend the prior use of a trademark against the trademark owner who registers the trademark later. The use of the trademark on the same product is using the trademark within the original scope of use.

[**Case Review**]

Appellant (Plaintiff in First Trial) : Harvest Industrial & Trade Co. , Ltd.

Appellee (Defendant in First Trial) : Anhui Liangliang Electronic Technology Co. , Ltd.

Cause of Action: Dispute over infringement upon trademark rights

First-instance Case No. : (2014) PMS (Z) CZ No. 1093

Second-instance Case No. : (2016) H73MZ No. 104

Hangzhou Liangliang Electronic Lighting Co. , Ltd. (hereinafter referred to as Hangzhou Liangliang) was established on December 30, 2002, and its shareholder is Wang Zuping, etc. Anhui Liangliang Electronic Technology Co. , Ltd. (hereinafter referred to as Anhui Liangliang) was established on October 10, 2011, and its shareholders are Hangzhou Liangliang and Wang Zuping. The legal representative of the two companiesis Wang Zuping, and their business scope is the production of LED energy-saving lamps.

Since September 2006, Hangzhou Liangliang has used the “TORCH” trademark on its energy-saving lamp products and related certificates of origin, sales lists, invoices and customs declarations, product exit mark numbers, product lists, quotations, etc. Since November 2008, Hangzhou Liangliang has started using the “T RCH” label on its energy-saving lamp products.

Since 2007, Hangzhou Liangliang has successively won a number of corporate honors due to its good operation. It is a leading enterprise in Lin’an. The energy-saving lamp brand “TORCH” produced by it has been rated as an excellent export brand in Hangzhou.

On October 22, 2009, Hangzhou Liangliang applied for 7 design patents on its energy-saving lamp’s packing boxes and cases. On July 14, 2010, it obtained the approval for the design patents. The above design patents bore the “T RCH” label.

After the establishment of Anhui Liangliang, Hangzhou Liangliang authorized Anhui Liangliang to use the “T RCH” trademark on its energy-saving lamp products. Anhui Liangliang’s products are for export.

Harvest Industrial & Trade Co., Ltd. (hereinafter referred to as Harvest) was established in April 2007 and is the owner of No. 7909575 registered trademark “TORCH.” The trademark was applied for registration in December 2009, and was approved on December 14, 2011. The approved products are Class 11 electric lamps, lamps, incandescent lamps, fluorescent tubes, etc. The registration is valid until March 27, 2021.

From April 2011 to October 2013, Harvest marked “TORCH” energy-saving lamps when recording the goods on the power of attorney, related order forms, invoices for book keeping, invoices, customs declarations, and sales invoices.

In July 2014, Shanghai Customs found that the energy-saving lamps exported to the UAE declared by Anhui Liangliang were marked with the “T RCH” label, which was similar to “TORCH,” and the above goods were detained according to Harvest’s application.

Later, Harvest filed a lawsuit with the court for Anhui Liangliang’s infringing its right to exclusively use the registered trademark “TORCH,” demanding that the infringement be stopped and the losses be compensated.

[**Judgment**]

After trial, the People's Court of Shanghai Pudong New Area found that the trademark "T RCH" and the registered trademark "TORCH" of Harvest both contained the English letters "T" and "RCH" in the same order. The "0" figure is circular and approximates the shape of the letter "O." As a whole, the difference between the two is not significant, and the difference has little effect on the pronunciation of the text, which is likely to cause confusion among customers, hence constituting similar trademarks. The existing evidence is sufficient to prove that Hangzhou Liangliang, a shareholder of Anhui Liangliang, has used the "TORCH" and "T RCH" labels since 2006. Before Harvest applied for registration of the "TORCH" trademark, Hangzhou Liangliang's "TORCH" brand energy-saving lamps already had enjoyed a certain reputation in the industry. Hangzhou Liangliang had prior rights to the labels concerned. Anhui Liangliang has continued to use the trademarks involved on the energy-saving lamps with the permission of Hangzhou Liangliang (a shareholder of Anhui Liangliang), which constituted using the trademark for original purposes. Therefore, according to Article 59 Paragraph 3 of the *Trademark Law*, Harvest has no right to preclude Anhui Liangliang from use the trademark for original purposes. The court accordingly dismissed Harvest's claim.

After the first trial, Harvest appealed to the Shanghai Intellectual Property Court for the main reasons that the evidence submitted by Anhui Liangliang could not prove that prior to the use of the registered trademark "TOUCH" by Harvest, the trademark had been previously used by Hangzhou Liangliang and had certain influence. At the same time, the subject of prior use defense provided for in Article 59 Paragraph 3 of the *Trademark Law* is limited to the "user" and the scope is limited to "using the trademark for original purposes." On the premise that the court of first instance mistakenly established that Hangzhou Liangliang's prior use right was established, it expanded the interpretation of "user" to Anhui Liangliang, of which Hangzhou Liangliang is only one of the shareholders, and defined "using the trademark for original purposes/within the original scope of use" as "using the trademark in the same commodity category," constituting misapplication of law. It requested the court of second instance to rescind the original trial decision and change the sentence to support all of its first instance claims.

Through trial, the Shanghai Intellectual Property Court found that although the energy-saving lamp products produced by Anhui Liangliang are export products, the submitted evidence can prove that before Harvest applied for the registration of the "TORCH" trademark, the "TORCH" brand energy-saving lamps of Hangzhou Liangliang, a shareholder of Anhui Liangliang, had gained a certain reputation among similar manufacturers and exporters. It can be concluded that the trademark has already had a certain influence. The principal prior user of the trademark involved in the case is Hangzhou Liangliang, but Hangzhou Liangliang is a shareholder of Anhui Liangliang, and the legal representative of the two companies is the same person, a shareholder of the two companies. Anhui Liangliang can be the subject of a prior use defense. Anhui Liangliang used the trademarks involved on the energy-saving lamp products. The trademark and scope of use are not different from those previously used by Hangzhou Liangliang. Therefore, Anhui Liangliang's use of the trademark concerned is still using the trademark for Hangzhou Liangliang's original purposes. In summary, Anhui Liangliang's use should be taken as the situation stipulated in Article 59 Paragraph 3 of the *Trademark Law*, and its prior use defense is established. The court accordingly dismissed Harvest's appeal and upheld the original judgment.

[**Case Study**]

This case involves the question of how to determine the prior use of the trademark of exported products.

Article 59 Paragraph 3 of China's *Trademark Law* establishes a prior use defense system for trademarks. In the event of a conflict of rights between a registered trademark and an unregistered trademark, the prior user of an unregistered trademark with a certain reputation is given a right of non-infringement defense, in order to balance the interests of registered trademark owners and previously unregistered trademark owners. According to the provisions of this Paragraph 3, when determining whether a prior use defense is established, the following requirements must be considered: 1. Whether the identical or similar trademark is used on the identical or similar goods; 2. Whether there is a prior use of the trademark 3. Whether the trademark used previously has a certain influence; 4. Whether the trademark is used for the original purposes. In this case, the parties had no objection to the similarity of the trademarks used on the same kind of goods, but Harvest did not recognize the trademarks concerned as well-known and that Anhui Liangliang had the right to inherit the trademark rights of its shareholder. Since the goods involved in this case are export products, the key to judging whether the prior use defense in this case is established should be based on the influence of this act on the prior use of the trademark and the trademark of export products, and how to determine the subject to exercise the prior use defense and using the trademark for original purposes.

Ⅰ. To determine whether there is prior use of the trademark of export products.

An unregistered trademark is protected by law, but the premise of protection must be that trademarks are actually identifiable and not just bearing the significance and possibility of identifying the sources of the goods or services. ①The requirements for prior use of an unregistered trademark are: the use of an unregistered trademark must be used before another party applies for trademark registration and must be used as a trademark in China. The evidence submitted by Anhui Liangliang of the prior use of the trademark concerned shows that the time of its use of the trademark was indeed before Harvest's trademark application date. However, all the goods involved are for export, and the end users of the goods are all abroad. So, is the use of the trademark on the export products a trademark use? According to Article 48 of the *Trademark Law*, "use of a trademark" means using a trademark on goods, on the packages or containers of goods, in the trade documents of goods, or for advertisements, exhibitions, and other commercial activities for the purpose of identifying the origin of goods. Therefore, the trademark use refers to the act that realizes the purpose of identifying the origin of goods. The use of a trademark on products that do not enter the circulation of goods is not the use of a trademark. Although the goods involved in this case were exported overseas, the sale of the export goods to the importer occurred in China. The exporter completed the sale to the importer through shipping, customs declaration, transportation, etc., and there are trademarks involved in the corresponding vouchers and the goods involved in the sale. At the same time, when importers choose Chinese export products, they also identify the sources of the goods and select the final trading targets based on trademarks. Therefore, the trademark concerned played a role in identifying the sources of the goods within the territory of China following the export of the goods involved. So, the prior use of the trademark concerned was established. It should be pointed out that there is a substantial difference between export goods and OEM (Original Equipment Manufacturer). The

① Kong Xiangjun, *Basic Issues in the Application of Trademark Law*, 1st edition, China Legal Publishing House, September 2012, p. 123.

owner of the trademark on the export goods is a domestic enterprise. When foreign importers choose the export goods, trademarks play a role in distinguishing the sources of the goods. OEM provides entrusted manufacturing and the trademarks attached to the products are owned by overseas clients, which do not necessarily have the effect of identifying the sources of the goods.

Ⅱ. To determine whether the trademark of exported goods has a certain influence

That trademarks used previously by unregistered trademark owners have a certain influence is the basis for the establishment of prior use defense. To determine whether a trademark used previously has a certain influence, we must make a comprehensive judgment based on the time of using the trademark and the degree of influence of the trademark. From the perspective of time, the time when the trademark used previously must be earlier than the application date of the corresponding registered trademark concerned. From the perspective of influence, since Article 13 (2) of the *Trademark Law* clearly protects unregistered well-known trademarks, a trademark used previously does not need to be well-known. As long as it is a trademark known to the relevant public within a certain area in China, it should be recognized as a trademark with certain influence. When the users of export goods are overseas, how to determine whether the trademark has a certain influence? China is a large manufacturing country. In order to comply with the country's encouragement of exports, create foreign exchange, and increase the influence of China's manufacturing, export enterprises have become a special group related to economic development and fiscal revenue in some areas. Since the trademark used previously only needs to be known to the relevant public within a certain area, the relevant public within a certain area of export goods should be defined in exporting enterprises and enterprises in the same trade. The evidence in the case can prove that before the application for trademark registration by Harvest, the energy-saving lamp brand "TORCH" of Anhui Liangliang's shareholder Hangzhou Liangliang had won honors such as an excellent export brand in Hangzhou. It enjoys a certain degree of popularity and reputation among exporters and lighting manufacturers in Hangzhou and Lin'an. Therefore, the trademark concerned can be considered to have a certain influence.

Ⅲ. Whether an affiliate enterprise exercise has the right to defend the prior use of a trademark

As China implements a trademark registration system, the subject scope of prior use of the trademark should be limited in order to protect the interests of trademark registrants. In general, users of previously unregistered trademarks should be limited to prior users and licensed users who have previously obtained trademark authorization. However, the business successor of the trademark prior user can also enjoy the right of prior use of the trademark. In this case, Anhui Liangliang and Hangzhou Liangliang are not a in a general trademark licensing relationship. Hangzhou Liangliang is one of the shareholders of Anhui Liangliang, and the legal representative of the two companies is the same person, who is a shareholder of the two companies. The two companies have an affiliation relationship, a licensing use relationship in terms of trademark, and a succession relationship in terms of related businesses. Therefore, Anhui Liangliang can be the subject of priority use defense.

Ⅳ. To determine the original scope of use of a trademark used previously

When defending the prior use of a trademark, the holder of the right to exclusively use the registered trademark has no right to preclude the use of prior users within their original scope of use. So, how to define the original scope of use? Since Article 59 Paragraph 3 of the *Trademark Law* does not provide for the connotation of the scope of use, the definition of the original scope of use is controversial in terms of whether it only covers the scope of goods, or needs to be extended to the geographic scope, scale of production and operation, and so on.

The basic function of a trademark is for identification. The provisions of the *Trademark Law* on the scope of use of registered trademarks, the definition of similar trademarks and similar products, and the judgment of the possibility of confusion are based on the identification function of trademarks. Therefore, to determine the scope of the goods used as the original scope of use is in line with the original intention of the *Trademark Law*. The *Trademark Law*'s provisions on the 3-year cancellation (where a registered trademark is not used without a valid reason for three consecutive years, any unit or individual may apply to the Trademark Office for the cancellation of the registered trademark), and the restrictions on the compensation for the losses incurred from infringement in respect of registered trademarks unused in three years indicate that the *Trademark Law* encourages the actual use of trademarks. Restricting the region or scale of use of unregistered trademarks is not conducive to promoting the use of trademarks, nor to protecting the goodwill carried by unregistered trademarks, and it will prevent prior users from surviving in the competitive market. At the same time, the development of e-commerce and the rise of online shopping have made the concept of regions increasingly unimportant and unclear, making it difficult to define regional space. Article 59 Paragraph 3 of the *Trademark Law* also specifies that users of previously unregistered trademarks may be required to add a distinctive mark. The purpose is to solve the problem of distinguishing the sources of goods, and the result is the coexistence of trademarks. Therefore, the original scope of use of the trademark used previously should be defined as the scope of use of the original goods. Since Anhui Liangliang's use of the trademark concerned was within the original scope of use of Hangzhou Liangliang's merchandise, it is determined that this act is using a trademark within the original scope of use and meets legal requirements.

In summary, Anhui Liangliang's defense was in compliance with the provisions of Article 59 Paragraph 3 of the *Trademark Law* of China, and the court supported its non-infringement defense.

(Writer: Yang Wei)

Professional Platform Operator Should Fulfill a Higher Duty of Care for the Information Published on the Platform

—Xiabu Xiabu Catering Management Co. , Ltd. v. Shanghai Fuwang Information Technology Co. , Ltd. in respect of infringement upon trademark rights

[**Summary**]

Operators of platforms that provide information storage space should fulfill the duty of care for the information posted by registered users on the platform. Compared with comprehensive information release platforms, operators of professional platforms should fulfill a higher duty of care as to whether the information on the platform is infringing. If according to the business model of the professional platform, the information released by network users on the platform is likely to infringe on the intellectual property rights of others, the platform operator shall conduct necessary review of the possible circumstances in which infringement may exist; otherwise it shall bear joint and several liabilities with the user who posted the infringing information.

[**Case Review**]

Plaintiff (Appellee): Xiabu Xiabu Catering Management Co. , Ltd.

Defendant (Appellant): Shanghai Fuwang Information Technology Co. , Ltd.

Cause of Action: Infringement upon trademark rights

First-instance Case No. : (2017) H0115 MC No. 7804

Second-instance Case No. : (2017) H73MZ No. 334

As a party not involved in the case, Xiabu Xiabu Catering Management (HK) Holdings Co. , Ltd. is the registrant of trademark No. 4762343 and trademark No. 4762344 , and they have been approved for use in services such as Class 43 restaurants and eateries. After valuation, the fair market value of the "Xiabu Xiabu" trademark was more than USD 52.76 million. The plaintiff has obtained the exclusive right to use the above trademarks with permission.

The plaintiff operated a hot pot restaurant chain in China, with an operating income of more than RMB 2.3 billion in 2015. The plaintiff has been awarded the "2013 Top 100 Chinese Catering Companies," "Top 30 Chinese Fast Food Companies in 2014," "Top Ten Hot Pot Brands in Chinese Catering Industry in 2015," "Top 10 Hot Pot Brands in China in 2015," "Top 50 Chinese Hot Pot Brands in 2016" and "2016 Beijing Top Ten Commercial Brand Gold Awards" and other awards.

The defendant was the operator of the worldwide franchise network (www.jiameng.com). This website provides various franchise information. According to the introduction of the website, it provides corporate encyclopedia services and brand promotion services to enterprises in various industries. Business users registering as members of this website can publish free publicity information and enjoy basic services; paying for VIP membership can enjoy comprehensive quality services; individual users registering as members can enjoy consulting, helping to contact companies, providing entrepreneurial advice and other services. The website focuses on the franchise field, with a total of 122,747 brands registered as members. It has gathered more than 300 well-known brands, helped more than 20 industries, and more than 5000 cooperative brands and enterprises achieve investment promotion services, and gathered more than 20 million high-quality investor databases, with nearly 700,000 visitors every day.

According to the plaintiff's notarization, when searching for "Xiabu Xiabu franchise" on Baidu, one of the search results was titled "Xiafu Xiabu hot pot franchise chain is attracting investment-global franchise network JiaMeng.com" and the link address was "www.jiameng.com/fengbzh/." Clicking to enter the "Xiafu Xiabu franchise" project homepage of the defendant's website, which lists the investment amount and industry of the project, and shows that there are "53,910" intended applications for franchise, "4590" applications for franchise, and "0" product reviews. The "Corporate Information" on the right side of the page shows that it is a joint-stock company with registered capital of RMB 30 million in Beijing, and its name is "Xiafu Xiabu Hot Pot." "Xiafu Xiabu" is used in many places on the webpage, such as "brand name Xiafu Xiabu," "Xiafu Xiabu brand display" and so on. The webpage also claims that "the advantages of the global franchise network" include franchise certification, big brand alliances, rapid response, reputation with tens of millions favorable reviews, and gold customer service; the five-step easy entrepreneurship introduced includes log-in, finding projects, message consultation, waiting for return visits, and successful cooperation, among which the "I want to consult" step shows "Get a quick response from the enterprise within 24 hours." Registers need to fill in the name, phone number, investment amount and other information and agree to the site's terms of service, which are stated in the terms of service that the website is only served as an information release platform.

To apply for registration as a user of the defendant's website, you need to fill in information such as member name, password, email address, mobile phone number, member type, and your industry. The background page of the defendant's website shows that the username of the publisher of the franchise information of "Xiafu Xiabu" is "fengbzh," with the brand name "Xiafu Xiabu," the name "Zhou Wei," the phone number is blank, and the registration date is March 12, 2012. The industry is "Catering-Hot Pot," the number of clicks shows "56901 - 1476 - 0 - 0," and the status is "reviewed." After the defendant deleted the franchise information, searching on the website's back end system using "Xiafu Xiabu" as a keyword, there is no results; searching for "Xiafu Xiabu" at the front end, and there is no such aforementioned franchise information, but only "Aixia Aixia" "Gangtie Xia" and other project information.

The plaintiff believes that the defendant used the franchise online in the name of the plaintiff, conducted restaurant franchise promotion to deceive the public, infringing upon the plaintiff's trademark right. Therefore, it filed a lawsuit and requested the defendant to stop the infringement immediately; eliminate the impact; compensate for its economic losses and reasonable expenses of RMB 1 million.

The defendant argued that: 1. Its website is a platform where franchise information is released, the project information involved was published by a registered user, and the use of "Xiafu Xiabu" was a non-trademark use. 2. The defendant fulfilled the duty of care with regard to the information involved in the case. It did not know and had no reasonable reason to know the existence of the webpage involved in the case. After the complaint, it deleted the information and its act did constitute infringement. It therefore requested to dismiss the plaintiff's claim.

[**Judgment**]

The Shanghai Pudong New Area People's Court found that: 1. The information of the "Xiafu Xiabu franchise" project on the defendant's website is of the catering industry category, which provides the same service as the restaurants and eateries of the plaintiff's approved trademark in the case. The word "Xiafu Xiabu" is prominently used, and it is only one Chinese character different from the Chinese part of the plaintiff's trademark, constituting a similar trademark. The publication of the above franchise information was not approved by the plaintiff, and it is an act of using a trademark similar to the plaintiff's trademark on the same service, which may easily cause confusion to the relevant public and constitute a trademark infringement. 2. Judging from the global franchise network's business model, the specific content of the franchise information webpage involved in the case, and the background information of the defendant's website, the franchise information about the case was released by the registered user of the defendant's website. 3. The defendant, as the operator of a professional franchise information release platform, should take necessary measures to moderately review the identity, brand ownership and authorization status of the publisher, and fulfill the duty of care more carefully than the operator of a general information release platform. However, in this case, the defendant did not conduct any review on whether the subject of the franchise information release involved in the case has a business license, or whether it is the owner or licensed user of the brand it published. Therefore, it can be seen that the defendant did not pay due attention to the infringement that may be caused by the franchise information. At the same time, the defendant not only provided a release platform for the franchise information involved in the case, but also provided certain promotion services, further helping the infringement. The plaintiff's registered trademark in the case is well known in the restaurant industry, especially the hot pot industry, and the "Xiafu Xiabu" brand released by the defendant's registered user is only one letter different from the plaintiff's registered trademark and belongs to the same category. Even if the defendant only conducted a formal review of the franchise information, it must have noticed the fact during the review process. However, the franchise information was reviewed and approved without further verification. Therefore, the defendant did not fulfill the duty of care that matched its business model, and its act was "Intentionally providing facilitation for infringement upon others' right to exclusively use a registered trademark or aiding others in committing infringement upon the right to exclusively use a registered trademark" as prescribed in Article 57, Item 6 of the *Trademark Law*. According to law, it shall bear the infringement responsibilities such as stopping infringement, compensating for losses, and eliminating effects. However, given that the alleged infringement has ceased, it is no longer necessary to decide to stop the infringement.

In summary, the Pudong New Area People's Court of Shanghai, in accordance with Article 15, Paragraph 1, Items 6 and 8, Paragraph 2 of the *Tort Law of the People's Republic of China*, Article 57, Item 6, Article 63, Paragraphs 1 and 3 of the *Trademark Law of the People's Republic of China*, Article 4, Article 9, Paragraph 2, Article 10, Article 16, Paragraphs 1 and 2, and Article 17, Paragraph 1 of the *Interpretation of the Supreme People's Court Concerning the Application of Laws in the Trial of Cases of Civil Disputes Arising from Trademarks* ruled that: 1. The defendant should compensate the plaintiff for economic losses and reasonable expenses incurred for stopping the infringement for RMB 100,000. 2. The defendant should publish a statement on the homepage of its website to eliminate the impact. 3. The other claims of the plaintiff were rejected.

After the first trial, the defendant Shanghai Fuwang Information Technology Co., Ltd. refused to accept the judgement and appealed.

After the trial, the Shanghai Intellectual Property Court held that the facts found in the first instance judgement were clear, the laws applied were correct, the trial procedure was legal, and the judgment was appropriate. The court dismissed the appeal and maintained the original judgment.

[Case Study]

The professional platform provides a platform for both supply and demand parties to obtain information, exchanges and transactions. When the information on the platform is suspected of infringement, whether the platform operator should bear responsibility and what kind of responsibility should be determined with the platform's business model.

Ⅰ. Determination of platform business model

According to the subject of the information released, there are two types of business models for professional platforms. Platform operators in different models bear different responsibilities for the information that is suspected of infringement. One is a content provision model in which the platform operator releases information, and the platform operator directly bears responsibility for the infringing platform information; the other is a storage space model in which the registered users of the platform release information, and the information publisher bears direct responsibility, and the platform operator shall assume joint and several liabilities with the information publisher only if it knows or should have known that the information infringement but still provides storage space services. The determination of the professional platform service model should be based on the characteristics of the accused information release page, combined with the introduction of the website, background information, etc. to make a comprehensive decision.

In this case, the plaintiff believed that the accused information was released directly by the defendant, while the defendant argued that the information was published by a registered user of its website. The court held that the business model of the defendant's website should be comprehensively identified in accordance with the website introduction, the specific content of the accused page, and the background information. According to the introduction of the defendant's website, it provides a platform for corporate users to publish franchise information and corresponding value-added services. The accused page also contains company information about the franchise information, and indicates that users who have franchise intent can contact the operator. From the above, it can be preliminarily determined that the defendant provided an information release platform. According to the background information provided by the defendant, the content of the franchise information contained in it is consistent with the information of the accused web page, and the user name of the publisher is the same as the path in the link address of the accused information web page. Taking into account the above facts, the court determined that the publisher of the franchise information involved in the case was the registered user of the defendant's website and not the defendant.

Ⅱ. The act of users releasing franchise information on the defendant's platform constitutes trademark infringement

In this case, the franchise information of the alleged infringement was released by the registered user of the defendant's website, and the user was the direct implementer of the alleged infringement. The defendant's website, as a platform for providing information storage space, did not directly conduct the act controlled by the exclusive right to use the registered trademark. Whether its act constituted trademark infringement should be judged from the perspective of indirect infringement.

Indirect infringement is a concept relative to direct infringement. It refers to the fact that the actor has not directly performed the act controlled by the exclusive right of intellectual property, but because there is a specific relationship between the act and the direct infringement of others (such as to inducing others to commit direct infringement, or providing substantial assistance to direct infringement, etc.), the law also stipulates this act as intellectual property infringement, thereby providing an outspread or extended protection for intellectual property. With the complexity and refinement of the social division of labor, intellectual property infringement acts have also become more and more complicated, often done with the help or participation of a third party, rather than by the infringer itself, and there has been a shift from centralization and specialization to decentralization and amateurism, leading to the direct infringer being more concealed and scattered. It is not only time-consuming and laborsome for the right holder to pursue the responsibility of the direct infringer, but also difficult to obtain full compensation, and it may even be impossible to obtain relief because of the difficult to determine the identity of the infringer. Bringing indirect infringers that meet certain conditions into the scope of the regulation of intellectual property infringement can more effectively and powerfully protect the legitimate rights and interests of right holders. The indirect infringement of a trademark is stipulated in Article 57, Item 6 of the *Trademark Law*.

Generally speaking, it is more appropriate to sue the direct infringer and the indirect infringer as co-defendants for the purpose of fully clarifying the facts and thoroughly resolving the dispute. However, in the case of platform indirect infringement, as the direct infringer is often scattered and the mobility, it is even difficult to determine the identity of the direct infringer. If the right holder is required to sue the direct and indirect infringers as joint defendants, the damage cannot be stopped in time and the consequences would continue to expand. As a result, the right holder will continue to suffer losses. However, the indirect infringer is relatively fixed and easy to determine, so the right holder often sues the indirect infringer separately as the defendant. The direct infringer and the indirect infringer shall bear joint and several liabilities. According to the provisions of Article 13 of the *Tort Law*, "Where the joint and several liabilities shall be assumed by the tortfeasors according to law, the victim of torts shall be entitled to require some or all of the tortfeasors to assume the liability." Therefore, the right holder can only sue the indirect infringer and claim it to take responsibility, which is not in violation of the corresponding substantive or procedural law. When the direct infringer's failure to participate in the lawsuit does not affect the trial of the case, the court can directly review whether the indirect infringement is established. Otherwise, it is necessary to add the direct infringer as a third party or the co-defendant according to the plaintiff's application.

In this case, the plaintiff, as the right holder of the trademark involved in the case, knew best whether the trademark involved in the case has been licensed for use by others. During the trial, it clearly stated that the trademark involved in the case was never licensed to any natural person, nor did it authorize others to publish franchise information on the defendant's website. The accused infringing trademark is not exactly the same as the plaintiff's trademark and is obviously not used with the permission of the plaintiff. Therefore, even if the direct infringer did not participate in the lawsuit, the existing evidence is sufficient to conclude that the franchise information involved in the case was released without the plaintiff's permission.

Ⅲ. Professional platform operators should fulfill a higher duty of care

The defendant, as a network service provider, is subject to liability if there is subjective fault. As provided in the *Tort Law*, Article 36, Item 3, "Where a network service provider knows that a network user is infringing upon a civil right or interest of another person through its network services, and fails to take necessary measures, it shall be jointly and severally liable for any additional harm with the network user," which includes the defendant's "full awareness" and "the fact should have known."

In this case, considering the situation, the defendant's review of the information on its website clearly did not match its business model as the professional platform for the release of franchise information. (1) The defendant's website is a release platform for professional information such as brand franchise information (that is, the franchisor with a registered trademark and other operating resources issues an offer to an unspecified public to allow them to use the above operating resources), so the information publisher should be the owner of the brand concerned or with the permission of the right holder, otherwise it is very likely to infringe on the legitimate rights and interests of others. The above characteristics of the franchise information release platform determine that, compared to the comprehensive information release platform, the defendant should fulfill a higher duty of care. It should review the information by asking franchise information publishers to provide the necessary rights documents, etc., but defendant apparently did not fulfill the duty of care. (2) The plaintiff's registered trademark is well-known in the catering industry, especially the hot pot industry, and the defendant should bear a higher duty of care for this fact.

Even if the defendant argued that it only conducted a formal review, the fact of the infringement can be noticed. However, the defendant approved the information release without further verification, and it obviously did not fulfill due duty of care. (3) According to the contents of the franchise information's detail page, the defendant not only provided a release platform, but also provided investment invitation services, franchise certification, and prime customer service for the franchise information concerned according to user's needs. When the relevant public sees the above content, they will think that the infringement information involved in the case has been certified by the defendant. From this perspective, the defendant should also assume a higher duty of care. In summary, the court found that the defendant failed to take necessary measures to prevent the release of the alleged infringement information, knowing that the registered user involved in the case used its website to publish the alleged infringement information, and its act constituted the trademark infringement stipulated in the Article 57 Item 6 of the *Trademark Law* and shall bear joint and several liabilities with the user who posted the infringing information.

(Writer: Ye Jufen)

Registrant Has No Right to Use A Trademark Registered in Bad Faith at the Inception

—Wuxi Jimin Kexin Shanhe Pharmaceutical Co. , Ltd. v. Nanjing Yihua Pharmaceutical Co. , Ltd. in respect of infringement upon trademark rights

[**Summary**]

The applicant of a trademark registered in bad faith shall not have any protected reliance interest through the registration approved by the Trademark Office of China National Intellectual Property Administration (Trademark Office) and the Trademark Review and Adjudication Board (TRAB). Regarding the mark applied for registration, it shall be deemed that the applicant does not enjoy the exclusive right to use it at the inception, and the legal liability for the infringement shall not be waived. Although there is a difference in determining the possibility of confusion between administrative cases involving trademark authorization & confirmation and civil tort proceedings, the ruling standards are the same, and no contradictory conclusions will arise due to the addition of actual use factors. The application of discretionary compensation for damages in judicial practice is the result of a multi-dimensional investigation, the purpose of which is to provide the right holder with appropriate judicial remedies, and impose punishment on the infringer.

[**Case Review**]

Plaintiff (Appellee): Wuxi Jimin Kexin Shanhe Pharmaceutical Co. , Ltd (Jimin)

Defendant (Appellant): Nanjing Yihua Pharmaceutical Co. , Ltd. (Yihua),

Cause of Action: Infringement upon trademark rights

First-instance Case No. : Xuhui District People's Court of Shanghai (2015)

XMS (Z) CZ No. 1321

Second-instance Case No.: Shanghai Intellectual Property Court (2017) H73MZ No. 299

Jimin and Yihua are two antibiotic pharmaceutical manufacturers located in the same province. On September 28, 1998, the Trademark Office of China National Intellectual Property Administration approved the registration of the registered trademark No. 1210286 "悉能" (hereinafter referred to as the proprietary trademark), intended to be used for Class 5 chemical & pharmaceutical preparations. Upon renewal, the trademark remained valid until September 27, 2028, and the register changed to Jimin with the approval of the Trademark Office.

Yihua filed an application to the Trademark Office for registration of the alleged infringing mark No. 4074308 "希 能" on May 20, 2004, (the alleged infringing mark) intended to be used for Class 5 pharmaceutical preparations, medicines for human purposes, injection, troche and aqua, etc. During the statutory opposition period, Jimin raised opposition by referring to the proprietary trademark. On July 21, 2010, the Trademark Office rejected the registration of the alleged infringing mark. Then, Yihua applied to TRAB for reexamination. In the "Application for Reexamination of Trademark Opposition," Yihua argued that "the trademark '希能' was approved for Yihua's two key products...Yihua applied for the registration of '希能' trademark on May 20, 2004, and has been using it for its major products, cefprozil tablets and cefprozil for suspension, since December 2004... Following the cefprozil products of foreign-owned company, Sino-American Shanghai Squibb Pharmaceuticals Ltd, Yihua's cefprozil tablets and cefprozil for suspension become the first listed products in China...Yihua's cefprozil products are highly recognized in the domestic market with the highest market share. The sales revenue exceeded RMB 100 million in 2009..." After reexamination, TRAB decided to approve the registration of the alleged infringing mark on December 22, 2011, which was published in No. 1313 Announcement of Decision on Reexamination of Trademark Opposition issued by the Trademark Office on May 27, 2012. In addition, the Trademark Office issued a notice to Yihua on April 26, 2012 to receive a trademark registration certificate. Yihua then received the registered trademark certificate of the alleged infringing mark.

Jim in brought an administrative action against the decision by TRAB. The court of first instance, Beijing No. 1 Intermediate People's Court, made (2012) YZZXCZ No. 1679 Administrative Judgment on December 13, 2012, whereas the court of second instance, Beijing High People's Court, made (2013) GXZZ No. 561 Administrative Judgment on April 12, 2013, both of which sustained the decision of TRAB on approving the registration of the alleged infringing mark. Still dissatisfied, Jimin applied to the Supreme People's Court (SPC) for reexamination. On December 26, 2014, the SPC made (2014) ZXZ No. 47 Administrative Ruling to retry the case and suspend the enforcement of original judgment. Yihua received the foregoing administrative ruling on January 4, 2015.

After the trial, the SPC held that the alleged infringing mark was designated for Class 5 pharmaceutical preparations, medicines for human purposes, injection, troche and aqua, etc., while the proprietary trademark was approved to be used for Class 5 chemical & pharmaceutical preparations. All of the above-mentioned goods are drugs used for disease prevention, diagnosis and treatment. Therefore, the relevant public shall include medical staff, pharmaceutical personnel and patients who may or are actually using the aforementioned drugs for disease prevention, diagnosis and treatment, as well as relevant people who operate and sell those drugs. Both the alleged infringing mark and the proprietary trademark are used for pharmaceutical preparations, whose categories are highly overlapped and which, therefore, can be deemed as identical or similar goods. The alleged infringing mark and the proprietary trademark contain the same Chinese character "能," and they have the same pronunciation. The way and style of using words are so similar that it is difficult for the relevant public to distinguish the source of goods through trademarks with general attention; they are likely to cause confusion. Therefore, the alleged infringing mark and the proprietary trademark constitute similar trademarks stipulated in Article 28 of the *Trademark Law of the People's Republic of China* (the *Trademark Law*), which shall not be approved for registration according to law. TRAB had a narrow understanding of the scope of relevant public and there is insufficient factual and legal basis for TRAB to determine that the relevant public have good discrimination ability and relevant consumers will buy the drugs under the instructions of professional doctors or pharmacy salespersons so that they will not have confusion about the alleged infringing mark. The alleged infringing mark and the proprietary trademark are not merely targeted at prescription drugs, so, it cannot be concluded that the alleged infringing mark will not cause confusion just because of the strict management of prescription drugs. To sum up, the SPC made (2015) XTZ No. 9 Administrative Judgment on July 1, 2015 to: (i) rescind (2013) GXZZ No. 561 Administrative Judgment of Beijing High People's Court and (2012) YZZCCZ No. 1679

Administrative Judgment of Beijing No. 1 Intermediate People's Court; (ii) rescind TRAB No. 34479 (2011) *Decision on Reexamination of Opposition to No.* 4074308 *Trademark* "希能"; and (ii) order TRAB to made a new decision. The SPC served the judgement to Yihua on October 14, 2015.

On October 28, 2015, TRAB rejected the registration of the alleged infringing mark by making No. 0000001223*Decision on Reexamination of Opposition to No.* 4074308 *Trademark* "希能".

On March 20, 2016, the Trademark Office issued No. 1496 Trademark Invalidation Announcement. The alleged infringing mark (registration No./application No.: 4074308; registrant/applicant: Yihua) was included. No. 1471 Trademark Registration Announcement (Ⅱ) and No. 4074308 Trademark Registration Certificate were announced to be invalid.

On May 23, 2016, Jimin designated a person to buy two boxes of cefprozil for suspension from Xiancaotang Pharmacy (Panxu Road Store) in Suzhou City. After examination, each box had the full name of Yihua and the alleged infringing mark printed on the outer packaging, and was produced on July 22, 2015. On the same day, Jimin bought two boxes of cefprozil for suspension from Bibo Pharmacy at No. 113 Bibo Street, Suzhou City. After examination, each box had the full name of Yihua and the alleged infringing mark printed on the outer packaging, and was produced on October 14, 2015. In addition, Jimin also obtained cefprozil for suspension and cefprozil tablets with the alleged infringing mark on the outer packaging through purchase or medical treatment from multiple pharmacies or hospitals in Shijiazhuang City in Hebei Province, Nanjing City in Jiangsu Province, Fuzhou City in Fujian Province and Taiyuan City in Shanxi Province, all of which bore the alleged infringing mark on the outer packaging and were produced by Yihua.

On June 15, 2004, Yihua filed an application to the Trademark Office for registration of the word mark"倍芬" intended to be used for Class 5 pharmaceutical preparations, medicines for human purposes. During the statutory opposition period, Lunan Pharmaceutical Group Corporation, a company not involved in the case, raised an opposition on the ground that "倍芬" trademark was similar to its No. 1652536 word mark "贝分." The dispute went through a TRAB review ruling until the second instance judgment of the Beijing High People's Court, which all concluded that the registration should not be approved. In addition, the alleged infringing mark was identified as a "Newly Recognized Nanjing Famous Trademark in 2015" by the Nanjing Administration for Industry and Commerce. On the application of Jimin, the court of first instance ordered Yihua to provide the production and sales information of the drugs involved as well as relevant account books and records, which, however, was explicitly refused by Yihua due to business secrets..

According to the plaintiff Jimin: in the case of not being approved for registration, Yihua has applied the alleged infringing mark on the drugs in the production on a large scale since December 2004. The production of the drugs involved in the case is huge and the sales scope covers all parts of the country. In particular, the series of acts such as malicious infringement, repeated infringement, and large-scale infringement have caused serious damage to Jimin. The compensation amount should be determined over the statutory upper limit. Jimin requested the court to rule on Yihua to stop the infringement, eliminate the impact and compensate for its economic loss of RMB 6 million.

The defendant Yihua argued that the alleged infringing mark is a trademark that it applied for and registered with the Trademark Office's approval. Even if the court finds that the proprietary trademark does have a conflict with the alleged infringing mark, the case is still a dispute between registered trademarks and is not within the scope of the cases handled by the people's court. The proprietary trademark held by Jimin is mainly used in etimic in sulfate injections, while Yihua uses the alleged infringing mark on two types of internal medicines that are not injections. The above medicines are to be obtained by a doctor's prescription, so in the actual situation, there will not be any confusion or misidentification between Yihua's products and Jimin's products bearing the proprietary trademark. Based on the principles of publicity and public trust in the trademark registration system, and the principle of non-retroactivity of law in judicial rules, from the Beijing High People's Court's second-instance judgment to maintain TRAB's decision to approve the registration of the alleged infringing mark, to the SPC's retrial judgment, Yihua used the alleged infringing lawfully and properly on the premise of enjoying the exclusive right to use the registered trademark, which does not constitute infringement, and Yihua should not bear any liability for infringement, including financial compensation. Therefore, Yihua requested the court to dismiss all the claims.

[Judgment]

After trial, the Xuhui District People's Court of Shanghai held that the judgement of the SPC should be final. In view of the fact that the judgment explicitly revokes the reexamination ruling granted by TRAB to approve the registration of the alleged infringing mark, the alleged infringing mark shall be deemed to have not been registered so far, and Yihua has no exclusive right to use the registered trademark from the beginning. In view of the fact that Yihua has used the alleged infringing mark on the drugs involved in the case, which is enough to cause misunderstanding and confusion among the relevant public, the act of Yihua has constituted an infringement upon Jimin's exclusive right to use the registered proprietary trademark. Considering the case comprehensively, although Jimin cannot prove the exact amount of the loss of it as the right holder or the illegal profits of the infringer derived from infringement, the existing evidence can prove that the amount is obviously greater than the upper limit of statutory compensation. The court should apply the discretionary compensation for damages and determine the amount of compensation over the statutory upper limit. Pursuant to Article 2 and Paragraph 1 Items 1, 6 and 8 and Paragraph 2 of Article 15 of the *Tort Law of the People's Republic of China*, Paragraph 1 of Article 36, Item 2 of Article 57 and Paragraph 2 of Article 63 of the *Trademark Law of the People's Republic of China*, Article 9, Paragraph 2 of Article 16, Paragraph 1 of Article 17 and Article 18 of *Interpretation of the Supreme People's Court Concerning the Application of Laws in the First-instance Trial of Cases of Civil Disputes Arising from Trademarks*, as well as Article 9 of *Interpretation of the Supreme People's Court on Issues Concerning the Jurisdiction over Trademark Cases and Application of Law after the Entry into Force of the Decision on Amending the Trademark Law*, the Xuhui District People's Court of Shanghai decided as follows: (1) Yihua shall cease infringing upon Jimin's exclusive right to use No. 1210286 registered trademark "悉能"; (2) Yihua shall compensate for Jimin's economic losses and reasonable expenses totaling RMB 5,500,000; (3) Yihua shall published a statement on *China Intellectual Property News* to eliminate the ill effects caused by infringing upon the exclusive right to use No. 1210286 registered trademark "悉能".

After the judgement was pronounced, Yihua appealed against the first-instance judgment. The Shanghai Intellectual Property Court held that, if a registered trademark is revoked or declared invalid, there is no retroactive effect in principle on the use of trademark by the trademark registrant before the revocation or invalidation. However, the trademark registrant shall compensate others for losses caused by its bad faith. The defendant used a mark similar to the proprietary trademark on the same products, which showed its subjective bad faith and was objectively liable to cause confusion, and constituted an infringement upon the proprietary trademark. Therefore, the appeal was dismissed and the original judgment was upheld.

[Case Study]

This case seems to be an extension of the administrative dispute over trademark authorization in the field of civil infringement, but the administrative and civil legal relations interspersed with each other, and the disputes involved are complicated and difficult to sort out. During the trial, the court of first instance took Yihua's actions as the start point for investigation, with the overall grasp from the macro perspective, focused on comprehensive investigation, simplified many complicated disputes, and sorted out bottom line in the trial, that is, "the alleged infringing mark was registered in bad faith." The problems such as determining the nature of the acts and the damages are solved one by one.

Ⅰ. Yihua registered the alleged infringing mark in bad faith

It is true that considering the absolute dominance attribute of the exclusive right to use a registered trademark, bad faith is not an indispensable element of trademark infringement. However, when the perpetrator invokes the exclusive right to use the registered trademark for justification defense, it is necessary to study the whole process of the alleged infringing mark from application for registration to its actual use and explore the subjective motivation of the perpetrator, so as to make a systematic and comprehensive judgment on the alleged infringing act. This case is an example. Yihua had bad faith from the beginning of the application for registration of the alleged infringing mark. Reasons are as follows. First of all, it is well known that pharmaceutical preparations, as important social products related to the national economy and people's livelihood, need to go through strict administrative examination, approval and supervision from R&D, production to approval for sales. High access threshold has limited the number of operators while some indications are obviously overlapped, making the market scope of antibiotic drugs with similar curative effect even narrower. Both Jimin and Yihua are pharmaceutical enterprises with a certain scale in Jiangsu Province. It is less likely that Yihua, the applicant of the alleged infringing mark, did not know Jimin who was established earlier in the same region, and much less likely that Yihua did not know Jimin's products that bear the proprietary trademark registered earlier and the etimic in sulfate injections whose indications and clinical effects were partly similar to the drugs involved. Secondly, taking into account the dispute over "倍芬" trademark, which was applied for at the same time as the alleged infringing mark and has the same pronunciation but different words with the registered trademark of Lunan Pharmaceutical Group Corporation, a company not involved in the case, it cannot be a coincidence that the alleged infringing mark was similar to the proprietary trademark. Hence, the court of first instance has reasons to believe that Yihua had applied for the registration of the alleged infringing mark in bad faith in order to mislead the relevant public and attract relevant trading opportunities.

Ⅱ. The registranthas no exclusive right to use the alleged infringing mark from the beginning, and this case is not a dispute between registered trademarks

According to the *Trademark Law*, where, upon the expiry of the statutory time limit, a party concerned fails to apply for reexamination of the decision on rejection of a registration application or decision on denial of registration made by the trademark office, or fails to bring a lawsuit to the people's court against the decision of reexamination made by the trademark review and adjudication board, the decision on rejection of a registration application, the decision on denial of registration or the decision of reexamination shall become effective. According to this provision, the decision of reexamination made by TRAB is not final unless the party concerned fails to bring an administrative lawsuit within the statutory time limit. If the party concerned brings an administrative lawsuit, the effectiveness of the decision of reexamination shall be subject to the final administrative decision made by the people's court. In this case, since Yihua filed an application for registration, Jimin had raised opposition within the statutory opposition period of the publication of preliminary approval notice by taking the proprietary trademark as the reference trademark. After preliminary ruling, reexamination, first-instance and second-instance proceedings, this dispute ended with SPC's judicial review of TRAB's decision on reexamination of opposition. SPC rescinded the administrative decision on approving the application of the alleged infringing mark as well as the first-instance and second-instance administrative judgments, and ordered TRAB to make a new decision on the registration of the alleged infringing mark. This indicated that SPC's judgment after direct retrial shall be final. Given that TRAB's decision on approving the registration of the alleged infringing mark was rescinded explicitly, the alleged infringing mark shall be deemed to have been disapproved for registration so far and there is no exclusive right to use the registered trademark from the beginning. Therefore, the dispute involved in the case was not a registered trademark dispute and the court shall have the right to adjudicate the dispute according to law.

Yihua also argued that it has the exclusive right to register and use the alleged infringing mark from the second instance judgment of the Beijing High People's Court to the trial decision of the SPC. The author believes that this case can be tried by referring to the legal consequences of the invalidation of a registered trademark, with the natural interpretation method adopted, and explained by analogy. According to Article 47 of the *Trademark Law*, "The Trademark Office shall publish registered trademarks declared to be invalid, and the right to exclusively use such a registered trademark shall be deemed void at the inception." Compared to a void trademark registration that has gone through all the registration procedures and the applicant has no subjective fault, in the case where the registration is done in bad faith at the inception, and the final approval of the registration has not been obtained, it can also be concluded that Yihua has no exclusive right to use the registered trademark from the beginning.

During the trial, some believe that the decision of the Trademark Office or TRAB on granting trademark registration has certain credibility to the public, including the trademark owner, and that the use, license, transfer or protection of the trademark by relying on this decision should be protected. Yihua's use of the alleged infringing mark after approval of registration should also be exempted from infringement. The author believes that it is undeniable that the reliance interest arising from the administrative agency's inability to change or abolish administrative decisions at will exist both in the public of the third party and in the administrative counterpart. However, the premise of the administrative counterpart to generate reliance interest is to always act in good faith in the process of participating in administrative actions, and has no unjustifiable motive subjectively such as bad faith and fraud. As mentioned before, since the application for registration of the alleged infringing mark, Yihua's subjective intentions are difficult to characterize as "goodwill." Therefore, no matter what conclusions the Trademark Office or TRAB makes regarding the alleged infringing mark, Yihua cannot enjoy any "reliance interest."

Ⅲ. Get rid of the misunderstanding of "different judgment standards for confusion and misidentification" in cases involving administrative and civil affairs from the conclusion of the SPC's retrial judgement

Yihua put forward a defense that "the antibiotics are to be obtained by a doctor's prescription, so in the actual situation, there will not be any confusion or misidentification between Yihua's products and Jimin's products bearing the proprietary trademark." During the second instance, there are also opinions that there is a difference in the determination of the possibility of confusion between administrative cases involving trademark authorization & confirmation and civil tort proceedings, that is, the criteria for determining the possibility of confusion in administrative cases involving trademark authorization and confirmation must be stricter than in civil tort proceedings, and that the judgment of the administrative case retried by the SPC cannot be directly applied to this case. It is difficult for the author to agree with this. First, the normative expressions and determination standards of the possibility of confusion in the *Trademark Law* are the same, and there are no double standards that apply differently due to the differences between administrative review and civil judgement. Second, the investigation of similarity of goods and services in administrative cases involving trademark confirmation and authorization often draws conclusions by performing a virtual comparison of each content of the goods or services to be verified with the existing or reference trademarks, that is, without considering the case that the proposed registered trademark may get a free ride on other's goodwill, simulating the actual state of its use on the verified goods or services, and examining the degree of confusion between the above-mentioned trademark and the existing or reference trademarks as the actual basis for judgment. Finally, the determination of whether confusion is existed is a legal possibility, rather than the necessity requiring objective justification. To deliberately highlight the specificity of the actual infringement in civil tort proceedings and artificially lower the determination standard for the possibility of confusion, is taking a part for the whole, and lacking basic logical support and legal basis. Therefore, the SPC's determination of the possibility of confusion regarding the alleged infringing mark can be directly applied to this case as the main basis for determining infringement.

Ⅳ. Practical application of discretionary compensation for damages over the statutory upper limit

The amount of damages for infringement shall be determined based on the market value of the proprietary trademark with full consideration of all factors concerning the infringer and the infringing act in the context of market competition. By providing proper judicial remedies to the right holder and imposing punishment on the infringer, infringing acts can be contained and market competition can be regulated ultimately.

Just as the SPC emphasized in its *Opinions on Several Issues concerning Intellectual Property Trials Serving the Overall Objective under the Current Economic Situation*, "we shall enhance the amount of damages, intensify the punishment and deterrence, reduce the cost of rights protection while increase the cost of infringement." When it is difficult to prove the losses suffered or profits earned as a result of the infringement, but pieces of evidence show that the above amount is obviously higher than the maximum statutory damages, the amount of damages shall be determined reasonably above the maximum statutory damages based on all evidences in the case.

The court of first instance applied the discretionary compensation for damages over the statutory upper limit by considering the comprehensive elements of the whole case. The specific reasons are: First, Yihua, with bad faith in the application of registration, was eager to declare the alleged infringing mark and used it on the drugs though the registration had not been approved; when Jimin raised opposition with reference to the proprietary trademark, in which case it should be clearly aware of the legal dispute between the alleged infringing mark and the proprietary trademark, Yihua did not take appropriate measures such as suspending the production of infringing drugs, changing packaging or attaching distinctive marks, to avoid further expanding of the infringement, but instead continued to produce the infringing drugs on large scale for the sake of profits; in particular, after receiving (2014) ZXZ No. 47 Administrative Ruling of the SPC that requires suspension of enforcement of the original judgment, Yihua continued such infringing act, showing its bad faith obviously. Second, Yihua's infringement lasted for more than ten years. The impact of infringement is huge because of Yihua's considerable production and R&D scale, and good marketing channels. In this case, the alleged infringing mark, as the main trademark of Yihua, was rated as a famous trademark in Nanjing in 2015, while the drugs involved, as essential drugs, were selected for centralized procurement projects of provincial governments many times. Physical goods submitted by Jimin further proved that the drugs involved were sold nationwide without obvious geographical restrictions. Yihua described the infringing drug as "two key products" in its advertisements and statements and the alleged infringing mark as its "main trademark." Therefore, the above circumstances can be taken as an important consideration for determining the amount of compensation. Besides, Jimin has tried its best to provide all kinds of evidence. Given that Yihua explicitly refused to provide the account books and sales records of infringing drugs, which was regarded to constitute an obstruction in proof, the court of first instance determined the amount of compensation based on Jimin's claim, Jimin's profit margin and sales of products bearing the proprietary trademark comprehensively. In summary, the above infringement can prove that Yihua's illegal profits derived from using the alleged infringing mark obviously exceeded the upper limit of statutory compensation, and the compensation amount in this case should be above RMB 3 million.

(Writer: Yu Shi)

Determining the Protection Boundary of Nominative Fair Use of Trademarks

—Disputes over the “乐高”/“LEGO” trademark infringement and unfair competition

[Summary]

In the case where the defendant was authorized to sell products, it used a series of educational service trademarks with high reputation in the store layout, curriculum setting, website construction, and marketing promotion. It maliciously attached itself to the popularity and good will of the cited trademarks to easily arouse confusion and mistake among the relevant public, which seriously harmed the rights and interests of the right holder and constituted infringement. The judgment in this case defined the boundaries of the nominative fair use of trademarks, protected the legitimate rights and interests of the trademark owner, and maintained market competition order.

[Case Review]

Plaintiff: LEGO Juris A/S

Defendant: Shanghai Tonghui Culture Communication Co., Ltd.

Cause of Action: Disputes over infringement of trademark rights and unfair competition

First-instance Case No.: (2017) H0107MC No. 1408

The LEGO group is a world-renowned enterprise specialized in the design, manufacture and sale of toys such as plastic building blocks. At the same time, it also provides challenging, fun and operable learning tools and teaching solutions worldwide, and has more than 20 LEGO education centers in China. The plaintiff is a company of the LEGO group, owns the registered trademarks including No. 4112294 “LEGO and Picture” ( ), No. 10176417 “LEGO,” No. 4112293 “乐高,”

No. 10176169 "乐高" and No. 10461980 three-dimensional trademark ( ) in the 41st category of "education, training, cultural and sports activities, schools (education), learning centers (education) and kindergartens, etc." services, and it is also the owner of the domain names of lego. com and lego. com. cn.

After investigation, it was found that the defendant operates two activity centers in Shanghai and uses the LEGO trademarks involved without authorization in its business activities and promotion, mainly on the shopsigns inside and outside the office building, the reception, in-store posters, leaflets, course price lists, store decoration, business cards, center introduction, invoice receipts, Weibo, WeChat public account, etc., which has aroused confusion and misidentification among consumers.

The defendant operates www. legosh. com as its official website to provide services. In addition to using "lego Shanghai (sh)" directly in the domain name, the defendant also uses a large number of LEGO trademarks in the page design, promotion and articles of the website. In addition, the defendant claims to be the "LEGO education" centers and uses the unique decoration style and teaching materials of LEGO education, as well as a lot of information related to LEGO education, the LEGO group and other information in its promotion activities. The plaintiff believed that the defendant's act on the business premises constitutes trademark infringement, that its use of related domain name constitutes domain name infringement and unfair competition, and that its false promotion in business activities is misleading advertising. The plaintiff also believed that the use of the "LEGO education" by the defendant constituted an infringement of the unique name of notified product owned by the plaintiff. Therefore, the plaintiff sued to the court, demanding the defendant to stop the infringement immediately, cancel the relevant domain name and compensate for its loss of RMB 1 million.

The defendant argued that it is authorized by a third party to engage in the sales of LEGO brand products and to provide after-sales use guidance and related service. The use of the LEGO trademark does not exceed the scope of authorization and did not constitute trademark infringement; it is not the registrant of the domain name legosh. com and has no knowledge of the specific use of the domain name; the defendant's act is similar to after-sales service, and its promotion does not constitute misleading advertising; in addition, the plaintiff has not registered a trademark for the "LEGO education" and the name does not have wide popularity and market share so that it does not constitute the unique name of a well-known product.

[Judgment]

The Putuo District People's Court of Shanghai sorted out and classified the defendant's use of relevant signs in the business premises, and analyzed from the perspective of whether it constitutes use of trademark and the possibility of public confusion, and strictly grasped the various constituent elements of trademark infringement. The court of first instance found that the defendant's use in its shop decoration, promotional materials, course price list, official website, etc. constituted trademark infringement. With respect to the defendant's argument that it had the right to use the trademark under the authorization it had got for the sale of the LEGO toys, the court of first instance held that the use by the defendant had exceeded the scope necessary for the sale of the goods and it failed to attach other identifiers to distinguish the source of the service as it used the Trademarks at dispute, which was enough to cause confusion among the public.

With respect to the defendant's argument, the court of first instance considered based on Article 52 (5) of the *Trademark Law* and the judicial interpretation of the requirements for domain name infringement, ruling that the domain name at dispute registered by the defendant constitutes infringement of the "LEGO" trademark of the plaintiff. Besides, the defendant's domain name is similar to the main body of the plaintiff's domain name "lego," which is enough to cause misunderstanding and thus constituted unfair competition.

At the same time, the defendant tried to establish a connection with the plaintiff in its promotion so as to obtain the relevant competitive advantage, which constitutes misleading advertising.

According to Article 2, Paragraph 1 (a), (f), and Paragraph 2 of Article 15 of the *Tort Law of the People's Republic of China*, Article 48, Article 57 (1), (2), Paragraph 1 and Paragraph 3 of Article 63 of the *Trademark Law of the People's Republic of China*, Article 2, Paragraph 1 (a), (c) of Article 6 and Paragraph 1 of Article 8 of the *Anti-Unfair Competition Law of the People's Republic of China*, Article 9, Article 10, Paragraph 2 of Article 16, Paragraphl of Article 17 of the *Interpretation of the Supreme People's Court Concerning the Application of Laws in the Trial of Cases of Civil Disputes Arising from Trademarks*, Paragraph 1 of Article 1, Paragraph 1 of Article 2 and Paragraph 2 of Article 4 of the *Interpretation of the Supreme People's Court on Some Issues Concerning the Application of Law in the Trial of Civil Cases Involving Unfair Competition*, Article 4, Paragraph 1 of Article 7, and Article 8 of the *Interpretation of the Supreme People's Court on Application of Laws in the Trial of Civil Disputes Over Domain Names of Computer Network*, and Article 2 of the *Some Provisions of the Supreme People's Court on Evidence in Civil Procedures*, the Shanghai Putuo Court ruled that the defendant shall immediately stop the infringement and cancel the domain name of www. legosh. com, and compensate the plaintiff for economic losses and reasonable expenses totaling RMB 500, 000.

After the judgment of the first instance, neither party appealed.

[**Case Study**]

Ⅰ. Determining the boundary of nominative fair use of trademarks

In this case, in response to the plaintiff's claim of trademark infringement, the defendant believes that it has obtained the qualification to engage in the sale of LEGO brand products through the authorization of a third party, and is also entitled to conduct after-sale use guidance and related work. Its act of opening an activity center and providing related courses is within the scope of authorization of after-sales service and does not constitute trademark infringement. Therefore, judging the boundary between the authorized scope of the defendant and the defendant's actual act becomes the focus of the trial of this case.

Generally speaking, when certain conditions are met, using the trademarks of others in good faith and reasonably in business activities, and objectively explaining the use, scope and other characteristics ofthe user's own goods or services, constitute the nominal fair use of trademarks, and are within the scope of fair use of trademarks. However, the essence of the nominative fair use of trademarks is to satisfy the operator's need to convey real marketing information to consumers, and it should not affect the goodwill carried by the trademark and its function of indicating the source of goods or services. Although the *Trademark Law* does not clearly stipulate nominative fair use, in judicial practice, when determining the boundary of the nominative fair use of trademarks, the court usually considers the user's intention to use, using method, using result, and other multiple factors including the necessity for use, the appropriateness of the use limit, and the possibility of causing confusion after use, etc.

In this case, the defendant not only used the LEGO logo on shopsigns, etc. , but also used the same logo as the plaintiff's trademark on employee clothing, leaflets, websites, etc. , which is beyond the scope necessary to instruct the goods sold. In addition, the defendant did not attach other signs to distinguish the service source when using the above signs. Instead, it promoted itself as an authentic LEGO education center. This kind of use of the logo is beyond the range necessary to instruct the sale of goods, and has the function of indicating the source of the service, which is enough to cause the relevant public to mistakenly believe that the defendant and the trademark owner have a specific relationship such as a trademark license.

Ⅱ. Judgment of domain name infringement

In the network environment, domain names are the main channel for network users to distinguish website service providers. To this end, companies often use their trademarks or trade names as domain names, so that website visitors can identify the goods and services of website operators through domain names. The purpose is to attract customers, gain visits and increase trading opportunities. At the same time, trademarks also have the attribute of property by virtue of their ability to distinguish the source of goods or services. However, domain names and trademarks are two types of intellectual property that belong to different registration systems. According to the relevant provisions of the judicial interpretation of China's trademark law, registering the same or similar words with others' registered trademarks as a domain name, and conducting e-commerce on related commodity transactions through the domain name, which easily leads to misunderstanding among the relevant public, constitute an act of damaging the exclusive right to use registered trademarks of others provided by Article 52 (5) of the *Trademark Law* (Article 57 (7) of the current *Trademark Law*).

In accordance with Article 4 of the *Interpretation of the Supreme People's Court on Application of Laws in the Trial of Civil Disputes Over Domain Names of Computer Network*, the court has fully considered the following conditions: (1) The civil rights and interests that the plaintiff claims are legal and effective; (2) The defendant's domain name or its main part constitutes the duplication, imitation, translation or transliteration of the plaintiff's well-known trademark; or it is the same as or similar to the registered trademark, domain name, etc. of the plaintiff LEGO Juris A/S, which is enough to cause misidentification by the relevant public; (3) The defendant does not enjoy the rights and interests in the domain name or its main part, and has no legitimate reason to register or use the domain name; (4) The defendant's registration and use of the domain name was malicious. In this case, the main part of the defendant's domain name, www.legosh.com, "lego," was similar to the No. 4112294 and No. 10176417 trademarks of the plaintiff LEGO Juris A/S in terms of pronunciation and letter composition, which easily caused confusion to the relevant public. At the same time, from the defendant's www. legosh. com website, it can be seen that the page decoration and promotional content of the defendant's website contain the content of the LEGO education and LEGO, promotes exactly the same services as the services under trademark protection of the plaintiff, which will easily cause website users to believe that the website is attached to the plaintiff, and it is easy for the relevant public to mistake the defendant as the "Lego education" center. In summary, the defendant's domain name infringed the right to exclusively use the registered trademarks of No. 4112294 and No. 10176417 of LEGO Juris A/S. Plus, the defendant's domain name "legosh" is similar to the main part of the plaintiff's domain name "lego," which easily leads people to mistakenly believe that there is a specific connection between the defendant and the plaintiff LEGO Juris A/S and therefore constitutes unfair competition.

(Writer: Yan Weixiong)

Requirements for an Action of Confirmation of Non-infringement of Intellectual Property and the Determination of Substance

—Shanghai Joyu Culture Communication Co., Ltd. v. Qingdao Isabella Trading Company in respect of confirmation of non-infringement of trademark right

[**Summary**]

In the case where the right holder of an intellectual property right gives a warning of patent infringement to another party but does not hand the case over to a competent authority within a reasonable period of time, the status of the disputed legal relationship may remain unclear, causing the legitimate rights and interests of the other party to be or may be damaged. The party warned or the interested party has the right to file a lawsuit with the people's court to request a confirmation of his act as not infringing the intellectual property right.

[**Case Review**]

Plaintiff: Shanghai Joyu Culture Communication Co., Ltd.

Defendant: Qingdao Isabella Trading Company

Cause of Action: Dispute over confirmation of non-infringement of trademark right

First-instance Case No.: (2016) H0107MC No. 10089

The plaintiff Joyu was founded in 2007 and operates a travel service website "www. Lvmama. com," which enjoys a certain reputation in the industry. The plaintiff started to independently develop and design the mobile-client APP "Lvmama" (Lvmama in Chinese: 驴妈妈) in 2010, and obtained the copyright of the iPhone client APP "Lvmama." On April 7, 2013, after approval, the plaintiff registered the

No. 10506137 word and figurative trademark "驴妈妈" (Category 42: engineering drawing; surveying, computer software design, etc.). In 2014, "Lvmama" was recommended as a Shanghai famous brand. The defendant Qingdao Isabella Trading Company was established in 2009 and is mainly engaged in offline and online sales of textiles, clothing, shoes and hats. On December 28, 2013, the defendant was approved to register the ownership of the "Lvmama" word trademark (Category 9: recorded computer software, etc.), but the trademark has never been actually used.

In 2010, the plaintiff launched an application that provides travel-related products and services in the Apple's App Store, using "twin-head donkey" as the icon of the APP, and the promotional texts including "Lvmama Tourism" and "Lvmama Tourism takes you around the world." In September 2015, the defendant complained to the Apple's App Store that the plaintiff's use of the "Lvmama" label as the APP icon violated its exclusive trademark rights and requested the App Store to remove the APP. However, the defendant has not filed a lawsuit with the court since then. The plaintiff believed that it did not use "Lvmama" as a trademark. After the defendant registered the trademark in bad faith, it complained about the fair use of the plaintiff, which seriously affected the plaintiff's normal business. The plaintiff then filed a lawsuit, asking the court to confirm that the plaintiff did not infringe upon the defendant's exclusive right to use the registered trademark No. 11276092.

The defendant argued that before the APP involved in the case was launched, it had obtained the ownership of the No. 11276092 word trademark "Lvmama." Now the plaintiff has changed the structure and method of its registered trademark and used the "Lvmama" label similar to the defendant's registered trademark in the same category of computer software as the defendant's registered trademark, which may easily cause confusion to the public and infringe upon the defendant's exclusive right to use the trademark, so the court should dismiss the plaintiff's request.

[**Judgment**]

After trial, the Putuo District People's Court of Shanghai held that there are two main factors to consider in this case:

(1) Whether the case meets the acceptance conditions for filing an action of confirmation of non-infringement of intellectual property. A dispute over confirmation of non-infringement of intellectual property, as a special type of litigation, must not

only meet the conditions for litigation of ordinary civil disputes in the *Civil Procedural Law*, but also meet certain prerequisites, usually including: the plaintiff's receipt of a clear infringement warning; the right holder's failure to start the dispute resolution process within a reasonable period; the legal relationship in dispute remaining unclear due to the failure of the right holder to start the dispute resolution process; and the unclear legal status causing the legitimate rights and interests of the other party to be or may be damaged. In this case, the plaintiff's "Lvmama" APP was taken down by Apple's App Store due to the defendant's complaint. Thereafter, the defendant only negotiated with the plaintiff about the trademark transfer through email, and did not initiate a dispute resolution procedure within a reasonable period of time. This left the plaintiff in an unclear legal status. Therefore, the plaintiff has the right to file a lawsuit with the people's court to request a confirmation of its act as not infringing the intellectual property right.

(2) Whether the plaintiff's acts constituted trademark infringement. In this case, the plaintiff's APP icon and the defendant's trademark were used on products of similar category, and the "Lvmama" used by the plaintiff was similar to the defendant's trademark. However, in terms of the possibility of public confusion, considering the plaintiff's use of the word "Lvmama" in the case, the users of the APP, the brand awareness of the plaintiff, its brand development and subjective status, as well as the plaintiff's existing prior rights and the defendant's use of the trademark, the court determined that the plaintiff's acts will not cause confusion to or misidentification by the relevant public, and therefore it did not constitute infringement on the defendant's trademark right.

In summary, although the plaintiff used the word "Lvmama" in its application, due to its prior use and existing popularity, the court comprehensively considered the subjective intention of the infringement in this case, in accordance with Article 4, Article 5 and Article 7 of the *General Principles of the Civil Law of the People's Republic of China*, Article 57 Item 2 and Article 59 Paragraph 3 of the *Trademark Law of the People's Republic of China*, Article 9 and Article 10 of the *Interpretation of the Supreme People's Court Concerning the Application of Laws in the Trial of Cases of Civil Disputes Arising from Trademarks*, Article 2 Paragraph 2 of the *Copyright Law of the People's Republic of China*, and Article 6 of the *Regulation on the Implementation of the Copyright Law of the People's Republic of China*, and determined that the plaintiff Shanghai Joyu Culture Communication Co., Ltd. did not infringe upon the defendant Qingdao Isabella Trading Company's exclusive right to use the registered trademark No. 11276092.

After the first trial, neither party appealed.

[Case Study]

Ⅰ. Analysis of requirements: whether the case meets the requirements for filing an action of confirmation of non-infringement of intellectual property

An action of confirmation of non-infringement of intellectual property refers to the situation where the right holder of an intellectual property right gives a warning of patent infringement to another party but does not hand the case over to a competent authority within a reasonable period of time, the party warned or the interested party has the right to file a civil lawsuit with the people's court to request a confirmation of his act as not infringing the intellectual property right. In 2002, with the Supreme People's Court's confirmation of first case of non-infringement of patent right, the action of confirmation of non-infringement of intellectual property officially entered the public view. In the following years, courts in various places gradually began to accept disputes over confirmation of non-infringement of intellectual property right except for confirming non-infringement of patent right. It was because of the development of practice that the Supreme People's Court in 2008 issued the *Provisions on the Cause of Action of Civil Cases*, to clarify for the first time that disputes over confirmation of non-infringement of intellectual property right should be taken as a type of dispute, with three sub-causes of action set under this cause of action: patent, copyright and trademark. In order to further improve this system, the *Interpretation of the Supreme People's Court on Several Issues concerning the Application of Law in the Trial of Patent Infringement Dispute Cases* issued in December 2009 clarified the action of confirmation of non-infringement of intellectual property for the first time in the form of judicial interpretation. Article 18 of the above-mentioned *Interpretation* provides that "Where a right holder gives a warning of patent infringement to another party, the party warned or an interested party reminds in writing the right holder of exercising his right to sue, the right holder neither withdraws the warning nor files a lawsuit within one month after receipt of the written reminder or within two months after the written reminder is sent, and the party warned or the interested party files a lawsuit with the people's court to request a confirmation of his act as not infringing the patent, the people's court shall accept such a case." Since then, the people's courts have basically applied by analogy the laws mentioned above to determine other types of disputes over confirmation of non-infringement of intellectual property right. Accordingly, based on the aforementioned judicial interpretations, the action of confirmation of non-infringement of intellectual property should also meet the following conditions: (1) the right holder gives a warning of patent infringement to another party; (2) the right holder does not start the dispute resolution procedure within a reasonable period without justification; (3) The delay of the right holder causes the legitimate rights and interests of the plaintiff to be or may be damaged. Specifically in this case, the defendant issued a clear warning to the plaintiff and lodged a complaint with Apple, claiming that the plaintiff's use of the "Lvmama" label similar to the defendant's registered trademark in multiple places in the application violated the defendant's right to exclusively use a registered trademark. The defendant's act kept the plaintiff in an awkward situation when using the "Lvmama" label as it was unclear whether there is a trademark infringement, which affected the plaintiff's normal business activities. Since then, the defendant has neither withdrawn its warning nor filed a lawsuit with the court in the past year. The plaintiff then filed a lawsuit with the people's court to request a confirmation of its act as not infringing the patent.

Ⅱ. Determination of substance: whether the plaintiff's use of the "Lvmama" label in the application violated the defendant's rights

According to the *Trademark Law*, "Anyone using a trademark that is identical or similar to a registered trademark on identical or similar goods without authorization and may easily cause confusion, will be held as infringement on other's right to exclusively use the registered trademark." In this case, the defendant believed that the plaintiff's use of the word "Lvmama" alone as its APP icon violated its right to exclusively use the registered trademark. For the above acts of the plaintiff, a comprehensive analysis should be conducted from the following aspects:

1. Whether the plaintiff's acts constituted trademark use

The primary function of a trademark is to distinguish the source of goods or services. Its intrinsic value lies in its use and dissemination. Whether a label can be used as a trademark depends on whether the label can be identified and can distinguish itself. In this case, the homepage of the plaintiff's application used introductions promotional words such as "Welcome to Lvmama," "Come to Lvmama," "Lvmama

Tourism takes you around the world," and used the word "Lvmama" alone. Taking into account the originality and uniqueness of the fanciful word, and the plaintiff's popularity in the tourism industry, the word "Lvmama" is enough to make the plaintiff's registered trademark and its website "www. lvmama. com" distinguished, which has the benefits of a commercial label. The word obviously played a role in indicating the source of goods or services, so the court found that the plaintiff's use of the "Lvmama" label in the application software constituted trademark use as prescribed in the *Trademark Law*.

2. Whether the label concerned and the defendant's registered trademark are identical or similar

The identification of trademark similarity includes two aspects. On the one hand, it is necessary to consider whether the goods or services corresponding to the trademarks are similar in terms of the goods or services corresponding to the trademarks including function, use, carrier, object, etc. On the other hand, it is necessary to determine whether there are similarities between the trademarks in terms of the glyph, pronunciation, meaning, or composition and color of the graphics, or the similarity of the overall structure of the combined elements. In this case, the services for which the plaintiff's registered trademark was approved are in Category 42, including computer software design, and the services for which the defendant's registered trademark was approved are in Category 9, including recorded computer software. From functions, the service provided by the plaintiff is for a specific product of computer software, and the various software achievements are a natural extension of the service, so the two are closely related. From users' habit, whether it is the "computer software design" service provided by the plaintiff or the "recorded computer software" by the defendant, the carrier is still computer, which is the same for users. In addition, the plaintiff's "Lvmama" in the application and the defendant's word trademark are basically the same in terms of pronunciation and meaning. The difference is that in addition to the plaintiff's use of the three Chinese characters "Lvmama" ("驴妈妈") alone, there are also "Lvmama travel," or the label is used with the figurative mark, the twin-head donkey. However, judging from the constituent elements of the Chinese phrase, "Lvmama" is obviously more recognizable than "travel." Although the plaintiff also used the twin-head donkey figure, the distinctiveness is weak. Judging from the general attention of the relevant public, the two trademarks are identical in terms of word composition and pronunciation, and there is basically no difference in the overall visual effect, so the two are similar trademarks.

3. Whether the label concerned caused confusion among the public

In this case, according to the evidence provided by the plaintiff, the use of the trademark in its APP and the acquisition of the registered trademark were earlier than the defendant's acquisition of the registered trademark. According to the *Trademark Law*, the plaintiff may choose to use a variety of reasons, such as prior use, existing prior rights, and confirmation of non-infringement, to defend its rights. Now the plaintiff claims that its use does not constitute confusion and does not infringe the defendant's trademark exclusive rights. In judicial practice, the comprehensive consideration factors for determining the possibility of confusion include: the popularity and distinctiveness of the trademark concerned, the actual use, the degree of attention of the relevant public, and the subjective intention of the user. In this case, first, according to the plaintiff's proof, since 2010, www. lvmama. com operated by the plaintiff has successively received recommendations from Shanghai Securities News and Shanghai SME Brand Construction Promotion Committee. From 2014 to 2017, the "Lvmama" operated by the plaintiff was successively rated as Shanghai Famous Brand and Shanghai Famous Trademark, and achieved high popularity in the tourism service industry. Second, according to market development needs, the plaintiff has launched the travel-related product and service application in Apple's App Store since 2010 and has actually used it to extend its travel services from PC-client website operation to mobile clients. The application of the twin-head donkey figure was used as the APP icon, allowing the public to have a direct connection in the mind with the plaintiff's famous website "www. lvmama. com." It should be pointed out that even if the plaintiff used "Lvmama" in the application, its purpose was only to introduce the name of the APP. The development time of this APP was much earlier than the approval time of the defendant's registered trademark, indicating that the plaintiff had no subjective intention of gaining extra advantage of the defendant's trademark. The defendant's business scope is sales and online sales of textiles, handicrafts, conference services, network information technology and other services. Compared with the plaintiff's business scope, there are also differences in terms of content orientation and customers. After the trademark registration was completed, the defendant did not actually use the registered trademark. Therefore, although the trademark involved in the case is similar to the trademark under the defendant's name, there are obvious differences between the two in terms of trademark use, purpose and customers. The relevant public can also distinguish the sources of products, so the plaintiff's act would not cause confusion to or misidentification by the relevant public.

Ⅲ. To strengthen the balance between the protection of trademark rights and the suppression of abuse of rights

Rights are the core elements of intellectual property rights, of which the standpoint is protection and relief. If they are not clearly protected, the legal system of trademark rights will deviate from the legislative purpose of protecting the reputation of commercial marks and preventing unfair competition. However, the prohibition of abuse of rights is a basic principle established in the *General Provisions of the Civil Law of the People's Republic of China*. As a civil right, the exercise of trademark rights should also follow this principle. In practice, the abuse of rights represented by malicious registration of trademarks and obstructing the legitimate use of registered trademark marks by others has a great impact on the normal operations of well-known enterprises and use of trademarks, which indicates that sufficient space for the exercise of trademark rights is required, in case the proper exercise of rights is obstructed. In this case, the plaintiff's registered trademark and its "www. lvmama. com" have a high reputation in the industry. Although the plaintiff changed the way to use its original registered trademark by breaking up and combination, this nonstandard use is not enough to cause public confusion about its products. Therefore, the court found that the plaintiff's use of the trademark involved in the case did not constitute an infringement of the defendant's rights; the defendant inappropriately expanded the scope of its rights, asserted the exclusive right to the words "Lvmama," but did not sue to the court within a reasonable time. This act prevented the plaintiff from using the registered trademark properly and was suspected of abusing trademark rights. In this regard, the victim should promptly file an action of confirmation of non-infringement of intellectual property to get rid of the outstanding disputes, and resume its normal operations as soon as possible. At the same time, if the circumstances are serious and serious losses or damages to others are caused, a claim for damages can be filed.

In addition, this case also enlightens companies and trademark right holders to strengthen their awareness of trademark advancement, do a good job of trademark protection during the growth of the company, and establish a cross-category trademark defense system with their brand as the core to prevent rush registration. At the same time, after the brand effect is developed, monitoring efforts should be strengthened to promptly raise objections to trademarks that violate the principle of good faith, maliciously gain popularity, and infringe existing prior rights of others, and apply to relevant departments for cancellation of relevant trademarks.

(Writers: Lu Jun & Li Yanqing)

3.

Civil Cases on Patent Infringement

Research on the Evaluation System of Functions and Effects in the Determination of Patent Equivalent Infringement

—Minnesota Mining and Manufacturing Company v. Shanghai Yuanjia Plastics Co. , Ltd. et al. in respect of infringement upon a patent for invention

[**Summary**]

In the determination of patent equivalent infringement, the evaluation of "functions" should be based on a comprehensive and meticulous examination of the implementation field and operation process of the patented technical solutions, combined with the industrial design use of the relevant product or component. On the one hand, it is necessary to exclude the interference of non-patented functions and always focus on the evaluation of patented functions; on the other hand, it is necessary to pay attention to identifying implicit patented functions and incorporating them into the function evaluation system on the same basis as explicit patented functions. The "effect" can be analyzed and judged by the "three-dimensional evaluation method of quality, efficiency, and economics," that is, all factors that have a material impact on the overall technical solutions of the patent involved and the output quality, output efficiency, and economics of the patented product or corresponding function and component should be included in the scope of effect evaluation. In addition, the special situation where the technical effects from different dimensions mentioned above are positive or negative does not affect the overall judgment of whether the technical effects are basically the same. The article innovatively proposes the division theory of "implicit patented functions" and "explicit patented functions" and the "three-dimensional evaluation method of quality, efficiency, and economics," which are of certain reference value for in-depth understanding and accurate application of equivalent theory in judicial practice.

[Case Review]

Plaintiff (Appellant): Minnesota Mining and Manufacturing Company

Defendant (Appellee): Shanghai Yuanjia Plastics Co. , Ltd.

Defendant (Appellee): Shanghai Yushuaiwei Industrial Co. , Ltd.

Defendant (Appellee): Luo Wenjing

Defendant (Appellee): Luo Xianwei

Cause of Action: Infringement upon a patent for invention

First-instance Case No. : (2015) HZMCZ No. 323

Second-instance Case No. : (2016) HMZ No. 459

The appellant (plaintiff), Minnesota Mining and Manufacturing Company (hereinafter 3M), is the patentee of the world-renowned "spray gun for spraying liquids" invention in the industrial field. The appellee (defendant) Shanghai Yuanjia Plastics Co. , Ltd. is an enterprise engaged in the production of plastic products in Shanghai. The plaintiff found that a plastic liner for the spray gun produced by the defendant fell into the protection scope of its patent involved in the case, and then sued the company and its affiliates to the court on the grounds of the defendant's infringing its patent right of the invention, and requested the defendant to stop the infringement and compensate for its economic losses and reasonable expenses totaled RMB 5 million. The appellee argued that the technical characteristics of the alleged infringing product did not fall into the protection scope of the plaintiff's patent concerned. The technical characteristics of the liner shape are described as follows: the shape of the liner and the inner wall of the fluid reservoir need to have the identical shape. When the former is put into the latter, the technical effect achieved should be "fitting snugly together" with each other. The alleged infringing product uses an annular shoulder design with a contraction of about 0. 5 mm at about 1 cm below the rim of the liner (for comparison of technical features, see the attached figure). The main controversy in this case is whether the technical characteristics of the annular shoulder design are same as or equivalent to those of the above description of "having the same shape, and fitting snugly together."

The liner described in the patent concerned & The accused infringing liner (stacked)

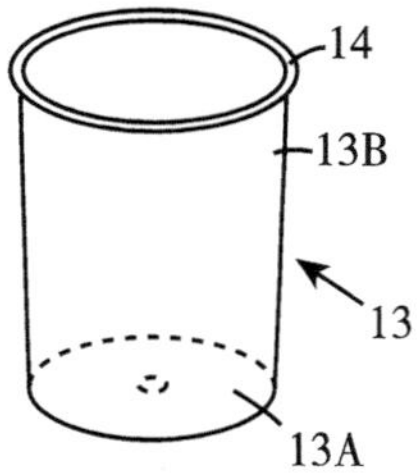

Figure 1 inner liner of the patent

Figure 2 inner liner of the alleged infringing product (overlay storage state)

[Judgment]

After review, Shanghai Intellectual Property Court determined that the technical characteristics of the alleged infringing product do not fall within the protection scope of the invention patent concerned, and accordingly dismissed all claims of 3M. In the second instance, the court reorganized the focus of the disputes in the case, focusing on whether the accused infringing liner constitutes an identical infringement or an equivalent infringement, and whether the principle of estoppel is applicable. In the end, the court found that the alleged infringing product does not fall into the protection scope of the invention patent concerned in the case, and dismissed the appeal accordingly and upheld the original judgment.

After trial, the Shanghai High People's Court held that the focus of the dispute on the technical characteristics of the alleged infringing product and the patent concerned "having the same shape and fitting snugly together" can be divided into two issues, that is, whether the technical feature of the "annular shoulder" adopted by the alleged infringing product is identical with the technical features of the patent involved in "having the same shape, and fitting snugly together," or whether they are equivalent.

(1) Whether the two are identical. According to the literal meaning of the patent claims involved, the"the liner shape" and the "the inner wall of the fluid reservoir" need to "have the same shape," and when the former is put into the latter, the technical effect should be their "fitting snugly together" with each other. According to common understanding, the external structure corresponding to "having the same shape, and fitting snugly together" should meet two characteristics in visual effects. One is that there is no obvious difference in the shapes of the two to meet the "same shape" requirement, and the other is after the liner is placed in the fluid reservoir, there is no obvious gap between the liner and the inner wall of the fluid reservoir to meet the "fitting snugly together" requirement. According to the patent specifications and drawings of the case, the above understanding of the technical features of "having

the same shape, and fitting snugly together" can be further confirmed. Specifically, according to the description of the specification of the patent concerned, "the liner has no folds and ripples," and the "annular shoulder" design of the alleged infringing product produced a clearly visible fold or ripple; according to the accompanying drawings, it can be found that the outer wall of the liner should be a straight line from top to bottom, and there is no gap between the liner and the inner wall of the fluid reservoir after the liner is placed in the fluid reservoir. The "annular shoulder" design of the alleged infringing product caused the aforementioned longitudinal "straight line" to become a non-straight line at the "annular shoulder," and there is an obvious gap between the liner and the inner wall of the fluid reservoir below the "annular shoulder." Therefore, in combination with the description and the drawings, the technical features of the "annular shoulder" adopted by the alleged infringing product are not the identical with the technical features of the patent in "having the same shape, and fitting snugly together."

(2) Whether the two are equivalent. According to the *Several Provisions of the Supreme People's Court on Issues concerning the Application of Law in the Trial of Cases on Patent Disputes*, equivalent features mean the features that use similar means, to realize similar functions and achieve similar effects as the technical features indicated in the record, and that the ordinary technicians of the pertinent field may associate with these features without creative work when the alleged infringement occurs. Therefore, to constitute the equivalent features, it is necessary to satisfy the four requirements of the same means, functions, effects, and "being associated without creative work" (hereinafter referred to as "obviousness"). In this case, the analysis of the four requirements is specifically explained as follows:

① Whether the "annular shoulder" design has basically the same means, functions and effects as the patent concerned. If only from the perspective of the use of the liner and fluid reservoir in cooperation with each other, since the contracted radius at the "annular shoulder" is only about 0.5mm, the design has no substantial impact on the convenience of the liner in the fluid reservoir, the degree of matching with each other, the stability and operability under the state with full fluid after placement, the liner capacity, the mold design, the manufacturing cost and other factors. In other words, the "annular shoulder" design and the technical features of "having the same shape, and fitting snugly together" have no substantial difference in the aforementioned means, functions and effects. However, from the perspective of the liner being stored as a spray gun part itself, because the "annular shoulder" is located on the horizontal tangent line about 1 cm below the rim of the liner, this design makes it possible to have an interval of about 1 cm between adjacent liners when multiple liners are stacked. Compared with the extremely small interval between adjacent liners in the state where the liners are stacked as described in the patent concerned, the 1 cm interval can further produce the following technical effects: One, the operator can quickly and easily use the thumb and forefinger to pull out the liner when using the spray gun. Two, the operator can quickly and easily calculate by sight the corresponding quantity of the liners. As a result of the aforementioned approximately 1 cm interval, the number of the liners that can be stored in a unit volume has been greatly reduced, and other adverse factors such as increased transportation and storage costs that may arise as a result. Three, due to the aforementioned approximately 1 cm interval, the number of the liners that can be stored in a unit volume is greatly reduced, and other unfavorable factors such as increased transportation and storage costs that may arise as a result. Among the above three technical effects, although the first two technical effects are positive, the latter one is negative. However, the situation that the technical effects are positive or negative does not affect the judgment that there is a substantial difference in technical effects between the "annular shoulder" design and the patent concerned of "having the same shape, and fitting snugly together." In addition, although the above-mentioned "stacking storage" does not directly correspond to the technical features described in the patent claims involved, but in combination with the description and the drawings and the actual situation of the alleged infringing product, this "stack storage" function does not depart from the industrial design use of the liner described in the patent involved, and should be an inherent function of the liner. And this inherent function has a substantial impact on the operating efficiency of the operator using the spray gun described in the patent involved and the economics of the liner in terms of logistics and storage, so it should be included in the Article 17 "function" of the *Several Provisions of the Supreme People's Court on Issues concerning the Application of Law in the Trial of Cases on Patent Disputes*. Therefore, considering the above two perspectives, the technical features of the "annular shoulder" design used in the alleged infringing product and the patent's features of "having the same shape, and fitting snugly together" do not meet the "essentially the same effect" requirements.

② Whether the "annular shoulder" design meets the "obviousness" requirement. The "annular shoulder" design of the accused infringing product is relatively common in industrial design, and it appeared earlier. In addition, it is only a simple change of the liner geometry. So, it does have the obviousness that "the ordinary technicians of the pertinent field may associate with these features without creative work when the alleged infringement occurs" in the field of plastic cup production. The court of first instance held that "the change in the technical solutions of the accused infringing product cannot be directly associated with the features of the plaintiff's patent concerned by the ordinary technicians of the pertinent field even after reading the plaintiff's patent claims and specifications." This view lacks factual basis, and is therefore corrected by the court of second instance.

To sum up, because the "essentially the same effect" requirements cannot be met, the "annular shoulder" design used by the alleged infringing product and the technical features of the patent "having the same shape, and fitting snugly together" do not constitute an equivalent..

[Case Study]

The determination of equivalent infringement is a major problem in patent trials. Although the judicial interpretation of the *Patent Law* provides a formulaic ruling idea of "three basics" plus "obviousness," because the basic concepts in this clause are highly abstract and subjective, there are often differences in how to apply them in specific cases. One of the deeper reasons lies in the different understandings of the means, functions, effects, and inherent logical relationships among the "three basics." This case has actively explored how to determine the evaluation system of the two core factors of "functions" and "effects," and has certain reference value for how to accurately understand and apply the principle of equivalence in judicial practice.

Ⅰ. Understanding of the concept of means, functions and effects

The three basic elements involved, that is, the "three basics" are means, functions, and effects, derived from the judicial practice of the United States courts①, not codified laws②, that is, through what paths, realize what functions, and produce what results. If viewed with a critical spirit, this method is not an accurate ruler or a panacea for infringement determination, but only a way to understand the subtle differences between patent claims and the technical characteristics of the alleged infringement from different dimensions or sides. Although this method has some

① The United States Supreme Court decision in Winans v. Denmead, 56 U.S. 330 (1853).

② U.S. Code, Title 35, Part Ⅲ, Chapter 28, § 271, Infringement of patent.

positive significance for decomposing and refining the problems and clarifying the ideas (or just extremely limited significance), the essence of it is only to disassemble a difficult big problem into three small problems that are not easy to solve or even equally troublesome. It is difficult to say whether the problem itself can be satisfactorily resolved①. In view of this, both the theoretical and practical circles of US patent law have a certain degree of skepticism and critical attitude towards the method of equivalent infringement determination②.

However, this method has been absorbed and adopted by the judicial interpretation of China's patent law, and too much discussion on whether it is scientific and reasonable does not help solve practical problems. Therefore, in the face of the determination of the equivalent infringement, the first task of the judiciary is to accurately understand the intrinsic nature of the three major elements of means, functions and effects and the logical relationship between them. This is the basis and prerequisite for the accurate application of the principle of equivalents. These three elements are explained separately based on this case.

(1) Means. Compared with functions and effects, means seem to be more static, stable and objective. Its essence is the external representation corresponding to a technical feature described in the claims (functional technical features are not discussed in this article), and it is the starting point of the three basics logical inferences. According to the relevant provisions of the United States patent law, the specific manifestations of means can be divided into structure, substance and operation process③. Taking the mechanical invention patents involved in this case as an example, in the form of expression, the means may include geometric structures, three-dimensional features, connection relationships, locations, mutual proportions, degree of softness and hardness, and interaction mechanisms; in terms of wording,

① Texas Instruments, Inc. v. U. S. Int'l Trade Comm'n, 805 F. 2d 1558, 1569 (Fed. Cir. 1986).

② Kurt L. Glitzenstein, A Normative and Positive Analysis of the Scope of the Doctrine of Equivalents, *Harvard Journal of Law & Technology*, Volume 7, Number 2, 1994; Donald S. Chisum, Craig Allen Nard, Herbert F. Schwartz, Pauline Newman, and F. Scott Kieff, *Principles of Patent Law*, third edition, Chapter 8 Infringement, p. 906. published by New York Foundation Press, 2004.

③ 35 U. S. Code § 112, Specification, (f) Element in Claim for a Combination: An element in a claim for a combination may be expressed as a means or step for performing a specified function without the recital of structure, material, or acts in support thereof, and such claim shall be construed to cover the corresponding structure, material, or acts described in the specification and equivalents thereof.

means are in most cases common to concepts such as ways, methods, schemes, and paths; from an understanding point of view, the means is that the abstracted claims are transformed into concrete ones through words, that is, the specific form or state of the human brain's consciousness and perception. This understanding process mirrors the thinking and writing process of the claim drafter, or the former is the reverse operation of the latter. Therefore, accurate understanding of means is to accurately understand the statement of the claims of right, and accurate understanding of the claims cannot be separated from the assistance of the description and drawings and the reader's overall knowledge structure and information of the relevant field.

In this case, the technical features described in the claims involved are that the liner and fluid reservoir "have the same shape, and fit snugly together." To accurately understand the means corresponding to this feature, it is very important to read the description and drawings carefully. According to the description and drawings, the geometric or three-dimensional state produced by "having the same shape" should be no wrinkles and straight lines on the longitudinal cup wall of the liner, while the geometric or three-dimensional state corresponding to "fitting snugly together" is the liner matching and contacting with the fluid reservoir. However, the geometrical characteristics of the annular shoulder used by the alleged infringing product are an inward corrugation and there is a gap between the liner and the fluid reservoir. Therefore, from a literal understanding, the difference between the two is obvious, so the two do not have identical technical features. However, from the perspective of equivalent infringement determination, whether the two are basically the same in terms of means is another issue that is different from the literal judgment, and needs to be evaluated separately without being disturbed by the literal difference. The evaluation should include two aspects, one is whether the literally different means adopted by the alleged infringing product and the technical means described in the claims are basically the same or unchanged in nature from a technical point of view; two, if they are basically the same, then whether the corresponding non-basic difference is obvious, that is, whether the annular shoulder design in this case has the obviousness that "the ordinary technicians of the pertinent field may associate with these features without creative work when the alleged infringement occurs"① in the field of plastic cup production. Regarding question one, the conclusion should be that the two methods

① Article 17 of the *Several Provisions of the Supreme People's Court on Issues concerning the Application of Law in the Trial of Cases on Patent Disputes.*

are basically the same, on the grounds that the technical treatment of the alleged infringing product with a contraction of 0. 5mm is a very small change compared to the overall size of the liner, and that the embedding structure between the liner and fluid reservoir has not changed substantially. Regarding question two, the court of first instance held that the annular shoulder lacks obviousness. However, on the basis of full investigation and evaluation, the court of second instance reached different opinions①.

Here, it is worth mentioning that the logical point for obviousness in this case should follow the judgment of technical means, not after the overall judgments of three basics. Because the obvious or easy-to-associate object should be an objective technical solutions or method, that is, a technical means, and should not be mixed with more advanced concepts than means and the functions and effects containing more subjective evaluation factors. In other words, in this case, the court only needs to consider whether, for ordinary technicians of plastic cup production, the annular shoulder design itself is easy to associate with, and it does not have to consider whether the design's impact on functions (such as stacking storage) and effects (such as the convenience of pulling out and visual calculation of quantity, changes in storage and logistics efficiency) is easy to associate with. Because from a fact point of view, the purpose of the liner designer's design of the annular shoulder feature may not be to achieve the aforementioned functions and effects, but simply to avoid the scope of protection of the patent claims involved. In other words, what the ordinary technicians under Article 17 of the *Several Provisions of the Supreme People's Court on Issues concerning the Application of Law in the Trial of Cases on Patent Disputes* think of is technical features, that is, means, not the functions and effects carried or consequent.

(2) Functions. Literally, function means the beneficial role played by something or some means. According to the *Black's Law Dictionary*, the English word

---

① The court of second instance held that the "annular shoulder" design of the accused infringing product is relatively common in industrial design, and it appeared earlier. In addition, it is only a simple change of the liner geometry. So, it does have the obviousness that "the ordinary technicians of the pertinent field may associate with these features without creative work when the alleged infringement occurs" in the field of plastic cup production. The court of first instance held that "the change in the technical solutions of the accused infringing product cannot be directly associated with the features of the plaintiff's patent concerned by the ordinary technicians of the pertinent field even after reading the plaintiff's patent claims and specifications." This view lacks factual basis, and is therefore corrected by the court of second instance.

"Function" is explained as "fulfillment of a definite end or set of ends by the correct adjustment of means."① If functions are defined by "impact," it is a conceptual replacement at the same level, that is, a circular definition, so it is difficult to play a role of real refinement, explanation, and description. The three-stage definition of "means-regulation-result" in the English legal dictionary is also difficult to elaborate on the exact meaning of functions in the determination of patent equivalent infringement. In addition, the judicial interpretation of China's patent law does not give a detailed explanation of functions. In U. S. judicial practice, the Federal Circuit has discussed the concept of functions in the Hill-rom Company, Inc. v. Kinetic Concepts, Inc. & Kci Therapeutic Services, Inc. case, arguing that the interpretation of function cannot be limited to clear claims mentioned, but should take into account the inherent functions inherent in technical term②. However, in China's judicial practice, most people may think that "function" under Article 17 is a legal term whose meaning is low-level, basic, clear and easy to understand, so no further explanation is needed, but this is not the case. Judging from the case discussed in this article, the "functions" corresponding to the technical features or means of "having the same shape and fitting snugly together" are not so obvious and self-explanatory. On the contrary, how to define the functions is the core issue in the case, and it is easy to have divided opinions.

If you delve into the logical line of the court's argument, you can find that the aforementioned "having the same shape and fitting snugly together" can correspond to two independent functions: the first is the mutual embedding between the liner and fluid reservoir due to having the same shape; the second is the stacking storage function due to the geometric characteristics of the liner itself. As the claims and the description and drawings directly demonstrate and explain the mutual embedding of the liner and fluid reservoir, and the textual expression of "fitting snugly together" technical characteristics also implies the physical structure relationship, so the function

① Black's Law Dictionary, 2nd ed. function: Office; duty; fulfillment of a definite end or set of ends by the correct adjustment of means.

② Hill-rom Company, Inc., Plaintiff-appellant, v. Kinetic Concepts, Inc. and Kci Therapeutic Services, Inc., Defendants-cross Appellants, 209 F. 3d 1337 (Fed. Cir. 2000), "...Because the term 'cushion,' as construed by the district court, carries with it certain functional features as a matter of the definition of the term, equivalence cannot be measured by reference only to the functions expressly set forth in claim 10, while ignoring the functional elements inherent in the term 'cushion'..."

is as follows: It is more obvious and has a direct correspondence with the claims and the description and the drawings. As for function two, the claims involved in the case, the description and the drawings did not mention the function, nor provided any hint, so this function lacks the aforementioned correspondence with the claims involved. A deep-seated question that may easily lead to differences arises here: whether a function lacking this correspondence can be included in the evaluation scope of an equivalent infringement determination. This question is not listed for the time being, and will be detailed later.

In summary, for mechanical invention patents, this article uses the case test to define the function as follows: Functions mean various objective effects formed, caused or produced by the existence, operation, adjustment or effect of a certain technical means that can promote the implementation of the patented technical solutions in the case, regardless of whether the effect is corresponding with the claims and the specification and drawings.

(3) Effects. In the case of equivalent infringement determination in a US court, the word corresponding to the word "effect" in judicial interpretation in China is "result①." Although the meanings of effect and result are relatively close, the effect obviously contains more value-judgement properties, with a larger connotation, a wider dimension, and a stronger subjectivity. From the perspective of legal interpretation, the so-called effects can be understood as the technical effects finally achieved by a certain function through certain technical means described in the claims. Therefore, an effect must usually be identified by combining and targeting a specific function, or it must correspond to the previously identified function, so effect is the superordinate concept of function, and function is the basis and premise of effect. Effects are more abstract than functions, and functions are more concrete than effects. On the other hand, for mechanical industrial products, any kind of design change (that is, a change in means), whether or not it will cause a change in function, will more or less directly produce positive or negative influences on production costs and cycles. Therefore, different technical methods often produce different economic effects, and the effects can logically cross the link of function, that is, in some cases,

① Winans v. Denmead, 56 U.S. 330 (1853); Graver Tank & Manufacturing Co. v. Linde Air Products Co., 339 U.S. 605 (1950); Warner Jenkinson Co., Inc. v. Hilton Davis Chemical Co. (95-728), 520 U.S. 17 (1997); Honeywell International, Inc. v. Hamilton Sunstrand Corp., No. 02-1005 (Fed. Cir. June 2, 2004).

the judgment of effects will be independent of the evaluation of functions, or, the evaluation object of effects is no longer a function, but a means or technical feature itself.

In view of this case, in order to analyze the technical effects of the technical means involved and the alleged infringing product, first of all, we should focus on and consider separately the "mutual embedding function" of the liner and fluid reservoir and the "stacking storage function" of the liner itself. Regarding function one, according to the judgment of the second instance court, when evaluating the corresponding technical effect, the convenience of the liner in the fluid reservoir, the degree of matching between them, the stability and operability under the state with full fluid after placement, liner capacity and other factors. Regarding the technical effect of function two, the court needs to consider the convenience of the liner extraction, quantity measurement, storage and logistics. In addition, from the above production cost and cycle perspective, the court also specifically considered the liner's mold design and manufacturing costs and other factors.

In summary, an effect is the result of a comprehensive evaluation of the impact of the technical characteristics in dispute on the output quality and internal economics of the overall technical solution or corresponding functions from various perspectives that are substantially related to the implementation of the patented technical solutions and the production and operation of the patented product.

Ⅱ. The evaluation system of functions and effects

(1) The evaluation system of functions. Taking mechanical patents as an example for analysis, the functions produced by a certain technical feature or means can be rich and diverse, so it can be understood as a functional cluster. In this cluster, which functions should be included in the evaluation scope of the equivalent infringement judgment and which must be excluded is the basis for judging whether the functions are basically the same. Of course, the premise of division is that these different functions need to be scientifically divided.

In terms of the first level of division, depending on whether it is substantially related to the overall technical solutions of the patent, the cluster can be divided into functions related to the overall technical solutions (hereinafter referred to as patented functions) and functions not related to this (hereinafter referred to as non-patented functions). From the perspective of the technical field of the patent concerned, patented functions should generally point to the industrial design use of the product or component corresponding to the technical feature in dispute, and non-patented functions often are not for the use as designed. Taking this case as an example, it is a plastic liner that has a technical feature of "having the same shape and fitting snugly together." In addition to the above-mentioned two patented functions of "embedding" and "stacking storage," the liner, as a plastic cup, can also be used as a drink cup, a food container, a pen holder for stationery, a protective sleeve to protect the end of something, and many more. However, these functions are not substantially related to the spray gun involved in the invention patent, so they cannot be included in the evaluation scope of whether the functions are basically the same. Regarding this, no matter from the perspective of theory or practice, there is no difference in excluding non-patented functions from the evaluation system, but the difficulty lies in the second level of division described below.

As far as the division of the second level is concerned, patented functions can be further subdivided, that is, based on whether there is a corresponding relationship with the claims and the specification and the drawings, the patented functions can be further subdivided into: (1) functions that have a direct correspondence with the claims and the description and the drawings (hereinafter referred to as explicit patented functions) and (2) functions that do not have this correspondence (hereinafter referred to as implicit patented functions). The former is significant and direct, while the latter is relatively secretive and indirect. In this case, the court of second instance divided the functions of the liner described in the patent in this case, that is, it divided into embedding function as an explicit patented function and stacking storage function as an implicit patented function. The court clearly stated that the stacking storage function did not depart from the industrial design use of the liner described in the claims, and is substantially related to the operation process of the patent spray gun involved in the case, so it is included in the functional evaluation scope without discrimination. In view of this case, because implicit patented functions lack a direct correspondence with the patent documents themselves, they are easily overlooked in practice. The solution can only be a comprehensive and systematic reduction of the implementation environment and operation process of the patented technical solutions one by one in a blanket and all-round manner, so as to comprehensively, meticulously and deeply understand each stage, each link and each detail in case of omissions.

From the legislative intent of the patent law, the principle of balance of interests, and the background of the judicial interpretation of the patent law, there seems to be no reason to exclude implicit patented functions from the evaluation system.

Furthermore, from the perspective of the economics of law, as an economic factor, the functions contained in a patent, whether explicit or implicit, as long as it is related to the implementation of the patented technical solutions concerned, is undoubtedly related to the intrinsic economic or commercial value of the intangible asset. Whether a patent function is implicit or explicit has no substantial impact on its market value, so there is a good reason to put implicit patented functions in the function evaluation system. Of course, what needs to be clarified here is that the inclusion of implicit patented functions in the evaluation system does not mean that additional functions generated by a certain technical feature of the alleged infringing product can be included in the evaluation scope. These are two completely different issues. Regarding the latter, there are available cases for reference, and the author will not repeated details here①. It should be noted that the stacking storage function of the liner in this case is not a unique or additional function of the alleged infringing product, and the liner described in the patent involved also has this function. It's just that the design of the annular shoulder results in differences between the two in terms of pulling out, quantity calculation, and logistics and warehousing.

Here is a brief summary: for many functions generated by a corresponding technical feature of the patent involved and the accused infringing product, first of all, non-patented functions should be excluded from the evaluation system; second, implicit patented functions should be carefully screened out of patented functions, and then be included in the function evaluation system of equivalent infringement determination together with explicit patented functions.

(2) The evaluation system of effects. Of all the relevant legal provisions of the Chinese and foreign patent laws, the current codified laws do not provide any specific methods, steps or ideas on how to evaluate the technical effect in the determination of equivalent infringement, and this issue is rarely mentioned in judicial cases, and it

---

① Miles Laboratories, Inc. & Triangle Biomedical Equipment, Inc. v. Shandon Inc. &Shandon Southern Products Limited, 997 F. 2d 870 (Fed. Cir. 1993) "...The limitations and functions of the invention in the claims, not the elements or functions of the accused device, establish the reference point for the doctrine of equivalents. Insta-Foam, 906 F. 2d at 702. Infringement under the doctrine does not vanish merely because the accused device performs functions in addition to those performed by the claimed device. Id. Regardless of separation into modules, Shandon's system is still a ' completely automatic system for allowing light microscopy tissue to be processed under a completely automatic sequence in an entirely closed system and without requiring substantial movement of the specimens. '" See Miles I, slip op. at 3 - 4. Thus, the HYPERCENTERs achieved substantially the same result as the "073 patent..."

lacks systematic study. Therefore, this article attempts to explore this issue with this case analysis.

To evaluate the pros and cons of a technical solutions, no matter how complicated or delicate the technical solutions is, or whatever industry it is used for, the value system held by the evaluation should be consistent with the market value of the technical solutions. Only in this way can we see the essence through complex phenomena. In other words, from the perspective of a reasonable third party in the relevant industry, under the same transaction conditions, in the purchase decision process in which one of them must be selected, and in the face of the two sets of technical solutions, all the reasonable factors considered by the third party should be included in the evaluation of effects. The reasonable factors mentioned here should of course exclude factors unrelated to the technical solutions itself, such as related party transactions, conflicts of interest, and aesthetic factors due to personal preferences. Following this line of thinking, according to the judicial experience and perceptions accumulated by the author, the evaluation system of relevant effects should include at least the following three aspects: first, the impact of the technical characteristics in dispute of the case on the overall patent technical solutions or the quality of the corresponding specific function output (quality dimension); second, the impact on its output efficiency (efficiency dimension); and third, the impact on its economics (economic dimension). In plain language, when the two are compared, we should consider whether option A is better, faster, and cheaper than option B, or worse, slower, and more expensive.

Taking this case as an example, factors such as the ease of placing the liner in the fluid reservoir, the degree of their matching with each other, and the stability and operability under the state with full fluid after the placement mentioned in the second trial are related to the output quality of the technical solutions of the spray gun, and can be classified into the category of quality dimension. The capacity of the liner, the convenience of pulling out and quantity calculation when the liners are stacked, are related to the implementation efficiency of the spray gun's technical solutions, so they can be included in the scope of the efficiency dimension. As for the mold design, manufacturing cost and factors such as transportation and storage costs, they belong to the economic dimension that is independent of the output quality and efficiency of the technology solution of the spray gun. Regarding the above three dimensions, further detailed comments can be made as follows.

(1) Quality dimension. This dimension is for the evaluation of the technical

features in dispute corresponding to the overall technical solution, or the result of the function corresponding to the feature through implementation or operation, including quality, stability, excellent rate, durability, unit energy consumption, environmental protection, operating comfort and convenience, and other factors that can affect the market pricing of this technology solution. Therefore, the quality dimension is the dimension with the most factors, the most complicated situation, and the most difficult judgment in the three dimensions. It needs to be carefully considered in individual cases.

(2) Efficiency dimension. This dimension shall refer to the evaluation dimension of the time taken to implement the patented technical solutions with technical characteristics in dispute of the case. In other words, the evaluation of the efficiency dimension needs to consider whether, for an ordinary operator in the relevant industry, it is faster or slower to adopt the accused technical features than the corresponding patented technical features for the same output quantity. Of course, this time difference should be significant, otherwise it should still be considered as "basically the same" under Article 17. Compared with the quality dimension, the core factor of the efficiency dimension is only time or speed. Once all aspects and details of the implementation of technical solutions or related functions are taken into consideration, the evaluation of the efficiency dimension can be easily done, so it is relatively easy to judge.

(3) Economic dimension. This dimension has a underpinning nature, because the aforementioned quality and efficiency factors also undoubtedly have the economic attributes that directly affect market pricing, so the evaluation object of the so-called economic dimension should specifically refer to the technical characteristics in dispute for all those independent of the above quality and efficiency factors, all other factors that are not directly related to the implementation of the technical solutions involved in the case, but still have a substantial impact on the market value of the technical solutions themselves, which is a comprehensive category of economic factors other than quality and efficiency. For mechanical patents, the production cycle of patented products, production processes, procedure, molds, raw materials, processing costs, quality inspection, warehouse and logistics are all specific aspects that can be considered in the economic dimension.

(4) Judicial evaluation of positive and negative technical effects. Due to the adoption of three different dimensions of the evaluation system of quality, efficiency and economics, it is not surprising that the evaluation results have both positive and

negative, and this case is an example. What kind of judicial evaluation should be made in this situation is worth exploring. Among the three technical effects produced by the annular shoulder design in this case, the convenience of pulling out the liner and visual calculation are positive technological effects, and the economic cost increase in terms of the liner's warehousing and logistics is negative technical effects. However, the court of second instance did not evade the issue, but directly made the judgement that "the situation that there are both positive and negative technical effects does not affect the fact that the 'annular shoulder' design is substantially different from the patent concerned of 'having the same shape and fitting snugly together'."

From the literal meaning of Article 17 of the *Several Provisions of the Supreme People's Court on Issues concerning the Application of Law in the Trial of Cases on Patent Disputes* and the practice of the theory regarding the determination of patent equivalent infringement, the core issue that the court need to focus on should always be determining the rough sameness of the means, functions and effects corresponding to a particular technical feature, rather than just comprehensively scoring and sorting them. Therefore, as long as the two technologies compared have different effects, whether it is pure optimization, or degradation, or both, they are specific expressions of "different technical effects," so those emerged positive or negative technical effects should not be factors that interfere with the court's judgment.

(Writer: Kong Liming)

Application of Obstruction of Evidence in Determining Patent Infringement Damages and Discretion in Awarding Patent Damages

—Duan Youlu and Zou Hexian filed a lawsuit against Shanghai Xinguang Chemical Co. , Ltd. for infringement of an invention patent

[**Summary**]

When the people's court determines whether the Article 27 "Obstruction of Evidence" of the Judicial Interpretation of Patent Law (Ⅱ) can be applied to presume the claim of right-holder, appropriate criteria for proof shall be followed regarding the two precedent conditions that "the right-holder shall present evidence for the infringement profits claimed by it" and "the account books and documents related to the infringement are mainly within possession of the infringer. " When calculating the amount of damages of a patent infringement, the people's court shall actively guide the parties involved to present evidences, make full use of part of the evidences presented by the right-holder to prove the infringer's actual illegal gains, and determine the specific amount of damages on a discretion basis if part of the data required for calculation of the damages is affirmed.

[**Case Review**]

Plaintiff (Appellant): Duan Youlu and Zou Hexian (hereinafter referred to as the two right-holders)

Defendant (Appellee): Shanghai Xinguang Chemical Co. , Ltd. (hereinafter referred to as Xinguang Company)

Cause of Action: Infringement of an invention patent

First-instance Case No. : (2014) HEZMW(Z)CZ No. 3

Second-instance Case No. : (2016) HMZ No. 173

In January 2002, the two right-holders patented their invention "the waterborne polyurethane dispersion used as adhesive composition and painting and its production" (hereinafter referred to as the involved patent).

In June 2002, the two right-holders joint-ventured the outsider, Shanghai Xinyou Waterborne Polyurethane Company (hereinafter referred to as the Xinyou Company), with Shanghai Plastic Industry Co., Ltd. (hereinafter referred to as the plastic company) with their Know-How "D-001 aliphatic diisocyanate diol-based waterborne polyurethane adhesive series proprietary technology" (hereinafter referred to as the D-001 proprietary technology) as the contribution, which was fixed at the price of RMB 1.75 million. The two sides jointly developed and produced the D-001 products. In the early stage of its establishment, Xinyou Company used the existing plant and other facilities of the Xinguang Chemical Plant of Shanghai Plastic Industry Co., Ltd., (hereinafter referred to as the Xinguang Chemical Plant), a branch of the plastic company.

In 2006, Xinguang Chemical Plant resumed its status as an independent legal entity and changed its name to Xinguang Company.

In June 2009, the authorization of the involved patent was announced.

In October 2011, Xinyou Company ceased production and operation.

In March 2012, Xinyou Company issued the *Authorization of Production License*, which was not approved by the two right-holders, and authorized Xinguang Company to produce and continuously sell HS11 emulsion (hereinafter referred to as the product accused of infringement) with D-001 proprietary technology. One of Xinguang Company's clients was the Heisonglin Factory.

In June 2012, Xinyou Company withdrew from the tax control system and stopped invoicing.

In July 2012, the joint venture contract for Xinyou Company was terminated.

In 2013, the two right-holders found that Xinguang Company offered to sell the product suspected of patent infringement manufactured with D-001 proprietary technology. In August of the same year, they purchased the product accused of infringement from the Heisonglin Factory. Then the two right-holders sued Xinguang Company for infringing the involved patent and requested it to stop infringement and compensate for their economic losses of RMB (same currency to be used for the following amounts) 3 million and reasonable expenses of 170,200.

[Judgment]

After hearing the case, the No. 2 Intermediate People's Court concluded that, according to the confession of Xinguang Company and the evidence on record, the D-001 proprietary technology fell into the protection scope of the claims of right 1, 7, and 8 of the patent involved; therefore, the act of Xinguang Company manufacturing the product accused of infringement with the D-001 proprietary technology constituted infringement. The court of first instance also held that Xinguang Company's failure to present sufficient evidence to distinguish the amount of sales of the product accused of infringement from that of other products in the total sales of RMB 6.77 million constituted obstruction of evidence. The two right-holders requested to determine the infringement profits as 25% of the total sales but failed to present evidence, while Xinguang Company requested to follow the industry profitability of 10%. Therefore, it was hard to determine the infringement profits of Xinguang Company. Even though the value of the proprietary technology, i. e. RMB 1.75 million, had been used as the benchmark for determining the amount of damages according to the two right-holders' request, there was still a great gap between the amount calculated and the amount claimed by the two right-holders, as Xinyou Company's term of joint venture was 20 years and Xinguang Company's infringement lasted 2 years or so. Accordingly, the court of first instance ordered Xinguang Company to stop the infringement, and determined at its discretion the amount of damages to be RMB 500,000 for the two right-holders' economic losses and reasonable expenses based on the type of the patent involved, the circumstances of the infringement, the reasonable expenses, etc. The court rejected the other claims of the two right-holders.

After the first-instance judgment was made, the two right-holders lodged an appeal.

After the trial of second instance, Shanghai High People's Court concluded that this case did not meet the precedent conditions of Article 27 of the *Judicial Interpretation of Patent Law* (Ⅱ) as the two right-holders failed to present preliminary evidence for the fact claimed by them that Xinguang Company had gained the infringement profits of RMB 3 million. Also, the court of second instance found among the files of the first instance a copy of the invoice for the sale to the Heisonglin Factory that was not submitted by Xinguang Company according to the first instance judgement. Since Xinguang Company had the burden of proof for distinguishing the specific amount of sales of the product accused of infringement from that of other products, it should bear the legal consequences of not being able to present evidence if the evidence presented couldn't prove the name and amount of sales of the product sold on each invoice. Therefore, the determination in the first-instance judgment that Xinguang Company's act constituted obstruction of evidence should be corrected.

As for the amount of damages to be awarded in this case, the court of second instance held that the total amount of sales of the product accused of infringement sold by Xinguang Company to Heisonglin Factory could be determined by all the invoice copies on record. Even if the damages had been calculated based on the 10% industry profitability claimed by Xinguang Company added with reasonable expenses, the final amount was still far higher than the amount of damages awarded by the first-instance judgement. Therefore, the said amount should be adjusted. When it is sufficient to determine part of the data required for the calculation of damages, that is, the specific amount of sales of the product accused of infringement, the court may determine at its discretion the profitability data of the product accused of infringement required to calculate the amount of damages, based on the evidence on record, so as to determine the said amount by infringement profits. As for the profitability, the two right-holders claimed it to be 25% of the total sales, while Xinguang Company requested to follow the industry profitability of 10%. But neither party presented direct evidence. However, the court of second instance found that the profitability was "estimated to level off around 20% since 2007" according to the *Investment Assessment Report*. Taking that and the claims of both parties into consideration, the court of second instance determined on a discretion basis the profitability to be 20%, and determined the amount of damages based on the above-mentioned total amount of sales and reasonable expenses. In the end, the court changed the original judgment, ordering Xinguang Company to pay for the economic losses and reasonable expenses related to its involved infringement act, in an amount of RMB 1.41 million.

[**Case Study**]

The low amount of damages for right holders in intellectual property infringement cases has been a concern of all sectors of society in recent years. Ultimately, "low damages" owes a great deal to "proof difficulty," which is caused by the lack of relevant evidence for the losses of the right holder or the profits of the infringer. To solve the lasting problem of "proof difficulty and low damages," the Supreme People's Court tries to formulate a set of rules of proof in line with the characteristics of intellectual property litigation. In fact, it has further improved the rules of proof on the amount of damages in patent infringement litigation in the Article 27 of the *Judicial Interpretation of Patent Law* (*II*) it released.

I . Explanation of Article 27 of the *Judicial Interpretation of Patent Law* (*II*)

According to the provisions of Article 65 of the Patent Law, the amount of infringement damages can be determined by the losses of the right holder, the profits of the infringer, the license fee for the patent involved, and statutory damages successively. In judicial practice, the amount of damages can be determined by finding the profits of the infringer according to Article 65, as it is often difficult to provide evidence for the actual losses suffered by the right holder. Therefore, Article 27 of the *Judicial Interpretation of Patent Law* (*II*) allocates the burden of proof for the profits of the infringer to the infringer itself, taking a leaf from the provisions of Trademark Law related to obstruction of evidence and considering that the patent right holder is required to present preliminary evidence and the infringer holds relevant evidence. The provision is also combined with the order of calculation for the amount of damages stipulated in Article 65 of the Patent Law. ①

But the following aspects need to be considered when Article 27 of the *Judicial Interpretation of Patent Law* (*II*) is applied.

1. Prerequisites for the application and corresponding proof requirements

There are two prerequisites for the application of this "obstruction of evidence" rule that presumes infringement profits. First, the right holder must present preliminary evidence for the infringer's profits claimed by it. Second, the account books and documents related to the patent infringement are mainly in the possession of the infringer. ② If the two prerequisites are not met, the "obstruction of evidence" rule cannot be applied.

To meet the first prerequisite, the right holder still needs to provide certain "preliminary evidence," and the people's court shall, when determining such

---

① Song Xiaoming, Wang Chuang, Li Jian, *Understanding and Application of the Interpretation on Several Issues Concerning the Application of Law in the Adjudication of Patent Infringement Dispute Cases* (*II*), published in *People's Judicature · Application*, Issue 10, 2016, p. 35.

② The obstruction of evidence mentioned in this article refers to the obstruction of evidence in the narrow sense, which means that the party who does not bear the burden of proof obstructs, by act or omission, the party who bears the burden of proof to prove the facts it claims. Zhang Guangliang, *Study on Several Issues of Civil Intellectual Property Litigation*, published in *Journal of Law Application*, Issue 7, 2008, p. 16.

evidence, follow appropriate criteria for proof that are neither too strict nor too loose. The criteria being not too strict means that the proof requirements are considered met when the right holder has provided evidence of the infringer's public information, such as the publicity materials about the infringement profits or even the company's overall profits described by the infringer itself, introduction on website, the company's annual report, etc. This case, however, is a testament to the opposite, that is the criteria for proof shouldn't be too loose. The two right holders requested to calculate the two years' infringement profits of Xinguang Company based on the sales scale of the outsider Xinyou Company and claimed the profits to be RMB 3 million, but they failed to provide evidence for the relevant sales scale of Xinyou Company. Under better circumstances, even if the right holders were able to provide evidence for the sales scale of Xinyou Company, it couldn't be used to calculate the infringement scale of Xinguang Company. Therefore, the "preliminary evidence" submitted by the two right holders must be relevant to its corresponding claim for damages.

As for the meeting of the second prerequisite, it can be inferred from life experience that the account books and documents related to patent infringement are usually in the possession of the infringer, unless the infringer has evidence to prove that the infringement-related materials are not in its possession. For example, in case a book keeping agent is employed, the company's account books will be kept by the agent. Therefore, it is generally easy to meet this prerequisite.

2. Basis of the application of the "obstruction of evidence" rule

Apart from the two aforementioned prerequisites of Article 27 of the *Judicial Interpretation of Patent Law* (*II*), another basic condition is also required to constitute the presumption of obstruction of evidence, that is, the right holder must bear the burden of proof for the profits of the infringer. First, the legislative purpose of establishing the said rule is to solve the problem of "proof difficulty" by lowering the proof standard for the facts to be proved submitted by the right holder about damages instead of to relieve the right holder's corresponding burden of proof; second, according to the rule that "the one who claims bears the burden of proof," since the patentee claims that the infringer has profited from patent infringement and seeks compensatory damages, the patentee shall bear the corresponding burden of proof. Finally, if the burden of proof for the fact of the infringement profits is not assumed by the right holder but by the infringer, Article 2 of the *Some Provisions of the Supreme People's Court on Evidence in Civil Procedures* shall be applied, that is, if the infringer cannot provide such evidence as account books and documents to prove its actual infringement profits, it shall bear the legal consequences of not being able to prove instead of obstruction of evidence. In this case, the court of second instance held that the burden of proof for distinguishing the specific sales amount of the product accused of infringement from that of other products was on the infringer. If the infringer cannot prove the specific products and sales amount of the invoice, it shall bear the legal consequences of not being able to prove, that is, the sales amount of the unidentifiable products shall be presumed to be that of the product accused of infringement.

Ⅱ. Application of Discretionary Damages in Determining the Amount of Damages

In many infringement cases, even the prerequisite of "preliminary evidence" required to apply Article 27 of the *Judicial Interpretation of Patent Law* (*Ⅱ*) cannot be met, and the amount of damages has to be determined by statutory damages, which makes the three means of compensation prescribed in the Patent Law formalistic and leaves the legislative purpose of offsetting the losses of the right holder unfulfilled. In such cases, it is even more necessary for the people's court to actively guide the parties to provide evidence and try hard to obtain some evidence that can be used to prove the infringer's actual illegal gains. And this case is a good example. Based on the fact that the existing evidence was enough to calculate the sales volume of the product accused of infringement, the claims of both parties and the evidence that indirectly reflected the profitability of the product accused of infringement, the people's court used the means of discretionary damages to determine the profitability required to calculate the specific amount of damages and ultimately the infringement profits gained by the infringer from the outsider. Therefore, when the exact amount of the infringement profits cannot be calculated, the means of discretionary damages can be applied to obtain an amount close to the actual infringement profits based on the evidence of the whole case. Some specific details of infringement can even be taken into account when determining at discretion some values required for certain calculations, thus compensating the economic losses of the right holder as fairly as possible.

(Writer: Cao Wenjia)

Constitution of Tort for Malicious IP Litigation

—Liability Dispute over Damages Caused by Malicious IP Litigation Between Sino Legend (China) Chemical Co., Ltd. and SI Group (Shanghai) Co., Ltd.

[Summary]

A case of liability dispute over damages caused by malicious IP litigation shall be investigated according to the essential constituents of a general tortious case. In terms of the constituent of wrongful act, the investigation shall focus on whether or not the defendant of the prior litigation fully wins the litigation. In terms of the constituent of the damage caused, the investigation shall be focused on whether or not the defendant of the prior litigation has incurred actual expenses or other losses for the litigation. The focus of investigation shall be the malice of the plaintiff in the prior litigation. With respect to determination of the plaintiff's malice in the prior litigation, the investigation shall be focused on whether or not the lawsuit filed by the plaintiff in the prior litigation has any reason of right or factual foundation, whether or not the litigation is targeted at other purposes beyond its scope and whether or not there is any obviously improper act of procedure. If the plaintiff has no reason of right or factual foundation in the prior litigation, the prior litigation is targeted at other improper purposes beyond its scope, and there is certain improper act of procedure in the litigation, then the prior litigation can be determined as malicious.

[Case Review]

Plaintiff (Appellant): Sino Legend (China) Chemical Co., Ltd. (hereinafter referred to as Sino Legend)

Defendant (Appellee): SI Group (Shanghai) Co., Ltd. (hereinafter referred to as SI Group)

Cause of Action: Liability Dispute over Damages Caused by Malicious

IP Litigation

First-instance Case No.：(2015) HZMCZ No. 391

Second-instance Case No.：(2016) HMZZ No. 501

On August 11, 2008, Sino Legend applied for the patent titled "improved process for production of alkylphenol thermoplastic resin" (Application No.: 200810041551.7, hereinafter referred to as the involved patent). On February 9, 2010, SI Group filed a lawsuit with Shanghai No. 2 Intermediate People's Court against Sino Legend for a dispute over the ownership of right to apply for a patent. The case number was (2010) HEZMW(Z) CZ No. 39 (hereinafter referred to as Case No. 39). In this case, SI Group asserted that it possessed a business secret and indicated three points of the business secret, thus it claimed to own the right to apply for the involved patent. On March 24, 2011, SI Group applied to the court to withdraw its lawsuit, and the court permitted the application. Since April 9, 2010, the State Intellectual Property Office had suspended the application procedure for the involved patent for three times upon the application of SI Group, but the involved patent was still authorized in 2013.

On March 29, 2011, SI Group filed a second lawsuit with Shanghai No. 2 Intermediate People's Court against Sino Legend for the dispute over the ownership of right to apply for the involved patent. The case number was (2011) HEZMW(Z)CZ No. 48 (hereinafter referred to as Case No. 48). In this case, SI Group claimed that it possessed the business secret (involved area) for the SP-1068 product and indicated 20 points of the business secret, that Xu Jie who used to work at SI Group before joining Sino Legend had violated the obligation of confidentiality and disclosed the above-mentioned business secret, and that Sino Legend applied for the involved patent using the business secret of SI Group. Thus, SI Group requested the court to order that the ownership of right to apply for the involved patent belonged to SI Group.

On May 28, 2013, SI Group once again applied to the court to withdraw its lawsuit, but Shanghai No. 2 Intermediate People's Court didn't permit it. On June 17, 2013, Shanghai No. 2 Intermediate People's Court issued the No. 48 Civil Judgment which dismissed the claims of SI Group. SI Group and its American headquarters refused to accept the judgment and lodged an appeal. Shanghai High People's Court issued the (2013) HGMS(Z) ZZ No. 92 Civil Judgment (hereinafter referred to as Case No. 92) on October 12, 2013, which rejected the appeal and upheld the formerjudgment.

On May 21, 2014, Sino Legend filed a commercial defamation lawsuit with Zhangjiagang People's Court of Jiangsu Province, claiming that SI Group sent letters to the clients of Sino Legend fabricating facts to defame it during the trial of the aforesaid lawsuit with Shanghai No. 2 Intermediate People's Court and after losing the lawsuit. Thus, Sino Legend requested the court to order SI Group to assume corresponding civil liabilities, such as stopping the tortious act, compensating for losses and eliminating bad effects. On May 5, 2015, Zhangjiagang People's Court of Jiangsu Province issued the (2014) ZZMCZ No. 00021 Civil Judgment, ordering SI Group to stop the tortious act, eliminate bad effects and pay Sino Legend RMB 1 million for the economic losses.

In 2015, Sino Legend filed a lawsuit with the Shanghai Intellectual Property Court, claiming that the cases (2010) HEZMW(Z) CZ No. 39 and (2011) HEZMW (Z) CZ No. 48 initiated by SI Group constituted malicious intellectual property litigation and requesting SI Group to compensate for the damages and eliminate the bad effects. Its main reasons were as follows: 1. there was no reason of right or factual foundation for SI Group to file the two aforesaid lawsuits; 2. SI Group's request that the State IP Office should stop the patent approval procedures was not justified but meant to delay Sino Legend's obtainment of the authorization of the involved patent through the dispute case over the application right; 3. SI Group implemented some dishonest acts of procedure, such as improperly obtaining Sino Legend's business secret, fabricating reasons for the police not to register the case, defaming the goodwill of Sino Legend, repeatedly changing the points of relevant business secret during the litigation, and filing and withdrawing lawsuits repeatedly. These acts testified to its malicious intent in filing the lawsuits for the dispute over the ownership of right to apply for the involved patent.

[**Judgment**]

The Shanghai Intellectual Property Court held that the focus of dispute in this case was whether the act of SI Group's suing Sino Legend about the ownership of right to apply for the involved patent constituted malicious litigation. Malicious litigation refers to the act of one party deliberately filing a lawsuit without factual or legal foundation and causing the counterparty to suffer losses in the lawsuit for the purpose of obtaining illegal or improper interests. The essential constituents required to determine the liability for damages caused by malicious intellectual property litigation include: 1. one party has filed an intellectual property lawsuit; 2. the plaintiff is subjectively malicious; 3. the act of procedure has caused actual harm to the counterparty; 4. there is causal relationship between the act of procedure and the harm. Of all the essential constituents, the most important one is "the plaintiff is subjectively malicious." Being subjectively malicious means one party who fully knows that its prosecution lacks legal or factual foundation deliberately files a lawsuit for the purpose of harming the interests of the counterparty or obtaining improper interests for itself. The court of first instance held that as determining the content of right to a business secret is a complicated process in the civil litigation involving a business secret, the parties shall not be required to be absolutely right about it at the beginning of the litigation. Therefore, SI Group shall not be deemed to have implemented the malicious act of filing the lawsuits with the clear knowledge that it didn't enjoy relevant rights and interests, just because the points of the relevant business secret confirmed by the court were not the same as its claims. SI Group's improper act of procedure during the trial was not enough either to determine that SI Group was subjectively malicious when filing the IP lawsuits. The court of first instance held that the purpose of SI Group filing the lawsuits with respect to the disputed IP was to protect its legitimate rights, that its act didn't constitute a tort of malicious IP litigation, and that SI Group should not bear the civil liabilities of paying for the losses or eliminating the bad effects. Therefore, the claims of Sino Legend were rejected. Sino Legend refused to accept the judgment made in the first instance and filed an appeal. Shanghai High People's Court, the court of second instance, rejected the appeal and upheld the original judgment after hearing the case.

[Case Study]

Ⅰ. Essential Constituents

The liability dispute over damages caused by malicious IP litigation is a cause of action added to the *Provisions on Causes of Action for Civil Cases* amended by the Supreme People's Court in 2011 and classified into the category of disputes over IP right and tort. Such a dispute is definitely recognized as a situation of the IP tort dispute. Malicious litigation essentially falls into the category of tort disputes, but there is no explicit law on what constitutes malicious litigation.① Generally, it is

① The *Articles* 112 *and* 113 *of the Civil Procedure Law of the People's Republic of China* amended in 2012 have prescribed malicious litigation, but its situations are limited to the malicious collusion between the parties to infringe on the rights and interests of another party or the malicious collusion between the person subjected to execution and another party to escape certain obligations prescribed by legal documents through the litigation. What is discussed in this article doesn't belong to such situations obviously.

considered malicious litigation that one party deliberately files a lawsuit without legal or factual foundation for the purpose of obtaining illegal or improper interests. ①

It is generally believed that the constitution of tortious liability requires four essential constituents, wrongful act, damage, causality, and subjective fault. But the German Law of Torts stipulates that three essential constituents are required, that is, fact constitution, illegality and fault. And the French Law of Torts requires only damage, causality and subjective fault. ② As for the wrongful act, it is generally believed that the act should be illegal, but some believe the act needn't be illegal. ③ Theory is generally used to explain practice, but practice usually does not change with theory. When it comes to malicious litigation, the theory of four constituents where the tortious act needn't be illegal is more feasible. Further explanations are as follows:

(1) The theory of four constituents is logical and makes it easier to find a clear direction for the trial. In comparison with the theory of three constituents, that of four constituents still includes the wrongful act. The system of tort law mainly centers on acts. Without acts, there will be no foundation for liability. The defendant's act is the source of tort litigation. Without it, the litigation will be groundless. Logically, the act of a civil subject occurs before it is given legal judgment and certain legal liability is imposed on it. In the practical trial of a case, the first fact to be ascertained should be whether the defendant has implemented the acts stated in the indictment. If the investigation goes directly to whether there is any damage caused without considering the constituent of act first, what about the cause of the effect and how to establish the causality? In fact, the damage in the theory of three constituents must include the constituent of act too. Why hide the constituent when it is better to manifest it and make it an independent constituent? In a dispute of malicious litigation, when the defendant is the plaintiff of the prior litigation which already has a valid judgement, and when the plaintiff's claims of the prior litigation have been rejected by the court, it shall be considered that the constituent of act has been met. In this case, SI Group

---

① *Understanding and Application of Provisions on Causes of Action for Civil Cases of the Supreme People's Court* (amended in 2011), People's Court Press, Issue of March 2011, p. 271

② The so-called "fact constitution" is equivalent to "wrongful act + damage + causality," so the author believes that the essential constituents in the German Law of Torts are virtually not different from those in the Chinese Tort Law, and thus the factors to be investigated during the trial are basically the same.

③ See Zhang Xinbao, *Principles of Tort Law*, China Renmin University Press, Issue of March 2005, pp. 48 – 49.

filed two lawsuits for the dispute over the ownership of right to apply for the involved patent and the court rejected its claims.

(2) It is difficult to determine the illegality of an act. The German Law of Torts and the French Law of Torts both belong to the Civil Law System, but the former requires the constituent of illegality of act while the latter doesn't. However, it doesn't mean that the two are virtually different. The lack of the constituent of illegality can be understood in two ways: first, the existence of a wrongful act and damage naturally contains the constituent of illegality;① second, the illegality of act will be considered when determining the constituent of subjective fault. However, regardless of whether the illegality is considered separately from the fault or not, the conclusion of the actual case will not change or differ. ② In this sense, it is not unreasonable to recognize illegality as an independent constituent of tort. However, as far as the act of filing a civil lawsuit is concerned, it is difficult to determine the illegality of the act. As it is a civil subject's right to file a civil suit, the act is generally not illegal. When the act conforms to the relevant provisions of the procedure law, the case shall be registered and brought into the trial procedure. When the plaintiff's claims are rejected due to insufficient evidence or no legal basis, it cannot be generally considered that the act is illegal. Therefore, if the theory including illegality is adopted, the investigation shall be carried out from the perspective of whether the act of filing the lawsuit is illegal. But it is quite difficult to do so in practice. Instead, it is better to include this constituent into the category of subjective fault for investigation. In this case, it is difficult to determine that SI Group's act of filing the lawsuit is illegal. In fact, exercising the right to sue is a legitimate act; otherwise, any plaintiff who loses a civil lawsuit will face the risk of being considered to have committed tort.

(3) How to define the damage? There are also two different views on how to determine the scope of damage. One view says that, in the prior litigation, the defendant has paid corresponding litigation costs for the lawsuit, such as attorney's fee. And some emotional loss or reputational damage may have arisen, which should be considered damage too, since no litigation costs will be paid and no emotional loss or reputational damage will arise if the prior litigation is not initiated. In aliability

① See Basil S. Markesinis and Hannes Unberath, *The German Law of Torts: A Comparative Treatise*, Fourth Edition, Hart Publishing, 2002, p. 79.

② See Basil S. Markesinis and Hannes Unberath, *The German Law of Torts: A Comparative Treatise*, Fourth Edition, Hart Publishing, 2002, p. 81.

dispute over damages caused by malicious litigation, that the defendant in the prior litigation claims damages is just based on the principle of filling the losses. The other view says that the defendant in the prior litigation must have suffered other losses apart from litigation costs, emotional loss or reputational damage. Both the United States and the U. K. follow the Common Law System, but most courts in the United States adopt the first view while the British courts adopt the second view. It is because the winning party in British civil litigation has already been compensated in terms of litigation costs. ① Also, those who adopt the second view believe that the litigation costs and reputational damage, etc. are the proper costs of litigation② and help control the amount of lawsuits. ③ The author believes that it is more feasible to adopt the first view in the context of Chinese law. The litigation costs, especially the attorney's fee, of the defendant who wins the prior litigation are relatively high at present. If the defendant's personal reputation or business goodwill is also damaged during the litigation, his daily life or market transactions will be affected too. Remedies such as compensation are by no means dispensable to the defendant. When damage is regarded as an essential constituent of tortious liability, it is unnecessary to set such a high standard as the aforesaid second view. In this case, Sino Legend paid RMB hundreds of thousands in attorney's fee for hiring professional lawyers in the prior litigation. Considering that the case was complicated, multiple hearings had been held, and the trial had lasted several years, the attorney's fee was within reasonable scope. Therefore, it should be considered that there was damage caused and the damage had a direct causal link with Sino Group's prosecution.

Ⅱ. Determination of Malice

The determination of malice is a difficult and critical point in the trial of a liability dispute over damages caused by malicious litigation. It is discussed as follows in combination with the case.

(1) SI Group had certain reason of right and factual foundation for filing the two cases of dispute over the ownership of right to apply for a patent. As SI Group and Sino Legend were direct competitors in the market, and the fact was confirmed that an

---

① John L. Diamond et al. , *Understanding Torts*, Matthew Bender & Company Inc. , 2013, § 20. 02. E.

② Dan Dobbs et al. , *Hornbook on Torts*, West Academic Publishing, 2016, § 39. 12.

③ John L. Diamond et al. , *Understanding Torts*, Matthew Bender & Company Inc. , 2013, § 20. 02. E.

employee of SI Group who might have learned about the involved business secret had left office, it was reasonable to some extent that SI Group suspected its involved business secret had been taken by Sino Legend for the application of the involved patent. In the litigation, SI Group claimed the ownership of right to apply for the involved based on the involved business secret and summarized the secret points to make them clear. The technical solution claimed by SI Group and the involved patent of Sino Legend fell within the same technical field, and the trial had involved complicated technical issues, too. Even though the secret points claimed by SI Group and the technical solution of the involved patent in the case (2010) HEZMW(Z)CZ No. 39 were not literally consistent, they belonged to the same technical field, and there may be different expressions for the same or virtually the same technical solution. Therefore, the ownership of right can only be precisely determined through the actual trial of the case. In fact, the judgment of the case (2011) HEZMW(Z)CZ No. 48 had also accepted the appraisal opinion, which proved the complication of the involved technical issues. SI Group had prepared considerable preliminary evidence when filing each of the two lawsuits. The two lawsuits were neither based on speculation nor without factual foundation at all. This showed that, when SI Group filed the lawsuits, it did not think it would definitely lose. At the very least, SI Group thought it had certain reason of right and factual foundation when filing the lawsuits and hoped to obtain the ownership of right to apply for the involved patent, which was certainly a normal act of a company facing commercial competition. In a civil case, the plaintiff cannot be required to hold the same understanding or opinion as the final judgment when filing the lawsuit. It is certainly normal that the plaintiff's claims are not supported, and the reasons vary. The adverse judgment does not suffice to prove that the plaintiff's prosecution lacks reason of right or factual foundation.

In the trial of a case, it is necessary to investigate the reason of right and factual foundation, but it does not mean that any case without the reason of right or factual foundation can pass the provisions of malicious litigation, or that any case with the reason of right and factual foundation does not necessarily constitute malicious litigation. For those who know perfectly well that they have no reason of right but still pretend to be the right holder by fabricating the certificate of right and other documents, and have obtained compensation by filing an intellectual property lawsuit, it should be considered that they have committed a criminal crime, such as fraud. And the defendant as the victim shall be compensated by the surrendered ill-gotten gains and other means.[①] It is because the fundamental purpose of the malicious litigation system is to establish normal litigation order by sanctioning the prosecuting party and compensating the victim and to make litigation a way to safeguard rights rather than a tool for tort. And the acts that directly endanger social order shall be regulated by the penal system. In other cases, the plaintiff originally has the reason of right, such as the patent right, but the right has been altered, e. g. , a claim of the right has been deleted. If the plaintiff already knows about the aforesaid circumstances but still files a lawsuit on the basis of the non-existent right, the prosecution will generally be considered malicious.[②] If the prosecution has the appearance of the reason of right but it is difficult to determine whether the plaintiff already knows otherwise, the prosecution should generally be considered not malicious.[③] Besides, that the plaintiff has certain reason of right and factual foundation does not mean that he can be exempted. The determination of malicious litigation shall be based on the whole case. If the plaintiff exercises his right beyond the proper scope, his prosecution may also be considered malicious.

(2) With the evidence on record, it is difficult to prove that the prosecution of SI Group had other purposes beyond the litigation itself. The author believes that, to determine that an act of procedure constitutes malicious litigation, it is necessary to prove that the plaintiff has other improper purposes beyond the litigation itself. The reason why SI Group filed the lawsuits for disputes over the ownership of right to apply for a patent was that it believed Sino Legend had applied for a patent with its technical solution and it had to obtain the right of the involved patent by means of litigation. Winning benefits through litigation is the legitimate right of a civil subject. In terms of the two disputes over the ownership of right to apply for a patent, it is hard

---

① See the Civil Judgment (2015)SKZCZ No. 65 by the Keqiao District People's Court of Shaoxing, Zhejiang Province, for the malicious IP litigation case filed by Wei against Xie about the liability dispute over damages.

② See the Civil Judgment (2015) JZMCZ No. 1446 for the malicious IP litigation case filed by Beijing Far East Cement Products Co. , Ltd. against Beijing Sifang Rugang Concrete Products Co. , Ltd. about the liability dispute over damages.

③ See the Civil Judgment (2007) EZMCZ No. 15445 by the No. 2 Intermediate People's Court in Beijing for the case of dispute over damages filed by Beijing Mingri Electrical Equipment Co. , Ltd. against Woehner (Beijing) Electrical System Co. , Ltd. The defendant of the case (the plaintiff of the prior litigation) applied a design patent for its published design, but the patent was declared null and void in the litigation.

to say that SI Group had other purposes beyond obtaining the ownership of the right to apply for the involved patent when filing the lawsuits. Moreover, SI Group didn't win the two lawsuits and had to bear the adverse consequences. As for SI Group's request of suspending the application procedure of the involved patent, it was an entitled right of the parties involved according to law and a proper part of the design for the system of patent application procedure. Therefore, it was not illegal for SI Group to request the suspension of the application procedure. The involved patent of Sino Legend was finally authorized. SI Group's act of commercial defamation had been handled according to law in another case and thus needed no consideration in this case. The so-called other purposes beyond the litigation itself means that it can be judged from the case that the plaintiff only uses the prosecution against the counterparty as a disguise or a tool in order to achieve other improper purposes. For example, when the counterparty is applying to go public, the lawsuit may suspend its process of going public and thus weaken its market competitiveness.

(3) With the evidence on record, it was difficult to prove that SI Group had any act of procedure that was obviously improper or violated good faith in the litigation. Both the dispute over the ownership of right to apply for a patent and the dispute over a business secret may involve complex technical issues. The parties involved can only claim rights based on the evidentiary materials they have, and the outcome of the case is determined by the judge based on all the evidence of the case. Even if the judgment is adverse to the plaintiff, it does not suffice to prove that the plaintiff has malicious intent. In the cases of dispute over the ownership of right to apply for a patent, SI Group had submitted preliminary evidence, and there was no evidence to prove it had such acts as perjury, and it had appointed a professional lawyer as its agent ad litem. The secret points claimed by SI Group in the case (2011) HEZMW(Z)CZ No. 48 were an altered version of those in the case (2010) HEZMW(Z)CZ No. 39. Although the two cases were independent, they were relative to each other to some extent, and the technical solutions they claimed fell into the same technical field. That the plaintiff changed, refined and clarified some details after filing a second lawsuit was not unjustified. The withdrawal of the case (2010) HEZMW(Z)CZ No. 39 was approved by the court hearing the case, while the application for withdrawal of the case (2011) HEZMW(Z)CZ No. 48 was not approved. It was hard to determine that the aforesaid application for withdrawal was unjustified. If the plaintiff in the prior litigation has any obviously improper act of procedure, it can be used as an important factor for determining his malice.

(4) The malice in malicious litigation shall be distinguished from the grudges of the plaintiff in a civil action. In civil actions, the opposing parties may hold some grudges against each other. In particular, the party who files the lawsuit may be angry with the other party being sued. That is quite normal. But it differs from the malice in malicious litigation and is not subject to the regulation of the malicious litigation system. As mentioned before, SI Group's filing of the dispute case over the ownership of right to apply for a patent had no improper purposes beyond the litigation itself. Also, the dispute over the ownership of right to apply for a patent involves the ownership of a patent right which is of great significance to the operation of a company. So, it should be ensured that the party who has objections to the ownership has sufficient rights to sue. SI Group's act of filing the cases (2010) HEZMW(Z)CZ No. 39 and (2011) HEZMW(Z) No. 48 and other acts in the litigation, such as altering the secret points, withdrawing the lawsuits after they were filed, and requesting the suspension of the patent examining procedure, were still lawful acts of procedure. There was no solid evidence to prove that Sino Legend had suffered other losses apart from the litigation costs. The entire litigation was still within the scope of normal business risks. Civil litigation is an important way to manifest and protect rights. Filing a lawsuit according to law can also demonstrate the right holder's serious attitude toward rights. To protect the right to sue, support and encourage the right holder to protect his intellectual property, high standards of determination must be followed in malicious IP litigation according to law. Otherwise, it will unduly deter the right holder's lawful act of protecting his intellectual property.

Ⅲ. The Extraction of Judging Principles

Oliver Holmes once said, "The life of the law has not been logic; it has been experience."① Similarly, legal rules are not deduced from the academic theories on paper, but exist in reality and gradually turn concrete through the trial and adjudication of various cases. Tortious cases of malicious litigation are rare, and those where the courts find tort constituted are rarer. Apart from the usual tort constitution, this article tries to extract some judging principles for cases of liability dispute over damages caused by malicious IP litigation, and the principles can affect the trial of relevant cases. The principles are summarized as follows:

Firstly, a case of liability dispute over damages caused by malicious IP litigation

---

① Oliver Holmes, *The Common Law*, The Belknap Press of Harvard University Press, 2009, p. 3.

shall be investigated according to the essential constituents of a general tortious case. Regarding the constituent of wrongful act, the investigation shall be focused on whether the parties involved in the prior litigation are the same as those of the present case, whether a judgment has been issued and taken effect for the prior litigation, and whether the plaintiff of the malicious litigation dispute has fully won the prior litigation as the defendant. Regarding the constituent of damage, the investigation shall be focused on whether or not the defendant of the prior litigation has incurred actual expenses or other losses for the litigation. Regarding the constituent of causality, the investigation shall be focused on the relationship between the expenses or other losses and the prior litigation. As for the malice of the plaintiff in the prior litigation, it should be the most important issue to be investigated in this case.

Secondly, the determination of the plaintiff's malice in the prior litigation should undoubtedly be the focus of argument between the litigants. The investigation shall be focused on whether the plaintiff's prosecution in the prior litigation has certain reason of right and factual foundation, whether the plaintiff has other purposes beyond the litigation, and whether the plaintiff has any obviously improper act of procedure. If the plaintiff in the prior litigation actually has no reason of right or factual foundation, his purpose of litigation does not lie in the litigation itself, and he has some improper act of procedure during the litigation, it can be determined that the plaintiff in the prior litigation has filed the lawsuit out of malice and shall bear corresponding liabilities for damages, such as compensating for losses and eliminating bad effects.

(Writer: Xu Zhuobin)

Judicial Determination of Functional Technical Features

—Infringement dispute over an invention patent filed by Brita Against Qingqing Company

[**Summary**]

This is a typical case of infringement dispute over an invention patent involving functional technical features. As the embodiments recorded in the Claims and the Description of the involved invention patent are complicated, the judge must comprehend the relationship between different implementation solutions and various optional implementation means according to the Description. When it comes to the identification of infringement through comparison, it is necessary to determine whether the differences in specific details are flaws arising from processing or evasions of involved technical solution. The design and process tolerances should also be taken into account to make a legal and reasonable judgment.

[**Case Review**]

Plaintiff (Appellee): BRITA GMBH

Defendant (Appellant): Ningbo Qingqing Environment-friendly Electrical Appliances Co., Ltd.

Cause of Action: Infringement dispute over an invention patent

First-instance Case No.: (2015) HZMCZ No. 753

Second-instance Case No.: (2017) HMZ No. 146

BRITA GMBH (hereinafter referred to as Brita) is a global company mainly engaged in the research & development and manufacturing of water dispensers. On April 27, 2005, Brita applied for an invention patenttitled "Filter Cartridge and Apparatus for the Filtration of Liquids" (hereinafter referred to as the patent involved) with the State Intellectual Property Office of China. The authorization proclamation was granted on May 12, 2010. The patent number is ZL200580017027. 0. On June 10, 2015, Brita found that Ningbo Qingqing Environment-friendly Electrical Appliances Co., Ltd. (hereinafter referred to as Qingqing Company) displayed and offered to sell the allegedly infringing products, and also distributed the promotion and introduction brochures about the allegedly infringing products at the "8th Aquatech China" exhibition held in the National Convention and Exhibition Center at 168 East Yinggang Road, Shanghai. In addition, Qingqing Company introduced the allegedly infringing products on its website www. qingqing. cn. In the Product Center section of the website there were pictures corresponding to the products listed in the Qingqing Company's product brochure. In its product catalogue there was a section of "BRITA" products, with the pictures of the allegedly infringing products demonstrated on the web page; Qingqing Company also set up an online store on www. alibaba. com to sell the allegedly infringing products, claiming that the allegedly infringing products were imitations of Brita products. On June 26, 2015, an agent commissioned by Brita purchased 15 allegedly infringing water filter jugs from Qingqing Company and obtained such evidence as business card, payment voucher and product brochure. In Qingqing Company's promotion brochure there were pictures of the allegedly infringing products. On the business card were printed the words of "Liu Haijun, Foreign Trade Department, Ningbo Qingqing Environment-friendly Electrical Appliances Co., Ltd." On the payment voucher was printed Qingqing Company's common seal, together with the words of "15 water filter jugs amounting to RMB 600." The inspection personnel in court found that the aforesaid notarized purchases included the water filter jugs and bottles of Models QQF-01, QQF-03, QQF-04, and QQF-05 (with the filter cartridge of Model QQFC-05), each with Instructions in English. After comparison was made, Brita claimed that the technical features of the allegedly infringing products fell within the protection scope of the patent involved, that Qingqing Company's act of manufacturing, selling and offering to sell the allegedly infringing products without permission constituted infringement on the patent involved, and that Qingqing Company should assume the civil liabilities of stopping the infringement and paying for the damages. So, Brita filed a lawsuit requesting the court to rule that Qingqing Company should stop the infringement, destroy the special molds, and pay RMB 1. 3 million in compensation for its economic losses and reasonable expenses. However, Qingqing Company asserted that the technical features of the allegedly infringing products were different from those of the patent involved and its act didn't constitute patent infringement. So, it requested the court to reject

Brita's claims.

[Judgment]

After hearing the case, the Shanghai Intellectual Property Court found that the "first fixing mechanism" and the "second fixing mechanism" in the patent involved were functional technical features. According to the plaintiff's Patent Description and attached drawings, the "first fixing mechanism" and the "second fixing mechanism" should have one first inwardly protruded section in the filter cartridge and one second inwardly protruded section in the base wall of the receiving chamber. The two inwardly protruded sections serve as the indentations and can interact with each other, that is, the second indentation in the base wall of the filter cartridge needs to engage over the first indentation in the base wall of the receiving chamber, and the mandrel in the second indentation needs to go through the first indentation. That will achieve the technical effect of securing the correct fitting of the filter cartridge into the receiving chamber. At the bottom of the receiving chamber of the allegedly infringing product there is an inwardly protruded cylindrical hollow body. On top of the hollow body there is a circular protruded edge extended inward. In the edge there is a gap. At the lower part of the filter cartridge of the allegedly infringing product there is a cylindrical hollow body protruding inward. On top of the cylinder there is an outwardly extended mandrel, which has a gap too. Beside the mandrel are four symmetrical separating ribs. When the filter cartridge is being fitted into the receiving chamber, the two cylindrical hollow bodies protruding inward can partly overlap in a sealing and clamping manner. The mandrel in the filter cartridge can go through the outlet of the receiving chamber. The two can interact with each other to realize the effects of guided positioning and liquid throttling. Therefore, the court determined that the allegedly infringing product fell within the protection scope of the patent involved.

In conclusion, the Shanghai Intellectual Property Court ruled: 1. The defendant Ningbo Qingqing Environment-friendly Electrical Appliances Co., Ltd. should immediately stop the infringement on the invention patenttitled "Filter Cartridge and Apparatus for the Filtration of Liquids" (Patent No. ZL200580017027.0), whose right was entitled to the plaintiff BRITA GMBH; 2. The defendant Ningbo Qingqing Environment-friendly Electrical Appliances Co., Ltd. should compensate the plaintiff BRITA GMBH for its economic losses of RMB 400,000; 3. The defendant Ningbo Qingqing Environment-friendly Electrical Appliances Co., Ltd. should compensate the plaintiff BRITA GMBH for its reasonable expenses of RMB 100,000; 4. The other claims of the plaintiff BRITA GMBH were rejected.

Qingqing Company refused to accept the judgment of the first instance and lodged an appeal.

After hearing the case, the Shanghai High People's Court determined that the facts had been clearly found, the law had been correctly applied, the trial procedure had been legal, and the judgment had been made appropriately in the trial of the first instance, and thereby rejected the appeal and affirmed the original judgment.

[Case Study]

Ⅰ. Determination and comparison of techniques involving functional features

According to Section 1, Article 8 of the *Interpretation on Several Issues Concerning the Application of Law in the Adjudication of Patent Infringement Dispute Cases by the Supreme People's Court* (*Ⅱ*), functional features refer to the technical features defined by their function or effect in the innovation-creation with respect to the structure, composition, steps, conditions or their inter-relationship, unless persons skilled in the art, after reading the claim only, can directly and clearly ascertain the specific embodiments that realize such function or effect. Regarding the technical feature expressed in terms of its function or effect in the claims, the people's court shall determine the content of the technical feature in combination with the embodiment of the function or effect described in the Patent Description and the attached drawings and other equivalent embodiments.

A technical solution refers to a group of technical means that use the order of law to solve technical problems, and technical means are usually embodied by technical features. The function refers to the role played by the technical solution. The Claims of the patent involved says, "When the filter cartridge is being fitted into the receiving opening, the second fixing mechanism and the first fixing mechanism interact to secure the position of the filter cartridge..." According to this description, the 4th item of Claim 8 includes the two technical features of first fixing mechanism and second fixing mechanism. When the filter cartridge is being fitted into the receiving opening, the aforesaid two technical features interact with each other to secure the position of the filter cartridge. Therefore, securing the position of the filter cartridge is not a technical feature but a function. Also, Claim 8 of the patent involved provides for the specific positions of the "first fixing mechanism" and the "second fixing mechanism," saying, "... the inlet funnel has at least one first fixing mechanism below the receiving opening,... the filter cartridge has at least one second fixing mechanism below and at a distance from the sealing rim... " Despite that provision, the "first fixing mechanism" and the "second fixing mechanism" are not professional technical terms and the Claims don't provide for the specific structure of the two fixing mechanisms. They are only defined with such function and effect in the invention: "when the filter cartridge is being fitted along the axis, the fixing mechanism interact with each other to secure the sealing position of the filter cartridge." Therefore, the "first fixing mechanism" and the "second fixing mechanism" in Claim 8 of the patent involved are functional technical features.

The Description of the patent involved gives some description on the embodiments of the first and second fixing mechanisms. For example, the [0021] section says, "The first and/or second fixing mechanism(s) may be spacer elements and/or guide elements and/or latching elements... " The [0022] section says, "The fixing mechanisms are preferably projections or recesses. The projections or recesses may be cylindrical, conical or frustoconical in form. These forms also include, for example, indentations and protuberances or beads." The [0027] section says, "The fixing mechanisms may also be guide elements, which means that the filter cartridge is guided into its intended position when it is being fitted. By way of example, projections and recesses, in particular indentations on the filter cartridge and on the holding element which, by way of example, may be cylindrical, conical or frustoconical in form, are suitable for this purpose." Given the explanations of the aforesaid Description, the first and second fixing mechanisms may adopt the protruded cylindrical or frustoconical guide elements as the embodiment. According to the description of Claim 8, the first fixing mechanism has at least one indentation in the base wall of the receiving chamber and the second fixing mechanism has at least one second indentation which engages over the first indentation in the base wall of the filter cartridge. Also, the [0035] section says, "... the base wall of the receiving chamber has at least one first indentation, and the base wall of the filter cartridge has at least one second indentation, which engages over the first indentation. These two indentations may interact in a sliding manner and thereby form guide elements." The [0036] section says, "Preferably, the first indentation is a cylindrical or frustoconical hollow body, which is formed integrally on the base wall of the receiving chamber, faces inwards and has at least one inwardly facing first bead, which is in the shape of an arc of a circle and leaves clear at least one outflow opening, arranged on its free edge, wherein an outwardly facing mandrel, which engages in the cylindrical or frustoconical hollow body when fitting the filter cartridge, is arranged in the second indentation."

According to these descriptions, the first and second fixing mechanisms can be realized by the aforesaid implementation example of guide elements, that is, arranging the first indentation in the base wall of the receiving chamber and the second indentation in the base wall of the filter cartridge, or by an equivalent technical solution.

Based on the relevant examples of embodiment in the Description, the court determined the specific structure and interactive way of the technical feature that included the "first fixing mechanism" and the "second fixing mechanism." Comparison showed that the allegedly infringing product had the aforesaid technical feature too. Thus, it could be determined that the allegedly infringing product fell within the protection scope of the patent involved.

Ⅱ. Can the differences in details of the allegedly infringing products affect the judgment of infringement?

In a patent infringement lawsuit, if the corresponding technical features of the allegedly infringing product are significantly different from the patented technical solution, it can be determined that the product does not have the corresponding technical features at all, but in some cases, the difference is only caused by a flaw of the allegedly infringing product, and it should not be determined that the product does not have the corresponding technical features.

When the details of certain components of the allegedly infringing product are not completely the same as those in the corresponding technical solutions described in the implementation examples of the Description, the court should determine whether the differences in the relevant details are intentional evasions in the technical solutions or only the flaws arising in processing before making a reasonable judgment. In this case, Qingqing Company argued that there were gaps between components of the allegedly infringing product so that the components did not constitute an interactive relationship and thereby did not form a "fixing mechanism." The court held that although there might be gaps between the mandrel and the outlet opening of the allegedly infringing product caused in mold processing, the technical solution of the allegedly infringing product still had the technical feature of "fixing mechanism." The specific reasons were as follows: Firstly, according to the Claims and the Specification, the structure of the fixing mechanism was diverse, and the interaction between two fixing mechanism could have different forms too, including contact, locking, and sliding fit. Therefore, the interactive relationship between two fixing mechanism couldn't be limited to only one tight fit (including interference fit); secondly, the allegedly infringing product had the same components of fixing mechanism as those described in the implementation example of the patent involved. The purpose of those components was just to achieve the positioning and throttling functions to be achieved by the "fixing mechanism" in the patent involved; finally, it was inevitable that the allegedly infringing product, as a plastic product, had such flaws as tolerance gaps caused during the processing of the product. There was no evidence to prove that these "gaps" were specifically designed to avoid patent infringement. Therefore, the processing flaws could not change the fact that the allegedly infringing product had the purpose of infringement.

(Writer: Hu Mi)

Judging Principles on Environmental Features in Invention Patent Cases

—Infringement Dispute over Invention Patent Between Canon Inc. and Shanghai Muming Electronic Technology Co. , Ltd.

[**Summary**]

Environmental features are a claim of a special form. Their determination should be made prudently according to special infringement judging principles. The trial of this case provides a referable way of thinking for the judicial judgment involving this issue. Environmental features are determined by a preliminary judgment regarding the title and subject of the invention based on the summary of the technical features, by a substantial judgment according to the description of the mounting relationship in the Patent Claims, and by a comprehensive judgment in combination with the explanation on the structure relationship in the Description. Environmental features can limit the protection scope of a patent. As long as the allegedly infringing product can be adapted for use in the environment as defined by environmental features, it constitutes infringement.

[**Case Review**]

Plaintiff: Canon Inc.

Defendant: Shanghai Muming Electronic Technology Co. , Ltd.

First-instance Case No. : (2017) H73MC No. 596

The plaintiff is devoted to the research and development of optical and image processing technology and equipment, and provides society with high-quality imaging equipment with excellent performance, including printing equipment, semiconductor lithography equipment and three-dimensional machine vision systems. To protect its legitimate rights and interests in China, the plaintiff submitted an application for an invention patent titled "Electrophotographic Image Forming Apparatus, Developing

Apparatus and Coupling Member" to the State Intellectual Property Office of China on March 24, 2008. The patent number is ZL200880003520.0. The date of authorization proclamation is January 18, 2012, and the authorization proclamation number is CN101595433B. The patent is still in effect now. The plaintiff made a notarized purchase of the allegedly infringing products from the defendant Shanghai Muming Electronic Technology Co., Ltd. (hereinafter referred to as Muming Company) on June 16, 2017. The defendant provided the business card of the company's sales manager, an invoice and the company brochure, and signed the sale contract, which indicated that the defendant sold and promised to sell the allegedly infringing products. The outer packaging of the products shows that the defendant is the manufacturer. A comparison of the technical features shows that the allegedly infringing products fall within the protection scope of Claims 1 – 14 and 29 – 35 of the patent involved. The plaintiff believes that the defendant's act of manufacturing, selling, and promising to sell the allegedly infringing products without the plaintiff's permission has infringed on the patent involved and caused the plaintiff lots of economic losses due to the defendant's large scale of operation, strong manufacturing and sales capabilities, multiple sales channels, and long period of infringement. So, the plaintiff sued to request the court to support its claims.

The plaintiff made the following claims: 1. the defendant should be ordered to stop the act of infringing on the plaintiff's invention patent of No. ZL200880003520.0, including manufacturing, selling and promising to sell the toner cartridges of Models CE310, CE311, CE312, CE313, CF350A, CF351A, CF352A and CF353A; 2. the defendant should be ordered to pay the plaintiff RMB 1 million in compensation for the plaintiff's losses caused by the defendant's infringement; 3. the defendant should be ordered to bear the plaintiff's expenses of RMB 100,000 spent in stopping and eliminating the defendant's infringement. During the trial, the plaintiff adjusted the amount to RMB 200,000.

The defendant Muming Company argued that the electrophotographic image forming apparatus, the developing apparatus and the coupling member form a complete technical solution combined organically, that all claims of the patent involved describe a electrophotographic image forming apparatus, that such features as the motor, the driving shaft rotatable by a motor and having a rotating force applying portion, the movable member, the developing rotary of the electrophotographic image forming apparatus, and the interrelationship among the members are essential technical features, and thereby the allegedly infringing products which lack the above technical features does not constitute infringement.

[Judgment]

After hearing the case, the Shanghai Intellectual Property Court found that Claims 1 - 14 and 29 - 35 of the patent involved could be divided into 6 groups. Specifically, the independent Claim 1 involves a developing apparatus usable with an electrophotographic image forming apparatus, the independent Claims 8 and 12 involve a developing cartridge usable with an electrophotographic image forming apparatus, and the independent Claims 29, 30 and 32 involve a coupling member usable with an electrophotographic image forming apparatus. Claims 2 - 7, 9 - 11, 13 - 14, 31 and 33 - 35 are all dependent claims. The technical features that are expressed differently but are substantially the same in content described in the above-mentioned independent Claims 1, 8, 12, 29, 30 and 32 are summarized as follows: 1. the features closely related to the electrophotographic image forming apparatus shall be referred to as the "Features A related to the electrophotographic image forming apparatus"; 2. the features involving the rotating force transmitting angular position, the pre-engagement angular position, and the disengaging angular position of the coupling member shall be referred to as the "Features B related to the angular positions of the coupling member"; 3. the features involving the movement of the coupling member among different positions shall be referred to as the "Features C related to the movement of the coupling member"; 4. the features involving the developing roller shall be referred to as the "Features D related to the developing roller"; 5. the features involving the relationship between the coupling member and the developing roller shall be referred to as the "Features E related to the force transmission and positional relationship between the coupling member and the developing roller." Apart from the above-mentioned Features A, B, C, D and E, each independent claim also involves specific features of the coupling member to varying degrees.

Ⅰ. "Features A related to the electrophotographic image forming apparatus" are environmental features.

1. The technical features included in "Features A related to electrophotographic image forming apparatus"

Claims 1, 8, 12, 29, 30 and 32 describe the following technical features related to the electrophotographic image forming apparatus: Claim 1 says "said electrophotographic image forming apparatus includes a driving shaft rotatable by a motor and having a rotating force applying portion, and a movable member, said developing device is mountable to the movable member, and said developing device is movable in a direction substantially perpendicular to an axial direction of the driving shaft in response to movement of the movable member in one direction with said developing device mounted to the movable member"; Claims 8 and 12 say "said electrophotographic image forming apparatus includes a driving shaft rotatable by a motor and having a rotating force applying portion, and a developing rotary, said developing cartridge is mountable to the developing rotary, and said developing cartridge is movable in a direction substantially perpendicular to an axial direction of the driving shaft in response to rotation of the developing rotary in one direction with said developing cartridge mounted to the developing rotary"; Claim 29 says "said electrophotographic image forming apparatus includes a driving shaft rotatable by a motor and having a rotating force applying portion, and a movable member"; said Claims 30 and 32 say "said electrophotographic image forming apparatus includes a driving shaft rotatable by a motor and having a rotating force applying portion, and a movable member rotating in one direction"; Claims 29, 30 and 32 say "said developing roller is movable in a direction substantial perpendicular to an axial direction of the driving shaft." The above features are closely related to the electrophotographic image forming apparatus, and are simply referred to as "Features A related to the electrophotographic image forming apparatus."

2. Determination of environmental features

The [0002] paragraph of the technical field part in the Description of the patent involved says "Examples of the electrophotographic image forming apparatus include an electrophotographic copying machine, an electrophotographic printer (a laser beam printer, an LED printer, etc.), and the like"; the [0003] paragraph says "The developing apparatus (developing device) is mounted to a main assembly of the electrophotographic image forming apparatus and develops an electrostatic latent image formed on an electrophotographic photosensitive member"; the [0004] paragraph says "The developing device includes a developing device of a fixed type used in a state in which it is mounted and fixed to a main assembly of the electrophotographic image forming apparatus and a developing device of a developing cartridge type in which a user can mount it to the main assembly and can demount it from the main assembly." The [0118] paragraph of the Embodiments part in the Description says "In the following embodiments, a developing cartridge is of the type in which a user can mount and demount the developing cartridge with respect to an apparatus main assembly. However, the present invention is also applicable to a developing device which is used in a state in which it is mounted and fixed to the main assembly"; the [0123] paragraph says "This cartridge B can be mounted to and demounted from a rotary C provided to the apparatus main assembly A by a user"; the [0130] paragraph says "With respect to FIG. 4, a color electrophotographic image forming apparatus using the developing cartridge B described will be described. In the following, description will be made by taking a color laser beam printer as an example of the color electrophotographic image forming apparatus"; the [0131] paragraph says "a plurality of cartridges B (B1, B2, B3, B4) accommodating developers (toners) different in color is mounted to the rotary C. The mounting and demounting of the cartridge B with respect to the rotary C are performed by the user. By rotating the rotary C, a cartridge B accommodating a developer of a predetermined color is disposed opposite to the photosensitive drum 107. Then, an electrostatic latent image formed on the photosensitive drum 107 is developed. The developed image is transferred onto a recording material S. This developing and transferring operation is performed for each of the colors. As a result, a color image is obtained"; the [056] paragraph says "In this embodiment, although a laser beam printer is taken as an image forming device, the present invention is not limited to this example. For example, the present invention can be used to the other image forming apparatuses, such as an electrophotographic copying machine, a facsimile device, or a word processor. According to the embodiments described above, the engagement and disengagement of the coupling member are possible in the direction substantially perpendicular to the axis of the driving shaft provided in the main assembly of the electrophotographic image forming apparatus relative to the driving shaft by the movement in one direction of the movable member (for example, the rotary, the cartridge supporting member, cash drawer)."

It can be known from the above-mentioned records in the Description that the developing apparatus, the developing cartridge or the coupling member involved in the Claims is mounted to the electrophotographic image forming apparatus in a fixed state or detachably and the electrophotographic image forming apparatus can be a printer, an electrophotographic copying machine, a fax machine, and the like, and that the developing cartridge is mounted to the main assembly (the movable member or the developing rotary C) of the said apparatus and the rotating force generated by the driving shaft of the main assembly is transmitted by the developing roller through the coupling member in the developing apparatus or the developing cartridge so that an electrostatic latent image formed on the photosensitive drum 107 is developed with a developer by the developing roller. That completes the key steps of image forming of the electrophotographic image forming apparatus. We can learn from the aforesaid working principle of the electrophotographic image forming apparatus that the "Features A related to the electrophotographic image forming apparatus" described in many claims are actually the operating conditions of the developing apparatus, the developing cartridge or the coupling member, and the developing apparatus, the developing cartridge or the coupling member is closely related to the aforesaid environment when working, but the aforesaid features are not the components of the developing apparatus, the developing cartridge or the coupling member. Therefore, in the process of considering whether the allegedly infringing product falls within the protection scope of the claims, the allegedly infringing product doesn't necessarily have the electrophotographic image forming apparatus and its members, such as the motor, the driving shaft rotatable by a motor and having a rotating force applying portion, the movable member and the developing rotary, etc. As long as the allegedly infringing product can be adapted for use in the environment as defined by environmental features in the claims, it constitutes infringement.

Ⅱ. Inspection of the allegedly infringing products

Inspection shows that the allegedly infringing products claim to be applicable to HP cp1025/HP cp 1025NW according to their outer packaging. After 4 toner cartridges of the allegedly infringing products were installed in the printer of HP LaserJet cp1025 and the printer was turned on, the testing page was printed successfully. So, the allegedly infringing products can be used normally in the aforesaid printer. The printer includes a driving shaft driven by a motor. Four toner cartridges can be installed in the developing rotary of the printer. The toner cartridges can move with the developing rotary. The toner cartridges include a developing roller, and the developing roller can rotate around its own axis. The structures of the printer and the toner cartridges are basically the same as described in the Embodiment 14 of the Description of the patent involved.

The plaintiff demonstrated through animation the engagement and movement of the coupling member when the printer is working. When the printer is in operation, the toner cartridges move with the rotation of the developing rotary as a whole. When they move to the rotating force transmitting angular position, the coupling member and the rotating force applying portion of the driving shaft begin to engage and enable the driving shaft to rotate with the developing roller. With the further rotation of the developing rotary, the coupling member is disengaged from the pin of the driving shaft and reaches the disengaging angular position, and then the coupling member is reset to the pre-engagement angular position by the action of its spring assembly. The defendant confirmed that the installation and assembly demonstrated by the plaintiff is consistent with the actual operation of the toner cartridges in the printer.

Ⅲ. The allegedly infringing products fall within the protection scope of the patent involved

Embodiment 14 includes all the technical features A-E and all other features of the independent claims 1, 8, 12, 29, 30 and 32. The allegedly infringing products correspond to the structure of Embodiment 14 and thereby fully cover all the technical features of the independent Claims 1, 8, 12, 29, 30 and 32. The additional technical features of the subordinate Claims 2 - 7, 9 - 11, 13 - 14, 31 and 33 - 35 set further limits to the specific structure of the recess of the coupling member, the specific structure of the rotating force applying portion, the specific structure of the driving force transmitting member, the force transmitting and positional relationship among different members, the color of the developer, the developer supplying roller, and other features. Comparison revealed that the allegedly infringing products also cover the additional technical features of the subordinate claims 2 - 7, 9 - 11, 13 - 14, 31 and 33 - 35.

In summary, the allegedly infringing products have the same technical features as those described in claims 1 - 14 and 29 - 35, and can be adapted for use in the environment as defined by environmental features ("Features A related to the electrophotographic image forming apparatus") in the Claims, and thereby fall within the protection scope of the patent involved.

The Shanghai Intellectual Property Court ruled: 1. the defendant Shanghai Muming Electronic Technology Co., Ltd. shall stop infringing on the invention patent titled "Electrophotographic Image Forming Apparatus, Developing Apparatus and Coupling Member" (patent number: ZL200880003520.0) and enjoyed by the plaintiff Canon Inc.; 2. the defendant Shanghai Muming Electronic Technology Co., Ltd. shall compensate the plaintiff Canon Inc. for its economic losses of RMB 450,000; 3. the defendant Shanghai Muming Electronic Technology Co., Ltd. shall compensate the plaintiff Canon Inc. for its reasonable expenses of RMB 140,159.98 spent in stopping the infringement; 4. the rest claims of the plaintiff Canon Inc. were rejected.

After the judgment of the first instance was made, neither party appealed. Then the judgment of the first instance came into effect.

[**Case Study**]

Different from general technical features, environmental features are a claim of a special form. Their determination should be made prudently according to special infringement judging principles. The Supreme People's Court defines environmental features as "the technical features described in the Patent Claims for the description of the background or conditions for the use of the invention" in the Judgment [Supreme People's Court (2012) MTZ No. 1] made for the case of infringement dispute over an invention patent filed by Shimano Inc. against Ningbo Ripin Industry and Trade Co., Ltd. Article 9 of the *Interpretation on Several Issues Concerning the Application of Law in the Adjudication of Patent Infringement Dispute Cases by the Supreme People's Court* (*II*) provides that where an allegedly infringing technical solution cannot be adapted for use in the environment as defined by environmental features in the claim (s), the People's Court shall find that the allegedly infringing technical solution does not fall within the protection scope of the patent. Although the aforesaid prior judgment and judicial interpretation provide the concept of environmental features and the infringement judging principles on them, the concept and principles are relatively broad. Judicial practice requires more specific determination standards. In the trial of this case, the Shanghai Intellectual Property Court put forward a referable way of thinking for the judicial judgment involving this issue.

First, make a comprehensive judgment based on the title and subject of the invention. Regarding a product invention, the subject refers to the product or structure that the patent directly targets. A comprehensive analysis of the Claims and the Description shows that the invention subject of the patent involved is the developing apparatus and the coupling member. In this case, the title of the invention patent involved is "Electrophotographic Image Forming Apparatus, Developing Apparatus and Coupling Member." It's not the structure that the invention subject targets but the technical features describing the installing position and engaging structure of the invention, and the technical structures can be preliminarily considered as environmental features. So, a preliminary judgment can be made for this case that the "Features A related to the electrophotographic image forming apparatus" are environmental features.

Second, make the judgment based on the installing relationship described in the Claims. The description of "Features A related to the electrophotographic image forming apparatus" includes an account of the developing apparatus being mounted to the electrophotographic image forming apparatus as well as the features of the structures of "Features A related to the electrophotographic image forming apparatus." It further confirms that "Features A related to the electrophotographic image forming apparatus" are environmental features.

Third, make the judgment in combination with relevant descriptions in the Description. The Description is the explanation of the claims. The Description involved in this case gives a detailed description of the working principles of the electrophotographic image forming apparatus, the developing apparatus, the developing cartridge or the coupling member and the structure relationship among them. It can prove that although "Features A related to the electrophotographic image forming apparatus" are closely related to the developing apparatus, the developing cartridge or the coupling member, they are actually the conditions for the use of the developing apparatus, the developing cartridge or the coupling member, instead of their components.

Fourth, environmental features can limit the protection scope of a patent. The Patent Law of China stipulates that the protection scope of a patent "shall be determined by the terms of the claims, and the description and the appended drawings may be used to interpret the claims." That is, all the technical features, including the environmental features, recorded in the claims can limit the protection scope of the patent.

Fifth, the allegedly infringing products constitute infringement as long as they can be adapted for use in the environment as defined by environmental features in the claims. The allegedly infringing products need to be installed for use. Inspection shows that the allegedly infringing products can work properly in a printer with relevant environmental features, which can prove that the technical solution related to the allegedly infringing products has the environmental features recorded in the Claims, although the allegedly infringing products lack the electrophotographic image forming apparatus and its components. Based on that and the principle of comprehensive coverage, the court can determine whether all the technical features of the allegedly infringing products fall within the protection scope of the patent involved, and ultimately whether the allegedly infringing products constitute infringement.

(Writers: Li Shulan, Shang Jiangang, Qin Tianning)

Determination of Protection Scope of Patent

—Patent Infringement Dispute Between Hu Tao and Mobike (Beijing) Information Technology Co. Ltd.

[**Summary**]

The preamble of a patent claim can limit the protection scope of the patent. In this case, the preamble of Claim 1 of the patent involved is titled "a control system for electric vehicles," while the allegedly infringing product is a bicycle. Literally speaking, the two belong to different technical fields. However, the actual limiting effect of the patent should be judged in combination with the impact of "electric vehicles" on the patent. This case established strict comparison rules for the determination of patent infringement. Firstly, define the protection scope of the patent in strict accordance with legal provisions. The people's court should accurately define the protection scope of the patent involved and lay a solid foundation for the trial of the case. Secondly, follow the principle of comprehensive comparison. When it comes to the comparison of technical features, all technical features described in the claims asserted by the right holder should be reviewed, and comparison should be made for each technical feature. Finally, determine the scope of equivalent technical features according to the height of the invention. Regarding where the alleged technical solution is similar to the patent involved, the people's court determined that they do not constitute identical or equivalent technical features.

[**Case Review**]

Plaintiff (Appellant): Hu Tao

Defendant (Appellee): Mobike (Beijing) Information Technology Co., Ltd.

Cause of Action: Patent infringement dispute

First-instance Case No.: (2017) H73MC No. 278

Second-instance Case No.: (2017) HMZ No. 369

The plaintiff Hu Tao obtained the grant of a patent titled "A Control System for Electric Vehicles and Its Operation Method" in May 2016. Claim 1 of the patent involved is: "A control system for electric vehicles, with the following features: a micro camera, an image decoder, a memory and a QR Code comparison checker constitute a QR Code reader; the micro camera is electrically connected to the image decoder; the image decoder and the memory are electrically connected to the QR Code comparison checker at the same time; the QR Code comparison checker compares the QR code data stored in the memory with the image data captured by the micro-camera and decoded by the image decoder, then the comparison result is sent to the controller; when the result signals a match, the controller controls the start or/and the multimedia playing of the electric vehicle; when the result signals a mismatch, the burglar alarm will receive the order from the controller and sound an alarm." Claim 3: "An operation method of a control system for electric vehicles according to Claim 1, characterized in that the operation method includes the following steps: (1) store the QR Code data for comparison in the memory in advance; (2) turn on the switch of the QR Code reader and the micro camera, image decoder, memory, QR Code comparison checker and controller will all be in a working state; (3) the micro camera captures the QR Code image decoded by the image decoder, then the QR Code comparison checker compares the decoded image with the preset QR Code data; (4) process the comparison result: when the result signals a match, the controller controls the signal for the start or/and the multimedia playing of the electric vehicle, then the electric vehicle turns on or off the controller to unlock the vehicle; when the result signals a mismatch, the burglar alarm will receive the order from the controller and sound an alarm."

Mobike's lock control system is jointly constituted by the lockset (including a QR Code and a lock controller) on the Mobike bicycle, the cloud server operated by the defendant, and the Mobike APP installed on the mobile phone. Together, they form a wireless connection. There is no camera installed on the Mobike bicycle. The user scans the QR Code on the Mobike bicycle with the camera of his mobile phone. After the bicycle's identity information is recognized, a request for unlocking the bicycle is sent to the cloud server. After receiving the bicycle's identity information, the user's information and the unlocking request, the cloud server will verify the user's information and determine whether the unlocking conditions are met. Then it sends an unlocking command to the lock controller on the bicycle. The lock controller will determine whether to unlock the bicycle according to its own conditions.

The plaintiff Hu Tao claimed that the defendant Mobike (Beijing) Information Technology Co., Ltd. (hereinafter referred to as Mobike Company) manufactured and used Mobike bicycles by means of renting them tousers, and that the technical features of the defendant's lock control system for Mobike bicycles are identical to all the technical features described in Claims 1 and 3 of the invention patent enjoyed by the plaintiff. The plaintiff believed that the defendant's act had infringed on the plaintiff's patent, so the plaintiff filed a lawsuit with the court, requesting the court to rule that the defendant had committed infringement and should pay the plaintiff RMB 500,000 as compensation.

The defendant Mobike Company argued that the lock control system for the allegedly infringing product Mobike bicycles does not have the same or equivalent technical features as those in Claims 1 and 3 of the patent involved, so the defendant's act does not constitute infringement.

[**Judgment**]

After hearing the case, the Shanghai Intellectual Property Court believed that the arguments of the two parties focused on two points in this case: whether the allegedly infringing product falls within the protection scope of the patent involved and what civil liabilities the defendant should assume if the defendant's act constitutes infringement.

Firstly, the plaintiff is the right holder of the involved invention patent of "A Control System for Electric Vehicles and Its Operation Method," which is still in effect. No organization or person is allowed to implement the patent without permission of its right holder. Secondly, regarding whether the patent involved can be protected by the Chinese patent law in the field of bicycle technology, although the preamble of the involved patent's Claim 1 is titled "a control system for electric vehicles," ordinary technicians in the field of bicycle technology are able to come up with the idea of applying the patent involved to the bicycle technology field without creative work, so the comparison is feasible. Thirdly, as to whether the four components of the QR Code reader must be integrated together, Claim 1 says, "the image decoder and the memory are electrically connected to the QR Code comparison checker," but does the requirement of being "electrically connected" include both physical circuit connection and wireless connection? The Shanghai Intellectual Property

Court found that the four components of the "QR Code reader," that is, "micro camera, image decoder, memory and QR Code comparison checker," need to be integrated together. As far as this case is concerned, the Description of the patent involved doesn't define the specific technical features of being electrically connected. Considering that the invention involved belongs to the field of electric vehicle technology, being electrically connected means physical circuit connection, excluding wireless connection according to the understanding of common technicians in this field after reading the Description. A comparison between the technical features of the patent involved and the corresponding structure of the lock control system for the allegedly infringing product Mobike bicycles revealed that the said lock control system doesn't have the technical features "QR Code reader" and "the image decoder and the memory are electrically connected to the QR Code comparison checker" described in Claim 1 of the patent involved, and its technical features don't constitute equivalent technical features either. In addition, although both Mobike bicycles and the patent involved have an "alarm" function, their technical approaches to achieve this function are different. The said lock control system does not have the technical feature "when the comparison result signals a mismatch, the burglar alarm will receive the order from the controller and sound an alarm." So, it does not have a technical feature identical with or equivalent to the above technical feature described in Claim 1 of the patent involved. In summary, the lock control system for the allegedly infringing product Mobike bicycles does not fall within the protection scope of Claim 1 of the patent involved.

Regarding the comparison between the technical features of Claim 3 and the operation method of the allegedly infringing lock control system, since the subject name of Claim 3 is "the operation method of a control system for electric vehicles according to Claim 1," it has defined that the apparatus to implement the invention according to the method of Claim 3 should be the "control system for electric vehicles" defined in Claim 1. Therefore, although Claim 3 is an independent patent claim, its protection scope should be jointly defined by all the apparatus-related technical features in Claim 1 and all the method-related technical features in Claim 3. Accordingly, as the lock control system for the allegedly infringing product Mobike bicycles does not fall within the protection scope of Claim 1 of the patent involved, it certainly does not fall within the protection scope of Claim 3 of the patent involved.

Eventually, the Shanghai Intellectual Property Court rejected all the plaintiff Hu

Tao's claims.

The plaintiff Hu Tao refused to accept the first-instance judgment and lodged an appeal.

After hearing the case, the Shanghai High People's Court determined that the facts had been clearly found and the law had been correctly applied in the trial of the first instance, and thereby rejected the appeal and affirmed the original judgment.

[**Case Study**]

This judgment is typical in that:

Firstly, the people's court should make a reasonable interpretation of the preamble's limiting effect on the protection scope. According to Article 5 of the *Interpretation on Several Issues Concerning the Application of Law in the Adjudication of Patent Infringement Dispute Cases by the Supreme People's Court* (*II*), "when a People's Court determines the protection scope of a patent, all technical features recited in the preamble and the characterizing portion of an independent claim and the referencing and limiting portions of a dependent claim would have a limiting effect." In this case, when considering the protection scope limited by "a control system for electric vehicles" described in the preamble of Claim 1 of the patent involved, the court held: the involved "control system for electric vehicles" is a product patent for a locking apparatus; the words "electric vehicles" are part of the subject name of the patent involved; the words describe the means of use of the patent involved and have a limiting effect on the protection scope of the patent involved, but the actual limiting effect should be judged in combination with the impact of "electric vehicles" on the patent involved. First, the involved "control system for electric vehicles" is a product patent for a locking apparatus, but the "electric vehicle" is not part of the locking apparatus. Second, the words "electric vehicles" are not described in the features of the independent claims except in the subject name. Third, "electric vehicles" are not the premise and basis of the technical solution of the patent involved. The said technical solution can be implemented without electric vehicles at all. Finally, when the right holder delivered the application for the patent involved, he did not use limiting the invention in the electric vehicle technology field as a reason to obtain novelty or creativity. Moreover, the patent involved uses an invention patent in the field of bicycle technology as a comparative document of the prior art. Therefore, in terms of the application means of the patent involved, the field of bicycle technology is similar to the field of electric vehicle technology. Common technicians in the field of bicycle technology are able to come up with the idea of applying the patent involved to the field of bicycle technology without creative work. Accordingly, the court rejected Mobike Company's defense opinion that the allegedly infringing product Mobike bicycles and the electric vehicles protected by the patent involved belong to different technical fields and thereby the allegedly infringing product doesn't constitute infringement. This case explains from a practical perspective how to determine the specific impact of the preamble in a patent claim on the determination of the protection scope of a patent in a patent infringement case.

Secondly, the people's court should set accurate limits to a patent and stringently protect innovation. According to the provisions of the patent law, the protection scope of a patent for invention or utility model shall be determined by the terms of the Claims, and the Description and the appended drawings may be used to interpret the Claims. That is to say, the protection scope can only be defined in strict accordance with the contents of the Claims, the Description, and the drawings. The scope that can be foreseen by the inventor when applying for a patent and by common technicians in the involved field at the time must be taken into account. One cannot break the limits of time and space, and use current technologies to explain technical solutions in the past. In this case, for example, the plaintiff claimed that the application of the defendant Mobike bicycles on the mobile phone is equivalent to "the switch of the QR Code reader"; the lock control system is not necessarily installed on the vehicle; the memory and the QR Code comparison checker of the system need to be integrated to form the QR Code reader, but the camera and the image decoder may not be integrated into the QR Code reader; "being electrically connected" includes both physical circuit connection and wireless connection. None of these viewpoints is based on the Claims of the patent. It can be seen from the Claims that the invention was mainly a way of unlocking by the innovative application of QR Code reading to deal with the trouble of carrying keys and the burglary issue. In 2013, the application of the QR Code was quite advanced but was limited by the fact that the Internet and cloud processing technologies were not as developed and widely used as today. Therefore, in the patent involved, we can only see the interaction between the lock control system and the QR Code on the bicycle, without the three-way interaction among the bicycle, the mobile phone and the cloud server. The defendant's technology is undoubtedly a creative improvement over the plaintiff's technology. In a patent infringement case, the court needs to accurately define the protection scope of the patent involved, which is the premise of the comparison for determining infringement. Right holders can draw some lessons from this case, that is, they should not only know the boundaries of their rights and accurately define the protection scope, but also strictly protecting technological innovations, including those of the patent itself as well as the technology of the allegedly infringing product.

(Writers: Shang Jiangang & Qian Qiong)

Application of Different Methods of Damages Calculation in the Same Case

—Invention Patent Infringement Dispute Between Wuhan Fengjing Magnetic Separation Technology and Shanghai Ciying Mining Machinery

[Summary]

In the same case, different methods of damages calculation can be applied to specific infringing acts in the determination of the amount of damages. Where the infringer obstructs the cooperation between the right holder and an outsider of the case, he should compensate the right holder for the losses of expected benefits, which shall be calculated by multiplying the per unit profit the right holder gains before the obstruction by the remaining term that has not been fulfilled; where the infringer wins a bid and gains profits with the allegedly infringing product, and there is no evidence to prove a necessary causal relationship between the losses of the right holder and the infringer's bid-winning, the damages shall be calculated according to the infringer's profits which include the profits actually gained and those expected; where the infringer has only offered for sale and has not caused the right holder's losses in market share, and the infringer has not gained profits either, he only needs to stop the infringement without being held liable for the damages.

[Case Review]

Plaintiff (Appellant): Wuhan Fengjing Magnetic Separation Technology Co., Ltd.

Defendant (Appellant): Shanghai Ciying Mining Machinery Co., Ltd.

Cause of Action: Invention patent infringement dispute

First-instance Case No.: (2016) H73MC No. 901

Second-instance Case No.: (2018) HMZ No. 361

The plaintiff is the patentee of the invention patenttitled "An Apparatus Forming

Full Surface Permanent Magnet." The patent number is ZL200910062712.5. The date of application for the patent is June 16, 2009 and the date of authorization proclamation is December 28, 2011. The patent is currently in effect. The plaintiff claimed that this invention technology was purchased in February 2015 by the South African branch of the Swiss Glencore Group, the world's fourth largest mining company and No. 14 on the Fortune 500 Rank, and that the branch applied the technology to its main force LG6 mine KROONDAL. In October 2015, the technology was applied to the recleaning of chrome ore for platinum tailings, and the equipment was purchased by the South African branch of the Swiss Glencore Group which adopted the equipment for its main force UG2 mine EPL.

On April 19, 2014, the plaintiff and Xiangyang Lomon Company signed the *Agreement of Cooperation on "Project of Comprehensive Utilization of Acidolysis Residue by Magnetic Separation"* to apply the plaintiff's patented equipment to the comprehensive utilization of Lomon Company's acidolysis residue by high intensity magnetic separation. The two parties agreed to implement the agreement from May 1, 2014. The plaintiff was responsible for providing the magnetic separator and was returned with 40% of the output value which was to be settled monthly. The term of the cooperation is 60 months. The cooperation was suspended on July 12, 2016 and the plaintiff received a technical service fee of RMB 21,652 from Xiangyang Lomon Company. The plaintiff provided a copy of the *Leasing Agreement on Acidolysis Residue Magnetic Separator* signed by Xiangyang Lomon Company and the defendant Shanghai Ciying Mining Machinery Co., Ltd. (hereinafter referred to as Ciying Company). The agreement stipulates that the term of lease is one year; the facility will be owned by Xiangyang Lomon Company after the termination of the lease; the rent for the equipment totals RMB 900,000. The agreement is a blank contract, and the defendant denied that it had signed the agreement.

On December 12, 2015, the plaintiff wrote a letter to Henan Billions Company, recommending it to use two roller magnetic separators and providing three quotation plans for purchase, joint venture and lease respectively, of which the quotation for transfer is RMB 1.5 million per separator. On August 20, 2016, the plaintiff received the bidding documents of Henan Billions Company and made a bid, but failed to win the bid. On October 9, 2016, Henan Billions Company and the defendant Ciying Company signed a sales contract for two magnetic separators of Model GTYC-1020. Each separator was priced at RMB 825,000 and the two totaled RMB 1.65 million. The profit for each separator was RMB 200,000. On November 17, 2016, the defendant Ciying Company issued a receipt of RMB 990, 000 to Henan Billions Company.

From September 12 to September 16, 2016, the Electra Mining Africa 2016 exhibition was held in South Africa. The defendant attended the exhibition and handed out the company's advertising brochures to promote the "new medium magnet high gradient 360° wrap angle permanent magnetic separator," including the product of Model GTYC-1020.

On October 26, 2016, the plaintiff applied to the Notary Public Office of Nanzhang County, Hubei Province for evidence preservation notarization. The notaries took photos and videos of the magnetic separator on the third floor of a building in the factory of Xiangyang Lomon Company. The name of the equipment is 360° High Gradient Cylinder Permanent Magnetic Separator; the manufacturer is the defendant; the model number is GTYC-1020; the full surface permanent magnet isa module of the allegedly infringing product. The defendant confirmed that the technical solution of the two magnetic separators it sold to Henan Billions Company is the same as that of the magnetic separator it supplied to Xiangyang Lomon Company.

According to the plaintiff, the plaintiff is the patentee of the patent involved and signed a five-year cooperation agreement with Xiangyang Lomon Company in April 2014. However, Xiangyang Lomon Company suddenly stopped performing the contract in July 2016. After an investigation, the plaintiff found on the premises of Xiangyang Lomon Company products produced by the defendant and suspected of infringing the plaintiff's patent. The plaintiff also found that the defendant sold the allegedly infringing products to Henan Billions Company and used the plaintiff's patented technology, which infringed the plaintiff's patent and caused significant impact on the plaintiff. The plaintiff had cooperated with the South African branch of Glencore Group for 5 years and had gained a certain level of public awareness in the technical field of comprehensive utilization of tailings in South Africa. The defendant exhibited its infringing products produced in China at the South Africa Mining Machinery Fair in September 2016. All the photos and technical data in the advertising materials are the same as the on-site photos and experimental data of the technical equipment provided by the plaintiff for the South African branch of Glencore Group. The defendant had also sent handouts on the infringing products to many local enterprises, clearly expressing its willingness to sell the infringing products. The defendant manufactured the products infringing the plaintiff's patent and committed the infringing act of selling and offering to sell the infringing products. To sum up, the appearance, structure and structural principle of the infringing products produced, sold and offered for sale by the defendant are consistent with the patent owned by the plaintiff; their technical solution includes all technical features of the plaintiff's patent claims and falls within the protection scope of Claim 1 of the plaintiff's patent; said products have seriously infringed the plaintiff's patent. Therefore, the plaintiff filed a lawsuit with the court, requesting: 1. the defendant be ordered to immediately stop manufacturing, selling or offering to sell the allegedly infringing products; 2. the defendant be ordered to compensate the plaintiff for its economic losses of RMB 3 million (including the loss of RMB 850,000 caused by the defendant's cooperation with Lomon Company, the profit of RMB 1.3 million gained from the defendant's cooperation with Billions Company, and the punitive compensation of RMB 850,000); 3. the defendant be ordered to bear the plaintiff's expenses of attorney's fee, investigation and evidence collection fee, notarization fee and other reasonable expenses paid to stop the infringement, totaling RMB 80,466.

The defendant argued: 1. the allegedly infringing products do not fall within the protection scope of relevant claim of the patent involved and do not constitute infringement; 2. the allegedly infringing products manufactured by the defendant were produced based on the Prior Art; 3. the amount of damages claimed by the plaintiff is too high.

[Judgment]

After hearing the case, the Shanghai Intellectual Property Court concluded: the technical features of the allegedly infringing products are the same as all the technical features of Claim 1 of the patent involved; the allegedly infringing products fall within the protection scope of Claim 1 of the patent involved; none of the counterarguments made by the defendant about the Prior Art is justified.

The defendant manufactured and supplied the allegedly infringing products to Xiangyang Lomon Company and Henan Billions Company, which constitutes an infringement on the patentee's right to manufacture and sell. The allegedly infringing products are customized industrial products, rather than standardized industrial products. Therefore, it is necessary to judge whether the allegedly infringing products constitute infringement on a case-by-case basis. The plaintiff accused the defendant of participating in the trade fair and handing out the advertising brochures on its products. As the brochures do not completely disclose the technical features of the defendant's products, the technical comparison with the patent involved cannot be made. But the brochures record the same product model as that of the allegedly infringing products. The defendant failed to prove that there were any technical differences between the products exhibited and the allegedly infringing products. Therefore, the plaintiff accused that the defendant's participation in the trade fair constitute an infringement on the plaintiff's right to offer for sale.

Regarding the liability of the defendant for damages, the Shanghai Intellectual Property Court held: in the same case, different methods of damages calculation can be applied to determine the amount of damages for specific infringing acts. Regarding the defendant's liability for the damages caused by providing Xiangyang Lomon Company with one allegedly infringing product, after the defendant provided Xiangyang Lomon Company with the allegedly infringing product, the cooperation between the plaintiff and Xiangyang Lomon Company was terminated. So, there is a causal relationship between the defendant's infringing act and the plaintiff's losses. Also, it was precisely the defendant's infringing act that prevented the further cooperation between the plaintiff and Xiangyang Lomon Company. The plaintiff's business risks in continuing the cooperation with Xiangyang Lomon Company, such as unsuccessful cooperation and changes in the market environment, should not be considered during the calculation of the amount of damages for infringement. Since the plaintiff had supplied the patented product to Xiangyang Lomon Company for free, the defendant should compensate the plaintiff for its economic losses. Even though the technical service fee paid on July 12, 2016 cannot reflect the full picture of the plaintiff's previous 26-month cooperation with Xiangyang Lomon Company, it can be foreseen that the plaintiff's economic benefits would have kept increasing over time. Therefore, the income received on July 2016 can be used as the basis for calculating the plaintiff's future income. Based on the technical service fee of RMB 21, 652 received by the plaintiff on July 12, 2016 from Xiangyang Lomon Company and the unfulfilled term of 34 months regarding the cooperation between the plaintiff and Xiangyang Lomon Company, the Shanghai Intellectual Property Court calculated the plaintiff's damages which total RMB 736, 168.

Regarding the defendant's liability forthe damages caused by supplying two allegedly infringing products to Henan Billions Company, the Shanghai Intellectual Property Court held: Henan Billions Company selected the defendant's products through bidding. In the absence of evidence to prove that as long as the defendant did not win the bid, the plaintiff would definitely win it, and under the market competition environment, the defendant's products and the plaintiff's did not form the either-or relationship, and the defendant's winning the bid for the Henan Billions Company's project and the plaintiff's losses could not form a direct causal relationship, so the amount of damages cannot be calculated according to the plaintiff's losses. According to Article 65 of the *Patent Law*, if it is hard to determine the actual losses, the amount of damages may be determined according to the benefits acquired by the infringer through the infringement. According to the Shanghai Intellectual Property Court, the benefits obtained include the benefits actually obtained and the benefits that can be obtained. When the infringer has signed a sales contract with an outsider of the case, all the infringer's benefits under that contract shall be considered the benefits obtained by the infringer from the infringement whether the infringer has received the contract payment or not. The defendant sold the allegedly infringing products to Henan Billions Company with the price of RMB 825, 000 and the profit of RMB 200, 000 for each magnetic separator, so the defendant's profits total RMB 400, 000 at least. Regarding the defendant's liability for the damages caused by supplying two allegedly infringing products to Henan Billions Company, the Shanghai Intellectual Property Court determined that the defendant should pay RMB 400, 000, its profits from the infringement, in compensation for the plaintiff's losses, in view of the contribution of the patent involved to the allegedly infringing products.

In summary, the Shanghai Intellectual Property Court ruled that the defendant Shanghai Ciying Mining Machinery Co. , Ltd. should immediately stop infringing the invention patent entitled to the plaintiff Wuhan Fengjing Magnetic Separation Technology Co. , Ltd. from the date when the judgment takes effect (the patent is numbered ZL200910062712. 5 and titled " An Apparatus Forming Full Surface Permanent Magnet"), and compensate the plaintiff Wuhan Fengjing Magnetic Separation Technology Co. , Ltd. for its economic losses of RMB 1, 136, 168.

Neither party instituted an appeal upon the judgement of first instance.

After hearing the case, the Shanghai High People's Court determined that the facts had been clearly found, the law had been correctly applied, the judgment had been made appropriately in the trial of the first instance, and thereby rejected the appeal and affirmed the original judgment.

[**Case Study**]

The case is typical in the following aspects: Firstly, different methods of damages calculation were applied in one case. This method of damages awarding respects objective facts, allows the right holder's losses to be fully compensated, and also makes the amount of damages fully justified. Secondly, this case makes it clear that the benefits obtained from infringement shall include the benefits that can be obtained.

As for the legality of applying two methods of damages calculation in one case, Article 65 of the *Patent Law* stipulates that the amount of damages for patent infringement shall be determined according to the patentee's actual losses caused by the infringement. If it is hard to determine the actual losses, the amount of damages may be determined according to the benefits acquired by the infringer through the infringement. If it is hard to determine the losses of the patentee or the benefits acquired by the infringer, the amount of damages may be determined according to the reasonably multiplied amount of the royalties of that patent.... If the losses of the patentee, benefits of the infringer, or royalties of the patent are all hard to determine, the people's court may, on the basis of the factors such as the type of the patent, nature of the infringement, and seriousness of the case, determine the amount of damages within the range from RMB 10,000 to 1,000,000. The reason why the *Patent Law* stipulates multiple methods for damages calculation is that "In dispute cases of tangible property infringement, the amount of damages is generally determined according to the actual losses of the right holder from the infringement, that is, the decrease of market value of the property infringed. In the patent infringement disputes, as the object protected by the patent is intangible property, it is hard to determine its market value or the right holder's losses from the infringement. Therefore, the determination of the amount of damages is difficult. It is necessary to clearly stipulate in the *Patent Law* the methods of determining the amount of damages so as to fully protect the benefits of the right holder, avoid causing the infringer to assume unreasonable liabilities, and ensure consistent law enforcement standards."① According to this provision, the methods of damages calculation in patent infringement disputes are sequential. The actual losses will be applied if it can be determined. When the actual losses cannot be determined, see whether the infringer's benefits from the infringement can be determined. If the infringement profits cannot be determined, see if there are any referential royalties of the patent. If none of the three aforesaid damages can be determined, the statutory damages will be applied. Thus, the order of application is: actual losses —infringement profits —patent royalties —statutory

① Yin Xintian, *Detailed Explanation of Chinese Patent Law (Short Version)*, 2nd Edition, Intellectual Property Press, September 2012, p. 564.

damages. This order means that when there are two or more amounts that can be determined they should also be applied in the above order. However, this provision does not clearly stipulate whether different methods of damages calculation can be applied in the same case, that is, when there are multiple infringing acts and the losses or profits caused by each act can all be determined, whether different methods of damages calculation can be applied to the infringing acts respectively before the total amount is calculated. Think it over, and we'll find that the fundamental purpose of this provision is to stipulate the method of calculating the damages caused by one infringing act or a kind of infringing act. In other words, when the infringing acts are limited in number, separable and unconnected, they can be handled separately. And the amount of damages for each infringing act can be determined according to the above-mentioned order.

In this case, as the allegedly infringing products are large machines, the defendant's infringing acts are clear and countable, including obstructing the plaintiff's cooperation with Xiangyang Lomon Company, seizing clients and causing the plaintiff's losses, and obtaining the client of Henan Billions Company through bidding and making profits by selling it the allegedly infringing products. In the former infringing act, the term of cooperation between the plaintiff and Xiangyang Lomon Company was originally fixed and the plaintiff's income at each stage was predictable, so the amount of damages for this infringing act shall be calculated according to the expected losses of the right holder. In the latter infringing act, Billions Company selected the defendant's products through bidding. In the absence of evidence to prove that as long as the defendant did not win the bid, the plaintiff would definitely win it, and under the market competition environment, the defendant's products and the plaintiff's did not form the either-or relationship, and the defendant's winning the bid for the Henan Billions Company's project and the plaintiff's losses could not form a direct causal relationship, so the amount of damages cannot be calculated according to the plaintiff's losses. But the infringer's actual profits are clear. So, according to the order of application on the methods of damages calculation, the actual profits of the infringer shall be used to calculate the amount of damages for this infringing act.

With regard to the "infringer's benefits obtained from the infringement," it is generally considered to include the benefits actually obtained, but Article 65 doesn't specify whether the expectable benefits are included too. As for the expectable benefits, Article 113 of the *Contract Law* stipulates that where a party fails to perform its obligations under the contract or its performance fails to conform to the agreement and thereby losses are caused to the other party, the amount of damages for losses shall be equal to the losses caused by the breach of contract, including the interests receivable after the performance of the contract, provided not exceeding the probable losses caused by the breach of contract which has been foreseen or ought to be foreseen when the party in breach concludes the contract. Regarding whether the infringement damages include expectable economic benefits, there is no relevant law on it. In this case, the defendant also sold the allegedly infringing products to Henan Billions Company when it had already signed a sales contract with an outsider of the case. Although the payment for the contract had not been made, the defendant was entitled to requesting Henan Billions Company to make the payment. That is to say, the defendant had obtained a financial claim from Henan Billions Company for selling the allegedly infringing products. It is also a kind of property benefit. Whether the financial claim can be realized does not affect the defendant's liability for infringement damages. The understanding and application of Article 65 of the *Patent Law* in this case will be referential to the trial of similar cases.

(Writers: Shang Jiangang & Qian Qiong)

4.

Civil Cases on Unfair Competition

Whether Unauthorized Use of Information Collected by Others Constitutes Unfair Competition

—Unfair Competition Dispute between Shanghai Hantao Information Consulting Co. , Ltd. and Beijing Baidu Netcom Science and Technology Co. , Ltd.

[**Summary**]

In the context of Internet, unauthorized use of other people's information does not necessarily constitute unfair competition. Instead, various factors must be considered in combination with the circumstances of each case to define the boundary of an act. When judging whether an act of use violates business ethics, the court needs to consider all relevant factors, such as whether the act has any positive effect, the measurement of the positive effect against the damage to the plaintiff, and the impact on market order and consumers' interests, so as to make a relatively objective investigation into whether a violation of business ethics exists.

[**Case Review**]

Plaintiff (Appellee): Shanghai Hantao Information Consulting Co. , Ltd.

Defendant (Appellant): Beijing Baidu Netcom Science and Technology Co. , Ltd.

Defendant (defendant in the first instance): Shanghai Jietu Software Technology Co. , Ltd.

Cause of Action: Dispute over unfair competition

First-instance Case No. : (2015) PMS(Z)CZ No. 528

Second-instance Case No. : (2017) H73MZ No. 242

The plaintiff Shanghai Hantao Information Consulting Co. , Ltd. (hereinafter referred to as Hantao Company) is the operator of dianping. com, which provides Internet users with such services as merchant information, consumption evaluation, discount information and group purchase. Dianping. com has accumulated a large number of consumers' evaluating reviews on merchants. The "User Agreement" of dianping. com says: by accepting this agreement, the user is agreeing to exclusively and freely transfer to the operator of dianping. com his property rights in any information he publishes in any form at any time on this site, as well as other transferable rights entitled to the copyright owner, and the user is granting dianping. com the right to file a lawsuit by itself against any infringing subject and obtain compensation. Beijing Baidu Network Science and Technology Co., Ltd. (hereinafter referred to as Baidu Company) made extensive use of the user reviews from dianping. com in its Baidu Maps and Baidu Zhidao. Shanghai Jietu Software Technology Co., Ltd. (hereinafter referred to as Jietu Company) embedded Baidu Maps in its city8. com dedicated to street view maps.

The plaintiff Hantao Company claimed: Baidu Company's act replacedthe service of dianping. com in providing content for users, which allowed Baidu Company to quickly obtain users and traffic and seize Hantao Company's market share; its act had reduced Hantao Company's competitive edge and trading opportunities and caused huge losses to Hantao Company; its act had violated generally recognized business ethics and the principle of good faith, and thereby constitutes unfair competition; Jietu Company embedded Baidu Maps with the infringing content into its own website, which expands the scope of Baidu Company's infringement, and thereby constitutes joint infringement with Baidu Company. So, the plaintiff filed a lawsuit with the court requesting the court to order Baidu Company and Jietu Company to stop the act of unfair competition, eliminate the bad effect and compensate the plaintiff for its losses of RMB 90 million and its reasonable expenses of RMB 453,470.

The defendant Baidu Company argued: there is no competitive relationship between the two parties; Hantao Company is not entitled to any right about the user reviews on dianping. com; Baidu Company used the information from dianping. com with a mark indicating that the information was from dianping. com, presented the user reviews from dianping. com limitedly, and set a link to dianping. com, which would not cause losses to Hantao Company but bring traffic to it instead; so Baidu Company's act does not constitute unfair competition; and the amount of damages claimed by Hantao Company is too high.

The defendant Jietu Company argued: it does not have a competitive relationship with Hantao Company and its street view maps do not use the information from dianping. com; its website accesses Baidu Maps through an API (application programming interface), but it has no joint intention or fault with Baidu Company; regardless of whether Baidu Company's act constitutes unfair competition, none of Jietu Company's acts constitutes unfair competition.

[Judgment]

After hearing the case, the Pudong New Area People's Court of Shanghai found: Hantao Company and Baidu Company had a competitive relationship; Baidu Company made extensive use of the information from dianping. com in its Baidu Maps and Baidu Zhidao without permission, which provided information in place of dianping. com and caused damage to Hantao Company; Baidu Company's act is illegitimate and constitutes unfair competition; Jietu Company calls Baidu Maps through an application programming interface (API), which does not simply target at the reviews on Baidu Maps; Jietu Company has no subjective intent to commit joint infringement with Baidu Company, and its act conforms to established practices of the industry and does not violate generally accepted business ethics or the principle of good faith, and thereby is not illegitimate. According to Article 2, the 2nd part of Article 5, Article 9(1) and Article 20 of the *Law of the PRC against Unfair Competition*, the court ruled: 1. the defendant Baidu Company shall immediately stop the illegitimate use of the user reviews from dianping. com operated by the plaintiff Hantao Company from the date when the ruling comes into effect; 2. the defendant Baidu Company shall compensate the plaintiff Hantao Company for its economic losses of RMB 3 million and its reasonable expenses of RMB 230, 000 spent in stopping the unfair competition within ten days from the date when the ruling comes into effect; 3. the remaining claims of the plaintiff Hantao Company were rejected.

Baidu Company refused to accept the first-instance judgment and instituted an appeal.

After a further examination of the notarized evidence provided by the two parties in the first instance, the Shanghai Intellectual Property Court found that among the 1655 merchants drawn through notarization from Baidu Maps, 1278 had more than 35% of user reviews from dianping. com. Among the user reviews of the merchants, 276 merchants had all their user reviews from dianping. com, 508 merchants had more than 75% (excluding 100%) of their user reviews from dianping. com, and 104 merchants had more than 50% (excluding more than 75%) of their user reviews from dianping. com. The 1055 merchants involved in the catering industry had a total of

86, 286 user reviews from dianping. com, with an average of 81 per merchant; the 402 merchants involved in the non-catering industries had a total of 11, 330 user reviews from dianping. com, with an average of 28 per merchant. And all the user reviews were displayed in full and mainly in the front of the page. The Shanghai Intellectual Property Court considered all relevant factors, including whether Baidu Company's act had any positive effect, whether Baidu Company's use of the information involved exceeded the necessary limits, the impact of the use of information beyond the necessary limits on market order, and whether the "vertical search" technique adopted by Baidu Company could affect the judgement of the legitimacy of a competitive act. Then the court determined although Baidu Company's act enriched consumers' choices to a certain extent, its extensive use of Hantao Company's information in full had exceeded the necessary limits, seriously damaged the latter's interests, undermined the market order of fair competition, and thereby constitutes unfair competition. Hantao Company did not provide evidence to prove its specific losses caused by Baidu Company's act. The court of first instance comprehensively considered the market positions of Baidu Maps and Baidu Zhidao, the way and scope of Baidu Company's use of the information, the duration of the alleged act of unfair competition, and the level of difficulty in obtaining user reviews for Hantao Company, before determining the amount of damages, which is within the reasonable range. Therefore, the Shanghai Intellectual Property Court ordered to reject the appeal and uphold the original judgment.

[Case Study]

This case involves the determination of whether the unauthorized use of information collected by others is legitimate in the context of Internet. Information is not an object of right by law. When a certain fruit of labor is not protected by legal rights, it cannot be taken for granted that the unauthorized use or application of other people's fruit of labor definitely constitutes an act of "free ride" or "reaping without sowing" in the sense of the law against unfair competition, which is because of the "freedom of imitation." The use or application of the information unprotected by legal rights is a basic public policy and the basis for all technological and business model innovations, otherwise it will be equivalent to laying down a de facto "fruit of labor right." However, with the development of the information technology industry and the Internet industry, especially in the era of "big data", information has acquired more value than any other time in history, and more and more market entities invest heavily in collecting, organizing and discovering information. If market entities are allowed to use or apply at will and without restraint the information obtained by others through huge investment, it will not discourage business investment, industrial innovation or honest operation, and ultimately damage the healthy competition mechanism. Therefore, when market entities use the information obtained by others, they still have to follow generally accepted business ethics and use it within a relatively reasonable range.

Business ethics themselves are generally recognized code of conduct formed in long-term business practice, but various business rules for the emerging market fields, such as the Internet, are still being explored as a whole, and the boundary of market entities' rights and interests are still not clear. When a certain act damages the interests of other competitors, it may actually have the positive effects of promoting market competition and increasing consumers' well-being. There has been no consensus in the market community as to whether the various new types of competitive acts violate business ethics. When judging whether an operator's use of other people's information or a relevant act violates business ethics and disrupts the market order of fair competition, the court needs to, on the one hand, consider the characteristic of information sharing and interconnection owned by the industrial development and the Internet environment, and, on the other hand, balance the interests among the information acquirer, the information user, and the public (the property input of the information acquirer, the right of the information user to compete freely, and the public's interest of free access to information). It is necessary to define the boundary of an act on the basis of balanced interests. Only by accurately defining the boundary between legitimate and illegitimate use of information can we achieve a balance between fairness and efficiency, and achieve the legislative intent of the law against unfair competition to maintain a free and fair market. To define this boundary, the court should not fully rely on subjective moral judgment, but comprehensively consider all of the above factors and examine whether an act has disrupted the market order of fair competition in a relatively objective manner.

In this case, Baidu Company's innovation in business model has indeed a positive effect, but Hantao Company has made tremendous endeavors to obtain the information involved and is entitled to the rights and interests protected by law. Under this circumstance, the interests of the two parties should be balanced in a certain way. However, Baidu Company used the search technology to capture and extensively and fully display the information from dianping. com. This act has essentially replaced the related services of dianping. com. Although aiming to achieve positive effects, it inflicted losses on dianping. com, which does not conform to the principle of balance of interests. Also, it is clear that Baidu Company could have taken a measure that would cause less damage to Hantao Company and achieve a positive effect to a certain extent. The Shanghai Intellectual Property Court held that Baidu Company's use of the information involved has exceeded the necessary limits. This act not only damages the interests of Hantao Company, but may also discourage other market entities from investing in the collection of information, undermine the normal ecology of the industry, and have a certain negative impact on the competition order. Furthermore, this act of use beyond limits may also damage the interests of future consumers.

(Writers: Fan Jingbo & Chen Yunzhi)

Judgment on Whether Act of Software Interference Constitutes Unfair Competition in Internet Environment

—Unfair Competition Dispute between Plaintiff Zhejiang Tmall Network and Defendants Shanghai Zaihe Network Technology & Zaixin Software (Shanghai)

[Summary]

Judgment on whether the act of software interference in the Internet environment constitutes unfair competition requires comprehensive consideration of whether the alleged act has caused excessive interference to the plaintiff's normal operations, whether the alleged act has positive market effect, and the impact of the alleged act on market competition order, so as to avoid pan-moralistic judgment deviating from the goals of the law against unfair competition.

[Case Review]

Plaintiff (Appellee): Zhejiang Tmall Network Co., Ltd.

Defendant (Appellant): Shanghai Zaihe Network Technology Co., Ltd.

Defendant (Appellant): Zaixin Software (Shanghai) Co., Ltd.

Cause of Action: Unfair competition dispute

First-instance Case No.: (2015) PMS(Z)CZ No. 1962

Second-instance Case No.: (2017) H73MZ No. 197

Zhejiang Tmall Network Co., Ltd. (hereinafter referred to as Tmall Company) is the operator of the Tmall shopping platform. Shanghai Zaihe Network Technology Co., Ltd. (hereinafter referred to as Zaihe Company) operated the "B5M" website. Zaixin Software (Shanghai) Co., Ltd. (hereinafter referred to as Zaixin Company) developed the "85tao" shopping assistantcommissioned by Zaihe Company. The

"85tao" shopping assistant had such functions as Internet-wide search, price comparison, postage exemption, and so on to help users with online shopping. The alleged act in this case is mainly manifested in the following two circumstances after a user installed and ran the "85tao" shopping assistant software: Firstly, a banner was inserted under the address bar on the top of the page of the Tmall platform; the banner included a promotion logo of the "B5M" website, a search box, etc.; the banner could be folded by a click. Secondly, the icon of "B5M Scan for RMB1-Off" and such buttons as "Off in Cash" were inserted in the specific product pages on Tmall shopping platform; click on these buttons and the page would jump to the product details page on the "B5M" website; after the user placed an order on the "B5M" website to purchase the product, the payment would be delivered to the "B5M" website which would purchase the product for the user, and then the merchant on Tmall would send the product to the user.

The plaintiff Tmall Company claimed that the act of the "85tao" shopping assistant operated by Zaihe Company and Zaixin Company violated the principle of good faith and business ethics, caused huge losses to its operations, and thereby constitutes unfair competition. So Tmall Company requested the court to order the two companies to immediately stop the act of unfair competition, eliminate the bad effect, and compensate it for its economic losses of RMB 10 million and reasonable expenses of RMB 150,000.

Zaihe Company argued: Firstly, Zaihe Company and Tmall Company had no competitive relationship. Secondly, the services provided by the "85tao" shopping assistant did not violate the principle of good faith or generally recognized business ethics. From the perspective of the purpose of the act, the functions of "85tao" were meant to meet the reasonable needs of users for online shopping without the intention of "traffic hijacking" or "free-riding." From the perspective of the means of the act, "85tao" used the browser extension technology, a legal and neutral technology adopted by many shopping assistants, and the user's rights to know and choose were fully respected and protected given that the user could choose freely to load, disable or uninstall the software, which conformed to the usual practices in this particular business field of shopping assistants. From the perspective of the result of the act, Zaihe Company neither obtained direct benefits from "85tao" nor damaged the interests of the Tmall platform, but helped promote it instead. The users of "85tao" had clearly known the existence of the "B5M" website in advance. The plug-in had never intentionally misled users to believe that it was related to Tmall Company's website. Instead, it had been highlighting its unique logo and clarified the source of the logo. A common user with rational judgment will not get confused. Thirdly, Zaixin Company was commissioned by Zaihe Company to develop the "85tao" shopping assistant. It did not participate in the operation of the software. The corresponding functions were proposed by Zaihe Company. Zaixin Company had fulfilled its obligation of being rational and prudent. Therefore, it was in no fault. Even if Zaihe Company's act constitutes infringement, Zaixin Company should not be jointly and severally liable. Fourthly, the amount of damages claimed by Tmall Company lacks basis. Accordingly, Zaihe Company requested the court to reject all claims of Tmall Company.

Zaixin Company agreed with Zaihe's argument and added: Firstly, the shopping assistant is a market-oriented service offered to reasonably meet the needs of consumers. Its function may indeed cause more uncertainty about the flowing directions of consumer traffic, but the business model itself is not improper. Secondly, Zaixin Company had carried out research and development and provided technical support according to Zaihe Company's needs. The technical development means Zaixin Company adopted conforms to the open rules. It is impossible for Zaixin Company to subjectively make a prediction beyond the industry's business models at the time. Thirdly, Tmall Company is a dominant player in the field of e-commerce and has also taken the same act. In spite of that, it still abused the right to sue so as to squeeze out opponents and disrupt normal commercial competition. Such an act has not only damaged the ideas and spirits of openness, inclusiveness, convenience, service, and win-win owned by the Internet, but has also damaged the legitimate rights and interests of numerous consumers in the long run. So, Zaixin Company requested the court to reject all claims of Tmall Company.

[**Judgment**]

After hearing the case, the Pudong New Area People's Court of Shanghai held that the act of Zaihe Company and Zaixin Company would reduce users' loyalty to Tmall Company's website and cause losses to Tmall Company. The shopping assistant had an obvious "free-riding" feature, and would also cause confusion about the services' source, poor after-sales service and other consequences. Therefore, the court determined that the act of Zaihe Company and Zaixin Company constitutes unfair competition, and ruled according to Article 8, Items 6 and 8 of Article 15 (1), and Article 15 (2) of the *Tort Liability Law of the People's Republic of China*, Articles 2 and 20 of the *Law of the PRC against Unfair Competition*: 1. The defendants Zaihe Company and Zaixin Company shall jointly compensate the plaintiff Tmall Company for its economic losses of RMB 1 million and its reasonable expenses of RMB 100, 000 paid for stopping the infringement within ten days from the date when the ruling comes into effect; 2. the defendants Zaihe Company and Zaixin Company shall jointly issue a public statement (the content of the statement shall be reviewed by this court) on the homepages of "Tmall" (www. tmall. com) and the "B5M" website (www. b5m. com) for 15 consecutive days from the date when the ruling comes into effect to eliminate the bad effect on the plaintiff Tmall Company due to the defendants' act of unfair competition; if the order is not obeyed, the court will publish the main content of this judgment on relevant media, and the costs required shall be paid by the defendants Zaihe Company and Zaixin Company.

Zaihe Company and Zaixin Company refused to accept the first-instance judgment and instituted an appeal.

After hearing the case, the Shanghai Intellectual Property Court believed that the alleged act of unfair competition in this case was mainly manifested by the fact that the defendants inserted information on the website of Tmall without its consent. This act had actually interfered with the operations of the Tmall website to some extent. In this case, the act of inserting a banner did not excessively interfere with the normal operations of Tmall in general, as the banner, limited in width and located at the top of the page instead of its center, did not cover the content of the page on Tmall Company's website, and could be folded. However, the defendants inserted their icons and buttons into the specific product pages, which were directly embedded in prominent positions of the website pages, and through the inserted buttons the defendants guided consumers to their website for transactions. Users could not choose to close it. This act had seriously damaged the integrity of Tmall's pages and made Tmall Company unable to properly display information according to its own wishes. It is already an act of excessive interference. Although the act of Zaihe Company and Zaixin Company could bring certain benefits to consumers, its excessive interference to the normal operations of Tmall not only damaged the interests of Tmall Company, but would bring negative impact on the commercial input and innovation of e-commerce websites in the long run, and then destroy the ecology of coexistence between e-commerce and such services as price comparison and purchase assistance. It is also difficult for consumers to obtain long-term sustainable benefits. Therefore, the court rejected the appeal and affirmed the original judgment.

[Case Study]

The alleged act of unfair competition in this case was mainly embodied in the fact that Zaihe Company and Zaixin Company inserted information on the website of Tmall without its consent. This act had actually interfered with the operations of the Tmall website to some extent. When judging whether an act of interference in market competition violates generally recognized business ethics, the court needs to consider it in combination with the legislative intent of the law against unfair competition to promote competition, encourage innovation, and achieve fair and free competition. Pan-moralistic judgments deviating from the goals of the law against unfair competition shall be avoided.

Ⅰ. consider whether the alleged act has caused excessive interference to the plaintiff's normal operations

Market competition is a contest for resources and trading opportunities. In particular, the Internet is a highly competitive market field where various products are often interdependent and related to a certain extent. It is not practical to require the operators engaged in the Internet to stay focused on their own fields to improve performance without making interference. Competitors need to tolerate moderate interference. More importantly, innovation comes more from fierce collisions among operators' technologies or business models, rather than peaceful coexistence without interference in everyone's own field. In this case, the act of inserting a banner did not excessively interfere with the normal operations of Tmall in general, as the banner, limited in width and located at the top of the page instead of its center, did not cover the content of the page on Tmall Company's website, and could be folded. However, the defendants inserted their icons and buttons into the specific product pages, which were directly embedded in prominent positions of the website pages, and through the inserted buttons the defendants guided consumers to their website for transactions. Users could not choose to close it. This act had seriously damaged the integrity of Tmall's pages and made Tmall Company unable to properly display information according to its own wishes. It is already an act of excessive interference.

Ⅱ. consider whether the alleged act has any positive market effect

Many so-called acts of interference in the Internet field are often innovative in technology to a certain degree. They may damage the interests of other operators, but may also bring benefits to consumers or increase the level of protection of public interests. The legal interests to be protected by the law against unfair competition are diverse. In addition to protecting the legitimate rights and interests of the operators, the law is also meant to protect consumers' interests and even public interests by regulating acts of unfair competition. The determination of whether an act violates business ethics needs to take broader market environments and more stakeholders into account. As for such services as purchase assistance and price comparison provided by the software involved, on the one hand, they help consumers compare prices and make optimal transaction decisions when they are shopping, and the service of purchase assistance can help consumers buy a product at a lower price. These services have a positive effect of increasing consumers' interests. But on the other hand, the software involved inserted the defendants' icons and buttons in the center of the Tmall page after the software started running, and guided consumers to the defendants' website for transactions, which can lead to confusion of relevant consumers about the service provider.

Ⅲ. comprehensively consider the interests of all the parties involved and consumers, and the impact of the alleged act on the market competition order

Zaihe Company and Zaixin Company inserted the iricons and buttons in the page and guided consumers to their website for transactions. It is already an act of excessive interference. The contrast between the damage that the defendants caused to Tmall Company and the positive effect they meant to achieve is obviously not in line with the principle of proportionality. Besides, Zaihe Company and Zaixin Company did not necessarily need to adopt the means they had adopted to provide such services as price comparison and purchase assistance. From the perspective of balance of interests, they should provide corresponding services in a more appropriate way. From the perspective of the impact on the market competition order, such services as price comparison and purchase assistance in the Internet environment are carried out on the basis of relevant e-commerce websites. The overall operation circumstances of the e-commerce websites and the provision of the aforesaid services form a positive correlation. Only when the normal operations and vigorous development of the e-commerce industry as a whole are ensured can relevant service industries such as price comparison and purchase assistance continue to develop. In this case, although the act of Zaihe Company and Zaixin Company could bring certain benefits to consumers, its excessive interference to the normal operations of Tmall not only damaged the interests of Tmall Company, but also would bring about negative impact on the commercial input and innovation of e-commerce websites in the long run, and then destroy the ecology of coexistence between e-commerce and such services as price comparison and purchase assistance, making it difficult for consumers to obtain long-term sustainable benefits and disrupting the market order of fair competition.

(Writers: Fan Jingbo & Chen Yunzhi)

Under What Conditions Can Use of Game Title as Movie Title Be Considered Unfair Competition

—Dispute over Copyright and Trademark Infringement, Unauthorized Use of Unique Name of Well-known Commodity, and False Promotion between Activision Publishing and Huaxia Film Distribution et al.

[Summary]

The trial of this case involves whether the scope of rights to a registered trademark can be extended to the use of a movie title, the judgment of legitimacy and rationality of using other people's trademark of words registered on a game as a movie title, whether a movie title can be protected by the law against unfair competition as the unique name of a well-known commodity with certain influence, and other difficult legal issues. In this case, 使命召唤（*Call of Duty*）is the Chinese title of the plaintiff's well-known game. The English title of the movie involved *THE GUNMAN* was originally translated into 狙击枪手（literally The Gunman）, but the translation was changed to 使命召唤（lit. Call of Duty）before the movie was released. The new title does not reflect the theme or content of the movie. The defendant's movie promotion and other acts show that its use of the new translation as the movie title has a subjective free-riding intent and constitutes confusion. It is an improper use of the title of the plaintiff's well-known game and constitutes unfair competition.

[Case Review]

Plaintiff (Appellant): Activision Publishing Inc.

Defendant (Appellant): Huaxia Film Distribution Co., Ltd.

Defendant: CFS Dubbed Film Production Co., Ltd.

Defendant: PPLive Corporation

Cause of Action: Dispute over copyright infringement, trademark infringement, unauthorized use of the unique name of a well-known commodity, and false promotion

First-instance Case No.: (2016) H0115MC No. 29964

Second-instance Case No.: (2018) H73MZ No. 222

The game involved *Call of Duty* is a first-person shooter online game franchise released by the plaintiff Activision Publishing Inc. (hereinafter referred to as Activision Inc.) Starting out in the United States in 2003, the game has had 16 versions so far. On June 15, 2012, the plaintiff's *Call of Duty Online* V1.0.0.1 was launched by the exclusive agent of Tencent Games. The game *Call of Duty* is highly popular in both the United States and China.

The plaintiff registered the artistic work of  with the National Copyright Administration of China on January 27, 2014.

The plaintiff registered two "使命召唤 (lit. Call of Duty)" trademarks with the Trademark Office in 2013. The commodities approved to use the trademark fall into Class 9 of the trademark classification, including computer game software, movies and TV programs featuring suggestive themes provided through the video-on-demand service (downloadable), downloadable multimedia files (including illustrations, texts, audios, videos, and the Internet connections between games and computer games), film strips on military-themed operations (exposed), etc. The services approved to use the trademark fall into Class 41, including motion picture production (entertainment services), entertainment media production of motion pictures, movie production, movie distribution, film strip production, film strip distribution, video production (providing online games on computer networks), providing online games on computer networks, etc.

In March 2015, the defendant Huaxia Film Distribution Co., Ltd. (hereinafter referred to as Huaxia Company) introduced the movie*The Gunman* under a buyout and commissioned the defendant CFS Dubbed Film Production Co., Ltd. (hereinafter referred to as CFS Company) to translate the movie into Chinese. In May 2015, the Chinese title of the involved movie *The Gunman* was changed to 使命召唤 (lit. Call of Duty). And the movie was released in Chinese cinemas on September 18, 2015. It is an action movie co-produced by the United States, Britain, and France, telling the story of a secret agent working for an international organization who wanted to quit the organization for his lover, but was pursued and went into exile in Europe after fulfilling his last mission. The movie had been screened until October 17, 2015, bringing in RMB more than 3. 98 million at the box office.

In December 2015, the defendant PPLive Corporation (hereinafter referred to as PPLive) obtained the non-exclusive rights to communicate works to the public over information networks to the movie involved with a period up to December 18, 2017. On the official website of the defendant PPLive, there were the stills, introduction and full video of the movie 使命召唤 (hereinafter referred to as the movie *Call of Duty*), and the movie title shown in the trailer uses the same font as the Chinese characters in the artistic work whose copyright the plaintiff claimed to own.

The official Weibo account of the movie *Call of Duty* posted some stills of the movie and such promoting words as "Final trailer of the movie *Call of Duty*, hot and fresh... Fight back for truth." Some users commented on the posts as follows: "The English title of the movie is *The Gunman*, totally different from *Call of Duty*..." "So it has nothing to do with the game?" "Not an adaptation of the game?" "Free advertisement for Tencent's *Call of Duty Online*" "Does it have the slightest connection to *Call of Duty*?" "I have watched the movie. Don't mislead the audience. This is no way the *Call of Duty*." A post of the official Weibo account posted some stills of the movie and such words as "In such an exaggerated work as the *Call of Duty* (PS: both the movie and the game), it is very common for a hero to kill hundreds of opponents. The question is how to kill them in a flamboyant manner? First, you need a set of good equipment..." "The Undead John Price" and "The undead soldier comes back —Terrier." The Chinese title "使命召唤" in the stills use the same font as the characters in the artistic work whose copyright the plaintiff claimed to own.

The plaintiff Activision Inc. claimed that the defendants' use of the trademark "使命召唤" (lit. Call of Duty) registered by the plaintiff as the Chinese title of the movie involved without the plaintiff's permission constitutes an infringement upon the plaintiff's exclusive rights to the registered trademark. The obviously misleading Chinese title used and displayed in the movie involved is confused with the Chinese title of the well-known game franchise *Call of Duty*, which has led to misidentification by the relevant public and has clearly constituted unfair competition. Also, the artistic Chinese characters "使命召唤" used in the posters and trailers of the movie involved are clearly a plagiary of the plaintiff's copyrighted artistic work and constitute an infringement upon the plaintiff's copyright. Therefore, the plaintiff requested the court to order: 1. Each defendant shall immediately stop infringing the plaintiff's exclusive rights to the registered trademark and its copyright, and stop the acts of unfair competition, including attaching themselves to the plaintiff's goodwill and damaging the plaintiff's legitimate rights and interests. 2. The defendants Huaxia Company and CFS Company shall publish a statement in the national newspaper *China Film News* to eliminate the ill impact. 3. The defendants Huaxia Company and CFS Company shall jointly pay the plaintiff RMB 2 million as compensation. 4. The defendants Huaxia Company and CFS Company shall jointly compensate the plaintiff for its attorney's fee, notarial fee, investigation fee and other related reasonable expenses, totaling RMB 700,000.

The defendant Huaxia Company argued: 1. The plaintiff cannot sufficiently prove that it is entitled to the legitimate rights related to copyright, and the prosecuting subject is not qualified. 2. Huaxia Company did not commit copyright infringement. (1) The plaintiff's artistic work does not have such features of copyright as originality and exclusiveness. (2) Huaxia Company distributed the movie based on the movie title provided by an outsider of the case, with no subjective intent to infringe the plaintiff's copyright. (3) The plaintiff fails to prove that Huaxia Company has any connection to the game involved. (4) Movie distribution and screening and the plaintiff's game belong to completely different fields. Huaxia Company did not use the plaintiff's game for movie creation or promotion. 3. Huaxia Company did not commit trademark infringement. (1) "使命召唤" is used as the translated Chinese title of the movie instead of a trademark. The title is only a description and generalization of the movie's theme. (2) Movies and games are not the same or similar commodities. They belong to two completely different fields and face completely different consumers. No misunderstanding will be caused among the relevant public. (3) The game involved is not well-known in China, and the trademark involved is not well-known to the public, either. (4) The plaintiff's trademark has not been actually used on movie or television works after registration, so the translated Chinese title of the movie involved has no obvious specific connection to the trademark. 4. The defendant Huaxia Company did not commit any act of unfair competition. (1) The operator of the game involved in China is Tencent Games, who should be the subject claiming the confusion. (2) The plaintiff and the defendant are not competitors in the same industry, so the plaintiff does not meet a main constituent for filing an unfair competition lawsuit. (3) The game involved is not a well-known commodity. As "duty" and "call" are both common expressions, they do not constitute a unique name. (4) It is common for foreign movies to be translated into various Chinese titles after being introduced to China. (5) Huaxia Company did not make any false promotion. (6) The plaintiff cannot request for multiple layers of protection from trademark infringement, copyright infringement, and unfair competition based on a single fact. 5. The amount of compensation claimed by the plaintiff has no factual or legal basis and should not be supported. In summary, Huaxia Company requested the court to reject all the plaintiff's claims.

The defendant CFS Company argued that it was commissioned by the defendant Huaxia Company to translate the movie involved into Chinese and translated the movie title to "狙击枪手" (lit. The Gunman) which was later changed to "使命召唤" (lit. Call of Duty) without CFS Company's knowledge.

The defendant PPLive argued that it was authorized to promote the movie on the Internet with no knowledge of what the plaintiff claimed, and PPLive did not perform any infringing act and should not bear relevant liabilities.

[**Judgment**]

The Pudong New Area People's Court of Shanghai held that the work 

whose copyright the plaintiff claimed to own is composed of Chinese and English with certain artistic processing. For example, the left-falling strokes of the Chinese characters adopt the parallelogram, the last stroke of the first character adopts a pointed shape at the end, and the characters fit together symmetrically with their strokes, making the work different from the previous ones in shape and giving it a certain aesthetic sense. So, it is a work protected by the Chinese copyright law. During the distribution of the movie involved *Call of Duty*, the artistic Chinese characters completely the same as those in the plaintiff's work 

were used in the movie posters and trailers on the Internet and were disseminated on the Internet, which infringed the right to communicate works to the public over information networks entitled to the plaintiff for its work.

The scope of rights to the plaintiff's registered trademark cannot be extended to the use of a movie title. The defendant Huaxia Company's use of "使命召唤" as the movie title did not infringe the plaintiff's exclusive rights to the registered trademark of "使命召唤." In order to attract audiences and obtain high revenue at the box office, the defendant Huaxia Company took the liberty to use the Chinese title of the well-known game *Call of Duty* as the movie title without the plaintiff's permission, and launched promotion campaigns by means of releasing trailers, posters, Weibo posts and so on, which caused confusion among relevant public and constitutes unfair competition by the unauthorized use of the unique name of a well-known commodity. The expression "In such an exaggerated work as the *Call of Duty* (PS: both the movie and the game), it is very common for a hero to kill hundreds of opponents" that the plaintiff claimed to be false promotion does not sufficiently constitute false promotion.

The defendant CFS Company is the translator of the movie involved. It has nothing to do with the change of the Chinese title of the movie involved. And the company didn't obtain any revenue at the box office. Therefore, it shall not assume any civil liability.

The contract between the defendant PPLive and an outsider of the case had expired and it had stopped screening the movie involved. Therefore, the plaintiff's claim for the defendant PPLive to stop the infringement shall not be supported.

Based on the above-mentioned facts as well as Item 12 of Article 10 (1), Item 1 of Article 48 and Article 49 of the *Copyright Law of the People's Republic of China*, Item 2 of Article 5 and Article 20 of the *Law of the PRC against Unfair Competition*, Article 7, Article 25 (1) and (2), and Article 26 of the *Interpretation of the Supreme People's Court Concerning the Application of Laws in the Trial of Civil Disputes over Copyright*, and Item 1 of Article 1, Article 2 (1), Article 4, Article 7 and Article 17 (1) of the *Interpretation of the Supreme People's Court Concerning the Application of Laws in the Trial of Civil Disputes over Unfair Competition*, the Pudong New Area People's Court of Shanghai ruled: 1. The defendant Huaxia Company shall immediately stop infringing the copyright to the work involved entitled to the plaintiff Activision Inc. 2. The defendant Huaxia Company shall immediately stop the act of unfair competition of using "使命召唤" as the title of the movie involved. 3. The defendant Huaxia Company shall publish a statement in the *China Film News* (except the middle seam) to eliminate the ill impact caused by its infringing act. 4. The defendant Huaxia Company shall compensate the plaintiff Activision Inc. for its economic losses of RMB 300, 000. 5. The defendant Huaxia Company shall compensate the plaintiff Activision Inc. for its reasonable expenses of RMB 300, 000. 6. The other claims made by the plaintiff Activision Inc. were rejected.

Both the plaintiff Activision Inc. and the defendant Huaxia Company refused to accept the first-instance judgment and lodged an appeal. The Shanghai Intellectual Property Court rejected the appeal and affirmed the original judgment.

[**Case Study**]

The trial of this case involves the legal protection of movie titles. The plaintiff is the holder of the exclusive rights to the registered trademark of the well-known game *Call of Duty*. The trademark is approved to be applied on the Class 9 commodities and the Class 41 services. The movie that the defendant Huaxia Company introduced into China and had translated uses a Chinese title the same as that of the aforesaid game. The disputes to be resolved in this case are whether the defendant's use of a movie title the same as the Chinese title of the plaintiff's game infringes the plaintiff's exclusive rights to its registered trademark, whether a game title can be protected as a commodity name with certain influence, and whether the defendant's act constitutes unfair competition by the unauthorized use of a commodity name with certain influence.

As an important commercial mark in the cultural and creative field, the title of a work identifies a specific work and its basic functions. However, the name of a work is often short, unqualified for being a work protected by copyright law. Also, the title of a work is usually a condensed summary and extraction of the content of the work, completely different from the function of identification of a trademark. So the title of a work does not meet the strict requirements for intellectual property in terms of creativity or distinctiveness (peculiarity). ① In Germany, the title of a work enjoys the title right, adjusted from Article 5 of the *Act on the Protection of Trade Marks and other Signs*, and provisions of other articles of the trademark act can be applied in the specific rules. The law against unfair competition provides supplementary and miscellaneous provisions for the protection. In China, if the title of a work can be protected by neither the copyright law nor the trademark law, it can be protected as a commodity name with certain influence by Item 1 of Article 6 of the *Law of the People's Republic of China Against Unfair Competition*. In the case of *Lost in Thailand*, the Beijing High People's Court determined that the movie *Lost on Journey* is a well-known commodity, and that its title *Lost on Journey* is the unique name of a well-known commodity because the title, after being widely used and promoted, has actually played the role of distinguishing the source of the commodity. The defendant in that case uses a title similar to *Lost on Journey* for its movie, which caused confusion and misidentification among the relevant public and constitutes unfair

① Peng Xuelong, *Multiple Functions of Titles of Works and Diverse Means of Protection for Them — And Comments on Item* 3, *Article* 6 *of Law Against Unfair Competition*, *Chinese Journal of Law*, Issue 40 (05), 2018.

competition.① Also, regarding a title of a work with a high level of public awareness, in the determination of trademark rights, the plaintiff can claim the prior rights and stop or even prohibit others' registration.② However, where the title of a prior work has been registered as a trademark and a party uses a title the same as the registered trademark for a latter work, it is still controversial whether the party's act constitutes trademark infringement or falls within the adjustment scope of the law against unfair competition. For example, in the case of the movie 轩辕剑传奇 (Lit. Legend of Xuan-Yuan Sword), the Chaoyang District People's Court of Beijing determined that the title of the movie is the high-degree summarization of the movie's theme and content, is only descriptive and cannot identify the source of the movie. So the use of the title does not constitute the use of a trademark and the act does not constitute trademark infringement. However, the series of games 轩辕剑 (Lit. Xuan-Yuan Sword) is a well-known commodity, and the words "Xuan-Yuan Sword" have strong distinctiveness. So, the words constitute the unique name of a well-known commodity. The defendant's use of "Xuan-Yuan Sword" as the major part of its movie title can easily lead to misunderstanding and confusion among the relevant public, and thus constitute an act of unfair competition by using the unique name of a well-known commodity without permission.③

Trademarks feature the property of exclusiveness, and it gives the trademark owner a right to forbid others to use a trademark the same as or similar to its registered trademark on the same or similar commodities. If the title of a work alone is put under trademark protection, it will cause improper monopoly of the title. However, under certain conditions, certain works, such as the title of a journal, can be protected by the trademark law, because they have become, after repeated use, synonyms of certain commodities and have already played the role of source identification, functioning as both the titles of works and the identifiers of works. As the title of a movie is the high-degree summarization of the content of the movie, reflecting the theme of the movie instead of identifying the source of a commodity or service, it

① Civil Judgment of Beijing High People's Court (2013) GMCZ No. 1236.

② The *Regulations of the Supreme People's Court Concerning the Trial of Administrative Cases Involving Trademark Authorization and Trademark Rights Determination* published in 2017: Where the use of the title of a work or the name of a role with a high level of public awareness on related commodities may cause misidentification by the public, the owner of the title or name may claim the prior rights.

③ Civil Judgment of Chaoyang District People's Court of Beijing (2015) CM(Z)CZ No. 41020.

doesn't have the function of identifying the source. Therefore, the use of the title of a work is generally not considered the use of a trademark. In this case, the Chinese title of the game *Call of Duty* was registered as a trademark on the commodities in Class 9 of the trademark classification, including computer game software, movies and TV programs featuring suggestive themes provided through the video-on-demand service (downloadable), film strips on military-themed operations (exposed), etc., and for the services in Class 41, including motion picture production (entertainment services), movie production, movie distribution, and providing online games on computer networks, etc. The function of a trademark is to identify the source of a commodity or service. The trademark that the plaintiff registered for the Class 9 commodities and the Class 41 services can identify the source of relevant commodities and services. Generally, the title of a work alone does not have the function of identifying the source of commodities, but is more of an embodiment of literary or artistic content. So, the plaintiff's use of the Chinese title of the aforesaid game is not equivalent to the use of the registered trademark on the commodities or services in the aforesaid classes. Therefore, the plaintiff's registration of the trademark on such commodities as software and such services as movie production cannot stop others' reasonable use of a trademark the same as the plaintiff's registered trademark on software titles or movie titles. Accordingly, the defendant's use of a movie title the same as the plaintiff's registered trademark does not fall within the protection scope of the plaintiff's registered trademark.

Although the scope of rights to a registered trademark cannot be extended to a movie title, it does not mean that the title of a work, such as a game, a movie, etc. cannot be protected by the law against unfair competition as the name of a commodity or service with certain influence. But the protection requires certain conditions, including that the work of the right holder has a certain level of public awareness, that the alleged infringing party holds a malicious intent subjectively in its use of the title of the work, and that the use can cause confusion among consumers. In this case, 使命召唤（*Call of Duty*）is a game developed and released by the plaintiff Activision Inc. Through the plaintiff's promotion and operation, the title of the game has been known to relevant public and gained a high profile on the market. This owes to the plaintiff's creative labor, and the business value and opportunities it has brought are also attributed to the plaintiff's great investment of labor and capital. So the Chinese characters "使命召唤（Lit. Call of Duty）" have constituted a commodity name with certain influence. Also, the defendant's use of "使命召唤（Lit. Call of Duty）" as the Chinese title of the movie shows that the defendant holds a malicious intent subjectively. The meaning of "Call of Duty" does not reflect the theme or content of the movie, and the content of the movie involved is completely unrelated to the meaning of "Call of Duty." But the defendant repeatedly mentioned the plaintiff's game in various ways during the promotion of the movie, implying that the defendant holds a malicious free-riding intent subjectively. The defendant also purposefully misled consumers to connecting the movie to the game, and the act had actually caused confusion among the relevant consumers. Therefore, the defendant's act is an improper act of using other people's commodity name with certain influence without permission, and it constitutes unfair competition.

The title of a work is a condensed summary and extraction of the work. Generally, it does not have the originality required for copyright protection. The public are free to create different works under the same title. Even if the title has been registered as a trademark, it cannot stop other people from using the title properly. Otherwise, it will cause unreasonable monopoly. With the development of the cultural and creative industry, the title of a work has demonstrated increasing commercial value when used as a commodity name. It is a fruit of intellectual labor and capital. Improper use of the title of other people's work with certain influence may constitute an act of unfair competition. The different means of legal protection chosen by the trademark law and the law against unfair competition for the title of a work reflect that the two laws protect different legal interests. The different choices are also meant to seek a better balance between the interests of right holders and those of the public.

(Writer: Ni Hongxia)

Relatively Strict Criteria Should Be Applied When Judging Legitimacy of Competitive Behavior of Underlying Security Software Operator

—Lawsuit of Unfair Competition Dispute Filed by Shanghai 2345 Network Technology against Cheetah Network, Cheetah Mobile, et al.

[**Summary**]

The following acts of a security software operator making use of its privileges and the users' trust, in the name of protecting the safety of its computer system, beyond the reasonable limits of software operation, and damaging another operator's or the consumers' legal rights and interests constitute unfair competition constitute unfair competition, such as changing the users' browser homepages without permission, inducing the users to change their browser homepages by means of false pop-ups, alarming pop-ups, and the like, and interfering with the operation of another software program or treating another software program differently so that its operator cannot enjoy equally the right to be chosen.

[**Case Review**]

Plaintiff (Appellee): Shanghai 2345 Network Technology Co., Ltd.

Defendant (Appellant): Beijing Cheetah Network Technology Co., Ltd.

Defendant (Appellant): Cheetah Mobile Inc.

Defendant (Appellant): Beijing Jinshan Security Software Co., Ltd.

Cause of Action: Unfair competition dispute

First-instance Case No.: (2016) H0115MC No. 5555

Second-instance Case No.: (2018) H73MZ No. 5

The plaintiff Shanghai 2345 Network Technology Co., Ltd. (hereinafter referred to as the 2345 Company) is mainly engaged in the operation of such Internet products as 2345 Website Navigator and 2345 Top Browser. The 2345 Website Navigator has over 40 million users, including 25 million daily users, ranking among the top in the industry.

The defendant Beijing Cheetah Network Technology Co., Ltd. (hereinafter referred to as Cheetah Network) is the sponsor of the websites of Jinshan Network (homepage: www.ijinshan.com) and Cheetah Mobile (homepage: www.cmcm.com). The website of Jinshan Network is marked as the official website of Kingsoft Antivirus in the search results of Baidu, and its homepage offers the software of Kingsoft Antivirus 10 for users to download. The product introductions on the website include the software of Kingsoft Antivirus, and the information center of the website offers introduction and promotion about Kingsoft Antivirus, Jinshan Network, etc. The product introductions on the Cheetah Mobile website included the products of Cheetah Mobile, claiming that its core products include the Kingsoft Antivirus software and that Cheetah Mobile also provides some multi-platform products, such as Duba Website Navigator.

The defendant Cheetah Mobile Inc. (hereinafter referred to as Cheetah Mobile) is the sponsor of the website of Duba Website Navigator (homepage: www.duba.com) and the website titled "Kingsoft Antivirus Official Website" (homepage: www.duba.net). The latter provides the service of downloading the Kingsoft Antivirus 11 software and contains the introductions to all former versions of the Kingsoft Antivirus software.

The defendant Beijing Jinshan Security Software Co., Ltd. (hereinafter referred to as Jinshan Company) is the operator of the Kingsoft Antivirus softwareas indicated in the End User License Agreement of the software. According to the inquiry results from the National Enterprise Credit Information Publicity System, the three defendants share the same public telephone number and email address for contact.

The Kingsoft Antivirus software has the following six performances during its installation, operation and uninstallation.

1. Click the "One-click Cleanup" button in the "Garbage Cleanup" function of Kingsoft Antivirus, and the homepage 2345 Website Navigator set by the users in Internet Explorer will be changed to the Duba Website Navigator.

2. Click the "Upgrade Now" button of Kingsoft Antivirus and restart the software after update, and a pop-up window will appear displaying "Immediately fix

the browser homepage to Duba Website Navigator to protect it from being changed without permission," with a checkbox on the left checked by default. If the users open the 2345 Top Browser without performing any other operation, the original homepage 2345 Website Navigator will be changed to the Duba Website Navigator. Even if the users uncheck the aforesaid checkbox checked by default and close the window of Kingsoft Antivirus before opening the 2345 Top Browser, the original homepage 2345 Website Navigator will still be changed to the Duba Website Navigator.

3. Click the "One-click Cloud Kill" button of Kingsoft Antivirus and then the "Version Upgrade" button, and wait until the completion of the update. Open the Internet Explorer, the 2345 Top Browser, and the 360 Security Browser respectively, and the original homepage 2345 Website Navigator in each of them will be changed to the Duba Website Navigator; open the Sogou High-speed Browser and the CM Browser respectively, and the original homepage 2345 Website Navigator in them will not be changed. Uninstall Kingsoft Antivirus, and all the homepages in the above browsers will be restored to 2345 Website Navigator.

4. After the installation of Kingsoft Antivirus, a pop-up window will appear displaying "Set browser homepage to Duba Website Navigator" with a checkbox checked by default on the left and an "All Right" button on the right. Open the Internet Explorer without clicking the "All Right" button, and the original homepage 2345 Website Navigator will be changed to the Duba Website Navigator; even if the users uncheck the aforesaid checkbox checked by default and click the "All Right" button before opening the Internet Explorer, the homepage will still be changed to the Duba Website Navigator; if the users uninstall Kingsoft Antivirus before opening Internet Explorer, the homepage will be restored to 2345 Website Navigator.

5. When Kingsoft Antivirus is in operation, a pop-up window will appear displaying "Kingsoft Antivirus 10, enable the secure website navigator to prevent accidental entry into malicious websites; you are recommended to enable the secure website navigator to stay away from viruses and fraudulent websites, and ensure secure Internet access," with a "One-click Start" button below. Click the "One-click Start" button, then open the Internet Explorer, and the original homepage 2345 Website Navigator will be changed to the Duba Website Navigator; open the 2345 Top Browser, and the homepage will remain the original 2345 Website Navigator; uninstall Kingsoft Antivirus, and the homepage in Internet Explorer will be restored to 2345 Website Navigator.

6. The homepage in Internet Explorer remains the original 2345 Website Navigator before and after the installation of Kingsoft Antivirus, but will be changed to Duba Website Navigator after Kingsoft Antivirus is uninstalled.

The plaintiff alleged: The plaintiff is a professional Internet company, and its products under the 2345 brand enjoy a high level of public awareness and a good reputation in the industry. Among them, the core product 2345 Website Navigator (domain name: www. 2345. com) ranks among the top three in navigation websites, with 40 million users. The three defendants jointly operate the Kingsoft Antivirus software. Since 2014, they had been hijacking the homepage of 2345 Website Navigator set by users in their browsers and changing it to Duba Website Navigator without the users' permission by various technical means and in the multiple phases of installation, operation, update and uninstallation of the software. In the process, the three defendants had also implemented the act of treating the plaintiff's 2345 Browser differently from other browsers. The plaintiff held that traffic is of extremely important economic value for Internet companies, that the aforesaid acts of the three defendants obviously violated the principle of good faith and generally recognized business ethics, and that their acts had caused a significant decline in the traffic of the 2345 Website Navigator, seriously affected users' experience and evaluation of the plaintiff's product, and caused great economic losses and goodwill damage to the plaintiff. Therefore, the plaintiff requested the court to order: 1. the three defendants shall immediately stop the acts of unfair competition targeting the plaintiff, including the unauthorized change of homepage and traffic hijacking; 2. the three defendants shall publicly clarify the facts on the top of the homepages of their official websites (The domain names are www. duba. com, www. ijinshan. com, and www. duba. net respectively) and eliminate the ill impact, and publish a statement of apology for no less than 30 consecutive days. The size of the statement shall be no less than 10cm x 10cm; 3. the three defendants shall jointly compensate the plaintiff for its economic losses of RMB 10 million; 4. the three defendants shall jointly compensate the plaintiff for its notarial fee of RMB 13, 060.

The three defendants jointly argued: Firstly, Jinshan Company is the independent operator of the Kingsoft Antivirus software, and there is no mixed operation among the three defendants. So, Cheetah Network and Cheetah Mobile are not proper defendants of this case. Cheetah Network only provides the service of downloading the Kingsoft Antivirus software on the Jinshan Network website (domain name: www. ijinshan. com), which is not the official website of Kingsoft Antivirus. And Cheetah

Mobile is only the operator of the Duba Website Navigator. It had neither participated in the operation of Kingsoft Antivirus software nor cooperated with Jinshan Company in hijacking browser homepages through the Kingsoft Antivirus software to promote its Duba Website Navigator. Secondly, the demonstration in which different versions of the Kingsoft Antivirus software were operated shows that no acts of traffic hijacking alleged by the plaintiff had been taken in the downloading, installation, operation, or uninstallation of the software. Thirdly, the Kingsoft Antivirus software upgrades its versions frequently. Even if the corresponding version alleged by the plaintiff had the act of traffic hijacking, it couldn't have caused much damage to the plaintiff due to its very short duration. Moreover, the 2345 Browser, the 2345 Security Guard and a series of other software programs operated by the plaintiff can protect the users' browser homepages from being changed without permission by using multiple ways to keep them locked. Fourthly, regarding the circumstances involved in the dispute of this case, the plaintiff had responded by slandering the three defendants and the Kingsoft Antivirus software, resulting in the uninstallation of Kingsoft Antivirus software by a large number of users. Therefore, the acts of unfair competition alleged by the plaintiff no longer existed. Given the above arguments, the three defendants did not agree to any of the plaintiff's claims.

[**Judgment**]

The Pudong New Area People's Court of Shanghai held that Jinshan Company had identified itself as the operator of the Kingsoft Antivirus software, and that although Cheetah Network and Cheetah Mobile denied their joint participation in the operation of the Kingsoft Antivirus software, the three defendants have the same legal representative. The locations of their main offices and their contact information are the same, and the three defendants are highly confused with each other when promoting products through websites and in other forms. In addition, the websites sponsored respectively by Cheetah Network and Cheetah Mobile both bear the mark of the official website of Kingsoft Antivirus, and provide the service of downloading the Kingsoft Antivirus software at a clearly visible place on the homepage. And the websites that the data requests are sent to during the installation and operation of Kingsoft Antivirus 11 belong to Cheetah Network and Cheetah Mobile respectively. So, it can be determined that the three defendants actually jointly operate the Kingsoft Antivirus software and are all proper defendants of this case.

The three defendants implemented the act of changing Internet users' browser homepages during the installation, operation and uninstallation of the Kingsoft Antivirus software. As the operators of a security software program which has direct competitive relationship with the general terminal software operated by the plaintiff, the three defendants did not take necessary and reasonable ways to fulfill the normal functions of the security software, but implemented some acts beyond the reasonable limits to interfere with the operation of another software program, and thus caused damage to another operator. The three defendants made use of Internet users' trust in their role as security software operators to change the users' browser homepages without informing the users of it or through false pop-ups or intimidating pop-ups, which directly infringed the right to know and the right of choice of Internet users. They obtained illegal profits, but the legal rights and interests and goodwill of the plaintiff were actually damaged. Also, the three defendants' discriminatory treatment in the process of changing Internet users' browser homepages through the Kingsoft Antivirus software could lead to varied user experiences about different browsers, and thus could improperly affect the user experience and evaluation of the plaintiff's product. Therefore, in addition to the principle of good faith and generally recognized business ethics, the above acts of the three defendants also violated the principle of equal competition and constitute unfair competition.

The Pudong New Area People's Court of Shanghai issued the Civil Judgment (2016) H0115MC No. 5555 on August 10, 2017. The judgment ordered: 1. The defendants Beijing Cheetah Network Technology Co., Ltd., Cheetah Mobile Inc. and Beijing Jinshan Security Software Co., Ltd. shall immediately stop the acts of unfair competition involved in this case from the date when the judgement comes into effect. 2. The defendants Beijing Cheetah Network Technology Co., Ltd., Cheetah Mobile Inc. and Beijing Jinshan Security Software Co., Ltd., shall publish a statement on the websites of www.duba.com, www.ijinshan.com and www.duba.net respectively within 10 days from the date when the judgement comes into effect. The statement shall be displayed in the central banner on the top of the websites' homepages in full context with a font size of 10.5pt to eliminate the ill impact on the plaintiff Shanghai 2345 Network Technology Co., Ltd. caused by the acts of unfair competition involved in this case. The content and display location of the statement shall be reviewed by this court, and the statement shall be reserved for 30 consecutive days. Otherwise, this court will publish the main content of this judgment on relevant media, and the costs shall be borne by the defendants Beijing Cheetah Network Technology Co., Ltd., Cheetah Mobile Inc. and Beijing Jinshan Security Software

Co., Ltd. 3. The defendants Beijing Cheetah Network Technology Co., Ltd., Cheetah Mobile Inc. and Beijing Jinshan Security Software Co., Ltd. shall jointly compensate the plaintiff Shanghai 2345 Network Technology Co., Ltd. for its economic losses of RMB 3 million and its reasonable expenses of RMB 13,060, totaling RMB 3,013,060, within 10 days from the date when the judgement comes into effect. 4. The other claims of the plaintiff Shanghai 2345 Network Technology Co., Ltd. Shall be rejected. After the judgement was issued, all the three defendants appealed. The Shanghai Intellectual Property Court issued the Civil Judgment (2018) H73MZ No. 5 on September 17, 2018. It dismissed the appeal and upheld the original judgment.

[**Case Study**]

Traffic has always been the key target in the highly competitive Internet market, while website navigators are one of the most important traffic portals. In the Internet market of China, website navigators, which rise in response to the needs of Internet users, enable them to browse various websites without memorizing their domain names or searching them. Given the above-mentioned convenience and ease of use, website navigators can bring considerable traffic to various websites by providing navigation, and are thus a very important Internet portal. On one hand, the operator of a website navigator provides Internet users with website links and page services (including searching, shopping, and practical information, etc.); on the other hand, it collects fees from advertisers (regarding websites, display advertisement, and search services, etc.) to achieve a virtuous circle in operation. So, the numbers of users and visits are essential to the operation of the navigator. Given the users' habits, being set as the homepage of the users' browsers obviously gives a website navigator a more stable frequency of use, compared with being entered by users typing its domain name, or through a search or a link. Therefore, a website navigator needs to go all out to occupy more end users' browser homepages if its operator wants to obtain higher economic benefits.

In this case, the acts performed by the three defendants were, in essence, making use of the advantages of Kingsoft Antivirus as the underlying security software to change the users' browser homepages to the Duba Website Navigator operated by themselves. The above act objectively deprived the users of access to and use of the website navigator operated by the plaintiff, captured and hijacked the plaintiff's traffic, and would undoubtedly cause significant economic losses to the plaintiff.

There had been no precedent judgment regarding this competitive behavior for reference, but in light of the cut-throat competition in the Internet market, the law needs to step in.

The legal evaluation of this act does not fall within the scope of the specific acts of unfair competition listed in Chapter Ⅱ of the 1993 edition of the *Law Against Unfair Competition*. Therefore, it is necessary to judge the act on the basis of the general provision of Article 2 of the law. After hearing the case, the court held:

Firstly, the plaintiff's legitimate rights and interests were actually damaged due to the competitive behavior. The plaintiff's operation of its 2345 Website Navigator is a legitimate act of business operation. So, the plaintiff should enjoy corresponding interests of operation. The three defendants used the Kingsoft Antivirus software to change the users' original browser homepage 2345 Website Navigator to the Duba Website Navigator, directly snatching the economic benefits brought by the led-in traffic, and damaging the plaintiff's legal rights and interests.

Secondly, this competitive behavior of the three defendants violated the principle of good faith and generally recognized business ethics. In this case, the Kingsoft Antivirus software operated by the three defendants made use of the system's prioritized authority enjoyed by it as an underlying security software program and the trust of Internet users to induce or force the users to change their browser homepages to the Duba Website Navigator by multiple means, or directly change them without permission. This behavior exceeded the limits of necessary acts for an underlying security software program to fulfill its functions. In view of the "privileged" status of the underlying security software in the computer system, relatively strict criteria should be applied to the judgement of legitimacy of its competitive behaviors. As the operators of a security software program which has direct competitive relationship with the general terminal software operated by the plaintiff, the three defendants did not take necessary and reasonable ways to fulfill the normal functions of the security software, but implemented some acts beyond the reasonable limits to interfere with the operation of another software program, and thus caused damage to another operator. The above circumstances are sufficient to determine that the three defendants' competitive behavior violated the principle of good faith and generally recognized business ethics.

Thirdly, this competitive behavior of the three defendants infringed consumers' welfare. The law against unfair competition maintains the order of fair market competition. Its ultimate purpose is to allow users to obtain the best goods and services through fair competition so as to protect consumers' welfare. Internet users have full discretionary power to set their browser homepages, which directly affects their user experience and consumers' welfare. As an underlying security software program, Kingsoft Antivirus has the natural trust of Internet users in such software, but it interfered with their choices of general network services without permission or by means of false pop-ups, intimidating pop-ups, etc. It failed to fully protect Internet users' right to know and right of choice, and infringed consumers' welfare.

Accordingly, the court determined that the act of the three defendants violated Article 2 (1) and (2) of the *Law Against Unfair Competition* and constitutes unfair competition.

Also, the three defendants' discriminatory treatment in the process of changing Internet users' browser homepages through the Kingsoft Antivirus software could make Internet users have varied user experiences about the browsers, and thus could improperly affect the user experience and evaluation of the plaintiff's product. Therefore, the court determined that this act not just violated the principle of good faith and generally recognized business ethics but is also against the principle of equal competition, and thus constitutes unfair competition.

Regarding the civil liabilities to be assumed by the three defendants, the court determined the amount of damages to be RMB 3 million based on the numbers of users of the plaintiff and the defendants, the value of the traffic, the plaintiff's cost for obtaining users, the duration, scope, and subjective maliciousness of the defendants' infringement, and other factors. That decision is scientific, appropriately compensating for the plaintiff's losses and raising the cost of the defendant's infringement.

Nowadays, network technology has been constantly developing and the competition in the network field has been increasingly fierce. Website navigators, which can bring huge traffic to websites, have become a highly sought-after target of various business entities. The trial of this case defined the criteria for the judgement of legitimacy of competitive behaviors of the underlying security software operators. It is of typical significance for regulating the acts of traffic competition and for establishing competition rules in the field of Internet.

(Writers: Yang Jie & Xu Hongtao)

Determination of Unique Decoration of Well-known Commodity

—Unfair Competition Dispute Between RIMOWA GMBH and Shanghai Eben Box Co. , Ltd.

[**Summary**]

Where the design elements of a commodity are functional, inseparable from the body of the commodity and limited in choice, it is usually not easy for the relevant public to connect them directly with the specific manufacturer of the commodity. The design elements that fail to be proved to have developed the function of identifying commodity source beyond its original functions by means of use, publicity and promotion cannot be identified as the unique decoration of a well-known commodity under the law against unfair competition.

[**Case Review**]

Plaintiff (Appellant) : RIMOWA GMBH
Defendant (Appellee) : Shanghai Eben Box Co. , Ltd.
Cause of Action: Unfair competition dispute
First-instance Case No. : (2016) H0112MC No. 697
Second-instance Case No. : (2017) H73MZ No. 319

The plaintiff RIMOWA GMBH (hereinafter referred to as Rimowa) is a manufacturer and operator of suitcases registered in Germany. Since 2006, Rimowa's suitcases have been sold in China through BCDT (Beijing) Co. , Ltd. , an outsider of the case that imports Rimowa's suitcases into China. *German Standards: Brands of the Century —Beacons in a Sea of Brands*, *Suitcases*, and some other magazines published reports on the history of Rimowa and the characteristics and sales of its products. Rimowa's suitcases appeared in *Mission: Impossible-Ghost Protocol*, *Mr. & Mrs. Smith*, *Lost in Thailand* and other movies or television programs.

Established in 2012, Shanghai Eben Box Co., Ltd. (hereinafter referred to as Eben Box) is engaged in selling suitcases, packaging materials, daily necessities, etc.

In September 2015, Rimowa made a notarized purchase of the allegedly infringing silver trolley cases in the "EBEN Flagship Store" opened by Eben Box on JD.com.

It was also found that some design patents for suitcases with vertical stripes on the surface had been applied by several outsiders of the case in 2001, 2005, and 2006 respectively. *Metal Materials* (2nd edition) and some other books mention such design and processing methods as using corrugated plates for side plates of steel containers to prevent deformation and leaving round cuts at the corners of the case before covering them with wrap angles.

During the litigation, the plaintiff and the defendant respectively submitted an investigation report on whether the design elements involved can play the role of identifying the source of the commodity and thus be protected as unique decoration. Both reports include a survey made by notaries or staff members of a market research company at airports and train stations, who interviewed with people at random to find out whether they could identify the plaintiff's products with the logo covered. The two parties drew different conclusions on this issue.

The plaintiff Rimowa claimed that its TOPAS suitcases have a certain level of public awareness in China and the six design elements of this series of suitcases constitute the unique decoration of a well-known commodity. The six design elements include the grooved stripes of equal spacing, width and height spreading the entire suitcase, the metal strips surrounding the center of the sides of the suitcases, rivets of equal size and spacing on the metal strips, the lock recess penetrated by rivets in one side of the suitcases, the rectangular bag buckle and the strip-shaped frame in the center of the upper edge of the suitcases, and the oval corner protectors at the upper four corners of the suitcases. The suitcases produced and sold by the defendant Eben Box copied the unique decoration of the plaintiff's well-known suitcases in multiple design details and the overall combination, and caused confusion among consumers. The plaintiff Rimowa requested the court to order the defendant Eben Box to immediately stop producing and selling the products with the decoration similar to the unique decoration of the plaintiff's suitcases and to compensate the plaintiff for its economic losses of RMB 1 million and its reasonable expenses of RMB 100,000.

The defendant Eben Box argued: 1. The suitcases manufactured by the plaintiff cannot be identified as the well-known commodities defined in Article 5 (2) of the *Law of the PRC Against Unfair Competition* (1993) (hereinafter referred to as the law against unfair competition). 2. The elements of the decoration claimed by the plaintiff are either shapes or appearances of the commodities designed to obtain certain technical effects and practical value. So, they can't be made distinctive even by means of use. Even if the elements of the decoration claimed by the plaintiff are not shapes or appearances of commodities designed to obtain certain technical effects and practical value, they still cannot be used to distinguish the source of the products, and thus do not constitute the unique decoration of a well-known commodity. 3. The defendant highlights the registered trademark authorized to it on the suitcases it manufactures and sells and at a prominent position of its stores. The relevant public will neither misidentify the source of the commodities nor confuse the plaintiff's commodities with those of the defendant. Therefore, the defendant did not commit any act of unfair competition, and the plaintiff's claims have no factual or legal foundation and should be rejected.

[**Judgment**]

After hearing the case, the Minhang District People's Court of Shanghai held that the evidence on record can prove that the plaintiff's suitcases should be identified as well-known commodities. As for whether the six design elements claimed by the plaintiff constitute the unique decoration of a well-known commodity, the unique decoration of a well-known commodity refers to the decoration of a well-known commodity with distinctive characteristics to distinguish the source of the commodity, but the six design elements claimed by the plaintiff in this case are inseparable from the body of the commodity, and it is easier for the relevant public to consider them as integral parts of the commodity instead of connecting them directly with the specific manufacturer of the commodity. Therefore, although the plaintiff's products can be identified as well-known commodities, the plaintiff should still submit substantial and sufficient evidence to prove that the design elements it claimed have played the role of distinguishing commodity source through use. Given all the evidence on record, it is difficult for the court to determine that the design elements claimed by the plaintiff constitute the unique decoration of a well-known commodity.

In summary, the Minhang District People's Court of Shanghai issued a judgement based on Article 5 (2) of the *Law of the PRC Against Unfair Competition* and Article 2 (1) of the *Interpretation of the Supreme People's Court on Several Issues*

Concerning the Application of Law in the Trial of Civil Cases of Unfair Competition. The judgement ruled that the plaintiff Rimowa's claims shall be rejected.

After the first-instance judgment was issued, the plaintiff Rimowa appealed to the Shanghai Intellectual Property Court, but withdrew the appeal later. The judgement is now in force.

[Case Study]

This case involves whether the design elements inseparable from the body of a commodity and with certain practical functions constitute the unique decoration of a well-known commodity protected by the law against unfair competition. The key to the trial is to determine whether these elements "have distinctive characteristics that distinguish the source of the commodity." The court analyzed in detail the six design elements claimed by the plaintiff as a whole, as well as the design of grooved stripes on the surface of the suitcases emphasized by the plaintiff, and pointed out that the design elements involved have not yet developed the function of identifying commodity source beyond their practical functions and cannot be identified as the unique decoration of a well-known commodity.

Ⅰ. About the six design elements claimed by the plaintiff as a whole

Firstly, these elements are scattered all over the plaintiff's suitcases. They are inseparable from the bodies of the suitcases. Each has its own functions. Generally speaking, the relevant public will not use them as a whole to identify or distinguish the source of the commodity. Therefore, only when the decoration composed of the six design elements has developed the function of identifying commodity source beyond the original functions of these elements through use, publicity, promotion and other means can it be identified as the unique decoration of a well-known commodity under the law against unfair competition. Secondly, each of the six design elements has its own functions, and there are few choices for them. The existing evidence submitted by the plaintiff is not sufficient to prove that the design has any characteristics significantly different from those of common designs to indicate it has developed the function of identifying commodity source beyond the original functions of each element. Thirdly, according to the product catalogue and relevant evidentiary publicity and promotion materials submitted by the plaintiff, the plaintiff mainly highlighted the logo "RIMOWA" or the Chinese version of the logo when promoting its suitcases. The plaintiff also stated in the trial that it did not focus on promoting the six design elements as a whole. According to the plaintiff's product catalogue, each product in the TOPAS series has a different presentation of the six design elements. It shows that the plaintiff does not have the intention of using the six design elements as a whole for identifying source commodity subjectively. Fourthly, the plaintiff and the defendant conducted a survey respectively on whether the relevant public can identify the plaintiff's products through the suitcases themselves. Although the results of their surveys are different, it is certain that during the surveys, only a small number of interviewees could, with the logo covered, tell that the suitcases were produced by the plaintiff. Very few identified the producer of the suitcases by the six design elements as a whole or by a single one of them claimed by the plaintiff. It shows that the six design elements claimed by the plaintiff cannot play the role of identifying commodity source objectively. In summary, the six elements claimed by the plaintiff as a whole cannot be identified as the unique decoration of a well-known commodity.

Ⅱ. About the grooved stripes on the surface of the suitcases claimed by the plaintiff

The plaintiff repeatedly stressed in the litigation that the unique decoration it claimed is mainly the grooved stripes on the surface of the suitcases and that the design runs through all products of the series. The court held that even the single design element of grooved stripes on the surface of the suitcases can hardly be identified as the unique decoration of a well-known commodity. Firstly, according to relevant books and related reports about the plaintiff, the design of wrinkled stripes is functional as it can increase the strength and pressure resistance of metal, which the plaintiff did not deny. Secondly, the plaintiff claimed that "the grooved stripes are of equal spacing, width and height, and spread the entire suitcase," but "equal spacing, width and height, and spreading the entire suitcase" is a general design adopted to enhance pressure resistance and balance pressure. The plaintiff failed to give a specific explanation on the distinctiveness of its design in the width, height and spacing of the grooved stripes that can make it different from a common design. Finally, before the plaintiff's products entered the Chinese market, some outsiders of this case had filed applications for design patents on suitcases with evenly distributed vertical stripes on the surface. Therefore, this design can hardly be identified as "unique" to the plaintiff.

Ⅲ. The law against unfair competition can be used to adjust the market competition order and stop acts of unfair competition

In spite of that, the people's court needs to strike a balance between the interests of the right holder and other market entities, and draw reasonable boundaries for relevant rights of the right holder. In this case, the plaintiff claimed that its six design elements as a whole present a special visual effect and thus can play the role of identifying commodity source. However, it had never been able to make a detailed explanation of the visual effect that the design elements are meant to present. Its expressions of the six design elements, especially the expression of the design of grooved stripes, are relatively abstract. It is generally hard for the relevant public to recognize the specific boundaries accordingly. Therefore, if such a design is protected as the unique decoration of a well-known commodity, it will allow the plaintiff to monopolize the design in some specific fields, improperly expand the scope of the plaintiff's rights, and may ultimately harm the legitimate rights and interests of other relevant entities.

The judgement of this case cautiously defined the boundaries of relevant rights and interests, appropriately drew a reasonable border between the unique decoration of a well-known commodity and the decorative design in the public domain, and prevented the right holder of a well-known brand from obtaining monopolistic rights to a non-unique decoration by the high profile of its trademark. The judgment of this case conforms to the spirit of the law against unfair competition and sets an excellent example for similar cases.

（Writers: Gu Quan, Qian Jianliang, Zhang Min）

Determination and Regulation of False Advertising Should Balance Relationship Between Freedom and Fairness

—Dispute over Copyright Infringement and Unfair Competition Filed by Shanghai Xueersi Education & Training et al. Against Shanghai Looking Investment Management et al.

[**Summary**]

Free competition is the basic principle of a market economy, but necessary fairness must be maintained at the same time. The act of unfair competition in this case involves competition in the education and training market, which should advocate fair and rational competition among relevant operators so as to encourage the education and training centers in the market to continuously optimize education services and lower the threshold for education and training. In this case, the court ruled according to the *Law Against Unfair Competition* that the alleged operators' acts constitute false advertising and the alleged operators shall assume corresponding legal liabilities, which safeguarded fair competition in the education market. The judgement also balanced the relationship between encouraging innovation and safeguarding fair competition after a comprehensive consideration of multiple factors, such as the value orientation of the Chinese socialist market economy, the industry characteristics of the competitive market and the distinctiveness of the specific act of false advertising. The determination of legal boundaries for the advertising acts in market competition in this case is conducive to creating an easy environment for innovation within the framework of the existing law, meets the need of judicial protection for developing China into an innovative country, and provides certain reference and guidance for similar cases.

[**Case Review**]

Plaintiff: Shanghai Xueersi Education & Training Co., Ltd. (hereinafter referred to as Shanghai Xueersi Company)

Plaintiff: Shanghai Minhang District Xueersi Further Education School (hereinafter referred to as Minhang Xueersi School)

Plaintiff: Shanghai Changning District Xueersi Further Education School (hereinafter referred to as Changning Xueersi School)

Defendant: Shanghai Looking Investment Management Co., Ltd. (hereinafter referred to as Looking Investment Company)

Defendant: Shanghai Looking Cultural Communication Co., Ltd. (hereinafter referred to as Looking Culture Company)

Defendant: Zhang Yu

Defendant: Wang Ke

Defendant: An Yang

Defendant: Wang Yan

Cause of Action: Copyright infringement, unfair competition dispute

First-instance Case No.: (2015) XMS(Z)CZ No. 1324

Shanghai Xueersi Company was established on July 2, 2009. It opened a number of Xueersi schools, including Changning Xueersi School and Minhang Xueersi School, to provide extracurricular education and training services for elementary and secondary school students in Shanghai. The Xueersi education centers have been actively involved in the education industry for years. With high education quality, they have been well received by students, parents and society, and have won a good reputation. Looking Investment Company and Looking Culture Company were established in the past two years. They also provide extracurricular education and training services for elementary and secondary school students in Shanghai. Zhang Yu, An Yang, Wang Ke, Wang Yan and some other teachers used to teach at Xueersi schools in Shanghai. All of them left Xueersi and joined Looking Culture Company.

On November 10, 2015, the WeChat account of "Looking Elite Training" launched by Looking Investment Company was found to have published an article titled *Best Teachers of Looking Are Coming*... In the article, the profiles of 19 teachers, including Zhang Yu and Jiao Jun, are started with the expressions of "former top star teacher of Xueersi," "former top star teacher of Xueersi specializing in junior high school entrance exams" and other similar ones. In another article titled *Contents of the Courses*, the first paragraph says, "The contents of our textbooks have drawn on the essence of multiple teaching courses, including Xiong Bin's Mathematical Olympiad Course, Compilation of Xueersi's Ways of Thinking,

Mingxin Course for Gifted Students..." In a third article titled *Big News: Looking Elite Training* 2016 *Extraordinary Selection and Winter-Spring Enrollment Guide*, the "School Profile" says "Looking Elite Training is composed of former top teachers of XRS," and the "Hundred Questions and Answers" mentions that Looking Elite Training has better teachers than other teaching centers because "the teaching staff of Looking Elite Training is composed of former top teachers of XRS." On December 14, 2015, an entrusted agent of Shanghai Xueersi Company found that Zhang Yu and the other three teachers forwarded in their personal WeChat Moments the two articles titled *Big News: Looking Elite Training* 2016 *Extraordinary Selection and Winter-Spring Enrollment Guide* and *Best Teachers of Looking Are Coming...* on November 6, 2015. Later, the agent of Shanghai Xueersi Company found that such expressions as "former top star teacher of Xueersi for senior grades of elementary school" and "former top star teacher of Xueersi" were used in the on-site advertising materials of multiple training branches of Looking Elite Training. On February 26, 2016, the article titled *Best Teachers of Looking Are Coming...* published in the WeChat account of Looking Elite Training was found to have been modified. In the modified article, only the profile of the teacher Xu Zhubo still included the expression of "former star teacher of Xueersi for senior grades of elementary school" while in the profiles of the other teachers, the original expressions of "former top star teacher of Xueersi" or similar ones had been replaced with "having taught in a well-known education center in Shanghai."

Shanghai Xueersi Company and the other plaintiffs alleged that the acts of Looking Investment Company, Looking Culture Company, Zhang Yu, Wang Ke, An Yang, and Wang Yan were actually making use of the reputation of the Xueersi brand without being permitted or paying the consideration, which objectively gave the defendants a competitive edge, increased their trading opportunities, and also misled the public to believe that the best teachers of Xueersi have joined Looking Elite Training; the management and operation quality of Looking Elite Training are the same as or better than those of Xueersi; the teachers remaining at Xueersi are not the best ones. According to Articles 2 and 9 of the *Law Against Unfair Competition*, their act constitutes the unfair competitive act of attaching to others' reputation and false advertising. Moreover, the plaintiffs also claimed that the defendants reproduced and distributed at their training branches a textbook titled *Looking Elite Training Grade* 4 (*Autumn*) *Volume* 2 *Mathematical Thinking Development Course* which copied Xueersi's textbook titled *Excellent Children Grade* 4 *Autumn* 2015 *Teachers' Edition*

(*Volume* 2) and infringed the plaintiffs' rights to reproduce and distribute the written work whose copyright the plaintiffs are entitled to; the defendants released on the WeChat account of Looking Elite Training a link to the answers and analysis of the final test paper for Grades 3 – 5 of the 13th "Smart Kids Cup" contest, which infringed the plaintiffs' the right of communicating the answers and analysis of the test paper involved through information network. So the plaintiffs appealed to the court, requesting the court to order Looking Investment Company and five other defendants to stop the act of unfair competition and copyright infringement involved in this case, publish a statement about the unfair competitive act of false advertising to eliminate the ill impacts, apologize and eliminate the ill impacts for the act of copyright infringement, and compensate Shanghai Xueersi Company and the other plaintiffs for their economic losses and reasonable expenses of RMB 38 million.

Looking Investment Company and the other defendants argued: Firstly, the objects to be regulated by the *Law Against Unfair Competition* are "operators" with a "competitive" relationship. However, Shanghai Xueersi Company is not an operator directly running schools and thus is not in a competitive relationship with the six defendants. Minhang Xueersi School and Changning Xueersi School are non-profit organizations, instead of "operators" under the *Law Against Unfair Competition*. In addition, the three subjects mentioned above have no right to claim rights on behalf of all other enterprises or organizations under the brand "Xueersi." Secondly, there is no competitive relationship between Looking Investment Company and the three plaintiffs. Zhang Yu and the other teachers are employees of an education center, not operators with legal and independent market status in the education market. Thirdly, the use of "Xueersi" by Looking Culture Company in the advertisements is a truthful statement of the teachers' learning and working experience. It does not violate the principles of equality and fairness or generally recognized business ethics, and objectively does not give Looking Culture Company an edge in market competition. The expressions such as "top teachers" are only advertising expressions Looking Culture Company quoted from Xueersi. Nowadays, people are still scrambling for a spot at Xueersi schools, which is pretty hard to get. So, the advertising expressions of Looking Culture Company did not cause any ill impacts on Xueersi's enrollment and do not constitute the act of false advertising. Fourthly, with regard to the textbook, the plaintiffs failed to prove that they enjoy copyright to the textbook involved, and the allegedly infringing textbook is used by a very limited number of people as it is only provided for the students to learn and study. Fifthly, the answers and analysis of the test paper involved do not constitute a written work, and the defendants' act constitutes reasonable use instead of copyright infringement.

[**Judgment**]

After hearing the case, the Xuhui District People's Court of Shanghai made the following determination. Regarding the act of unfair competition, Looking Investment Company and Looking Culture Company apparently have the subjective intention of attaching to the good reputation of Xueersi gained through years of operation, and their acts can objectively cause the parents and students in the education market to have a misunderstanding that the teachers of Looking schools are former top teachers of Xueersi and that their textbook contains the contents of Compilation of Xueersi's Ways of Thinking, and can mislead parents and students to believe that choosing to learn at a Looking school can obtain the same or even better learning experience as they do at a Xueersi school. The act involved violated the principle of good faith and generally recognized business ethics, and constituted the unfair competitive act of false advertising. Regarding the infringement on the textbook, the court held that the production and distribution of the infringing textbook by Looking Culture Company infringed the rights to reproduce and distribute the textbook involved, and that Looking Investment Company, Zhang Yu, An Yang, Wang Ke and Wang Yan who did not participate in the production or distribution of the infringing textbook did not commit joint infringement on the textbook involved. Regarding the infringement on the answers and analysis of the test paper, the court held that the copyright law only protects expression but does not protect ideas. In the answers and analysis, very limited words and means can be used to describe the solutions to the questions on the test paper of the contest cup involved. Under the circumstances, the "expressions" used to describe the solutions are confused with the "ways of thinking" of the solutions. So, the plaintiffs' claim for protecting the answers and analysis of the test paper was rejected. Therefore, in accordance with Article 8 of the *Tort Liability Law of the People's Republic of China*, Article 2, Article 9 (1) and Article 20 (1) of the *Law of the PRC Against Unfair Competition*, Items 5 and 6 of Article 10 (1), Article 11 (4), Article 14, Item 2 of Article 16 (2), Item 1 of Article 48, and Article 49 of the *Copyright Law of the People's Republic of China*, Articles 2 and 51 of the *Regulations on the Implementation of the Non-state Education Promotion Law of the People's Republic of China*, Article 2 of the *Regulation for the Implementation of the Copyright Law of the People's Republic of China*, Item 3 of Article 8 (1), Article

8 (3), and Article 17 (1) of the *Interpretation of the Supreme People's Court on Several Issues Concerning the Application of Law in the Trial of Civil Cases of Unfair Competition*, and Article 7, Article 25 (1) (2), and Article 26 of the *Interpretation of the Supreme People's Court on Several Issues Concerning the Application of Law in the Trial of Civil Disputes over Copyright*, the court ruled: 1. Shanghai Looking Cultural Communication Co., Ltd. shall immediately stop infringing the copyright to *Excellent Children Grade* 4 *Autumn* 2015 *Teachers' Edition* (*Volume* 2) enjoyed by Shanghai Xueersi Education & Training Co., Ltd., Shanghai Minhang District Xueersi Further Education School and Shanghai Changning District Xueersi Further Education School. 2. Shanghai Looking Cultural Communication Co., Ltd. shall compensate Shanghai Xueersi Education & Training Co., Ltd., Shanghai Minhang District Xueersi Further Education School, and Shanghai Changning Xueersi Further Education School for their economic losses of RMB 10,000 caused by the infringement on the textbook involved. 3. Shanghai Looking Investment Co., Ltd. and Shanghai Cultural Communication Co., Ltd. shall compensate Shanghai Xueersi Education & Training Co., Ltd., Shanghai Minhang District Xueersi Further Education School, and Shanghai Changning Xueersi Further Education School for their economic losses of RMB 400,000 caused by the unfair competitive act of false advertising. 4. Shanghai Looking Investment Co., Ltd. and Shanghai Looking Cultural Communication Co., Ltd. shall compensate Shanghai Xueersi Education & Training Co., Ltd., Shanghai Minhang District Xueersi Further Education School, and Shanghai Changning Xueersi Further Education School for the reasonable expenses of RMB 150,000 paid for stopping the infringement. 5. All the other claims of Shanghai Xueersi Education & Training Co., Ltd., Shanghai Minhang District Xueersi Further Education School, and Shanghai Changning Xueersi Further Education School shall be rejected.

Neither the plaintiffs nor the defendants lodged an appeal after the first-instance judgement was made. The judgement is now in effect legally.

[**Case Study**]

Advertising is a means for businesses to increase popularity and sales of products or services. Advertising should convey true information about related commodities or services to the relevant public. A misleading act in advertising constitutes an act of unfair competition, as stipulated in Article 9 of the *Law of the PRC Against Unfair Competition*.

Ⅰ. Conflict between free competition and fair competition and its coordination

Competition is the driving force for social progress and economic development. However, each stakeholder pursues its own maximized value in spontaneous competition, resulting in two-sided effects, that is, positive effects and negative effects. The positive effects of competition are reflected in the fact that an actor, in order to win in competition, actively takes effective measures which promote social progress and economic development, and improve the living environment of human beings; while the negative effects of competition are reflected in that fact that some actors, oblivious to social benefits, disrupt competition order, perform acts of unfair competition, and violate the principles of fairness and good faith.

Freedom and fairness, which are both necessary for market competition, sometimes are in conflict. Freedom represents the efficiency of competition. It is the core and source of vitality of a market economy, whereas fairness imposes necessary restriction on free competition in a market economy to prevent the acts of unfair competition that only focus on the result regardless of the means. Free competition is the basic principle of a market economy, but fairness must be maintained to a necessary degree. Relevant laws have been put in place to regulate competitive acts, with the aim of giving full play to the positive effects of competition and constraining its negative effects as much as possible, or in other words, fostering strengths and circumventing weaknesses.

Different countries have different attitudes towards how to deal with the relationship between freedom and fairness. Some countries place more emphasis on freedom of competition and are therefore prudent about the legal provisions that restrict freedom of competition, such as the United Kingdom. Some countries, for example, those in continental Europe, place more emphasis on maintaining fair competition. The *Law of the PRC Against Unfair Competition* also aims to maintain the fairness of market competition. However, priority should be given to freedom and efficiency of competition to develop the Chinese socialist market economy. Only those "excessive" competitive acts will be corrected in a fair manner. Inadequate protection is not conducive to promoting market innovation, but excessive protection will also harm people's normal use of innovative achievements. Therefore, the regulation of acts of unfair competition with the *Law Against Unfair Competition* requires the proper handling of the relationship between freedom and fairness of competition. Maintaining fair competition is the goal of the *Law Against Unfair Competition*, but free competition, the basic principle of a market economy, should also be given full consideration, so as not to stifle free market competition.

Ⅱ. The determination of false advertising should comply with the limits of free competition set by law.

There are two ways to stop unfair competition. One is resorting to the *Law Against Unfair Competition* which explicitly defines some acts of unfair competition. The specific provisions listed in Chapter 2 of the *Law Against Unfair Competition* for various acts of unfair competition are the embodiment of general clauses and reflect the spirit of general clauses. In this regard, the law has drawn boundaries for free competition, and both operators and judicial officers should act accordingly. The other way is the application of general clauses. In the absence of explicit provisions in the law, the determination of unfair competitive acts based on the fundamental provisions of the *Law Against Unfair Competition* may meet some ambiguity and flexibility on legal boundaries. At this time, it is necessary to balance the relationship between freedom and fairness. Generally speaking, freedom is the basic orientation and fairness is the corrector. Only the illegitimate competitive acts that seriously or evidently violate the competition principles will be stopped. This case involves the act of false advertising explicitly provided in the law. The specific provisions of Article 9 of the *Law Against Unfair Competition* should be applied.

1. False advertising is essentially misleading

Based on Article 9 (1) of the *Law Against Unfair Competition* and Article 8 of the *Interpretation of the Supreme People's Court on Several Issues Concerning the Application of Law in the Trial of Civil Cases of Unfair Competition*, the acts of false advertising can be classified into the following three types according to whether the contents of the advertisement are true. 1. The circumstances where false contents are stated about a product or service and cause people to misunderstand the advertised product's quality, functions, or some other aspects constitute false advertising, but the circumstances where a product is advertised in an obviously exaggerated manner and the advertising act cannot sufficiently cause misunderstanding among the relevant public are excluded. 2. The circumstances where the contents of the statement are true, but the advertising act can still sufficiently cause misunderstanding due to the choice of angles, advertising means or some other aspects also constitute false advertising. 3. The circumstances where a scientifically inconclusive view or phenomenon is used as a definitive fact for the promotion of a commodity and misunderstanding is caused among the relevant public about the quality of the commodity or some other aspects constitute false advertising too. The three types of false adverting acts are essentially "misleading." The judgment criteria should be whether the advertising act can sufficiently cause the general relevant public to misunderstand the commodity or service being advertised and ultimately affect their choice of purchase based on such factors as daily life experience, general concerns of the relevant public, misunderstandings, and the actual conditions of the object being advertised. It is a normal commercial activity to use advertising to increase one's own popularity, attract consumers, and expand market. Commodity advertising is often exaggerated to some degree, and advertisements require certain artistic exaggeration even more. Therefore, operators should be given some advertising freedom. As long as the exaggerated advertising form adopted cannot sufficiently cause misunderstanding, it is not necessary to identify it as misleading false advertising. However, once the legal boundaries are crossed, the advertising act involved should be stopped.

In this case, the advertising materials released by Looking Investment Company and Looking Culture Company include such advertising expressions as "former top star teacher of Xueersi," "former top star teacher of Xueersi specializing in junior high school entrance exams," "former top teacher of XRS," "former top teacher of XES," and "compilation of Xueersi's ways of thinking." Firstly, the evidence provided by Looking Investment Company and Looking Culture Company cannot prove that the above-mentioned advertising contents have factual basis. So, they should be identified as statements of false contents. Secondly, the false contents do not fall within the circumstances where a product is advertised in an obviously exaggerated manner and the advertising act cannot sufficiently cause misunderstanding among the relevant public. Objectively, the false contents can still mislead parents and students in the education market to believe that the teachers of Looking schools are former top teachers of Xueersi and their textbook contains the contents of Compilation of Xueersi's Ways of Thinking, and that choosing to learn at a Looking school can obtain the same or even better learning experience as they do at a Xueersi school. Therefore, the advertising act of Looking Investment Company and Looking Culture Company conforms to the constituents of the above-mentioned first type of false advertising acts and should be prohibited by law.

2. False advertising violates market competition rules and causes damage to competitors

Article 2 of the *Law Against Unfair Competition* establishes the market competition principles of being voluntary, equality, fairness, good faith, and observing generally recognized business ethics. It also adds the factors of "damaging the legitimate rights and interests of other operators" and "disrupting the socio-economic order" to the determination of acts of unfair competition. As an explicitly provided act of unfair competition, false advertising shall conform to the above-mentioned rules established in Article 2. So, only when a misleading advertising act has violated the market competition rules and caused damage to competitors can it be identified as false advertising that constitutes an act of unfair competition.

In this case, Xueersi's good reputation in the extracurricular tutoring and training market for primary and secondary school students is a result of long-term efforts and hard work. Looking Investment Company and Looking Culture Company, without putting in labor or paying the consideration, used the advertisements of false contents to mislead the general public to connect them to Xueersi based on daily experience, and improperly used the market achievements gained by others to obtain a competitive edge. Their act damaged the interests of Xueersi and violated the principle of good faith and generally recognized business ethics. The act performed by Looking Investment Company and Looking Culture Company does have a subjective intention to enhance their own competitive edge and increase their trading opportunities by leveraging Xueersi's reputation. Objectively, they used false advertising contents. This act violated the basic principles stipulated in Article 2 of the *Law Against Unfair Competition*, damaged the legitimate rights and interests of Xueersi, and disrupted social competition order. This act also meets the constituents of an act of false advertising stipulated in Article 9 of the *Law Against Unfair Competition*, and can be identified and prohibited in accordance with the clear legal provisions.

Ⅲ. Determination of legal liabilities for false advertising needs to strike a balance between encouraging innovation and maintaining fair competition

Prohibition of deception isa basic principle of fair competition. False advertising has many adverse consequences, for example, honest competitors lose clients, misled consumers waste money, market transparency is harmed, which will ultimately damage the entire economy and public welfare. Therefore, false advertising should be prohibited by law as an act of unfair competition. Relevant laws also stipulate the legal liabilities of operators who have implemented false advertising. In judicial practice, when the people's court determines the legal liabilities, the following three aspects should be considered to properly balance the relationship between freedom and fairness of competition.

Firstly, the determination of infringement liabilities should take into account the characteristics of the education and training market that encourage innovation and free competition. The act of unfair competition involved in this case involves competition in the education and training market. With the improvement of living standards and the increasingly fierce competition, children's education has become the top priority of every family, and education and training has become a newly emerged market with great potential and promising prospects. Extracurricular tutoring and training for primary and secondary school students have flourished under this background, and various training centers have sprung up one after another. Unlike the schools that carry out diploma education, extracurricular education and training centers offer students greater freedom of choices. Since training centers are paid service providers and can easily be replaced by competitors, they inevitably compete for students to obtain as many economic benefits as possible. Given the either-or competitive relationship among them, all training centers should follow corresponding market competition rules. It can be seen from the evidence provided by the plaintiffs in this case that the education and training resources available in the market are still relatively scarce compared with the demands of numerous students for quality education and training services. Therefore, to meet the educational demands of more students, the education market should encourage more social forces to join in, and advocate fair and rational competition so that the education and training centers in the market will continuously optimize education services and lower the threshold for education and training.

Secondly, the determination of infringement liabilities should accurately distinguish infringement profits from legitimate benefits. In this case, the plaintiffs used RMB 130 million, the income declared by the defendants' legal representative, as the base of the calculation with the profit rate set as 70%, and reached a conclusion that the defendants had gained a profit of RMB more than 90 million during the infringement period. So, the plaintiffs required the defendants to compensate the plaintiffs for their economic losses of RMB more than 36 million caused by the involved act of unfair competition. Regarding the plaintiffs' requirement, the court held the following opinion. Innovation is the driving force for stimulating market development. As start-up companies, the defendants not only attracted talents through the innovation of the school-running mechanism, but also stimulated the enthusiasm of the teachers through the distribution mechanism, injecting new vitality into the education market, gaining a foothold in the fierce market competition and obtaining a considerable economic income. Therefore, the main reason for the defendants to have obtained a high income is the market dividends brought by the innovative school-running mechanism. The legitimate benefits brought by innovation should be recognized and protected by the court. Compared with the legitimate benefits, the defendants' infringement profits gained from the involved act of false advertising are relatively limited. If an operator's economic benefits obtained through legal means are denied simply because the operator has committed an infringing act, it will inevitably hurt the enthusiasm of market competitors for competition and negatively affect the prosperity and development of the market economy. The excessive protection of commercial achievements is not in line with the requirement of maintaining fairness and free competition, either.

Finally, the infringement liabilities determined should be in proportion to the specific infringing act. According to relevant provisions of the *Tort Liability Law* and the *Law Against Unfair Competition*, right holders may require the operator that has committed false advertising to assume such infringement liabilities as stopping infringement, eliminating ill impacts, and compensating for losses. But it does not mean that an operator has to assume all the civil liabilities mentioned above when it has committed an act of unfair competition. The civil liabilities to be assumed should be in proportion to the specific infringing act. In this case, regarding the forms of liabilities, the plaintiffs claimed that the defendants should eliminate the ill impacts and compensate for the losses. But the court held that although the defendants used the advertising expressions of false contents and caused some misunderstanding among the relevant public, their act could not sufficiently affect Xueersi's reputation negatively and did not last long. So, the court did not support the claim of eliminating the ill impacts, but determined that the defendants should compensate for the plaintiffs' economic losses. Regarding the contents of the infringing advertisements, the defendants used the expression of "former top teacher of Xueersi" and similar ones. The court held that there is some factual basis for the defendants to call a certain teacher "former teacher of Xueersi" as quite a few teachers of Looking schools indeed used to work in Xueersi, but the modifying expressions such as "top star teacher" used by the defendants and the improper means of use they selected may easily miaslead the relevant public and thus should be corrected. Accordingly, the level of untruthfulness of the false contents and the degree of seriousness of the misunderstanding caused by the false contents prove that the false contents played a rather limited role in Xueersi's enrollment. The high amount of damages claimed by the plaintiffs is not in proportion to the losses they suffered due to the infringement. An excessively high amount of damages will lead to an imbalance between free competition and fair competition.

In summary, multiple factors have been taken into account to determine the infringement liabilities in this case, such as the value principle of the Chinese socialist market economy, the industry characteristics of the competitive market and the distinctiveness of the specific act of false advertising, and the relationship between encouraging innovation and safeguarding fair competition has been appropriately balanced. The reasonable judicial judgment protects the fairness of market competition by law, and also leaves ample space for free market competition.

(Writers: Li Xiaoping & Wang Lisha)

A Single Potential Client's Purchase Intention Can Be Identified as Business Secret

—Dispute over Infringement on Business Secret and Other Unfair Competitive Acts Between Magnetic Control Systems (Shanghai) Co., Ltd. and Li Jianbin, et al.

[**Summary**]

The *Law Against Unfair Competition* and the related judicial interpretation do not clearly define the scope of operational information secrets. The operational information mainly involved in practice is the client list that generally includes a single client or multiple clients with a long-term trading relationship. There was no precedent judgement on whether a single potential client's purchase intention constitutes a business secret. In this case, it is considered that the purchase intention of a single potential client meeting the following conditions can be identified as a business secret: it is obtained through certain effort and investment; it cannot be obtained from public channels; it can bring certain value or competitive advantage to the right holder in production and operation; the right holder has taken necessary confidentiality measures for it.

[**Case Review**]

Plaintiff (Appellant): Magnetic Control Systems (Shanghai) Co., Ltd.

Defendant (Appellant): Li Jianbin

Defendant (Appellant): Zhang Jiarong

Defendant (Appellant): MA (HK) AUTOCONTROL TECHNOLOGY & SERVICE CO., LIMITED

Defendant (Appellant): MA International GmbH

Defendant (Appellant): Pan Shirong

Defendant (Appellant): Zhu Jiawen

Defendant (Appellee): Shi Huiling

Cause of Action: Dispute of infringement on business secret and unfair competition

First-instance Case No.: (2016) H0110MC No. 6392

Second-instance Case No.: (2017) H73MZ No. 250

Li Jianbin, Zhang Jiarong, and Shi Huiling used to work for the plaintiff Magnetic Control Systems (Shanghai) Co., Ltd. (hereinafter referred to as Magnetic Shanghai), acting as sales manager, product manager, and sales assistant respectively. The labor contracts they signed with Magnetic Shanghai stipulate employees' duty of confidentiality. In 2015, the three people left Magnetic Shanghai successively and joined in the MA International GmbH (hereinafter referred to as MA International).

On June 27, 2014, Li Jianbin sent the product descriptions of Magnetic KPR series to Shenzhen Dashi Intelligent Co., Ltd. (hereinafter referred to as Dashi). On October 20, 2014, Dashi received a number of files stamped with the common seal of Magnetic Shanghai, including *Manufacturer's Authorization Letter*, *Manufacturer's Qualification Statement*, and *Certificate of Origin*. Li Jianbin signed some of the files as the authorized representative of Magnetic Shanghai. According to the *Certificate of Origin*, "... The MAGNETIC wing gates for automatic ticket inspection and access control module products selected are produced by our factory Magnetic Control Systems (Shanghai) Co., Ltd. They are genuine products made in Germany and imported with original packaging."

On January 17, 2015, Dashi sent Li Jianbin a message: "We'll select your products after winning the bid..." On January 18, 2015, Li Jianbin sent to Dashi the special prices for the movement of MA pedestrian rapid access standard lane (Model MA-KS-550S, made in Germany, imported with original packaging) and the movement of MA pedestrian rapid access wide lane (Model MA-KS-900W, made in Germany, imported with original packaging).

On June 15, 2015, Dashi sent an email to Zhang Jiarong with Li Jianbin copied, requesting the introduction, product descriptions, business license, certificate of organization code, tax registration certificate, and quality management system certification of the company to sign the contract with it as well as the product quality report and certificate of origin of the manufacturer. On June 16, 2015, Li Jianbin replied: "Mr. Wang, considering the issue of tax exemption, the contract will be signed between our Hong Kong branch and your Hong Kong branch. English name:

MA (HK) AUTOCONTROL TECHNOLOGY & SERVICE CO., LIMITED, Chinese name: 埃姆埃(香港)自动化控制技术与服务有限公司." After the email was copied to Zhang Jiarong and Shi Huiling, Zhang Jiarong communicated with an employee of Dashi on technical issues about the products and other issues.

In July 2015, Dashi signed the Purchase Contract on the Wing Gate Module of the AFC System Equipment Purchase Project for the Shenzhen Metro Lines 9 and 11 (Hereinafter referred to as the contract involved) with the defendant MA (HK) Autocontrol Technology & Service Co., Ltd. (hereinafter referred to as MA (HK). According to the contract, the manufacturer is MA International GmbH and the place of manufacture is Germany. The contract also records the unit price and quantity of MA-KS-550S (standard lane wing gate module) and MA-KS-900W (wide lane wing gate module). The total contract price is 1, 755, 894 euros and the place of delivery is CIF Hong Kong. Zhu Jiawen signed at the field for legal or authorized representative.

According to the Customs Declaration for Import of the Peoples' Republic of China, the consignee of the products involved is MA International.

In January 2017, Dashi sent a reply to the court, stating that it had initiated arbitration with the South China Branch of the China International Economic and Trade Arbitration Commission for the fraudulent act of MA (HK) and requested the cancellation of the contract involved. During the first-instance trial, the arbitration commission made a ruling and cancelled the contract involved between Dashi and MA (HK).

Magnetic Shanghai stated in the second instance that Dashi and Magnetic Autocontrol GmbH in Germany (hereinafter referred to as Magnetic Germany) reached a new supply agreement after the arbitration was concluded.

According to the plaintiff Magnetic Shanghai, Magnetic Germany is a well-known manufacturer of AFC pedestrian wing gates and the plaintiff is a wholly-owned subsidiary of it in charge of selling the related Magnetic products in mainland China. Li Jianbin, Zhang Jiarong, and Shi Huiling are the former employees of the plaintiff, acting as sales manager, product manager and sales assistant respectively. They left the plaintiff before joining in MA International. The legal representative and sole shareholder of MA International is Pan Shirong, Li Jianbin's father. The sole director and shareholder of MA (HK) is Zhu Jiawen, Li Jianbin's ex-wife. The plaintiff, as the supplier of wing gates, authorized Dashi to participate in the bidding for the equipment purchase project regarding the CLC system for the Shenzhen Metro Phase Ⅲ project and the AFC system for Shenzhen Metro Lines 7, 9, and 11. Li Jianbin took the advantage of being a former sales manager of the plaintiff and lied to Dashi saying that "MA (HK) is a newly established branch of Magnetic Germany in Hong Kong and a related company of Magnetic Shanghai," which misled Dashi to sign a contract with MA (HK). In the process, Li Jianbin, Zhang Jiarong, and Shi Huiling illegally disclosed the plaintiff's client information and operational information to Zhu Jiawen and MA (HK) and allowed them to use the information, enabling MA (HK) to successfully replace the plaintiff's transaction status and sign a contract with Dashi; MA International and Pan Shirong, despite their knowledge of the fact that the five defendants had infringed the plaintiff's business secret, still offered cooperation and assistance by participating in MA (HK)'s performance of the contract involved, and thus committed joint infringement. The seven defendants' acts had seriously infringed the plaintiff's business secret. Also, the seven defendants jointly changed the subject of the contract without authorization and replaced the plaintiff's transaction status in an illegitimate and fraudulent manner, which violated the principle of good faith and business ethics, seriously damaged the plaintiff's legitimate rights and interests, and constitutes unfair competition. The plaintiff requested the court to issue the following orders: The seven defendants shall immediately stop infringing the plaintiff's business secret and stop the infringing act of unfair competition; they shall jointly compensate the plaintiff for its economic losses of RMB 1, 840, 453. 34 and its reasonable expenses of RMB 1641. 92; if Zhu Jiawen's act does not constitute joint infringement, Zhu Jiawen shall be jointly liable for Li Jianbin's liability for compensation since Zhu Jiawen and Li Jianbin shared community property as a married couple, and Zhu Jiawen shall also be jointly liable for MA(HK)'s liability for compensation since MA (HK) is a one-person limited corporation; if Pan Shirong's act does not constitute joint infringement, Pan Shirong shall be jointly liable for MA International's liability for compensation since MA is a one-person limited corporation; the seven defendants shall publish a statement in *Jiefang Daily* to eliminate the ill impacts.

The seven defendants gave the following arguments. Regarding infringement, Magnetic Shanghai wrongly established an equivalence relation between the authorization to bid and the necessary purchase by Dashi. Magnetic Germany was having difficulty with its supply capacity. Even if Magnetic Shanghai won the bid, it might not be able to perform it. Dashi finally signed a contract with MA (HK) on the purchase of the products under the MA brand. The plaintiff's claim that Magnetic Shanghai's business opportunity was infringed is not true. Dashi's purchase information is public information and does not constitute a business secret. Regarding compensation, after the supply contract between Dashi and MA (HK) was cancelled by the arbitration commission, Magnetic Shanghai regained the involved trading opportunity based on "Dashi's purchase intention," so Magnetic Shanghai suffered no losses.

[Judgment]

After hearing the case, the court of first instance made the following decisions. The operational information in the possession of the plaintiff is "Dashi's purchase intention," which complies with the provision of Article 10 (3) of the *Law Against Unfair Competition* and constitutes the plaintiff's business secret. The plaintiff's evidence can prove that Li Jianbin and Zhang Jiarong had obtained the plaintiff's business secret involved, and the products provided by MA (HK) for Dashi in the Shenzhen Metro project are essentially the same as the details of the plaintiff's business secret involved. However, MA (HK) couldn't provide the legitimate source of the business information of "Dashi's purchase intention." The plaintiff's evidence can also prove that MA International, aware of the fact that the business secret obtained belongs to the plaintiff, still used the aforesaid information and assisted in the performance of the contract. The acts of Li Jianbin, Zhang Jiarong, MA (HK), and MA International jointly infringed the plaintiff's business secret involved and shall jointly bear the corresponding civil liabilities. The existing evidence cannot prove that Shi Huiling was in possession of the plaintiff's business secret involved. Instead, it can only prove that MA (HK) signed a contract with Dashi and MA International provided assistance for MA (HK) to perform the contract. So, the plaintiff's claim that Shi Huiling, Zhu Jiawen, and Pan Shirong infringed the plaintiff's business secret involved shall be rejected. Since the plaintiff confirmed that the fraudulent act it claimed of replacing the plaintiff and taking away its trading opportunity involved the same client and project as those in the act of infringing the plaintiff's business secret, even if Li Jianbin and others had performed any fraudulent acts, the court had made a decision on whether the seven defendants' acts constitute an infringement on business secret, and thus Article 2 of the *Law Against Unfair Competition* should not be applied. In summary, the court of first instance issued a judgement according to Article 8, Items 6 and 8 of Article 15 (1), Article 15 (2) of the *Tort Liability Law of the People's Republic of China*, Article 2, Item 3 of Article 10 (1), Article 10 (2) and (3) of the *Law Against Unfair Competition*, Article 63 of the *Company Law*, Article 14 (1) and Article 50 of the *Law of the Application of Law for Foreign-related Civil Relations of the People's Republic of China*, Article 64 (1) of the *Civil Procedure Law of the People's Republic of China*, Articles 9, 10, 11, 14 and 17 of *the Judicial Interpretation of the Law Against Unfair Competition*, and Article 19 of the Interpretation of the Supreme People's Court on Several Issues Concerning the Application of the Law of the Application of Law for Foreign-related Civil Relations of *the People's Republic of China* (1). The judgement includes the following orders. 1. The defendants Li Jianbin, Zhang Jiarong, MA (HK), and MA International shall jointly compensate the plaintiff Magnetic Shanghai for its economic losses of RMB 1,400,000 and its reasonable expenses of RMB 1641.92 spent for this case. 2. The defendant Zhu Jiawen shall be jointly liable for MA (HK)'s obligation to pay the aforesaid compensation. 3. The defendant Pan Shirong shall be jointly liable for MA International's obligation to pay the aforesaid compensation. 4. The defendants Li Jianbin, Zhang Jiarong, MA (HK), and MA International shall publish a statement in the *Legal Daily* to eliminate the ill impacts on the plaintiff Magnetic Shanghai caused by the business secret infringement. 5. The other claims made by the plaintiff Magnetic Shanghai shall be rejected.

The plaintiff Magnetic Shanghai and the defendants Li Jianbin, Zhang Jiarong, MA (HK), MA International, Pan Shirong and Zhu Jiawen refused to accept the first-instance judgement and appealed. After hearing the case, the Shanghai Intellectual Property Court determined that the facts had been clearly found and the law had been correctly applied in the trial of the first instance, and thereby rejected the appeal and affirmed the original judgment.

[Case Study]

The *Law Against Unfair Competition* and related judicial interpretation do not clearly define the scope of operational information secrets. The operational information mainly involved in practice is the client list that generally includes a single client or multiple clients with a long-term trading relationship. There was no precedent judgement on whether a single potential client's purchase intention constitutes a business secret. The judgment of this case is strongly referential.

Ⅰ. The purchase intention of a single potential client obtained through certain effort and investment can be identified as a business secret

Business secrets include technical information and operational information. According to Article 13 of the *Interpretation of the Supreme People's Court on Several Issues Concerning the Application of Laws in the Trial of Civil Cases of Unfair Competition*, the client list in a business secret generally refers to the information of special clients composed of the names, addresses, and contact information of clients, their trading habits and intentions, as well as the trading details. A client list may include many clients or only specific clients with a long-term stable trading relationship. A single purchase intention is a trading opportunity. It is neither a client list composed of many clients nor a specific client with a long-term stable trading relationship. There is no clear rule as to whether it can be protected as a business secret. In this case, the court determined although the purchase intention of a potential client obtained by the plaintiff through certain effort and investment cannot be identified as a client list in accordance with the current judicial interpretation, the value or competitive advantage it represents can be protected from the angle of operational information if it meets the constituents of a business secret.

In this case, the operational information actually obtained by Magnetic Shanghai is "Dashi's purchase intention." Although the purchase intention has not determined such specific details as selling price, quantity, payment conditions, and means of settlement, it meets Article 10 (3) of the *Law Against Unfair Competition* and constitutes a business secret of Magnetic Shanghai. Firstly, the evidence on record can prove that before Dashi made a bid for the Shenzhen Metro project, Dashi chose Magnetic Shanghai as the supplier of the pedestrian access wing gate module products under the brand of Magnetic for this project. Magnetic Shanghai actually obtained the specific details of "Dashi's purchase intention," that is, Dashi planned to purchase from Magnetic Shanghai the pedestrian access wing gate module products manufactured by Magnetic Germany in the Shenzhen Metro project. Secondly, "Dashi's purchase intention" is a specific purchase intention between specific subjects. In general, a specific purchase intention that occurs between two specific subjects is only known by the two trading parties, and cannot be widely known or easily obtained by relevant people in their field. In this case, it was only known from public channels that Dashi was the general contractor of the Shenzhen Metro project, and there was no evidence to show that the information on Dashi's purchase of specific pedestrian access wing gate module products for the Shenzhen Metro project had been made public. So "Dashi's purchase intention" was a piece of operational information belonging to Magnetic Shanghai and not known by the public. Thirdly, "Dashi's purchase intention" can bring practical economic benefits to Magnetic Shanghai. Finally, Magnetic Shanghai had taken reasonable confidentiality measures about the operational information of "Dashi's purchase intention" it actually obtained by means of providing a confidentiality clause in its labor contract.

Ⅱ. Even if the right holder has regained the trading opportunity, it can still require the infringer to compensate for the implemented infringement

Where the infringer has obtained the trading opportunity, he shall bear the corresponding civil liabilities for his infringement. If the infringer finally fails to sign a contract with the trading object due to his own reasons or the party who is replaced regains the trading opportunity, it does not affect the civil liabilities that the infringer should bear for the implemented infringement on a business secret.

During the trial of this case, Dashi had its purchase contract with the defendant cancelled through an act of right protection and contacted the plaintiff. Accordingly, the defendants claimed that the right holder was not harmed. In this regard, we consider that this does not affect the civil liabilities that the defendant should bear for his implemented infringement on a business secret. Firstly, there is no firm evidence in this case that proves Magnetic Shanghai has regained the trading opportunity involved. Secondly, since MA (HK) had signed the contract involved with Dashi, the business secret involved had actually been used. So, Li Jianbin and Zhang Jiarong should bear the civil liability of compensating Magnetic Shanghai for disclosing the business secret involved, and MA (HK) and MA International for using the business secret involved. Finally, Dashi initiated a second purchase due to MA (HK)'s deception in the contract involved. Although the details of the second purchase partly overlapped with the business secret involved "Dashi's purchase intention," the reason for the second purchase is evidently different from the business secret involved "Dashi's purchase intention." For the two trading parties, it is obviously a new trading opportunity. Therefore, whether Dashi re-purchased products from Magnetic Shanghai after initiating arbitration does not affect the civil liabilities that Li Jianbin, Zhang Jiarong, MA (HK), and MA International should bear for their infringement on the business secret.

In light of that facts that neither the plaintiff's actual losses nor the defendants' infringement profits can be determined, the involved products sold by the defendants and the Magnetic products manufactured by Magnetic Germany are essentially the same and target the same client and market, and that MA (HK) refused to provide its financial books for the court to find out its profits, the court determined the amount of damages discretionarily and reasonably above the maximum limit of RMB 1 million of the statutory damages with reference to the difference between the unit price of the products in the contract involved and the unit price of the Magnetic products purchased by the plaintiff, and to the transaction prices of the Magnetic products purchased and sold by the plaintiff. As MA International is a one-person limited corporation and Pan Shirong did not provide evidence to prove that the property of MA International is independent of his personal property, Pan Shirong shall be jointly liable for MA International's liability for compensation. Also, according to *The Law of the Application of Law for Foreign-related Civil Relations of the People's Republic of China* and the provision and judicial practice of the Piercing the Corporate Veil rule of the *Companies Ordinance* of the Hong Kong Special Administrative Region, the court determined that Zhu Jiawen had taken advantage of MA (HK)'s independent legal personality and used MA (HK) as her tool for performing illegal acts, proving that she had a malicious intent subjectively to evade legal liabilities, and thus sentenced Zhu Jiawen to be jointly liable for MA (HK)'s liability for compensation.

(Writers: Liu Yanping & Ni Xianfeng)

5.

Criminal Cases on Intellectual Property

Storing and Providing Works After "Transcoding" Them Constitutes Copyright Infringement

—Crime of Copyright Infringement by Beijing Yicha Unlimited Information Technology Co. , Ltd. and Yu Dong

[Summary]

The process of "transcoding" webpages will inevitably lead to storage of the workson them. Whether the storage infringes the copyright of others depends on the specific acts of the operator during the transcoding process. If a network service provider has performed an act beyond what is necessary for the transcoding technology but within the protection scope of the exclusive rights specified by the *Copyright Law* under the pretext of transcoding, it shall bear the liability for infringement, and if the circumstances are grave, its act shall be identified as a crime of copyright infringement. In this case, after transmitting the transcoded content to the user who triggered the transcoding, the operator also stored the content on its own server for other users to obtain it directly. The act of storage did not end with the conclusion of the technical process of browsing the webpages. With independent economic value, the act shall be deemed as reproduction of other people's works and communication of them to the public over information networks, and constitutes infringement.

[Case Review]

Public Prosecutor: Pudong New Area People's Procuratorate of Shanghai

Defendant Company: Beijing Yicha Unlimited Information Technology Co. , Ltd.

Defendant: Yu Dong

Cause of Action: Copyright infringement

First-instance Case No.：(2015) PX(Z)CZ No. 12

Shanghai Xuanting Entertainment Information Technology Co., Ltd. (hereinafter referred to as Xuanting) obtained the exclusive right to communicate to the public over information networks *Xian Ao* by Wuwai Jiangshan and other written works by signing the *Agreement on Commissioned Writing* with the authors of aforesaid written works and published them on qidian.com it operates.

The defendant company Beijing Yicha Unlimited Information Technology Co., Ltd. (hereinafter referred to as Yicha), established in February 2004, is the operator of "Yicha.com." With a novel channel, a news channel, and other channels, the website gains profits by placing advertisements on webpages. The defendant Yu Dong, a shareholder and the legal representative of the company, is in charge of technical work. In 2012, to increase the number of users of the website, Yu Dong proposed the development of a touch-screen novel product that transcodes the webpages of novels in HTML to WAP files for mobile users to read and put forward requirements for the development.

On December 3, 2013, Xuanting sent a letter of notice on infringement to the defendant company Yicha, demanding that Yicha immediately disconnect from, delete and stop providing more than 4000 pirated works listed in the attachment that infringed Xuanting's copyright. Yicha received the letter the next day.

On April 4, 2014, Xuanting conducted a notarized process of evidence preservation about the novel channel of "Yicha.com" and found that when the users searched a novel through the search box in the novel channel of the website, the search results would indicate that they came from third-party URLs, and a click on the search results would enable the readers to read the novel. In the aforementioned process of searching and reading, all the URLs displayed in the address bar were the address of "Yicha.com."

On April 5 of the same year, the public security department conducted an inspection of "Yicha.com." The result showed that a search by the keyword "Manghuangji" in the novel channel of the website would allow the users to read the content of each chapter of the book successfully and all the URL links displayed in the address bar in the process of searching and reading were the link of "Yicha.com" too.

The public security department seized the hard disk of the server entrusted by the defendant company Yicha on April 11 of the same year, and commissioned Shanghai Stars Digital Forensic Center to fix and preserve the e-books on the aforesaid hard disk and make similarity comparison between the aforesaid e-books and the e-books provided by Xuanting on April 17 of the same year. Having copied the corresponding hard disk, the forensic center started the operating system on the copied hard disk, configured the corresponding network parameters, and built the network environment of the e-book website involved. Then it downloaded 798 e-books on the built website and compared them with novels of the same names that Xuanting enjoys the exclusive right to communicate to the public over information networks. The degree of similarity was calculated based on the formula of "same bytes / total bytes of the Xuanting's novel" and 588 of the allegedly infringing e-books showed a result of more than 70%.

The related inspector of the forensic center appeared in court to be questioned after being notified by the court, and stated: No automatic deletion system described by the defendant Yu Dong was found on the hard disk submitted for inspection; the inspection was performed on computers and "Yicha. com" was reproduced in the environment of the laboratory's LAN, and the pages showed that the website provided the services of novel searching and reading, that is, after the inspector input a novel name into the search box and then entered the novel's details page, he could click the links to each chapter and read the content; the operation was performed repeatedly during the inspection and the inspector could read relevant novels successfully each time; when the computers were connected to the Internet, the inspector could still read the aforesaid novels successfully on "Yicha. com."

On April 21, 2014, the defendant Yu Dong voluntarily surrendered himself to the public security department, and truthfully confessed the relevant facts. On August 21 of the same year, the defendant company paid Xuanting RMB 8 million, and Xuanting issued a letter of forgiveness for this.

The public prosecutor Pudong New Area People's Procuratorate of Shanghai accused that Yicha reproduced and distributed as many as 588 written works for the purpose of profit without the permission of the copyright owner and the circumstances are grave, so Yicha's act constitutes a crime of copyright infringement, and that the defendant Yu Dong, as the directly responsible supervisor of Yicha, should bear the criminal liability for the crime of copyright infringement. Both the defendant company and the defendant voluntarily surrendered themselves to justice and can be given a lighter punishment. The defendant company compensated Xuanting and obtained its forgiveness, and thus can be punished lightly as appropriate.

The defendant company Yicha and the defendant Yu Dong raised no objection to the accusation of the public prosecutor. The defendant and his defender mainly put forward the following opinions: 1. According to the development requirements made by Yu Dong to developers, what "Yicha. com" provided was a search engine plus transcoding service instead of content service. To be specific, when a user searched a novel and clicked a search result to read, "Yicha. com" transcoded the source webpages and temporarily copied them to the hard disk. Then a cache file was generated and provided for the user to read. When the user left the pages of the novel, the cache file would be automatically deleted. There is no evidence to prove that the program developed by technicians violated the above-mentioned technical requirements made by Yu Dong. 2. The defendant company has a legal department in charge of handling the "notification-deletion" work about the books suspected of infringement. Xuanting's letter of notification does not constitute a valid notice of infringement. Therefore, the defendant company is at no subjective fault. It did not commit copyright infringement, and its act does not constitute a crime of copyright infringement.

[**Judgment**]

After hearing the case, the Pudong New Area People's Court of Shanghai determined: According to the evidence submitted by the public prosecutor, users could search and read novels on the novel channel of "Yicha. com" operated by the defendant company Yicha, and on the hard disk of the server corresponding to this channel were stored 588 novels essentially the same as the written works whose copyrights are enjoyed by Xuanting. The above facts can prove that "Yicha. com" directly provided the above-mentioned written works for Internet users so that they could read them at any time and place they chose, which infringed Xuanting's right to communicate the works involved to the public over information networks. The defendant and his defender claimed that "Yicha. com" was designed to provide searching and transcoding services instead of content service. However, the facts in the Inspector's Opinions show that the inspector could read the novels involved online and download them from the hard disk of the server in the network environment built with the server of "Yicha. com." This proves that after "Yicha. com" transmitted the so-called "temporarily copied" content to the user who triggered "transcoding," the corresponding content was not automatically deleted from the hard disk of the server immediately but could still be reused by other users. In the process of providing the novel reading service, "Yicha. com" not only transcoded the format of the webpages, but also stored the content of the transcoded webpages on its server, which allowed subsequent users to obtain it directly from its server. The above act had clearly gone beyond the necessary process of the transcoding technology and given the so-called "temporarily copied" content independent economic value. Therefore, Yicha's novel service mode constitutes the direct provision of the content of works, and the above counter arguments made by the defendant and his defender are not valid. The defendant company Yicha transmitted without permission through the "Yicha. com" 588 novels involved that Xuanting enjoys the right to communicate to the public over information networks, and the circumstances are grave. Its act constitutes a crime of copyright infringement. The defendant Yu Dong, as the directly responsible supervisor of Yicha, should bear the criminal liability for the crime of copyright infringement. Both the defendant company Yicha and the defendant Yu Dong voluntarily surrendered themselves and thus shall be given a lighter punishment according to law. After the crime was revealed, the defendant company Yicha compensated Xuanting and obtained its forgiveness, and thus shall be given a lighter punishment as appropriate.

To sum up, Pudong New Area People's Court of Shanghai issued a judgement according to Articles 217, 220, 67 (1), 72 (1) (3), 73 (1) (3), 53 (1), and 64 of the *Criminal Law of the People's Republic of China*, Article 11 of the *Interpretation of the Supreme People's Court and the Supreme People's Procuratorate on Several Issues Concerning the Specific Laws to Be Applied in Handling Criminal Cases of Intellectual Property Infringement*, Articles 4 and 6 of the *Interpretation of the Supreme People's Court and the Supreme People's Procuratorate on Several Issues Concerning the Specific Laws to Be Applied in Handling Criminal Cases of Intellectual Property Infringement* (2), and Article 13 (1) (ii) of the *Opinions of the Supreme People's Court, the Supreme People's Procuratorate, the Ministry of Public Security and the Ministry of Justice on Several Issues Concerning the Application of Law in Handling Criminal Cases of Intellectual Property Infringement.* The judgement includes: 1. The defendant company Beijing Yicha Unlimited Information Technology Co., Ltd. committed the crime of copyright infringement and shall be sentenced to a fine of RMB 20,000 (to be paid within one month after the judgment comes into effect). 2. The defendant Yu Dong committed the crime of copyright infringement and shall be sentenced to a three-month criminal detention, suspended for three months, and a fine of RMB 5000. (The probation period of the suspension shall start from the date when the judgment is made final; the fine shall be paid within one month after the judgement takes effect.) 3. The illegal gains shall be recovered. 4. The seized hard disk shall be confiscated.

[Case Study]

The focus of dispute in this case is whether the act of "copying" in the webpage transcoding technology falls within the regulation scope of the reproduction right infringement in the *Copyright Law of the People's Republic of China*.

Ⅰ. The act of "copying" in the webpage transcoding technology

The webpage transcoding technology is a result of the gradual popularization of mobile reading. A common novel reading website is designed for traditional terminals with a large display screen and strong multimedia processing capabilities, such as a desktop computer, and its webpages are written in HTML. For the users using a mobile phone to access the Internet, if they access the aforesaid website directly to browse the webpages, the content of the webpages usually cannot be fully displayed and messy codes may appear on the screen, resulting in poor user experience. The reason is that mobile phones have a small screen and weak multimedia processing capabilities. In order to solve the problem, the transcoding technology used for converting webpages from the HTML format to the WML format suitable for mobile reading was born.

In the webpage transcoding technology, webpage content in HTML needs to be stored in the server's memory or on the hard disk before it can be transcoded. This process necessarily involves "copying" the works on the webpages. According to the technology neutrality principle, if the act of temporary copying attached to the transcoding technology for mobile reading is included in the scope of copyright protection, the technology will have no living space and its development will be directly curbed, which is contrary to the purpose of promoting the development and prosperity of socialist sciences. Therefore, whether the act of copying involved in transcoding for mobile reading constitutes an infringement should be judged according to the implementation in specific cases. An act of temporarily copying content to the server's memory or hard disk necessary for the transcoding technology does not necessarily result in an infringement on the reproduction right. However, if a network service provider has performed an act beyond what is necessary for the transcoding technology but within the protection scope of the exclusive rights specified by the *Copyright Law* under the pretext of transcoding, it shall bear the liability for infringement, and if the circumstances are grave, its act shall be identified as a crime of copyright infringement. It is not easy to define an act beyond what is necessary for the transcoding technology. Judgement should be made in combination with technical facts.

Specifically, if the act of copying during the transcoding process meets the following conditions, it does not constitute infringement. (1) The copied content exists only temporarily for a short time. While the transcoded content is transmitted to the user, the content in the server's memory or on the hard disk is automatically deleted. (2) The act of copying is a necessary part of the transcoding technology. Without this act of temporary copying, transcoding cannot be completed and the users cannot see the transcoded content normally displayed on the mobile phone. (3) The temporarily copied content generated from transcoding has no independent economic value. When a user triggers a transcoding process and obtains the transcoded content, the transcoded content stored on the server should be automatically deleted immediately without being used simultaneously or reused by other users. If other users search and read the same content, a new transcoding process will be triggered. If the above conditions are met, the operator's act does not constitute an infringement on others' reproduction right or others' right to communicate works to the public over information networks. But if the operator performs an act beyond the above-mentioned necessary process when using the transcoding technology, he may commit infringement for stepping into the scope of exclusive rights of others' copyright.

Ⅱ. Storing and providing works after transcoding them constitutes infringement

In this case, the novel channel of Yicha. com is a novel website developed for the mobile terminal. The defendant and his defender put forward the counterargument that the website only provided searching and transcoding services. Given that the website had changed its service mode, the alleged infringing act cannot be reproduced. So, it is impossible to perform a technical analysis or inspection of the website's service pattern. However, judgement can still be made on whether the defendant's above counterargument is true according to the novel reading interfaces of the website fixed by the public security department and the corresponding facts reflected in the inspection.

As can be seen from the facts reflected in the inspection, the inspector could read the novels involved online and download them from the server's hard disk in the network environment built with the server of Yicha. com. It proves that after "Yicha. com" transmitted the so-called "temporarily copied" content to the user who triggered "transcoding," the corresponding content was not automatically deleted from the hard disk of the server immediately but could still be reused by other users. In the above process, the search engine should automatically delete the temporarily stored content immediately after transmitting the transcoded webpages to the mobile user. Keeping the content stored in the server is not a necessary step in providing the transcoding service. The defendant claimed that the reason why Yicha. com cached the transcoded webpages on the server is that the cache of a mobile browser is too small to cache the content of one chapter of a novel. However, the transcoded content of one chapter of a novel requires very small cache space, which is obviously within the load of the cache of a mobile browser under the existing technical conditions. The above explanation of the defendant does not conform to common sense. As can be seen, in the process of providing the novel reading service, "Yicha. com" not only transcoded the format of the webpages, but also stored the content of the transcoded webpages on its server, which allowed subsequent users to obtain it directly from its server. The above act had clearly gone beyond the necessary process of the transcoding technology and given the so-called "temporarily copied" content independent economic value. Therefore, Yicha's act constitutes direct provision of the content of works and a direct infringement on the right to communicate works to the public over information networks.

In terms of the novel reading interfaces of the website, when users click a search result on a website providing searching and transcoding services, the URL displayed in the address bar is generally a mixed URL of "search engine URL + linked webpage URL." But in this case, when users searched and read novels on the novel channel of "Yicha. com," the URL displayed in the address bar was always the address of the server of "Yicha. com," which can prove that what "Yicha. com" provided is not a network service.

Moreover, the defender put forward another counterargument based on the "safe harbor" rule, claiming that the defendant company had fulfilled the "notification-deletion" obligation and thus did not commit copyright infringement. The Chinese "safe harbor" rule is stipulated in Article 23 of the *Regulation on the Right to Communicate Works to the Public over Information Networks*, which shall be applied to the Internet service providers who provide assistance for the transmission of infringing works. Since the defendant company in this case directly provided the infringing works, the "safe harbor" rule cannot be applied.

(Writer: Ye Jufen)

Independent Use of Registered Trademark and OEM Manufacturing

—Case of Registered Trademark Counterfeiting by Kuayue Biotechnology and Tong Xuanjun

[**Summary**]

All trademarks registered in China and having obtained a trademark registration certificate, whether they are trademarks combined with Chinese and English or trademarks of English letters, are independent trademarks and shall be protected by law. Separate registration ofthe trademarks of English letters is not to complement the trademarks combined with Chinese and English. Printing a trademark of English letters on a product without permission constitutes the independent use of the trademark. If a company uses both its own registered trademark and another company's registered trademark without permission on the same product, and another company's trademark is placed at a prominent position, its act constitutes a crime of registered trademark counterfeiting. The legal relationship involved in OEM (original equipment manufacturer) manufacturing is a contract manufacturing relationship, not a sales contract relationship, and the determination of OEM manufacturing requires some essential constituents, including that the contract manufacturer has obtained authorization of the foreign company when exporting products and that the products produced through contract manufacturing are not sold or distributed on domestic markets.

[**Case Review**]

Public Prosecutor: No. 3 Court of Shanghai People's Procuratorate

Defendant Company (Appellant Company): Kuayue Biotechnology (Chuzhou) Co., Ltd.

Defendant (Appellant): Tong Xuanjun

Cause of Action: Crime of registered trademark counterfeiting

Case Number of First Instance: (2018) H03XC No. 29

Case Number of Second Instance: (2018) HXZ No. 61

The Public Prosecutor accused: "MAXAM" is a registered trademark approved to be used on shampoo and other goods produced by Shanghai Jahwa United Co., Ltd. (hereinafter referred to as Shanghai Jahwa). In September 2016, the defendant company Kuayue Biotechnology (Chuzhou) Co., Ltd. (hereinafter referred to as Kuayue) and the defendant Tong Xuanjun, for the purpose of gaining illegal profits, purchased some counterfeit labels, bottle caps, and bottles attached with the registered trademark "MAXAM," produced shampoo, filled the shampoo into the bottles, attached the labels to the bottles and tried to export the finished products without permission of the trademark holder. These shampoo products counterfeiting the registered trademark "MAXAM" were meant to be exported to the Republic of Yemen but were discovered and seized by Shanghai Customs when getting through customs. The sales of the total 46, 080 bottles of shampoo amount to USD 37, 440 (equivalent to RMB 253, 596. 096).

The Public Prosecutor believes: The defendant company Kuayue and the defendant Tong Xuanjun used a trademark the same as another company's registered trademark on the same kind of products without permission of the holder of the registered trademark for the purpose of gaining illegal profits, and the circumstances are particularly serious as the illegal turnover amounts to RMB more than 250, 000, and thereby their acts constitute crimes of registered trademark counterfeiting. Both the defendant company Kuayue and the defendant Tong Xuanjun surrendered themselves and can be given a lighter or mitigated punishment. So, the Public Prosecutor submitted the case to Shanghai No. 3 Intermediate People's Court requesting the court to judge it by law.

The defendant company Kuayue argued: 1. The defendant company had no subjective intent to counterfeit another company's trademark as Tong Xuanjun believed that only the combined use of "美加净" and "MAXAM" constitutes a complete trademark. The defendant company and the defendant had a misunderstanding for lack of knowledge of trademarks and law, which resulted in the counterfeiting of the victim's trademark. 2. Even if the defendant company's act constitutes a crime, the defendant company can be given a mitigated punishment since it surrendered itself, its subjective intent is not serious, the goods involved have not entered markets, and it demonstrates a good attitude of confession and repentance. 3. The ocean freight is borne by the defendant company and should be deducted from the sales amount involved.

The defendant Tong Xuanjun argued: 1. The registered trademark of English letters "MAXAM" is separately registered to complement the registered trademark "美加净 MAXAM" and is not used independently. It is of no substantial significance in the judgement on whether the infringer committed a crime 2. The product logo "美克西 MAXAM" is similar to the trademark logo "美加净 MAXAM," but it is insufficient to cause confusion among the relevant public. The acts of the defendant company and the defendant only constitute infringement but do not constitute crimes of registered trademark counterfeiting. 3. The shampoo involved was meant to be exported to Yemen and had not been sold domestically, and the right holder did not register the "MAXAM" trademark in Yemen. So, the shampoo involved would not cause confusion or wrong identification about the trademark "MAXAM" among the relevant public. 4. The defendant company had the English logo "MAXAM" printed on the packaging of the shampoo product involved, which does not constitute trademark use in terms of the trademark law. 5. The trademark logo of the "美克西 MAXAM" shampoo, which contains the word of "MAXAM," is similar to but not identical with the registered trademark "MAXAM," which is generally not considered as a crime in judicial practice. 6. That the case is considered as a criminal case originated from the abnormal transfer of Shanghai Customs, and the public security department tried to help Shanghai Customs escape from being accused of committing an administrative violation, which led to the presumption of guilt in this case. 7. If the court makes a guilty verdict, the USD to RMB exchange rate determined should be as low as possible in accordance with the principle in favor of the accused, and the ocean freight should be deducted from the sales amount involved, which will make the money involved in the crime amount to RMB. 198,023.89, far less than RMB 250,000, and thereby the circumstances of the crime are not particularly serious. Also, given the facts that the defendant Tong Xuanjun had surrendered himself, it is a first offense, the goods involved did not enter markets, the defendant company and the defendant demonstrated a good attitude of confession and repentance, and part of the fine was paid in advance, it is recommended that the defendant company and the defendant only be fined.

[**Judgment**]

After hearing the case, Shanghai No. 3 Intermediate People's Court determined that the defendant company Kuayue and the defendant Tong Xuanjun used a trademark the same as another company's registered trademark on the same kind of products without permission of the holder of the registered trademark for the purpose of gaining illegal benefits, and the circumstances are particularly serious as the illegal turnover amounts to more than RMB 250, 000, and thereby their acts constitute crimes of registered trademark counterfeiting and shall be punished according to law. The allegation made by the Public Prosecutor is based on clear facts and firm sufficient evidence and thereby should be supported. The defendant Tong Xuanjun, as the directly responsible supervisor of the defendant company Kuayue, voluntarily delivered himself to justice after committing the crime and truthfully confessed his and the defendant company's crimes. Both the defendant company Kuayue and the defendant Tong Xuanjun can be deemed as having voluntarily surrendered and thereby can be given a lighter or mitigated punishment according to law. The defendant company paid part of the fine in advance. So, the defendant company and the defendant can be given a lighter punishment as appropriate. In summary, the court decided to impose a lighter punishment on the defendant company Kuayue and a mitigated punishment on the defendant Tong Xuanjun. Given that the illegal turnover involved in this case amounts to more than RMB 250, 000, that the defendant company failed to reach a compromise with or obtain the forgiveness of the victim company, and that the amount of fine paid in advance by the defendant company is small, the opinion proposed by the defendant Tong Xuanjun's defender that the defendant company and the defendant shall only be fined was not accepted. Therefore, in accordance with Articles 30, 31, 213, 220, 67 (1), 52, 53 (1), and 64 of the *Criminal Law of the People's Republic of China*, Articles 1 (1) (i), 1 (2) (i), and 12 (1) of the *Interpretation of the Supreme People's Court and the Supreme People's Procuratorate on Several Issues Concerning the Specific Laws to Be Applied in Handling Criminal Cases of Intellectual Property Infringement*, and Article 4 of the *Interpretation of the Supreme People's Court and the Supreme People's Procuratorate on Several Issues Concerning the Specific Laws to Be Applied in Handling Criminal Cases of Intellectual Property Infringement (II)*, the court ruled: 1. The defendant company Kuayue Biotechnology (Chuzhou) Co., Ltd. committed the crime of registered trademark counterfeiting and shall be fined RMB 100, 000. 2. The defendant Tong Xuanjun committed the crime of registered trademark counterfeiting and shall be sentenced to fixed-term imprisonment of one year and eight months and be fined RMB 50, 000. 3. The counterfeit shampoo products seized by the court shall be confiscated.

Both the defendant company and the defendant refused to accept the first-instance judgment and lodged an appeal.

After hearing the case, the Shanghai High People's Court determined that the facts had been clearly found, the laws had been correctly applied, the penalty had been properly measured, the trial procedure had been legal, and the judgment had been made appropriately in the trial of the first instance, and thereby rejected the appeal and affirmed the original judgment.

[**Case Study**]

This is a case of registered trademark counterfeiting where both one's own registered trademark and another company's registered trademark were used. It is not the same as the usual cases of registered trademark counterfeiting where only another company's registered trademark is used without permission. And the judgement of this kind of cases should also consider whether the issue of OEM manufacturing is involved.

Ⅰ. Separately registered trademarks are independent trademarks

The trademarks registered by Shanghai Jahwa in China include the Chinese-English combination of "美加净 MAXAM" and the one of English letters "MAXAM." Among them, the trademark "MAXAM" has obtained a trademark registration certificate and is approved to be used on shampoo and other goods. It is an independent trademark protected by law, not just a trademark separately registered to complement the "美加净 MAXAM" trademark. Although the defendant company owns a registration certificate for the trademark "美克西," it had the letters "MAXAM" printed at a visible place below the Chinese label "美克西" on the body of the shampoo bottle involved. Also, the letters "MAXAM" are printed on the bottom of the bottle in relief and on the bottle cap too. The packaging, size, and weight of the goods are basically the same as those of the shampoo products produced by Shanghai Jahwa, which is sufficient to mislead the public.

Therefore, all trademarks registered in China and having obtained a trademark registration certificate, whether they are trademarks combined with Chinese and English or trademarks of English letters, are independent trademarks and shall be protected by law. Separate registration of the trademarks of English letters is not to complement the trademarks combined with Chinese and English. Printing such a trademark of English letters on a product without permission constitutes the independent use of the trademark.

Ⅱ. A purchase and sales contract is an exclusionary constituent of OEM manufacturing

The Public Prosecutor also raised the issue of whether this case involves OEM manufacturing since the defendant company had signed a related contract with a foreign company. The defendant argued that the related trademark was provided by the foreign company, and Kuayue Company only filled shampoo into the defendant company's ingot-shaped bottles according to the foreign company's requirement, and the finished products would be shipped directly to a Middle Eastern country for sale instead of being sold domestically.

Foreign-related OEM manufacturing is a production organization model in the business of manufacturing with supplied materials or parts or according to supplied samples. In this business, a domestic contract manufacturer accepts a commission of a foreign original manufacturer to manufacture products and print the trademark provided by the foreign original manufacturer on the products. All the manufactured products will be delivered to the foreign original manufacturer who will sell the products overseas. The domestic contract manufacturer is not responsible for selling the products. It only charges a service fee for manufacturing the products. In practice, whether OEM manufacturing constitutes an intellectual property infringement is still controversial, let alone whether it constitutes a criminal offence. In terms of essential constituents, foreign-related OEM manufacturing should have at least the following constituents:

Firstly, the foreign company and the contract manufacturer constitute a contract manufacturing relationship, and the contract involved should meet relevant requirements in terms of form. If the contract signed by the two parties is a purchase and sales contract, which only specifies the agreed quantity, price, amount of money, and so on of the product with no explicit agreement on the trademark attached to the product, then the two parties essentially constitute a sales contract relationship. In other words, a purchase and sales contract is an exclusionary constituent of OEM manufacturing.

Secondly, when the manufactured products are exported, it is necessary to provide the foreign company's authorized trademark ownership certificate, which has been registered with the relevant department in the target county and meets the requirements in terms of form for notarization.

Thirdly, all the products produced through contract manufacturing are exported to the target county without being sold or distributed domestically.

In this case, as the contract signed between the defendant company and the foreign company is a purchase and sales contract, and the defendant company failed to provide a certificate of trademark ownership authorized to the foreign company, this case does not involve the issue of OEM manufacturing.

(Writer: Zhu Yu)

Determination of "Sales Amount" in Crime of Selling Goods Bearing Counterfeit Registered Trademark

—Defendant Wang Hong's Crime of Selling Goods Bearing a Counterfeit Registered Trademark

[**Summary**]

The sales amount involved in a crime of selling goods bearing a counterfeit registered trademark shall be determined by combining the defendant's confession, the verification opinion of the trademark holder, the online sales records, and the judicial audit report, etc. Regarding the verification opinion on the goods issued by the trademark holder, this kind of verification opinions should not be denied for the trademark holder having conflicted interests with the defendant or the trademark holder having no verification qualifications. The authenticity of the goods should be determined comprehensively based on all evidence in the case and mutual corroboration of all facts. Where the defendant argues that some transactions in the sales records are false ones fabricated by click farming and the goods sold include both genuine and counterfeit ones, but fails to provide corresponding evidence, the argument will not be accepted. This case will be referential to the adjudication of criminal trademark cases.

[**Case Review**]

Public Prosecutor: Changning District People's Procuratorate of Shanghai

Defendant: Wang Hong

Cause of Action: Crime of selling goods bearing a counterfeit registered trademark

First-instance Case No.: (2018) H0104XC No. 685

In March 2017, the defendant Wang Hong started to sell counterfeit "MCM" bags through the online store "Hao Lin Bags" registered by herself on Taobao, at prices significantly lower than the market prices. A verification process showed that from March 2017 to March 2018, the defendant Wang Hong sold counterfeit "MCM" bags through the "Hao Lin Bags" online store with a total sales amount of RMB 2,962,745. On March 22, 2018, the defendant Wang Hong was arrested by the police at her temporary residence. On the spot, the police seized 47 key rings, 41 wallets, 3 handbags, and 2 backpacks that were all counterfeit "MCM" products. The verification process showed that the above articles were worth RMB 1686.

The Public Prosecutor held: The defendant Wang Hong clearly knew that she had been selling goods bearing a counterfeit registered trademark and the sales amount was huge. Her act had violated Article 214 of the *Criminal Law of the People's Republic of China*. The criminal facts were clear and the evidence was firm and sufficient. She should be ordered to bear criminal liability for the crime of selling goods bearing a counterfeit registered trademark. The defendant Wang Hong had truthfully confessed her crime and could be given a lighter punishment. According to Article 172 of the *Criminal Procedure Law of the People's Republic of China*, the Public Prosecutor initiated a public prosecution and submitted it to the court for adjudication according to the law.

The defendant Wang Hong raised no objection to the particulars of offence or the charge stated in the indictment. The defendant Wang Hong's defender argued that the determination that the total sales of the counterfeit "MCM" bags sold by the defendant Wang Hong amounted to RMB more than 2.9 million was based on insufficient evidence and unclear facts. The defendant argued: In this case, the conclusion of counterfeiting was based on the verification of only one bag bearing the MCM trademark purchased by an informant and the 47 key rings, 41 wallets, 3 handbags, and 2 backpacks seized at the defendant's residence, but no verification had been performed about the other large number of bags sold by the defendant Wang Hong, so it couldn't be determined that all the bags purchased and sold by Wang Hong were goods bearing a counterfeit registered trademark. The defendant was not well-educated and might have a misunderstanding about the definition of registered trademark counterfeiting. Even though the defendant owned up to it, the defendant's act could not be considered a crime if there was no other evidence to prove that all bags involved were counterfeits, or reasonable doubts could not be ruled out. According to the defendant's sales records on Taobao obtained by the public security department, the transactions did not indicate every time that the goods sold were "MCM" bags. Also, that electronic data neither included an explanation of Taobao nor passed a strict notarization procedure. So, reasonable doubts couldn't be ruled out in this regard either. As Shanghai Sinofaith IP Services Co., Ltd. had an interest in this case, the verification opinion it issued could be regarded as the victim's statement at most. The company was not qualified to perform forensic verification.

[**Judgment**]

After hearing the case, the Xuhui District People's Court of Shanghai determined:

The defendant Wang Hong did not obtain authorization to sell relevant goods bearing the MCM trademark; all the involved goods that she sold online were purchased from myriad vendors in the local bag and suitcase market, and there was no evidence to prove that her suppliers had obtained authorization to sell relevant goods bearing the MCM trademark. The verification result showed that the MCM bags sold by the defendant and obtained by the public security department and those unsold relevant goods bearing the MCM trademark seized at the defendant's residence were all counterfeits bearing the registered trademark of MCM; there was no evidence to prove that the defendant had also sold genuine MCM goods. The defendant also truthfully confessed that she could tell from the purchase prices that all relevant goods bearing the MCM trademark she purchased were goods bearing a counterfeit registered trademark, and that no genuine relevant MCM goods had been sold in her online store. In summary, it could be determined that all involved goods sold by the defendant were counterfeits bearing the registered trademark of MCM. The defender's arguments that there were no clear facts or sufficient evidence to prove that the defendant had sold counterfeits and that some of the goods sold by the defendant were counterfeits didn't mean all the goods purchased and sold were counterfeits had no factual or legal basis, and shall not be accepted. Regarding the amount of the defendant's sales involved in this case, the source and the procedure were both legitimate because the public security department obtained the transaction records from March 2017 to March 2018 of the "Hao Lin Bags" online store operated by the defendant according to the law, and the conclusion was objective since the public security department commissioned Shanghai Hugang Jinmao Certified Public Accountants Co., Ltd. to conduct a judicial audit. The defendant Wang Hong also confirmed that the goods sold in her online store since March 2017 were all counterfeits bearing the registered trademark of MCM and the sales amount up to the time when the crime was revealed was subject to the transaction records of the online store; and the defendant and the defender failed to provide any evidence to prove that the sales amount also included that of other goods, genuine MCM goods or fake click-farming transactions. Therefore, the amount of the defendant's sales involved should be RMB 2,962,745. The defender's opinion that the transaction records and the audit conclusion could not rule out reasonable doubts shall not be accepted. Regarding the defender's opinion that the verification conclusion issued by Shanghai Sinofaith IP Services Co., Ltd. could be regarded as the victim's statement at most since the company had an interest in this case and was not qualified to perform forensic verification, the court held that as the raw materials, formulas, craftwork, anti-counterfeiting measures and other related secrets of branded goods are generally held by the brand owners and not known to the public because of the particularity of branded goods, relevant certificates and descriptions issued by right holders and those issued by the entrusted agencies authorized by right holders within the scope of authorization can be used as evidence when the people's court handles related cases involving intellectual property infringement, unless the parties involved provide precise opposing evidence. Shanghai Sinofaith IP Services Co., Ltd. is a specially authorized representative of MCM Holding AG, owner of the MCM trademark, in China. MCM Holding AG granted full powers to Shanghai Sinofaith IP Services Co., Ltd. to file complaints about infringers with law enforcement authorities, verify the authenticity of products suspected of infringement, issue verification reports, provide price references, etc. The defendant Wang Hong in this case raised no objection to the charge that all goods she sold were counterfeits bearing the registered trademark of MCM. Therefore, the certificate issued by Shanghai Sinofaith IP Services Co., Ltd. about authenticity of the goods and price references should be recognized. The defender's opinion that the defendant Wang Hong had confessed and pleaded guilty and thereby could be given a lighter punishment shall be accepted. The amount of the defendant's sales involved reached nearly RMB 3 million, far more than the standard for a huge amount, so probation could not be applied. In summary, the defendant Wang Hong clearly knew what she sold were goods bearing a counterfeit registered trademark and the sales amount was huge, so her act was serious enough to constitute the crime of selling goods bearing a counterfeit registered trademark and should be punished, and the charge made by the Public Prosecutor is valid. According to Articles 214, 67 (3), 53, and 64 of the *Criminal Law of the People's Republic of China*, the defendant Wang Hong was sentenced to fixed-term imprisonment of three years and six months and a fine of RMB 500,000, and the seized goods bearing a counterfeit registered trademark shall be confiscated.

After the first-instance judgement was made, neither the prosecution nor the defense protested or appealed, and the judgement is now in force.

[Case Study]

Ⅰ. Does the verification opinion issued by the trademark holder have probative value?

In criminal cases of trademark infringement, it is very common for the trademark holder to issue a verification opinion of the goods involved. In most cases, the defendant will argue that the verifier and the defendant have conflicting interests and the trademark holder is not qualified for verification. So, does the verification opinion issued by the trademark holder have probative value? A trademark is a commercial mark that distinguishes the source of goods or services. It conveys product quality information to consumers and advertises for the trademark holder. Undoubtedly, a trademark can bring economic benefits to the trademark holder, and the more popular a trademark is, the greater economic benefits it can bring, which is exactly the main reason why well-known trademarks frequently become the targets of trademark infringement crimes. In order to protect their trademarks and goods from infringement, trademark holders often invest a lot in trademark protection, which includes certain technical elements. Usually this kind of verification know-how is only held by the trademark holder and kept secret, because once it is known to the public, it will inevitably be used by criminals to make nearly identical counterfeits and harm the trademark holder's interests. It is based on the consideration of the above issue that the Trademark Office of the State Administration for Industry and Commerce gave a reply on November 14, 2005 to the *Request for Instruction on the Validity of a Trademark Holder's Verification Opinion in the Investigation of Trademark Infringement Cases* made by the Zhejiang Province Administration for Industry and Commerce. The reply specifies: "When investigating an act of trademark infringement, the administrative department for industry and commerce may commission the trademark holder to verify authenticity of the goods and the trademark suspected of counterfeiting the registered trademark, and to issue a written verification opinion and bear corresponding legal liabilities. If the verified party has no opposing evidence to reverse the verification conclusion, the administrative department for industry and commerce shall adopt the verification conclusion as evidence." According to the reply, the verification opinion issued by the trademark holder has certain probative value, unless it is reversed by opposing evidence. In addition, since the trademark holder is in the victim's position in a criminal case of trademark infringement, the goods authenticity verification it issues should be a victim's statement, instead of a verification opinion, and thereby relevant verification qualifications are not required.

Ⅱ. Can the verification opinion issued by the trademark holder alone determine the authenticity of goods?

The goods authenticity verification made by the trademark holder is considered a victim's statement, which, as is known to all, can easily be false or distorted due to the influence of various subjective and objective factors. In terms of subjective factors, victims are generally eager to see defendants punished and have direct interests in the results of the cases, because of which victims may be susceptible to some subjective factors, such as inner feelings and personal emotions, deliberately exaggerate and make false statements. Objectively, the formation of verbal evidence is a fairly complicated process, which generally goes through the three stages of perception, memory, and presentation. During these three stages, verbal evidence may be distorted by external influences and cause the facts of the case it reflects to differ from the real objective situation. In criminal cases of trademark infringement, as the trademark holder is the victim who has conflicting interests with the defendant objectively, and given the characteristics of verbal evidence, the verification opinion issued by the trademark holder may be false or distorted. In particular, when an agency specializing in commercial rights protection is entrusted to perform the verification, since its rights protection achievements are directly linked to its performance evaluation and economic benefits, the possibility cannot be decisively ruled out that the entrusted verifier exaggerates and identifies genuine goods as counterfeits. Therefore, under these circumstances, the authenticity of goods cannot be directly determined only by the verification opinion of the trademark holder, but should be determined by taking into account other evidence and facts. In this case, apart from the verification opinion issued by the agency entrusted by the trademark holder, there was also the defendant's confession of "telling from the purchase prices that the goods are counterfeits", and some objective facts, including that the goods sold by the defendant had no legal authorization formalities, and that the goods had all been purchased from vendors in an unofficial suitcase and bag market. All the above evidence and facts pointed to the same factum probandum that the goods sold by the defendant were counterfeit bags bearing the MCM trademark. The mutual collaboration among the above-mentioned evidence, facts and verification opinion issued by the agency entrusted by the trademark holder could support the content of the verification opinion, enhance its probative value, and thereby determine that the goods involved are counterfeits.

Ⅲ. How to determine the sales amount when the defendant uses "click farming" and "mixed selling of genuine and counterfeit goods" as an argument?

In the conviction and punishment measurement about a crime of selling goods bearing a counterfeit registered trademark, not just the authenticity of the goods needs to be determined, but what is more important is to accurately determine the sales amount of counterfeit goods. It is not only because the sales amount can directly reflect the social harmfulness and subjective malignancy of the actor's act of selling goods bearing a counterfeit registered trademark, but also because the sales amount is the only criterion for the conviction and punishment measurement about a crime of selling goods bearing a counterfeit registered trademark in the criminal law. It directly determines whether the actor's act of selling constitutes a crime and affects the term of imprisonment. As the management model of online shopping platforms is not fully normalized, click farming, mixed selling of genuine and counterfeit goods, and other acts are frequently performed to drive sales. Therefore, in such cases, many defendants use that as an argument, which has greatly increased the difficulty in determining the sales amounts involved in such sales. This court holds: Due to the special nature of online shopping, some operators will indeed fabricate fake orders and favorable reviews, which is known as "click farming", to boost the credibility and popularity of their stores for the purpose of attracting customers. As the sales formed by "click farming" are not authentic, they should be deducted when the sales amount is calculated. So how to find out which transactions are the results of click farming? This court holds: As online sales records are usually stored on third-party trading platforms, they are objective and unchangeable to a certain extent. Therefore, where there is no obvious evidence for fake transactions, the defendant should provide the evidence for click farming, including the communication records about the defendant asking others to perform click farming, the payment vouchers for the click-farming expenses, the proof of no real logistics information or receipts about the click-farming orders, and the like. If the defendant raises an argument of "click farming" but fails to provide objective evidence, the act of click farming shall be considered nonexistent. The same applies to "mixed selling of genuine and counterfeit goods". Since it is impossible to tell from the sales records on the shopping platforms alone which sales records are those of genuine goods, the defendant should provide the evidence if the defendant wants to use "mixed selling of genuine and counterfeit goods" as an argument, where there are no genuine goods in the inventory seized by the investigating department. The evidence shall include the purchase contract between the defendant and the supplier of genuine goods, delivery records, payment details, etc. If the defendant fails to provide the above evidence, it shall be considered that all the goods sold by the defendant bear a counterfeit registered trademark, and the corresponding sales records shall be included in the sales amount involved in this crime.

(Writers: Wang Limin & Liu Qiuyu)

Judicial Identification of "Identical Trademarks" in Trademark Crimes

—Crime of Selling Illegally Manufactured Logos of Registered Trademarks by the Defendants Chen Weitang et al.

[Summary]

An "identical trademark" as provided for in the Criminal Law refers to the same trademark as the counterfeited registered trademark, or one that is substantially visually indistinguishable from the counterfeited registered trademark, and is sufficient to mislead the public. A trademark that is formed by altering only the colors or the up-down text arrangement of its corresponding registered trademark, or by adding indistinctive details, such as a place name and a barcode, with the structure unchanged and the characteristic features unaffected, and can mislead the public's identification judgement, shall be identified as an "identical trademark" as prescribed in the Criminal Law. If the allegedly infringing logo is partially different from its corresponding registered trademark in the aspects of constituent elements and overall structure and there are certain visual differences between the two, even if the logo includes the registered trademark, it will be inappropriate to identify the logo as an "identical trademark" as defined by the Criminal Law. This rule is meant to avoid improper expansion of criminal penalty.

[Case Review]

Public Prosecutor: Pudong New Area People's Procuratorate of Shanghai

Defendants: Chen Weitang, Chen Weifang, and Wan Yuhong

First-instance Case No.: Crime of selling illegally manufactured logos of registered trademarks

Case Number: (2017) H0115XC No. 3303

"Dole" and "SWEETIO" are trademarks approved to be registered in China and owned by the American Dole Food Company Inc.; " " and " " are trademarks approved to be registered in China and owned by the New Zealand Fruit Market Council (changed to Zespri Group Limited in 2012); " (designated color)" is a trademark approved to be registered in China and owned by American Sunkist Growers Inc. The above registered trademarks are all within the validity periods and protected by Chinese laws.

The defendants Chen Weitang, Chen Weifang, and Wan Yuhong purchased a large number of counterfeit fruit labels of the above-mentioned brands and sold them in the store they operated, with a good knowledge of the fact that the aforesaid labels were counterfeits. On May 25, 2017, the public security department caught the defendants Chen Weitang, Chen Weifang, and Wan Yuhong in their store together with the counterfeits. A total of 404,977 labels of the 11 logos " ," " ," " ," " ," " ," " ," " ," " ," " ," " ," and " " were seized. According to the verification conclusion made by the agency authorized by the trademark holders, the above labels are counterfeits as they are different from the logos of corresponding registered trademarks printed by the agency. Each defendant truthfully confessed the particulars of the above offense after being caught. A comparison result showed that the logos " " and " " among the above logos and the corresponding registered trademarks of the right holders do not constitute identical trademarks as prescribed in the Criminal Law. Therefore, the 25,740 logos of " " and the 31,080 logos of " " involved were deducted, making the number of the illegally manufactured logs of registered trademarks involved 348,157.

The Public Prosecutor alleged: The three defendants sold counterfeit logos of registered trademarks with a good knowledge of the truth, and the circumstances were particularly serious. Their act had violated Article 215 of the Criminal Law, and they should be ordered to bear criminal liabilities for the crime of selling illegally manufactured logos of registered trademarks. The three defendants had already begun to commit the crime but failed to accomplish it due to a reason other than will, making the crime an attempted crime. So, the three defendants could be given a lighter or mitigated punishment with reference to the punishment for an accomplished crime. The three defendants committed a joint offense, and Article 25 (1) of the Criminal

Law could be applied. The defendant Chen Weifang who had voluntarily surrendered by delivering herself to justice after committing the crime and truthfully confessing her crime could be given a lighter or mitigated punishment. The defendants Chen Weitang and Wan Yuhong who had confessed their crimes truthfully after being caught could be given a lighter punishment.

The three defendants raised no objection to the facts or charge alleged by the Public Prosecutor.

The defendant Chen Weitang's defender proposed that the defendant Chen Weitang could be given a lighter punishment since what was involved was an attempted crime and the defendant Chen Weitang was a first-time offender and showed appropriate repentance.

[**Judgment**]

After hearing the case, the Pudong New Area People's Court of Shanghai determined: There are 11 illegally manufactured trademark logos involved in this case. Nine of them, including " ," " ," " ," " ," " ," " ," " ," " ," and " ," basically have no differences in terms of the overall visual effect from their corresponding registered trademarks. Although some of the above logos are formed by partially altering their corresponding registered trademarks in different ways, such as adding a place name, altering the arrangement order, modifying the text slightly, adding a barcode, etc., the changes are indistinctive. They are not essential changes from the registered trademarks, do not affect characteristic features of the registered trademarks or alter the overall structures of the logos, and thereby are sufficient to mislead the consumers. Therefore, the above 11 illegally manufactured logos involved constitute the trademarks identical to their corresponding registered trademarks as prescribed in the Criminal Law. As for the logo " ," its upper half is nearly the same as the trademark " ," but its lower half has quite different constituent elements from those of the trademark, since it replaces the Chinese characters "红心" for the English letters and numbers. The lower halves of the two logos are different in both text type and pronunciation, making the allegedly infringing logo significantly different from the registered trademark visually, so the allegedly infringing logo does not constitute an identical trademark as prescribed in the Criminal Law. The logo " " is composed of English letters, numbers and patterns. Compared with the registered trademark " (designated color)," it is formed by altering the pattern direction and the structure of the registered trademark. The letters "Sunkist" are placed on the upper part of the logo in a small font. The central part of the logo is composed of a pattern of vertical stripes with a white background and the letters "jingpin," which take up a large proportion of the entire logo. The two logos are different in both constituent elements and the entire structure, making the allegedly infringing logo significantly different from the registered trademark visually, so the allegedly infringing logo does not constitute an identical trademark as prescribed in the Criminal Law. Accordingly, the corresponding number of logos involving " " and " " should be deducted from the ultimate amount involved in the crime. The court finally determined that the number of counterfeit logos of registered trademarks involved was 348, 157.

The three defendants sold counterfeit logos of registered trademarks with a good knowledge of the truth, without permission of the holders of the registered trademarks, against the trademark management regulations, and for the purpose of profit, and the circumstances were particularly serious. Their act was serious enough to constitute the crime of selling illegally manufactured logos of registered trademarks. The three defendants had already begun to commit the crime but failed to accomplish it due to a reason other than will. Therefore, the three defendants could be given a mitigated punishment with reference to the punishment for an accomplished crime. The three defendants committed a joint offense. The defendant Chen Weifang who had voluntarily surrendered by delivering herself to justice after committing the crime and truthfully confessing her crime could be given a lighter punishment. The defendants Chen Weitang and Wan Yuhong who had confessed their crimes truthfully after being caught could be given a lighter punishment. Accordingly, the Pudong New Area People's Court of Shanghai made the following judgement based on Articles 215, 23, 25 (1), 67 (1) (3), 72, 73, 53, and 64 of the *Criminal Law of the People's Republic of China*, Article 3 (2) (ii) of the *Interpretation of the Supreme People's Court and the Supreme People's Procuratorate on Several Issues Concerning the Specific Articles to Be Applied in Handling Criminal Cases of Intellectual Property Infringement* and Article 4 of the *Interpretation of the Supreme People's Court and the Supreme People's Procuratorate on Several Issues Concerning the Specific Articles to Be Applied in Handling Criminal Cases of Intellectual Property Infringement* (*II*):

1. The defendant Chen Weitang committed the crime of selling illegally manufactured

logos of registered trademarks and shall be sentenced to two years and eight months in prison and a fine of RMB 3000. 2. The defendant Chen Weifang committed the crime of selling illegally manufactured logos of registered trademarks and shall be sentenced to two years in prison, suspended for two years, and a fine of RMB 2500. 3. The defendant Wan Yuhong committed the crime of selling illegally manufactured logos of registered trademarks and shall be sentenced to two years and eight months in prison, suspended for two years and eight months, and a fine of RMB 3000. 4. The illegally manufactured logos of registered trademarks seized shall be confiscated.

After the judgement was made, none of the three defendants appealed, and the Public Prosecutor did not initiate a protest either.

[Case Study]

The labels seized in this case are all illegally manufactured trademark logos that are formed by altering the patterns, texts or other expressions of corresponding registered trademarks in different ways, but the differences in some labels are beyond the scope for the identification of "identical trademarks" as prescribed in the Criminal Law. In order to accurately define the number of illegally manufactured logos of registered trademarks involved, it is necessary to compare the logos seized from the defendants with the registered trademarks in accordance with the "identical trademark" identification principle in the Criminal Law, and deduct the trademarks identified as not identical. That will ensure accurate conviction and penalty measurement. Therefore, the judgement on whether the allegedly infringing labels and the corresponding registered trademarks constitute "identical trademarks" as prescribed in the Criminal Law is the key to this case. Boundaries should be set between the aforesaid "identical trademarks" and the "similar trademarks" in civil infringement.

Ⅰ. "Identical trademarks" identification principle as prescribed in the Criminal Law

Regarding the definition of "identical trademarks" as prescribed in the Criminal Law, there are two different theories focusing on the broad sense and the narrow sense respectively. According to the broad-sense theory, if two trademarks have identical or nearly identical content, they are "identical trademarks." According to the narrow-sense theory, "identical trademarks" refer to the trademarks with identical content, that is, identical texts for trademarks composed of a text, identical patterns for trademarks composed of a pattern, and identical texts and patterns for trademarks composed of both text and pattern. For example, Article 5 of the GSBZ [1999] No. 331 document *Opinions on Several Issues in the Administrative Enforcement Involving Trademarks* released by the Trademark Office of the State Administration of Industry and Commerce specifies, "If two trademarks are identical in text, pattern, or the text and pattern combined, or have no visual differences, they shall be identified as identical trademarks." In trademark-related crimes, some people intentionally alter the size, proportion, text, capitalization of letters or some other aspect of registered trademarks to evade legal sanctions, but it should not affect the identification of "identical trademarks." Additionally, to follow the principle of the TRIPS agreement that all intentional trademark counterfeiting acts on a commercial scale should be punished, it is necessary to identify the infringing trademarks that look authentic enough to pass for the real ones, are indistinguishable to the naked eye of common people, and are easily mistaken for registered trademarks as "identical trademarks" as prescribed in the Criminal Law. ① This interpretation is not contrary to the principle of legally prescribed punishment for a specified crime, but to better combat crimes and protect the interests of exclusive right holders of registered trademarks and consumers. Article 8 (1) of the *Interpretation of the Supreme People's Court and the Supreme People's Procuratorate on Several Issues Concerning the Specific Articles to Be Applied in Handling Criminal Cases of Intellectual Property Infringement* released in December 2004 (hereinafter referred to as the *Interpretation* of 2004) actually adopts the broad-sense theory② and gives an extensive interpretation of the identification of "identical trademarks." It holds that "identical trademarks" include not just those identical to the corresponding registered trademarks but also those with no significant visual differences from the corresponding registered trademarks and are sufficient to mislead the public.

In order to accurately define the trademarks "with no significant visual differences" from the corresponding registered trademarks and "sufficient to mislead

① *Investigation Report on Issues Concerning the Intellectual Property Protection of the Criminal Law* released by the Supreme People's Court (May 19, 2003).

② According to Article 8 (1) of the *Interpretation of Several Issues Concerning the Specific Articles to Be Applied in Handling Criminal Cases of Intellectual Property Infringement* released by the Supreme People's Procuratorate in December 2004, "The identical trademark provided in Article 213 of the *Criminal Law* refers to the counterfeit trademark that is identical to or with no significant visual differences from its corresponding registered trademark, and is sufficiently misleading to the public."

the public" provided in the *Interpretation* of 2004, Article 6 of the *Opinions of the Supreme People's Court, the Supreme People's Procuratorate, and the Ministry of Public Security on Several Issues Concerning the Application of Law in Handling Criminal Cases of Intellectual Property Infringement* released in January 2011 (hereinafter referred to as the *Opinions* of 2011) further specifies the definition of "identical trademarks." Besides, taking into consideration various situations that may arise in judicial practice, that article also includes a catch-all item: "other trademarks with no significant visual differences from the corresponding registered trademarks and are sufficient to mislead the public."

The expression "with no significant visual differences" means there are only slight visual differences that the public generally cannot and will not notice. For example, if the trademark is a pattern, in practice, judgement should be made according to the overall effect of the pattern. If the overall structures of the two patterns are only slightly different, and the visual effects of the two trademarks are the same, they should be identified as "nearly identical trademarks." For a trademark composed of a text, if there are only differences in font, color, the vertical and horizontal arrangement of letters, and so on, and there are no significant visual differences, it will still be identified as an "identical trademark," because for a trademark composed of a text, none of the fonts, colors, or the vertical and horizontal letter arrangements is a major influential element. However, if a trademark composed of a text is designed with a specific artistic font, and its visual effect is similar to that of a trademark composed of a pattern, the judgment on the similarity between two trademarks will also be affected. If the trademark is a combined trademark composed of both a text and a pattern, it will be necessary to observe the overall comparison and the comparison of significant parts. If the registered trademark is composed of a text, while the alleged logo is a combined trademark with the text being the significant part and the pattern insignificant, and the text of the alleged logo is not different from that of the registered trademark, it should be considered that the two trademarks have "no significant visual differences" and the alleged logo is "is sufficient to mislead the relevant public." The same applies to a combined trademark with the pattern being the significant part. In short, the identification of "identical trademarks" as prescribed in the Criminal Law should be very strict. Only when there are minor differences in font, size, color, etc. between the alleged logo and the registered trademark can the alleged logo be considered "with no significant visual differences from the registered trademark and sufficient to mislead the public" and be identified as an "identical trademark."

Ⅱ. Boundaries between the "identical trademarks" in trademark-related crimes and the "similar trademarks" in civil infringement

The understanding of "identical trademarks" in trademark-related crimes should not hinder the realization of the Criminal Law's purpose of protecting the exclusive right to use a trademark and consumers' lawful rights and interests, and should also be distinguished from trademark infringement in the civil laws. The people's court should avoid mistaking a "similar trademark" for an "identical trademark," which may result in unclear boundaries between civil trademark infringement and criminal trademark offenses, and cause the improper expansion of criminal penalty.

Article 6 of the *Opinions* of 2011 defines "identical trademarks" as "other trademarks with no significant visual differences from the registered trademarks and are sufficient to mislead the public." From that, we can also infer the boundaries between "identical trademarks" and "similar trademarks."

The first priority for a trademark composed of a text to be identified as a "nearly identical trademark" is that the texts of the two trademarks must be the same. If the texts are different, even if the alleged trademark can indeed mislead the public in practice, the two trademarks cannot be identified as nearly identical trademarks, and the case involved can only be handled as a civil infringement instead of a criminal offense①. For a combined trademark, if the pattern is the significant part and the patterns of the two trademarks are exactly the same, but the texts of the two trademarks differ greatly, they can only be identified as similar trademarks instead of nearly identical trademarks.

Some people believe that the infringing logo and the right holder's trademark that are identified as identical trademarks in a trademark-related criminal offense may be identified as similar trademarks rather than identical ones when identified according to the identification criteria for civil judgement, so the criminal identification criteria for "identical trademarks" are lower than the civil criteria after the *Interpretation* of 2004 and the *Opinions* of 2011 expanded the definition of "identical trademarks" specified

---

① *Research on the Judicial Identification of the Crime of Registered Trademark Counterfeiting, the Crime of Patent Counterfeiting, and the Crime of Copyright Infringement, Research and Reference (No. 2 Criminal Tribunal)*, August 9, 2011.

in Article 213 of the Criminal Law to include "nearly identical trademarks"[1]. This thought is actually a result of confusion of the relationship between a civil infringement and a criminal offense. Although in a few circumstances the "identical trademarks" identified by criminal laws could be identified as "similar trademarks" by civil laws, the reason is to realize the purpose of punishing trademark-related crimes and protecting the interests of trademark holders and consumers. Relevant judicial interpretations expanded the related article of the Criminal Law and caused an appropriate expansion of the connotation of "identical trademarks" in trademark-related criminal offenses. This expansion only covers a few circumstances where the infringing logo "has no significant visual differences from the registered trademark and is sufficient to mislead the public." Even though the identical trademarks in these few circumstances may be identified as "similar trademarks" by civil laws, there are still many circumstances where the "similar trademarks" identified by civil laws cannot be regulated by criminal laws. Even though a slight expansion has been made by relevant judicial interpretations, the articles for civil trademark infringement still regulate more types and a higher number of trademark infringing acts than those for criminal trademark offenses. In other words, the degrees of similarity between the logo involved and the registered trademark can be divided into "completely different, similar, nearly identical, and identical." "Completely different" logos will not be regulated by law; "similar" logos will only be regulated by civil laws; "nearly identical" and "identical" logos may be regulated by civil laws or criminal laws, and of them, only those with serious or particularly serious circumstances will be regulated by criminal laws. Seen from the complete scopes of regulated acts specified in the respective articles for civil trademark infringement and criminal trademark offenses, the articles in both categories have still achieved the orderly regulation of the acts with different levels of infringement on legal interests.

In a word, the expanded interpretation of articles of the Criminal Law should be made prudently so as to achieve the legally prescribed punishment for a specified crime and the modest and restrained principle of the Criminal Law. When a judicial interpretation has expanded an article of the Criminal Law, it will be inappropriate to expand the interpretation again in the new interpretation of the former. Instead, the "identical trademarks" in criminal trademark offenses and the "similar trademarks" in

---

① Li Guoquan and Huang Wenxu, *Identification Criteria for "Identical Trademarks"*, *The People's Judicature*, June 2013.

civil trademark infringement should be strictly distinguished①. Therefore, it is necessary to clarify the boundaries between trademark infringements and trademark offenses when analyzing relevant judicial interpretations rather than randomly identify a similar trademark as an "identical trademark."

(Writer: Ni Hongxia)

① Wu Yiping, *Identification of "Identical Trademarks" in the Crime of Registered Trademark Counterfeiting* published in *Electronics Intellectual Property*, Issue 1, 2008.

Considerations on Conviction and Penalty Measurement of Crime of Selling Goods Bearing a Counterfeit Alcoholic Registered Trademark

—Crime of Selling Goods Bearing a Counterfeit Registered Trademark by Liu XX

[**Summary**]

A legal representative of a liquor sales company purchased a large number of goods bearing a counterfeit alcoholic registered trademark, took advantage of his personal influence brought by serving as a member of the CPPCC and other special identities to build a hidden network, through which the counterfeit goods were sold in large quantities. That act involved a huge sales amount and caused bad social impact, and thereby constitutes a crime of selling goods bearing a counterfeit registered trademark.

[**Case Review**]

Public Prosecutor: Minhang District People's Procuratorate of Shanghai

Defendant: Liu XX

Cause of Action: Crime of selling goods bearing a counterfeit registered trademark

First-instance Case No.: (2017) H0112XC No. 2033

The defendant Liu XX served as the legal representative of a Shanghai liquor company and a member of a district-level CPPCC committee in Shanghai before the crime was revealed. In January 2017, the defendant began to purchase from Beijing white spirits bearing the counterfeit registered trademarks of "Kweichow Moutai" and "Wuliangye," and sold them to Huang XX, Fu XX, Yin XX, and Deng XX, etc.

by means of WeChat ordering, mobile auto warehousing, door-to-door delivery, and credit card payment on POS terminals without issuing invoices. The total sales of the sold goods amounted to RMB 392,400. The remaining unsold white spirits were stored in a temporary residence of the defendant, the car of the defendant, and some other places in Shanghai. On April 6, 2017, the public security department caught the defendant Liu XX in accordance with law, and seized 507 bottles of unsold white spirits bearing a counterfeit registered trademark on the spot at Hongqiao Airport and the above address. A verification result showed that the white spirits were all goods bearing a counterfeit registered trademark, and their market value totaled RMB 496,803.

The Public Prosecutor alleged that the defendant Liu XX's act was serious enough to constitute a crime of selling goods bearing a counterfeit registered trademark, and thereby brought the case in court and asked the court to adjudicate it based on Article 214 of the *Criminal Law of the People's Republic of China*.

The defendant Liu XX raised no objection to the above facts during the trial.

The defendant Liu XX's defender mainly made the following arguments: On one hand, of the amount of money involved in the crime, RMB more than 490,000 was the amount of the expected sales and should be considered the amount involved in an attempted crime; on the other hand, the defendant Liu XX was a first-time offender and casual offender, who pleaded guilty and showed appropriate repentance in the trial, and was willing to voluntarily pay a certain amount of the fine. Therefore, the defendant hoped that he could be given a lighter or mitigated punishment by the court.

[**Judgment**]

After hearing the case, the Minhang District People's Court of Shanghai determined: The defendant Liu XX violated the trademark management regulations and purchased and sold the goods bearing a counterfeit registered trademark, knowing they were counterfeits. The sales amount of the sold goods totaled RMB more than 390,000, which is a huge amount and makes the defendant's act a crime of selling goods bearing a counterfeit registered trademark. The crime had been committed. The amount of expected sales of the unsold goods bearing a counterfeit registered trademark totaled RMB more than 490,000, a huge amount and the defendant's act constituted a crime of selling goods bearing a counterfeit registered trademark. The defendant Liu XX had already begun to commit the crime but failed to accomplish it due to a reason other than will, which makes the crime an attempted one. The realized amount and the unrealized amount of the sales of goods bearing a counterfeit registered trademark by the Defendant Liu XX fell into the same scope of legal penalty, and in such a case, a heavier punishment shall be given according to the circumstances.

Accordingly, the Minhang District People's Court of Shanghai made the following judgement based on Articles 214, 23, 52, 53, and 64 of the *Criminal Law of the People's Republic of China*, Article 2 (2) of the *Interpretation of the Supreme People's Court and the Supreme People's Procuratorate on Several Issues Concerning the Specific Articles to Be Applied in Handling Criminal Cases of Intellectual Property Infringement* and Article 4 of the *Interpretation of the Supreme People's Court and the Supreme People's Procuratorate on Several Issues Concerning the Specific Articles to Be Applied in Handling Criminal Cases of Intellectual Property Infringement* (*Ⅱ*): 1. The Defendant Liu XX committed the crime of selling goods bearing a counterfeit registered trademark and shall be sentenced to four years in prison and a fine of RMB 600,000. 2. The seized goods bearing a counterfeit registered trademark and the mobile phones, computers and other articles used for selling the counterfeits shall be confiscated. 3. The illegal gains shall be recovered.

After the first-instance judgement was made, the Public Prosecutor did not initiate a protest and the defendant did not appeal. The first-instance judgement has come into force.

[Case Study]

As the goods involved in this case are related to well-known liquor brands in the tobacco and alcohol industry, and the subject of the crime had a special identity, the case attracted widespread attention from all walks of life after it was revealed. The court determined the charge and measured the punishment based on such principles as equal application of the Criminal Law and appropriate punishment for a crime, in combination of the facts of the case.

Ⅰ. Analysis of the determination of the "subjective knowing" element of the crime

According to relevant legal provisions, the subject element of the crime of selling goods bearing a counterfeit registered trademark is a general subject, the object elements are the state's regulatory regime about trademarks and the exclusive right to use a registered trademark enjoyed by others, the subjective element is "knowing," and the objective element is having sold goods bearing others' registered trademarks for profit and the profit has reached a certain sales amount. The particulars of offense in this case are pretty clear, and whether the defendant knew the truth subjectively is the important boundary for the determination of whether the defendant's act constitutes a crime or not.

The determination of subjective "knowing" is a rather complicated and difficult issue. Article 9 of the *Interpretation of the Supreme People's Court and the Supreme People's Procuratorate on Several Issues Concerning the Specific Articles to Be Applied in Handling Criminal Cases of Intellectual Property Infringement* released in 2004 lists three circumstances that should be considered "knowing," and uses Item 4 to catch the matters not covered. Subsequently, the Legislative Affairs Commission of the Standing Committee of the National People's Congress further clarified the determination of "subjective knowing" of the crime in the *Interpretation and Practical Guide of the Criminal Law of the People's Republic of China* in 2016, which specifies three conditions: 1. The actor has been informed that the goods sold are goods bearing a counterfeit registered trademark. 2. The purchase price and quality of the sold goods are significantly lower than the purchase price and quality of the goods whose registered trademark is counterfeited. 3. Given the actor's personal experience and knowledge, the actor can know what is sold are goods bearing a counterfeit registered trademark.

In this case, the trademarks involved are well-known, so the defendant, as the legal representative of a liquor sales company who has been engaged in the wholesale and retail business of alcoholic goods for a long time, should know the brands and be more competent than common people in identifying counterfeits of this kind of goods. During the trial, the defendant stated that he did know the goods involved were counterfeits and that he purchased them at the price of more than RMB 400 per bottle which was very low. Besides, the inbound channel, and the time, place, means and method of the deal and delivery of the goods in this case were also different from those in normal transactions. To be specific, the defendant purchased goods from individual sellers who had no authorization or permission to sell the liquor of Moutai, and then sold them by hidden means, such as WeChat ordering and mobile auto warehousing, without issuing invoices, which can also prove that the defendant in this case knew subjectively what he sold were goods bearing a counterfeit registered trademark. Given the above reasons and other facts of the case, it can be determined that the defendant is guilty of selling goods bearing a counterfeit registered trademark charged by the Public Prosecutor.

Ⅱ. Punishment determination when both the realized and unrealized amounts of sales are involved

For the crime of selling goods bearing a counterfeit registered trademark, the determination of the sales amount has a significant impact on the punishment. In this case, the defendant and his defender had no objection to the realized sales amount of the goods involved RMB more than 390, 000 and the unrealized amount RMB more than 490, 000 themselves. But the defendant's defender argued: The goods involved were seized before being sold, making the offense unaccomplished due to a reason other than will and thereby making the offense an attempted crime. As the unrealized amount is higher than the realized amount, the charge of the offense should be an attempted crime and the defendant could be given a lighter or mitigated punishment with reference to the punishment for an accomplished crime.

About that, the court determined after hearing the case: The aforesaid two amounts involve the particulars of two offenses, and should be separately considered regarding whether a legal penalty scope has been reached, rather than simply use the higher amount as the basis for the conviction and the penalty measurement. According to Article 2 of the *Interpretation of the Supreme People's Court and the Supreme People's Procuratorate on Several Issues Concerning the Specific Articles to Be Applied in Handling Criminal Cases of Intellectual Property Infringement* and Article 8 of the *Opinions of the Supreme People's Court, the Supreme People's Procuratorate, and the Ministry of Public Security on Several Issues Concerning the Application of Law in Handling Criminal Cases of Intellectual Property Infringement*, it can be determined that both the realized and unrealized amounts of sales that are higher than RMB 250, 000 fall into the circumstances of "a huge amount" of the crime. The defendant's illegal turnover in this case is divided into two parts, the realized sales amount of RMB more than 390, 000 and the unrealized sales amount of RMB more than 490, 000. Both have reached the amount for the conviction of the crime, as well as the legal penalty scope for "a huge amount." Also, according to the aforementioned judicial interpretations, since the realized and unrealized amounts have reached the same legal penalty scope, the defendant should be given a heavy punishment with reference to the relevant legal penalty scope as appropriate. In this case, the defendant Liu XX, taking advantage of the scarcity and short supply of famous spirits such as "Kweichow Moutai" and "Wuliangye," purchased a large number of alcoholic goods bearing a counterfeit registered trademark, used his personal influence brought by serving as the legal representative of a company engaged in sale of alcoholic products, a CPPCC member and other special identities and built a hidden selling network to sell the counterfeits at the prices close to those of the authentic goods. The defendant's act was highly confusing to consumers, covered a broad range of consumers, involved a huge amount of money and did great harm to the society. Therefore, the court set the amount of the fine between 50% and 100% of the illegal turnover after a comprehensive consideration of all relevant factors, including the illegal turnover involved, the losses caused to the right holders, and harmfulness to the society, and according to Article 4 of the *Interpretation of the Supreme People's Court and the Supreme People's Procuratorate on Several Issues Concerning the Specific Articles to Be Applied in Handling Criminal Cases of Intellectual Property Infringement* (*II*).

In short, the judgement of this case, "based on facts and in accordance with laws," made a prudent determination on the criminal act and the amount of money involved and severely punished the criminal act that infringed intellectual property and disturbed market order. It is of great demonstrative significance in guiding and regulating the brand protection and development of China's liquor industry and in improving the business environment.

(Writers: Gu Ya'an & Chen Yiyu)

6.

Administrative Cases on Intellectual Property

Determination of Whether an Advertising Act of Using Non-general Term in Professional Field Is Misleading

—Case Brought by Jaguar Land Rover against Pudong Market Administration's Administrative Penalty Decision and Pudong Government's Administrative Review Decision

[**Summary**]

Sometimes an operator in a professional field uses a non-general term with no generally recognized meaning in an advertisement, but given related professional background and the operator's previous uses of it, the relevant public have a misunderstanding of the configuration, performance or other aspects of the goods involved. Under this circumstance, the advertisement constitutes false advertising. When the advertisement tends to cause the public's misunderstanding, the general disclaimer alone at the end of the advertising brochure cannot clear up the above-mentioned misunderstanding.

[**Case Review**]

Plaintiff: Jaguar Land Rover (China) Investment Co., Ltd. (hereinafter referred to as Jaguar Land Rover)

Defendant: Pudong New Area Market Supervision Administration of Shanghai (hereinafter referred to as Pudong Market Administration)

Defendant: Pudong New Area People's Government of Shanghai (hereinafter referred to as Pudong Government)

Cause of Action: Jaguar Land Rover refused to accept Pudong Market Administration's administrative penalty decision and Pudong Government's administrative review decision

First-instance Case No.：(2017) H0115XC No. 291

The plaintiff Jaguar Land Rover is the exclusive distributor of "Land Rover" vehicles in China, and its Land Rover Discovery 4 series of off-road passenger vehicles launched in 2014 (hereinafter referred to as the 2014 vehicles) includes four models. According to the related advertising brochure, the vehicles' default configuration includes a Terrain Response System, a center electronic locking differential, and a function of adjusting lateral support of the driver's seat, among which the Terrain Response System has five modes, including the rock-crawl mode (hereinafter referred to as the rock mode). The "Statements" at the end of the brochure says that "the brochure shall neither be deemed as a reliable guide of Land Rover vehicles' technical specifications nor as a quotation for any Land Rover vehicle."

Among the 2014 vehicles, only one model's default driver's seat can realize the adjustment of lateral support; the rock mode is only available after the vehicles are equipped with a two-speed transfer case, but the default transfer cases equipped on all the four models are single-speed ones, which is equipped with Torsen's T-3 center differential. The plaintiff's 2013 vehicles are equipped with a default two-speed transfer case which includes a viscous-coupling self-locking center differential, and the configuration table shows that the vehicles are equipped with a default center electronic locking differential.

Since March 20, 2015, a succession of consumers had complained about false advertising of the vehicles. The defendant Pudong Market Administration opened a case to investigate it and held a hearing according to law. According to a verification report and an expert's opinion submitted by the plaintiff, the "center electronic locking differential" is not a professional term in the automotive industry, and there is no standard definition of it; Torsen's T-3 center differential is a mechanical differential, can realize the locking function of the center electronic locking differential in cooperation with the vehicle's electronic differential system, cannot display its working status on the dashboard, and shows remarkable performance on normal roads; the viscous-coupling self-locking center differential is an electronically controlled limited-slip differential with the locking function of the center electronic locking differential, can display its working status on the dashboard, shows better performances in extreme off-road driving.

The plaintiff issued two public statements during the investigation, stating that the description in the advertising brochure about the center electronic locking differential and the lateral support adjustment of the driver's seat being default components was misprinted, and that a footnote was carelessly left out about the rock mode being unavailable when the automotive is not equipped with a two-speed transfer case. With the two statements, the plaintiff modified the above-mentioned parts of the advertisement.

On November 11, 2016, Pudong Market Administration issued a*Decision of Administrative Penalty*, deciding that the plaintiff's advertisement involving the Terrain Response System, the center electronic locking differential and the function of adjusting the lateral support of the driver's seat does not match the actual vehicle configuration and constitutes false advertising. Therefore, Pudong Market Administration imposed an administrative penalty on the plaintiff, ordering the plaintiff to stop its illegal act, eliminate the ill impacts and pay a fine of RMB 90,000. Jaguar Land Rover refused to accept the decision and applied to Pudong Government for administrative review. On February 27, 2017, Pudong Government issued a decision of administrative review and affirmed the above *Decision of Administrative Penalty*.

The plaintiff Jaguar Land Rover claimed: It did not state that the rock mode is part of the default configuration. The introductory text and pictures in the advertising brochure were meant to introduce the best functions that the vehicles can achieve, which is a common practice in the industry. The vehicles involved have a differential and also the locking function of a center electronic locking differential. So, it is not inappropriate to mention the center electronic locking differential. The function of lateral support adjustment was misprinted. Consumers can tell whether a vehicle has the equipment or function involved by observing the appearance of the vehicle and there will be no misunderstanding. To avoid any misunderstanding of the content in the advertising brochure, the plaintiff gave a reminder in the brochure and fulfilled the duty of reminding. Therefore, the plaintiff sued to demand the revocation of the *Decision of Administrative Penalty* and the *Decision of Administrative Review*.

The defendant Pudong Market Administration argued: 1. The rock mode is available only when the automotive is equipped with a two-speed transfer case, but the plaintiff did not give a reminder about that. 2. The center electronic locking differential and the locking function of the center electronic locking differential are two different concepts. Compared with the 2013 vehicles, the plaintiff's 2014 vehicles use different components to achieve that function, have different off-road performance, and display differently on the dashboard, but were advertised in the same way without any additional note. 3. The professional configuration issue involved cannot be identified by simply observing the appearance of the vehicle, which obviously increases the consumer's duty of care. 4. The disclaimer at the end of the advertising brochure alone cannot ensure that the above advertisement will not be misunderstood. Based on the above arguments, Pudong Market Administration requested the court to reject the plaintiff's claims.

The defendant Pudong Government argued that it has the legal authority to issue a decision of administrative review, and that the decision issued is based on clear facts, the review procedure is legal, and the law was correctly applied. Then it requested the court to reject the plaintiff's claims.

[Judgment]

After hearing the case, Pudong New Area People's Court of Shanghai concluded: The nature of an unfair competitive act of false advertising is that the content of the advertisement may easily cause the relevant public to misunderstand the quality or performance of related goods. The determination of such an act shall be based on daily experience, general attention of the relevant public, the misleading facts and the actual conditions of the advertised object, etc. The plaintiff claimed in its advertisement that the Terrain Response System, the center electronic locking differential and the function of adjusting the lateral support of the driver's seat are default components of the vehicles involved, but only one of the four models involved includes a default function of adjusting the lateral support of the driver's seat. Obviously, the plaintiff's advertisement constitutes false advertising. Regarding the Terrain Response System, the advertising brochure introduces its five modes in detail but doesn't remind consumers that the rock mode is available only when the automotive is equipped with a two-speed transfer case. The consumers who have read the above advertising brochure may have a misunderstanding of the aforesaid configuration and performance of the vehicles involved. Regarding the center electronic locking differential, the plaintiff's 2013 vehicles use a default "viscous-coupling self-locking center differential" to realize the so-called locking function of the center electronic locking differential, and the related advertisement states that the center electronic locking differential is a default component; the 2014 vehicles involved use the default Torsen's T-3 center differential which cooperates with the electronic differential system to realize the aforesaid function. Both the 2013 vehicles and the 2014 vehicles can realize that function, but they use different equipment to realize that function, have different off-road performances and display differently on the dashboard. The plaintiff failed to amend the description of default equipment in the configuration table after change of equipment, which may easily mislead the relevant public to think that the vehicles involved are equipped with the viscous-coupling self-locking center differential, which has better off-road performance. Under this circumstance, the plaintiff only added a general disclaimer at the end of the advertising brochure, which cannot clear up the public's misunderstanding arising from the detailed and specific description in the entire brochure. Therefore, the above act of the plaintiff constitutes misleading false advertising.

Based on the above reasons, the Pudong New Area People's Court of Shanghai ruled in accordance with Article 69 of the *Administrative Procedure Law of the People's Republic of China*: The claims made by the plaintiff Jaguar Land Rover (China) Investment Co., Ltd. shall be rejected.

[**Case Study**]

The dispute focus in this case is whether the "center electronic locking differential" advertised by the plaintiff constitutes false advertising. This term is neither specified in the national standards or industry standards of the automotive industry, nor a general term generally accepted or used by people in the industry. Therefore, it is hard to determine whether the plaintiff's use of the term in its advertising brochure constitutes an act of false commercial advertising. The determination should depend on whether the relevant public may have a misunderstanding of the non-general term in combination with professional knowledge.

Ⅰ. The nature of unfair competitive acts of false advertising is being "misleading"

According to Article 9 (1) of the *Law Against Unfair Competition*, operators must not use advertisements or other means to conduct misleading false advertising about the quality, production composition, performance, use, producer, expiration date, or place of origin, etc. of their goods. Literally, "misleading" and "false" are parallel qualifiers of "advertising"; "false" content of an advertisement and it resulting in "misleading" effect are the necessary conditions for an advertisement to constitute "misleading false advertising." However, that Article has different interpretations in both the theoretical and the practical circles. The favored point of view is that the Article should be loosely interpreted to allow the acts regulated by the Article to cover both "misleading advertising" and "false advertising," and it has actually been adopted in judicial practices. This point of view was also adopted by the newly revised *Law Against Unfair Competition*, which came into effect on January 1, 2018. Article 8 (1) of the law stipulates that operators must not deceive or mislead consumers by conducting false or misleading commercial advertising about the performance, functions, quality, sales, user reviews, and honors won of their goods. "False" commercial advertising is generally misleading too. However, some advertising appears to be "false" but is not misleading. For example, some cosmetics claim in their advertisements they can make you "stay young forever," which is advertising in an obviously exaggerated manner as stipulated in Article 8 (2) of the *Interpretation of Unfair Competition* and cannot sufficiently cause misunderstanding among the relevant public. That kind of advertising does not constitute false advertising. Therefore, the key to determining whether an advertising act constitutes unfair competition of false advertising is whether the act can sufficiently cause misleading effect.

Regarding the specific requirements for the determination of "misleading" advertising, Article 8 (3) of the *Interpretation of Unfair Competition* specifies some general factors to be considered from the aspects of the subjects involved, subjective judgement, objective consequences, judgement basis, and so on. Specifically, the people's court shall determine an act of misleading false advertising based on daily experience, general attention of the relevant public, the misleading facts and the actual conditions of the advertised object, etc. The advertising content involved in this case is about vehicles' configuration and performance in the automotive field. From the perspective of the subjects involved, the determination should be made based on the cognitive abilities of the relevant public, including the consumers or potential consumers of the vehicles involved and the relevant operators in the automotive industry chain, instead of the automotive experts and other relevant professionals or other general public who will not possibly be related with the vehicles involved. From the perspective of subjective judgement, the determination should be made according to the cognitive abilities of the relevant public when paying ordinary attention instead of requiring the relevant public to make an in-depth comprehensive study and understanding of the configuration, performance and other aspects of the vehicles involved. From the perspective of judgment basis, the determination should be made comprehensively in combination with daily experience of the relevant public, relevant background knowledge of the automotive industry, and specific circumstances of the advertising act, etc. From the perspective of objective consequences, the alleged advertising act should sufficiently cause the relevant public to misunderstand the configuration, performance or other aspects of the vehicles involved. Among the three things alleged to involve false advertising in the advertisement involved, the biggest controversy lies in the center electronic locking differential.

Ⅱ. Determination of whether an advertising act of using a non-general term is misleading

The determination of whether the plaintiff's use of the non-general term "center electronic locking differential" in its advertising brochure constitutes an act of misleading commercial advertising shall depend on whether the relevant public may have a misunderstanding of that part of the advertisement in combination with the meanings of the professional terms related to the "center electronic locking differential" in the automotive industry.

In the automotive industry, the professional terms related to the "center electronic locking differential" include differential, differential lock, electronic differential system, and so on. Specifically, the differential refers to a device capable of making the left and right or front and rear driving wheels rotate at different speeds, including the front drive axel inter-wheel differential (adjusting the speed differences of front wheels), and the rear drive axel inter-wheel differential (adjusting the speed differences of rear wheels) and the center differential (adjusting the speed differences of front and rear wheels). A differential lock is a locking structure on a differential. Its function is to lock the differential when one of the drive axles of the automotive is idling and transfer most or even all of the torque to the non-slip drive axle to generate sufficient traction. In this way, it will improve the vehicle's abilities to pass bad roads (such as snowy roads, muddy roads, etc.). Differentials use different locking methods. The "Torsen's T-3 center differential" and the "viscous-coupling self-locking center differential" involved in this case are the leading center differentials with the function of locking on the present market. The electronic differential system (also known as the electronic differential lock) is an extended function of ABS. When its electronic control unit detects from the wheel speed signals that a driving wheel on one side is slipping, it automatically stops the wheel with appropriate braking force so as to improve the adhesion efficiency of the driving wheel on the other side, which helps improve vehicles' passing ability.

Of the Land Rover Discovery 4 series of vehicles released by the plaintiff, the 2013 vehicles are equipped with a default "viscous-coupling self-locking center differential," and the description in the corresponding advertising brochure says "the vehicles are equipped with a default center electronic locking differential." Later, due to operation adjustments, the above default component was changed to "Torsen's T-3 center differential" in the 2014 vehicles, but the description in the corresponding advertising brochure still says the "the vehicles are equipped with a default center electronic locking differential." For the relevant public, since the plaintiff had released the vehicles of the same models of the same brand for two consecutive years and the default components listed in the corresponding advertising brochures bear the same names, the default components should be the same too. However, the aforesaid "Torsen's T-3 center differential" differs from the "viscous-coupling self-locking center differential" in the following aspects: (1) The ways of control are different. The former realizes the locking function through the structure of mutual engagement and interlocking and one-way transmission of torque, and can cooperate with the vehicle's electronic differential system. As for the latter, the switch-on conditions and the torque distribution ratio are controlled by the electronic system, with no need for manual control. (2) The off-road performances are different. Vehicles equipped with the former perform excellently in normal road driving, while vehicles equipped with the latter have better extreme off-road capabilities. (3) When working, the two differentials are displayed differently on screen. The former's working status cannot be displayed on the dashboard, but the latter's can. As the "center electronic locking differential" is not a general term, when consumers saw it in the configuration table, they might try to understand it according to their daily experience and related professional terms in the automotive industry before deciding it is an electronically controlled center differential with the locking function, which happens to be the basic feature of the default center differential equipped on the plaintiff's 2013 vehicles. Although the default center differential of the 2014 vehicles is also a center differential with the locking function and compatible with the electronic differential system, the two have different off-road performances, and the off-road performance is an important factor to be considered when consumers buy an off-road vehicle. Despite the fact that the 2014 vehicles are equipped differently and have lower off-road performance, the same content as that of the 2013 vehicles in the related regard was used in the configuration table for advertising, which may easily mislead the relevant public to believe that the equipment and performance of the vehicles involved are the same as those of the 2013 vehicles, and in fact some consumers had indeed been misled that way. Therefore, that part in the plaintiff's advertising constitutes misleading false advertising.

(Writer: Ye Jufen)

Application of "Givingan Appropriate Penalty to Each Fault" Principle in IP-related Administrative Proceeding

—Dispute over Trademark-related Administrative Penalty Between Operators of Fake "Heekcaa" Store and Pudong IP Administration

[**Summary**]

Amid the boom of the Internet economy, some brands widely acclaimed on the Internet have attracted a large number of franchise stores, but some fake brand stores have also appeared. This case is an IP-related administrative proceeding filed by the operators of a fake "Heekcaa" store against the trademark-related administrative penalty imposed by the Pudong IP Administration. It is the first administrative case accepted in Shanghai after it began the exploratory reform of three-in-one administration of patent, trademark and copyright. The court fully played the leading role of judicial authorities in trial of the case and made the judgement based on the principle of "giving an appropriate penalty to each fault" coupled with the spirit of the related Articles in the *Law on Administrative Penalties*. With this judgement, the court showed its lawful support to the administrative departments' active performance of their duties, effectively maintained the order of IP administration, and effectively promoted the administrative protection of IP. The judgement of this case also reminds franchisees to carefully check the franchiser's relevant qualifications and the legality of its business resources before engaging themselves in related operations. It is of positive significance for purifying the market operation order and protecting the legitimate rights and interests of consumers.

[**Case Review**]

Plaintiffs: Chen Liliang, Chen Xiaolong, Wang Huagui

Defendant: Pudong New Area Intellectual Property Administration of Shanghai (hereinafter referred to as Pudong IP Administration)

Third Person: Shenzhen Meixixi Catering Management Co., Ltd. (hereinafter referred to as Meixixi Catering)

Cause of Action: Dispute over an administrative penalty

First-instance Case No.: (2018) H0115XC No. 373 - 375

On December 15, 2017, Pudong IP Administration issued a Decision of AdministrativePenalty to the plaintiffs Chen Liliang, Chen Xiaolong, and Wang Huagui respectively, deciding the following facts: The third person Meixixi Catering had registered the trademarks No. 19122315 "**HEEKCAA**" and No. 13595312 "喜茶" approved to be used on the services of Class 43, including cafes, tea houses, and restaurants, etc. The three plaintiffs jointly invested in and operated a milk tea shop, and the signboard, the promotional banner, the price list, and the tea cups in the shop were all marked with the logo "HEAKCAA 喜茶." Without the related trademark holder's permission, the three plaintiffs marked the signboard, promotional banner, price list, and tea cups in their shop with the logo "HEAKCAA 喜茶," which is similar to the registered trademark owned by the trademark holder, and the logo was used on the same kind of services and might cause confusion. Therefore, Pudong IP Administration determined that the three plaintiffs' above act constitutes trademark infringement and ordered the three plaintiffs to stop the infringement immediately and pay a fine of RMB 4000 respectively.

The three plaintiffs claimed: They did not intentionally use the allegedly infringing logo. They were authorized by the Kaizhimei Catering Company to use it. The two parties had signed a catering service agreement (franchise contract), and Kaizhimei had charged the plaintiffs a franchise fee and issued a letter of authorization. The plaintiffs used the authorized trademark unwittingly, bearing no subjective intent to commit infringement. As the trademark had been used for only a month, the infringement should be considered a minor violation. The plaintiffs suspended the business for rectification soon after the defendant's first visit and corrected the violation in time, and thus no harm had been done. The three plaintiffs are also victims of the trademark infringement and had paid a huge authorization fee, rent for the shop and a decoration fee, so the defendant shouldn't impose the fines and make things worse for them. The three plaintiffs believed that according to Articles

4 (2), 5, and 27 (2) of the *Law of the People's Republic of China on Administrative Penalties* (hereinafter referred to as the *Law on Administrative Penalties*), the defendant's alleged decision was based on unclearly found facts and had wrongly applied law and thereby should be revoked. Therefore, the three plaintiffs requested the court to order the alleged decision to be revoked and the three plaintiffs' liabilities for the fines to be exempted.

Pudong IP Administration argued: That the defendant imposed according to law apenalty on the plaintiffs for their act of infringing another person's exclusive rights to a registered trademark is a lawful performance of its duties. The administrative subject is proper and the decision is legal and effective. Firstly, the alleged decision made by the defendant against the plaintiffs is based on clearly found facts and firm and sufficient evidence. Secondly, the defendant's administrative penalty procedure against the plaintiffs is legal. The defendant's decision of imposing the administrative penalty on the plaintiffs has sufficient legal basis and the penalty is appropriate. The reason given by the plaintiffs about why they should not be punished is not valid. The illegal turnover of the three plaintiffs amounted to RMB 12, 000 and their act had caused confusion among the public. So, harm had been done. The defendant imposed on the three plaintiffs a respective fine equal to their respective illegal turnover, which is within the range prescribed by law and is also the minimum amount of the defendant's discretion. Based on the principle of combining penalty with teaching, the fines are meant to help the plaintiffs realize and correct their mistake and avoid performing more serious violations in the future. Therefore, the defendant requested the court to reject the plaintiffs' claims.

The third person stated: Before the three plaintiffs signed the catering service agreement with Kaizhimei Catering Company, the two trademarks "**HEEKCAA**" and "喜茶" had already won a high profile and a good reputation in China by the third person's use and promotion. Under the above circumstance, the three plaintiffs neither stopped agreement signing or the infringement, nor asked Kaizhimei Catering Company for the trademark certificates or other certification documents about ownership of the authorized logos. The three plaintiffs clearly knew or should have known that the allegedly infringing logos involved infringement, but they still used them in the shop they operated. So, they shouldn't be exempted from any penalty. Therefore, the third party requested the court to reject the plaintiffs' claims.

[Judgment]

After hearing the case, the Pudong New Area People's Court of Shanghai found: The focus of dispute in the three cases is whether the administrativepenalty imposed by the defendant Pudong IP Administration against the three plaintiffs' trademark infringement had correctly applied law and whether the amounts of the fines are legal. Firstly, Article 27 (2) of the *Law on Administrative Penalties* specifies that the penalty shall be exempted in some circumstances, which means when an administrative violation does not meet the requirements for imposing an administrative penalty, the penalty shall be exempted. But the three plaintiffs' act does not meet all the three requirements of "minor violation," "timely correction" and "no harm done." Secondly, the amounts of fines imposed by the defendant on the plaintiffs are legal and appropriate. The three plaintiffs jointly opened the shop with each inputting one third of the total investment and the turnover of the shop in the period from official opening to being investigated is RMB 12,000. Based on the above circumstances, and the investment proportion and revenue sharing proportion of the three plaintiffs, the Pudong IP Administration determined that the amounts of money illegally operated by the three plaintiffs are one third of the total respectively, that is, RMB 4000, and then imposed the corresponding administrative penalty, which conforms to law and does not violate the principle of giving an appropriate penalty to each fault prescribed in Article 4 of the *Law on Administrative Penalties*.

In summary, the three plaintiffs' claim that the alleged decision is based on unclearly found facts and wrongly applied law and should be revoked has no factual or legal grounds. Therefore, according to Articles 57 (ii), 60 (2), and 61 of the *Trademark Law of the People's Republic of China* and Article 69 of the *Administrative Procedure Law of the People's Republic of China*, the court ordered to reject the claims made by the three plaintiffs Chen Liliang, Chen Xiaolong, and Wang Huagui.

After the first-instance judgement was made, neither the three plaintiffs nor the defendant appealed. The judgment has come into force.

[Case Study]

The three plaintiffs believed that their violation is minor, and they had voluntarily and timely corrected the violation, and no harm had been done, so their violation conforms to the provision of Article 27 (2) of the *Law on Administrative Penalties* and they should be exempted from the penalty. Regarding that, the court should correctly understand Article 27 (2) of the *Law on Administrative Penalties* and combine the understanding with the facts of the case to analyze and decide whether the plaintiffs' act conforms to the provision of the above Article so as to have a comprehensive review of the legality of the defendant's act.

Ⅰ. Correctly understand the meaning of Article 27 (2) of the *Law on Administrative Penalties*

Articles 25, 26 and 27 (2) of the *Law on Administrative Penalties* respectively stipulate three circumstances where "the penalty shall be exempted." Of them, Articles 25 and 26 are mainly meant for the actors without legal capacity. Due to the special circumstances of the subjects, their acts are no longer illegal in nature. As for Article 27 (2), it stipulates that "if the violation is minor and has been corrected timely with no harm done, the penalty shall be exempted." It means that according to the provisions of laws and regulations, an administrative department may exempt, under statutory circumstances, the actor of a violation from an administrative penalty that should have been imposed. The violation is still illegal in nature, only the actor doesn't assume the legal liability for the administrative penalty. In terms of the literal meaning of the provision, three requirements should be met at the same time. Firstly, a minor violation refers to a violation that is not serious in nature, circumstances, and social harmfulness, etc. compared with other administrative violations. It is important to note that if the law, regulation or rule, etc. has specified in detail the minor circumstances of the related violation, it should be applied preferentially. The provision of Article 27 (2) of the *Law on Administrative Penalties* shall be applied only when other provisions do not specify the circumstances where "the penalty shall be exempted." Secondly, timely correction mainly emphasizes taking corrective measures in time to avoid possible harm. If an act will inevitably cause harm or the harm cannot be eliminated even though corrective measures are taken, it will be unnecessary to apply this Article. Thirdly, "with no harm done" means that the violation did not damage the legal interests protected by law objectively. The academic circles mainly have two opinions of the harm. One believes the harm refers to the damage caused by a violation to an object protected by the Chinese administrative law, while the other believes it refers to the damage or possible damage caused by a *violation to the administrative order protected by the administrative law*[1]. In this case, the opinion in a broad sense should be applied.

Ⅱ. The three plaintiffs' act constitutes trademark infringement specified in Article 57 (2) of the *Trademark Law*

The objects of administrative penalties are the acts that are subject to administrative penalties. They are acts or omissions of administrative counterparts that violate the obligations specified in the administrative law and should be punished according to law. They are the basis for the actors to assume the liabilities for administrative penalties[2]. Therefore, finding out and determining the three plaintiffs' act and its nature are the prerequisites for an administrative department to impose an administrative penalty. During the trial of this case, the three plaintiffs claimed that their use of the allegedly infringing logos in the milk tea shop they operated had been authorized by the outsider Kaizhimei Catering Company and thereby the logos had a legal source, so the provision about a legal source specified in Articles 60 (2) and 64 (2) of the *Trademark Law* should be applied to exempt them from the fines.

Based on all evidence on record, the following facts were found out: The logos "**HEEKCAA**" and "喜茶" are the No. 19122315 and No. 13595312 registered trademarks owned by the third person Meixixi Catering and approved to be used on the services of Class 43, including cafes, tea houses, and restaurants, etc. The milk tea shop jointly funded and operated by the three plaintiffs offered the same services as those on which the third person's above registered trademarks are approved to be used. The three plaintiffs signed a catering service agreement with the outsider Kaizhimei Catering Company and were authorized to open an exclusive shop of "喜茶" (Hong Kong Heekcaa) at 322 Rongke Road, Pudong New Area, Shanghai. When the logos "HEAKCAA 喜茶," "HEAKCAA," and "喜茶" used by the three plaintiffs on the signboard, the promotional banner, the price list, and the milk tea cups in the milk tea shop they operated were compared respectively with the registered trademarks No. 19122315 "**HEEKCAA**" and No. 13595312"喜茶" owned by the third person, it was found that the two English words are similar in both overall pattern

① Quan Mengyan, *Analysis of the Provision About "Exempted Administrative Penalty" in Article 27 of the* 〈*Law on Administrative Penalties*〉, published on China National Knowledge Infrastructure (www.cnki.net).

② Jiang Bixin, *On the Elements of an Act Subject to a Penalty*, published in *Journal of Law Application*, Issue 6, 1996.

and pronunciation and are different only in the third letter, with one being "A" and the other being "E," and the Chinese characters "喜茶" are only different in font. Although there is an icon on the upper right of the two Chinese characters "喜茶" used by the three plaintiffs, the box icon and the text ("GANGZUO 港座" arranged top and bottom) inside the box form a small whole, and the icon is placed higher at a certain distance from the two Chinese characters "喜茶," which makes it easily ignored by the relevant public and may cause confusion. Therefore, the three plaintiffs' act is subject to the provision of Article 57 (ii) of the *Trademark Law* about the act of using a trademark that is similar to a registered trademark and may cause confusion on the same kind of goods without permission of the holder of the registered trademark, instead of the provision of Article 57 (3) of the *Trademark Law* about the act of selling goods infringing the exclusive rights to a registered trademark, which means the defendant can impose an administrative penalty on the three plaintiffs according to the provision of Article 60 (2) of the *Trademark Law*.

Ⅲ. The three plaintiffs' act does not meet all the elements specified in Article (2) of the *Law on Administrative Penalties*

When judging whether a violation meets the provision of this Article, the court needs to determine specifically whether the corresponding violation meets all the three elements of "minor violation," "timely correction" and "no harm done." In practice, the determination of "minor violation" generally takes into account all relevant factors, such as the seriousness of the actor's subjective fault, whether the act has violated the procedural rules only, the amount of money involved, and the frequency of the violation, etc.

The first factor to be considered is the seriousness of the three plaintiffs' subjective fault. The seriousness of an actor's subjective fault is an important factor for judging the nature and circumstances of a trademark infringement, and the nature and circumstances of a trademark infringement are one of the elements for judging the social harmfulness and punishability of the act. During the trial, the three plaintiffs claimed that a member of the customer service staff of the outsider Kaizhimei Catering Company informed them that they could visit the "喜茶" shop (a direct-sale shop of the third person in Shanghai) located in Raffles Square in Shanghai, which misled the three plaintiffs to believe that the outsider was the official operator of "喜茶" and sign a franchise agreement with it. The allegedly infringing logos used by the three plaintiffs on the signboard, the promotional banner, the price list, and the tea cups in the milk tea shop they operated were all produced according to the authorization requirements of the outsider (or purchased from the outsider). "喜茶" is not a well-known trademark, and the three plaintiffs themselves had no malicious intent to commit infringement subjectively. As a franchisee of a milk tea shop, the three plaintiffs should fulfill the reasonable duty of review of whether the franchiser is the legal holder of the authorized logos. However, according to the evidence on record, during the process of signing the franchise contract, the outsider Kaizhimei Catering Company provided the plaintiffs with a copy of the business license, a letter of authorization for "HEAKCAA 喜茶," the franchise certificate and other materials, but did not provide the certificates of trademark registration for the allegedly infringing logos. The three plaintiffs used the logos "HEAKCAA 喜茶" and "喜茶" in the shop they operated without finding out relevant facts first and failed to fulfill their reasonable duty of review, and thereby were at great fault subjectively. Even if an actor uses the logo, decoration and the like designated by the franchiser according to an agreement, it cannot rule out a malicious intent. The fault is not directly related to the popularity of the infringed trademark.

The second factor to be considered is the harm done by the three plaintiffs' violation. An administrative penalty usually does not take the occurrence of damage as a basic element, but the harm caused by an act can usually reflect the social harmfulness of the act①. The milk tea shop operated by the three plaintiffs started operation on September 17, 2017. The defendant carried out a law-enforcement inspection of the shop involved on October 25 of the same year after receiving a citizen's complaint. After a series of statutory procedures such as investigation and interview, the defendant made the decision of imposing an administrative penalty. Clearly, the shop involved had been in operation for more than a month, from the date of opening to the defendant's law-enforcement inspection. The three plaintiffs' act had infringed the legal rights and interests of the third person Meixixi Catering as the holder of the trademarks No. 19122315 "HEEKCAA" and No. 13953512 "喜茶," and had harmed the interests of consumers, and thereby had caused certain harm.

The third factor to be considered is whether the three plaintiffs had corrected the

① Yin Peipei, *On Exempted Administrative Penalty —Extension of Article 27 (2) of the 〈Law of the People's Republic of China on Administrative Penalties〉*, published in *Political Science and Law*, Issue 11, 2015.

violation in time. Timely correction refers to taking corrective measures before harm is done. According to the record of interview submitted by the defendant, the three plaintiffs removed the signboard and decoration demonstrating the allegedly infringing logos only after the defendant conducted a law-enforcement inspection of the shop, but harm had already been done by that time. So, the plaintiffs' act does not meet the requirement for timely correction specified in the above Article.

Ⅳ. The penalty imposed on the three plaintiffs by the defendant complies with the principle of giving an appropriate penalty to each fault

Article 4 (2) of the *Law of the People's Republic of China on Administrative Penalties* stipulates that the establishment and implementation of administrative penalties must be based on facts, and the penalties should be equivalent to the facts, nature, circumstances and social harmfulness of the violations. Generally speaking, the implementation of an administrative penalty needs to consider the following factors: whether the facts of the violation should be punished, the nature of the violation and whether it is within the scope of an administrative penalty, and the circumstances and social harmfulness of the violation, etc. In this case, the three plaintiffs jointly opened the shop with each inputting one third of the total investment and the turnover of the shop in the period from official opening to investigation (over a month) is RMB 12,000. Based on the above circumstances, and the investment proportion and revenue sharing proportion of the three plaintiffs, the defendant determined that one third of the total illegal turnover should be attributed to each of the three plaintiffs, that is, RMB 4000. After a comprehensive consideration of the circumstances, nature, social harmfulness, subjective fault and other factors of the three plaintiffs' violation, the defendant imposed a fine of RMB 4000 on the three plaintiffs respectively, which is within the range specified by Article (2) of the *Trademark Law*. Therefore, the defendant did not violate the aforesaid principle.

(Writer: Lu Guangyi)

7.

Cases on IP Judicial Proceedings

Three Requirements for Pre-litigation Act Preservation in Unfair Competition Disputes to Be Considered in Review

—On Pre-litigation Act Preservation in an Unfair Competition Dispute Between Youku Information Technology and Qianshan Network Technology Development

[**Summary**]

For timely protection of intellectual property and the applicant's legitimate rights and interests in competition, the review of an application for pre-litigation act preservation in an unfair competition dispute should take into consideration the following aspects: the applicant is likely to win the case; failure to take preservative measures will cause irreparable damage to the applicant; and the preservative measures will not harm public interests.

[**Case Review**]

Applicant: Youku Information Technology (Beijing) Co., Ltd.

Respondent: Shanghai Qianshan Network Technology Development Co., Ltd.

Cause of Action: Application for stopping infringement before litigation in other intellectual property cases

First-instance Case No.: (2018) H0115XB No. 1

Youku. com operated by the applicant Youku Information Technology (Beijing) Co., Ltd. (hereinafter referred to as Youku Company) is a leading online video platform in China. The applicant spends huge amounts of money each year purchasing authorized video content for users to watch or download on Youku. com, and profits by three operation modes: placing advertisements before a video is played, when a video is on pause, and around the page where a video is played and charging for the ads; offering paid membership services (ad-free); and charging for specific videos separately. The MoreTV video software developed and operated by the respondent Shanghai Qianshan Network Technology Development Co., Ltd. (hereinafter referred to as Qianshan Company) is a video aggregation software program that mainly provides video-on-demand services for smart TV users. The applicant believed: The MoreTV video software obtained through technical means the value of a specific secret key that should have been generated by only the applicant's backend service program. This act damaged the applicant's technical protection measures, illegally stole the links to the applicant's video storage, and ultimately realized providing MoreTV users with Youku's video content with the applicant's pre-roll ads and video-pause ads blocked. The above act constitutes unfair competition and had been implemented continuously. If the act was not stopped in time, it would cause irreparable huge losses to the applicant. Therefore, the applicant filed a pre-litigation application requesting the court to order the respondent to stop implementing the act of unfair competition immediately, and submitted the evidence of ownership of more than 600 works on Youku.com and the evidence of relevant acts implemented by MoreTV when playing the above works. The applicant also provided a guarantee in the form of a property preservation liability insurance contract worth RMB 66 million.

[**Judgment**]

After a review of the case, Pudong New Area People's Court of Shanghai found: Firstly, both the MoreTV video software and Youku.com provide video streaming services for consumers, so the two have a direct competitive relationship. The respondent actually separated Youku's video content from the pre-roll ads and video-pause ads set by the applicant to be played with the video content as a whole, which could sufficiently attract the consumers who neither wanted to watch ads nor wanted to pay the relevant fee set by the applicant to use MoreTV. This act of the respondent had damaged the applicant's legal rights and interests. Therefore, the respondent's act might constitute unfair competition. Secondly, as Youku.com is a leading online video platform in China and MoreTV also has a large number of users, the failure to stop the above alleged infringement in time might cause irreparable damage to the applicant's competitive advantages and market share. Finally, taking preservative measures would not harm the public interests, and the applicant had provided an effective guarantee. In summary, the applicant's application met the requirements for pre-litigation act preservation.

The Pudong New Area People's Court of Shanghai issued the civil order of (2018) H0115XB No. 1 on July 2, 2018, ordering the respondent to immediately stop the act of bypassing the pre-roll ads and video-pause ads set by the applicant on Youku. com when linking and playing the videos from Youku. com on MoreTV it operated. After the order was served to both parties, the respondent did not require a review.

[**Case Study**]

During the past years. ramping up the judicial protection of intellectual property has been a hot topic in the judicial community with China's socio-economic development, and also a focus of controversy in recent Sino-foreign trade conflicts. To step up efforts in protection of intellectual property, we should further comprehensively protect the interests of right holders of intellectual property, such as gradually increasing the compensation awards according to the circumstances of the cases. Meanwhile, the accurate application of act preservation before and during the litigation of intellectual property cases is also an important legal means to timely protect the interests of right holders of intellectual property.

Intellectual property cases are time-based, especially those involving intellectual property infringements. Implemented through the Internet, these infringements are volatile and in diverse forms. Given the huge economic profits brought by these infringements, the right holder may suffer uncountable and irreparable losses if such infringement is not stopped timely. Due to the difficulty in proof collection and judicial determination in judicial practices involving intellectual property, there have been relatively few applications for act preservation before or during the litigation. In dispute cases of unfair competition, there have been even fewer applications of act preservation due to the greater complexity of infringement determination.

In this case, pre-litigation act preservation has been conducted on a video aggregation software program provider in an unfair competition dispute for the first time in China. The MoreTV video software operated by the respondent Qianshan Company is a video aggregation software program that has risen in recent years. Having taken a certain share in the Internet TV field, it is committed to enabling users to watch the videos on all major video websites through a single software program. But evidence showed that MoreTV bypassed, through technical means, the pre-roll ads and video-pause ads set by Youku. com when linking and playing the videos from Youku. com operated by the applicant Youku Company, which allowed MoreTV to obtain improper competitive advantages and damaged the applicant's legal rights and interests. If the respondent's act continued, it would cause major irreparable economic losses beyond retrieve to Youku. com. Therefore, the applicant filed an application for pre-litigation act preservation after making sufficient preparation of evidence collection.

After a review, the court concluded that the pre-litigation act preservation involved should meet the following conditions: (1) the applicantis likely to win; (2) failure to take preservative measures would cause irreparable damage to the applicant; (3) the adoption of preservative measures would not harm the public interests.

Firstly, in this case, the evidence provided by the applicant could initially prove that MoreTV operated by the respondent bypassed the pre-roll ads and video-pause ads set by the applicant on Youku. com when linking and playing hundreds of films and television programs from Youku. com. The analysis based on the above conditions shows that, first, both MoreTV and Youku. com provide video streaming services for consumers, so the two have a direct competitive relationship. The above act of the respondent actually separated Youku's video content from the pre-roll ads and video-pause ads set by the applicant to be played with the video content as a whole, which could sufficiently attract the consumers who neither wanted to watch ads nor wanted to pay the relevant fee set by the applicant to use MoreTV. This act of the respondent had damaged the applicant's legal rights and interests. Therefore, the respondent's act might constitute unfair competition. In the cases of unfair competition filed by iQiyi, tv. sohu. com, and others against Qianshan Company's similar acts, the courts had determined that the respondent's acts constitute unfair competition, which further proved that the applicant could possibly win.

Secondly, Youku. com is a leading online video platform in China and MoreTV also has a large number of users, and the respondent's act was being implemented continuously. Failure to stop the above alleged infringement in time coupled with a trial procedure might cause major irreparable damage to the applicant's competitive advantages and market share.

Finally, this case did not involve major public issues such as social stability, food safety, and environmental pollution, so the adoption of preservative measures would not harm public interests.

Accordingly, the courtissued an order to approve the applicant's application for pre-litigation act preservation. The order was based on clearly found facts and full sufficient reasoning, so the respondent voluntarily fulfilled what the order required. The order timely stopped possible subsequent intellectual property infringements, helped the applicant avoid further losses, and comprehensively and timely protected the applicant's legal rights and interests. It serves as a judicial model for the construction of a favorable business environment and a good market competition order. Shortly after the order was issued, the *Provisions of the Supreme People's Court on Several Issues Concerning the Application of Law in the Review of Act Preservation in Intellectual Property Disputes* came into effect. The order conforms to the legislative purpose and relevant provisions of the above judicial interpretation, making exploration into and set a good example for the application of the above judicial interpretation.

(Writer: Yang Jie)